번역·주해 **권성달**

이스라엘 □□□□□□□□□□□□□□□□□□□학원을 졸업한 뒤
히브리□□□□□□□□□□□□□□□□□□사과정을 마치고,
학위 과□□□□□□□□□□□□□□□□□사학위를 받았다.
아랍어□□□□□□□□□□□□□□□□□□ 시리아어, 아람어,
□□□□□□□□□□□□□□□□□□□ 과목을 이수하며
성서 시대의 고대 언어들을 폭넓게 공부했다.
현재 웨스트민스터신학대학원대학교 신학과 구약학 교수이며
성경과이스라엘연구소 소장으로 활동하고 있다.
서울대학교에서 교양과목으로 히브리어도 가르친다.
주요 저서로『생생한 성경 히브리어 올판』『성경 아람어』
『바이블 투어』를 비롯해 이스라엘의 유발 탈(Youval Tal) 출판사에서
펴낸 박사논문 *HYH(=to be) Sentences in Biblical Hebrew:*
*Syntactic, Pragmatic and Semantic Studies by means of*
*Statistical Analysis*(성서 히브리어의 HYH[=to be] 문장:
통계적 방법을 통한 통사론, 화용론, 의미론적 연구)가 있다.
역서로는『성서 속의 식물들』이 있다. 주요 논문으로「출애굽기 3:14의
번역에 대한 언어학적 고찰: '에흐예'(ahyh)를 중심으로」
「성서 아람어의 어순에 관한 연구」「'to be'에 상응하는 우리말과
여러 언어에서의 비교연구」등이 있다.

HANGIL
GREAT BOOKS

인류의위대한지적유산

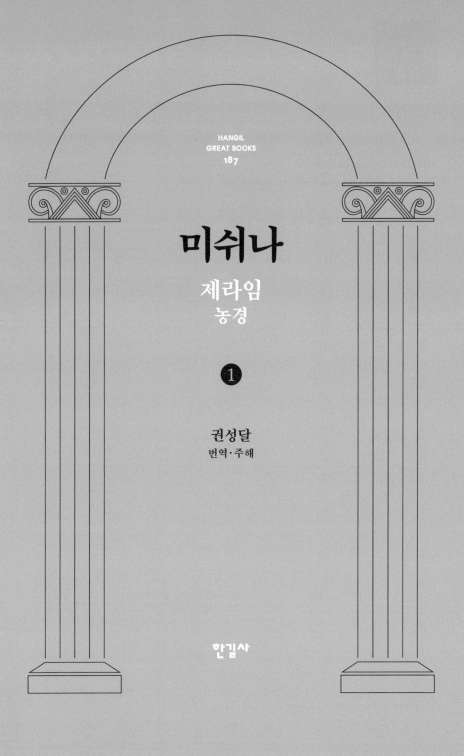

HANGIL
GREAT BOOKS
187

# 미쉬나

## 제라임
### 농경

①

권성달
번역·주해

한길사

# משנה
## סדר זרעים

***MISHNAH***: Seder Zeraim

Translated & Commentary by Kwon Sung-Dal

Published by Hangilsa Publishing Co., Ltd., Korea, 2024

# 유대 전통문헌『미쉬나』번역·주해서를 펴내며

2017년 9월에 이 사업을 시작하여 2021년 여름까지 꼬박 만 4년의 세월이 흐르는 동안 연구에 참여한 아홉 명의 연구원들은 혼연일체가 되어 혼신의 노력 끝에 '유대 전통문헌『미쉬나』번역·주해서'를 탈고했다. 우리나라 최초의 일이자, 동아시아 전체에서도 처음 있는 일이다.

『미쉬나』(משנה, *Mishnah*)는『구약성서』『탈무드』와 함께 히브리-유대학의 3대 고전으로 불린다. 고전학으로서 히브리-유대학의 범주는『히브리 성서』(*Hebrew Bible*)를 비롯하여 고전 랍비 문헌(ספרות חז"ל, Classical Rabbinic Literature)을 포함한다.『히브리 성서』가 대략 기원전 10세기부터 3세기까지 생산된 문헌이라면, 랍비 문헌은 기원전 3세기 초부터 6세기 말까지 생산된『미쉬나』와『탈무드』두 권을 주로 가리킨다. 특히『미쉬나』는 기원후 200년 랍비 예후다 한나씨(Rabbi Judah ha-Nassi)가 편집하여 집대성한 유대 랍비 전통의 문헌을 일컫는다.『미쉬나』는 성문토라(모세법)를 기초로 삼고 새 시대에 맞는 계율을 보충하여 더 명료하게 체계화한 구전토라(Oral Torah) 모음집이자『탈무드』의 모체(母體)다.

오래전부터 우리가 『미쉬나』를 번역해보자는 데 의기투합한 까닭은 '현실'과 '이상' 사이의 괴리 때문이었다. '현실'이란 우리나라에 소개된 수백 종의 『탈무드』 관련 서적들이 거의 예외 없이 흥미 위주의 번역서이고, 실제로는 방대한 『탈무드』 또는 그 뿌리인 『미쉬나』와 전혀 맥락을 같이하고 있지 않다는 것이다. '이상'이란 이스라엘에서 유학을 하거나 히브리-유대학을 전공한 사람들이 있으니 본격적으로 일을 벌여도 좋지 않을까 하는 막연한 희망을 말한다. 우리의 지식 시장이 이렇게 혼탁해진 이유가 어느 정도 전공자들의 수수방관 때문이라는 도의적 책임감도 느끼면서, 뜻을 함께하는 사람들이 모이게 되었다.

　넘치는 의욕은 우리에게 엄청난 중압감으로 다가왔다. 나름 히브리어에 일가견이 있다는 연구자들로 팀을 구성했고, 사업 착수 초기부터 매주 모여(코로나-19 이후에는 영상으로) 각자 맡은 본문을 한 줄씩 읽어나가면서 토론하고 의견을 교환했다. 하지만 『미쉬나』가 매우 '불친절한' 텍스트인 것을 깨닫는 데는 그리 오랜 시간이 걸리지 않았다. 끊임없이 등장하는 생소한 어휘가 우리를 한 걸음도 앞으로 나아갈 수 없게 가로막았으며, 1,800년의 시간 간격 때문에 맥락을 알 수 없는 내용이 우리를 미궁으로 빠뜨렸다.

　'번역 없이는 사상의 교류도 없다'는 우리의 신념은 맥을 추지 못했다. 원문의 뜻을 분명하게 파악한 후에 그것을 어법에 맞게 표현하는 것은 번역의 기본 원칙이다. 하지만 우리 스스로 뜻을 파악할 수 없다면 번역해놓아도 소용이 없는 일이다. 시행착오를 거쳐 조금씩 미로를 빠져나오는 데 오랜 시간이 걸렸다. 하지만 여전히 '원문을 읽는 번역자'와 '번역문을 읽는 독자' 사이에 이해의 간극을 없애기란 결코 쉬운 일이 아니다.

'유대 전통문헌『미쉬나』번역·주해서' 발간사업을 진행하면서 이미『히브리 성서』에 나오는 고유명사(인명과 지명)의 경우 독자들이 어느 정도 익숙해진 용어이므로 그대로 따랐다.『미쉬나』만의 개념을 담은 어휘는 우리말로 번역하는 대신 히브리어 음가를 그대로 차용했으며, 전문용어 색인에 따로 정리해서 덧붙였다. 각 마쎄켓에 등장하는 같은 낱말의 번역어 통일에도 힘썼다. 번역체는 역자의 주체성을 존중하여 직역이나 의역 모두 수용했다. 주해는 히브리어 뜻풀이를 충실히 하면서 본문의 이해를 돕는 데 역점을 두었고, 많은 주석가들의 해석 차이는 최소한으로 제한했다. 이는 후속 연구자들의 과제가 되어야 한다고 판단했기 때문이다.

아무쪼록 한국어로 최초 발간되는 '유대 전통문헌『미쉬나』번역·주해서'를 초역(抄譯)으로 여겨주기 바란다. 완역(完譯)으로 가기 위한 길라잡이랄까. 앞으로 후속 세대의 비판과 질정, 해석과 재해석이 교차하면서 명실공히 우리 사회에서 고전 랍비 문헌의 연구가 활발해지는 계기가 되기를 희망한다. 원문 대조본을 고집한 이유이기도 하다.

이 책이 나오기까지 지원해준 한국연구재단과 어려운 시기에 출판을 맡아준 한길사 김언호 대표님께 진심으로 감사드린다. 누구보다도 부족한 사람을 따라 끝까지 책임감 있게 참여해준 연구원 모두에게 사의(謝意)를 표한다.

최창모[*]
'유대 전통문헌『미쉬나』번역·주해서' 연구책임자

---

[*] 건국대학교 중동연구소 소장으로 '미쉬나』번역·주해서' 출판 작업을 준비하던 최창모 교수는 2022년 초 갑작스러운 병환으로 타계했다.

# 랍비 유대교 전통의 출발점이 된 고전『미쉬나』

『미쉬나』는 오래전부터 전해 내려오던 랍비들의 가르침을 모은 책이고, 이 편집 작업은 서기 3세기 초에 예후다 한나씨를 중심으로 마무리되었다고 전한다. 이 가르침은『히브리 성서』앞부분에 나오는 다섯 권의 책, 그러니까 유대인들이 '토라'라고 부르는 오경(五經)의 계명을 명확히 밝히고 보충하고 보완하고 주제에 따라 체계적으로 정리한 것이다. 말하자면『성서』는 안식일을 거룩하게 지키기 위해 아무 노동도 하지 말라고 명령하는데(출 20:10; 신 5:14),『미쉬나』는 안식일에 금지된 노동으로 바느질과 밭 갈기, 추수하기, 곡식 갈기 등 모두 서른아홉 가지가 있다고 목록을 만들어 자세히 설명하는 식이다(마쎄켓「샤밧」7, 2).

『미쉬나』는 히브리어로 쓴 작품이지만 랍비들이 사용하는 언어는 문법체계나 어휘 면에서『히브리 성서』와 다른 점이 많다. 역동적인 역사를 거치면서 아람어나 헬라어의 영향을 많이 받았기 때문이다. 그래서 이들이 쓰는 언어를 '미쉬나 히브리어'라 부르고, 후대에 발달한 방언으로 취급한다.

종교사 측면에서 볼 때『미쉬나』는 랍비 유대교가 고대 이스라엘의 전통인 『히브리 성서』를 계승하면서 처음 기록으로 남긴 책이다. 그 러므로 성전과 제의가 없는 종교로 탈바꿈해야 했던 유대교가 권위를 부여하고 전형으로 삼았던 전통이 『미쉬나』에 담겨 있다고 말할 수 있다. 그 후 『미쉬나』가 채택한 종교 전통의 범주들은 랍비 유대교의 공식적인 틀로 자리 잡았고, 동시대 또는 후대 저작인 『토쎕타』 『예루살렘 탈무드』 『바벨 탈무드』가 모두 그 틀을 따라 논의를 전개한다.

『미쉬나』가 선택한 논리 전개의 틀은 '쎄데르'(סדר)라는 상위 범주와 '마쎄켓'(מסכת)이라는 하위 범주로 이루어져 있다. 쎄데르는 농업 생산물을 거두고 헌물로 바치는 일을 다룬 '제라임'(זרעים, 농경), 안식일과 매년 돌아오는 명절들을 설명한 '모에드'(מועד, 절기), 가족 관련법들을 망라한 '나쉼'(נשים, 여성들), 민법과 형법 관련 조항을 담은 '네지킨'(נזיקין, 손해), 제사와 성전 관련법을 다루는 '코다쉼'(קדשים, 거룩한 것들), 정결과 부정이 발생하고 전이되는 과정을 설명한 '토호롯'(טהרות, 정결한 것들) 여섯 가지로 나뉜다. 그리고 각 쎄데르마다 좀 더 자세히 분류하는 하위 범주 '마쎄켓'이 7-12개 정도 딸려 있다. 분명히 『히브리 성서』의 내용을 논의 대상으로 삼으면서도 레위기나 신명기 등 『성서』의 순서를 따르지 않고 나름대로 새로운 체계를 세웠기 때문에 『성서』 본문을 순서에 따라 수동적으로 설명하는 '미드라쉬' 전통과 논의하는 태도 자체가 다르다.

역사적인 발달 과정을 조금 더 부연하자면, 초기 랍비 유대교의 역사를 '타나임'(תנאים) 시대와 '아모라임'(אמוראים) 시대로 구분한다. 타나임은 '미쉬나'를 가르치는 선생들을 부르는 아람어 용어다. 랍비들 중 제1세대라 부를 수 있는 타나임 시대에 『미쉬나』와 『토쎕타』가 기록되었고 또 『씨프라』 『씨프레』 『메킬타』와 같은 미드라쉬들도 나타났다. 타나임의 전통에 권위를 부여하고 그들의 가르침을 『탈무드』로 발전시킨 학자들을 아모라임이라고 불렀는데, 이들이 『예루살렘 탈무드』『바벨 탈무드』는 물론『창세기 랍바』『애가 랍바』『레위기 랍바』『페씩타 데-라브 카하나』등 이야기 형식의 미드라쉬도 기록했다. 그러니까 우리가 랍비 유대교와 관련해서 가장 많이 들어본『탈무드』라는 책은 아모라임들이『미쉬나』를 기초로 인용하고 그 책에 포함되지 않은 법전통(브라이타, ברייתא)을 참고하면서 자기들 나름대로의 해석(게마라, גמרא)을 덧붙인 것이다. 결국『미쉬나』는 랍비 유대교 전통의 출발점이자 기초가 되는 셈이다.

『미쉬나』의 법전통은 사람들이 살아가는 일상생활을 매우 세밀하게 관찰하고 위에서 언급한 논리의 틀에 따라 분류한 뒤 적절한 행동양식을 규정하는 순서를 따른다. 법전통을 내용에 따라 분류하는 것 외에도 분석하거나 추론할 때 이분법적인 판단 방법을 자주 사용하는데, 예를 들어서 어떤 행위는 금지되지만 어떤 행위는 허용된다고 설명한다. 속죄일에 음식을 먹는 행위는 대부분 금지되어 있지만 너무 나이가 어리면 예외적 상황으로 인정하고 식사를 허용한다는 식이다. 또 어떤 사람은 행위의 결과를 책임져야 하지만 어떤 사람은 책임에서 면제된다. 예를 들어 안식일에 무거운 짐이나 가구를 들어 옮기면 벌을 받을 책임이 있지만, 옮긴 물건이 규정에 미치지 못할 만큼 가볍거나 미리 공동 생활반경(에루브)을 규정했다면 예외로 인정해 책임에서 면제된다. 그 외에도 의무 사항과 선택 사항, 유효한 것과 무효인 것, 거룩한 것과 속된 것, 그리고 정결한 것과 부정한 것 등의 범주를 사용한다.

그렇지만 다양하고 복잡한 일상생활이 언제나 칼로 자르듯 두 가지 측면으로 구분될 수는 없다. 예를 들어 거룩한 것들 중에는 지극히 거룩한 것이 있고 덜 거룩한 것이 있으며, 속된 것들 중에는 속되지만 정결한 것이 있고 속되면서 부정한 것들이 있다. 심지어 성전부터 이스라엘 땅까지 거룩한 것의 정도를 모두 열 가지로 구분하여 논의하기도 한다(마쎄켓「켈림」1, 6-9). 그러나 가장 복잡한 논리 체계는 제의적인 정결과 부정을 판단하는 방법이다. 『미쉬나』는 지극히 부정한 시체(부정의 아버지의 아버지)와 그 외 부정한 요인(부정의 아버지)인 기는 것과 죽은 채 발견된 것 등을 구분하고, 사람이나 물건이 어떤 것과 접촉했는지 여부에 따라 부정의 정도를 계산한다. 그 외에도 부정의 정도가 더 약한 요인(부정의 자식)도 있는데 역시 정도에 따라 제1차에서 제4차 감염자를 나누고, 속된 물건이나 음식은 확실한 부정의 요인과 접촉했을 때만 부정해지지만 거룩한 것일수록 아주 미세한 요인 때문에 부정해지거나 무효가 될 수 있다고 규정한다. 결국 정결법은 인간이나 물건이 6단계에 걸친 전이(轉移)의 장 속에서 자신의 본질과 부정 요인의 성격에 따라 무쌍한 변화를 경험할 수 있다고 규정한다.

『미쉬나』에는 법전통과 관련된 토론이나 규정들 이외의 이야기도 50여 편 들어 있다. 물론 이런 이야기들은 법전통과 밀접한 관계를 맺고 있으며, 토론 주제가 되는 사건이 과거에 실제로 일어났던 이야기나 본받을 만한 고대 현인의 일화 등이 주를 이룬다. 그러나 구체적인 법규정과 조금 거리를 두면서 랍비 유대교 전통의 의미나 사상 또는 가치관을 추상적으로 묘사하는 본문도 있는데, 쎄데르 '네지킨' 끝에 나오는 마쎄켓「아봇」이 그런 경우다.「아봇」에는 유대인이 가져야 할 바람직한 성정이나 신앙은 물론 신의 섭리와 정의까지 교훈적인 이야기와 조언들이 모여 있다.

『미쉬나』를 자세히 읽어보면 이 책은 수백 년 동안 여러 세대에 속한 랍비들이 가르치고 배우면서 서서히 확립해온 지적 행위의 결과물임을 알 수 있다. 그러나 『미쉬나』와 동시대에 또는 그 이전 시대에 기록된 자료가 별로 없기 때문에 전통의 형성과 전례 과정을 역사적으로 조명하기는 어렵고 학자들 사이에 이견도 많다.

『미쉬나』본문이 확정된 3세기 이후에도 시리아-팔레스타인 지역과 이라크 지역에 있는 유대 공동체들은 조금씩 다른 판본의 『미쉬나』를 공부하고 전승했으며, 이런 사실은 『예루살렘 탈무드』와 『바벨 탈무드』에 인용된 『미쉬나』본문은 물론 중세의 『미쉬나』필사본들이 서로 다르다는 사실을 통해 확인할 수 있다. 인쇄본 중에는 1492년 나폴리에서 나온 것을 가장 오래된 판본으로 인정하는데, 『미쉬나』본문과 람밤(Rambam, 일명 마이모니데스Maimonides, 1135-1204)의 주석이 함께 실려 있다. 그 후 프라하에서 나온 욤 토브 리프만 헬러(Yon Tov Lipman Heller) 판본(1614-17), 빌나(Vilna)에서 나온 롬(Room) 판본(1908)이 출판되었다. 빌나 판본은 각종 주석과 도움이 될 만한 설명들이 첨가되면서 13권으로 나왔다. 알려진 모든 『미쉬나』판본들을 비교한 비평판은 쎄데르 '제라임'을 대상으로 나온 적이 있으나(Yad ha-Rav Herzog Institute, 1972-75), 나머지는 아직 완성되지 않았다. 다양한 『미쉬나』필사본들은 디지털 파일 형태로 공개된 상태다(the Jewish National and University Library in Jerusalem 등). 더 깊이 연구하고 싶은 사람은 각주의 자료를 참고하기 바란다.[**]

2024년 5월
『미쉬나』번역·주해서 연구팀을 대표해
윤성덕

---

[**] Hanoch Albeck, *Introduction to the Mishnah*, Tel Aviv: Mosad Bialik and Dvir, 1958; Jacob N. Epstein, *Introduction to the Text of the Mishnah*, Jerusalem: Magnes, 1964; Jacob Neusner(ed.), *The Modern Study of the Mishnah*, Leiden: Brill, 1973; Hermann L. Strack and Günter Stemberger, *Introduction to the Talmud and Midrash*, Edinburgh: T&T Clark, 1991; Stephen G. Wald, "Mishnah", *Encyclopaedia Judaica*, 2nd Ed., Vols. 14(MEL-NAS), Farmington Hills, MI: Keter and Macmillan, 2007.

# 미쉬나 ❶ 제라임(농경)

## 미쉬나 ❷ 모에드(절기)

여러 절기법과 관련된 세부 규칙들 ι 김성언

옮긴이의 말 ι 랍비들의 생각과 주장을 이해하기까지

## 미쉬나 ❸ 나쉼(여성들)

억압과 보호의 시각이 공존하는 여성 관련법 ι 이영길

옮긴이의 말 | 늦깎이 공부의 괴로움과 즐거움을 안겨준 『미쉬나』

# 미쉬나 ❹ 네지킨(손해)

유대 공동체의 정의를 실현하는 초석 | 최영철

옮긴이의 말 | 이 일은 하루아침에 이루어지지 않았다

# 미쉬나 ❺ 코다쉼(거룩한 것들)

성전과 제의 중심의 이상적 세계관 | 전재영

옮긴이의 말 ┃ 유대학 볼모지에서 첫발을 떼다


## 미쉬나 ❻ 토호롯(정결한 것들)

'정결함'과 '부정함'으로 세상 이해하기 ┃ 윤성덕

옮긴이의 말 ┃ 그날 나는 새로운 언어를 만났다

# 미쉬나 길라잡이

미쉬나의 세계로 독자들을 초대하며
미쉬나는 탈무드의 뿌리다 | 최중화

## 일러두기

1. 이 책을 번역하고 주해하는 데 다음과 같은 자료를 참고했다. 예루살렘 탈무드 (Jerusalem Talmud), 바벨 탈무드(The Babylonian Talmud, Soncino Press), 주석가들 인 라브(Rav)·라쉬(Rash)·람밤(Rambam) 등의 주석은 물론 하녹 알벡(Hanokh Albeck)의 비평판 주해서, 허버트 댄비(Herbert Danby), 필립 블랙맨(Philip Black- man), 제이콥 뉴스너(Jacob Neusner) 등의 미쉬나 번역서를 참고했으며, 야드 아브 라함(Yad Abraham), 옥스퍼드 미쉬나 주해(The Oxford Annotated Mishnah), 조슈아 컬프(Joshua Kulp)의 해설서도 보조자료로 사용했다. 번역에 사용한 본문은 하녹 알 벡판을 참조했다.

2. 기본적으로 본문을 직역하면서 주해로 보충설명하는 원칙을 따랐다. 하지만 미쉬 나 본문은 축약과 생략이 많아서 그대로 직역하면 비문이 되거나 뜻을 이해하기가 매우 어렵기 때문에 때로 의역이 불가피했다. 이에 문장의 흐름과 이해를 돕기 위해 본문에 생략되어 있다고 추정되는 내용을 대괄호〔 〕에 넣었다. 소괄호( )는 본문 속 에서 문법적으로나 구문론적으로 꼭 필요하지는 않으나 주해자의 판단에 따라 도 움이 될 말을 첨가한 것이다.

3. 미쉬나 본문에는 시제가 불분명한 경우가 적지 않으며, 과거와 현재 시제를 하나의 미쉬나에서 혼용하기도 한다. 이에 가능한 한 우리말로 자연스럽게 읽히면서 원문 이 훼손되지 않게 번역했다. 히브리어 동사에는 성(性)과 수(數)가 이미 포함되어 있 기에 주어가 따로 표기되지 않는 일이 빈번하다. 역자는 가독성을 위해 이 생략된 주 어를 문맥에 따라 내용을 해치지 않는 선에서 집어넣기도 했다. 반면 경우에 따라 소 유격 인칭대명사는 굳이 번역하지 않고 생략했다. 유럽어 문법의 이식 과정에서 생 겨난 3인칭 대명사 '그녀'의 사용을 최대한 피하되, 필요하면 소괄호( )를 사용해 지 시대상을 보충설명했다. 미쉬나 문체에서 계속 등장하는 הרי(하레이: 영어 번역본에서 는 hereby로 번역되거나 생략됨)는 극히 일부 경우를 제외하고는 가독성을 위해 굳이 번역하지 않았다.

4. 미쉬나는 방대한 하나의 책으로 상위 범주인 '쎄데르'와 하위 범주인 '마쎄켓'으로 구성된다. 쎄데르(סדר, Seder)는 '질서' '절차'를 뜻하며 미쉬나의 6개 큰 주제(큰 책) 를 가리키고, 마쎄켓(מסכת, Masekhet)은 '묶음'을 뜻하며 미쉬나의 63개 작은 주제(작 은 책)를 가리킨다. 두 용어에 해당하는 정확한 우리말은 없지만 이번 번역·주해서 에서는 편집 체계상 일반 책과 같이 '권'(卷)과 '부'(部)의 개념을 적절히 사용했다.

5. 이 번역·주해서는 6개 '쎄데르'를 각 권으로 편집해 전 6권으로 구성했다. 1. 제라임 (농경), 2. 모에드(절기), 3. 나쉼(여성들), 4. 네지킨(손해), 5. 코다쉼(거룩한 것들), 6. 토 호롯(정결한 것들)이다. 각 쎄데르는 6~12개의 마쎄켓(부)으로, 그 아래 다시 '장'(페 렉)과 '미쉬나'로 구성된다. 따라서 미쉬나는 하나의 책이며 동시에 가르침의 최소 단위를 의미한다.

6. 미쉬나의 구성과 체계를 명확히 구분하고 드러내기 위해 쎄데르는 겹낫표『 』, 마쎄 켓은 홑낫표「 」로 표시한다. 특히 미쉬나는 세부적인 주제인 마쎄켓 이름이 더 중요 하고 그것으로 통용되므로 출처는 마쎄켓 이름에 장과 미쉬나의 숫자로 표시한다. 예를 들어「브라홋」1, 2는 "마쎄켓 브라홋 1장의 두 번째 미쉬나"라는 의미다. 많고 복잡한 마쎄켓들을 쉽게 파악할 수 있게 '『제라임』「브라홋」1, 2'처럼 쎄데르(권) 이 름을 같이 제시하기도 했다.

7. 본문의 이해를 돕기 위해 각 마쎄켓(부), 장, 미쉬나에 들어가기에 앞서 다룰 내용과 주제를 간략하게 소개하는 개요문이나 짧은 요약문을 제시했다.

8. 미쉬나에 나오는 주요 화폐와 도량형 환산표(무게, 거리, 부피, 넓이), 성경과 미쉬나 관 련 구절 찾아보기, 번역·주해서 전 6권에서 정리한 주제·용어 찾아보기는『미쉬나 길라잡이』부록에 수록했다.

9. 주해와 각주 설명에서 미쉬나, 성경, (예루살렘/바벨) 탈무드, 토쎕타, 랍비문학서, 주 석(서) 등의 출처를 소괄호( )로 병기했다. 이는 관련된 내용과 구절, 주장으로 그 자 료를 참조하라는 표시다. 특히, 탈무드(게마라)를 인용할 때 a는 앞면(오른쪽), b는 뒷 면(왼쪽)을 나타낸다.

10. 미쉬나에 나오는 히브리어 낱말의 풀이는 주로 마르쿠스 야스트로(Marcus Jastrow) 사전을 참조했다.

11. 본문에서 미쉬나, 성경, (예루살렘/바벨) 탈무드, 토쎕타, 랍비문학서, 주석서 등은 별도의 책 표시를 하지 않았다.

12. 인명·용어 등 히브리어 표기는 다음 면에 실은 히브리어 한글음역 원칙에 따랐다.

# 히브리어 한글음역 원칙

1. 이 음역 원칙은 히브리어 문법을 설명하기 위한 것이 아니고, 미쉬나 본문을 한글로 번역하기 위한 방법이다. 히브리어 자모를 완벽하게 한글로 표기하는 것이 목적이 아니며, 미쉬나 히브리어 낱말을 가장 히브리어답게 모사하는 것이 목적이다.

2. 미쉬나 본문은 유대인들의 전통이므로 성서 히브리어를 표기하는 목적으로 고안된 영미권 학자들의 발음이 아니라 서아시아 문화권의 특징을 반영하는 유대인들의 발음을 기준으로 음역한다(바브나 셰바의 문제).

3. 문교부(1986.1.7)의 외래어 표기 원칙은 가능한 한 존중하되 히브리어 자음을 표기하는 데 꼭 필요한 된소리도 사용했다.

4. 음역법의 방향

   1) 일반론
      - 묵음이 아니더라도 발음이 되지 않는 경우 표기하지 않는다.
      - 음절 단위로 쓰는 한글의 특성을 살려서 히브리어의 음절 구분을 살린다.
      - 서로 다른 히브리어 자음은 음역도 달리한다.

   2) 모음
      - 모음의 장단은 따로 표시하지 않는다.
      - 유성 셰바는 'ㅔ'나 'ㅡ'로 표기한다.
      - 무성 셰바는 표기하지 않는 것을 원칙으로 하되, 종성의 자음가를 표기하기 위해 'ㅡ'를 붙여 적는 것을 허용한다.

   3) 자음
      - z은 'ㅈ', ṣ는 'ㅉ', k와 q는 'ㅋ', t와 ṭ는 'ㅌ', p는 'ㅍ'으로 음역하고, š은 '샤, 셰, 쉬, 쇼, 슈'로 음역한다.
      - 연강점이 없는 v, g, d, k, f, t는 구별하여 적지 않는다.
      - 자모의 위치에 따른 음역을 고려한다.

5. 그 외 세목은 박동현의 안을 따른다(박동현, 「개역한글판 히브리어 고유명사 한글 음역 방식과 히브리어 한글 음역 시안」, 『성경원문연구』(8), 2001, 106-157쪽).

| 히브리어 | 라틴음역 | 한글: 초성 | 한글: 음절 종성 | 한글: 낱말 종성 |
|---|---|---|---|---|
| א | ʾ | ㅇ | - | - |
| ב | b/v | ㅂ | ㅂ/브 | ㅂ |
| ג | g | ㄱ | ㄱ/그 | ㄱ |
| ד | d | ㄷ | ㅅ/드 | ㅅ |
| ה | h | ㅎ | 흐 | - |
| ו | w | ㅂ | 브 | 브 |
| ז | z | ㅈ | 즈 | 즈 |
| ח | ḥ | ㅎ | 흐/크 | 흐/크 |
| ט | ṭ | ㅌ | ㅅ/트 | ㅅ/트 |
| י | y | 이(+모음) | - | 이 |
| כ | k | ㅋ | 크/ㄱ | ㄱ |
| ל | l | ㄹ/ㄹ-ㄹ | ㄹ/ㄹ-르 | ㄹ |
| מ | m | ㅁ | ㅁ/므 | ㅁ |
| נ | n | ㄴ | ㄴ/느 | ㄴ |
| ס | s | ㅆ | ㅅ/쓰 | ㅅ/쓰 |
| ע | ʿ | ㅇ | - | - |
| פ | p/f | ㅍ | 프/ㅂ | ㅂ |
| צ | ṣ | ㅉ | 쯔 | 쯔 |
| ק | q | ㅋ | ㄱ/ㅋ | ㄱ |
| ר | r | ㄹ | 르 | 르 |
| שׂ | ś | ㅅ | 스 | 스 |
| שׁ | š | 시(+ 모음) | 쉬 | 쉬 |
| ת | t | ㅌ | ㅅ/트 | ㅅ/트 |

מאימתי קורין את שמע בערבית. משעה שהכהנים נכנסים לאכל בתרומת

# 미쉬나

## 제라임
## 농경

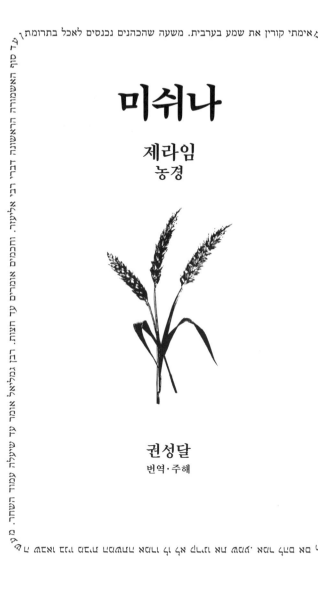

권성달
번역·주해

# 하나님의 복 주심과 한 해 농사짓기[1)]

## • 들어가며

권성달 웨스트민스터신학대학원대학교 신학과 교수

미쉬나는 전체 6개의 쎄데르(전6권)로 이루어져 있으며, 그 첫 번째 가 쎄데르 『제라임』(זרעים)이다. 히브리어로 '제라임'은 '씨앗들'이라는 뜻이다. 씨는 곡물이나 채소 등을 심을 때에 사용하는 식물의 종자를 가리키므로 우리는 이 첫 번째 책이 농사를 짓는 행위와 관련 있음을 그 명칭에서 유추해볼 수 있다.

히브리어 '제라임'의 단수 형태인 '제라'(זרע)는 미쉬나 전체에서 총 45회 나타나는데, 그중 『제라임』에서 무려 30회나 사용된다. 이 단어는 히브리어 성서에서 총 229회 나오는데, 그중 단 한 번만 복수 형태이고 나머지는 모두 단수 형태인 것이 특이하다.

복수형인 '제라임'은 사무엘상 8:15("그가 또 너희의 곡식과 포도원 소산의 십일조를 거두어 자기의 관리와 신하에게 줄 것이며")에서만 사용되었으며, 문맥을 살펴볼 때 경작하여 거둔 '곡식'을 뜻한다.

---

1) 이 부분의 내용은 필자가 「미쉬나 제1권 '제라임': 사람이 떡으로만 살 것이 아니오」(성서와 설교/미쉬나: 유대인과 함께 읽는 성서 02), 『월간 기독교사상』(2), 대한기독교서회, 2019, 99-113쪽에 쓴 글을 바탕으로 수정, 보완한 것이다.

인간의 삶에서 가장 기본적인 것이 먹는 문제가 아닐까? 이러한 측면에서 첫 번째 책으로 『제라임』이 자리 잡은 것은 지극히 자연스러운 일이라 할 수 있다. 『제라임』은 신명기 8:8("밀과 보리의 소산지요 포도와 무화과와 석류와 감람나무와 꿀의 소산지라")에 나오는 이스라엘의 대표적인 7대 농산물을 포함해 땅에서 생산되는 농산물을 주로 취급한다.[2]

『제라임』은 11개의 마쎄켓(부), 74장, 그리고 649개의 미쉬나가 하위 단위로 구성된다. 그런데 『제라임』은 나머지 5개의 쎄데르(제2~6권) 구성과는 다르다. 즉, 5개의 쎄데르가 가장 긴 장부터 시작해 짧은 장의 순서로 배열되어 있는 반면, 『제라임』은 길이와 관계없이 배열된 점이 독특하다. 자세한 구성을 살펴보면 오른쪽 표와 같다.

이러한 구성과 배열은 시대에 따라, 사본과 인쇄본에 따라 약간의 차이가 있다. 무엇보다 특이한 것은 마쎄켓 「브라홋」(기도) 부분이다. 내용을 살펴볼 때 마쎄켓 「페아」(모퉁이)부터 마지막 마쎄켓 「빅쿠림」(첫 열매)까지는 땅의 소산, 나무들, 열매들을 다루기 때문에 '제라임'이라는 주제에 걸맞지만, 「브라홋」은 쉐마 구절의 낭송, 매일 드리는 기도, 그 외 기도문들의 낭송을 다루기 때문에 겉으로 보면 여기에 포함되는 것이 적절해 보이지 않을 수도 있다.

그러나 내용과 구성을 조금만 주의 깊게 살펴보면 「브라홋」이 왜 포함되었는지, 각 장의 분량을 기준으로 배열한 미쉬나의 다른 쎄데르들과 다르게 왜 「브라홋」을 첫머리에 배치했는지 알 수 있다.

첫 번째 쎄데르의 첫 번째 마쎄켓(제1권 제1부) 가장 초두에 이른바 '쉐마' 구절이 등장한다. 히브리어로 '쉐마'란 '들으라'는 뜻이다. 이

---

2) 신명기 8:8에 나오는 일곱 가지 소산물에 대한 보다 자세한 내용은 권성달, 「첫 번째 이야기 7가지 소산물」(성경에 나오는 식물편), 『바이블 투어: 성경 속으로』, 나임, 2021, 370-393쪽을 참조하라.

| 마쎄켓(부) | 제목 | 의미 | 장 수 | 주요 내용 |
|---|---|---|---|---|
| 1 | 브라홋 (ברכות) | 기도 축복 | 9 | 농사가 잘 되려면 하나님의 복 주심이 필연적이므로 하나님께 나아가기 위한 다양한 기도들을 다룬다. |
| 2 | 페아 (פאה) | 모퉁이 | 8 | 수확할 때 가난한 이들, 거류민, 나그네, 고아, 과부 등을 위해 남겨두어야 하는 여러 규정들을 다룬다. |
| 3 | 드마이 (דמאי) | 의심 소산물 | 7 | 백성들이 십일조로 구별해놓은 농산물이나 열매들이 적절한 절차와 규정에 맞는지에 관한 것을 다룬다. |
| 4 | 킬아임 (כלאים) | 혼합 금지 | 9 | 농산물이나 동물들의 이종교배 금지와 털과 아마 섬유를 포함하는 의복의 재료 등에서 섞어서는 안 되는 것을 다룬다. |
| 5 | 슈비잇 (שביעית) | 제7년 안식년 | 10 | 7년마다 땅을 쉬게 해주어야 하는 안식년과 관련된 제반 규정들을 다룬다. |
| 6 | 트루못 (תרומות) | 봉헌물 | 11 | 이스라엘 백성이 자신의 곡물에서 구별하여 제사장에게 주어야 하는 봉헌물과 관련된 제반 규정들을 다룬다. |
| 7 | 마아쎄롯 (מעשרות) | 첫째 십일조 | 5 | 레위인에게 주어야 할 첫째 십일조를 주 내용으로 하고 있으며 십일조로 바칠 수 있는 농산물의 종류 등을 다룬다. |
| 8 | 마아쎄르 쉐니 (מעשר שני) | 둘째 십일조 | 5 | 안식년과 관련된 7년 주기에서 1년째, 2년째, 4년째, 5년째 예루살렘에서 먹어야 하는 십일조에 대해 다룬다. |
| 9 | 할라 (חלה) | 가루반죽 제물 | 4 | 제사장에게 제공해야 하는 가루반죽 제물에 관한 것을 다룬다. |
| 10 | 오를라 (ערלה) | 식용금지 열매 | 3 | 첫 3년 이내에 해당하는 열매의 식용을 금지하는 것이 주 내용으로 나무의 종류 등을 다룬다. |
| 11 | 빅쿠림 (ביכורים) | 첫 열매 | 3 | 수확한 첫 열매를 성전에 바치는 것과 관련된 다양한 규정들을 다룬다. |

는 신명기 6:4("이스라엘아 들으라 우리 하나님 여호와는 오직 유일한 여호와시니")에 나온다. 하나님께서 이스라엘 백성에게 명령하신 말씀이다. 인간의 삶에서 가장 기본이 되는 먹는 문제보다 더 우선적인 사안은 하나님의 말씀을 듣는 것이다. 결국 모든 인간의 삶은 하나님의 말씀을 '들음'에서 출발한다는 것이 미쉬나를 통해 엿볼 수 있는 사상이다.

마쎄켓(제1부) 「브라홋」은 전체 내용이 기도와 관련된 것이어서 '기도'로 번역했지만, 히브리어 '브라홋'의 뜻은 '복'(福)의 복수인 '복들'이다. 즉, '복들'(브라홋)을 주시는 분은 하나님이시다. 음식을 만들기 위해서는 재료가 필요하고 이를 위해 농사를 지어야 한다. 그리고 농사를 잘 지으려면 하나님께서 내려주시는 비의 '복'이 절대적으로 필요하다. 한 해의 농사가 잘되어 음식을 먹을 수 있는 것은 전적으로 하나님의 '복 주심'의 결과이므로 복의 근원이 되시는 하나님께 기도로 나아가야 함을 말해주는 것이 첫 번째 마쎄켓의 전체 주제라 할 수 있다. 또한 기도하는 자의 자세를 이야기해주고 있는데, 바로 하나님을 '경외'하는 것이다. 여기에는 그 어떤 것도 방해 요인이 될 수 없다. 세상에서 가장 높은 지위에 있는 '왕'이 나를 찾더라도, '뱀'이 나의 안전을 위협하더라도 하나님을 경외하는 마음에 흔들림이 있어서는 안 된다는 자세로 기도해야 한다고 말한다.

두 번째부터 열한 번째 마쎄켓(제2~11부)까지는 '농경'과 관련된 다양한 내용을 다룬다. 마쎄켓(제2부) 「페아」는 '모퉁이'라는 뜻으로 추수 때 가난한 이들을 위해 남겨두어야 하는 밭 가장자리 일부를 말한다. 다시 말해, 가난한 이들을 위해 밭의 한구석에 남겨둔 곡식이나 거기에 남겨두는 행위를 의미한다. 이와 관련된 성경구절은 레위기 19:9-10, 23:22, 신명기 24:19-22 등이다.

이 구절에서 언급되는 '가난한 사람', '거류민', '나그네', '고아', '과부' 등은 모두 도움이 필요한 사람들이다. 『제라임』의 실질적인 내용 가운데 도움이 시급한 사람들을 언급한 것에서 유대인들의 결속성과 공동체성을 파악할 수 있다. 유대 공동체에 속하는 한 적어도 먹을 게 없어서 굶어 죽는 일은 없어야 하며, 만일 그러한 일이 발생한다면 유대 공동체의 책임이라는 것이다. 성서 시대는 물론 기원후 70년 예루살렘이 파괴되고 132-135년에 바르 코크바 반란이 일어난 이후 전 세계로 흩어져 디아스포라가 된 유대인들에게 있어서 「페아」의 조항들은 그들을 하나로 묶는 힘의 원천이었을 것이다.

「페아」는 다시 세 부분으로 나뉜다. 1) 추수할 때 의도적으로 남겨 두는 것, 2) 추수하다가 떨어진 이삭들이나 소산물이 있다면 줍지 말고 그냥 두는 것, 3) 추수한 후 잊어버리고 가져오지 않은 것은 다시 가지러 가지 않는 것 등이다.

가난한 이들에게 줄 농산물은 다섯 종류로 나뉜다. 1) 밭의 구석에서 자라난 농작물, 2) 수확하다가 바닥에 떨어뜨린 농작물, 3) 실수로 밭에 두고 온 곡식단, 4) 포도나무에 남은 열매, 5) 첫 수확할 때 아직 익지 않은 포도 열매 등이다.

마쎄켓(제3부) 「드마이」는 백성들이 십일조로 구별해놓은 농산물이나 열매들 가운데 적절한 절차와 적절한 때에 구별해놓은 것이 맞는지, 규정에 어긋나지는 않는지 불확실하거나 의심되는 것들을 가리킨다. 또한 십일조 의무에서 면제될 수 있는 생산품에 대해 다룬다. 이를테면, 1) 일반적인 음식으로 취급되지 않는 생산품(야생무화과, 야생대추, 산사나무 베리, 흰 무화과, 돌무화과, 설익은 대추야자, 회향, 케이퍼), 2) 이스라엘 경계 밖에서 생산된 생산품(예를 들어 이스라엘 밖에서 생산된 쌀은 십일조 의무에서 면제된다), 3) 상업적인 목적으로 공급된 생산품 등이다.

마쎄켓(제4부) 「킬아임」은 두 종류를 섞는 것에 대해 금지하는 내용을 담고 있다. 섞어서는 안 되는 두 종류란 레위기 19:19과 신명기 22:9-11에 기록된 대로 농산물에만 국한되지 않고, 동물의 이종교배나 털과 아마 섬유가 혼합된 의복의 재료에도 적용된다. 곡물과 관련해서 밀과 보리의 씨를 함께 뿌리는 것을 금지하고, 여러 종류의 씨와 나무 등을 같이 심지 말아야 하며(제2장과 제3장), 털과 아마 섬유가 포함된 의복을 입을 수 없는 여러 규정도 다룬다(제9장). 동물과 관련해서 성경에는 다른 종류의 가축만을 언급하지만, 미쉬나에서는 다른 종류의 동물을 구체적으로 열거한다. 늑대와 개, 들개와 자칼, 염소와 사슴, 산염소와 양, 말과 노새, 노새와 당나귀, 당나귀와 들나귀 등이다.

마쎄켓(제5부) 「슈비잇」은 히브리어로 '일곱 번째'라는 뜻으로 7년마다 땅을 쉬게 해야 하는 안식년과 관련된 규정들을 다룬다. 아울러 채무면제 등과 관련된 법과 나라의 재정 문제도 다룬다. 관련 성경구절은 출애굽기 23:11, 레위기 25:1-8, 신명기 15:1-11 등이다.

여섯 번째부터 열한 번째 마쎄켓(제6~11부)까지는 주로 제사장과 레위인에게 주는 제물과 관련된 내용이다.

마쎄켓(제6부) 「트루못」은 히브리어로 '봉헌물'을 뜻하며, 제사장에게 주어야 하는 봉헌물을 가리킨다. 그것은 거룩한 지위를 가지며 정결한 상태에서 제사장만 먹을 수 있다. 관련 성경구절은 레위기 22:10-14, 민수기 18:8-20, 신명기 18:4 등이다. 두 종류의 봉헌물이 있다. 하나는 일반적인 봉헌물로 이스라엘 백성이 자신의 곡물에서 구별하여 제사장에게 주었던 것이며, 다른 하나는 십일조 봉헌물로 레위인들이 그들이 받은 십일조에서 구별하여 제사장에게 주었던 것이다. 여기서는 주로 일반적인 봉헌물에 대해 다루지만, 이 두 종류 봉헌물의 의무사항에 대해서도 상세히 언급한다.

마쎄켓(제7부) 「마아쎄롯」은 '십일조들'이라는 뜻이다. 이어지는 마쎄켓 「마아쎄르 쉐니」(둘째 십일조)와 비교하기 위해 '첫째 십일조'라고도 부른다. 농산물의 1/10은 레위인에게 주어야 한다는 것을 주요 내용으로 하며, 관련 성경구절은 민수기 18:21-24이다. 십일조를 구별해놓는 문제와 더불어 십일조로 구별하기 전에 농산물의 사용을 금지하는 내용도 포함한다. 십일조로 바칠 수 있는 농산물의 종류, 십일조로 바치지 않은 농산물을 먹을 수 있는 경우, 길이나 밭이나 건물에서 발견되는 농산물의 십일조, 보관된 열매의 십일조, 옮겨 심은 식물의 십일조, 십일조의 의무에서 면제되는 여러 종류의 식물 등 다양한 내용을 다룬다.

마쎄켓(제8부) 「마아쎄르 쉐니」는 히브리어로 '둘째 십일조'라는 뜻이다. 안식년과 관련된 7년 주기에서 1년, 2년, 3년, 4년, 5년째 예루살렘에서 먹어야 하는 십일조에 대해 다룬다. 3년째와 6년째의 십일조는 가난한 이를 위한 십일조로 둘째 십일조를 대신하며 가난한 이들에게 주어야 한다. 이와 관련된 성경구절은 신명기 14:22-26이다. 둘째 십일조와 교환한 돈으로 구입할 수 있는 품목이 무엇인지, 십일조를 돈으로 바꾸는 합법적인 절차는 무엇인지, 어떤 품목이 있는지, 어떤 상황에서 다른 화폐로 교환할 수 있는지, 둘째 십일조를 먹을 수 있는 예루살렘의 정확한 경계가 어디까지인지 등을 다룬다.

마쎄켓(제9부) 「할라」는 히브리어로 '가루반죽 제물'을 뜻한다. 제사장에게 제공해야 했던 가루반죽 제물에 대해 다룬다. 할라 의무에 해당하는 것은 밀·보리·스펠트밀·귀리·호밀 다섯 가지다. 이런 종류로 만든 가루반죽을 가지고 할라의 명령을 수행해야 하며, 할라 규정에서 요구하는 최소량을 만들어 제사장에게 가지고 가야 한다. 이와 관련된 성경구절은 민수기 15:18-21이다.

마쎄켓(제10부) 「오를라」는 히브리어로 '할례받지 않은 것'을 뜻하며, 첫 3년 이내에 해당하는 열매의 식용을 금지하는 것이 주요 내용이다. 관련된 성경구절은 레위기 19:23-25이다. 어떤 나무의 종류가 오를라에 해당하는지, 언제 옮겨 심은 것을 오를라로 간주할지, 확인되지 않는 오를라 나무가 다른 나무 사이에서 자란 경우에는 어떻게 오를라 규정을 적용해야 하는지, 오를라와 봉헌물의 혼합적인 생산물은 어떤 규정을 따르는지, 오를라 열매 껍데기로 염색한 의복들을 어떻게 해야 하는지, 언제 염색한 실로 천을 짜서 옷을 만들 수 있는지, 오를라 껍데기를 연료로 사용할 때의 오븐과 음식들은 어떻게 처리해야 하는지 등에 대해 다룬다.

마쎄켓(제11부)「빅쿠림」은 히브리어로 '처음 것들'이라는 뜻이다. 계절의 첫 열매는 화려한 축제행사와 함께 성전으로 가져가야 하며, 특별히 감사를 선포해야 하며, 제사장에게 주어야 한다. 관련 성경구절은 출애굽기 23:19, 신명기 26:1-11이다.

## 참고문헌

Carasik, Michael. 2011. *Mikra'ot Gedolot Numbers & Leviticus*. Philadelphia: The Jewish Publication Society. (Bilingual edition)

Even-Shoshan, Abraham. 2000. *A New Concordance of the Bible, Hamilon Hechadash*. Jerusalem: Kiryat Sefer Publication House. (Written in Hebrew)

Gray, George B. 2001. *The International Critical Commentary Numbers*. Edinburgh: T. & T. Clark.

Jastrow, Marcus. 2004. *A Dictionary of the Targumim, the Talmud Babli and Yerushalmi, and the Midrashic Literature*. Lauwrence, New York: Judaica Press.

Kaddari, Menahem Zevi. 2007. *A Dictionary of Biblical Hebrew*. Ramat Gan: Bar-Ilan University Press. (written in Hebrew)

Kiel, Yehuda. 1988. *Sepher Bamidbar & Vayiqra*. Jerusalem: Mossad Harav Kook. (Written in Hebrew)

Levine, Baruch A. 1993. *The Anchor Bible Commentary Numbers 1-20*. New Haven: Yale University Press.

_____. 1998. *The Anchor Bible Commentary Leviticus 1-16*. New Haven: Yale University Press.

_____. 2000. *The Anchor Bible Commentary Leviticus 17-22*. New Haven: Yale University Press.

_____. 2000. *The Anchor Bible Commentary Numbers 21-36*. New Haven: Yale University Press.

Milgrom, Jacob. 1999. *Numbers & Leviticus, Olam Ha-Tanakh*. Tel-Aviv: Divre Hayamim. (Written in Hebrew)

Segal, M. H(Moses Hirsch). 2001. *A Grammar of Mishnaic Hebrew*. Eugene: Wipf and Stock.

Sokoloff, Michael. 1990. *A Dictionary of Jewish Palestinian Aramaic of the Byzantine period(Dictionaries of Talmud, Midrash, and Targum)*. Ramat Gan: Bar Ilan University Press.

쿱스, 로버트. 권성달 옮김. 『성서 속의 식물들』. 대한성서공회. 2015.

# ברכות

## 1

## 브라홋

### 기도·축복

사람들은 경외하는 마음으로 서서 기도해야 한다. 고대에 경
건한 사람들은 한 시간을 기다린 후 기도했었다. 그들의 마
음이 바른 곳으로 향하도록 하기 위함이었다. 왕이 인사를
하더라도 화답해서는 안 된다. 뱀이 그의 발꿈치에서 맴돌더
라도 중단해서는 안 된다. _「브라홋」 5, 1

# 개요

「브라홋」은 첫 번째 쎄데르(제1권)『제라임』뿐만 아니라 미쉬나 전체에서도 가장 앞에 위치한 마쎄켓(부)으로서 이는 하나님을 향한 이스라엘 백성들의 믿음과 자세가 어떠한지를 반영한다. 우선 그들은 땅에서 나는 모든 생산물을 하나님의 소유라고 인정한다. 그들은 하나님이 인간이 먹는 모든 생산물을 창조하셨음을 고백한다. 미쉬나 첫 번째 쎄데르에서 창세기 1:1("태초에 하나님이 천지를 창조하시니라")의 '창조'라는 단어를 동일하게 사용하여 모든 나무의 과실, 땅의 과실, 포도나무의 과실, 빵, 땅의 열매 등은 모두 하나님께서 창조하신 것임을 분명히 밝히고 있다.

## 제1장

### 1, 1

「브라홋」은 '쉐마'(שמע, 들으라) 기도문을 저녁에 낭송할 때 정확히 언제 드려야 하는지에 관해서 논의한다(신 6:4-9, 11:13-21). 기도문 중 가장 기본적인 것이 '쉐마' 기도이며 하루의 시작은 저녁이라는 점이 잘 드러난다.

---

מֵאֵימָתַי קוֹרִין אֶת שְׁמַע בָּעַרְבִית. מִשָּׁעָה שֶׁהַכֹּהֲנִים נִכְנָסִים לֶאֱכֹל
בִּתְרוּמָתָן, עַד סוֹף הָאַשְׁמוּרָה הָרִאשׁוֹנָה, דִּבְרֵי רַבִּי אֱלִיעֶזֶר. וַחֲכָמִים
אוֹמְרִים, עַד חֲצוֹת. רַבָּן גַּמְלִיאֵל אוֹמֵר, עַד שֶׁיַּעֲלֶה עַמּוּד הַשָּׁחַר. מַעֲשֶׂה
שֶׁבָּאוּ בָנָיו מִבֵּית הַמִּשְׁתֶּה, אָמְרוּ לוֹ, לֹא קָרִינוּ אֶת שְׁמַע. אָמַר לָהֶם,
אִם לֹא עָלָה עַמּוּד הַשָּׁחַר, חַיָּבִין אַתֶּם לִקְרוֹת. וְלֹא זוֹ בִלְבַד, אֶלָּא כָּל
מַה שֶּׁאָמְרוּ חֲכָמִים עַד חֲצוֹת, מִצְוָתָן עַד שֶׁיַּעֲלֶה עַמּוּד הַשָּׁחַר. הֶקְטֵר
חֲלָבִים וְאֵבָרִים, מִצְוָתָן עַד שֶׁיַּעֲלֶה עַמּוּד הַשָּׁחַר. וְכָל הַנֶּאֱכָלִים לְיוֹם אֶחָד,
מִצְוָתָן עַד שֶׁיַּעֲלֶה עַמּוּד הַשָּׁחַר. אִם כֵּן, לָמָּה אָמְרוּ חֲכָמִים עַד חֲצוֹת, כְּדֵי
לְהַרְחִיק אֶת הָאָדָם מִן הָעֲבֵרָה:

---

저녁 [시간] 중 언제 '쉐마'[1) [구절]을 낭송해야 하는가? 제사장이 봉헌물을 먹으러 [성전에] 들어가는 시간부터 첫 번째 야간경비가 끝나는 시간까지이다. 이는 엘리에제르 랍비의 말이다. 다른 랍비들은 자정까지라고 말한다. 감리엘 라반은 동이 틀 때까지라고 말한다. [감리엘 라반의] 아이들이 연회장에서 돌아왔을 때 일어난 일이다. 그들은 [아버지에게] "우리는 아직 '쉐마' [구절]을 낭송하지 않았어요"라고 말했다. 그러자 [아버지가] 아이들에게 말했다. "아직 동이 트지 않았다면 너희는 [쉐마 구절을] 낭송해야 한다."

---

1) 히브리어 '쉐마'는 신명기 6:4 본문을 낭송하며 드리는 기도를 말한다.

이런 경우뿐 아니라 랍비들이 '자정까지'라고 말하는 명령들은 모두 동이 틀 때까지로 해야 한다. 기름과 내장의 제사에 대한 명령은 〔역시〕 동이 틀 때까지로 해야 한다. 먹어야 하는 제물은 모두 하루 내에 처리해야 하며 〔그와 관련된〕 명령은 동이 틀 때까지 〔지켜야 한다〕.

그렇다면 왜 랍비들은 자정까지라고 했는가? 그것은 규정을 어기지 않기 위해서다(레 3:3-5).

- 엘리에제르 랍비는 사람들이 잠들기 전에 쉐마를 낭송해야 한다고 보고, 저녁에 귀가해서 밤 일경(一更)이 되기 전에 기도해야 한다고 말한다. 유대전통은 성전 제의를 기준으로 삼고 밤을 모두 삼경(三更)으로 나누는데 실제 생활에서는 그리스와 로마 전통을 따라 사경(四更)으로 나누었을 것으로 추정한다.
- 다른 랍비들과 감리엘 라반은 다른 의견을 피력하는데 엘리에제르 랍비의 의견에 반대한다기보다는 쉐마 낭송이 그만큼 중요하다는 점을 강조하는 것으로 보인다. 랍비들이 자정까지 완수해야 한다고 가르친 종교적 의무들 중에서 사실 동트기 전까지 지키면 되는 것들을 예로 들면서, 중요한 것은 시간이 아니라 계명을 지키며 사는 생활이라고 설명한다.

## 1, 2
아침이 되어 쉐마 기도를 드리는 시간에 관해 논의한다.

מֵאֵימָתַי קוֹרִין אֶת שְׁמַע בְּשַׁחֲרִית. מִשֶּׁיַּכִּיר בֵּין תְּכֵלֶת לְלָבָן. רַבִּי אֱלִיעֶזֶר אוֹמֵר, בֵּין תְּכֵלֶת לְכַרְתִּי. וְגוֹמְרָהּ עַד הָנֵץ הַחַמָּה. רַבִּי יְהוֹשֻׁעַ אוֹמֵר, עַד שָׁלֹשׁ שָׁעוֹת, שֶׁכֵּן דֶּרֶךְ בְּנֵי מְלָכִים לַעֲמֹד בְּשָׁלֹשׁ שָׁעוֹת. הַקּוֹרֵא מִכָּאן וְאֵילָךְ לֹא הִפְסִיד, כְּאָדָם הַקּוֹרֵא בַּתּוֹרָה:

아침 [시간] 중 언제 '쉐마' [구절]을 낭송해야 하는가? 하늘색과 흰색을 구분할 수 있을 때부터이다. 엘리에제르 랍비는 말한다. 하늘색과 녹색을 [구분할 수 있을 때부터이다]. 해가 뜨기 전에 끝내야 한다.

예호슈아 랍비는 말한다. 왕족들의 [생활] 방식에 따라 일어나는 시간인 제3시까지[2] [쉐마 구절을 낭송할 수 있다]. 제3시 이후에 낭송하더라도 토라를 낭송하는 자와 같이 [규정을] 위반하는 것이 아니다.

- 아침 햇살이 충분히 밝아져서 색깔을 구분할 수 있을 때 쉐마를 낭송하라고 하는 제안은 동일하지만 약간의 이견이 있는데 엘리에제르 랍비가 좀 더 관대한 의견을 제시한다.
- 쉐마 낭송을 마쳐야 하는 시간에 관해서도 이견이 있는데 이번에는 예호슈아 랍비가 매우 관대한 의견을 제시한다. 제한시간이 지나서 기도문을 낭송하면 하나님의 이름을 헛되게 부르는 죄를 범할 수도 있는데 쉐마 기도문은 토라에 기록된 말씀이므로 하나님의 이름을 말해도 죄가 되지 않는다고 설명한다.

## 1, 3

쉐마 기도를 드리는 자세에 관해 논의한다.

בֵּית שַׁמַּאי אוֹמְרִים, בָּעֶרֶב כָּל אָדָם יַטּוּ וְיִקְרְאוּ, וּבַבֹּקֶר יַעַמְדוּ, שֶׁנֶּאֱמַר,
וּבְשָׁכְבְּךָ וּבְקוּמֶךָ. וּבֵית הִלֵּל אוֹמְרִים, כָּל אָדָם קוֹרֵא כְדַרְכּוֹ, שֶׁנֶּאֱמַר
וּבְלֶכְתְּךָ בַדֶּרֶךְ. אִם כֵּן, לָמָּה נֶאֱמַר וּבְשָׁכְבְּךָ וּבְקוּמֶךָ, בְּשָׁעָה שֶׁבְּנֵי אָדָם
שׁוֹכְבִים, וּבְשָׁעָה שֶׁבְּנֵי אָדָם עוֹמְדִים. אָמַר רַבִּי טַרְפוֹן, אֲנִי הָיִיתִי בָא בַדֶּרֶךְ,
וְהִטֵּיתִי לִקְרוֹת, כְּדִבְרֵי בֵית שַׁמַּאי, וְסִכַּנְתִּי בְעַצְמִי מִפְּנֵי הַלִּסְטִים. אָמְרוּ לוֹ,
כְּדַי הָיִיתָ לָחוֹב בְּעַצְמְךָ, שֶׁעָבַרְתָּ עַל דִּבְרֵי בֵית הִלֵּל:

---

샴마이 학파는 말한다. 저녁에는 기대어 〔쉐마를〕 낭송하고 아침에는 서서 낭송해야 한다. "누울 때와 일어날 때"로 말하기 때문이다.[3]

〔그러나〕 힐렐 학파는 말한다. 모든 낭송자는 자기의 방식대로 낭송할 수 있다. 그곳에 "길을 갈 때"라고도 말하기 때문이다. 그렇다면 왜 "누울 때와 일어날 때"를 말하는가? 그것은 사람이 눕는 시간과 일어나는 시간에 〔낭송해야 함을〕 말하는 것이다.

타르폰 랍비는 말한다. "나는 〔저녁에〕 길을 걷고 있었는데 샴마이 학파의 견해대로 기대어 〔쉐마를〕 낭송하여 강도들 앞에서 위험에 처하게 된 적이 있었다."

랍비들이 그에게 말한다. "그것은 당신이 책임져야 한다. 당신이 힐렐 학파의 말을 따르지 않았기 때문이다."

- 샴마이 학파는 토라에 기록된 내용(신 6:7)을 매우 문자적으로 이해했으나, 힐렐 학파는 기도 드리는 자세는 중요하지 않다고 설명했다.
- 타르폰 랍비는 샴마이 학파의 주장을 따르다가 낭패를 당할 뻔했던 일화를 말해주는데 유대전통은 대개 힐렐 학파를 따르고 있다는 점이 잘 드러난다.


1, 4

쉐마 기도를 드리기 전과 후에 낭송하는 기도문에 관해 논의한다.

בַּשַּׁחַר מְבָרֵךְ שְׁתַּיִם לְפָנֶיהָ וְאַחַת לְאַחֲרֶיהָ, וּבָעֶרֶב שְׁתַּיִם לְפָנֶיהָ וּשְׁתַּיִם
לְאַחֲרֶיהָ. אַחַת אֲרֻכָּה וְאַחַת קְצָרָה. מָקוֹם שֶׁאָמְרוּ לְהַאֲרִיךְ, אֵינוֹ רַשַּׁאי
לְקַצֵּר. לְקַצֵּר, אֵינוֹ רַשַּׁאי לְהַאֲרִיךְ. לַחְתֹּם, אֵינוֹ רַשַּׁאי שֶׁלֹּא לַחְתֹּם. וְשֶׁלֹּא

---

3) "네 자녀에게 부지런히 가르치며 집에 앉았을 때에든지 길을 갈 때에든지 누워 있을 때에든지 이 말씀을 강론할 것이며"(신 6:7).

아침에는 〔'쉐마'를 낭송하기〕 전에 〔축복문〕 두 개를 낭송하고 〔쉐마를 낭송한〕 후에 〔축복문〕 하나를 낭송한다.[4] 〔반면〕 저녁에는 〔쉐마를 낭송하기〕 전에 〔축복문〕 두 개를 낭송하고 〔쉐마를 낭송한〕 후에도 〔축복문〕 두 개를 낭송한다. 하나는 긴 〔축복문〕이고 하나는 짧은 〔축복문〕이다. 긴 〔축복문〕을 낭송해야 할 곳에서 짧은 〔축복문〕을 낭송해서는 안 되며 짧은 〔축복문〕을 낭송해야 할 곳에서 긴 〔축복문〕을 낭송해서는 안 된다. 마무리하는 〔축복문을〕 낭송해야 할 곳에서 다른 〔축복문〕을 낭송할 수 없으며 다른 〔축복문〕을 낭송해야 할 곳에서 마무리하는 축복문을 낭송해서는 안 된다.

- 아침에 쉐마를 낭송하기 전에 하나님의 창조를 내용으로 하는 '요쩨르 오르'(יוֹצֵר אוֹר) 기도와 이스라엘에게 토라를 주신 것을 감사하는 '아하밧 올람'(אַהֲבַת עוֹלָם, 스파라디 전통) 또는 '아하바 랍바'(אַהֲבָה רַבָּה, 아슈케나지 전통) 기도를 드린다. 쉐마를 낭송한 후에는 '에멧 베야찌브'(אֱמֶת וְיַצִּיב)와 '고엘 이스라엘'(לְאַרְשֵׁי לְאוֹג) 기도로 마무리한다. 이스라엘을 구원하신 하나님께 감사드린다는 내용이다.
- 저녁에 쉐마를 낭송하기 전에 해를 지게 하신 하나님을 찬송하는 '함마아리브 아라빔'(הַמַּעֲרִיב עֲרָבִים) 기도와 '아하밧 올람' 기도를 드린다. 쉐마를 낭송한 후에는 '에멧 베에무나'(אֱמֶת וֶאֱמוּנָה)와 '고엘 이스라엘' 기도를 드리고, 잠자리에 들면서 평화와 안녕을 비는 '하쉬키베누'(הַשְׁכִּיבֵנוּ) 기도로 마무리한다.
- 기도를 드리는 순서나 기도문의 종류는 이렇게 정해져 있고, 전통에서 벗어나는 방법으로 기도를 드리는 것을 금지하고 있다.

---

4) 문자적으로는 '축복한다'이다.

## 1, 5

쉐마 기도문에 포함시키는 성경구절과 그렇지 않는 구절에 관해 논의한다.

---

מַזְכִּירִין יְצִיאַת מִצְרַיִם בַּלֵּילוֹת. אָמַר רַבִּי אֶלְעָזָר בֶּן עֲזַרְיָה, הֲרֵי אֲנִי כְּבֶן
שִׁבְעִים שָׁנָה, וְלֹא זָכִיתִי שֶׁתֵּאָמֵר יְצִיאַת מִצְרַיִם בַּלֵּילוֹת, עַד שֶׁדְּרָשָׁהּ בֶּן
זוֹמָא, שֶׁנֶּאֱמַר, לְמַעַן תִּזְכֹּר אֶת יוֹם צֵאתְךָ מֵאֶרֶץ מִצְרַיִם כֹּל יְמֵי חַיֶּיךָ. יְמֵי
חַיֶּיךָ, הַיָּמִים. כֹּל יְמֵי חַיֶּיךָ, הַלֵּילוֹת. וַחֲכָמִים אוֹמְרִים, יְמֵי חַיֶּיךָ, הָעוֹלָם הַזֶּה.
כֹּל יְמֵי חַיֶּיךָ, לְהָבִיא לִימוֹת הַמָּשִׁיחַ:

---

〔매일〕 밤마다[5] 이집트에서 나온 것을 상기시켜야 한다. 엘아자르 벤 아자르야 랍비는 말한다. "나는 거의 70세가 되었는데도 벤 조마가 (신명기 16장의) 성경구절을 말하기 전에는 〔왜 매일〕 밤 이집트에서 나온 것을 상기시켜야 하는지 알지 못했다." 〔성경구절에는 이렇게 쓰여 있다〕. "네가 살아 있는 모든 날 동안 이집트 땅에서 네가 나온 날을 기억하기 위해서이다." "네가 살아 있는 날들"이란 '낮'만을 말하는 것이고 "네가 살아 있는 모든 날들"이란 밤들〔을 포함하는 것〕이다. 랍비들은 말한다. 네가 살아 있는 날들이란 이 세상을 말하는 것이고 네가 살아 있는 모든 날들이란 메시아의 날들〔까지 포함하는 것〕이다.

- 미쉬나 시대에 쉐마 기도문은 아침에 낭송하는 부분과 저녁에 낭송하는 부분이 달랐다. 그 이유는 아침에는 옷술을 달라는 구절을 읽고 저녁에는 읽지 않기 때문인데, 잠자리에 들 때는 옷술이 달린 옷을 벗기 때문이다. 그럼에도 불구하고 이집트에서 이스라엘 백성을 탈출시킨 하나님에 대한 구절은 꼭 낭송해야 한다고 강조하고 있다.

---

5) 문자적으로는 '밤들에는'이다.

- 엘라자르 랍비는 벤-조마 랍비의 미드라쉬를 들어 쉐마를 저녁에
  도 낭송해야 하는 이유를 설명하고 있다. 신명기 16:3에 "네 평생에"
  (כל ימי חייך, 네 인생의 모든 날들에)라고 기록된 것은 낮은 물론 밤
  에도 이집트에서 구원하신 하나님을 기억해야 하는 이유이다. 그렇
  지 않았다면 "네 생애에"(ימי חייך, 네 인생의 날들에)라고 기록되었
  을 것이며 아침에만 낭송해도 충분했을 것이다.
- 주제에서 좀 벗어나지만 다른 랍비들은 이 표현이 메시아가 오실 때
  도 쉐마를 낭송해야 한다는 말이라고 주장하며 하나님을 찬송하는
  데 이집트에서 탈출한 사건이 얼마나 중요한지 강조하고 있다.


## 제2장


### 2, 1

기도자의 의도, 기도 드리기의 관계, 그리고 기도문 낭송 중 다른
사람과 인사하는 관습을 다룬다.

---

הָיָה קוֹרֵא בַתּוֹרָה, וְהִגִּיעַ זְמַן הַמִּקְרָא, אִם כִּוֵּן לִבּוֹ, יָצָא. וְאִם לָאו, לֹא יָצָא.
בַּפְּרָקִים שׁוֹאֵל מִפְּנֵי הַכָּבוֹד וּמֵשִׁיב, וּבָאֶמְצַע שׁוֹאֵל מִפְּנֵי הַיִּרְאָה וּמֵשִׁיב,
דִּבְרֵי רַבִּי מֵאִיר. רַבִּי יְהוּדָה אוֹמֵר, בָּאֶמְצַע שׁוֹאֵל מִפְּנֵי הַיִּרְאָה, וּמֵשִׁיב מִפְּנֵי
הַכָּבוֹד, בַּפְּרָקִים שׁוֹאֵל מִפְּנֵי הַכָּבוֹד, וּמֵשִׁיב שָׁלוֹם לְכָל אָדָם:

---

[어떤 사람이] 토라를 읽다가 [쉐마를] 낭송해야 할 시간이 되었다
고 하자.

만일 그 사람의 마음이 [낭송하기로] 결정했다면 그는 의무를 수행
한 것이다. 만일 그렇지 않다면 의무를 수행한 것이 아니다.

[이전 낭송 부분과 다음 낭송 부분 사이의] 쉬는 시간에는 서로 존

중하는 마음으로 인사를 하고 화답할 수 있으며 낭송하는 중에는 서로 경외함으로 인사를 하고 화답할 수 있다고 메이르 랍비는 말한다.

예후다 랍비는 말한다. 낭송하는 중에는 경외함으로 인사를 하고 존중하는 마음으로 화답하며 〔이전 낭송 부분과 다음 낭송 부분 사이의〕 쉬는 시간에는 존중하는 마음으로 인사를 하고 모든 사람에게 화답의 인사를 할 수 있다.

- 쉐마 기도는 정해진 시간에 정해진 방법에 따라 낭송해야 할 제의적 의무에 속한다. 그러나 규정에 따라 기도문을 낭송한 것만으로는 의무를 다했다고 간주할 수 없으니 기도자가 마음속으로부터 기도를 드리겠다는 의도를 가지고 낭송해야만 유효하다.
- 메이르와 예후다 랍비는 쉐마 기도문을 낭송하다가도 서로 존중하고 경외하는 상대를 만나면 인사를 하고 또 그에 답해야 한다고 주장한다. 두 사람은 기도문 하나가 끝나고 다른 기도문으로 넘어가는 쉬는 시간과 기도문을 읽는 도중을 두 가지 다른 경우로 구분한 점에서 다르다. 메이르 랍비는 쉬는 시간에 하는 인사는 서로 존중하는 일반인에게도 할 수 있지만, 기도문 하나를 읽던 도중에 하는 인사는 자신이 두려워해야 할 만큼 신분이 높은 사람에게로 제한하고 있다. 예후다 랍비는 좀 더 관대하게 아무 때나 아무에게나 인사해도 좋다고 설명한다.

### 2, 2
쉐마 기도를 드리는 순서에 관해 논의한다.

---

אֵלּוּ הֵן בֵּין הַפְּרָקִים, בֵּין בְּרָכָה רִאשׁוֹנָה לַשְּׁנִיָּה, בֵּין שְׁנִיָּה לִשְׁמַע, וּבֵין שְׁמַע לִוְהָיָה אִם שָׁמֹעַ, בֵּין וְהָיָה אִם שָׁמֹעַ לְוַיֹּאמֶר, בֵּין וַיֹּאמֶר לֶאֱמֶת וְיַצִּיב. רַבִּי יְהוּדָה אוֹמֵר, בֵּין וַיֹּאמֶר לֶאֱמֶת וְיַצִּיב לֹא יַפְסִיק. אָמַר רַבִּי יְהוֹשֻׁעַ

בֶּן קָרְחָה, לָמָּה קָדְמָה שְׁמַע לִוְהָיָה אִם שָׁמֹעַ, אֶלָּא כְּדֵי שֶׁיְּקַבֵּל עָלָיו
עֹל מַלְכוּת שָׁמַיִם תְּחִלָּה, וְאַחַר כָּךְ יְקַבֵּל עָלָיו עֹל מִצְוֹת. וְהָיָה אִם שָׁמֹעַ
לִוַיֹּאמֶר, שֶׁוְּהָיָה אִם שָׁמֹעַ נוֹהֵג בַּיֹּום וּבַלַּיְלָה, וַיֹּאמֶר אֵינוֹ נוֹהֵג אֶלָּא בַּיֹּום:

[낭송] 부분들 사이라는 말은 다음과 같다.

1) 첫 번째 축복문과 두 번째 축복문 사이.

2) 두 번째 축복문과 쉐마 단락[6] 사이.

3) 쉐마 단락과 '베하야 임샤모아' 단락[7] 사이.

4) '베하야 임샤모아' 단락과 '바요메르' 단락[8] 사이.

5) '바요메르' 단락과 '에메트 베야찌브' 단락[9] 사이.

예후다 랍비는 말한다. '바요메르' 단락과 '에메트 베야찌브' 단락
사이에는 쉬는 시간이 없어도 된다.

예호슈아 벤 카르하 랍비는 말한다.

왜 쉐마 단락이 '베하야 임샤모아' 단락보다 앞에 와야 하는가? 왜
냐하면 사람들은 하늘나라의 멍에를 먼저 받아들이고 그 후에 계명
들에 대한 멍에를 받아들이려 하기 때문이다.

왜 '베하야 임샤모아' 부분이 '바요메르' 부분보다 앞에 와야 하는
가? 왜냐하면 '베하야 임샤모아' 부분은 낮과 밤에도 적용이 되지만
'바요메르' 부분은 낮에만 적용이 되기 때문이다.

- 먼저 이 미쉬나는 쉐마 기도문 사이에 쉬는 부분이 언제인가를 정확
  하게 규정하고 있는데 이런 규정은 첫째 미쉬나에서 다루었던 인사
  하기와 관련된다. 예후다 랍비가 쉐마 기도문과 '에메트 베야찌브'

---

6) 첫 번째 '쉐마' 단락으로 신명기 6:4-9.

7) 두 번째 '쉐마' 단락으로 신명기 11:13-21.

8) 세 번째 '쉐마' 단락으로 민수기 15:37-41.

9) '쉐마' 이후의 축복문.

기도문 사이에 쉬는 시간이 없다고 주장한 이유는 쉐마 기도문 마지막 낱말 두 개와 '에메트 베야찌브' 기도문 첫째 낱말을 연결하면 "오직 여호와는 참 하나님이시요"라는 예레미야 10:10 본문이 되기 때문이다.

- 미쉬나 후반부는 쉐마 기도문에서 신명기 6:4-9, 11:13-21 다음에 민수기 15:37-41 순서로 낭송해야 하는 신학적 이유를 설명한다.

## 2, 3
쉐마 기도문을 낭송하는 목소리에 관해 논한다.

---

הַקּוֹרֵא אֶת שְׁמַע וְלֹא הִשְׁמִיעַ לְאָזְנוֹ, יָצָא. רַבִּי יוֹסֵי אוֹמֵר, לֹא יָצָא. קָרָא
וְלֹא דִקְדֵּק בְּאוֹתִיּוֹתֶיהָ, רַבִּי יוֹסֵי אוֹמֵר יָצָא, רַבִּי יְהוּדָה אוֹמֵר לֹא יָצָא.
הַקּוֹרֵא לְמַפְרֵעַ, לֹא יָצָא. קָרָא וְטָעָה, יַחֲזֹר לִמְקוֹם שֶׁטָּעָה:

---

'쉐마'를 낭송하는 자가 자신이 들을 수 없도록 〔약하게〕 낭송했더라도 그는 의무를 수행한 것이다. 〔하지만〕 요쎄 랍비는 말한다. 그는 의무를 수행하지 못한 것이다.

만일 낭송자가 글자 하나하나를 정확하게 발음하지 않았다면 요쎄 랍비는 그가 의무를 수행한 것이라고 했으나, 예후다 랍비는 그가 그의 의무를 수행하지 못한 것이라고 말했다.

만일 낭송자가 잘못된 순서로 '쉐마'를 낭송했다면 의무를 수행하지 못한 것이다.

만일 실수했다면 실수한 부분으로 돌아가서 낭송을 해야 한다.

- 쉐마 기도문을 낭송할 때 목소리가 얼마나 커야 하는지, 발음은 얼마나 분명해야 하는지, 순서나 읽기에 실수가 있으면 어떻게 해야 하는지를 논하고 있으며 랍비들에 따라 이견이 존재한다.

- 분명하게 소리내어 낭송해야 의무를 수행한 것으로 간주한다는 요 쎄 랍비의 말은 '들으라'(שמע, 쉐마)라는 명령을 문자적으로 해석한 것으로 보인다.

## 2, 4

쉐마 기도문을 낭송하는 장소에 관해 논의한다.

---

הָאָמָּנִין קוֹרִין בְּרֹאשׁ הָאִילָן אוֹ בְּרֹאשׁ הַנְּדְבָּךְ, מַה שֶּׁאֵינָן רַשָּׁאִין לַעֲשׂוֹת כֵּן בַּתְּפִלָּה:

---

노동자는 기도문을 낭송해서는 안 되는 나무 위에서나 벽돌로 쌓은 벽 위에서도 〔'쉐마'를〕 낭송할 수 있다.

- 일반적인 기도문은 나무 위나 벽 위에서 낭송할 수 없는데 이 규정 은 아미다(עמידה, 쉬모네 에쓰레＝18) 기도문을 가리킨다. 그 이유 는 아미다 기도가 훨씬 길어서 안전한 땅에서 집중을 해야 하고, 쉐 마 기도문은 토라에 기록되어 있어서 변형시킬 가능성이 적기 때문 이다.

## 2, 5

기도에 집중하기 어려운 새신랑에 관해 논의한다.

---

חָתָן פָּטוּר מִקְּרִיאַת שְׁמַע בַּלַּיְלָה הָרִאשׁוֹן עַד מוֹצָאֵי שַׁבָּת, אִם לֹא עָשָׂה מַעֲשֶׂה. מַעֲשֶׂה בְּרַבָּן גַּמְלִיאֵל שֶׁקָּרָא בַּלַּיְלָה הָרִאשׁוֹן שֶׁנָּשָׂא. אָמְרוּ לוֹ תַּלְמִידָיו, לֹא לִמַּדְתָּנוּ, רַבֵּנוּ, שֶׁחָתָן פָּטוּר מִקְּרִיאַת שְׁמַע בַּלַּיְלָה הָרִאשׁוֹן. אָמַר לָהֶם, אֵינִי שׁוֹמֵעַ לָכֶם לְבַטֵּל מִמֶּנִּי מַלְכוּת שָׁמַיִם אֲפִלּוּ שָׁעָה אֶחָת:

---

신랑은 첫날밤을 치르지 않았다면 첫날밤에서 안식일이 끝나는

〔토요일 저녁〕까지 '쉐마'에 대한 낭송 의무에서 제외된다.

감리엘 라반은 결혼한 첫날밤에 〔쉐마를〕 낭송했다. 그의 제자들이 그에게 말했다. "랍비 선생님,[10] 신랑은 첫날밤 '쉐마'에 대한 낭송 의무에서 제외된다고 우리에게 가르치지 않으셨습니까?"

그가 그들에게 말했다. "나는 내가 잠시라도[11] 하늘나라의 〔멍에에서〕 벗어날 것이라는 너희의 말에 귀를 기울이지 않을 것이네."[12]

- 처녀와 결혼하는 남자는 넷째 날 즉 수요일에 결혼한다(「케투봇」 1, 1). 만약 신부가 처녀가 아니라고 의심할 경우 재판소로 가야 하는데 재판소는 둘째와 다섯째 날에 열기 때문이다. 그러므로 첫날밤을 치를 생각에 기도를 드리겠다는 의도에 집중할 수 없는 새신랑은 넷째 날 저녁부터 안식일이 끝나는 토요일 저녁까지 나흘 동안 쉐마 기도문을 낭송하는 의무에서 면제된다. 안식일이 지나면 첫날밤을 치렀는지 여부와 상관없이 일상의 의무를 수행해야 한다.
- 감리엘 랍비는 신랑이 쉐마 기도문 낭송 의무에서 면제받는다는 규정이 선택사항임을 강조하고 있다.

### 2, 6

문맥에 어울리지 않아 보이지만 위의 다섯째 미쉬나에 이어서 감리엘 랍비가 일반적인 율법 규정과 다르게 행동했던 이야기들을 모아서 열거하고 있다.

---

10) 문자적으로는 '우리 랍비님'이다.
11) 문자적으로는 '한 시간조차도'이다.
12) 신랑이 '쉐마'에 대한 낭송을 하기 원하는 경우 낭송할 수 있다는 의미다.

רָחַץ לַיְלָה הָרִאשׁוֹן שֶׁמֵּתָה אִשְׁתּוֹ. אָמְרוּ לוֹ תַּלְמִידָיו, לֹא לִמַּדְתָּנוּ, רַבֵּנוּ,
שֶׁאָבֵל אָסוּר לִרְחֹץ. אָמַר לָהֶם, אֵינִי כִּשְׁאָר כָּל אָדָם, אִסְטְנִיס אָנִי:

그는(감리엘 라반은) 그의 아내가 죽은 첫날밤 몸을 씻었다. 그의
제자들이 그에게 말했다.

"랍비 선생님, 애곡하는 자는 몸을 씻어서는 안 된다고 우리에게 가
르치지 않으셨습니까?"

그가 그들에게 말했다. "나는 다른 사람들과는 다르네. 나는 유약한
사람이야."

- 애곡하는 자들은 처음 이레 동안(שבעה, 쉬바) 몸을 씻지 않는다. 그
  러나 감리엘 랍비는 이 관습을 지키지 않는다. 역시 애곡과 관련된
  규정이 제의적 의무가 아니라 선택사항임을 보여준다.

## 2, 7

감리엘 랍비가 율법 규정을 따르지 않았던 또 다른 예다.

וּכְשֶׁמֵּת טָבִי עַבְדּוֹ, קִבֵּל עָלָיו תַּנְחוּמִין. אָמְרוּ לוֹ תַּלְמִידָיו, לֹא לִמַּדְתָּנוּ רַבֵּנוּ,
שֶׁאֵין מְקַבְּלִין תַּנְחוּמִין עַל הָעֲבָדִים. אָמַר לָהֶם, אֵין טָבִי עַבְדִּי כִּשְׁאָר כָּל
הָעֲבָדִים, כָּשֵׁר הָיָה:

[감리엘은] 그의 종 타비가 죽었을 때 감리엘은 그에 대한 조문을
받았다. 그의 제자들이 그에게 말했다.

"랍비 선생님, 종을 위한 조문은 받지 않아야 한다고 우리에게 가르
치지 않으셨습니까?"

그가 그들에게 말했다. "내 종 타비는 다른 종들과는 다르네. 그는
[조문을] 받을 만한 사람이야[13]."

- 감리엘 랍비의 종 타비는 장막절 규정을 잘 알고 처신했던 사람으로 전해진다(「쑤카」2, 1).

## 2, 8

언급한 다섯째 미쉬나(2, 5)에 관해서 후대 랍비들이 토론한다.

---

חָתָן אִם רָצָה לִקְרוֹת קְרִיאַת שְׁמַע לַיְלָה הָרִאשׁוֹן, קוֹרֵא. רַבָּן שִׁמְעוֹן בֶּן
גַּמְלִיאֵל אוֹמֵר, לֹא כָל הָרוֹצֶה לִטּוֹל אֶת הַשֵּׁם יִטּוֹל:

---

만일 신랑이 첫날밤 '쉐마'에 대한 낭송을 하기 원한다면 낭송할
수 있다. 시므온 벤 감리엘 라반이 말했다. "신의 의무를[14] 이행하고
싶다고 해서 모두 다 이행하는 것은 아니다."

- 이 미쉬나의 전반부는 감리엘 랍비의 행동을 근거로 삼고, 원한다면
  첫날밤에도 쉐마를 낭송할 수 있다고 주장한다. 그러나 감리엘 랍비
  의 아들인 쉼온 랍비는 이에 반대하며 자신의 부친은 예외적인 경우
  였고 누구나 자기 부친처럼 행동해서는 안 된다고 반박한다. 감리엘
  랍비는 율법 규정을 관대하게 해석해서 특별한 경우에는 자기에 맞
  게 변형시킬 수 있다고 생각했지만, 그의 아들은 율법 규정을 더 엄
  격하게 해석해서 예외없이 규정에 따라 행동해야 한다고 주장한 것
  이다.

---

13) 문자적으로는 '그는 코셔(kosher)였어'이다.
14) 문자적으로는 '그 이름을'이다.

제3장

3, 1

쉐마 기도문을 낭송할 의무에서 면제되는 경우로 장례 절차를 시행하는 자들이 있다.

---

מִי שֶׁמֵּתוֹ מוּטָל לְפָנָיו, פָּטוּר מִקְרִיאַת שְׁמַע, מִן הַתְּפִלָּה וּמִן הַתְּפִלִּין.
נוֹשְׂאֵי הַמִּטָּה וְחִלּוּפֵיהֶן וְחִלּוּפֵי חִלּוּפֵיהֶן, אֶת שֶׁלִּפְנֵי הַמִּטָּה וְאֶת שֶׁלְּאַחַר
הַמִּטָּה, אֶת שֶׁלַּמִּטָּה צֹרֶךְ בָּהֶן פְּטוּרִים, וְאֶת שֶׁאֵין לַמִּטָּה צֹרֶךְ בָּהֶן חַיָּבִין.
אֵלּוּ וָאֵלּוּ פְּטוּרִים מִן הַתְּפִלָּה:

---

어떤 사람의 [친척이] 죽었는데 아직 매장하지 않았다면[15] 그는 '쉐마'와 [다른] 기도문을 낭송하고 테필린을 착용할 의무에서 제외된다.

관을 옮기는 자들, 처음으로 교체하는 자들, 다음 교체자들, 관 앞에 가든지 관 뒤에 가든지 상관없이 관을 옮기는 데 필요한 자들은 [모두 쉐마를 낭송할 의무에서] 제외된다. 그러나 관을 [직접] 옮기지 않아도 되는 자들은 [쉐마를 낭송할] 의무가 있다.

그들은 모두 기도문을 낭송할 의무에서 면제된다.

- 직계가족이 죽었다는 소식을 들을 때부터 그 시체를 땅에 묻을 때까지 장례절차를 시행해야 하는 자들은 쉐마 기도와 '아미다' 기도문을 낭송할 의무와 테필린을 착용할 의무에서 면제된다. 시체와 접촉하며 장례를 치러야 하기 때문에 일상생활과 관련된 의무에서 면제된다는 논리이다.

- 시체를 얹은 상여를 매는 자들도 쉐마 기도문을 낭송할 의무에서 면

---

15) 문자적으로는 '그 앞에 놓여 있다면'이다.

제되며 상여를 직접 지지 않아도 되는 자들은 걸으면서라도 쉐마 기
도문을 낭송할 수 있다.

- 상여를 직접 매는 자와 그렇지 않은 자가 모두 '아미다' 기도문을 낭
  송할 의무에서 면제되는데 기도문이 길기 때문에 정식으로 자리를
  잡고 집중해야 하기 때문이다.

### 3, 2

장례식에 참석한 상황을 계속해서 논의한다.

---

קָבְרוּ אֶת הַמֵּת וְחָזְרוּ, אִם יְכוֹלִין לְהַתְחִיל וְלִגְמֹר עַד שֶׁלֹּא יַגִּיעוּ לַשּׁוּרָה,
יַתְחִילוּ. וְאִם לָאו, לֹא יַתְחִילוּ. הָעוֹמְדִים בַּשּׁוּרָה, הַפְּנִימִים פְּטוּרִים,
וְהַחִיצוֹנִים חַיָּבִין:

---

죽은 자를 장례하고 돌아왔을 때 만일 [조문] 행렬에 이르기 전에
['쉐마' 낭송을] 시작하고 마칠 수 있다면 그는 [쉐마 낭송을] 시작해
야 한다. 만일 그렇지 않다면 낭송할 필요가 없다.

만일 [조문] 행렬에 서 있는 경우, [행렬] 가운데 있다면 [쉐마를 낭
송할 의무에서] 면제되지만, [행렬] 밖에 서 있는 경우 [낭송을] 해야
만 한다.

- 이 미쉬나는 시체를 무덤에 묻고 돌아와 유가족들을 위로하기 위해
  서 차례로 줄을 서는 상황을 전제하고 있다. 만약 조문 행렬에 서기
  전에 쉐마 기도문을 낭송할 수 있다면 시작하되, 그럴 만한 시간이
  없으면 조문을 끝내고 시작하는 것이 좋다는 의견이다.
- 좀 더 엄격한 다른 의견으로는 조문 행렬 안쪽에 서서 실제로 유가
  족을 볼 수 있는 사람과 아직 행렬 바깥쪽에 서 있어서 아무도 볼 수
  없는 사람을 구분해야 한다는 주장도 남아 있다.

**3, 3**

쉐마 기도문을 낭송하지 않아도 되는 사람들이 더 있는데 그런 사람들의 경우를 자세히 논의한다.

---

נָשִׁים וַעֲבָדִים וּקְטַנִּים פְּטוּרִין מִקְּרִיאַת שְׁמַע וּמִן הַתְּפִלִּין, וְחַיָּבִין בִּתְפִלָּה
וּבִמְזוּזָה, וּבְבִרְכַּת הַמָּזוֹן:

---

여자들과 종들과 연소자들은[16] '쉐마' 낭송과 테필린 착용 의무에서 면제된다. 하지만 그들은 기도문과 메주자[17]와 식사 축복문은 의무적으로 행해야 한다.

- 유대 전통에 따르면 여자들과 종들과 연소자들은 시간제한이 있는 긍정적 율법으로부터 면제되지만, 시간제한이 없는 긍정적 율법과 부정적 율법 규정은 준수해야 한다고 한다. 다른 규정들은 이 논리로 다 설명할 수 있지만, '아미다' 기도문을 낭송할 의무는 이 논리로 설명할 수 없다. 1) 굳이 이 논리를 적용하자면 아침 '아미다' 기도문을 낭송할 시간을 놓쳐도 점심 '아미다' 시간이 있고 또 저녁 '아미다' 시간도 있기 때문에 이런 식으로 말할 수 있었을 것으로 짐작할 수 있다. 2) 기도문이 시간제한이 있는 긍정적인 율법규정이지만, 여성과 종과 연소자들도 기도하면서 신의 자비를 구해야 하기 때문에 의무로 간주했다고 볼 수도 있다.
- 자유로운 성인 남자에 비교할 때 자기 삶을 충분히 제어할 능력이나 책임이 없는 여자들과 종들과 연소자들이 일정한 율법규정을 지킬 의무에서 면제된다는 사실에서 제의적 의무가 사회적·종교적 특권

---

16) 율법을 지킬 의무가 없는 이들을 가리킨다.
17) 메주자(Mezuzah)란 문설주에 붙이는 긴 상자를 말한다.

에 맞추어 따라온다는 개념을 볼 수 있다.

## 3, 4

설정한 자는 몸을 물로 씻어야 하며 저녁까지 부정하다는 규정은
있지만(레 15:16) 다른 제한조건들은 토라에 기록되어 있지 않다. 이
미쉬나는 이런 설정한 자들이 기도를 드리는 의무와 어떤 관련이 있
는지 논의한다.

---

בַּעַל קֶרִי מְהַרְהֵר בְּלִבּוֹ וְאֵינוֹ מְבָרֵךְ, לֹא לְפָנֶיהָ וְלֹא לְאַחֲרֶיהָ. וְעַל הַמָּזוֹן
מְבָרֵךְ לְאַחֲרָיו, וְאֵינוֹ מְבָרֵךְ לְפָנָיו. רַבִּי יְהוּדָה אוֹמֵר, מְבָרֵךְ לִפְנֵיהֶם
וּלְאַחֲרֵיהֶם:

---

설정한 자는[18] 마음속으로 ['쉐마'를] 낭송할 것이며 ['쉐마'] 전이
나 후에 있는 축복문을 낭송해서는 안 된다. 식사 축복문은 식사 전에
는 허용되지 않으며 식사 후에 허용된다.

[하지만] 예후다 랍비는 ['쉐마'] 전이나 후에 있는 축복문을 낭송할
수 있다고 말한다.

- 설정한 자들은 토라 공부에 참여할 수 없다는 규정은 '에스라의 법
  령'으로 알려져 있다. 이 규정을 확대해석하여 쉐마 기도문을 들리
  지 않게 마음속으로 낭송해야 한다든가 쉐마 기도문 이전과 이후에
  드리는 축복문을 낭송하면 안 된다고 규정한 것은 후대 '랍비들의
  법령'이다. 이런 규정들은 성행위에 지나치게 집착하지 않도록 하기
  위한 목적으로 강화되었다고 하는데 이미 탈무드 시대에도 잘 지켜
  지지 않았다고 한다(탈무드 「바바 캄마」 82a, 82b).

---

18) 이 설정한 자(בעל קרי, 바알 케리)란 직역하면 '어떤 일이 일어난 자'이지만 전
통적으로 정액을 흘렸거나 부정한 침대를 사용한 자를 가리킨다(레 15:16).

- 식사 기도와 관련된 규정은 토라에 증거 구절이 있다고 믿는데 "네가 먹어서 배부르고 네 하나님 여호와께서 옥토를 네게 주셨음으로 말미암아 그를 찬송하리라"라고 기록하였기 때문이다(신 8:10). 그러므로 랍비들의 법령으로는 이 규정을 취소시킬 수 없다.
- 예후다 랍비는 다른 랍비들의 설명에 반대한다.


3, 5

전반부는 계속해서 설정한 자들의 경우를 논하고 있으나, 후반부는 더러운 물에 관한 논의로 문맥이 바뀐다.

---

הָיָה עוֹמֵד בִּתְפִלָּה, וְנִזְכַּר שֶׁהוּא בַעַל קֶרִי, לֹא יַפְסִיק, אֶלָּא יְקַצֵּר. יָרַד
לִטְבֹּל, אִם יָכוֹל לַעֲלוֹת וּלְהִתְכַּסּוֹת וְלִקְרוֹת עַד שֶׁלֹּא תָנֵץ הַחַמָּה, יַעֲלֶה
וְיִתְכַּסֶּה וְיִקְרָא. וְאִם לָאו, יִתְכַּסֶּה בַּמַּיִם וְיִקְרָא. אֲבָל לֹא יִתְכַּסֶּה, לֹא בַּמַּיִם
הָרָעִים וְלֹא בְמֵי הַמִּשְׁרָה, עַד שֶׁיַּטִּיל לְתוֹכָן מָיִם. וְכַמָּה יַרְחִיק מֵהֶם וּמִן
הַצּוֹאָה, אַרְבַּע אַמּוֹת:

---

기도문을 낭송하면서 서 있는 자가 설정한 것이 기억날 경우에는 [낭송을] 중단하지 말고 짧게 해야 한다.

만일 씻으려고 내려갔는데 해가 뜨기 전에 올라와서 옷을 입고 낭송할 수 있다면 올라와서 옷을 입고 낭송해야 한다. 만일 그렇게 할 수 없다면 물 속에서 옷을 입고 낭송해야 한다.

하지만 더러운 물이나 [아마 천을] 담그는 물에서는 [깨끗한] 물을 붓지 않는 한 옷을 입어서는 안 된다.

그러면 그것들(더러운 물이나 아마 천을 담그는 물)과 오물로부터 얼마나 떨어져야 하는가? 4아마다.


- 어떤 사람이 일어서서 '아미다' 기도문을 낭송하고 있는데 갑자기

자신이 설정한 자라는 점과 아직 정결례를 행하지 않았다는 사실이 기억났다면 설정한 자는 기도를 드릴 수 없다는 '에스라의 법령'이 있기는 하지만 하던 기도를 멈추면 안 되고 대신 짧게 줄여서 낭송을 마쳐야 한다.

- 쉐마 기도문을 낭송하기 전에 정결례장에 내려갔는데 시간이 충분하여 정결례장에서 올라와 옷을 챙겨 입었다면 아무런 문제가 없겠으나, 그럴 만한 시간이 없다면 그냥 그 자리에서 쉐마 기도문을 낭송하면 된다. 시간제한 규정을 지키는 것이 더 중요하다.

- 더러워서 악취가 나는 물 속에 서서 쉐마 기도문을 낭송할 수는 없으며 깨끗한 물을 첨가하여 냄새가 나지 않는다면 가능하다. 여의치 않으면 4아마(약 1.8미터)만큼 떨어져서 기도문을 낭송해야 한다.

## 3, 6

이미 부정해진 자들의 기도 의무에 관해 논의한다.

---

זָב שֶׁרָאָה קֶרִי, וְנִדָּה שֶׁפָּלְטָה שִׁכְבַת זֶרַע, וְהַמְשַׁמֶּשֶׁת שֶׁרָאֲתָה נִדָּה, צְרִיכִין טְבִילָה, וְרַבִּי יְהוּדָה פּוֹטֵר:

---

설정한 유출병자와[19] 월경 중인데 유출하는 여자와[20] 성행위를 하는 도중에 월경이 시작된 여자는 [정결례장에서] 씻어야 한다. 예후다 랍비는 씻을 필요가 없다고 한다.

---

19) "유출병이 있는 자는 그의 유출이 깨끗해지거든 그가 정결하게 되기 위하여 이레를 센 후에 옷을 빨고 흐르는 물에 그의 몸을 씻을 것이라. 그러면 그가 정하리니"(레 15:13).
20) "어떤 여인이 유출을 하되 그의 몸에 그의 유출이 피이면 이레 동안 불결하니 그를 만지는 자마다 저녁까지 부정할 것이요"(레 15:19).

- 유출병자와 월경하는 여자는 이레 동안 부정하며 정결례장에서 몸을 씻어야 한다. '에스라의 법령'에 따르면 정액과 접촉했던 사람은 토라 공부와 기도하는 데에도 제한을 받는다. 유출병자와 월경하는 여자도 그런 경우에 해당한다는 논리이다.
- 예후다 랍비는 정결례를 행해도 이런 자들은 곧바로 정결해지지 않으므로 씻을 필요가 없다고 주장했다.

## 제4장

### 4, 1

「브라홋」 제4-5장은 랍비 유대교에서 가장 중요한 제의인 '아미다' 또는 '쉬모네 에쓰레' 기도문을 다룬다(기도문 18개를 하나로 엮은 것으로 후대에 하나가 더해져 실제 19가지 기도문이다). 이 기도문이 언제 확정되었는지 역사적으로 딱 잘라 말할 수는 없으나, 제2성전이 파괴된 이후에 현재와 같은 형태로 형성되었을 것으로 추정한다. 랍비 유대교에서는 이 기도문을 그냥 '테필라' 즉 '기도'라고 부르고 있으며 하루에 세 번 이 기도문을 낭송한다. 하나님을 찬양하는 기도문(3개), 하나님께 비는 소원(13개), 하나님께 감사하는 기도문(3개)으로 구성된다. 첫째 미쉬나는 하루에 세 번 기도하는 일에 관해 논의하고 있다.

---

תְּפִלַת הַשַּׁחַר, עַד חֲצוֹת. רַבִּי יְהוּדָה אוֹמֵר, עַד אַרְבַּע שָׁעוֹת. תְּפִלַּת הַמִּנְחָה עַד הָעֶרֶב. רַבִּי יְהוּדָה אוֹמֵר, עַד פְּלַג הַמִּנְחָה. תְּפִלַּת הָעֶרֶב אֵין לָהּ קֶבַע. וְשֶׁל מוּסָפִין כָּל הַיּוֹם. רַבִּי יְהוּדָה אוֹמֵר, עַד שֶׁבַע שָׁעוֹת:

---

아침 기도는 정오까지 해야 한다. 예후다 랍비는 말한다. 〔아침 기

도는] 제4시까지 해야 한다.[21] 오후 기도는 저녁까지 해야 한다.[22] 예
후다 랍비는 말한다. [오후 기도는] 오후 중간 시간까지 해야 한다.[23]
저녁 기도는 정해진 시간이 없다. 추가 기도는 낮 시간 중 언제든 할
수 있다. 예후다 랍비는 말한다. 제7시까지 해야 한다.[24]

- 아침에 '아미다' 기도문을 낭송할 때는 정오가 되기 전에 마쳐야 한
  다. 쉐마 기도문은 해가 뜨기 전에 마쳐야 하므로 두 제의 사이에 상
  당한 시간 차가 존재한다. 예후다 랍비의 의견은 물론 좀 다르다.
- 오후는 제9시 반경에 시작하고 제12시까지 지속된다. 오후 기도는
  이 시간 중에 마쳐야 한다. 예후다 랍비를 따를 경우 제10시 3/4경까
  지 마쳐야 한다.
- 저녁 기도에는 시간제한이 없다.
- 아침, 점심과 저녁 기도 이외에 또 한 번 기도를 드린다면(מוסף, 무
  쌉) 그것은 안식일과 월초와 명절 때일 것이다. 이 기도는 언제나 드
  려도 좋고, 예후다 랍비를 따른다면 제7시까지 마쳐야 한다.

### 4, 2
네훈야 벤 하카나 랍비와 관련된 일화를 소개한다.

---

21) '제4시'는 오전 10시경을 말한다.
22) "나의 기도가 주의 앞에 분향함과 같이 되며 나의 손 드는 것이 저녁 제사 같이
    되게 하소서"(시 141:2). "저녁 제사를 드릴 때에 내가 근심 중에 일어나서 속
    옷과 겉옷을 찢은 채 무릎을 꿇고 나의 하나님 여호와를 향하여 손을 들고"(스
    9:5).
23) 정오부터 해 지는 시간까지 가운데 중간 시간을 말한다.
24) '제7시'는 오후 1시경을 말한다.

רַבִּי נְחוּנְיָא בֶּן הַקָּנָה הָיָה מִתְפַּלֵּל בְּכְנִיסָתוֹ לְבֵית הַמִּדְרָשׁ וּבִיצִיאָתוֹ תְּפִלָּה
קְצָרָה. אָמְרוּ לוֹ, מַה מָּקוֹם לִתְפִלָּה זוֹ. אָמַר לָהֶם, בְּכְנִיסָתִי אֲנִי מִתְפַּלֵּל
שֶׁלֹּא תֶּאֱרַע תַּקָּלָה עַל יָדִי, וּבִיצִיאָתִי אֲנִי נוֹתֵן הוֹדָיָה עַל חֶלְקִי:

네훈야 벤 하카나 랍비는 학교로 들어갈 때와 나갈 때 짧은 기도를 했었다. "그 기도의 내용이 무엇입니까?"라고 [사람들이] 그에게 물었다. 그가 그들에게 말했다. "들어갈 때 나는 나 때문에 잘못된 일이 일어나지 않기를 기도하고, 나갈 때 나는 내가 받은 몫에[25] 대해 감사 기도를 한다."

- 네훈야 랍비가 학교에 들어갈 때와 나올 때 드렸다는 기도문은 탈무드에 더 자세하게 남아 있다(탈무드 「브라홋」 28b).
- "우리의 랍비들이 가르치시기를, [학교에] 들어갈 때는 무엇이라고 말하는가? 오 주 나의 하나님이여, 당신의 뜻대로 이루어지기를! 나 때문에 아무런 사고도 일어나지 말게 해주시고, 내가 할라카와 관련된 실수를 하여 내 동료들이 비웃지 않도록 해주시고, 내가 부정한 것을 정결하다고 또는 정결한 것을 부정하다고 하지 않게 해주시고, 내 동료들이 할라카와 관련된 실수를 하여 내가 그들을 비웃지 않게 해주소서. [학교를] 나올 때는 무엇이라고 말하는가? 오 주 나의 하나님이여, 당신께 감사하나이다! 당신께서 내가 학교에 앉아 있는 자들과 함께 할 수 있도록 해주셨고, 길거리에 앉아 있는 자들과 함께 하지 않도록 해주셨습니다. 나도 일찍 일어나고 그들도 일찍 일어나지만, 나는 토라의 말씀을 위해 일찍 일어나고 그들은 경솔한 말을 하기 위해서 일찍 일어납니다. 나도 일하고 그들도 일하지만, 나는 일하고 보상을 받고 그들은 일해도 보상을 받지 못합니다. 나

---

25) 원문에는 '나의 분깃'으로 되어 있다.

도 뛰고 그들도 뛰지만, 나는 다가올 세상에서 생명을 얻기 위해 뛰고 그들은 멸망의 구렁텅이로 뜁니다."

• 물론 탈무드가 더 후대의 저작이므로 탈무드 본문을 기초로 미쉬나 본문을 재구성할 수는 없으나, 랍비 유대교 내부에서 이 일화가 어떤 식으로 전통으로 확립되었는지 확인할 수는 있다.

## 4, 3

다음 미쉬나와 함께 정해진 시간에 정해진 기도문을 낭송하는 제의적 관습에 관해 논의한다.

---

רַבָּן גַּמְלִיאֵל אוֹמֵר, בְּכָל יוֹם מִתְפַּלֵּל אָדָם שְׁמֹנֶה עֶשְׂרֵה. רַבִּי יְהוֹשֻׁעַ אוֹמֵר, מֵעֵין שְׁמֹנֶה עֶשְׂרֵה. רַבִּי עֲקִיבָא אוֹמֵר, אִם שְׁגוּרָה תְפִלָּתוֹ בְּפִיו, יִתְפַּלֵּל שְׁמֹנֶה עֶשְׂרֵה. וְאִם לָאו, מֵעֵין שְׁמֹנֶה עֶשְׂרֵה:

---

감리엘 라반은 말한다. 매일 '쉬모네 에쓰레' 기도를 해야 한다. 예호슈아 랍비는 말한다. '쉬모네 에쓰레' 기도 중 핵심내용만[26] 하면 된다. 아키바 랍비는 말한다. 기도가 그의 입에 익었다면 '쉬모네 에쓰레' 기도를 다해야 하고, 그렇지 않으면 '쉬모네 에쓰레' 중 핵심내용만 하면 된다.

• 감리엘 라반(?-52)은 당시 유대 공동체의 지도자였고 정해진 시간에 정해진 기도문을 낭송하는 제의적 관습을 확립하려는 주체로 묘사되었다. 그에 따르면 모든 사람이 하루에 세 번씩 정해진 기도문 18개를 낭송해야 한다.

• 예호슈아 랍비(50-131)는 반대하며 상대적으로 짧은 기도문을 낭

---

26) 시작 기도와 끝 기도와 같이 짧은 기도를 말한다.

송하는 것으로 충분하다고 주장하는데 이 견해는 전통적으로 두 가지로 해석한다. 일단 기도문 열여덟 개 중에서 처음 나오는 찬송기도 세 개와 마지막 감사기도 세 개는 언제든지 꼭 낭송해야 한다. 중간에 소원을 비는 기도문 열세 개는, 첫째, 짧게 줄인 문장으로 모두 낭송하거나, 둘째, 모든 소원을 다 하나로 합쳐서 기도문 하나로 낭송한다는 것이다.

● 아키바 랍비(50-135)는 둘 사이를 중재하며 개인의 능력에 따라 기도문의 길이를 조정할 수 있다고 주장한다. 이런 논의가 실제로 벌어졌는지 알 수는 없지만, 랍비 유대교의 제의가 확립되는 과정을 상징적으로 보여주고 있다.

### 4, 4
위의 셋째 미쉬나에 이어서 기도 방법에 관해 논의한다.

---

רַבִּי אֱלִיעֶזֶר אוֹמֵר, הָעוֹשֶׂה תְפִלָּתוֹ קֶבַע, אֵין תְּפִלָּתוֹ תַּחֲנוּנִים. רַבִּי יְהוֹשֻׁעַ אוֹמֵר, הַמְהַלֵּךְ בִּמְקוֹם סַכָּנָה, מִתְפַּלֵּל תְּפִלָּה קְצָרָה. אוֹמֵר, הוֹשַׁע הַשֵּׁם אֶת עַמְּךָ אֶת שְׁאֵרִית יִשְׂרָאֵל, בְּכָל פָּרָשַׁת הָעִבּוּר יִהְיוּ צָרְכֵיהֶם לְפָנֶיךָ. בָּרוּךְ אַתָּה ה' שׁוֹמֵעַ תְּפִלָּה:

---

엘리에제르 랍비는 말한다. 정해진 〔문구로〕 기도를 하는 사람의 기도는 탄원의 기도가 아니다. 예호슈아 랍비는 말한다. 위험한 지역에 가는 사람은 다음과 같은 짧은 기도를 해야 한다: "하나님, 당신의 백성 이스라엘의 남은 자를 구원해주십시오. 범죄 중 길을 잃을 때마다[27] 당신께서 그들의 필요를 살펴주십시오. 기도를 들어주시는 당신은 복되십니다."

---

27) 원문에는 '모든 교차로에서'로 되어 있는데 범죄를 하여 길을 잃은 것에 대한 비유적인 표현이다.

- 엘리에제르 랍비는 기도문 문구를 하나로 정하고 기계적으로 낭송하는 관습에 반대하면서, 이런 방법으로 기도를 드린다면 참된 기도가 될 수 없다고 주장했다. 그는 셋째 미쉬나에서 감리엘 라반이 추진하는 종교적 관습에 반대하며 전통적인 방법에 따라 기도자가 하고 싶은 말을 하는 기도를 선호하는 것으로 보인다.
- 예호슈아 랍비는 특별한 상황에서 사용할 수 있는 짧게 요약한 기도문을 제시한다.

## 4, 5

당나귀를 타고 가다가 기도하는 상황을 다룬다.

---

הָיָה רוֹכֵב עַל הַחֲמוֹר, יֵרֵד. וְאִם אֵינוֹ יָכוֹל לֵירֵד, יַחֲזִיר אֶת פָּנָיו, וְאִם אֵינוֹ
יָכוֹל לְהַחֲזִיר אֶת פָּנָיו, יְכַוֵּן אֶת לִבּוֹ כְּנֶגֶד בֵּית קֹדֶשׁ הַקֳּדָשִׁים:

---

만일 나귀를 타고 있다면 [기도를 위해] 내려와야 한다. 만일 내려올 수 없다면 [예루살렘으로] 얼굴을 돌려야 한다. 만일 얼굴을 돌릴 수 없다면 지극히 거룩한 성전이 있던 곳으로[28] 마음을 돌려야 한다.

- 기도하기 위해서는 기도를 드리겠다는 확고한 의지를 가지고 집중해야 하므로 타고 가던 당나귀에서 내린 뒤 기도하는 것이 좋다.
- 그럴 만한 상황이 아니라면 최소한 얼굴을 또는 자기 마음을 예루살렘 방향으로 돌리고 기도해야 한다. 이 규정은 히브리어 성서에 기록된 구절에 기초하고 있다. "주의 백성이 그들의 적국과 더불어 싸우고자 하여 주께서 보내신 길로 나갈 때에 그들이 주께서 택하신 성읍과 내가 주의 이름을 위하여 건축한 성전이 있는 쪽을 향하여

---

28) 원문에는 '가장 거룩한 집으로'로 되어 있다.

여호와께 기도하거든, 주의 하늘에서 그들의 기도와 간구를 들으시
고 그들의 일을 돌아보옵소서"(왕상 8:44-45).

## 4, 6

위의 다섯째 미쉬나와 같은 주제이며 다른 교통수단을 이용하는
상황을 설명한다.

---

הָיָה יוֹשֵׁב בִּסְפִינָה אוֹ בְקָרוֹן אוֹ בְאַסְדָּה, יְכַוֵּן אֶת לִבּוֹ כְּנֶגֶד בֵּית קֹדֶשׁ
הַקֳּדָשִׁים:

---

만일 배나 수레나 뗏목을 타고 있다면 지극히 거룩한 성전이 있던
곳으로 그의 마음을 돌려야 한다.

## 4, 7

안식일과 월초와 명절에 추가적으로 드리는 '무쌉' 기도에 관해 논
의한다(첫째 미쉬나).

---

רַבִּי אֶלְעָזָר בֶּן עֲזַרְיָה אוֹמֵר, אֵין תְּפִלַּת הַמּוּסָפִין אֶלָּא בְּחֶבֶר עִיר. וַחֲכָמִים
אוֹמְרִים, בְּחֶבֶר עִיר וְשֶׁלֹּא בְחֶבֶר עִיר. רַבִּי יְהוּדָה אוֹמֵר מִשְּׁמוֹ, כָּל מָקוֹם
שֶׁיֵּשׁ חֶבֶר עִיר, הַיָּחִיד פָּטוּר מִתְּפִלַּת הַמּוּסָפִין:

---

엘아자르 벤 아자르야 랍비는 말한다. 추가 기도는 지역 모임에서
만 할 수 있다. 랍비들은 말한다. 지역 모임이든 그렇지 않든 [추가 기
도를] 할 수 있다. 예후다 랍비는 그의 이름을 걸고 말한다. 지역 모임
이 있는 모든 장소에서 개인은 추가 기도의 의무에서 면제될 수 있다.

- 엘아자르 벤 아자르야 랍비는 무쌉 기도는 개인 기도가 아니라 공중
  기도라고 주장하고 있다. 그 이유는 분명하지 않으나 성전에서 드리

는 공중 기도 관습과 관련되었다고 설명하기도 한다. 다른 랍비들은 이에 반대하여 다른 기도와 다를 바 없다고 주장한다.

• 예후다 랍비는 엘아자르 랍비의 주장과 관련된 추가적인 해석을 시도하는데 회중이 모여 무쌉 기도를 드리고 있는데 어떤 사람이 그 모임에 참여할 수 없는 상황이라면 그 사람은 무쌉 기도를 드리는 의무에서 면제된다고 주장한다.


## 제5장


### 5, 1

어떤 사람이 기도를 드리기 전에 정신적 또는 영적으로 해야 할 준비에 관해 논의한다.

---

אֵין עוֹמְדִין לְהִתְפַּלֵּל אֶלָּא מִתּוֹךְ כֹּבֶד רֹאשׁ. חֲסִידִים הָרִאשׁוֹנִים הָיוּ שׁוֹהִים
שָׁעָה אַחַת וּמִתְפַּלְּלִים, כְּדֵי שֶׁיְּכַוְּנוּ אֶת לִבָּם לַמָּקוֹם. אֲפִלּוּ הַמֶּלֶךְ שׁוֹאֵל
בִּשְׁלוֹמוֹ, לֹא יְשִׁיבֶנּוּ. וַאֲפִלּוּ נָחָשׁ כָּרוּךְ עַל עֲקֵבוֹ, לֹא יַפְסִיק:

---

[사람들은] 경외하는 마음으로[29] 서서 기도해야 한다. 고대에 경건한 사람들은 한 시간을 기다린 후 기도했었다. 그들의 마음이 바른 곳으로[30] 향하도록 하기 위함이었다. 왕이 인사를 하더라도 그에게 화답해서는 안 된다. 뱀이 그의 발꿈치에서 맴돌더라도 중단해서는 안된다.

• 기도를 시작하기 전에 경외하는 마음을 가져야 한다. 현대 유대교에

---

29) "여호와를 경외함으로 섬기고 떨며 즐거워할지어다"(시 2:11).
30) 원문에는 '그 장소로'로 되어 있는데 그 장소란 하나님을 의미한다.

서는 이렇게 마음의 준비를 하기 위해서 특별한 성경구절들을 낭송하는데 이를 '페쑤케 데짐라'(פסוקי דזמרה)라고 부른다. 종파에 따라 다르지만 주로 시편 구절로 이루어져 있으며 그 외에 출애굽기, 잠언, 역대기 구절도 포함되어 있다.

- 경건한 자들(חסידים, 하씨딤)은 기도하기 전에 한 시간 동안 마음의 준비를 했다고 주장한다. 여기에 나오는 하씨딤은 현대 유대교 종파와 관련이 없으며 매우 열정적으로 율법 규정을 준수하려 했던 사람들을 부르는 일반적인 호칭으로 보인다.

- 왕에게 인사를 하지 않거나 뱀에게 물려서 목숨이 위험한 상황이 와도 기도를 멈추면 안 된다고 주장하고 있는데 탈무드는 이 규정을 관대하게 재해석하며 일단 목숨부터 구하라고 충고하고 있다.

## 5, 2
쉬모네 에쓰레 기도문에 삽입해야 할 기도 주제들을 열거한다.

---

מַזְכִּירִין גְּבוּרוֹת גְּשָׁמִים בִּתְחִיַּת הַמֵּתִים, וְשׁוֹאֲלִין הַגְּשָׁמִים בְּבִרְכַּת הַשָּׁנִים,
וְהַבְדָּלָה בְּחוֹנֵן הַדָּעַת. רַבִּי עֲקִיבָא אוֹמֵר, אוֹמְרָהּ בְּרָכָה רְבִיעִית בִּפְנֵי
עַצְמָהּ. רַבִּי אֱלִיעֶזֶר אוֹמֵר, בְּהוֹדָאָה:

---

죽은 자의 부활에 대한 기도에서[31] [우리는] 비의 힘을 상기시킨다. 그해의 축복에서[32] 비를 간구한다. 지식의 은총에 대한 기도에서[33] '하브달라' 기도를[34] 할 수 있다. 아키바 랍비는 말한다. 그 기도는 네

---

31) 18개의 기도문 중 두 번째에 해당하는 기도문이다.
32) 18개의 기도문 중 아홉 번째에 해당하는 기도문이다.
33) 18개의 기도문 중 네 번째에 해당하는 기도문이다.
34) '당신은 당신의 가르침에 대한 지식으로 우리에게 은혜를 베푸셨습니다'로 시작하며 안식일이나 명절이 끝난 직후에 하는 기도문이다. '하브달라'란 히브리어로 '구별'이란 뜻인데, 기도문 가운데 '거룩과 세속', '안식일과 평일'

번째 기도라 할 수 있다. 엘리에제르 랍비는 말한다. 〔그 기도는〕 감사 기도와 〔함께 할 수 있다〕.

- 쉬모네 에쓰레 기도 중에서 두 번째 기도문(גבורות, 게부롯)에 '바람을 보내시고 비를 내리시는 분'이라는 문장을 삽입하라고 지시한다.
- 아홉 번째 기도문(ברכת השנים, 비르캇 핫샤님)에 '이슬과 비를 주소서'라는 문장을 삽입하라고 지시한다. 이런 문장들은 모두 겨울에만 삽입해야 한다.
- 안식일이 끝날 때 거룩한 시간과 속된 시간을 구분하는 기도(הבדלה, 하브달라)를 드리는데 이 기도를 따로 드릴 수도 있지만 쉬모네 에쓰레 기도에 포함시킬 수도 있다. 그럴 경우 네 번째 기도(חונן הדעת, 호넨 핫다앗)에 넣을 수 있다는 것이다. 아키바 랍비는 하브달라 기도가 독립적인 기도문으로 호넨 핫다앗 바로 앞에서 네 번째 기도로 들어가야 한다고 주장한다. 엘리에제르 랍비는 하브달라가 소원을 비는 기도가 아니고 감사 기도이므로 마지막 기도(הודאה, 호다아)에 넣어야 한다고 주장한다.

## 5, 3
기도 내용을 변화시킬 수 있는지 여부를 논의한다.

---

הָאוֹמֵר עַל קַן צִפּוֹר יַגִּיעוּ רַחֲמֶיךָ, וְעַל טוֹב יִזָּכֵר שְׁמֶךָ, מוֹדִים מוֹדִים,
מְשַׁתְּקִין אוֹתוֹ. הָעוֹבֵר לִפְנֵי הַתֵּיבָה וְטָעָה, יַעֲבֹר אַחֵר תַּחְתָּיו, וְלֹא יְהֵא
סַרְבָן בְּאוֹתָהּ שָׁעָה. מִנַּיִן הוּא מַתְחִיל, מִתְּחִלַּת הַבְּרָכָה שֶׁטָּעָה בָהּ:

---

다음과 같이 기도를 하는 자는 입을 다물게 해야 한다.

---

에 대한 구별이 나오기 때문에 붙여진 이름이다.

"당신의 자비가 새의 둥지에도 미치기를 바랍니다."

"선하심을 위해 당신의 이름이 기억되기를 바랍니다." "감사합니다, 감사합니다."

만일 궤[35] 앞으로 가서 [기도에] 실수를 할 경우 다른 이가 그 대신 가야 하며 그 시간에 [아무도] 거절을 해서는 안 된다. 어디서부터 시작해야 하는가? 실수를 한 기도문의 처음부터이다.

- 이 미쉬나의 첫 부분은 「메길라」 4, 9에도 동일하게 기록되어 있다.
- 기도문에 적절치 못한 내용을 삽입하는 경우 세 가지를 논의하고 있는데 첫째, 하나님의 사랑이 새둥지에까지 이르기를 바란다는 말은 히브리어 성서 신명기 22:6-7에 기초한다. "길을 가다가 나무에나 땅에 있는 새의 보금자리에 새 새끼나 알이 있고 어미 새가 그의 새끼나 알을 품은 것을 보거든 그 어미 새와 새끼를 아울러 취하지 말고, 어미는 반드시 놓아 줄 것이요, 새끼는 취하여도 되나니 그리하면 내가 복을 누리고 장수하리라." 이 기도가 잘못된 이유는 기도자가 하나님의 사랑이 새둥지까지 미치는데 자신에게는 이르지 않았다고 불평하고 있기 때문이다. 아니면 하나님의 사랑이 새둥지까지만 영향을 미치고 더 이상 확산되지 않는 것처럼 말하기 때문이다.
- 둘째, 하나님의 이름이 좋은 일 위에 선포되기를 바란다는 말이 문제가 되는 이유는 하나님께서 기도자가 생각하기에 좋은 일과 나쁜 일 모두를 주관하시는데 오직 좋은 일만 지배하시는 것처럼 말하고 있기 때문이다.
- 셋째, 우리가 감사한다고 두 번 말하는 기도문이 적절치 못한 이유는 마치 감사해야 할 신이 한 분이 아니고 둘인 것처럼 들리기 때문이

---

35) 율법 두루마리가 있는 궤를 말한다.

다. 이 부분은 기독교처럼 랍비 유대교와 비슷한 신관을 가지고 있
던 집단을 경계하는 것으로 들린다.

- 어떤 사람이 토라 보관함을 지나갔다는 말은 회당에서 공공 기도를
  인도한다는 표현이다. 기도서 없이 암송으로 기도를 주관하던 인도
  자가 기도 순서를 지키지 못하거나 잘못된 기도문을 낭송하는 실수
  를 범했다면 다른 사람이 대신 나서서 기도를 인도해야 한다. 이때
  대리인으로 지목을 받으면 거절할 수 없다. 그리고 첫째 인도자가
  실수했던 기도문을 처음부터 다시 낭송한다.

### 5, 4

'제사장의 축복기도'(ברכת הכהנים, 비르캇 학코하님)와 공공 기도
인도자에 관련된 규정을 다룬다.

---

הָעוֹבֵר לִפְנֵי הַתֵּיבָה, לֹא יַעֲנֶה אַחַר הַכֹּהֲנִים אָמֵן, מִפְּנֵי הַטֵּרוּף. וְאִם אֵין
שָׁם כֹּהֵן אֶלָּא הוּא, לֹא יִשָּׂא אֶת כַּפָּיו. וְאִם הַבְטָחָתוֹ שֶׁהוּא נוֹשֵׂא אֶת כַּפָּיו
וְחוֹזֵר לִתְפִלָּתוֹ, רַשַּׁאי:

---

궤 앞으로 가는 자는 혼란을 피하기 위해서 제사장[의 축복][36] 다
음에 아멘으로 화답해서는 안 된다. 제사장 없이 혼자 낭송하는 경우
그는 손을 들어서는 안 된다. 그러나 손을 들고 낭송한 후 다시 기도
문으로 돌아올 수 있다는 확신이 있다면 손을 들어도 된다.

- '제사장의 축복기도'는 민수기 6:24-26에 기록되어 있는데 모두 세
  구절로 구성되어 있다(「쏘타」 7, 6). 한 구절이 끝날 때마다 회중이

---

36) "여호와는 네게 복을 주시고 너를 지키시기를 원하며 여호와는 그의 얼굴을
네게 비추사 은혜 베푸시기를 원하며 여호와는 그 얼굴을 네게로 향하여 드사
평강 주시기를 원하노라 할지니라 하라"(민 6:24-26).

'아멘'이라고 화답해야 하는데 공공 기도를 인도하는 자는 그 말을 하지 않아도 좋다고 규정하고 있다. 기도를 인도할 때 혼동을 빚을 수 있기 때문이다.

- 제사장의 축복기도를 낭송할 다른 제사장이 있다면 공공 기도 인도 자는 여기에 참여하지 말고 조용히 있다가 실수 없이 기도를 인도해야 한다. 다른 제사장이 없다면 제사장의 축복기도를 인도하되 손을 들면 안 된다. 정말 자신이 있을 경우에만 양자를 다 인도할 수 있다.

## 5, 5

기도를 낭송하다가 실수하는 상황에 대해 계속해서 논의한다.

---

הַמִּתְפַּלֵּל וְטָעָה, סִימָן רַע לוֹ. וְאִם שְׁלִיחַ צִבּוּר הוּא, סִימָן רַע לְשׁוֹלְחָיו, מִפְּנֵי שֶׁשְּׁלוּחוֹ שֶׁל אָדָם כְּמוֹתוֹ. אָמְרוּ עָלָיו עַל רַבִּי חֲנִינָא בֶּן דּוֹסָא, כְּשֶׁהָיָה מִתְפַּלֵּל עַל הַחוֹלִים וְאוֹמֵר, זֶה חַי וְזֶה מֵת. אָמְרוּ לוֹ, מִנַּיִן אַתָּה יוֹדֵעַ. אָמַר לָהֶם, אִם שְׁגוּרָה תְפִלָּתִי בְּפִי, יוֹדֵעַ אֲנִי שֶׁהוּא מְקֻבָּל. וְאִם לָאו, יוֹדֵעַ אֲנִי שֶׁהוּא מְטֹרָף:

---

기도문을 낭송하는 자가 실수하는 것은 그에게 나쁜 징조이다. 만일 회중의 낭송자가 실수한다면 그를 임명한 회중에게 나쁜 징조이다. 그에게 낭송을 맡긴 이도 그와 같기 때문이다. 하나냐 벤 도싸 랍비가 아픈 자를 위해 기도하면서 "이 사람이 살 것인지, 죽을 것인지" 말하던 일을 언급했다. 그들이 "당신은 어떻게 알 수 있나요?"라고 물었다. 그가 그들에게 말했다. "만일 내 기도가 내 입에서 유창하게 나오면 나는 그분이 〔내 기도를〕 받으셨다는 것을 알고, 만일 그렇지 않으면 그분이 거절하셨다는 것을 안다."

- 공공 기도를 인도하는 자가 실수 없이 기도문들을 낭송했다면 이것은 하나님이 인도자의 입을 통해서 복과 은혜를 선포하는 것으로 생

각할 수 있으나, 인도자가 실수를 한다면 하나님과 그 회중 사이에
문제가 있다고 상징하는 것이라고 주장한다. 모든 것을 기억에 의존
해서 암송하던 고대 랍비 유대교 예배에서 정해진 기도문을 실수 없
이 낭송하는 것이 얼마나 중요한 일로 간주되었는지 엿볼 수 있는
대목이다.

● 이 미쉬나 후반부에 기록된 일화는 기도문 낭송이 가진 마술적 예언
  적 힘을 강조하는 흥미로운 이야기이다.


## 제6장


### 6, 1

이 세계는 모두 하나님께 속했으니(시 24:1), 이 세상의 생산물을 취
하기 전에는 꼭 하나님의 소유권을 인정해야 한다. 특히 식사하기 전
에 하나님께 감사하는 기도를 꼭 드려야 한다.

---

כֵּיצַד מְבָרְכִין עַל הַפֵּרוֹת. עַל פֵּרוֹת הָאִילָן אוֹמֵר, בּוֹרֵא פְּרִי הָעֵץ, חוּץ מִן
הַיַּיִן, שֶׁעַל הַיַּיִן אוֹמֵר בּוֹרֵא פְּרִי הַגָּפֶן. וְעַל פֵּרוֹת הָאָרֶץ אוֹמֵר בּוֹרֵא פְּרִי
הָאֲדָמָה, חוּץ מִן הַפַּת, שֶׁעַל הַפַּת הוּא אוֹמֵר הַמּוֹצִיא לֶחֶם מִן הָאָרֶץ. וְעַל
הַיְרָקוֹת אוֹמֵר בּוֹרֵא פְּרִי הָאֲדָמָה. רַבִּי יְהוּדָה אוֹמֵר, בּוֹרֵא מִינֵי דְשָׁאִים:

---

과실에 대해 어떻게 기도해야 하는가? 나무의 과실에 대해, 나무의
과실을 창조해주신 분은 〔복되시다〕라고 말해야 한다. 포도주에 대해
서는, 포도나무의 과실을 창조해주신 분은 〔복되시다〕라고 말해야 한
다. 땅의 과실에 대해서는, 땅의 과실을 창조해주신 분은 〔복되시다〕
라고 말해야 한다. 빵에 대해서는, 땅에서 빵을 생산케 해주신 분은
〔복되시다〕라고 말해야 한다. 채소에 대해서는, 땅의 열매를 창조해

주신 분은 〔복되시다〕라고 말해야 한다. 예후다 랍비는 말한다. 모든 종류의 채소를 창조해주신 분은 〔복되시다〕라고 말해야 한다.

- 식사를 할 때는 지금 앞에 놓인 음식을 창조하신 하나님을 찬양한다는 기도를 드린다. 그리고 무엇을 먹느냐에 따라 나무 열매, 포도, 곡식, 빵, 채소에 맞는 기도문이 존재한다.
- 예후다 랍비는 채소를 먹을 때 드리는 다른 기도문이 있다고 주장했다(בורא מיני דשאים, 보레 민니 데샤임).

### 6, 2
식사 기도에 관한 논의를 계속한다.

---

בֵּרַךְ עַל פֵּרוֹת הָאִילָן בּוֹרֵא פְּרִי הָאֲדָמָה, יָצָא. וְעַל פֵּרוֹת הָאָרֶץ בּוֹרֵא פְּרִי הָעֵץ, לֹא יָצָא. עַל כֻּלָּם אִם אָמַר שֶׁהַכֹּל נִהְיָה, יָצָא:

---

나무의 과실들에 대해 땅의 과실을 창조해주신 분은 〔복되시다〕라고 축복했다면 그는 의무를 다한 것이다. 그러나 땅의 과실들에 대해 나무의 과실을 창조해주신 분은 〔복되시다〕라고 축복했다면 그는 의무를 다한 것이 아니다. 이 모두에 대해[37] 모든 것이 〔그의 말씀으로〕 생겨난 것이라고 했다면 그는 의무를 다한 것이다.

- 나무 열매를 먹기 전에 드려야 할 기도 대신에 곡식에 관련된 기도를 드렸다고 해도, 나무는 결국 땅에서 자라났기 때문에 기도 의무를 다했다고 인정한다. 그러나 그 반대 경우는 인정할 수 없으니 곡식은 나무에서 열리지 않기 때문이다.

---

37) '이 모두'란 나무의 과실들과 땅의 과실들에 대한 것을 말한다.

- 음식의 종류가 무엇이든 언제나 낭송할 수 있는 기도가 있으니 하나님께서 말씀으로 이 모든 것을 창조하셨다는 고백이다(הכל נהיה בדברו, 학콜 니히예 비드바로).

## 6, 3

식사 기도에 관한 논의를 계속한다.

---

עַל דָּבָר שֶׁאֵין גִּדּוּלוֹ מִן הָאָרֶץ אוֹמֵר שֶׁהַכֹּל. עַל הַחֹמֶץ וְעַל הַנּוֹבְלוֹת וְעַל הַגּוֹבַאי אוֹמֵר שֶׁהַכֹּל. עַל הֶחָלָב וְעַל הַגְּבִינָה וְעַל הַבֵּיצִים אוֹמֵר שֶׁהַכֹּל. רַבִּי יְהוּדָה אוֹמֵר, כָּל שֶׁהוּא מִין קְלָלָה אֵין מְבָרְכִין עָלָיו:

---

땅에서 자라지 않은 것에 대해서는, 모든 것을 [말씀으로 창조해주신 분은 복되시다라고] 말해야 한다. 신 포도주와 익지 않고 떨어진 열매와 메뚜기에 대해서는, 모든 것을 [말씀으로 창조해주신 분은 복되시다라고] 말해야 한다. 우유와 치즈와 달걀에 대해서는, 모든 것을 [말씀으로 창조해주신 분은 복되시다라고] 말해야 한다. 예후다 랍비는 말한다. 저주를 받은 것에 대해서는 축복을 하면 안 된다.

- 땅에서 자라지 않는 고기, 물고기, 우유, 치즈, 달걀 등의 음식을 먹을 때도 하나님께서 말씀으로 이 모든 것을 창조하셨다고 고백한다(הכל נהיה דברו).
- 예후다 랍비는 저주받은 음식을 언급하는데 이런 범주에 속하는 음식으로는 포도주가 변질되어 생긴 식초가 있으니 포도주와 같은 기도를 사용할 수 없기 때문이다. 익기 전에 나무에서 떨어진 열매는 나무에서 구하지 않았으니 일반적인 열매 기도를 드릴 수 없다. 메뚜기는 특정한 경우에 위의 기도를 드리고 먹을 수 있지만 곡식을 망치기 때문에 저주받은 것으로 본다. 예후다 랍비에 따르면 이런

경우에는 식사기도를 드리지 않는다.


### 6, 4

어떤 사람이 여러 가지 음식을 차려놓고 먹고자 할 때 어떤 순서로 기도해야 하는지 논의한다.

---

הָיוּ לְפָנָיו מִינִים הַרְבֵּה, רַבִּי יְהוּדָה אוֹמֵר, אִם יֵשׁ בֵּינֵיהֶם מִמִּין שִׁבְעָה, מְבָרֵךְ עָלָיו. וַחֲכָמִים אוֹמְרִים, מְבָרֵךְ עַל אֵיזֶה מֵהֶם שֶׁיִּרְצֶה:

---

여러 종류의 음식이 앞에 있는 경우에 관해 예후다 랍비는 이렇게 말했다. 만일 7종류의 식물이[38] 있다면 그것에 대해 기도해야 한다. 랍비들은 말한다. 원하다면 어떤 음식이든지 기도할 수 있다.


- 예후다 랍비에 따르면 이스라엘 땅에서 생산되는 일곱 가지 음식을 놓고 먼저 기도해야 한다(신명기 8:8). 밀, 보리, 포도, 무화과, 석류, 올리브, 그리고 대추야자가 그것이다. 그러나 다른 랍비들은 순서는 중요하지 않다고 주장했다.


### 6, 5

식사 기도를 면제받는 경우에 관해 논의한다.

---

בֵּרַךְ עַל הַיַּיִן שֶׁלִּפְנֵי הַמָּזוֹן, פָּטַר אֶת הַיַּיִן שֶׁלְּאַחַר הַמָּזוֹן. בֵּרַךְ עַל הַפַּרְפֶּרֶת שֶׁלִּפְנֵי הַמָּזוֹן, פָּטַר אֶת הַפַּרְפֶּרֶת שֶׁלְּאַחַר הַמָּזוֹן. בֵּרַךְ עַל הַפַּת, פָּטַר אֶת הַפַּרְפֶּרֶת. עַל הַפַּרְפֶּרֶת, לֹא פָטַר אֶת הַפַּת. בֵּית שַׁמַּאי אוֹמְרִים, אַף לֹא מַעֲשֵׂה קְדֵרָה:

---

38) 일곱 종류의 식물은 밀, 보리, 포도, 무화과, 석류, 감람나무(올리브나무), 꿀(대추야자나무)을 말한다(신 8:8).

식사를 하기 전에 포도주에 대해 기도했다면 식사 후에 포도주에 대해 [기도를] 면제받는다. 식사를 하기 전에 [빵 외의] 음식에[39] 대해 기도했다면 식사 후에 그것에 대해 [기도를] 면제받는다. 빵에 대해 기도했다면 [빵 외의] 음식에 대해 [기도를] 면제받는다. [빵 외의] 음식에 대해 기도했다면 빵에 대해 기도하는 의무를 면제받지 못한다. 샴마이 학파는 말한다. 솥으로 요리된 음식에 대해서도 기도하는 의무를 면제받지 못한다.

- 포도주나 식사 이외의 음식을 식사 전후에 나누어 먹을 경우 기도를 한 번만 하면 된다는 규정이 있고, 빵 먹기 전에 기도를 했으면 식사 이외의 전체 음식이나 후식 기도를 생략해도 된다고 말한다. 식사를 할 때 여러 재료로 만든 다양한 음식을 먹기 때문에 이런 경우에 각각 다른 기도를 드려야 하는지 여부를 다루고 있으며 의무를 가볍게 해석하려는 의도와 엄격하게 해석하려는 의도가 공존한다. 식사기도를 면제받으려면 같은 범주에 속한 것으로 분류되는 음식이어야 한다.

## 6, 6
식사하는 자세나 포도주를 마시는 시간에 따라 달라지는 식사 기도 규정들이다.

---

הָיוּ יוֹשְׁבִין לֶאֱכֹל, כָּל אֶחָד וְאֶחָד מְבָרֵךְ לְעַצְמוֹ. הֵסֵבּוּ, אֶחָד מְבָרֵךְ לְכֻלָּן. בָּא לָהֶם יַיִן בְּתוֹךְ הַמָּזוֹן, כָּל אֶחָד וְאֶחָד מְבָרֵךְ לְעַצְמוֹ. לְאַחַר הַמָּזוֹן, אֶחָד מְבָרֵךְ לְכֻלָּם. וְהוּא אוֹמֵר עַל הַמֻּגְמָר, אַף עַל פִּי שֶׁאֵין מְבִיאִין אֶת הַמֻּגְמָר אֶלָּא לְאַחַר הַסְּעֻדָּה:

---

39) 빵과 함께 먹는 야채, 생선, 고기 등을 말한다.

식사를 하기 위해 앉았다면 각자 스스로 기도문을 낭송해야 한다. 사람들이 비스듬히 누워 있다면 한 사람이 그들 모두를 위해 기도문을 낭송해야 한다. 식사 중 포도주가 제공된다면 각자 스스로 기도문을 낭송해야 한다. 식사 후에 〔포도주가 제공된다면〕 한 사람이 모두를 위해 기도문을 낭송해야 한다. 식사 후에 향료가 제공되었더라도 향료에 대해 기도문을 낭송해야 한다.

- 여러 사람이 똑바로 앉아서 식사를 하고 있다면 서로 관련이 없이 먹는 장소만 같은 경우일 수 있으므로 각자 기도한다. 그러나 여러 사람이 비스듬히 기대앉아 식사를 한다면 다함께 잔치에 참여한 것이므로 한 사람이 대표로 기도하면 된다.
- 포도주가 식사 중간에 나왔다면 여러 사람이 함께 마시는 것이 아니고 각자의 소화를 돕기 위해서 나왔으므로 각자 기도한다. 그러나 식사가 끝나고 나온 포도주는 다함께 같이 마시는 것이므로 한 사람이 대표로 기도하면 된다.
- 식사를 마치고 향을 내왔을 경우 포도주 감사 기도를 드린 사람이 대표로 기도한다(**בורא עצי בשמים**, 보레 아쩨 베싸밈).

## 6, 7
여러 음식을 차려놓고 먹는 경우에 관한 다른 논의이다.

---

הֵבִיאוּ לְפָנָיו מָלִיחַ בַּתְּחִלָּה וּפַת עִמּוֹ, מְבָרֵךְ עַל הַמָּלִיחַ וּפוֹטֵר אֶת הַפַּת,
שֶׁהַפַּת טְפֵלָה לוֹ. זֶה הַכְּלָל, כֹּל שֶׁהוּא עִקָּר וְעִמּוֹ טְפֵלָה, מְבָרֵךְ עַל הָעִקָּר
וּפוֹטֵר אֶת הַטְּפֵלָה:

---

식사할 때 먼저 소금 절인 음식이 제공되고 빵이 함께 있다면 소금 절인 음식에 대해 기도문을 낭송해야 하고 빵에 대해서는 낭송할 필

요가 없다. 빵은 부차적인 음식이기 때문이다. 규칙은 다음과 같다. 주식과 부식이 있는 경우 주식에 대해서만 기도문을 낭송하고 부식에 대해서는 낭송할 필요가 없다.

- 서로 다른 재료로 만들었기 때문에 식사 기도를 따로 드려야 하는 음식들을 함께 차려놓고 식사할 때 '주요리'와 '곁들이는 요리'를 구분하고 주요리에 관한 식사 기도를 하면 그것으로 충분하다고 설명한다. 흥미로운 점은 다른 미쉬나에서 꼭 기도를 해야할 음식으로 분류했던 빵도 상황에 따라 곁들이는 요리가 될 수도 있다. 상황에 따라 융통성 있게 판단할 수 있다는 태도가 드러난다.

### 6, 8

식사를 마치고 드리는 기도에 관해 논의한다(ברכת מזון, 비르캇 마존). 그리고 긴 기도문과 짧은 기도문을 낭송하는 경우를 다룬다.

---

אָכַל תְּאֵנִים עֲנָבִים וְרִמּוֹנִים, מְבָרֵךְ אַחֲרֵיהֶן שָׁלֹשׁ בְּרָכוֹת, דִּבְרֵי רַבָּן גַּמְלִיאֵל. וַחֲכָמִים אוֹמְרִים, בְּרָכָה אַחַת מֵעֵין שָׁלֹשׁ. רַבִּי עֲקִיבָא אוֹמֵר, אֲפִלּוּ אָכַל שֶׁלֶק וְהוּא מְזוֹנוֹ, מְבָרֵךְ אַחֲרָיו שָׁלֹשׁ בְּרָכוֹת. הַשּׁוֹתֶה מַיִם לִצְמָאוֹ, אוֹמֵר שֶׁהַכֹּל נִהְיֶה בִּדְבָרוֹ. רַבִּי טַרְפוֹן אוֹמֵר, בּוֹרֵא נְפָשׁוֹת רַבּוֹת:

---

만일 무화과나 포도나 석류를 먹었다면 그 후에 기도문 세 개를 낭송해야 한다. 감리엘 라반의 말이다. 그러나 다른 랍비들은 말한다. 기도문 세 개의 핵심내용인 기도문 하나만 낭송하면 된다. 아키바 랍비는 말한다. 자신이 식사를 하려고 삶은 채소를 먹었더라도 그 후에 세개의 축복문을 낭송해야 한다. 갈증 때문에 물을 마셨다면 '모든 것을 그의 말씀으로 만드신 〔그분은 복되시다〕'고 해야 한다. 타르폰 랍비는 말한다. 많은 생명체를 창조하신 〔그분은 복되시다〕고 해야 한다.

- 식사를 마치고 드리는 기도는 신명기 8:10에 기초하고 있으며 감사
  와 찬양이 모두 세 가지가 포함되어 있다고 설명한다.
- 감리엘 라반은 포도와 무화과와 석류를 먹은 후에 이 기도를 드려야
  한다고 주장하는데 이 과일들은 신명기 8:8에 나오는 주요 식재료
  들에 속한다. 다시 말해서 이스라엘 땅에서 생산할 수 있는 일곱 가
  지 식재료를 먹은 사람은 식사를 마치고 드리는 기도를 낭송해야 할
  의무가 있다는 것이다. 다른 랍비들은 좀 짧은 기도문으로 기도해도
  좋다고 말한다(ברכה אחרונה, 브라카 아하로나).
- 아키바 랍비는 무엇을 먹었는지가 중요한 것이 아니라 '식사'로 먹
  었는지 여부가 중요하다고 주장한다. 간식이 아니고 식사로 먹었다
  면 삶은 채소 한 조각을 먹었어도 식사 기도를 드려야 한다.
- 비슷한 원리로 물을 마실 때 식사하며 소화를 돕기 위해 조금 마신
  다면 따로 기도할 필요가 없지만, 갈증을 해소한다는 별도의 이유가
  있다면 식사에 준하기 때문에 식후에 기도를 드려야 한다. 기도문은
  위의 둘째와 셋째 미쉬나에 나왔던 기도문이나(הכל נהיה בדברו), 또
  다른 기도문을 낭송해야 한다(בורא נפשות רבות, 보레 네파숏 라봇).


## 제7장


### 7, 1

제7장은 식사 마치고 드리는 기도(ברכת המזון, 비르캇 함마존)에 초
대하는 관습(זימון, 지문)에 관해 논의한다. 그리고 첫째 미쉬나는 언제
이런 초대가 필요한지를 규정한다.

שְׁלֹשָׁה שֶׁאָכְלוּ כְּאֶחָד, חַיָּבִין לְזַמֵּן. אָכַל דְּמַאי, וּמַעֲשֵׂר רִאשׁוֹן שֶׁנִּטְּלָה
תְרוּמָתוֹ, וּמַעֲשֵׂר שֵׁנִי וְהֶקְדֵּשׁ שֶׁנִּפְדּוּ, וְהַשַּׁמָּשׁ שֶׁאָכַל כַּזַּיִת, וְהַכּוּתִי, מְזַמְּנִין
עֲלֵיהֶם. אֲבָל אָכַל טֶבֶל, וּמַעֲשֵׂר רִאשׁוֹן שֶׁלֹּא נִטְּלָה תְרוּמָתוֹ, וּמַעֲשֵׂר שֵׁנִי
וְהֶקְדֵּשׁ שֶׁלֹּא נִפְדּוּ, וְהַשַּׁמָּשׁ שֶׁאָכַל פָּחוֹת מִכַּזַּיִת, וְהַנָּכְרִי, אֵין מְזַמְּנִין
עֲלֵיהֶם:

셋이 함께 식사를 했다면 [낭송자를] 선정하여 [기도문을 낭송해]
야 한다. 드마이[40] 음식이나, 거제로[41] 드린 첫째 십일조나[42], 둘째
십일조나 [이미 드린] 제물을 무른 것을 먹을 경우나 시중 드는 사람
이 올리브 열매 정도의 양을 먹을 경우나 [음식을 먹은 이가] 사마리
아인인 경우 그들도 기도문을 낭송해야 한다.

그러나 십일조가 아닌 음식이나, 거제가 아닌 첫째 십일조나, 무르
지 않은 둘째 십일조나 봉헌물을 먹을 경우나 시중드는 사람이 올리
브 열매보다 적은 양를 먹을 경우나 [음식을 먹은 이가] 이방인인 경
우 낭송할 필요가 없다.

- 식사에 세 사람 이상이 참여했다면 기도에 공식적으로 초대하는 말
  을 해야 하며 그 식사는 네 가지 조건에 부합해야 한다. 이 미쉬나에
  는 그중 세 가지를 다루는데 첫째, 토라 규정에 맞는 음식이어야 하
  며(「샤밧」 18, 1;「에루빈」 3, 2;「페싸힘」 2, 5;「산헤드린」 8, 2;「마콧」
  3, 2), 둘째, 최소한 올리브 열매 정도 이상의 양은 먹어야 하며 셋째,

---

40) 백성이 가져온 생산물 중 십일조의 여부가 의심스러운 것을 말한다.
41) 레위인이 제사장에게 드려야 했던 첫째 십일조의 십일조를 말한다. "너는 레
    위인에게 말하여 그에게 이르라. 내가 이스라엘 자손에게 받아 너희에게 기업
    으로 준 십일조를 너희가 그들에게서 받을 때에 그 십일조의 십일조를 거제로
    여호와께 드릴 것이라"(민 18:26).
42) 레위인에게 드려졌던 것은 먹을 수 있었다. "너희와 너희의 권속이 어디서든지
    이것을 먹을 수 있음은 이는 회막에서 일한 너희의 보수임이니라"(민 18:31).

식사에 참여한 자들이 유대인이어야 하며 이때 유대인의 범주 안에
는 쿠타인(사마리아인)들도 포함된다. 마지막 조건은 다음 미쉬나에
서 다룬다.

## 7, 2

식사를 마치는 기도에 초대하는 관습에 관해 계속 논의한다.

---

נָשִׁים וַעֲבָדִים וּקְטַנִּים, אֵין מְזַמְּנִין עֲלֵיהֶם. עַד כַּמָּה מְזַמְּנִין, עַד כַּזַּיִת. רַבִּי
יְהוּדָה אוֹמֵר, עַד כַּבֵּיצָה:

---

여자나 종이나 미성년자는 시간에 맞춰 축복문을 낭송할 필요가
없다. 어느 정도의 음식을 먹어야 축복문을 낭송하는가? 올리브 열매
크기 정도까지이다. 예후다 랍비는 말한다. 달걀 크기 정도까지이다.

- 넷째 조건은 초대에 응할 수 있는 사람이 자유민이며 성인 남녀야
  한다는 것이다. 로마 제국의 치하에 있던 당시의 사회상을 잘 보여
  주는 자격 규정이다.
- 식사량에 관련하여 예후다 랍비는 달걀만큼이라고 주장하여, 적게
  먹은 사람은 초대에 응하지 않아도 된다고 설명한다.

## 7, 3

식사를 마치는 기도에 초대하는 말이 어떤 것인지 다룬다.

---

כֵּיצַד מְזַמְּנִין, בִּשְׁלֹשָׁה אוֹמֵר נְבָרֵךְ. בִּשְׁלֹשָׁה וְהוּא, אוֹמֵר בָּרְכוּ. בַּעֲשָׂרָה,
אוֹמֵר נְבָרֵךְ לֵאלֹהֵינוּ. בַּעֲשָׂרָה וְהוּא, אוֹמֵר בָּרְכוּ. אֶחָד עֲשָׂרָה וְאֶחָד עֲשָׂרָה
רִבּוֹא. בְּמֵאָה אוֹמֵר, נְבָרֵךְ לַיָי אֱלֹהֵינוּ. בְּמֵאָה וְהוּא, אוֹמֵר בָּרְכוּ. בְּאֶלֶף,
אוֹמֵר נְבָרֵךְ לַיָי אֱלֹהֵינוּ אֱלֹהֵי יִשְׂרָאֵל. בְּאֶלֶף וְהוּא, אוֹמֵר בָּרְכוּ. בְּרִבּוֹא,
אוֹמֵר, נְבָרֵךְ לַיָי אֱלֹהֵינוּ אֱלֹהֵי יִשְׂרָאֵל אֱלֹהֵי הַצְּבָאוֹת יוֹשֵׁב הַכְּרוּבִים עַל

---

הַמָּזוֹן שֶׁאָכַלְנוּ. בִּרְבּוֹא וְהוּא, אוֹמֵר בָּרְכוּ. כְּעִנְיָן שֶׁהוּא מְבָרֵךְ, כָּךְ עוֹנִין
אַחֲרָיו, בָּרוּךְ יְיָ אֱלֹהֵינוּ אֱלֹהֵי יִשְׂרָאֵל אֱלֹהֵי הַצְּבָאוֹת יוֹשֵׁב הַכְּרוּבִים עַל
הַמָּזוֹן שֶׁאָכַלְנוּ. רַבִּי יוֹסֵי הַגְּלִילִי אוֹמֵר, לְפִי רֹב הַקָּהָל הֵן מְבָרְכִין, שֶׁנֶּאֱמַר
בְּמַקְהֵלוֹת בָּרְכוּ אֱלֹהִים, יְיָ מִמְּקוֹר יִשְׂרָאֵל (תהלים סח). אָמַר רַבִּי עֲקִיבָא,
מַה מָּצִינוּ בְּבֵית הַכְּנֶסֶת, אֶחָד מְרֻבִּין וְאֶחָד מְעַטִּין אוֹמֵר, בָּרְכוּ אֶת יְיָ. רַבִּי
יִשְׁמָעֵאל אוֹמֵר, בָּרְכוּ אֶת יְיָ הַמְבֹרָךְ:

어떻게 초대하여 축복하는가? 세 명이 〔함께 먹는 경우〕, 〔한 사람이〕 '우리 기도합시다'라고 말한다. 〔네 명인 경우〕 한 사람이 세 명에게 '기도하십시오'라고 말한다. 열 명인 경우 한 사람이 '우리 하나님께 기도합시다'라고 말한다. 열 명과 한 사람이 있을 경우 '기도하십시오'라고 말한다. 열한 명인 경우나 만 명인 경우도 동일하다. 백 명인 경우 한 사람이 '우리 하나님 여호와께 기도합시다'라고 말한다. 백 명과 한 사람이 있을 경우 '기도하십시오'라고 말한다. 천 명인 경우 한 사람이 '우리 하나님 여호와, 이스라엘의 하나님께 기도합시다'라고 말한다. 천 명과 한 사람이 있을 경우 '기도하십시오'라고 말한다. 만 명인 경우 한 사람이 '우리 하나님 여호와, 이스라엘의 하나님, 만군의 하나님, 그룹들 위에 앉아 계시는 분께 우리가 먹는 음식에 관하여 기도합시다'라고 말한다. 만 명과 한 사람이 있을 경우 '기도하십시오'라고 말한다.

그가 기도할 때 그의 뒤를 따라 이렇게 화답한다. 여호와 우리 하나님, 이스라엘의 하나님, 군대들의 하나님, 그룹들 위에 앉아 계시는 분은 우리가 이 음식을 먹게 해주시니 복되시다. 갈릴리 사람 요쎄 랍비는 말한다. 회중이 얼마나 많은가에 따라 그들이 기도해야 한다. 회중은 "이스라엘의 근원에서 나온 너희여 대회 중에 하나님 곧 주를 송축할지어다(시 68:26)"[43]라고 화답한다. 아키바 랍비는 말한다. 우리가

---

43) 히브리 성서는 시편 68:27이다.

회당에서 무엇을 보는가? 수가 많든 적든 '너희는 여호와께 기도하라'라고 한다. 이쉬마엘 랍비는 말한다. '너희는 복되신 여호와께 기도하라'고 말한다.

- 초대하는 말은 몇 명이 모였느냐에 따라 조금씩 달라지고 모인 사람이 많아질수록 더 복잡해진다. 기도하는 사람 수를 계산하여 인도자가 정족수에 포함되는지 여부에 따라 초대하는 말도 조금씩 달라진다. 인도자가 정족수에 포함되면 청유형으로 '기도합시다'라고 말하고, 이미 정족수가 넘어서 인도자가 포함되지 않으면 명령형으로 '기도하세요'라고 말하고 본인은 다음 말에 참여하지 않는다.
- 인도자의 초대에 응답하는 사람들은 주로 인도자의 말을 반복해서 따라한다. 요쎄 랍비는 인도자와 마찬가지로 응답자도 모인 사람의 수에 따라 다른 말로 대답한다고 주장했다.
- 그러나 아키바 랍비와 이쉬마엘 랍비는 이런 논의 자체에 반대하며 모인 사람의 수에 상관없이 같은 말로 초대하면 된다고 주장한다. 두 랍비는 실제 초대하는 문장에 있어서 조금 다른 표현을 사용하고 있지만, 둘 다 하나님의 이름을 사용하고 있다는 점이 공통적이다. 이것은 모인 사람이 열 명 이상이라는 뜻이다.

### 7, 4
식사를 마치고 드리는 기도와 관련된 부속 규정을 다룬다.

---

שְׁלשָׁה שֶׁאָכְלוּ כְּאֶחָד, אֵינָן רַשָּׁאִין לֵחָלֵק, וְכֵן אַרְבָּעָה, וְכֵן חֲמִשָּׁה. שִׁשָּׁה
נֶחֱלָקִין, עַד עֲשָׂרָה. וַעֲשָׂרָה אֵינָן נֶחֱלָקִין, עַד שֶׁיִּהְיוּ עֶשְׂרִים:

---

셋이 함께 식사를 한다면 [셋이 함께 기도를 해야 하며 기도하기 전에] 헤어져서는 안 된다. 네 명이나 다섯 명일 경우도 마찬가지다.

여섯 명일 경우 〔기도하기 전에〕 헤어질 수 있다. 아홉 명까지는[44] 헤어질 수 있다. 열 명인 경우 헤어질 수 없다. 열아홉 명까지도[45] 마찬가지다.

● 여러 사람이 함께 식사를 하고 식후 기도를 드리기 전에 헤어지면 안 된다. 정족수에 모자란다는 이유로 기도를 제대로 드리지 않을 수 있기 때문이다. 이 원리를 따르기 위해서 3-5명까지는 기도를 드리기 전에 헤어지면 안 되고, 6-9명은 헤어져도 된다. 기도 내용이 같기 때문이다. 10명 이상이 되어도 헤어지면 안 되는데 하나님의 이름을 불러도 좋은 조건이 깨지기 때문이다. 20명이 되면 다시 헤어질 수 있다.

## 7, 5
식사를 마치고 드리는 기도와 관련된 부속 규정을 다룬다.

---

שְׁתֵּי חֲבוּרוֹת שֶׁהָיוּ אוֹכְלוֹת בְּבַיִת אֶחָד, בִּזְמַן שֶׁמִּקְצָתָן רוֹאִין אֵלּוּ אֶת
אֵלּוּ, הֲרֵי אֵלּוּ מִצְטָרְפִים לְזִמּוּן. וְאִם לָאו, אֵלּוּ מְזַמְּנִין לְעַצְמָן, וְאֵלּוּ מְזַמְּנִין
לְעַצְמָן. אֵין מְבָרְכִין עַל הַיַּיִן עַד שֶׁיִּתֵּן לְתוֹכוֹ מַיִם, דִּבְרֵי רַבִּי אֱלִיעֶזֶר.
וַחֲכָמִים אוֹמְרִים, מְבָרְכִין:

---

두 그룹이 같은 집에서 식사를 하고 서로 볼 수 있다면 이들은 함께 기도 초대에 응해야 한다. 만일 서로 볼 수 없다면 이들은 각자 기도에 초대하고 저들도 각자 기도에 초대해야 한다. 포도주에 물을 넣기

---

44) 원문은 '열 명까지'라고 되어 있으나 내용적으로 열 명 미만을 가리키는 것이므로 '아홉 명까지'로 번역했다.
45) 원문은 '스무 명까지'라고 되어 있으나 내용적으로 스무 명 미만을 가리키는 것이므로 '열아홉 명까지'로 번역했다.

전에는 포도주에 대해 기도할 수 없다. 엘리에제르 랍비의 말이다. 다른 랍비들은 말한다. 〔포도주에 물을 넣지 않고도 포도주에 대해〕 기도할 수 있다.

- 같은 방에서 식사를 했지만 원래 서로 관련이 없는 사람들이었다면 식후에 기도를 같이 드리는지를 논의하고 있는데 서로가 서로를 볼 수 있는 거리라면 함께 기도하라고 말한다.
- 한 가지 규정을 더 첨가하는데 물을 섞지 않은 강한 술을 마신 사람은 식후 기도에 참여할 수 있는지를 놓고 논의하며 이견이 있다.


## 제8장


### 8, 1

제8장은 힐렐과 샴마이 학파 사이에 벌어진 논쟁들을 다루는데 첫째 미쉬나는 안식일이나 명절이 시작되는 저녁 기도에 관해 논의한다.

---

אֵלּוּ דְבָרִים שֶׁבֵּין בֵּית שַׁמַּאי וּבֵית הִלֵּל בַּסְּעֻדָּה. בֵּית שַׁמַּאי אוֹמְרִים, מְבָרֵךְ עַל הַיּוֹם וְאַחַר כָּךְ מְבָרֵךְ עַל הַיָּיִן. וּבֵית הִלֵּל אוֹמְרִים, מְבָרֵךְ עַל הַיַּיִן וְאַחַר כָּךְ מְבָרֵךְ עַל הַיּוֹם:

---

식사와 관련하여 샴마이 학파와 힐렐 학파 사이의 차이점은 다음과 같다. 샴마이 학파는 말한다. 날에 대해 먼저 기도하고 다음에 포도주에 대해 기도해야 한다. 힐렐 학파는 말한다. 포도주에 대해 먼저 기도하고 다음에 날에 대해 기도해야 한다.

- 금요일 저녁이 되면 안식일을 시작하는 기도(קידוש, 키두쉬)를 드리
  는데 샴마이 학파는 그 '날'을 먼저 축복하고 '포도주'를 축복해야
  한다고 주장한다. 거룩한 날이 되어서 포도주를 마시기 때문이다.
  힐렐 학파는 '포도주'를 먼저 축복해야 한다고 주장하는데 그 이유
  는 첫째, 포도주가 있어서 거룩한 날을 축복할 수 있기 때문이며 둘
  째, 날을 축복하지 않는 날에도 포도주를 축복하여 더 일상적으로
  드리는 감사기도이기 때문이다. 현대 유대교는 힐렐 학파의 주장을
  따라 일반적인 감사기도를 먼저 드린다.

## 8, 2

힐렐과 샴마이 학파는 식탁에서 어떤 순서로 행동해야 하는지를 놓
고 토론한다.

---

בֵּית שַׁמַּאי אוֹמְרִים, נוֹטְלִין לַיָּדַיִם, וְאַחַר כָּךְ מוֹזְגִין אֶת הַכּוֹס. וּבֵית הִלֵּל
אוֹמְרִים, מוֹזְגִין אֶת הַכּוֹס וְאַחַר כָּךְ נוֹטְלִין לַיָּדַיִם:

---

샴마이 학파는 말한다. 손을 씻은 다음에 잔에 [포도주를] 따라야
한다. 힐렐 학파는 말한다. 잔에 [포도주를] 따른 다음에 손을 씻어야
한다.

- 샴마이 학파는 손을 먼저 씻고 포도주를 따라야 한다고 주장하는데
  부정한 사람이 손을 씻지 않아서 부정한 손으로 컵의 바깥 면을 만
  져서 부정하게 만들고, 또 포도주가 넘치면서 바깥 면과 접촉을 하
  여 결국 컵 전체와 음료수까지 부정하게 만들 수 있기 때문이다.
- 힐렐 학파는 포도주를 먼저 컵에 따르고 나서 손을 씻으라고 주장한
  다. 이때 포도주는 식사가 끝난 이후에 마시는 것으로 전제하고 있
  으며 식사를 하고 나서 손을 씻고 곧 포도주를 따르면 되기 때문에,

둘을 구분할 필요가 없다고 주장한다. 현대 유대교에는 두 가지 전통이 병존한다.

## 8, 3

힐렐과 샴마이 학파는 식탁에서 수건을 어떻게 다루어야 할지에 관해 논한다.

---

בֵּית שַׁמַּאי אוֹמְרִים, מְקַנֵּחַ יָדָיו בַּמַּפָּה וּמַנִּיחָהּ עַל הַשֻּׁלְחָן. וּבֵית הַלֵּל
אוֹמְרִים, עַל הַכֶּסֶת:

---

샴마이 학파는 말한다. 수건으로 손을 닦은 다음에 식탁 위에 올려놓는다. 힐렐 학파는 말한다. 등받침 위에 〔올려놓는다〕.

- 샴마이 학파는 수건으로 손을 닦고 식탁 위에 놓아야 한다고 주장한다. 식사자가 기대앉아 있는 등받침에 수건을 놓으면 안 되는 이유는 이 등받침이 부정할 경우 수건에 있는 물기를 부정하게 만들고, 그 물이 수건을 부정하게 만들기 때문이다. 반대로 식사를 하고 있는 식탁은 부정할 수 없기 때문에 식탁에 올려놓고 말리는 것이 안전하다.
- 힐렐 학파는 수건을 등받침에 올려놓아야 한다고 주장했는데 이렇게 해서 손이 부정해진다 하더라도 이것은 심각한 부정이 아니기 때문이다. 그 수건을 식탁에 올려놓으면 안 되는 이유는 부정한 수건에 있는 물기가 식탁을 부정하게 만들고, 또 음식에도 부정이 전이될 가능성이 있기 때문이다.

## 8, 4

식사가 끝난 후 치우는 일을 놓고 토론한다.

בֵּית שַׁמַּאי אוֹמְרִים, מְכַבְּדִין אֶת הַבַּיִת וְאַחַר כָּךְ נוֹטְלִין לַיָּדָיִם. וּבֵית הַלֵּל אוֹמְרִים, נוֹטְלִין לַיָּדַיִם וְאַחַר כָּךְ מְכַבְּדִין אֶת הַבַּיִת:

샴마이 학파는 말한다. 방을 청소한 다음에 손을 씻어야 한다. 힐렐 학파는 말한다. 손을 씻은 다음에 방을 청소해야 한다.

- 샴마이 학파는 먼저 바닥을 쓸고 손을 씻으라고 했는데 바닥에 떨어진 빵조각을 버리지 않고 모으려는 의도라고 해석한다. 일단 빵조각을 모으고 나서 손을 씻어야 젖은 손으로 빵을 버리지 않기 때문이다.

- 힐렐 학파는 먼저 손을 씻고 나서 바닥을 쓸라고 했는데 그 이유는 식후 기도(비르캇 함마존)를 드리기 전에 손을 씻어야 했기 때문이다. 다시 말해서 힐렐 학파는 음식 남은 것을 치우는 것보다 식후 기도를 드리는 것이 더 급한 의무라고 여긴 것이다.

### 8, 5

안식일이 끝날 때 드리는 기도(הבדלה, 하브달라)와 관련되어 있다.

בֵּית שַׁמַּאי אוֹמְרִים, נֵר וּמָזוֹן וּבְשָׂמִים וְהַבְדָּלָה. וּבֵית הַלֵּל אוֹמְרִים, נֵר וּבְשָׂמִים וּמָזוֹן וְהַבְדָּלָה. בֵּית שַׁמַּאי אוֹמְרִים, שֶׁבָּרָא מְאוֹר הָאֵשׁ. וּבֵית הַלֵּל אוֹמְרִים, בּוֹרֵא מְאוֹרֵי הָאֵשׁ:

샴마이 학파는 말한다. (기도하는 순서는) 촛불, 음식, 향료, 하브달라이다.[46] 힐렐 학파는 말한다. 촛불, 향료, 음식, 하브달라이다. 샴마

---

46) "당신은 당신의 가르침에 대한 지식으로 우리에게 은혜를 베푸셨습니다"로 시작하는 기도문으로 안식일이나 명절이 끝난 직후에 하는 기도문이다. '하브달라'란 히브리어로 '구별'이란 뜻인데 기도문 가운데 '거룩과 세속', '안식일과 평일'에 대한 구별이 나오기 때문에 붙여진 이름이다.

이 학파는 〔촛불에 대한 기도문이〕 '불빛을 창조하신 분'이라고 말한다. 힐렐 학파는 〔촛불에 대한 기도문이〕 '불빛들을 창조하신 분'이라고 말한다.

- 토요일 저녁이 되면 안식일이 끝나고 다음 주 첫째 날이 시작되는데 이때 토요일 저녁 식사 기도(비르캇 함마존)와 안식일을 마무리하는 기도(하브달라)가 겹치는 경우가 생긴다. 샴마이 학파는 초를 켜고 드리는 기도가 먼저라고 했는데 불은 밝히자마자 곧 그 유익을 누릴 수 있기 때문이다. 다음으로 식후 기도를 드려야 하는데 이미 식사를 마쳤기 때문이다. 그리고 마지막으로 향을 피우고 드리는 기도와 안식일을 마무리하는 기도를 드린다.
- 힐렐 학파는 초와 향을 켜고 드리는 기도가 짧기 때문에 두 기도를 먼저 드리고, 그다음에 식후 기도와 안식일을 마무리하는 기도를 차례로 드리라고 말한다.
- 초를 켜고 드리는 기도문과 관련해서 샴마이 학파는 단수로 '빛을'이라고 힐렐 학파는 복수로 '빛들을' 창조하신 하나님을 찬양해야 한다고 주장한다. 신학적으로 해석한다면 단수로 '빛을' 만드신 하나님을 찬양할 때 이것은 천지를 창조하실 때 모든 빛의 근원이 되는 최초의 빛을 만드신 창조주를 기리는 의미가 있다. 복수로 '빛들을' 만드신 하나님을 찬양한다면 그것은 아직도 살아계셔서 이 세상을 비취는 여러 가지 빛들을 만드시는 하나님께 감사하는 것이다.

## 8, 6
초와 향을 켜는 것과 관련된 다른 규정들을 논한다.

אֵין מְבָרְכִין לֹא עַל הַנֵּר וְלֹא עַל הַבְּשָׂמִים שֶׁל עוֹבְדֵי כוֹכָבִים, וְלֹא עַל הַנֵּר
וְלֹא עַל הַבְּשָׂמִים שֶׁל מֵתִים, וְלֹא עַל הַנֵּר וְלֹא עַל הַבְּשָׂמִים שֶׁלִּפְנֵי עֲבוֹדָה
זָרָה. אֵין מְבָרְכִין עַל הַנֵּר עַד שֶׁיֵּאוֹתוּ לְאוֹרוֹ:

이방인의 촛불과 향료나 죽은 자를 위해 사용된 촛불과 향료나 우
상숭배에서 사용된 촛불과 향료에 관해 기도하지 않는다. 빛을 즐기
위하기 전에는 촛불에 관해 기도하지 않는다.

- 유대인들은 외국인이 안식일에 켜놓은 초를 사용할 수 없으니 초는
  안식일 동안 꺼놓았다가 안식일을 마무리하는 기도(하브달라)를 드
  릴 때 다시 켜야 한다. 외국인에게 속한 향도 사용할 수 없으니 그가
  우상숭배하는 데 그 향을 사용했을 가능성이 있기 때문이다.
- 죽은 자를 애도하기 위해 켜놓은 초나 장례식 때 시체 냄새를 가리
  기 위해 켰던 향을 안식일 마무리 기도를 드릴 때 사용할 수 없다.
- 우상숭배를 위해 사용했던 초나 향을 기도하는 데 사용할 수 없다.
- 초를 켜자마자 기도할 수 없으며 촛불을 무언가에 사용해서 이익이
  발생한 후에야 기도할 수 있다. 그래서 현대 유대교에서는 초를 켜
  고 손을 비추어 본 후 기도를 드린다.

8, 7
식사 후에 기도하지 않은 사람의 경우를 논의한다.

מִי שֶׁאָכַל וְשָׁכַח וְלֹא בֵרַךְ, בֵּית שַׁמַּאי אוֹמְרִים, יַחֲזֹר לִמְקוֹמוֹ וִיבָרֵךְ. וּבֵית
הִלֵּל אוֹמְרִים, יְבָרֵךְ בַּמָּקוֹם שֶׁנִּזְכָּר. עַד אֵימָתַי הוּא מְבָרֵךְ. עַד כְּדֵי שֶׁיִּתְעַכֵּל
הַמָּזוֹן שֶׁבְּמֵעָיו:

어떤 사람이 식사를 했는데 잊어버리고 기도하지 않았을 경우에
대해 샴마이 학파는 말한다. 그는 그 장소로 돌아가서 기도해야 한다.

힐렐 학파는 말한다. 그는 [실수한 것을] 기억한 장소에서 기도하면 된다. 언제까지 기도해야 하는가? 음식이 그의 배에서 소화될 때까지 하면 된다.

- 식사를 마친 직후에 기도(비르캇 함마존)를 했었어야 했는데 실수로 기도하지 않았을 때 샴마이 학파를 따르면 식사했던 장소로 돌아가 기도해야 하고, 힐렐 학파를 따르면 장소와 상관없이 기도 드리면 된다.
- 식후 기도를 드릴 수 있는 시간 제한은 음식이 아직 뱃속에 있을 때까지이다. 탈무드는 음식이 소화되지 않고 아직 뱃속에 있다는 사실을 확인하기 위해서 다시 배가 고파지기 전까지라는 기준을 제시했다.

### 8, 8

식사 기도에 관련된 부수적인 규정들을 다룬다.

> בָּא לָהֶם יַיִן לְאַחַר הַמָּזוֹן וְאֵין שָׁם אֶלָּא אוֹתוֹ הַכּוֹס, בֵּית שַׁמַּאי אוֹמְרִים,
> מְבָרֵךְ עַל הַיַּיִן וְאַחַר כָּךְ מְבָרֵךְ עַל הַמָּזוֹן. וּבֵית הִלֵּל אוֹמְרִים, מְבָרֵךְ עַל
> הַמָּזוֹן וְאַחַר כָּךְ מְבָרֵךְ עַל הַיַּיִן. עוֹנִין אָמֵן אַחַר יִשְׂרָאֵל הַמְבָרֵךְ, וְאֵין עוֹנִין
> אָמֵן אַחַר הַכּוּתִי הַמְבָרֵךְ, עַד שֶׁיִּשְׁמַע כָּל הַבְּרָכָה:

식사 후에 포도주가 제공되었고 잔이 하나밖에 없는 경우에 대해 샴마이 학파는 말한다. 포도주에 관해서 먼저 기도한 다음에 음식에 관해서 기도해야 한다. 힐렐 학파는 말한다. 음식에 관해서 먼저 기도한 다음에 포도주에 관해서 기도해야 한다. 이스라엘 사람이 [낭송한 다음에는] 아멘으로 화답해야 한다. 쿠타인[47)이 [낭송한 다음에는]

---

47) 쿠타인(כותי)이라는 말은 유프라테스 강 동쪽 쿠타 출신 사람을 가리키는데 랍비 문학에서는 쿠타에서 이주해 와서(왕하 17:24) 사마리아에 사는 사람들

모든 기도문을 마치기 전까지는[48) 아멘으로 화답할 필요가 없다.

- 식사를 마치고 포도주가 나왔다면 샴마이 학파는 포도주를 마신 후 포도주를 감사하는 기도를 드리고 마지막으로 식후 기도(비르캇 함마존)를 드려야 한다고 주장한다. 힐렐 학파를 따르면 식사를 마치고 포도주 한 잔이 나왔을 때 먼저 식후 기도를 드리고 포도주를 마신 후 포도주에 대한 감사 기도를 드린다. 그래서 식후 기도를 드릴 때 포도주도 축복을 받도록 한다. 현대 유대교는 힐렐 학파를 따른다.
- 이 미쉬나 후반부는 이스라엘 자손 중 한 사람이 식사 기도를 했다면 그 사람을 믿고 '아멘'이라고 말하면 되지만 쿠타인(사마리아인)이 기도했다면 기도문 내용을 조심해서 확인하고 '아멘'이라고 대답해야 한다고 가르친다. 랍비들이 사마리아인들을 경계하고 있기는 하지만, 식사기도를 함께 한다는 것은 식사를 함께 했다는 뜻이므로 완전히 이방인으로 취급하지 않았음을 알 수 있다.

## 제9장

### 9, 1

제9장은 서로 다른 상황에서 드리는 다양한 기도들을 설명한다. 첫째 미쉬나는 이스라엘에 기적이 일어나고 우상숭배가 뿌리 뽑히는 상황을 전제한다.

---

을 가리킨다.
48) 원문에는 '모든 축복문을 들을 때까지는'으로 되어 있다.

הָרוֹאֶה מָקוֹם שֶׁנַּעֲשׂוּ בּוֹ נִסִּים לְיִשְׂרָאֵל, אוֹמֵר בָּרוּךְ שֶׁעָשָׂה נִסִּים לַאֲבוֹתֵינוּ בַּמָּקוֹם הַזֶּה. מָקוֹם שֶׁנֶּעֶקְרָה מִמֶּנּוּ עֲבוֹדָה זָרָה, אוֹמֵר בָּרוּךְ שֶׁעָקַר עֲבוֹדָה זָרָה מֵאַרְצֵנוּ:

이스라엘을 위해 기적이 일어난 장소를 볼 경우 '우리 조상들을 위해 이 장소에서 기적을 일으키신 분은 복되시다'라고 해야 한다. 우상숭배가 뿌리 뽑힌 장소〔를 볼 경우〕'우리 땅에서 우상숭배를 뿌리 뽑으신 분은 복되시다'라고 해야 한다.

- 이스라엘을 구원하는 기적이 일어나면 조상들이 홍해나 요단강을 건넜을 때를 기억하고 그 기적을 베푸신 하나님을 찬양해야 한다.
- 이스라엘 땅에서 우상숭배를 뿌리 뽑는 일이 일어나면 그 일을 성취하신 하나님을 찬양해야 한다. 탈무드에는 이스라엘 땅 바깥에서 우상숭배가 뿌리 뽑히는 일이 일어나도 기도해야 하며 이때 기도문 마지막 부분만 "우리 땅"에서 "그 땅"으로 수정해서 낭송해야 한다고 설명한다.

## 9, 2

일상에서 어떤 것을 목격하거나 경험하면서 드리는 기도를 다룬다.

עַל הַזִּיקִין, וְעַל הַזְּוָעוֹת, וְעַל הַבְּרָקִים, וְעַל הָרְעָמִים, וְעַל הָרוּחוֹת, אוֹמֵר בָּרוּךְ שֶׁכֹּחוֹ וּגְבוּרָתוֹ מָלֵא עוֹלָם. עַל הֶהָרִים, וְעַל הַגְּבָעוֹת, וְעַל הַיַּמִּים, וְעַל הַנְּהָרוֹת, וְעַל הַמִּדְבָּרוֹת, אוֹמֵר בָּרוּךְ עוֹשֶׂה מַעֲשֵׂה בְרֵאשִׁית. רַבִּי יְהוּדָה אוֹמֵר, הָרוֹאֶה אֶת הַיָּם הַגָּדוֹל אוֹמֵר בָּרוּךְ שֶׁעָשָׂה אֶת הַיָּם הַגָּדוֹל, בִּזְמַן שֶׁרוֹאֶה אוֹתוֹ לִפְרָקִים. עַל הַגְּשָׁמִים וְעַל הַבְּשׂוֹרוֹת הַטּוֹבוֹת אוֹמֵר בָּרוּךְ הַטּוֹב וְהַמֵּטִיב, וְעַל שְׁמוּעוֹת רָעוֹת אוֹמֵר בָּרוּךְ דַּיַּן הָאֱמֶת:

혜성, 지진, 번개, 천둥, 폭풍〔을 볼 경우〕'능력과 권능을 세상에 채우신 분은 복되시다'라고 해야 한다.

산, 언덕, 바다, 강, 광야[를 볼 경우] '창조의 일을 행하신 분은 복되시다'라고 해야 한다. 예후다 랍비는 말한다. 대해를 보는 자는 '대해를 창조하신 분은 복되시다'라고 해야 한다. 그것을 가끔씩 보는 경우에 해당된다. 비와 좋은 소식에 대해서는 '선하시며 선한 것을 행하시는 분은 복되시다'라고 해야 한다. 나쁜 소식에 대해서는 '성실한 심판자는 복되시다'라고 해야 한다.

- 다양한 자연현상을 보고 그때마다 창조주 하나님을 기억하고 기도 드리라고 명한다.
- 예후다 랍비는 「브라홋」6, 1에서도 일반적인 식사 기도에 만족하지 못하고 상황에 맞는 정확한 기도문을 제시한 적이 있는데, '대해' 즉 지중해를 오랜만에 본 사람이 드리는 기도문을 따로 제시한다.
- 그 외에도 비가 오거나 좋은 일 또는 나쁜 일이 일어났을 때 드리는 기도문도 있다.

### 9, 3
첫 부분은 새 집이나 그릇을 지었을 때, 후반부는 헛된 기도에 관해 논의한다.

---

בָּנָה בַיִת חָדָשׁ, וְקָנָה כֵלִים חֲדָשִׁים, אוֹמֵר בָּרוּךְ שֶׁהֶחֱיָנוּ. מְבָרֵךְ עַל הָרָעָה
מֵעֵין הַטּוֹבָה, וְעַל הַטּוֹבָה מֵעֵין הָרָעָה. הַצּוֹעֵק לְשֶׁעָבַר, הֲרֵי זוֹ תְּפִלַּת
שָׁוְא. כֵּיצַד. הָיְתָה אִשְׁתּוֹ מְעֻבֶּרֶת, וְאָמַר, יְהִי רָצוֹן שֶׁתֵּלֵד אִשְׁתִּי זָכָר, הֲרֵי
זוֹ תְּפִלַּת שָׁוְא. הָיָה בָא בַדֶּרֶךְ וְשָׁמַע קוֹל צְוָחָה בָּעִיר, וְאָמַר יְהִי רָצוֹן שֶׁלֹּא
יִהְיוּ אֵלּוּ בְּנֵי בֵיתִי, הֲרֵי זוֹ תְּפִלַּת שָׁוְא:

---

새로운 집을 짓거나 새로운 그릇을 살 경우 '우리에게 삶을 주시는 분은 복되시다'라고 해야 한다. 나쁜 일에 관해 좋은 일인 것처럼 기도하거나, 좋은 일에 관해 나쁜 일인 것처럼 기도하는 자가 있다. [이

렇게] 지나간 일에 관해 애원하는 것은 헛된 기도이다. 아내가 임신 중인데 '내 아내가 아들을 출산하는 것이 [당신의] 뜻이기를 바랍니다'라고 기도한다면 그것은 헛된 기도이다. 여행에서 돌아오는 중에 도시에서 애통하는 소리를 들을 때 '이것이 내 집 사람들에게 일어나지 않는 것이 [당신의] 뜻이기를 바랍니다'라고 기도한다면 그것은 헛된 기도이다.

- 새 집이나 그릇을 지었을 때 드리는 기도(ברוך שהחיינו, 바룩 쉐헤헤야누)는 사실 새 음식을 먹을 때, 어떤 물건을 새로 선물 받았을 때, 명절을 시작할 때 등 다양한 상황에서 드릴 수 있는 기도이다.
- 잘못된 관행 때문에 헛된 기도가 되는 경우는 1) 나쁜 일이 일어났는데 그 결과가 달라지기를 바라는 마음에서 좋은 일이 일어났을 때 드리는 기도(ברוך הטוב והמטיב, 바룩 핫토브 베하메티브)를 드리는 것, 2) 좋은 일이 일어났는데 혹시 그 일이 잘못될까 봐 나쁜 일이 일어났을 때 드리는 기도(ברוך דין האמת, 바룩 딘 하에멧)를 드리는 것이니 이 모두 이미 과거에 일어나서 변할 수 없는 일을 놓고 헛된 기도를 하는 경우이다. 중세 유대학자 람밤(Rambam, 1135-1204)은 이에 덧붙여 미래에 좋은 일이 되더라도 현재 나쁜 일이면 그에 맞는 기도를 드리고 미래에 나쁜 일이 되더라도 현재 좋은 일이면 또 그에 맞는 기도를 드리라고 가르쳤다. 즉 기도의 초점은 현재에 있는 것이지 과거나 미래에 있는 것이 아니다. 동일한 원리로 3) 태중에 있는 아이의 성별을 놓고 기도하는 것, 4) 나쁜 일이 일어난 집이 자기 집이 아니기를 기원하는 것도 헛된 기도일 뿐이다.

## 9, 4

어느 도시에 들어가고 나갈 때 드리는 기도를 다룬다.

הַנִּכְנָס לִכְרַךְ מִתְפַּלֵּל שְׁתַּיִם, אַחַת בִּכְנִיסָתוֹ וְאַחַת בִּיצִיאָתוֹ. בֶּן עַזַּאי אוֹמֵר,
אַרְבַּע, שְׁתַּיִם בִּכְנִיסָתוֹ וּשְׁתַּיִם בִּיצִיאָתוֹ, וְנוֹתֵן הוֹדָאָה לְשֶׁעָבַר, וְצוֹעֵק
לֶעָתִיד לָבֹא:

큰 도시로 들어갈 때에는 두 번 기도해야 한다. 한 번은 들어갈 때 이고 한 번은 나갈 때이다. 벤 아자이는 말한다. 들어갈 때 두 번, 나갈 때 두 번, 네 번 〔기도해야 한다〕. 과거에 대해 감사해야 하고 미래에 일어날 것에 대해 기도해야 한다.

- 어느 도시에 들어가고 나갈 때 어떤 방법으로 기도를 드리는지에 관해 논의하고 있다. 그 도시에 들어갈 때는 평화롭게 들어갈 수 있도록 바라는 기도를 드리고, 나올 때는 평화롭게 나오게 해주신 것을 감사하는 기도를 드린다. 벤 아자이는 이를 확대하여 기도를 네 번 드려야 한다고 주장한다. 이에 관한 더 자세한 설명이 탈무드 「브라홋」 60a에 기록되어 있다.

  "우리 랍비가 가르치셨다. 들어갈 때는 무엇이라고 말하는가?

  - 오 주 나의 하나님, 내가 평화롭게 이 도시에 들어가는 것이 주님의 뜻이기를 빕니다.
  - 그가 그 〔도시〕 안에 들어가면 이렇게 말한다. 오 주 나의 하나님, 내가 이 도시에 평화롭게 들어오게 해주셔서 감사드립니다.
  - 그가 그 〔도시를〕 떠나려고 할 때 이렇게 말한다. 오 주 나의 하나님 그리고 내 조상들의 하나님, 내가 평화롭게 이 도시를 나가는 것이 주님의 뜻이기를 바랍니다.
  - 그가 그 〔도시〕 밖에 나오면 이렇게 말한다. 오 주 나의 하나님, 나를 평화롭게 이 도시에서 나오게 해주셔서 감사드립니다. 그리고 나를 평화롭게 인도하시고 또 평화를 누리도록 도우시고 또 평화롭게 길을 가게 하시고 또 도중에 숨어 있는 적들과 강도

들의 손에서 나를 구원해주소서."

● 이 기도문은 모두 네 개이므로 벤 아자이의 주장을 따르고 있음을
알 수 있다.

## 9, 5

「브라홋」의 마지막 미쉬나는 서로 다른 주제 세 가지를 논의한다.

---

חַיָּב אָדָם לְבָרֵךְ עַל הָרָעָה כְּשֵׁם שֶׁהוּא מְבָרֵךְ עַל הַטּוֹבָה, שֶׁנֶּאֱמַר (דברים
ו) וְאָהַבְתָּ אֵת יְיָ אֱלֹהֶיךָ בְּכָל לְבָבְךָ וּבְכָל נַפְשְׁךָ וּבְכָל מְאֹדֶךָ. בְּכָל לְבָבְךָ,
בִּשְׁנֵי יְצָרֶיךָ, בְּיֵצֶר טוֹב וּבְיֵצֶר רָע. וּבְכָל נַפְשְׁךָ, אֲפִלּוּ הוּא נוֹטֵל אֶת נַפְשֶׁךָ.
וּבְכָל מְאֹדֶךָ, בְּכָל מָמוֹנֶךָ. דָּבָר אַחֵר בְּכָל מְאֹדֶךָ, בְּכָל מִדָּה וּמִדָּה שֶׁהוּא
מוֹדֵד לְךָ הֱוֵי מוֹדֶה לוֹ בִּמְאֹד מְאֹד. לֹא יָקֵל אָדָם אֶת רֹאשׁוֹ כְּנֶגֶד שַׁעַר
הַמִּזְרָח, שֶׁהוּא מְכֻוָּן כְּנֶגֶד בֵּית קָדְשֵׁי הַקֳּדָשִׁים. לֹא יִכָּנֵס לְהַר הַבַּיִת
בְּמַקְלוֹ, וּבְמִנְעָלוֹ, וּבְפֻנְדָּתוֹ, וּבְאָבָק שֶׁעַל רַגְלָיו, וְלֹא יַעֲשֶׂנּוּ קַפֶּנְדַּרְיָא,
וּרְקִיקָה מִקַּל וָחֹמֶר. כָּל חוֹתְמֵי בְרָכוֹת שֶׁהָיוּ בַּמִּקְדָּשׁ, הָיוּ אוֹמְרִים מִן
הָעוֹלָם. מִשֶּׁקִּלְקְלוּ הַמִּינִין, וְאָמְרוּ, אֵין עוֹלָם אֶלָּא אֶחָד, הִתְקִינוּ שֶׁיְּהוּ
אוֹמְרִים, מִן הָעוֹלָם וְעַד הָעוֹלָם. וְהִתְקִינוּ, שֶׁיְּהֵא אָדָם שׁוֹאֵל אֶת שְׁלוֹם
חֲבֵרוֹ בַּשֵּׁם, שֶׁנֶּאֱמַר (רות ב) וְהִנֵּה בֹעַז בָּא מִבֵּית לֶחֶם, וַיֹּאמֶר לַקּוֹצְרִים יְיָ
עִמָּכֶם, וַיֹּאמְרוּ לוֹ, יְבָרֶכְךָ יְיָ. וְאוֹמֵר (שופטים ו) יְיָ עִמְּךָ גִּבּוֹר הֶחָיִל. וְאוֹמֵר
(משלי כג) אַל תָּבוּז כִּי זָקְנָה אִמֶּךָ. וְאוֹמֵר (תהלים קיט) עֵת לַעֲשׂוֹת לַייָ
הֵפֵרוּ תוֹרָתֶךָ. רַבִּי נָתָן אוֹמֵר, הֵפֵרוּ תוֹרָתֶךָ עֵת לַעֲשׂוֹת לַייָ:

---

좋은 일에 대해 기도하는 것처럼 나쁜 일에 대해서도 기도해야 한
다. "너는 마음을 다하고 뜻을 다하고 힘을 다하여 네 하나님 여호와
를 사랑하라"(신 6:5)는 말씀과 같다.

"네 마음을 다하고"는 '너의 두 성향,' 즉 좋은 성향과 나쁜 성향이
[라는 뜻이다].

"네 뜻을 다하고"는 '그분이 네 목숨을 취하여 가더라도'[라는 뜻
이다].

"네 힘을 다하여"는 '네 모든 재산으로'[라는 뜻이다]. "네 힘을 다하여"에 대한 다른 설명은 '그분이 너에 대해 측량하시는 모든 것에 대해 매우 깊은 감사를 드리라'[라는 뜻이다].

경솔하게 머리를 [성전의] 동문 쪽으로 돌려서는 안 된다. [그 문은] 지성소를 향해 있기 때문이다. 막대기나 신발이나 지갑을 가지거나 발의 먼지를 묻힌 채 성전산으로 들어가서도 안 되며 지름길을 위해 [성전산을] 이용해도 안 되며 당연히 침을 뱉어서도 안 된다. 성전산에서 드리는 기도는 '영원히'로 끝나야 한다. 이단자가 잘못 가르쳐 세상은 오직 하나뿐이라고 주장했기 때문에 '영원부터 영원까지'라고 말하여 그것을 바로잡아 주었다.

사람들이 서로 인사할 때 [하나님의] 이름을 [사용하여] 하는데 다음 말씀과 같다. "마침 보아스가 베들레헴에서부터 와서 베는 자들에게 이르되 여호와께서 너희와 함께 하시기를 원하노라 하니 그들이 대답하되 여호와께서 당신에게 복 주시기를 원하나이다 하니라"(룻 2:4). [또] "큰 용사여 여호와께서 너와 함께 계시도다"(삿 6:12)라고 하였다. "네 늙은 어미를 경히 여기지 말지니라"(잠 23:22)라고 기록하였고, [또] "그들이 주의 법을 폐하였사오니 지금은 여호와께서 일하실 때니이다"(시 119:126)라고 하였다. 나탄 랍비가 말한다. 그들이 당신의 법을 폐하였다. 여호와께서 일하실 시간이다.[49)]

● 미쉬나의 첫 부분은 좋은 일이 일어나거나 나쁜 일이 일어나거나 상

---

49) 시편 119:126의 개역개정 번역은 "그들이 주의 법을 폐하였사오니 지금은 여호와께서 일하실 때니이다"로 되어 있으나 히브리어 원문은 "지금은 여호와께서 일하실 때니이다"가 먼저 기록되어 있고 "그들이 주의 법을 폐하였사오니"가 다음에 기록되어 있다. 나탄 랍비는 그 둘의 순서를 서로 바꾸는 것을 제안하는데 이는 개역개정의 번역과 일맥상통하는 것이다.

관없이 기도를 드려야 한다고 주장하며 쉐마 기도문을 자세히 설명한다. 주석 마지막 부분은 기도자에게 무슨 일이 일어나든지 하나님께 순종하라고 말하고 있어서 자신에게 벌어지는 일이 좋든 나쁘든 기도하라는 명령과 연관된다.

- 다음으로 성전에 들어가서 행동하는 요령을 자세히 설명하고 있는데 중세 유대학자 람밤은 이미 폐허가 된 성전 터에 들어가도 같은 요령으로 행동해야 한다고 주장했다.
- 미쉬나의 셋째 부분은 성전을 나서면서 드리는 기도에 대해 언급하면서 당시 유대인들의 내세관을 언급하고 있다. 잘 알려져 있다시피 사두개인들은 내세를 부정하고 바리새인들은 내세를 인정하는데 사두개인들은 기도문에 이 세상만 언급하고 있다(מן העולם, 민 하올람)는 사실을 증거로 제시한다. 그러나 미쉬나 본문은 바리새인들의 전통을 계승하여 기도문에 이 세상과 다음 세상을 모두 언급해야 한다고(מן העולם ועד העולם, 민 하올람 베아드 하올람) 주장한다.
- 미쉬나의 넷째 부분은 다른 사람에게 인사할 때 하나님의 이름으로 축복하는 문제를 논하고 있는데 보아스가 베들레헴에서 추수꾼들과 나누었던 대화(룻 2:4)와 기드온을 찾아 온 천사의 말(삿 6:12)을 인용하고 있다. 이 논의의 정확한 배경은 알 수 없지만 일반인들끼리 인사하면서 하나님의 이름을 언급하는 것이 적절하냐는 질문이 전제되어 있는데 인간은 하나님의 형상으로 지음을 받았기 때문에 하나님의 이름으로 축복하는 것이 타당하다고 결론 내리고 있다.
- 그 외에도 부모님을 무시하지 말고(잠 23:22) 부모님 세대로부터 배워야 한다는 명령을 강조하면서, 나탄 랍비는 시편 119:126의 문장 순서를 바꾸면서 동시대인들의 불효를 비판하고 하나님의 개입을 기다린다는 뜻으로 해석하고 있다.

# פאה

## 2

# 페아
모퉁이

랍비들은 페아에 대한 규칙을 말한다. 그가 먹는 모든 것, 땅에서 보존되고 자라는 것, 작물로 모아 저장하는 것은 모두 페아의 의무가 있다. 곡물과 콩과 식물은 이 규칙을 따라야 한다. _「페아」1, 4

# 개요

마쎄켓 「페아」[1]는 히브리 성서에서 가난한 사람들에게 주라고 명하는 농작물에 관해 논의한다.

가난한 사람들에게 줄 농작물에는 모두 다섯 가지가 있다. 1) 밭의 구석에서 자라난 농작물, 2) 수확하다가 바닥에 떨어뜨린 농작물, 3) 실수로 밭에 두고 온 곡식단, 4) 포도나무에 남은 열매, 5) 처음 수확할 때 아직 익지 않은 포도 열매이다.

결국 「페아」는 가난한 사람들을 돕기 위한 기부에 관해 논의하는데 미쉬나를 기록할 시점에는 모든 유대인들이 농업에만 종사하지는 않았으므로 다른 기부 방법에 대해서도 논의한다(제8장).

「페아」는 바벨 탈무드에는 포함되지 않았으나 예루살렘 탈무드에는 포함된다.

• 관련 성경구절 | 레위기 19:9, 23:22; 신명기 24:19-22

---

1) '모퉁이'라는 뜻으로 추수 때 가난한 이들을 위해 남겨두어야 하는 밭 한구석을 말한다. 따라서 '페아'란 가난한 이들을 위해 밭 한쪽에 남겨둔 곡식이나 그렇게 남겨두는 행위를 의미한다.

## 제1장

### 1, 1

첫째 미쉬나는 유대인들이 낭송하는 기도문의 일부이기 때문에 매우 잘 알려져 있다. 가난한 사람들을 돕는 일에는 정해진 한계가 없다고 말한다.

---

אֵלּוּ דְבָרִים שֶׁאֵין לָהֶם שֵׁעוּר. הַפֵּאָה, וְהַבִּכּוּרִים, וְהָרֵאָיוֹן, וּגְמִילוּת חֲסָדִים, וְתַלְמוּד תּוֹרָה. אֵלּוּ דְבָרִים שֶׁאָדָם אוֹכֵל פֵּרוֹתֵיהֶן בָּעוֹלָם הַזֶּה וְהַקֶּרֶן קַיֶּמֶת לוֹ לָעוֹלָם הַבָּא. כִּבּוּד אָב וָאֵם, וּגְמִילוּת חֲסָדִים, וַהֲבָאַת שָׁלוֹם בֵּין אָדָם לַחֲבֵרוֹ, וְתַלְמוּד תּוֹרָה כְּנֶגֶד כֻּלָּם:

---

측정단위가 없는 것은 다음과 같다: 페아, 맏물, 절기의 제물, 자비로운 행위,[2] 토라 공부. 이런 것들은 이 세상에서 그 열매들을 먹을 수 있는 반면 그 중요성이 오는 세상에도 남아 있는 것이 있다: 부모공경, 자비로운 행위, 사람과 동료 사이에 평화를 가져다주는 것. 그런데 토라 공부는 이런 모든 것들과 [그 중요성이] 동일하다.

- 이 미쉬나의 첫 부분은 상한선에 관한 규정이 없는 경우로, 이런 행위는 원하는 만큼 얼마든지 시행할 수 있다.
  - 페아(פאה): 추수할 때 가난한 사람을 위해 이삭이나 열매를 남겨두는 일(레 19:9-10).
  - 맏물(בכורים, 빅쿠림): 밭주인은 맏물 중 일부를 성전으로 가져다 바쳐야 하며 이 헌물은 제사장들의 몫이 된다(신 26:1-11).
  - 절기의 제물(ראיון, 레아욘): 이스라엘 자손들은 1년에 세 번 성전

---

2) 두 종류의 행위가 있었는데 금전적 행위(필요한 이에게 금전을 빌려주는 행위 등)와 신체적 행위(환자 방문 행위 등)이다.

에 올라가서 제사를 드려야 하며(유월절, 칠칠절, 장막절), 이때 제물을 가져다 바쳐야 한다(출 23:17; 신 16:16-17).

- 자비로운 행위(גמילות חסדים, 게밀룻 하싸딤): 가난한 사람에게 기부하기, 병자를 문안하기, 죽은 자를 묻기, 다른 사람에게 배우자를 찾아주기 등 자비를 베푸는 행위들.

- 토라 공부(תלמוד תורה, 탈무드 토라): 토라를 읽고 공부하는 일.

- 미쉬나 후반부는 현세는 물론 내세에서도 보상을 받게 되는 행위들을 열거한다. 부모를 공경하기, 옳은 행동, 평화 실현, 토라 공부.

- 처음 세 가지 행동은 모두 다른 사람들에게 자비를 베푸는 행동이며 이런 행동을 통해 행위자가 보상을 받는다고 약속하고 있다. 마지막 행위는 성격이 다른데, 그 만큼 랍비들이 토라 공부를 강조했음을 알 수 있다.

## 1, 2

자비를 베푸는 행동에 상한선은 없지만 하한선은 있다.

---

אֵין פּוֹחֲתִין לַפֵּאָה מִשִּׁשִּׁים, וְאַף עַל פִּי שֶׁאָמְרוּ אֵין לַפֵּאָה שִׁעוּר. הַכֹּל לְפִי
גֹדֶל הַשָּׂדֶה, וּלְפִי רֹב הָעֲנִיִּים, וּלְפִי רֹב הָעֲנָוָה:

---

페아는 [전체 곡식의] 1/60보다 적어서는 안 된다. 페아에 대한 측정단위가 없다고 말하지만 모든 것은 밭의 크기와 가난한 이의 수와 [추수하는 곡식의] 생산량에 맞추어 정해야 한다.

- 어떤 사람이 추수를 했다면 밭의 네 귀퉁이를 모두 합쳐서 수확량의 1/60을 남겨야 한다. 그러나 이런 기계적인 계산이 아니더라도 밭이 얼마나 큰지, 가난한 사람들이 얼마나 많은지, 수확이 얼마나 좋은지에 따라 판단해야 한다고 설명한다.

**1, 3**

히브리 성서의 규정은 추수를 한 후 밭 귀퉁이를 남기라고 했지만, 필요에 따라 다른 방법으로 남겨도 상관없다.

---

נוֹתְנִין פֵּאָה מִתְּחִלַּת הַשָּׂדֶה וּמֵאֶמְצָעָהּ. רַבִּי שִׁמְעוֹן אוֹמֵר, וּבִלְבַד שֶׁיִּתֵּן בַּסּוֹף כַּשִּׁעוּר. רַבִּי יְהוּדָה אוֹמֵר, אִם שִׁיֵּר קֶלַח אֶחָד, סוֹמֵךְ לוֹ מִשּׁוּם פֵּאָה. וְאִם לָאו, אֵינוֹ נוֹתֵן אֶלָּא מִשּׁוּם הֶפְקֵר:

---

페아는 밭의 시작 지점이나 중간 지점에서 줄 수 있다. 쉼온 랍비는 말한다. 크기에 따라 마지막에 주어도 된다.

예후다 랍비는 말한다. 이삭 하나를 남겨두었다면 그것은 〔다른 곡식과 함께〕 페아에 포함시켜야 한다. 그가 남겨두지 않았다면 〔그의 밭은〕 주인 없는 것으로 간주되어야 한다.

- 어떤 사람이 추수를 하는데 끝날 때까지 기다리지 않고 밭의 첫머리나 중간 부분을 추수하지 않고 남겨두어도 무방하다.
- 쉼온 랍비가 했다는 말은 한 가지 이상으로 해석할 수 있다. 첫째, 밭의 어느 부분을 남기건, 마지막까지 남긴 부분이 정해진 분량 규정에 맞는다면 상관없다. 둘째, 밭머리나 중간 부분을 남겼다고 해도 마지막에 정해진 분량을 밭 귀퉁이에 남겨야 한다.
- 예후다 랍비는 밭주인이 수확을 시작하면서 자기를 위하여 곡식 한 줄기라도 따로 뗀다면 그 줄기를 제외한 밭 전체를 가난한 사람들을 위해 남길 수 있다. 그렇게 하지 않는다면 그 밭 자체를 주인 없는 밭으로 선포하여 누구나 와서 곡식을 가져갈 수 있도록 할 수 있다. 이렇게 처리하면 밭주인은 십일조를 바치지 않아도 된다(「페아」1, 6).

## 1, 4

'페아' 법을 적용하기 위한 조건을 논의한다.

---

כְּלָל אָמְרוּ בַּפֵּאָה. כָּל שֶׁהוּא אֹכֶל, וְנִשְׁמָר, וְגִדּוּלָיו מִן הָאָרֶץ, וּלְקִיטָתוֹ
כְאַחַת, וּמַכְנִיסוֹ לְקִיּוּם, חַיָּב בַּפֵּאָה. וְהַתְּבוּאָה וְהַקִּטְנִיּוֹת בַּכְּלָל הַזֶּה:

---

〔랍비들은〕 페아에 대한 규칙을 말한다. 그가 먹는 모든 것, 땅에서
보존되고 자라는 것, 작물로 모아 저장하는 것은 모두 페아의 의무가
있다. 곡물과 콩과 식물은 이 규칙을 따라야 한다.

- 가난한 사람을 위해서 밭 귀퉁이를 남기는 규칙을 적용하려면 다섯
  가지 조건에 맞아야 한다.
  - 사람이 먹는 음식이어야 하며 동물 먹이는 해당되지 않는다.
  - 심고 기른 자 즉 밭의 주인이 있어야 하며 주인 없는 땅에서 자란
    것들은 해당되지 않는다.
  - 땅에서 자란 것들만 해당하며 버섯은 뿌리가 없으므로 해당되지
    않는다.
  - 한 번에 수확하는 작물들만 해당하며 무화과처럼 여러 번 수확하
    는 과일들은 해당되지 않는다.
  - 저장할 수 있는 작물들만 해당되며 저장할 수 없었던 채소는 해
    당되지 않는다.
- 이런 조건에 맞는 작물은 곡식과 콩인데, 곡식에는 밀, 보리, 사료용
  밀, 호밀, 귀리가 있다.

**1, 5**

나무에서 열리는 열매들 가운데 조건에 맞는 종류는 다음과 같다.

---

וּבָאִילָן, הָאוֹג וְהֶחָרוּבִין וְהָאֱגוֹזִים וְהַשְּׁקֵדִים וְהַגְּפָנִים וְהָרִמּוֹנִים וְהַזֵּיתִים
וְהַתְּמָרִים, חַיָּבִין בַּפֵּאָה:

---

나무에서 옻나무, 캐럽나무,[3] 호두나무, 아몬드나무, 포도나무, 석
류나무, 올리브나무, 대추야자나무는 페아의 규칙을 따라야 한다.

**1, 6**

가난한 자를 위해 남기는 작물과 십일조의 상관관계를 논의한다.

---

לְעוֹלָם הוּא נוֹתֵן מִשּׁוּם פֵּאָה וּפָטוּר מִן הַמַּעַשְׂרוֹת, עַד שֶׁיְּמָרֵחַ. וְנוֹתֵן
מִשּׁוּם הֶפְקֵר וּפָטוּר מִן הַמַּעַשְׂרוֹת, עַד שֶׁיְּמָרֵחַ. וּמַאֲכִיל לַבְּהֵמָה וְלַחַיָּה
וְלָעוֹפוֹת וּפָטוּר מִן הַמַּעַשְׂרוֹת, עַד שֶׁיְּמָרֵחַ. וְנוֹטֵל מִן הַגֹּרֶן וְזוֹרֵעַ וּפָטוּר
מִן הַמַּעַשְׂרוֹת, עַד שֶׁיְּמָרֵחַ, דִּבְרֵי רַבִּי עֲקִיבָא. כֹּהֵן וְלֵוִי שֶׁלָּקְחוּ אֶת הַגֹּרֶן,
הַמַּעַשְׂרוֹת שֶׁלָּהֶם, עַד שֶׁיְּמָרֵחַ. הַמַּקְדִּישׁ וּפוֹדֶה, חַיָּב בְּמַעַשְׂרוֹת, עַד
שֶׁיְּמָרֵחַ הַגִּזְבָּר:

---

페아는 [추수 이후] 언제든지 실행될 수 있으며 [마지막 낟가리가]
쌓일 때까지 십일조의 의무에서 제외된다. 생산물은 주인이 없는 것
으로 간주될 수 있으며 [마지막 낟가리가] 쌓일 때까지 십일조의 의
무에서 제외된다. 그는 그의 가축이나 다른 동물들이나 새에게 먹일
수 있으며 [마지막 낟가리가] 쌓일 때까지 십일조의 의무에서 제외
된다. 그는 타작마당에서 취하여 씨를 뿌릴 수 있으며 [마지막 낟가
리가] 쌓일 때까지 십일조의 의무에서 제외된다. 아키바 랍비의 말이
다. 만일 제사장이나 레위인이 타작마당을 샀다면 그들은 [마지막 낟

---

3) 개역개정의 '쥐엄나무'를 말한다.

가리가] 쌓일 때까지 십일조를 취할 수 있다. 만일 그것을 바친 다음 무르면 회계 담당자가 [마지막 낟가리를] 쌓을 때까지 십일조는 의무이다.

- 어떤 사람이 밭 귀퉁이를 남기지 않고 수확을 끝냈다면 그 사람은 낟가리를 만들기 전에 수확한 작물을 '페아'라고 선포하고 십일조를 면제받을 수 있다. 일단 낟가리까지 쌓아 올렸다면 십일조를 바쳐야 한다.
- 어떤 사람이 남겨둔 밭 귀퉁이와 함께 수확한 작물도 가난한 사람들에게 기부하고 싶다면 그 사람은 낟가리를 만들기 전에 그 밭이 주인이 없는 밭이라고 선포하고 십일조를 면제받을 수 있다. 일단 낟가리를 쌓아 올렸다면 십일조를 바쳐야 한다.
- 어떤 사람이 수확한 작물을 동물 사료로 쓰고 싶다면 낟가리를 만들기 전에 주어야 한다. 일단 낟가리를 쌓아 올렸다면 십일조를 바쳐야 한다.
- 어떤 사람이 수확한 작물을 씨앗으로 쓰고 싶다면 낟가리를 만들기 전에 그렇게 선포해야 한다. 일단 낟가리를 쌓아 올렸다면 십일조를 바쳐야 한다.
- 어떤 제사장이나 레위인 개인이 밭에 있는 곡식을 수확하여 낟가리를 만들기 전에 구매했다면 낟가리를 만든 후에라도 그 밭의 십일조를 자기 몫으로 가져갈 수 있다. 일단 낟가리를 쌓아 올렸다면 십일조를 성전에 바쳐야 한다.
- 성전에 속한 밭에서 수확한 작물은 십일조를 부과하지 않는다. 그러나 밭의 주인이 일단 바친 밭을 성전 회계 담당자(גזבר, 기즈바르)가 낟가리를 만들기 전에 무르면 십일조를 바칠 의무가 있다. 성전 회계 담당자가 낟가리를 쌓아 올렸다면 십일조 납부 의무가 없다.

# 제2장

## 2, 1

가난한 사람들을 위해 남겨야 하는 곡식(페아)은 어떤 기준에 따라
계산하는지 다룬다.

---

וְאֵלוּ מַפְסִיקִין לַפֵּאָה. הַנַּחַל, וְהַשְּׁלוּלִית, וְדֶרֶךְ הַיָּחִיד, וְדֶרֶךְ הָרַבִּים, וּשְׁבִיל
הָרַבִּים, וּשְׁבִיל הַיָּחִיד הַקָּבוּעַ בִּימוֹת הַחַמָּה וּבִימוֹת הַגְּשָׁמִים, וְהַבּוּר, וְהַנִּיר,
וְזֶרַע אַחֵר. וְהַקּוֹצֵר לְשַׁחַת מַפְסִיק, דִּבְרֵי רַבִּי מֵאִיר. וַחֲכָמִים אוֹמְרִים, אֵינוֹ
מַפְסִיק, אֶלָּא אִם כֵּן חָרָשׁ:

---

이것은 페아에 대한 경계표지이다: 골짜기, 물웅덩이, 개인 길, 공
공 길, 건기와 우기 때 계속 사용하는 개인 오솔길, 경작되지 않은 땅,
경작된 땅, 여러 작물. 동물의 먹이를 위해 추수하는 이는 경계를 정
할 수 있다. 메이르 랍비의 말이다. 랍비들은 말하기를 경작되지 않는
다면 경계를 정할 수 없다.

- 미쉬나 첫머리에는 여러 가지 지형지물이 열거되어 있는데 이런 것
  들이 나타나면 밭의 경계로 삼을 수 있다. 휴한지는 아무런 일을 하
  지 않은 상태이며 쟁기로 갈아놓은 밭은 작물을 심지 않은 상태를
  가리킨다.
- 사람이 아니라 동물이 먹을 사료로 작물을 수확한 경우에는 페아 규
  정에 따라 곡식을 남기지 않아도 된다. 그뿐만 아니라 이렇게 동물
  사료를 위해 수확한 부분은 밭을 둘로 나누는 경계로도 사용할 수
  있다는 것이 메이르 랍비의 주장이다. 원래 한 밭이었지만 동물 사
  료를 위해 수확하는 공간은 휴한지나 갈아놓은 밭과 마찬가지로 간
  주한다는 것이다. 그러나 이 의견에 반대하는 사람들은 밭의 주인이

밭을 갈아엎었을 경우에만 그렇게 간주할 수 있다고 더 엄격한 자세를 견지한다.

## 2, 2

---

אַמַּת הַמַּיִם שֶׁאֵינָהּ יְכוֹלָה לְהִקָּצֵר כְּאַחַת, רַבִּי יְהוּדָה אוֹמֵר, מַפְסֶקֶת. וְכָל הֶהָרִים אֲשֶׁר בַּמַּעְדֵּר יֵעָדֵרוּן, אַף עַל פִּי שֶׁאֵין הַבָּקָר יָכוֹל לַעֲבֹר בְּכֵלָיו, הוּא נוֹתֵן פֵּאָה לַכֹּל:

---

예후다 랍비는 말한다. 만일 추수하기 위해 〔관개용〕 수로를 함께 팔 수 없다면 그것을 경계로 삼아야 한다. 곡괭이로 괭이질할 수 없는 언덕, 소가 쟁기질할 수 없는 곳은 〔밭〕 전체를 페아로 취급할 수 있다.

- 적절한 너비가 되는 수로도 밭을 둘로 나눈다.
- 밭 가운데 있는 완만한 언덕은 밭을 둘로 나누지 못한다. 마지막 문장은 이사야 7:25을 인용하고 있다.

## 2, 3

나무를 심어놓은 과수원을 나누는 문제를 다룬다.

---

הַכֹּל מַפְסִיק לַזְּרָעִים, וְאֵינוֹ מַפְסִיק לָאִילָן אֶלָּא גָדֵר. וְאִם הָיָה שֵׂעָר כּוֹתֵשׁ, אֵינוֹ מַפְסִיק, אֶלָּא נוֹתֵן פֵּאָה לַכֹּל:

---

이 모두가 농경지의 경계이다. 나무로 경계를 정하지 말고 울타리로 정해야 한다. 울타리를 넘어간 가지가 있다면 〔그 울타리는〕 경계가 될 수 없고 모두 〔같은〕 페아로 취급해야 한다.

- 과수원은 울타리를 세웠을 경우에만 둘로 나눈다. 나무를 심을 때는

과수원 가운데 넓은 공간을 비워둘 수도 있고, 이런 공간이 휴한지와 같은 상태가 될 수 있기 때문에, 곡식을 촘촘히 심는 밭과는 매우 다른 상황이다.

- 울타리를 세웠다고 해도 나뭇가지가 위에서 서로 얽혔다면 같은 과수원으로 간주하며 페아를 한 번만 남기면 된다.

## 2, 4

וְלֶחָרוּבִין, כָּל הָרוֹאִין זֶה אֶת זֶה. אָמַר רַבָּן גַּמְלִיאֵל, נוֹהֲגִין הָיוּ בֵּית אַבָּא, נוֹתְנִין פֵּאָה אַחַת לַזֵּיתִים שֶׁהָיוּ לָהֶם בְּכָל רוּחַ, וְלֶחָרוּבִין, כָּל הָרוֹאִין זֶה אֶת זֶה. רַבִּי אֱלִיעֶזֶר בְּרַבִּי צָדוֹק אוֹמֵר מִשְּׁמוֹ, אַף לֶחָרוּבִין שֶׁהָיוּ לָהֶם בְּכָל הָעִיר:

서로 볼 수 있는 캐럽나무의 경우 〔하나의 페아로 취급한다〕. 감리엘 랍비는 말한다. 내 아버지의 집에서는 각자의 마당에 있는 올리브나무는 페아를 구별하여 취급하지만 서로 볼 수 있는 캐럽나무는 〔그들 모두의 페아로 취급되는〕 관습이 있었다. 엘아자르 바르 짜독 랍비는 그의 이름을 걸고 말한다. 캐럽나무는 모든 도시에서 〔한 페아로〕 취급되어야 한다.

- 케럽나무는 서로 보이는 거리에 있다면 같은 과수원에 속한 것이며 페아로 남길 열매를 한 번만 계산한다.
- 감리엘 라반은 자기 경험을 소개하는데 올리브나무는 그 지역에 있는 모든 나무를 과수원 하나로 계산하고, 케럽나무는 서로 보이는 거리에 있는 것들을 묶어서 하나로 계산한다고 말했다.
- 엘아자르 바르 짜독 랍비는 케럽나무도 같은 지역에 있는 모든 나무를 과수원 하나로 계산한다고 말했다.

## 2, 5

페아 규정에 따라 남기는 곡식을 계산하는 다른 방법들을 다룬다.

---

הַזּוֹרֵעַ אֶת שָׂדֵהוּ מִין אֶחָד, אַף עַל פִּי שֶׁהוּא עוֹשֵׂהוּ שְׁתֵּי גְרָנוֹת, נוֹתֵן פֵּאָה אַחַת. זְרָעָהּ שְׁנֵי מִינִין, אַף עַל פִּי שֶׁעֲשָׂאָן גֹּרֶן אַחַת, נוֹתֵן שְׁתֵּי פֵאוֹת. הַזּוֹרֵעַ אֶת שָׂדֵהוּ שְׁנֵי מִינֵי חִטִּין, עֲשָׂאָן גֹּרֶן אַחַת, נוֹתֵן פֵּאָה אַחַת. שְׁתֵּי גְרָנוֹת, נוֹתֵן שְׁתֵּי פֵאוֹת:

---

만일 한 종자를 밭에 심는다면 두 번을 추수했다 하더라도 한 페아로 취급해야 한다. 만일 두 종자를 심는다면 한 번 추수했다 하더라도 두 페아로 취급해야 한다. 만일 밭에 두 종자의 밀을 심는 경우 한 번 추수한다면 한 페아로, 두 번 추수한다면 두 페아로 취급해야 한다.

- 어떤 밭에서 페아로 남길 곡식은 밭주인이 수확을 몇 번에 걸쳐서 했느냐 여부가 아니라 몇 가지 작물을 심었느냐로 결정한다. 한 밭에 같은 작물만 심었다면 몇 번에 나누어 추수했건 페아를 한 번만 남긴다. 그러나 다른 작물을 심었다면 각각 따로 계산해야 한다.
- 만약 밭주인이 자기 밭에 밀을 심었는데 서로 다른 품종을 심었다면 밭주인이 몇 번에 걸쳐서 수확하느냐에 따라 따로 계산한다.

## 2, 6

다섯째 미쉬나와 같은 내용이지만 일화를 들어 설명한다.

---

מַעֲשֶׂה שֶׁזָּרַע רַבִּי שִׁמְעוֹן אִישׁ הַמִּצְפָּה לִפְנֵי רַבָּן גַּמְלִיאֵל, וְעָלוּ לְלִשְׁכַּת הַגָּזִית וְשָׁאֲלוּ. אָמַר נַחוּם הַלַּבְלָר, מְקֻבָּל אֲנִי מֵרַבִּי מְיָאשָׁא, שֶׁקִּבֵּל מֵאַבָּא, שֶׁקִּבֵּל מִן הַזּוּגוֹת, שֶׁקִּבְּלוּ מִן הַנְּבִיאִים, הֲלָכָה לְמֹשֶׁה מִסִּינַי, בְּזוֹרֵעַ אֶת שָׂדֵהוּ שְׁנֵי מִינֵי חִטִּין, אִם עֲשָׂאָן גֹּרֶן אַחַת, נוֹתֵן פֵּאָה אַחַת. שְׁתֵּי גְרָנוֹת, נוֹתֵן שְׁתֵּי פֵאוֹת:

---

미스바 사람 쉼온 랍비는 감리엘 라반 앞에서 〔두 종자의 밀을〕 심었으며 그들은 산헤드린 법정으로[4] 가서 물었다. 나훔 관리가 말했다. 나는 메야샤 랍비로부터 〔규정을〕 받았다. 〔메야샤 랍비는〕 아버지에게 〔규정을〕 물려받았고, 〔아버지는〕 주고트에게[5] 〔규정을〕 물려받았고, 〔주고트는〕 선지자들로부터 받았으며 〔선지자들은〕 시나이에서 받은 모세의 법으로 물려받았다: 밭에 두 종자의 밀을 심을 경우 만일 한 번 추수한다면 한 페아로, 두 번 추수한다면 두 페아로 〔취급해야 한다〕.

- 페아 규정에 관해 질문에 생긴 랍비들이 산헤드린이 모여서 법적인 문제를 결정하는 '다듬은 돌의 방'으로 가서 물었다. 나훔이라는 서기는 다섯 번째 미쉬나 내용을 전해주면서, 이 규칙은 오랜 전통이며 권위 있는 결정이라고 강조한다.

2, 7

정상적인 방법으로 수확하지 못한 밭에 관한 규정을 논의한다.

---

שָׂדֶה שֶׁקְּצָרוּהָ כּוּתִים, קְצָרוּהָ לִסְטִים, קִרְסְמוּהָ נְמָלִים, שְׁבָרַתָּה הָרוּחַ אוֹ בְהֵמָה, פְּטוּרָה. קָצַר חֶצְיָהּ וְקָצְרוּ לִסְטִים חֶצְיָהּ, פְּטוּרָה, שֶׁחוֹבַת הַפֵּאָה בַקָּמָה:

---

만일 쿠타인이나 강도들이 추수를 했거나 개미들이 〔곡물을〕 물었거나 바람이나 가축이 망쳤다면 〔페아의 의무에서〕 면제된다. 만일 〔주인이〕 절반을 추수하고 〔그 후에〕 강도들이 절반을 추수했다면 페

---

4) 문자적으로는 '잘려진 돌의 방'이지만 대(大) 산헤드린의 자리를 의미한다.
5) 문자적으로 '주고트'는 쌍을 의미하며, 다시 말해 '대표되는 두 명의 랍비' 또는 '대표자와 법정의 아버지'를 말한다.

아의 의무에서 면제된다. 〔페아의 의무는〕 추수가 진행 중일 경우에[6]
적용되기 때문이다.

- 유대법에 저촉을 받지 않는 이방인이나 도둑이 작물을 수확해서 가
  져간 경우 페아 법에 따라 곡식을 남길 의무에서 면제된다. 마찬가지
  로 동물들이 먹거나 바람에 날아가도 의무에서 면제를 받는다. 밭주
  인은 수확하여 곡식을 거두었을 때만 페아를 남긴다.
- 수확을 시작했으나 다 마치지 못한 상태에서 도둑을 맞았다면 의무
  에서 면제된다. 페아 법에 따라 마지막 남은 곡식을 남기게 되어 있
  는데 그 곡식을 도둑맞았다면 페아를 남기지 않아도 된다.

## 2, 8

קְצָרוּהָ לִסְטִים חֲצָיָהּ וְקָצַר הוּא חֲצָיָהּ, נוֹתֵן פֵּאָה מִמַּה שֶׁקָּצָר. קָצַר חֲצָיָהּ
וּמָכַר חֲצָיָהּ, הַלּוֹקֵחַ נוֹתֵן פֵּאָה לַכֹּל. קָצַר חֲצָיָהּ וְהִקְדִּישׁ חֲצָיָהּ, הַפּוֹדֶה מִיַּד
הַגִּזְבָּר, הוּא נוֹתֵן פֵּאָה לַכֹּל:

만일 강도들이 절반을 추수하고 〔그 후에 주인이〕 절반을 추수했다
면 그가 추수한 것에서 페아의 의무를 지켜야 한다. 만일 그가 절반을
추수하고 절반을 팔았다면 구입자는 모든 밭에 대한 페아를 행해야
한다. 만일 그가 절반을 추수하고 〔나머지〕 절반을 바쳤다면 회계 담
당자로부터 〔그 밭을〕 무른 사람이 모든 〔밭에〕 대한 페아를 행해야
한다.

- 일곱 번째 미쉬나와 같은 경우이지만 밭 작물의 일부를 도둑맞고 주
  인이 나중에 나머지를 추수했을 경우, 수확한 곡식에 대해서만 페아

---

6) 문자적으로는 '서 있는 〔곡물〕'로 추수가 마무리되지 않은 곡물들을 가리킨다.

를 계산한다.

- 밭주인이 밭의 일부만 추수하고 페아를 계산하지 않은 상태에서 다른 사람에게 밭을 팔았다면 구매자가 나머지 작물을 추수하면서 밭 전체에 대한 페아를 계산해서 남겨야 한다.
- 밭주인이 밭의 일부만 추수하고 페아를 계산하지 않은 상태에서 성전에 밭을 바쳤다면 원래 성전 소유의 밭은 페아를 면제받지만, 이 밭은 이미 일부를 일반인이 추수한 상태이므로 다른 사람이 무르게 하고 페아를 징수한다.


# 제3장

### 3, 1

과수원 사이에 조성한 작은 텃밭에 관해 논의한다.

---

מַלְבְּנוֹת הַתְּבוּאָה שֶׁבֵּין הַזֵּיתִים, בֵּית שַׁמַּאי אוֹמְרִים, פֵּאָה מִכָּל אַחַת
וְאֶחָת. בֵּית הֵלֵּל אוֹמְרִים, מֵאֶחָד עַל הַכֹּל. וּמוֹדִים, שֶׁאִם הָיוּ רָאשֵׁי שׁוּרוֹת
מְעֹרָבִין, שֶׁהוּא נוֹתֵן פֵּאָה מֵאֶחָד עַל הַכֹּל:

---

올리브나무 사이에 사각형의 곡식단이 있는 경우에 대해 샴마이 학파는 말한다. 각각의 [단에서] 페아를 행해야 한다. 힐렐 학파는 말한다. 모두에 대해 페아를 한 번만 행하면 된다. 곡식 줄의 끝이 혼동될 경우, [두 학파가] 일치하는데 모두에 대해 페아를 한 번만 행하면 된다.

- 올리브나무들 사이에 작은 규모로 곡식을 재배하는 밭을 일구었을 때 샴마이 학파에 따르면 올리브나무를 심은 부분이 곡식을 심은 밭

을 나누기 때문에 각각 독립된 밭으로 간주하고, 그에 따른 '페아'를
계산해야 한다고 주장했다. 힐렐 학파는 전체 농경지를 하나로 간주
하고 한 번만 페아를 남기면 된다고 말했다.

- 샴마이 학파와 힐렐 학파는 나중에 곡식을 심은 밭이 정확하게 구획
  되지 않고 곡식을 심은 고랑이 나무를 심은 지역으로 이어진다면 이
  것은 농경지 하나이므로 페아를 한 번만 계산해서 남기면 된다고 합
  의했다.

## 3, 2

밭을 고랑마다 다른 방법으로 수확하는 경우에 대해 논의한다.

---

הַמְנַמֵּר אֶת שָׂדֵהוּ וְשִׁיֵּר קְלָחִים לַחִים, רַבִּי עֲקִיבָא אוֹמֵר, נוֹתֵן פֵּאָה מִכָּל
אֶחָד וְאֶחָד. וַחֲכָמִים אוֹמְרִים, מֵאֶחָד עַל הַכֹּל. וּמוֹדִים חֲכָמִים לְרַבִּי עֲקִיבָא
בְּזוֹרֵעַ שֶׁבֶת אוֹ חַרְדָּל בִּשְׁלֹשָׁה מְקוֹמוֹת, שֶׁהוּא נוֹתֵן פֵּאָה מִכָּל אֶחָד וְאֶחָד:

---

그의 밭에서 〔익은 곡식을〕 추수하고 익지 않은 곡식을 그대로 두
었을 경우에 대해 아키바 랍비는 말한다. 각각에 대해 페아를 행해야
한다. 랍비들은 말한다. 페아를 한 번만 행하면 된다. 그러나 딜[7]이나
겨자를 세 장소에 심었을 경우에는 랍비들이 아키바 랍비와 일치하는
데 각 장소에서 페아를 행해야 한다.

- 어떤 사람이 밭에 고랑을 여러 개 만들고 서로 다른 방법으로 작물을
  재배하여, 일부는 빨리 익고 말라서 수확하고 일부는 아직 덜 익고
  물기가 있어서 남겨놓았다. 아키바 랍비는 먼저 수확한 고랑과 나중
  에 수확한 고랑을 구분하여 따로 '페아'를 계산해야 한다고 주장했

---

7) 딜(שבת)은 지중해 지역에서 자라는 허브의 일종이며 소회향이라고 부른다.

다. 그러나 다른 현인들은 처음에 한 고랑을 추수하며 페아를 계산해서 남겼다면 그것이 밭 전체를 대표한다고 주장했다.

- 그런데 딜이나 겨자는 원래 이곳저곳에 흩어서 심는 관습이 있으므로 이런 작물은 각각 페아를 따로 계산해야 한다는 데 동의했다.

### 3, 3

밭에 심은 작물을 따로따로 수확하는 경우를 논의한다.

---

הַמַּחֲלִיק בְּצָלִים לַחִים לַשּׁוּק וּמְקַיֵּם יְבֵשִׁים לַגֹּרֶן, נוֹתֵן פֵּאָה לְאֵלּוּ לְעַצְמָן
וְלְאֵלּוּ לְעַצְמָן. וְכֵן בַּאֲפוּנִין, וְכֵן בַּכֶּרֶם. הַמֵּדֵּל, נוֹתֵן מִן הַמְשֻׁאָר עַל מַה
שֶּׁשִּׁיֵּר. וְהַמַּחֲלִיק מֵאַחַת יָד, נוֹתֵן מִן הַמְשֻׁאָר עַל הַכֹּל:

---

양파를 뽑을 때 습한 양파를 시장에 〔팔고, 나머지를〕 타작마당에서 말릴 경우 각각 따로 페아를 행해야 한다. 콩류와 포도원에서도 마찬가지다. 〔밭을〕 솎을 경우 양에 따라 남은 것에서 〔페아를〕 행해야 한다. 그러나 한 지역에서만 뽑을 경우 전체에 대해 남은 것에서 〔페아를〕 행해야 한다.

- 어떤 사람이 밭에 양파를 심고 일부는 물기가 있을 때 수확해서 신선할 때 시장에 내다 팔았고 일부는 마를 때까지 놓아두었다가 나중에 수확한다면 이것은 같은 작물이어도 서로 다른 방법으로 사용하기 때문에 각각 '페아'를 따로 계산해서 남긴다. 콩이나 포도에도 같은 원리를 적용한다.

- 포도나무를 키울 때 열매를 더 크게 만들기 위해서 일부를 솎아냈다면 이 행위는 수확이라고 간주하지 않으며 페아는 정식으로 수확하기 위해서 남겨둔 열매들을 기준으로 계산한다. 그러나 농부가 같은 장소 같은 시간에 포도송이를 3/4까지 잘라냈다면 이것은 단순한

슈아내기라고 볼 수 없으며 페아를 계산해서 남겨야 한다.


### 3, 4
양파 밭에서 남겨야 할 페아에 대해 계속해서 논의한다.

---

הָאִמָּהוֹת שֶׁל בְּצָלִים חַיָּבוֹת בְּפֵאָה, וְרַבִּי יוֹסֵי פּוֹטֵר. מַלְבְּנוֹת הַבְּצָלִים שֶׁבֵּין
הַיָּרָק, רַבִּי יוֹסֵי אוֹמֵר, פֵּאָה מִכָּל אַחַת וְאֶחָת. וַחֲכָמִים אוֹמְרִים, מֵאַחַת עַל
הַכֹּל:

---

양파 모종[8]도 페아를 행해야 한다. 요쎄 랍비는 의무에서 면제된다
고 한다. 다른 채소들 사이에 있는 양파 [모종의] 모판에 대해서 요쎄
랍비는 말한다. 페아는 각각 행해야 한다. 그러나 다른 랍비들은 말한
다. 모두에 대해 하나만 행하면 된다

- 양파를 식재료로 사용하기 위해서가 아니라 나중에 모종으로 사용
  하기 위해 심었다고 할지라도 '페아'를 계산해서 남겨야 한다는 의
  견이 있고, 그런 경우에는 면제를 받는다는 의견이 있다.
- 양파를 다른 채소들 사이에 심었을 때 요쎄 랍비는 각각 작물을 심은
  밭에 해당하는 페아를 따로 계산해서 남겨야 한다고 주장했다. 그러
  나 다른 현인들은 곡식은 수확을 하지만 저장할 수 없기 때문에 페
  아를 남기지 않아도 되며 양파 한 가지를 기준으로 페아를 계산해서
  밭 전체를 대표하는 양으로 남기면 된다고 주장했다.


### 3, 5
밭의 소유주가 한 명 이상일 경우를 다룬다.

---

8) 히브리어 원문은 '양파들의 어머니들'(האמהות של בצלים)이라고 기록했다.

הָאַחִין שֶׁחָלְקוּ, נוֹתְנִין שְׁתֵּי פֵאוֹת. חָזְרוּ וְנִשְׁתַּתְּפוּ, נוֹתְנִין פֵאָה אַחַת.
שְׁנַיִם שֶׁלָּקְחוּ אֶת הָאִילָן, נוֹתְנִין פֵאָה אַחַת. לָקַח זֶה צְפוֹנוֹ וְזֶה דְרוֹמוֹ, זֶה
נוֹתֵן פֵאָה לְעַצְמוֹ, וְזֶה נוֹתֵן פֵאָה לְעַצְמוֹ. הַמּוֹכֵר קִלְחֵי אִילָן בְּתוֹךְ שָׂדֵהוּ,
נוֹתֵן פֵאָה מִכָּל אֶחָד וְאֶחָד. אָמַר רַבִּי יְהוּדָה, אֵימָתַי, בִּזְמַן שֶׁלֹּא שִׁיֵּר בַּעַל
הַשָּׂדֶה. אֲבָל אִם שִׁיֵּר בַּעַל הַשָּׂדֶה, הוּא נוֹתֵן פֵאָה לַכֹּל:

〔땅의 공동 소유자인〕 형제들이 〔땅을〕 나눌 때 그들은 페아를 두
번 남겨야 한다. 그들이 〔다시〕 공동소유자가 되었다면 페아를 한 번
만 남기면 된다. 둘이 한 나무를 산다면 페아를 한 번만 남기면 된다.
한 사람이 북쪽 〔절반을〕 사고 다른 사람이 남쪽 〔절반을〕 산다면 각
각 페아를 행해야 한다. 그의 밭에서 〔땅이 아니라〕 나무들만을 팔 경
우 〔구입하는 이는〕 각각〔의 나무에 대해〕 페아를 행해야 한다. 예후
다 랍비는 말한다. 언제 행하는가? 밭주인이 어떤 〔나무도〕 남기지 않
았을 때이다. 그러나 만일 밭주인이 약간의 〔나무를〕 갖고 있을 때는
모두에 대해 페아를 행하면 된다.

- 밭 하나를 소유한 사람이 두 명이면 그 밭이 원래 하나였고 두 형제
  가 유산으로 물려받았다고 할지라도 '페아'를 각자 따로 계산해서
  남겨야 한다. 그러나 두 형제가 동업하여 그 밭을 경작한다면 한 번
  만 계산해서 남겨도 좋다. 밭이나 과수원이 공동소유라면 전체를 하
  나의 밭이나 과수원으로 간주하고 한 번만 남기는 것이 원칙이다.
- 밭이나 과수원을 팔지는 않았지만 그곳에 심은 나무들을 모두 팔았
  다면 구매자는 그 나무를 심는 곳에 따라 페아를 계산해서 남겨야
  한다. 예후다 랍비는 한 가지 조건을 덧붙이는데 원래 주인이 자신의
  소유로 나무를 따라 남기지 않을 경우에만 구매자가 페아를 계산한
  다고 설명했다.

## 3, 6

'페아'를 남겨야 할 의무가 있는 밭의 최소 크기 규정이다.

---

רַבִּי אֱלִיעֶזֶר אוֹמֵר, קַרְקַע בֵּית רֹבַע, חַיֶּבֶת בַּפֵּאָה. רַבִּי יְהוֹשֻׁעַ אוֹמֵר,
הָעוֹשָׂה סָאתַיִם. רַבִּי טַרְפוֹן אוֹמֵר, שִׁשָּׁה עַל שִׁשָּׁה טְפָחִים. רַבִּי יְהוּדָה בֶּן
בְּתֵירָה אוֹמֵר, כְּדֵי לִקְצֹר וְלִשְׁנוֹת. וַהֲלָכָה כִּדְבָרָיו. רַבִּי עֲקִיבָא אוֹמֵר, קַרְקַע
כָּל שֶׁהוּא, חַיֶּבֶת בַּפֵּאָה, וּבַבִּכּוּרִים, וְלִכְתֹּב עָלָיו פְּרוֹזְבּוּל, וְלִקְנוֹת עִמּוֹ
נְכָסִים שֶׁאֵין לָהֶם אַחֲרָיוּת בְּכֶסֶף וּבִשְׁטָר וּבַחֲזָקָה:

---

엘리에제르 랍비는 말한다. 1/4(카브[9]) 넓이의) 땅은 페아를 행해야
한다. 예호슈아 랍비는 말한다. 2쎄아를[10]) 생산하는 (땅에서는 행해
야 한다). 타르폰 랍비는 말한다. 가로세로 6테팍[11]) 되는 (땅에서는 행
해야 한다). 예후다 벤 베테이라 랍비는 말한다. (필요한 크기는) 추
수하기 위해 (뻗는 팔의 길이의) 두 배 정도에서[12]) (페아를 행해야 한
다). 할라카는[13]) 그의 말을 따라 되어 있다. 아키바 랍비는 말한다. 땅
의 크기와 관계 없이 페아와 첫 열매의 의무가 있으며 프로즈불을[14])
기록할 수 있다. (이와 함께) 유동자산을 구입할 경우 이런 의무 없이
돈이나 증서나 하자카로[15]) 받을 수 있다.

- 엘리에제르, 예호슈아, 타르폰, 예후다 벤 베테이라 랍비는 '페아'를

---

9) '카브'(kab)란 성경 시대의 측정 단위로 1카브는 약 10.2아마×10.2아마＝104
   아마(약 46.8평방미터)에 해당한다.
10) '쎄아'란 성경 시대의 측정 단위로 1쎄아는 6카브에 해당한다. 따라서 2쎄아
    는 12카브다.
11) 한 뼘은 1/2아마로 약 22.5센티미터며, 따라서 여섯 뼘은 약 1.35미터다.
12) 이삭을 세워 한 팔로 잡고 낫을 치기 위해 뻗는 길이의 두 배 정도를 뜻한다.
13) '할라카'는 성경·랍비·관습 등을 포함한 유대교 종교법을 말한다.
14) '프로즈불'은 빚을 면제해주는 7년째가 되기 전 채무자가 기록하는 증서로 면
    제해주는 해에 면제하지 못하도록 하는 증서이다.

계산해서 남겨야 할 의무가 있는 밭의 최소 크기를 각각 서로 다르게 제시한다. 밭에 심을 수 있는 씨앗의 양, 밭에서 거둘 수 있는 수확량, 밭의 길이와 너비 등으로 서로 다른 방법을 사용했다. 후대 랍비들은 예후다 벤 베테이라 랍비의 의견에 따라 유대 관습법(הלכה, 할라카)을 확정했다.

- 아키바 랍비는 전혀 새로운 방법으로 밭의 최소 크기를 규정하는데 주로 매매 계약을 체결할 수 있는 부동산이라면 크기와 상관없이 페아를 남겨야 한다고 주장한다. 유동자산 구매와 관련해서는 「키두쉰」1, 5와 「바바 바트라」 3장을 참조하라.

## 3, 7

'페아'와 관련이 없으나 여섯째 미쉬나의 문맥을 이어서 작은 크기의 땅에 관련된 규정들을 소개한다.

---

הַכּוֹתֵב נְכָסָיו שְׁכִיב מְרַע, שִׁיֵּר קַרְקַע כָּל שֶׁהוּא, מַתְּנָתוֹ מַתָּנָה. לֹא שִׁיֵּר קַרְקַע כָּל שֶׁהוּא, אֵין מַתְּנָתוֹ מַתָּנָה. הַכּוֹתֵב נְכָסָיו לְבָנָיו, וְכָתַב לְאִשְׁתּוֹ קַרְקַע כָּל שֶׁהוּא, אִבְּדָה כְתֻבָּתָהּ. רַבִּי יוֹסֵי אוֹמֵר, אִם קִבְּלָה עָלֶיהָ, אַף עַל פִּי שֶׁלֹּא כָתַב לָהּ, אִבְּדָה כְתֻבָּתָהּ:

---

〔죽을〕 병에 걸린 이가 〔다른 이에게 선물로 주기 위해〕 그의 재산에 대한 문서를 기록할 경우 그 사람이 〔자신을 위해〕 토지를 남길 경우 그의 선물은 유효하다.[16] 그러나 어떤 토지도 남기지 않을 경우 그의 선물은 유효하지 않다.

---

15) '하자카'란 자산을 법적으로 획득할 수 있도록 공식화하는 행동을 말하며 실제 거주를 통한 점유 취득이 그 예이다.

16) 문자적으로는 '그의 선물은 선물이다'로 그의 선물이 선물로서 유효하다는 뜻이다.

그의 재산을 그의 자손들에게 주기 위해 문서를 기록할 경우나 토지를 그의 아내에게 주기 위해 문서를 기록할 때 그의 아내가 케투바의[17] [효력을] 상실하는 경우에 대해 요쎄 랍비는 말한다. 그가 그의 아내에게 [증여에 대한] 문서를 쓰지 않았더라도 그녀가 동의했다면 그녀의 케투바는 [효력을] 상실한 것이다.

- 어떤 사람이 사망하면 적절한 규정에 따라 그의 유산은 자녀들에게 상속된다. 그러나 그 사람이 따로 문서를 작성하여 재산을 다른 사람에게 양도하기로 결정했다. 만약 그 사람이 작은 크기라도 땅의 일부를 남겨두고 일부만 양도한다고 문서를 작성했다면 이것은 일반 양도와 동일하며 그 사람이 건강을 다시 회복하더라도 그 서류는 계속 유효하고 땅은 다른 사람의 소유가 된다. 그러나 그 사람이 아무것도 남기지 않고 모든 땅을 양도한다고 문서를 작성했다면 이것은 사망한다는 조건으로 땅을 포기한다는 것이므로 그 사람이 다시 회복되면 서류가 무효가 되고 땅은 원래 주인에게 돌아간다.
- 어떤 사람이 결혼하면 그의 아내는 '케투바'(כתובה, 선취득권 증서)를 받는다. 남편이 자기 재산을 매매할 때 아내가 동의해야 하며 아내가 동의하지 않으면 남편이 죽거나 이혼한 후 아내가 그 재산을 취득할 권리를 가진다. 이런 상황에서 어떤 사람이 문서를 작성하고 자기 재산을 모두 자녀들에게 분배하고 아내에게도 일정한 부동산을 주었다고 하자. 아내가 아무리 작은 크기라도 이 부동산을 받기로 동의했다면 선취득권 증서는 무효가 된다. 요쎄 랍비는 공식적인 문서를 작성하지 않더라도 아내가 동의하기만 하면 남편이 죽을 때 아내의 선취득권 증서가 무효가 된다고 주장했다.

---

17) '케투바'(כתובה, ketubah)는 결혼할 때 남편이 아내에게 작성해준 계약서다.

**3, 8**

어떤 사람이 재산을 종에게 양도하는 문제를 논의한다.

---

הַכּוֹתֵב נְכָסָיו לְעַבְדּוֹ, יָצָא בֶן חוֹרִין. שִׁיֵּר קַרְקַע כָּל שֶׁהוּא, לֹא יָצָא בֶן
חוֹרִין. רַבִּי שִׁמְעוֹן אוֹמֵר, לְעוֹלָם הוּא בֶן חוֹרִין, עַד שֶׁיֹּאמַר הֲרֵי כָל נְכָסַי
נְתוּנִין לְאִישׁ פְּלוֹנִי עַבְדִּי חוּץ מֵאֶחָד מֵרִבּוֹא שֶׁבָּהֶן:

---

만일 재산을 종에게 주기 위해 문서를 기록할 경우 그 [종은] 자유
인이 된다. 만일 [자신을 위해] 토지를 남길 경우 [그 종은] 자유인이
될 수 없다. 쉼온 랍비는 말한다. 다음과 같이 말하지 않는 한 그 종
은 자유인이다. "1만분의 1을 제외하고 모든 재산은 내 종에게 줄 것
이다."

- 어떤 사람이 따로 문서를 작성하여 종에게 자기 재산을 전부 양도했
  다면 종은 그의 재산의 일부이므로 그는 종의 신분에서 해방되어 자
  유인이 된다. 그러나 만약 주인이 재산 전체를 양도하지 않고 일부를
  남겨두었으며 그 재산인지 분명히 밝히지 않았다면 그 재산은 그 종
  이 될 수도 있으므로(레 25:45-46) 그는 계속 종의 신분으로 남는다.
- 쉼온 랍비는 주인이 구체적으로 "내 종"(עבדי, 아브디)이라고 부르며
  일부 재산을 계속 소유하겠다는 뜻을 밝히기 전에는 종이 해방되어
  자유인이 된다고 주장했다.

# 제4장

## 4, 1

'페아'로 남긴 곡식이나 열매를 어떻게 처리해야 할지를 다룬다.

---

הַפֵּאָה נִתֶּנֶת בִּמְחֻבָּר לַקַּרְקַע. בְּדָלִית וּבְדֶקֶל, בַּעַל הַבַּיִת מוֹרִיד וּמְחַלֵּק לָעֲנִיִּים. רַבִּי שִׁמְעוֹן אוֹמֵר, אַף בַּחֲלִיקֵי אֱגוֹזִים. אֲפִלּוּ תִשְׁעִים וְתִשְׁעָה אוֹמְרִים לְחַלֵּק וְאֶחָד אוֹמֵר לָבֹז, לָזֶה שׁוֹמְעִין, שֶׁאָמַר כַּהֲלָכָה:

땅에 심겨 있는 것에 대해 페아가 행해져야 한다. 포도나무와 대추 야자나무의 주인은 〔열매를〕 따서 가난한 이에게 주어야 한다. 쉼온 랍비는 말한다. 호두나무의 경우에도 〔그렇게 해야 한다〕. 아흔아홉 명이 나누어주어야 한다고 말하고 한 명이 그것을 〔스스로〕 따도록 〔내버려두어야 한다고〕 말한다면 그 〔한〕 사람의 말을 들어야 한다. 그가 할라카에 부합하는 말을 하기 때문이다.

- 원래 토라는 가난한 사람을 위해서 수확한 곡식이나 열매를 밭에 남기라고 명령하고 있으므로 다른 이유가 없다면 기록한 대로 따르는 것이 좋다. 그러나 가난한 사람들이 한꺼번에 몰려서 남은 열매를 수확하거나 높은 나무에 오르다가 예상하지 못한 사고로 이어질 수 있는 경우에는 밭이나 과수원 주인이 수확하여 나누어주는 것이 낫다. 포도송이나 대추야자 열매가 그렇고, 쉼온 랍비에 따르면 호두나무도 그런 경우에 속한다.
- 곡식을 페아로 남기는 경우에도 그 지역에 사는 가난한 사람들이 모두 주인이 수확해서 나누어주기를 바란다면 그렇게 할 수 있으나, 한 사람이라도 직접 밭에서 가져가기를 원한다면 그의 말이 토라의 규정에 맞으므로 그의 말에 따라야 한다.

## 4, 2

בְּדָלִית וּבְדֶקֶל אֵינוֹ כֵן, אֲפִלּוּ תִשְׁעִים וְתִשְׁעָה אוֹמְרִים לָבוֹז וְאֶחָד אוֹמֵר
לְחַלֵּק, לָזֶה שׁוֹמְעִין, שֶׁאָמַר כַּהֲלָכָה:

포도나무와 대추야자나무는 그렇지 않다. 아흔아홉 명이 그것을
[스스로] 따도록 [내버려두어야 한다고] 말하고 한 명이 나누어주어
야 한다고 말한다면 그 [한] 사람의 말을 들어야 한다. 그가 할라카에
부합하는 말을 하기 때문이다.

- 포도송이나 대추야자 열매는 밭이나 과수원 주인이 수확하여 나누
  어주는 것이 낫다고 첫째 미쉬나에서 규정했다. 그러므로 많은 사람
  이 이런 열매를 나무에 남겨놓으라 말하고 한 사람만 주인이 직접
  수확해서 나누어달라고 말했을 때 한 사람의 말을 따르는 것이 유대
  법 규정에 맞기 때문에 그렇게 해야 한다.

## 4, 3

가난한 사람들이 '페아'로 남겨둔 곡식이나 열매를 가져가는 방법
에 관해 논의한다.

נָטַל מִקְצָת פֵּאָה וּזְרָקָהּ עַל הַשְּׁאָר, אֵין לוֹ בָהּ כְּלוּם. נָפַל לוֹ עָלֶיהָ, וּפֵרַשׂ
טַלִּיתוֹ עָלֶיהָ, מַעֲבִירִין אוֹתָהּ הֵימֶנּוּ. וְכֵן בְּלֶקֶט, וְכֵן בְּעֹמֶר הַשִּׁכְחָה:

만일 페아의 일부를 취하여 나머지 부분에 던졌다면 그는 어떤 것
도 취할 수 없다. 그가 그 위에 떨어뜨렸거나 망토를 그 위에 펼쳤더
라도 그는 [페아를] 취할 수 없다. 떨어뜨린 것(레케트)이나[18] 잊어버

---

18) 히브리어 '레케트'(לקט, leket)는 추수할 때 땅에 떨어진 이삭으로 가난한 이들
   이 주울 수 있는 이삭을 뜻한다. "너희가 너희의 땅에서 곡식을 거둘 때에 너는

린 것(쉬흐하)에도[19] [동일하게 적용되어야 한다].

- 일반적으로 자기 소유의 물건을 '페아'로 남겨둔 곡식이나 열매 위에 던져서 자기 몫이라고 표시할 수 있다. 그런데 어떤 사람이 페아로 남겨둔 곡식이나 열매를 취하여 다른 페아 위에 던진다면 자기 몫을 취하고 다른 사람들의 몫까지 탐내는 것이므로 이런 사람은 아무것도 얻지 못한다.
- 어떤 사람이 넘어지는 척하면서 겉옷을 페아 위에 펼치는 행위도 자기 몫보다 더 많은 분량을 확보하려는 시도이므로 이런 사람은 아무것도 얻지 못한다.
- 페아 이외에 수확하는 사람들이 실수로 남기고 간 곡식단이나 나무 열매도 같은 규정을 적용할 수 있다.

## 4, 4

פֵּאָה אֵין קוֹצְרִין אוֹתָהּ בְּמַגָּלוֹת, וְאֵין עוֹקְרִין אוֹתָהּ בְּקַרְדֻּמּוֹת, כְּדֵי שֶׁלֹּא
יַכּוּ אִישׁ אֶת רֵעֵהוּ:

페아는 낫을 사용하여 자르거나 삽으로 퍼서도 안 된다. 그것으로 동료들에게 타격을 입힐 수 있기 때문이다.

- 가난한 사람들이 '페아'로 남겨둔 곡식이나 열매를 가져갈 때 쇠로 만든 도구, 즉 낫이나 삽을 사용할 수 없다. 서로 경쟁하다가 폭력 사

---

밭 모퉁이까지 다 거두지 말고 네 떨어진 이삭도 줍지 말며"(레 19:9).

19) 히브리어 '쉬흐하'(שכחה, shikhhah)는 추수할 때 밭에 잊어버리고 두고 온 곡식단을 뜻한다. "네가 밭에서 곡식을 벨 때에 그 한 뭇을 밭에 잊어버렸거든 다시 가서 가져오지 말고 나그네와 고아와 과부를 위하여 남겨두라. 그리하면 네 하나님 여호와께서 네 손으로 하는 모든 일에 복을 내리시리라"(신 24:19).

태가 날 수도 있기 때문이다.

## 4, 5

שָׁלֹשׁ אַבְעָיוֹת בַּיּוֹם, בַּשַּׁחַר וּבַחֲצוֹת וּבַמִּנְחָה. רַבָּן גַּמְלִיאֵל אוֹמֵר, לֹא אָמְרוּ
אֶלָּא כְּדֵי שֶׁלֹּא יִפְחָתוּ. רַבִּי עֲקִיבָא אוֹמֵר, לֹא אָמְרוּ אֶלָּא כְּדֵי שֶׁלֹּא יוֹסִיפוּ.
שֶׁל בֵּית נָמֵר הָיוּ מְלַקְּטִין עַל הַחֶבֶל, וְנוֹתְנִים פֵּאָה מִכָּל אֹמֶן וְאֹמֶן:

〔가난한 이는 페아를〕하루에 세 번, 아침 · 점심 · 저녁에 행할 수 있
다. 감리엘 랍비는 말한다. 이것은 〔페아 행위를〕줄이지 못하도록 하
기 위함이라고 한다. 아키바 랍비는 말한다. 〔페아 행위를〕늘리지 못
하도록 하기 위함이라고 한다. 〔한편〕베이트 나메르[20] 사람들은 밧
줄로 〔표시하고 페아를〕가져갔으며 각 고랑마다 페아를 두었다.

- 밭이나 과수원 주인은 가난한 사람들이 와서 '페아'로 남겨둔 곡식
  이나 열매를 가져가도록 하루에 세 번까지 기회를 주어야 한다. 가
  난한 사람들이 다른 밭에 가거나 다른 일을 할 수도 있기 때문에 이
  들이 자기 몫의 페아를 가져갈 수 있는 충분한 기회를 주어야 한다.
- 감리엘 라반은 밭이나 과수원 주인이 가난한 사람들이 페아를 가져
  갈 기회를 줄여서는 안 되기 때문에 랍비들이 하루에 세 번이라고
  규정했다고 말했다. 아키바 랍비는 밭이나 과수원 주인이 정해지지
  않은 시간에 마음대로 자기 밭을 개방해서 가난한 사람들이 페아를
  가져갈 기회가 줄어들까 봐 랍비들이 하루에 세 번이라고 규정했다
  고 말했다.

---

20) 민수기 32:36("벧니므라와 벧하란들의 견고한 성읍을 건축하였고 또 양을 위하
여 우리를 지었으며"). 현대 요르단의 니므린(Nimrin)을 가리키는 것으로 보인
다. 이들은 페아를 해야만 생활할 수 있는 가난한 이들이었으리라 짐작된다.

- 미쉬나 마지막 부분은 베이트 나메르에서 밧줄로 페아에 해당하는 지역을 정확하게 표시해서 가난한 사람들이 마음놓고 가져갈 수 있도록 했다는 일화를 소개하고 있다.

### 4, 6

원래 유대인이 아니었으나 밭을 수확하고 나서 개종하여 유대인이 된 사람이 '페아' 법을 지키는 방법에 관해 논의한다.

---

עוֹבֵד כּוֹכָבִים שֶׁקָּצַר אֶת שָׂדֵהוּ וְאַחַר כָּךְ נִתְגַּיֵּר, פָּטוּר מִן הַלֶּקֶט וּמִן הַשִּׁכְחָה וּמִן הַפֵּאָה. רַבִּי יְהוּדָה מְחַיֵּב בְּשִׁכְחָה, שֶׁאֵין הַשִּׁכְחָה אֶלָּא בִשְׁעַת הָעֹמּוּר:

---

밭에서 추수를 마친 비유대인[21)]이 개종하면 떨어뜨린 것과 잊어버린 것과 페아[의 규정에서] 면제된다. 예후다 랍비는 잊어버린 것에 관한 규정은 [지켜야 한다고] 말한다. 잊어버린 것은 그것을 묶는 시간에만 적용되기 때문이다.

- '페아'를 남기는 법은 유대인 밭주인이 수확할 시점에 시행해야 하므로 이방인 신분이었던 밭주인이 개종하기 전에 이미 수확했을 경우에는 페아를 남기지 않아도 좋다고 간주한다.
- 예후다 랍비는 이방인 밭주인이 수확을 마친 시점에서 개종했다면 페아를 남기지는 않더라도 잊고 떨어뜨리고 온 곡식단은 아직 밭에 있을 것으로 본다. 그러므로 수확은 끝났지만 실수로 떨어뜨리고 온 곡식단은 다시 돌아가 주울 수 없다고 주장한다. 수확했으나 아직 곡식단을 묶지 않은 상태에서 개종했다면 역시 잊고 떨어뜨리고 온

---

21) 이 표현은 '별들을 섬기는 자'(עובד כוכבים)라고 기록되어 있다.

곡식단을 주우러 갈 수 없으니 그는 이미 유대인이기 때문이다.

## 4, 7

성전에 봉헌했다가 다시 무른 밭에 관련된 상황을 다룬다.

---

הִקְדִּישׁ קָמָה וּפָדָה קָמָה, חַיָּב. עֳמָרִין וּפָדָה עֳמָרִין, חַיָּב. קָמָה וּפָדָה
עֳמָרִין, פְּטוּרָה, שֶׁבִּשְׁעַת חוֹבָתָהּ הָיְתָה פְטוּרָה:

---

〔묶지 않은〕 세워진 곡식을 거룩하게 바친 후 무른 사람은 〔잊어버
린 것에 관한 규정을〕 지켜야 한다. 묶은 곡식단을 〔바친 후〕 무른 이
는 〔의무를〕 행해야 한다. 〔하지만 묶지 않은〕 세워진 곡식을 〔바치
고〕 묶은 곡식단을 무른 경우는 〔의무에서〕 면제된다. 의무를 행해야
할 시간에 의무가 면제된 〔상태였기〕 때문이다.[22]

- 작물을 수확하기 전에 성전에 밭을 바치면 밭의 원주인은 농산물과
  관련된 제물을 드릴 의무에서 면제된다. 그런데 수확하기 전에 밭을
  성전에 바쳤다가 역시 수확하기 전에 다시 무른 사람은 '페아'를 계
  산하여 남겨야 한다. 그 밭을 무르면서 거룩함을 상실했기 때문이다.
- 작물을 수확하여 곡식단을 묶은 상태에서 바쳤다가 다시 물렀다고
  해도 동일한 의무를 시행해야 한다.
- 그러나 밭주인이 수확하기 전에 밭을 성전에 바쳤고, 곡식단을 묶은
  다음에 물렀다면 이미 낱알이 된 곡식은 '페아' 법에 저촉되지 않으
  므로 페아를 남길 의무에서 면제된다.

---

22) 가난한 이는 성전에 바친 것에 대해서는 권리를 요구할 수 없었기 때문이다.

## 4, 8

일곱째 미쉬나와 같은 상황에서 십일조 드리는 문제를 논의한다.

---

כַּיּוֹצֵא בּוֹ, הַמַּקְדִּישׁ פֵּרוֹתָיו עַד שֶׁלֹּא בָאוּ לְעוֹנַת הַמַּעַשְׂרוֹת, וּפְדָאָן, חַיָּבִין. מִשֶּׁבָּאוּ לְעוֹנַת הַמַּעַשְׂרוֹת, וּפְדָאָן, חַיָּבִין. הִקְדִּישָׁן עַד שֶׁלֹּא נִגְמְרוּ וּגְמָרָן הַגִּזְבָּר, וְאַחַר כָּךְ פְּדָאָן, פְּטוּרִים, שֶׁבִּשְׁעַת חוֹבָתָן הָיוּ פְטוּרִים:

---

마찬가지로 십일조의 〔의무를 행할〕 때가 오기 전에 소산물을 거룩하게 바쳤다가 물렀다면 〔십일조의〕 의무를 행해야 한다. 십일조의 〔의무를 행할〕 때가 온 후에 소산물을 거룩하게 바쳤다가 물렀다면 〔십일조의〕 의무를 행해야 한다. 〔그런데〕 소산물이 익기 전에 바쳤고, 〔성전〕 회계 담당자의 〔소유일 때〕 익었으며 그 후에 속량했다면 그들은 면제된다. 의무를 행해야 할 시간에 의무가 면제된 〔상태였기〕 때문이다.

- 밭주인은 작물이 익어서 수확할 때 십일조를 드려야 할 의무가 있다. 그런데 작물이 익어서 수확할 시기가 오기 전에 성전에 바쳤다가 다시 무른 사람은 작물이 준비되었을 때 규정에 따라 십일조를 드릴 의무가 있다.
- 작물이 익어서 수확할 시기가 되었는데 성전에 바쳤다가 다시 무른 사람도 그 작물을 사용하기 전에 같은 의무를 시행해야 한다.
- 그러나 아직 작물이 익기도 전에 성전에 바쳤다가, 성전 소유인 상태에서 익어서 수확했고, 그 후에 다시 물렀다면 이런 경우 십일조를 드려야 할 시기에 성전 소유였으므로 십일조를 또 드릴 필요가 없다.

## 4, 9

앞부분은 '페아'를 특정인에게 지정하는 문제를 다루고, 뒷부분은 밭주인이 이방인인 경우 십일조를 드리는 문제를 논의한다.

---

מִי שֶׁלָּקַט אֶת הַפֵּאָה וְאָמַר הֲרֵי זוֹ לְאִישׁ פְּלוֹנִי עָנִי, רַבִּי אֱלִיעֶזֶר אוֹמֵר, זָכָה
לוֹ. וַחֲכָמִים אוֹמְרִים, יִתְּנֶנָּה לֶעָנִי שֶׁנִּמְצָא רִאשׁוֹן. הַלֶּקֶט וְהַשִּׁכְחָה וְהַפֵּאָה
שֶׁל עוֹבֵד כּוֹכָבִים חַיָּב בְּמַעַשְׂרוֹת, אֶלָּא אִם כֵּן הִפְקִיר:

---

페아를 모으는 사람에 관하여, 그가 "보라, 이것은 가난한 아무개를 위한 것이다"라고 말했을 때 엘리에제르 랍비는 말한다. 그것을 그 사람에게 주어야 한다. 그러나 랍비들은 말한다. 그가 발견하는 첫 번째 가난한 이에게 그것을 주어야 한다. 주인 없는 것이라고 말하지 않는 한 비유대인의 떨어뜨린 것, 잊어버린 것, 페아에 대해 십일조의 의무가 있다.

- 어떤 밭주인이 페아를 직접 베고 특정인을 지정해서 그에게 주기로 했을 때 엘리에제르 랍비는 밭주인이 그렇게 할 권리가 있다고 인정했다. 그러나 다른 현인들은 엘리에제르 랍비의 의견에 반대하며 누구든 처음으로 페아를 주으러 온 가난한 사람이 그 소유권을 주장할 권리가 있다고 말했다.

- 가난한 사람이 주인이 유대인인 밭에서 페아나 떨어뜨린 곡식단을 주웠다면 다시 십일조를 드릴 필요가 없다. 그러나 이방인의 밭에서 취득했다면 십일조를 드려야 한다. 왜냐하면 이방인 밭주인은 작물을 수확한 후에 농작물과 관련된 제물을 드리지 않았기 때문이다. 십일조를 면제받으려면 이방인 밭주인이 밭에 남겨진 곡식을 '주인 없는 곡식'이라고 선포하고, 그 후에 가난한 사람이 그 곡식을 취득해야 한다.

## 4, 10

밭에 떨어진 곡식 이삭을 다룬다.

---

אֵיזֶהוּ לֶקֶט, הַנּוֹשֵׁר בִּשְׁעַת הַקְּצִירָה. הָיָה קוֹצֵר, קָצַר מְלֹא יָדוֹ, תָּלַשׁ מְלֹא
קֻמְצוֹ, הִכָּהוּ קוֹץ וְנָפַל מִיָּדוֹ לָאָרֶץ, הֲרֵי הוּא שֶׁל בַּעַל הַבָּיִת. תּוֹךְ הַיָּד וְתוֹךְ
הַמַּגָּל, לָעֲנִיִּים. אַחַר הַיָּד וְאַחַר הַמַּגָּל, לְבַעַל הַבָּיִת. רֹאשׁ הַיָּד וְרֹאשׁ הַמַּגָּל,
רַבִּי יִשְׁמָעֵאל אוֹמֵר, לָעֲנִיִּים. רַבִּי עֲקִיבָא אוֹמֵר, לְבַעַל הַבָּיִת:

---

레케트[23]가 무엇인가? 추수할 때 떨어진 이삭이다. 만일 추수할 때
한 주먹을 추수하거나 한 웅큼을 뽑았을 때 가시에 찔려 땅으로 떨어
뜨렸다면 그것은 주인의 것이다. 만일 그의 손 안이나 낫 안쪽으로 떨
어졌다면 그것은 가난한 이의 것이다. 만일 손 등이나 낫의 바깥쪽으
로 떨어졌다면 주인의 소유이다. 손끝이나 낫의 끝으로 떨어진 것에
대해 이쉬마엘 랍비는 말한다. 그것은 가난한 이의 것이다. 아키바 랍
비는 말한다. 그것은 주인의 것이다.

- 수확하는 과정에서 바닥에 떨어진 곡식 이삭을 밭주인이 돌아가서
  다시 주울 수 없으며 가난한 사람에게 주어야 한다(레 19:9-10, 23:
  22).
- 그러나 몇 가지 세부 규정이 있는데 첫째, 곡식을 추수해서 한 주먹
  을 쥐었는데 가시에 찔려서 수확한 곡식을 떨어뜨렸다면 이 곡식은
  추수할 때 밭주인의 손에 있었고 땅에 떨어뜨린 상황은 수확이 끝난
  후에 발생했기 때문에, 밭주인의 소유로 간주한다.
- 둘째, 밭주인이 손으로 추수하다가 곡식을 손 안쪽으로 떨어뜨렸거

---

23) 히브리어 '레케트'는 추수할 때 땅에 떨어진 이삭으로 가난한 이들이 주울 수
   있는 이삭들을 뜻한다. "너희가 너희의 땅에서 곡식을 거둘 때에 너는 밭 모퉁
   이까지 다 거두지 말고 네 떨어진 이삭도 줍지 말며"(레 19:9).

나 낫으로 추수하다가 낫 안쪽으로 떨어뜨린 경우, 추수 과정에서 바닥에 떨어졌으므로 가난한 자들의 소유로 간주한다. 그러나 수확이 끝난 곡식을 손 등으로 치거나 낫 등으로 쳐서 바깥쪽으로 떨어졌다면 추수가 끝난 다음에 벌어진 일이므로 곡식은 밭주인의 소유로 간주한다.

- 손 윗부분이나 낫 윗부분에 부딪쳐 떨어진 곡식에 관해서는 이쉬마엘 랍비와 아키바 랍비 사이에 이견이 있다.

## 4, 11
역시 밭에 떨어진 곡식 이삭과 관련된 상황을 논의한다.

---

חוֹרֵי הַנְּמָלִים שֶׁבְּתוֹךְ הַקָּמָה, הֲרֵי הֵן שֶׁל בַּעַל הַבָּיִת. שֶׁלְּאַחַר הַקּוֹצְרִים,
הָעֶלְיוֹנִים לָעֲנִיִּים, וְהַתַּחְתּוֹנִים שֶׁל בַּעַל הַבָּיִת. רַבִּי מֵאִיר אוֹמֵר, הַכֹּל
לָעֲנִיִּים, שֶׁסְּפֵק לֶקֶט, לֶקֶט:

---

[추수가 되지 않은] 서 있는 곡식이 개미 구멍에서 [발견되었다면] 그것은 주인에게 속한다. 추수한 후 [개미 구멍에서 발견된 것은] 가장 위쪽에 있는 것은 가난한 이의 것이다. 아래쪽에 있는 것은 주인의 것이다. 메이르 랍비는 말한다. 두 경우 모두 가난한 이의 것이다. 떨어뜨린 것인지 의심스러운 경우는 [여전히] 떨어뜨린 것이기 때문이다.

- 곡식이 아직 밭에 서 있는 상태에서 개미 구멍에 곡식 이삭이 떨어져 있었다면 이것은 아직 수확하지 않은 상태이므로 밭주인의 소유로 간주한다.
- 이미 곡식을 수확한 후라면 개미 구멍 입구에 떨어진 이삭들은 추수하며 떨어진 것이 확실하므로 가난한 사람들의 소유이지만, 구멍 바

닥에 있는 이삭들은 추수하기 전에 떨어진 것이므로 밭주인의 소유라는 주장이 있다. 그러나 메이르 랍비는 반대 의견을 밝히면서, 떨어진 이삭인지 불확실한 경우에는 무조건 가난한 사람들의 소유로 보아야 한다고 관대한 태도를 보여주었다.


## 제5장


### 5, 1

가난한 사람들이 곡식 이삭을 찾기 어려운 상황을 논의한다.

---

גָּדִישׁ שֶׁלֹּא לֻקַּט תַּחְתָּיו, כָּל הַנּוֹגֵעַ בָּאָרֶץ הֲרֵי הוּא שֶׁל עֲנִיִּים. הָרוּחַ שֶׁפִּזְּרָה אֶת הָעֳמָרִים, אוֹמְדִים אוֹתָהּ כַּמָּה לֶקֶט הִיא רְאוּיָה לַעֲשׂוֹת, וְנוֹתֵן לָעֲנִיִּים. רַבָּן שִׁמְעוֹן בֶּן גַּמְלִיאֵל אוֹמֵר, נוֹתֵן לָעֲנִיִּים בִּכְדֵי נְפִילָה:

---

떨어뜨린 것을 가져가지 않은 [상태에서] 곡식 더미를 쌓았다면 땅에 닿아 있는 모든 것은 가난한 이의 것이다. 만일 곡식 더미가 바람에 날려 흩어졌다면 얼마나 많은 떨어뜨린 것(레케트)이 생겼을 지에 대해 가늠하여 가난한 이에게 주어야 한다. 쉼온 벤 감리엘 랍비는 말한다. [밭에서 일반적으로] 산출되는[24] 양만큼 가난한 이에게 주어야 한다

- 밭주인이 떨어뜨린 것을 가난한 자들이 주워가기 전에 곡식 더미를 밭 가운데 쌓았다면 그 더미 밑에 떨어뜨린 것이 깔려 있는 상태이다. 그 밭주인은 페아 법을 어긴 범죄자이므로 벌금으로 그 곡식 더

---

24) 원문은 "떨어지는"으로 되어 있다.

미 중에서 땅에 닿은 모든 곡식을 가난한 자에게 주어야 한다.

- 고의는 아니지만 바람에 날려서 주인이 수확한 것과 떨어뜨린 이삭이 섞였다면 그 밭에서 떨어뜨린 이삭이 얼마나 나올지 계산해서 가난한 자들에게 주어야 한다.
- 쉼온 벤 감리엘 라반은 그 특정한 밭의 산출량을 따로 계산하지 말고 일반적으로 통용되는 양만큼 가난한 자들에게 주라고 한다.

### 5, 2

이 미쉬나는 계속해서 떨어뜨린 것을 남길 때 의심이 생기는 상황을 논의하는데 잊어버린 것에 관해서도 함께 설명한다.

---

שִׁבֹּלֶת שֶׁבַּקָּצִיר וְרֹאשָׁהּ מַגִּיעַ לַקָּמָה, אִם נִקְצְרָה עִם הַקָּמָה, הֲרֵי הִיא
שֶׁל בַּעַל הַבָּיִת, וְאִם לָאו, הֲרֵי הִיא שֶׁל עֲנִיִּים. שִׁבֹּלֶת שֶׁל לֶקֶט שֶׁנִּתְעָרְבָה
בַגָּדִישׁ, מְעַשֵּׂר שִׁבֹּלֶת אַחַת וְנוֹתֵן לוֹ. אָמַר רַבִּי אֱלִיעֶזֶר, וְכִי הֵיאַךְ הֶעָנִי הַזֶּה
מַחֲלִיף דָּבָר שֶׁלֹּא בָא בִרְשׁוּתוֹ. אֶלָּא מְזַכֶּה אֶת הֶעָנִי בְּכָל הַגָּדִישׁ, וּמְעַשֵּׂר
שִׁבֹּלֶת אַחַת וְנוֹתֵן לוֹ:

---

추수하고 [남은] 이삭의 끝부분이 [추수되지 않은] 줄기에[25] 닿아 있는 경우, 만일 그것이 [추수되지 않은] 줄기와 함께 추수된다면 그 것은 주인에게 속한다. 만일 그렇지 않다면 가난한 이의 것이다.

떨어뜨린 것의 이삭이 곡식 더미에 섞여 있는 경우 [주인은] 이삭 하나로 십일조를 떼고 [다른 이삭을] 그에게 주어야 한다.

엘리에제르 랍비는 말한다. 그 가난한 이가 어떻게 자신의 소유물이 되지 못한 것을 [다른 것과] 대체할 수 있는가? 그런 경우 가난한 이에게 전체 더미의 소유권을 넘겨주었다가 이삭 하나에 대한 십일조를 떼고 [그 후] 그에게 주어야 한다.

---

25) 문자적으로는 '서 있는 [곡물]'로 추수가 끝나지 않은 곡물들을 가리킨다.

- 추수를 하고 이삭 하나가 남아 있어서 잊어버린 것으로 간주할 가능성이 있는 상황인데, 그 이삭의 끝부분이 아직 추수하지 않은 줄기에 닿아 있을 때 만약 밭주인이 그 이삭과 줄기를 함께 추수한다면 그것은 주인의 것이고, 만약 그렇지 않다면 가난한 이의 것이다.
- 원래 가난한 자의 소유인 떨어뜨린 것의 이삭이 밭주인의 소유인 곡식 더미에 섞여 들어갔을 때 떨어뜨린 것은 십일조를 낼 필요가 없고 곡식 더미는 십일조를 내야 하기 때문에, 밭주인이 십일조 계산이 끝나지 않은 곡식을 떼어서 가난한 자에게 주면 십일조를 지불할 의무까지 이전하는 결과가 초래한다. 그러므로 곡식 더미에서 이삭 둘을 취해서 하나는 문제가 되는 이삭에 관련된 십일조로 지불하고 다른 하나는 가난한 자에게 주어야 한다.
- 엘리에제르 랍비는 이런 해결책에 법적인 문제가 있다고 지적한다. 가난한 자가 원래의 떨어진 것을 받지 못했으므로 자기 소유권을 포기한 상황인데, 어떻게 아직 받지도 못한 떨어진 것을 새로 받을 이삭과 교환할 수 있느냐는 것이다. 이 문제를 해결하기 위해서 밭주인은 곡식 더미를 모두 가난한 자에게 선물로 양도하고, 그것을 다시 선물로 돌려받아서 십일조를 떼고, 그 후에 위에서 언급한 방법으로 가난한 자의 몫을 떼어 주어야 한다고 주장한다.

### 5, 3
관개시설로 밭에 물을 대는 문제를 논의한다.

אֵין מְגַלְגְּלִין בְּטוֹפֵחַ, דִּבְרֵי רַבִּי מֵאִיר. וַחֲכָמִים מַתִּירִין, מִפְּנֵי שֶׁאֶפְשָׁר:

수차를[26] 돌려서는 안 된다. 메이르 랍비의 말이다. 〔그러나 대부분

---

26) 관개용수를 위해 사용하는 물레방아와 같이 생긴 기구를 말한다.

의] 랍비들은 〔그것을〕 허용한다. 왜냐하면 〔가난한 이들에게 페아를
주는 다른 방법이〕 가능하기 때문이다.

- 메이르 랍비는 가난한 자들이 와서 페아를 취하기 전에 수차를 돌려
  서 물을 대면 안 된다고 주장한다. 그러나 다른 랍비들은 허락하는
  데 가난한 사람들이 와서 페아를 가져갈 수 있도록 다른 방법이 있
  기 때문이다. 밭주인은 떨어뜨린 것이나 잊어버린 것들을 따로 바깥
  에 모아둘 수도 있고, 적당한 곡식량을 계산해서 따로 줄 수도 있다.

### 5, 4

원래 재산이 있지만 여행하는 동안 일시적으로 가난했던 사람에 관
해 논의한다.

---

בַּעַל הַבַּיִת שֶׁהָיָה עוֹבֵר מִמָּקוֹם לְמָקוֹם, וְצָרִיךְ לִטֹּל לֶקֶט שִׁכְחָה וּפֵאָה
וּמַעְשַׂר עָנִי, יִטֹּל, וּכְשֶׁיַּחֲזֹר לְבֵיתוֹ יְשַׁלֵּם, דִּבְרֵי רַבִּי אֱלִיעֶזֶר. וַחֲכָמִים
אוֹמְרִים, עָנִי הָיָה בְּאוֹתָהּ שָׁעָה:

---

집 주인이 이곳저곳을 여행하다가, 떨어뜨린 것과 잊어버린 것과 페
아와 가난한 자를 위한 십일조를 취해야 했다면 그는 〔그것들을〕 취
할 것이며, 그가 자기 집으로 돌아오면 그것을 되갚아주어야 한다. 엘
리에제르 랍비의 말이다. 〔다른〕 랍비들은 말한다. 〔여행하는〕 때에
그는 가난한 이였기 때문에 〔되갚을 필요가 없다〕.

- 엘리에제르 랍비는 자기 재산이 있는 사람이 여행을 하는 동안 여비
  가 떨어져서 떨어뜨린 것과 잊어버린 것과 페아와 가난한 자들을 위
  한 십일조를 취해야만 했다면 그것을 취해도 좋다고 허락한다. 다만
  그가 다시 자기 집으로 돌아가면 자기 재산에서 이러한 것들을 되갚

아야 한다. 그러나 다른 현인들은 반대하며 그 사람이 여행하던 당시에는 가난한 자였으므로 이런 혜택을 누리는 것이 정당하며 집에 돌아온 후에 되갚을 필요가 없다고 주장한다.

## 5, 5

הַמַּחֲלִיף עִם הָעֲנִיִּים, בְּשֶׁלּוֹ פָטוּר, וּבְשֶׁל עֲנִיִּים חַיָּב. שְׁנַיִם שֶׁקִּבְּלוּ אֶת הַשָּׂדֶה בַאֲרִיסוּת, זֶה נוֹתֵן לָזֶה חֶלְקוֹ מַעְשַׂר עָנִי, וְזֶה נוֹתֵן לָזֶה חֶלְקוֹ מַעְשַׂר עָנִי. הַמְקַבֵּל שָׂדֶה לִקְצֹר, אָסוּר בְּלֶקֶט שִׁכְחָה וּפֵאָה וּמַעְשַׂר עָנִי. אָמַר רַבִּי יְהוּדָה, אֵימָתַי, בִּזְמַן שֶׁקִּבֵּל מִמֶּנּוּ לְמֶחֱצָה, לִשְׁלִישׁ וְלִרְבִיעַ. אֲבָל אִם אָמַר לוֹ שְׁלִישׁ מַה שֶׁאַתָּה קוֹצֵר שֶׁלָּךְ, מֻתָּר בְּלֶקֶט וּבְשִׁכְחָה וּבְפֵאָה, וְאָסוּר בְּמַעְשַׂר עָנִי:

만일 가난한 이들과 [뭔가를] 교환할 경우 [가난한 이들이 밭의 주인에게] 주는 것은 [십일조의 의무에서] 면제되고, [밭의 주인이] 가난한 이들에게 주는 것은 [십일조의] 의무를 진다. 만일 두 사람이 소작농으로[27] 밭을 경작한다면 각자 가난한 이를 위한 십일조를 각자에게 주어야 한다. 만일 [남의] 밭을 추수하기 위해 받았다면 떨어진 것과 잊어버린 것과 페아와 가난한 자를 위한 십일조를 취하는 것이 금지된다. 예후다 랍비는 말한다. 언제 [이 규정이 적용되는가]? [임대인이 주인에게 수확물의] 1/2, 1/3, 1/4을 주는 경우에 [적용된다]. 하지만 주인이 그에게 "네가 추수하는 것의 1/3은 네 것이 될 것이다"라고 말했다면 그는 떨어뜨린 것과 잊어버린 것과 페아를 취하는 것이 허용되지만 가난한 자를 위한 십일조는 금지된다.

---

27) 히브리어로 '아리쑤트'(אריסות)라고 하는데 이는 '소작 농업'이라는 뜻이다. 수확물의 일정 몫을 임대비용으로 주인에게 주기로 계약하거나 주인이 경작인에게 고용된 몫을 주는 것을 말한다.

- 농산물을 재산이 있는 사람끼리 주고받으면 십일조를 내야 하고, 가난한 자에게 선물로 주면 십일조를 내지 않아도 된다. 그러므로 밭주인과 가난한 자가 농산물을 서로 교환할 경우, 가난한 자들이 밭주인에게 주는 것은 십일조 의무가 면제되고, 밭주인이 가난한 자들에게 주는 것은 십일조를 내야 한다. 농산물은 주인이 바뀌어도 원래 성격이 변하지 않는다는 것이다.

- 농부 두 사람이 자기 소유가 아닌 밭 하나를 추수했다면 서로가 서로에게 떨어진 것과 잊어버린 것과 페아와 가난한 자를 위한 십일조를 줄 수 있다. 그러나 농부 한 사람이 자기 소유가 아닌 밭 하나를 추수했다면 가난한 자들의 몫을 스스로 챙길 수 없다. 추수하여 거두어들인 것과 가난한 자들의 몫이 일시적으로라도 한 사람에게 속하게 되기 때문이다.

- 위의 규정이 오해의 소지가 있다고 생각한 예후다 랍비는 이런 규정이 자기 소유가 아닌 밭을 추수하면서 아직 베지 않고 땅에 심겨 있는 곡식의 얼마를 보수로 받기로 계약했을 경우에 적용할 수 있다고 설명한다. 이런 경우 소작농이라 하더라도 농산물의 일부를 온전히 소유하고 있다고 말할 수 있고, 가난한 자들의 몫을 취할 수 없는 것이다. 그러나 만약 추수가 끝난 다음에 수확한 곡식의 얼마를 보수로 받기로 계약했을 경우에는, 떨어뜨린 것과 잊어버린 것과 페아를 취할 수 있다. 왜냐하면 소작농은 농산물이 땅에 심겨 있거나 추수해서 땅에서 분리되었을 때나 계속해서 소유물이 없기 때문이다. 그러나 가난한 자들을 위한 십일조는 취할 수 없으니 이것은 원래 추수가 끝난 곡식에서 떼기 때문이다.

הַמּוֹכֵר אֶת שָׂדֵהוּ, הַמּוֹכֵר מֻתָּר וְהַלּוֹקֵחַ אָסוּר. לֹא יִשְׂכֹּר אָדָם אֶת
הַפּוֹעֲלִים עַל מְנָת שֶׁיְּלַקֵּט בְּנוֹ אַחֲרָיו. מִי שֶׁאֵינוֹ מַנִּיחַ אֶת הָעֲנִיִּים לְלַקֵּט,
אוֹ שֶׁהוּא מַנִּיחַ אֶת אֶחָד וְאֶחָד לֹא, אוֹ שֶׁהוּא מְסַיֵּעַ אֶת אֶחָד מֵהֶן, הֲרֵי זֶה
גּוֹזֵל אֶת הָעֲנִיִּים. עַל זֶה נֶאֱמַר אַל תַּסֵּג גְּבוּל עוֹלִים:

밭을 팔 경우 파는 이는 〔가난한 이에게 주어야 할 생산물을 모으
는 것이〕 허용된다. 하지만 사는 이는 허용되지 않는다. 일꾼의 아들
이 이삭을 줍도록 허용하는 조건으로 일꾼을 고용해서는 안 된다.

만일 가난한 이가 이삭을 줍는 것을 허용하지 않든지, 한 사람은 허
용하고 한 사람은 허용하지 않든지, 여러 사람 중 한 사람만 도와준다
면 그는 〔가난한 이를〕 강탈하는 것이다. 그런 사람에 관하여 "옛 경
계표를 옮기지 말라"고 기록했다.

- 어떤 사람이 밭을 팔았다면 재산이 없는 상태에서 가난한 자일 때 떨
  어뜨린 것이나 잊어버린 것이나 페아를 취할 수 있다. 어떤 사람이
  원래 가난했어도 밭을 샀다면 재산이 있는 밭주인이기 때문에 이런
  것들을 취할 수 없다.

- 가난한 사람을 돕더라도 한 사람만 특혜를 주면 안 된다. 그러므로
  한 사람이 일꾼으로 일하고 그의 아들이 이삭을 줍도록 고용계약을
  할 수는 없다. 이런 상황을 허용하면 다양한 탈법행위가 가능해진다.

- 원칙적으로 가난한 자가 이삭을 줍는 것을 전혀 허용하지 않는 자와
  한 사람에게 특혜를 주는 자가 모두 범법행위를 한 것이다.

- 마지막에 잠언 22:28을 인용하는데 히브리어 성서에서 "옛(עוֹלָם, 올
  람) 경계표"라고 기록한 것을 "올라오는 자(עוֹלִים, 올림)의 경계표"
  라고 읽고 있다. 일종의 언어유희를 통해 가난한 자들의 몫을 빼앗
  지 말라고 해석한 것이다.[28]

**5, 7**

이 미쉬나부터는 잊어버린 것에 관한 규정을 논의한다.

---

הָעֹמֶר שֶׁשְּׁכָחוּהוּ פוֹעֲלִים וְלֹא שְׁכָחוֹ בַעַל הַבַּיִת, שְׁכָחוֹ בַעַל הַבַּיִת וְלֹא
שְׁכָחוּהוּ פוֹעֲלִים, עָמְדוּ עֲנִיִּים בִּפְנֵיו אוֹ שֶׁחֲפוּהוּ בְקַשׁ, הֲרֵי זֶה אֵינוֹ שִׁכְחָה:

---

일꾼은 잊어버렸으나 주인이 잊어버리지 않은 곡식단이나, 주인은
잊어버렸으나 일꾼이 잊어버리지 않은 곡식단이나, 가난한 이들이
[곡식단] 앞에 서 있고 [그들이 그것을 숨기기 위해] 짚으로 그것을
덮은 경우, 잊어버린 것의 규정에 해당되지 않는다.

- 토라는 추수할 때 잊어버린 곡식단을 가난한 자들을 위해 그대로 놓
  아두라고 명하는데(신 24:19), 이 미쉬나는 그 명령을 적용할 때 조
  건이 있다고 주장한다. 밭주인과 고용된 일꾼이 모두 잊어버린 상황
  이어야 하고, 제삼자가 일부러 보이지 않게 숨기지 않은 상황에서만
  이 규정을 적용한다.

**5, 8**

잊어버린 것에 관한 규정은 모든 추수과정이 완료되었을 때 적용
한다.

---

הַמְעַמֵּר לְכֹבָעוֹת וּלְכֻמְסָאוֹת, לַחֲרָרָה וְלָעֳמָרִים, אֵין לוֹ שִׁכְחָה. מִמֶּנּוּ וְלַגֹּרֶן,
יֵשׁ לוֹ שִׁכְחָה. הַמְעַמֵּר לַגָּדִישׁ, יֵשׁ לוֹ שִׁכְחָה. מִמֶּנּוּ וְלַגֹּרֶן, אֵין לוֹ שִׁכְחָה.
זֶה הַכְּלָל, כָּל הַמְעַמֵּר לְמָקוֹם שֶׁהוּא גְמַר מְלָאכָה, יֵשׁ לוֹ שִׁכְחָה. מִמֶּנּוּ
וְלַגֹּרֶן, אֵין לוֹ שִׁכְחָה. לְמָקוֹם שֶׁאֵינוֹ גְמַר מְלָאכָה, אֵין לוֹ שִׁכְחָה. מִמֶּנּוּ

---

28) Naomi G. Cohen, "Al Taseg Gevul Olim(Peah 5:6, 7:3)," *Hebrew Union College Annual* 56, 1985, pp. 145-166.

곡식단을 모자 모양이나 쿰싸오트[29] 모양이나 둥글고 두터운 빵 모
양이나 〔특별한 형태의〕 곡식단으로[30] 묶을 경우 잊어버린 것에 관
한 규정이 적용되지 않는다. 그것을 타작마당으로 가지고 간 경우에
는 잊어버린 것에 관한 규정이 적용된다. 곡식 더미를 묶는 이에게는
잊어버린 것에 관한 규정이 적용된다. 그것을 타작마당으로 가지고
간 경우에는 잊어버린 것에 관한 규정이 적용되지 않는다.[31] 일반적
인 규칙은 다음과 같다: 〔추수〕일이 끝난 곳에서 묶은 곡식단에서는
잊어버린 것에 관한 규정이 적용된다. 그것을 타작마당으로 가지고
간 경우에는 잊어버린 것에 관한 규정이 적용되지 않는다. 〔추수〕일
이 끝나지 않은 곳에서 〔묶은 곡식단에서는〕 잊어버린 것에 관한 규
정이 적용되지 않으며 그것을 타작마당으로 가지고 간 경우에는 잊
어버린 것에 관한 규정이 적용된다.

- 추수하는 일꾼이 최종적으로 곡식단을 쌓아 올리기 전에 일시적으
  로 곡식을 묶어서 특정한 모양으로 모아놓았다가 잊어버리면 이것
  은 '잊어버린 것'으로 간주하지 않으며 가난한 사람이 가져갈 수 없
  다. 그러나 그 일꾼이 이런 일시적인 곡식단들을 모아서 타작마당
  으로 옮겼고, 그 뒤에 이런 곡식단을 남겨두었다면 그것은 '잊어버
  린 것'이며 가난한 자들의 몫이다.

---

29) '쿰싸오트'(כמסאות)란 모자 모양보다는 낮은 모양으로 된 것으로 '키파'와 같
   은 것을 가리킨다. 따라서 모자 모양의 곡식단보다는 더 낮은 곡식단을 가리
   키는 것으로 보인다.
30) 특별한 형태의 곡식단이란 작은 곡식단을 큰 곡식단으로 만들어놓은 것을 가
   리키는 듯하다.
31) 곡식단을 묶는 작업이 완전히 끝이 난 것으로 간주되기 때문이다.

- 곡식을 묶어서 곡식단으로 쌓는 일이 끝나고 뒤에 남겨진 곡식단은 '잊어버린 것'이지만, 이 곡식단을 타작마당으로 옮기고 남겨진 곡식단은 '잊어버린 것'이 아니다. '잊어버린 것'에 관련된 규정은 오직 땅에 심긴 곡식을 베어 묶을 때 적용하는 것이지, 보관하기 위해 쌓아놓고 옮길 때에는 적용하지 않는다.

## 제6장

### 6, 1

잊어버린 것에 관한 논쟁을 다룬다.

---

בֵּית שַׁמַּאי אוֹמְרִים, הֶבְקֵר לָעֲנִיִּים, הֶבְקֵר. וּבֵית הִלֵּל אוֹמְרִים, אֵינוֹ הֶפְקֵר, עַד שֶׁיֻּפְקַר אַף לָעֲשִׁירִים, כַּשְּׁמִטָּה. כָּל עָמְרֵי הַשָּׂדֶה שֶׁל קַב קַב וְאֶחָד שֶׁל אַרְבַּעַת קַבִּין וּשְׁכֵחוֹ, בֵּית שַׁמַּאי אוֹמְרִים, אֵינוֹ שִׁכְחָה. וּבֵית הִלֵּל אוֹמְרִים, שִׁכְחָה:

---

삼마이 학파는 말한다. 가난한 이를 위해 소유권을 포기한 [생산물은] 소유권이 없는 것으로 [간주된다]. 힐렐 학파는 말한다. 면제년[32]과 같이 부유한 이를 위해서도 소유권 포기가 이루어져야만 소유권이 없는 것으로 [간주된다]. 밭의 모든 곡식단이 1카브의[33] 규모인데 한 곡식단이 4카브의 규모이고 그것을 잊어버렸을 경우, 삼마이 학파는 잊어버린 것에 관한 규정이 적용되지 않는다고 말하고 힐렐 학파는 적용된다고 한다.

---

32) 히브리어로 '쉬미타'(שמטה)인데 '면제'라는 뜻으로 7년째 되는 해를 가리키고 밭의 농사를 중단하거나 모든 의무에게 면제되는 해를 말한다.

33) '카브'는 성경 시대의 측정 단위로 1카브가 1/6쎄아며 약 2.2리터다.

- 밭을 소유한 사람은 그곳에서 생산한 농산물에 관련된 십일조를 내야 한다. 그러나 소유권을 포기하면 십일조 납부의 책임을 면제받는다. 샴마이 학파는 어떤 밭주인이 가난한 자들을 위해서 자기 밭 일부의 소유권을 포기했을 때 가난한 자들이 와서 그 농산물을 취해도 십일조를 납부하지 않아도 좋다고 말하는 것이다. 그러나 힐렐 학파는 그 밭주인이 면제년 관습처럼 자기 소유를 온전히 포기했을 때가 아니면 '소유권 포기'라는 말을 사용할 수 없으며 십일조 납부의 의무를 면제받을 수 없다고 주장한다. 면제년에는 농지를 경작하지 않고 놀려야 하며 이때 자연스럽게 자란 농산물은 가난한 자나 부자가 모두 와서 취할 수 있다.
- 일반적인 곡식단의 양이 1카브고, 이런 곡식단을 잊어버리고 남겼을 때 가난한 자의 몫으로 간주한다. 만약 이런 관행보다 4배가 큰 곡식단이 밭에 남겨져 있었을 때 샴마이 학파는 이것이 일반적인 곡식단 4개를 나란히 모아놓은 것과 마찬가지라고 보았고, 이것은 잊어버린 것이 아니라고 주장한다. 힐렐 학파는 하나로 묶여 있다면 그 크기와 상관없이 잊어버린 것이라고 주장한다.

### 6, 2
곡식단이 어떤 특정한 물건 옆에 있는 경우를 논의한다.

---

הָעֹמֶר שֶׁהוּא סָמוּךְ לַגָּפָה וְלַגָּדִישׁ, לַבָּקָר וְלַכֵּלִים, וּשְׁכָחוֹ, בֵּית שַׁמַּאי
אוֹמְרִים, אֵינוֹ שִׁכְחָה. וּבֵית הִלֵּל אוֹמְרִים, שִׁכְחָה:

---

곡식단이 돌담이나 곡식 더미나 소나 기구들에 가까이 있고 그것을 잊어버렸을 경우, 샴마이 학파는 잊어버린 것에 관한 규정이 적용되지 않는다고 말하고 힐렐 학파는 잊어버린 것에 관한 규정이 적용된다고 한다.

- 삼마이 학파는 곡식단이 특정한 물건 옆에 있는 이유가 그 주인이 다시 돌아와서 가져가기 위해서라고 보았고, 이런 경우에는 잊어버린 것이 아니라고 주장한다. 그러나 힐렐 학파는 어떤 물건 옆에 있건 남겨놓고 가면 잊어버린 것이라고 주장한다.

## 6, 3

רָאשֵׁי שׁוּרוֹת, הָעֹמֶר שֶׁכְּנֶגְדּוֹ מוֹכִיחַ. הָעֹמֶר שֶׁהֶחֱזִיק בּוֹ לְהוֹלִיכוֹ אֶל הָעִיר, וּשְׁכָחוֹ, מוֹדִים שֶׁאֵינוֹ שִׁכְחָה:

〔밭〕이랑 머리에 있는 곡식단이 〔잊어버린 것인지 아닌지가 불분명한 경우〕 반대편에 있는 것으로 판가름한다. 만일 도시로 가져가기 위해 보관하고 있다가 잊어버린 경우 잊어버린 것이 아니라고 동의한다.

- 이 미쉬나는 밭이 시작되는 부분에 곡식단이 떨어져 있을 경우 잊어버린 것으로 봐야 할지에 관해 논의한다. 만약 밭이 끝나는 부분을 살펴서 그곳에도 곡식단이 떨어져 있다면 밭이랑 머리에 있던 곡식단은 잊어버린 것이 아니다. 밭이랑을 따라 곡식을 베어 머리 부분이나 끝부분에 일시적으로 놓아두었다가, 나중에 한꺼번에 모아서 옮길 수도 있기 때문이다.
- 곡식단을 도시로 옮기는 도중에 남겨진 것은 잊어버린 것이 아니다. 이런 경우에 관해서는 삼마이 학파나 힐렐 학파 사이에 이견이 없으며 모두 동의한다.

וְאֵלּוּ הֵן רָאשֵׁי שׁוּרוֹת. שְׁנַיִם שֶׁהִתְחִילוּ מֵאֶמְצַע הַשּׁוּרָה, זֶה פָנָיו לַצָּפוֹן
וְזֶה פָנָיו לַדָּרוֹם, וְשָׁכְחוּ לִפְנֵיהֶם וּלְאַחֲרֵיהֶם, אֶת שֶׁלִּפְנֵיהֶם שִׁכְחָה, וְאֶת
שֶׁלְּאַחֲרֵיהֶם אֵינוֹ שִׁכְחָה. יָחִיד שֶׁהִתְחִיל מֵרֹאשׁ הַשּׁוּרָה, וְשָׁכַח לְפָנָיו
וּלְאַחֲרָיו, שֶׁלְּפָנָיו אֵינוֹ שִׁכְחָה, וְשֶׁלְּאַחֲרָיו שִׁכְחָה, מִפְּנֵי שֶׁהוּא בְּבַל תָּשׁוּב.
זֶה הַכְּלָל, כָּל שֶׁהוּא בְּבַל תָּשׁוּב, שִׁכְחָה. וְשֶׁאֵינוֹ בְּבַל תָּשׁוּב, אֵינוֹ שִׁכְחָה:

[밭]이랑 머리에 있는 [곡식단에 대한] 규정은 다음과 같다.

두 사람이 밭이랑 중간에서 [추수를] 시작했는데 한 사람은 북쪽을, 또 한 사람은 남쪽을 향해 있으며 그들이 앞과 뒤에 있는 [곡식단을] 잊어버렸다면 앞에 있는 것은 잊어버린 것에 관한 규정이 적용되고 뒤에 있는 것은 잊어버린 것에 관한 규정이 적용되지 않는다.

만일 한 사람이 밭이랑 끝에서 [추수를] 시작했는데 앞과 뒤에서 [곡식단을] 잊어버렸다면 그의 앞에 있는 것은 잊어버린 것에 관한 규정이 적용되지 않고 뒤에 있는 것은 잊어버린 것에 관한 규정이 적용된다. "돌아가지 말라"는 말씀이 적용되기 때문이다.[34]

규정은 다음과 같다. "돌아가지 말라"에 포함되는 것은 잊어버린 것이고 "돌아가지 말라"에 포함되지 않는 것은 잊어버린 것이 아니다.

- 셋째 미쉬나의 문맥에 이어 밭이랑 머리에 곡식단이 있는 경우, 만약 두 사람이 밭이랑 중간에 서서 한 사람은 북쪽으로 한 사람은 남쪽으로 추수를 했다면 각 사람의 앞에 있는 것들만 잊어버린 곡식단으로 인정한다. 왜냐하면 이런 식으로 추수했을 경우 추수한 사람이 거둔 곡식을 밭이랑 머리에 놓아둘 이유가 없으며 만약 놓아두었다

---

34) "네가 밭에서 곡식을 벨 때에 그 한 뭇을 밭에 잊어버렸거든 다시 가서 가져오지 말고 나그네와 고아와 과부를 위하여 남겨두라. 그리하면 네 하나님 여호와께서 네 손으로 하는 모든 일에 복을 내리시리라"(신 24:19).

면 그것은 잊어버린 것이기 때문이다. 이와 달리 뒤에 남겨둔 곡식
단은 다른 사람이 보고 거두어 갈 것으로 생각할 수 있기 때문에 잊
어버린 것이 아니라고 본다.

- 만약 한 사람이 추수를 하는 상황이라면 뒤에 남겨놓은 것이 잊어버
  린 것이다. 왜냐하면 토라의 규정이 "돌아가지 말라"고 표현되어 있
  기 때문이다.
- 일반적인 원칙은 다시 돌아가야 가져올 수 있는 곡식단은 잊어버린
  것이니 그 사람이 의도적으로 뒤에 남기고 왔다고 생각하지 않는다.
  돌아가지 않아도 일하는 방향으로 진행하며 가져갈 수 있는 것들은
  잊어버린 것이 아니니 아직 지나가지 않았으므로 앞으로 거두어 갈
  것이기 때문이다.

### 6, 5

곡식단이 여러 개 함께 놓여 있는 경우를 논의한다.

---

שְׁנֵי עֳמָרִים, שִׁכְחָה, וּשְׁלֹשָׁה אֵינָן שִׁכְחָה. שְׁנֵי צִבּוּרֵי זֵיתִים וְחָרוּבִין,
שִׁכְחָה, וּשְׁלֹשָׁה אֵינָן שִׁכְחָה. שְׁנֵי הוּצְנֵי פִשְׁתָּן, שִׁכְחָה, וּשְׁלֹשָׁה אֵינָן
שִׁכְחָה. שְׁנֵי גַרְגְּרִים, פֶּרֶט, וּשְׁלֹשָׁה אֵינָן פֶּרֶט. שְׁנֵי שִׁבֳּלִים, לֶקֶט, וּשְׁלֹשָׁה
אֵינָן לֶקֶט. אֵלּוּ כְדִבְרֵי בֵית הִלֵּל. וְעַל כֻּלָּן בֵּית שַׁמַּאי אוֹמְרִים, שְׁלֹשָׁה,
לָעֲנִיִּים, וְאַרְבָּעָה, לְבַעַל הַבָּיִת:

---

곡식 두 단이 함께 있으면 잊어버린 것으로 간주되고 셋이 함께 있
으면 잊어버린 것으로 간주되지 않는다. 올리브나 쥐엄열매 두 더미
는 잊어버린 것이지만 세 [더미는] 잊어버린 것이 아니다. 아마 두 줄
기는 잊어버린 것이지만 세 [줄기는] 잊어버린 것이 아니다.

포도 두 송이는 페레트이지만[35] 세 송이는 페레트가 아니다. 곡식

---

35) '레케트'(לקט)가 곡물의 이삭 줄기를 가리키는 용어라면 히브리어 '페레트'

이삭 둘은 레케트이지만 세 개는 아니다. 이것은 힐렐 학파에 따른 것이다. 그 모두에 대해 샴마이 학파는 [이렇게] 말한다. 셋은 가난한 이들을 위한 것이고 넷은 주인을 위한 것이다.[36]

- 힐렐 학파에 따르면 수확하고 잊어버린 것은 두 개까지다. 같은 원리가 떨어뜨린 것에도 적용되며 곡식(레케트)과 포도 열매(페레트)가 여기에 해당한다.
- 샴마이 학파는 셋까지라고 주장한다.

### 6, 6
잊어버린 곡식단의 크기에 관해 논의한다.

---

הָעֹמֶר שֶׁיֶּשׁ בּוֹ סָאתַיִם, וּשְׁכֵחוֹ, אֵינוֹ שִׁכְחָה. שְׁנֵי עֲמָרִים וּבָהֶם סָאתַיִם,
רַבָּן גַּמְלִיאֵל אוֹמֵר, לְבַעַל הַבַּיִת. וַחֲכָמִים אוֹמְרִים, לָעֲנִיִּים. אָמַר רַבָּן
גַּמְלִיאֵל, וְכִי מֵרֹב הָעֲמָרִים יָפֶי כֹחַ שֶׁל בַּעַל הַבַּיִת אוֹ הוּרַע כֹחוֹ. אָמְרוּ לוֹ,
יָפֶי כֹחוֹ. אָמַר לָהֶם, וּמָה אִם בִּזְמַן שֶׁהוּא עֹמֶר אֶחָד וּבוֹ סָאתַיִם וּשְׁכֵחוֹ,
אֵינוֹ שִׁכְחָה, שְׁנֵי עֲמָרִים וּבָהֶם סָאתַיִם, אֵינוֹ דִין שֶׁלֹּא יְהֵא שִׁכְחָה. אָמְרוּ
לוֹ, לֹא, אִם אָמַרְתָּ בְּעֹמֶר אֶחָד שֶׁהוּא כִגְדִישׁ, תֹּאמַר בִּשְׁנֵי עֲמָרִים שֶׁהֵן
כִּכְרִיכוֹת:

---

곡식 한 단이 2쎄아[37]일 때 그것을 잊어버리면 잊어버린 것에 해당하지 않는다.

---

(פרט, peret)는 포도 줄기를 가리키는 용어다. 추수할 때 떨어져서 모을 필요가 없는 포도를 말한다.
36) 샴마이 학파는 신명기 24:20의 "객과 고아와 과부를 위하여 남겨두며"라는 구절에서 셋을 말하며 힐렐 학파는 신명기 24:19에서 "고아와 과부"는 '가난한 이'에 해당하며 하나로 간주한다.
37) '쎄아'(סאה, seah)란 성경 시대의 측정 단위로 1쎄아는 약 13.3리터며 1/3에파 (אפה, ephah)에 해당한다.

곡식 두 단이 2쎄아인 경우에 대해 감리엘 랍비는 말한다. 〔그것은〕 주인의 것이다. 그러나 〔대부분의〕 랍비들은 말한다. 가난한 이의 것이다. 감리엘 랍비는 말한다. "많은 양의 곡식단이 주인의 권리를 강화시키는가 아니면 약화시키는가?" 그들은 그에게 말한다. "그의 권리는 강화됩니다." 그가 그들에게 말한다. "만일 한 곡식단이 2쎄아인데 그것을 잊어버렸을 때 잊어버린 것이 아니라면 두 곡식단이 2쎄아이면 그것은 절대로 잊어버린 것으로 간주되어서는 안 된다." 그들이 그에게 말한다. "아닙니다. 만일 한 곡식단을 곡식 더미로 보아 그렇게 말씀하셨다면 〔더 작은〕 묶음에 해당하는 두 곡식단에 대해서 그렇게 말씀하십니까?"

- 곡식 한 단이 2쎄아고 그것을 뒤에 남겨두었다면 이것은 잊어버린 것이 아니다. 부피가 너무 커서 곡식단이라고 부를 수 없고 곡식단을 모아 쌓은 곡식더미와 같기 때문이다.
- 곡식 두 단이 2쎄아고 그것을 뒤에 남겨둔 경우에 관해 감리엘 랍비는 주인 것이라고 하고 다른 랍비들은 가난한 자들의 것이라고 주장한다. 감리엘 랍비는 다섯째 미쉬나와 같은 원리로 남겨진 곡식단이 많을수록 주인의 권리가 강해지기 때문에, 2쎄아인 곡식 한 단이 잊어버린 것이 아니므로 곡식 두 단은 당연히 잊어버린 것이 아니라고 주장한다. 그러나 현인들은 2쎄아인 곡식 한 단이 잊어버린 것이 아닌 이유는 부피가 너무 커서 곡식단이 아니고 곡식더미에 해당하기 때문이라고 설명하고, 합계가 2쎄아인 곡식 두 단이 아직도 곡식단이라고 간주한다면 이 2쎄아인 곡식 한 단보다 적은 양이므로 당연히 잊어버린 것으로 보아야 한다고 반박한다.

## 6, 7

잊어버린 곡식단 규정을 아직 서 있는 곡식에 적용하는 예다.

---

קָמָה שֶׁיֶּשׁ בָּהּ סָאתַיִם, וּשְׁכָחָהּ, אֵינָהּ שְׁכְחָה. אֵין בָּהּ סָאתַיִם, אֲבָל הִיא
רְאוּיָה לַעֲשׂוֹת סָאתַיִם, אֲפִלּוּ הִיא שֶׁל טוֹפֵחַ, רוֹאִין אוֹתָהּ כְּאִלּוּ הִיא עֲנָוָה
שֶׁל שְׂעוֹרִים:

---

추수하지 않은 곡물이 2쎄아 정도이고 그것을 잊어버렸을 때 잊어버린 것으로 간주해서는 안 된다. 만일 그것이 [아직] 2쎄아가 아니지만 [앞으로] 2쎄아에서 [생산될 수 있는 분량으로] 간주된다면 비록 그것이 연리초라도 보리처럼 간주된다.

- 아직 밭에 심겨 있는 곡식 한 줄기에 곡물이 2쎄아가 달렸는데 그것을 가져가지 않고 그대로 남겨두었을 때 그것은 잊어버린 것이 아니다. 이런 일이 실제로 벌어질 수는 없겠지만, 랍비들은 잊어버린 곡식단에 관련된 규정을 서 있는 곡식에도 적용하고 있다. 그리고 현재는 그 줄기에 달린 곡식이 2쎄아에 미치지 못한다고 해도 앞으로 그렇게 될 가능성이 있다면 같은 규정을 적용해야 하며 질이 좀 떨어지는 보리라고 해도 일반 보리처럼 취급해야 한다.

## 6, 8

---

הַקָּמָה מַצֶּלֶת אֶת הָעֹמֶר וְאֶת הַקָּמָה. הָעֹמֶר אֵינוֹ מַצִּיל לֹא אֶת הָעֹמֶר וְלֹא
אֶת הַקָּמָה. אֵיזוֹ הִיא קָמָה שֶׁהִיא מַצֶּלֶת אֶת הָעֹמֶר, כָּל שֶׁאֵינָהּ שְׁכְחָה
אֲפִלּוּ קֶלַח אֶחָד:

---

[잊어버리지 않은] 추수하지 않은 곡물이 [옆에 있는] 곡식단과 [잊어버린 것으로 간주된 다른] 추수하지 않은 곡물에 [잊어버린 것에 관한 규정을 지키지 않게] 해줄 수 있다. [잊어버리지 않은] 곡식

단은 〔다른〕 곡식단과 추수하지 않은 곡물을 〔잊어버린 것에 관한 규정으로부터 면제시킬 수〕 없다. 어떤 추수하지 않은 곡물이 곡식단을 〔잊어버린 것에 관한 규정을 지키지 않도록〕 하는가? 잊어버린 것으로 간주되지 않은 모든 것이며 비록 한 줄기라도 그러하다.

- 이 미쉬나는 아직 밭에 서 있고 잊어버리지 않은 곡식 줄기는 가까이에 있는 곡식단이나 다른 서 있는 곡식 줄기가 잊어버린 것이 아님을 증명한다고 주장하는데 잊어버린 것에 관한 토라의 규정이 "곡식을 벨 때" 적용하는 것이므로(신 24:19), 아직 베지 않은 곡식이 밭에 서 있다면 그 밭에 있는 곡식단이나 곡식 줄기가 잊어버린 것이 아니라는 증거라고 주장하는 것이다. 곡식 한 줄기만 서 있어도 이런 효과가 있다.
- 그러나 곡식단은 잊어버린 것이 아니라고 하더라도 다른 곡식단이나 곡물까지 잊어버린 것이 아니라고 증명할 수 있는 힘이 없다.

### 6, 9
일곱째 미쉬나 문맥에 이어 잊어버린 것의 양을 논의한다.

---

סְאָה תְבוּאָה עֲקוּרָה וּסְאָה שֶׁאֵינָה עֲקוּרָה, וְכֵן בָּאִילָן, וְהַשּׁוּם וְהַבְּצָלִים, אֵינָן מִצְטָרְפִין לִסְאתַיִם, אֶלָּא שֶׁל עֲנִיִּים הֵם. רַבִּי יוֹסֵי אוֹמֵר, אִם בָּאת רְשׁוּת הֶעָנִי בָּאֶמְצַע, אֵינָן מִצְטָרְפִין, וְאִם לָאו, הֲרֵי אֵלּוּ מִצְטָרְפִין:

---

수확된 곡물 1쎄아와 수확되지 않은 곡물 1쎄아, 〔과실〕 나무들, 마늘, 양파들은 함께 2쎄아로 〔계산하여〕 합칠 수 없고, 가난한 이를 위해 남겨두어야 한다. 요쎄 랍비는 말한다. 만일 가난한 이에게 속한 것이 가운데 끼어 있다면 합칠 수 없다. 그렇지 않다면 합칠 수 있다.

- 일곱째 미쉬나에 따르면 추수하지 않은 곡식 한 줄기에 2쎄아가 달렸다면 잊어버린 것이 아니다. 그렇다면 이미 추수했고 1쎄아인 곡식 한 줄기를 아직 추수하지 않았고 역시 1쎄아인 곡식 한 줄기와 합쳐서 주인의 몫으로 간주할 수 있겠는가? 미쉬나는 그럴 수 없다고 규정하며 곡식은 물론 나무와 마늘과 양파도 그러하다고 말한다.
- 요쎄 랍비는 반대의견을 제시하면서, 둘 사이에 가난한 자들의 몫으로 분명한 것이 끼어 있다면 안 되지만, 두 곡식 줄기가 바로 옆에 붙어 있다면 합칠 수도 있다고 주장한다.

### 6, 10

---

תְּבוּאָה שֶׁנְּתָנָהּ לְשַׁחַת אוֹ לַאֲלֻמָּה, וְכֵן בַּאֲגֻדֵּי הַשּׁוּם, וַאֲגֻדּוֹת הַשּׁוּם
וְהַבְּצָלִים, אֵין לָהֶן שִׁכְחָה. וְכָל הַטְּמוּנִים בָּאָרֶץ, כְּגוֹן הַלּוּף וְהַשּׁוּם
וְהַבְּצָלִים, רַבִּי יְהוּדָה אוֹמֵר, אֵין לָהֶם שִׁכְחָה. וַחֲכָמִים אוֹמְרִים, יֵשׁ לָהֶם
שִׁכְחָה:

---

사료나 곡식단을 묶기 위한 곡물, [큰] 마늘 꾸러미로 [묶는 작은] 마늘 꾸러미와 양파 꾸러미들은 잊어버린 것에 관한 규정을 적용하지 않는다. 아룸,[38] 마늘, 양파와 같이 땅속에 묻혀 있는 식물에 대해서 예후다 랍비는 말한다. 그것들은 잊어버린 것에 관한 규정을 적용하지 않는다. [하지만 대부분의] 랍비들은 잊어버린 것에 관한 규정을 적용한다고 말한다.

- 가축의 사료로 쓰거나 다른 작물을 묶는 데 쓰는 곡식 줄기는 잊어버린 것이 아니다. 특히 마늘 꾸러미는 작게 묶었다가 그것들을 모

---

38) 아룸(לוף, 룹)은 천남성과에 속하며 키가 작고 덩이줄기를 지닌 다년생 식물이다. 우리 나라의 토란과 유사한 작물이다.

아 큰 꾸러미로 묶기 때문에, 중간 과정에서 잊어버린 것으로 간주하지 않는다.

- 예후다 랍비는 추수한 후에도 땅속에 묻혀 있는 작물들은 잊어버린 것이 아니라고 했는데, 이 주장 역시 신명기 24:19을 해석해서 밭 위에 노출되어 있는 작물만 잊어버린 것이라고 해석한 것이다. 그러나 다른 랍비들은 그의 해석에 반대한다.

### 6, 11

הַקּוֹצֵר בַּלַּיְלָה וְהַמְעַמֵּר וְהַסּוּמָא, יֵשׁ לָהֶם שִׁכְחָה. וְאִם הָיָה מִתְכַּוֵּן לִטֹּל אֶת הַגַּס הַגַּס, אֵין לוֹ שִׁכְחָה. אִם אָמַר, הֲרֵי אֲנִי קוֹצֵר עַל מְנָת מַה שֶּׁאֲנִי שׁוֹכֵחַ אֲנִי אֶטֹּל, יֵשׁ לוֹ שִׁכְחָה:

밤에 추수를 하여 곡식단을 묶었거나 그가 맹인일 경우 잊어버린 것에 관한 규정이 적용된다. 만일 더 큰 곡식단을 [먼저] 가져가기 위해 [잊어버렸다면] 잊어버린 것에 관한 규정을 적용하지 않는다. "내가 잊어버린 것을 [이후에] 취할 것으로 생각하고 추수 중이다"라고 말했다 하더라도 잊어버린 것에 관한 규정을 적용한다.

- 추수하는 사람이 밤에 일을 했거나 아니면 처음부터 맹인이어서 곡식을 잘 볼 수 없는 상황이라 하더라도 잊어버린 것에 관한 규정은 정해진 대로 적용한다.
- 곡식단을 한꺼번에 옮길 수 없어서 큰 것부터 취했을 때 일시적으로 남겨진 작은 곡식단은 잊어버린 것이 아니다. 추수하는 자가 돌아와서 그것들을 가져갈 의도가 있었기 때문이다.
- 추수자가 미리 잊어버린 것을 남길 생각이 없다고 선언하더라도 실수로 잊어버리면 규정된 대로 잊어버린 것으로 간주한다.

## 제7장

### 7, 1

올리브나무와 관련하여 잊어버린 것이 무엇인지 설명한다.

---

כָּל זַיִת שֶׁיֵּשׁ לוֹ שֵׁם בַּשָּׂדֶה, אֲפִלּוּ כְּזֵית הַנְּטוֹפָה בִּשְׁעָתוֹ, וּשְׁכֵחוֹ, אֵינוֹ
שִׁכְחָה. בַּמֶּה דְבָרִים אֲמוּרִים, בִּשְׁמוֹ וּבְמַעֲשָׂיו וּבִמְקוֹמוֹ. בִּשְׁמוֹ, שֶׁהָיָה
שְׁפְכוֹנִי אוֹ בֵישָׁנִי. בְּמַעֲשָׂיו, שֶׁהוּא עוֹשֶׂה הַרְבֵּה. בִּמְקוֹמוֹ, שֶׁהוּא עוֹמֵד
בְּצַד הַגַּת אוֹ בְּצַד הַפִּרְצָה. וּשְׁאָר כָּל הַזֵּיתִים, שְׁנַיִם שִׁכְחָה, וּשְׁלֹשָׁה אֵינָן
שִׁכְחָה. רַבִּי יוֹסֵי אוֹמֵר, אֵין שִׁכְחָה לַזֵּיתִים:

---

네토파[39] 올리브나무처럼 밭에서 유명한 올리브나무[의 열매를]
잊어버렸을 경우 잊어버린 것에 관한 [규정을] 적용하지 않는다. [그
러면] 어떤 경우에 적용하는가? [특별한] 이름이나 [특별한] 생산
물이나 [특별한] 장소에서 [적용된다]. 이름 — '쉬프호니'[40]나무나
'베이샤니'[41]나무와 같은 이름, 생산 — 많은 양을 생산하는 경우, 장
소—기름틀이나 [벽의] 틈 옆에 [서 있는 경우]이다. 그 외의 모든
올리브는 둘이면 잊어버린 것에 관한 규정을 적용하고 셋이면 적용
하지 않는다. 요씨 랍비는 말한다. [모든] 올리브는 잊어버린 것에 관
한 규정을 적용해서는 안 된다.

---

39) '네토파'(נטופה, netofah)는 히브리어 성서에서는 베들레헴 부근에 있는 '느도
바'라는 마을로 등장하고(스 2:22; 느 7:26), 후대에는 갈릴리 남부 지역 계곡과
그 계곡에 있는 거주지를 가리켰다. 히브리어 동사 '나타프'(נטף)는 떨어진다
는 뜻으로 기름이 열매에서 떨어지는 것과 관련 있어 보이며 많은 양의 기름
을 생산하는 올리브나무가 많은 지역임을 알 수 있다.

40) '풍부한 양의 기름을 생산하는'의 뜻을 가지고 있다.

41) '벤산에서 온'이라는 뜻으로 보기도 하고, '나쁜 생산을 하는', 또는 다른 나무
들을 '부끄럽게 하는'의 의미를 가지고 있다.

- 기름이 많이 나오거나 상등품 기름이 나오는 열매를 맺는 올리브나무는 잊어버린 것으로 간주하지 않는데 특정 지역, 이름, 장소 등 조건이 많으면 주인의 소유로만 인정한다. 이런 상등품 올리브나무를 잊어버리고 수확하지 않는다는 것은 불가능하기 때문에 토라 법전통에 예외규정을 마련하는 것이다.
- 일반적인 올리브 두 그루는 잊어버린 것으로 볼 수 있으나, 세 그루는 그럴 수 없다는 규정은 제6장 다섯째 미쉬나와 관련이 있다.
- 요쎄 랍비는 아예 올리브나무는 잊어버린 것에 관한 규정과 관련이 없다고 주장했는데 로마 황제 하드리아누스(Hadrianus, 117-138) 치하에 박해가 너무 심해서 올리브나무가 귀해졌다는 설명도 있다 (예루살렘 탈무드).

### 7, 2

זַיִת שֶׁנִּמְצָא עוֹמֵד בֵּין שָׁלשׁ שׁוּרוֹת שֶׁל שְׁנֵי מַלְבְּנִים וּשְׁכֵחוֹ, אֵינוֹ שִׁכְחָה.
זַיִת שֶׁיֵּשׁ בּוֹ סָאתַיִם, וּשְׁכֵחוֹ, אֵינוֹ שִׁכְחָה. בַּמֶּה דְבָרִים אֲמוּרִים, בִּזְמַן שֶׁלֹּא
הִתְחִיל בּוֹ. אֲבָל אִם הִתְחִיל בּוֹ, אֲפִלּוּ כַּזַּיִת הַנְּטוֹפָה בִּשְׁעָתוֹ, וּשְׁכֵחוֹ, יֶשׁ לוֹ
שִׁכְחָה. כָּל זְמַן שֶׁיֵּשׁ לוֹ תַחְתָּיו, יֶשׁ לוֹ בְרֹאשׁוֹ. רַבִּי מֵאִיר אוֹמֵר, מִשֶּׁתֵּלֵךְ
הַמַּחֲבֵא:

〔올리브나무〕세 줄 사이에 직사각형〔의 밭〕두 개가 있을 때 그 곳에 있는 올리브나무〔의 열매를〕잊어버렸다면 잊어버린 것에 관한 규정을 적용하지 않는다. 올리브〔열매가〕2쎄아만큼 나오는 나무를 잊어버렸을 경우 잊어버린 것에 관한 규정을 적용하지 않는다.

〔그러면〕어떤 경우에 적용되는가? 〔수확을 전혀〕시작하지 않고 있을 때이다. 그러나 만약〔수확을〕시작한 경우 그것을 잊어버렸다면 네토파 올리브라도 잊어버린 것에 관한 규정을 적용한다. 그〔나무〕밑에〔열매가〕남아 있는 동안에는 위에 남아 있는 것은 그〔주

인의] 것이다. 메이르 랍비는 말한다. [열매를 따는] 막대기[를 가지고][42] 돌아간 [이후에 잊어버린 것에 관한 규정을 적용한다].

- 올리브나무를 세 줄로 심어놓고 그 사이에 곡식을 키우는 사각형 밭두 개가 끼어 있는 상황에서, 올리브나무 한 그루가 줄들 사이에 심겨져 있다면 이 나무는 올리브나무 과수원에 속하는지 곡식을 키우는 밭에 속하는지 불분명하며 잊어버린 것에 관한 규정을 어떻게 적용해야 할지 불분명해진다. 그래서 직권적으로 규정을 적용하지 않는다고 정한다.
- 올리브나무에 열매가 2쎄아 정도 달렸을 때 잊어버린 것들에 관한 규정을 적용하지 않는다(「페아」 6, 6).
- 위에서 관대하게 규정을 적용하지 않는 경우들을 열거했는데 후대 랍비들은 이런 주장에 조건을 제시하려고 한다. 그래서 위의 규정들은 모두 수확을 시작하기 전에 적용하는 것이며 이미 수확을 시작하고 잊어버렸다면 토라의 규정대로 잊어버린 것을 가난한 자들에게 남겨야 한다고 말한다.
- 이런 상황을 좀 더 정확하게 규정하면 올리브나무 밑에 천을 깔아놓고 막대기로 쳐서 열매를 수확하는데 아직 나무 밑에 올리브 열매들이 흩어져 있는 경우는 수확이 끝나지 않은 것이며 나무에 달린 것은 아직 주인의 소유이다. 그리고 수확하는 자들이 막대기를 들고 그 나무를 떠나면 그 순간부터 수확이 끝난 것이라고 메이르 랍비가 말한다.

---

42) 올리브나무의 열매를 따기 위해 사용하는 막대기로 히브리어로 '마하베' (מחבא)이다.

## 7, 3

포도원에서 페레트를 남기는 상황을 설명한다.

אֵיזֶהוּ פֶרֶט, הַנּוֹשֵׁר בִּשְׁעַת הַבְּצִירָה. הָיָה בוֹצֵר, עָקַץ אֶת הָאֶשְׁכּוֹל, הֻסְבַּךְ בֶּעָלִים, נָפַל מִיָּדוֹ לָאָרֶץ וְנִפְרַט, הֲרֵי הוּא שֶׁל בַּעַל הַבָּיִת. הַמַּנִּיחַ אֶת הַכַּלְכָּלָה תַּחַת הַגֶּפֶן בְּשָׁעָה שֶׁהוּא בוֹצֵר, הֲרֵי זֶה גּוֹזֵל אֶת הָעֲנִיִּים, עַל זֶה נֶאֱמַר אַל תַּסֵּג גְּבוּל עוֹלִים:

무엇이 페레트인가?[43] 포도 수확 중 땅에 떨어진 것이다. 포도 수확 중 잎에 얽혀 있는 포도송이를 자를 때 그의 손에서 포도 열매들이 땅으로 떨어져서 〔낱개로〕 갈라졌다면 그것은 주인의 것이다. 수확 중에 바구니를 포도넝쿨 아래 둔다면 그것은 가난한 이를 강탈하는 것이다. 그런 사람에 관하여 "옛 경계표를 옮기지 말라"고 기록하였다.

- 포도원 주인은 열매를 다 따지 말고 떨어진 것도 줍지 말고 가난한 사람들에게 남겨두어야 한다(레 19:10). 이 미쉬나는 토라의 명령 속에 사용된 페레트(פרט, 떨어진 것)가 포도 수확을 하다가 땅에 떨어진 것이라고 설명한다.
- 그러나 포도송이가 잎에 얽혀 있어서 실수로 놓쳤고, 그것이 땅에 떨어지면서 낱개로 갈라졌다면 이것은 페레트가 아니며 주인의 소유라고 주장한다. 왜냐하면 수확하면서 자연스럽게 떨어진 것이 아니라 잎에 얽히고 땅에 떨어지면서 분리되었기 때문이다.
- 포도를 수확하면서 밑에 바구니를 받쳐서 떨어지는 열매까지 취하려는 사람은 가난한 자들이 받을 몫을 강탈하는 강도라고 주장한다 (「페아」 6, 5). 마지막에 잠언 22:28을 모음 하나를 바꾸어 인용하며 경계석에 관한 내용을 페아와 관련된 내용으로 해석한다.

---

43) '페레트'는 앞 미쉬나 6, 5 각주를 참조하라.

## 7, 4

포도나무 가지에 손상된 열매를 남기는 일을 설명한다.

---

אֵיזוֹהִי עוֹלֶלֶת. כֹּל שֶׁאֵין לָהּ לֹא כָתֵף וְלֹא נָטֵף. אִם יֶשׁ לָהּ כָּתֵף אוֹ נָטֵף, שֶׁל
בַּעַל הַבַּיִת, אִם סָפֵק, לָעֲנִיִּים. עוֹלֶלֶת שֶׁבָּאַרְכֻּבָּה, אִם נִקְרֶצֶת עִם הָאֶשְׁכּוֹל,
הֲרֵי הִיא שֶׁל בַּעַל הַבַּיִת, וְאִם לָאו, הֲרֵי הִיא שֶׁל עֲנִיִּים. גַּרְגֵּר יְחִידִי, רַבִּי
יְהוּדָה אוֹמֵר, אֶשְׁכּוֹל. וַחֲכָמִים אוֹמְרִים, עוֹלֶלֶת:

---

올렐레트가[44] 무엇인가? 어깨와 매달린 부분이[45] 없는 모든 것이
다. 만일 어깨 또는 매달린 부분이 있으면 주인의 것이며 만일 의심스
러우면 가난한 이의 것이다. 결합 부분의 올렐레트가 송이와 함께 잘
려 있으면 주인의 것이다. 그렇지 않다면 가난한 이의 것이다. [가지]
하나에서 [자란] 포도에 대해 예후다 랍비는 말한다. 그것은 [다른]
송이[와 같이 취급한다. 대부분의] 랍비들은 말한다. 그것은 올렐레
트이다.

- 포도원 주인은 포도를 다 따지 말아야 하는데(레 19:10), 랍비들은
  여기서 '따다'(תעולל)는 동사의 어근을 '상한 것'(עוללת, 올렐레트)
  이라고 이해한다. 그리고 손상된 포도송이를 따지 말고 남겨두어야
  한다고 말하는데, 포도송이가 어깨와 매달린 부분이 없어서 일반적
  인 원뿔 모양이 아니면 올렐레트이다.

- 올렐레트가 온전한 포도송이와 연결되어 있고, 이 둘을 함께 잘라서

---

44) 히브리어로 '올렐레트'(עוללת, olelet)는 이삭이나 열매 등을 '줍는 것'을 의미
하지만 여기서는 '결함이 있는 송이'를 뜻한다.

45) 포도송이의 중심 줄기를 기준으로 윗부분에는 많은 잔가지들이 있고 포도알
이 그곳에 달려 있어서 '어깨'처럼 넓게 퍼져 있는 부분(카테프)이고, 반대
로 밑부분은 잔가지들이 없고 포도알이 중심 줄기에 달려 있어서 아래로 흐르
듯(나테프) 매달린 부분이다.

수확했다면 주인의 소유이고, 그렇지 않다면 가난한 자의 것이다.

- 예후다 랍비는 토라 본문은 언제나 올렐레트를 복수로 언급하고 있으므로[46] 가지 하나에 자란 손상된 포도는 올렐레트가 아니라고 주장한다. 다른 현인들은 이 주장에 반대한다.

### 7, 5

포도나무 솎아주기를 설명한다.

---

הַמֵּדֵל בַּגְּפָנִים, כְּשֵׁם שֶׁהוּא מֵדֵל בְּתוֹךְ שֶׁלּוֹ, כֵּן הוּא מֵדֵל בְּשֶׁל עֲנִיִּים, דִּבְרֵי
רַבִּי יְהוּדָה. רַבִּי מֵאִיר אוֹמֵר, בְּשֶׁלּוֹ הוּא רַשַּׁאי, וְאֵינוֹ רַשַּׁאי בְּשֶׁל עֲנִיִּים:

---

포도나무를 솎을 경우 본인의 것을 솎는 것과 같이 가난한 이에게 속한 것도 솎을 수 있다. 예후다 랍비의 말이다. 메이르 랍비는 말한다. 그의 것은 그가 솎을 권리가 있지만 가난한 이의 것은 그럴 권리가 없다.

- 포도송이가 크게 자라도록 포도 열매를 솎아주기도 하는데 예후다 랍비는 포도원 주인이 자기 것은 물론 가난한 자의 소유인 올렐레트도 솎을 권리가 있다고 말한다. 그러나 메이르 랍비는 반대한다.

### 7, 6

넷째 해에 수확한 포도에 관해 논의한다.

---

כֶּרֶם רְבָעִי, בֵּית שַׁמַּאי אוֹמְרִים, אֵין לוֹ חֹמֶשׁ, וְאֵין לוֹ בְעוּר. בֵּית הִלֵּל
אוֹמְרִים, יֶשׁ לוֹ. בֵּית שַׁמַּאי אוֹמְרִים, יֶשׁ לוֹ פֶרֶט וְיֶשׁ לוֹ עוֹלֵלוֹת, וְהָעֲנִיִּים

---

46) 이 설명은 히브리어 성서가 아니라 아람어 역본 탈굼(Targum)을 기초로 한 것으로 보인다(예를 들어 탈굼 옹켈로스, 신 22:9).

4년 된 포도원에[47] 대해 삼마이 학파는 말한다. 그것에 1/5을 〔첨가하는 규정은〕 적용하지 않으며 제거〔의 규정도〕 적용하지 않는다. 힐렐 학파는 말한다. 적용된다. 삼마이 학파는 말한다. 페레트와 올렐레트 〔규정이〕 적용되며 가난한 이는 그들을 위해 속량해야 한다. 힐렐 학파는 말한다. 그 모든 것은 포도주 틀로 가지고 가야 한다.

- 포도원을 조성하고 첫 3년 동안 얻은 열매들은 취할 수 없고, 넷째 해에 얻은 열매들은 성전에 바쳐야 한다. 그런데 넷째 해에 얻은 열 매를 직접 성전으로 가져가지 않고, 그 열매를 물러서 돈으로 바꾸 어 가져가려고 한다. 이때 둘째 십일조를 무르는 규정은 1/5을 첨가 해야 하는데(레 27:31), 포도 열매는 첨가하지 않아도 된다는 것이 삼마이 학파의 의견이다. 또한 매 셋째 해 끝에는 십일조를 모두 모 아서(בעור, 제거) 레위인과 객과 고아와 과부에게 주어야 하는데(신 14:28-29), 포도 열매는 그 의무에서 면제된다고 주장한다. 힐렐 학 파는 이런 주장에 모두 반대한다.

- 삼마이 학파는 넷째 해에 얻은 포도 열매에 십일조 관련법이 적용되 지 않는다고 주장했으므로 대신 페레트와 올렐레트 규정은 적용된 다고 말한다. 가난한 사람들이 이런 열매를 취하여 무른 다음 예루살 렘에 가서 소비할 수 있다. 그러나 힐렐 학파는 위에서 십일조 법을 적용해야 한다고 주장했으므로 페레트와 올렐레트 규정이 적용되지 않고, 모두 포도주 틀에 짜서 예루살렘으로 가져가야 한다고 주장한

---

47) "너희가 그 땅에 들어가 각종 과목을 심거든 그 열매는 아직 할례 받지 못한 것 으로 여기되 곧 삼 년 동안 너희는 그것을 할례 받지 못한 것으로 여겨 먹지 말 것이요. 넷째 해에는 그 모든 과실이 거룩하니 여호와께 드려 찬송할 것이며" (레 19:23-24).

다. 물론 돈으로 물러서 가져가도 된다.

## 7, 7

엘리에제르 랍비와 아키바 랍비의 논쟁을 보도한다.

---

כֶּרֶם שֶׁכֻּלּוֹ עוֹלְלוֹת, רַבִּי אֱלִיעֶזֶר אוֹמֵר, לְבַעַל הַבָּיִת. רַבִּי עֲקִיבָא אוֹמֵר,
לָעֲנִיִּים. אָמַר רַבִּי אֱלִיעֶזֶר, כִּי תִבְצֹר לֹא תְעוֹלֵל, אִם אֵין בָּצִיר, מִנַּיִן עוֹלְלוֹת.
אָמַר לוֹ רַבִּי עֲקִיבָא, וְכַרְמְךָ לֹא תְעוֹלֵל, אֲפִלּוּ כֻלּוֹ עוֹלְלוֹת, אִם כֵּן לָמָּה
נֶאֱמַר כִּי תִבְצֹר לֹא תְעוֹלֵל, אֵין לָעֲנִיִּים בָּעוֹלְלוֹת קֹדֶם הַבָּצִיר:

---

모두가 올렐레트인 포도원에 대해 엘리에제르 랍비는 말한다. 그것
은 주인의 것이다. 아키바 랍비는 말한다. 가난한 이의 것이다. 엘리에
제르 랍비는 말한다. "'… 포도를 딴 후에 … 따지 말고 … 남겨두라'
(신 24:21)고 했으니 만일 추수하지 않는다면 올렐레트는 어디서 생
기겠는가?" 아키바 랍비는 말한다. "비록 모두 올렐레트라도 '네 포도
원의 열매를 다 따지 말며…'(레 19:10)라고 되어 있다." 그렇다면 왜
포도를 딸 때 다 따지 말라고 했겠는가? 가난한 이는 추수 전에는 올
렐레트를 갖지 못한다.

- 포도원에 어떤 문제가 있어서 모든 포도송이가 손상된 상태일 때 엘
  리에제르 랍비는 주인이 수확물을 소유한다고 주장하고 아키바 랍
  비는 가난한 자들이 소유한다고 주장한다.
- 엘리에제르 랍비는 토라(신 24:21)에 포도를 수확할 때 올렐레트를
  남기라 했으므로 주인이 가져갈 수확이 없으면 가난한 자들을 위한
  올렐레트도 없다고 주장한다. 아키바 랍비는 토라 다른 부분(레 19:
  10)에 수확에 관한 언급이 없고 무조건 포도원의 열매 곧 손상된 올
  렐레트를 남기라 했으니 포도원 전체가 올렐레트라도 가난한 자들

에게 남겨야 한다고 주장한다.

- 그렇다면 엘리에제르 랍비가 인용한 신명기 24:21은 어떻게 설명할 수 있는가? 아키바 랍비는 그 본문은 순서를 이야기할 뿐이며 주인이 먼저 수확하고 가난한 자들이 나중에 올렐레트를 가져가야 한다고 설명한다.

### 7, 8
성전에 바친 포도원과 잊어버린 포도 열매에 관해 논의한다.

---

הַמַּקְדִּישׁ כַּרְמוֹ עַד שֶׁלֹּא נוֹדְעוּ בוֹ הָעוֹלְלוֹת, אֵין הָעוֹלְלוֹת לָעֲנִיִּים. מִשֶּׁנּוֹדְעוּ
בּוֹ הָעוֹלְלוֹת, הָעוֹלְלוֹת לָעֲנִיִּים. רַבִּי יוֹסֵי אוֹמֵר, יִתְּנוּ שְׂכַר גִּדּוּלָיו לַהֶקְדֵּשׁ.
אֵיזֶה הִיא שִׁכְחָה בֶּעָרִיס, כָּל שֶׁאֵינוֹ יָכוֹל לִפְשׁוֹט אֶת יָדוֹ וְלִטְּלָהּ, וּבְרַגְלִיּוֹת,
מִשֶּׁיַּעֲבֹר הֵימֶנָּה:

---

만일 올렐레트인 것을 알기 전에 자기 포도원을 봉헌했다면 그 올렐레트는 가난한 이의 것이 아니다. 올렐레트인 것을 안 후라면 그것은 가난한 이의 것이다. 요쎄 랍비는 말한다. [가난한 자들은 올렐레트를] 기른 값을 반드시 성전에 돌려주어야 한다.

[포도나무] 지지대에서 [기르는 포도에] 어떤 잊어버린 것에 관한 [규정을 적용해야 하는가?] 손을 뻗어서 닿지 않는 모든 범위에서이다. [포도원] 바닥에서 [기르는 포도는 수확자가] 지나간 다음에 [남아 있는 것을] 세면된다.

- 어떤 사람이 자기 포도원 전체를 성전에 바쳤을 때 아직 올렐레트를 구분하기 전이었다면 나중에 올렐레트가 생기더라도 가난한 자에게 주지 않는다. 성전 소유의 재산은 누구에게도 양도하지 않기 때문이다. 그러나 올렐레트를 구분할 수 있는 시점이었다면 그 올렐레트는

사실 포도원 주인의 소유가 아니므로 성전에 바칠 권리가 없고, 가난한 자들에게 주어야 한다.

- 요쎄 랍비는 포도원이 성전의 소유가 된 이후에도 포도가 더 자라서 수확할 때가 되어 가난한 자들이 올렐레트를 가져가게 되므로 성전 땅에서 자란 양만큼은 가난한 자들의 소유가 아니고 성전 소유라고 주장한다. 그러므로 올렐레트를 취할 가난한 자들은 그 양만큼 성전에 배상해야 한다.

- 지지대를 세워서 기르는 포도원에 적용해야 할 잊어버린 것에 대한 규정은 어떤 것이 있는가? 수확하는 사람이 일을 하며 지나갔고 손을 뻗어도 닿을 수 없는 곳에 있는 포도송이는 잊어버린 것이다. 지지대 없이 땅바닥에서 기르는 포도라면 수확자가 수확하며 지나가고 남은 것을 잊어버린 것으로 간주한다.


## 제8장

### 8, 1

가난한 자들이 취할 것을 취하고 남은 것에 관해 논의한다.

---

מֵאֵימָתַי כָּל אָדָם מֻתָּרִין בְּלֶקֶט. מִשֶּׁיֵּלְכוּ הַנָּמוֹשׁוֹת. בְּפֶרֶט וְעוֹלְלוֹת,
מִשֶּׁיֵּלְכוּ הָעֲנִיִּים בַּכֶּרֶם וְיָבֹאוּ. וּבְזֵיתִים, מִשֶּׁתֵּרֵד רְבִיעָה שְׁנִיָּה. אָמַר רַבִּי
יְהוּדָה, וַהֲלֹא יֵשׁ שֶׁאֵינָם מוֹסְקִין אֶת זֵיתֵיהֶם אֶלָּא לְאַחַר רְבִיעָה שְׁנִיָּה.
אֶלָּא כְּדֵי שֶׁיְּהֵא הֶעָנִי יוֹצֵא וְלֹא יְהֵא מֵבִיא בְּאַרְבָּעָה אִסָּרוֹת:

---

언제부터 모든 사람이 레케트를 가져갈 수 있는가? 가난한 이들 중 [마지막] 노약자들이[48] 간 이후부터이다. 그러면 페레트와 올렐레트의 경우는 어떠한가? 가난한 이가 포도원에 갔다가 [다시] 돌아온 이

후이다. 올리브의 경우는 어떠한가? 두 번째 비가 온 후부터이다. 예후다 랍비는 말한다. 두 번째 비가 온 후에 올리브를 수확하는 이는 없는가? 차라리 가난한 이가 가서 4이싸르[49] 가치의 [올리브를] 가져올 때까지[로 해야 한다].

- 밭주인이 남긴 곡식은 가난한 자들의 몫이지만, 가난한 자들이 가져갈 것을 다 가져가고 남은 곡식은 누구나 가져갈 수 있다. 그렇다면 언제부터 모든 사람이 와서 떨어진 곡식(레케트)과 페아를 가져갈 수 있을까? 가난한 이들 중에서 거동이 불편한 노약자들까지 와서 남은 곡식을 가져간 이후부터다.

- 포도원에 떨어진 포도(페레트)와 손상된 포도송이(올렐레트)는 가난한 사람들이 가져갈 것을 가져가고 다시 돌아와 한 번 더 가져간 다음부터이다. 포도가 곡식보다 훨씬 더 가치가 있었음을 알 수 있다.

- 올리브 열매는 가장 귀한 농산물이다. 그러므로 가난한 자들이 몇 번 가져갔는지가 아니라 일정 기간이 지난 다음으로 규정한다. 두 번째 비가 온 다음이라는 말은 실제로 비가 두 번 온 다음이 아니라, 우기의 두 번째 기간을 가리킨다. 이 시기는 랍비들에 따라 헤쉬반(חשון) 7일, 17일, 또는 23일부터라고 한다.[50] 예후다 랍비는 이 규

---

48) 히브리어로 '나모쇼트'(נמושות)인데 지팡이로 보행하며 수확물을 느리게 모으는 노약자를 가리킨다.

49) 1이싸르(אסר)는 1/24디나르(Dinar)이며 1/2푼디온(pundion)이다.

50) 본문에서 사용한 '레비아'(רביעה)라는 낱말은 원래 '(동물들의) 짝짓기'를 가리키며(야스트로 사전) 식물과 관련해서는 비가 내리는 것을 의미한다. 실제로는 가을부터 시작되는 '우기'를 말하는데 랍비들은 우기를 세 가지로 나눈다. 첫 번째 우기는 헤쉬반 3일, 7일 또는 17일부터, 두 번째 우기는 헤쉬반 7일, 17일, 또는 23일, 세 번째 우기는 헤쉬반 23일 또는 키슬레브 1일부터이다.

정에 관해 이견이 있는데 차라리 가난한 이가 4이싸르어치 올리브를 가져갈 때까지로 하자고 제안했다.

## 8, 2

가난한 사람들을 믿을 수 있는지에 관해 논의한다.

---

נֶאֱמָנִים עַל הַלֶּקֶט וְעַל הַשִּׁכְחָה וְעַל הַפֵּאָה בִּשְׁעָתָן, וְעַל מַעְשַׂר עָנִי בְּכָל שְׁנָתוֹ. וּבֶן לֵוִי נֶאֱמָן לְעוֹלָם. וְאֵינָן נֶאֱמָנִין אֶלָּא עַל דָּבָר שֶׁבְּנֵי אָדָם נוֹהֲגִין כֵּן:

---

〔가난한 이들이 이삭을 줍는〕 시기에는 레케트와 잊어버린 것과 페아에 대해 신뢰할 수 있다. 또한 마아싸르 아니에 대해서는 1년 내내 신뢰할 수 있다. 레위 자손은 항상 신뢰할 수 있다. 그런데 〔가난한 이들은 일반적으로〕 사람들이 〔주는〕 것에 대해서만 신뢰받을 수 있다.

- 가난한 사람들을 믿을 수 있는지 여부를 논의하는 이유는 그들이 유대 법규정을 잘 지키는 사람(חבר, 하베르)인지 아니면 법규정을 잘 모르고 지키지 않는 사람(עם הארץ, 암 하아레쯔)인지 구분하기 위해서다. 가난한 사람들이 추수 기간 동안 자신이 얻은 농산물이 떨어뜨린 것(레케트)과 잊어버린 것과 페아라고 주장한다면 그들을 믿을 수 있고 십일조를 부과하지 않는다. 제3년과 제6년에 가난한 사람들이 받는 십일조에 관해서도 믿을 수 있고 십일조를 부과하지 않는다.
- 레위인이 얻는 농산물은 제1년의 십일조이며 그가 이것을 얻었을 때 거제를 떼어놓았을 것으로 언제나 신뢰할 수 있다.
- 가난한 자들이 얻은 것이 일반적으로 추수기에 얻을 수 있는 농산물이라면 믿을 수 있지만, 밀가루나 빵처럼 다른 물건이라면 적법하게 얻었는지 여부를 믿을 수 없다. 셋째 미쉬나에서 자세히 다룬다.

## 8, 3

둘째 미쉬나의 문맥에 이어 가난한 자들과 십일조에 관해 설명한다.

---

נֶאֱמָנִין עַל הַחִטִּים, וְאֵין נֶאֱמָנִין עַל הַקֶּמַח וְלֹא עַל הַפַּת. נֶאֱמָנִין עַל
הַשְּׂעוֹרָה שֶׁל אֹרֶז, וְאֵין נֶאֱמָנִין עָלָיו בֵּין חַי בֵּין מְבֻשָּׁל. נֶאֱמָנִין עַל הַפּוֹל,
וְאֵין נֶאֱמָנִין עַל הַגְּרִיסִין, לֹא חַיִּים וְלֹא מְבֻשָּׁלִין. נֶאֱמָנִין עַל הַשֶּׁמֶן לוֹמַר שֶׁל
מַעְשַׂר עָנִי הוּא, וְאֵין נֶאֱמָנִין עָלָיו לוֹמַר שֶׁל זֵיתֵי נִקּוּף הוּא:

---

그들은 밀에 대해서는 믿을 수 있지만 밀가루나 빵에 대해서는 믿지 못한다. 그들은 껍질을 까지 않은 쌀에 대해서는 믿을 수 있지만 그것이 요리가 되었거나 날것일 때는 믿지 못한다. 콩에 대해서는 믿을 수 있지만 날것이나 삶은 콩가루에 대해서는 믿지 못한다. 기름에 대해서 '이것은 가난한 자를 위한 십일조다'라고 말한다면 믿을 수 있지만, '올리브나무 꼭대기에서[51] [가져온 것이다'라고] 말하면 믿지 못한다.

- 페아 규정에 따라 가난한 사람들이 떨어뜨리거나 남은 농산물을 받았다면 믿을 수 있고 십일조를 면제해주지만, 가공된 밀가루나 빵을 받았다고 한다면 믿을 수 없다. 쌀이나 콩도 마찬가지다.
- 가난한 자들도 기름을 얻을 수 있는데 가난한 자들에게 주는 십일조로 받았을 경우이며 다시 십일조를 뗄 필요가 없다. 그러나 그가 올리브나무 꼭대기에 남겨진 열매를 딴 것이라고 말한다면 믿을 수 없으니 올리브 열매를 기름으로 짜서 주지는 않기 때문이다.

---

51) 히브리어로 '니쿠프'인데 올리브나무 위에서 수확한 후 남아 있는 올리브들을 말한다.

נֶאֱמָנִים עַל הַיֶּרֶק חַי, וְאֵין נֶאֱמָנִים עַל הַמְבֻשָּׁל, אֶלָּא אִם כֵּן הָיָה לוֹ דָּבָר
מֻעָט, שֶׁכֵּן דֶּרֶךְ בַּעַל הַבַּיִת לִהְיוֹת מוֹצִיא מִלְּפָסוֹ:

그들은 생 채소에 대해서는 믿을 수 있지만 요리된 것은 적은 양이
아니라면 믿지 못한다. 스튜 냄비에서 취하는 것이 주인의 습관이기
때문이다.

- 채소도 가난한 자들에게 날것을 주는 행위가 일반적이며 요리한 것
  은 그렇지 않다. 하지만 아주 적은 양이라면 인정할 수도 있다.

## 8, 5
제3년과 제6년에 가난한 자들에게 주는 십일조를 설명한다.

אֵין פּוֹחֲתִין לָעֲנִיִּים בַּגֹּרֶן מֵחֲצִי קַב חִטִּים וְקַב שְׂעוֹרִים. רַבִּי מֵאִיר אוֹמֵר,
חֲצִי קַב. קַב וָחֵצִי כֻסְּמִין, וְקַב גְּרוֹגָרוֹת, אוֹ מָנֶה דְּבֵלָה. רַבִּי עֲקִיבָא אוֹמֵר,
פְּרָס. חֲצִי לֹג יַיִן. רַבִּי עֲקִיבָא אוֹמֵר, רְבִיעִית. רְבִיעִית שֶׁמֶן. רַבִּי עֲקִיבָא
אוֹמֵר, שְׁמִינִית. וּשְׁאָר כָּל הַפֵּרוֹת, אָמַר אַבָּא שָׁאוּל, כְּדֵי שֶׁיִּמְכְּרֵם וְיִקַּח
בָּהֶם מְזוֹן שְׁתֵּי סְעֻדוֹת:

그들은 타작마당에서 가난한 자들에게 〔십일조를 줄 때〕 밀은 1/2
카브52) 보리는 1카브보다 더 적게 하면 안 된다. 메이르 랍비는 말한
다. 〔보리도〕 1/2카브로 〔해야 한다〕. 쿠쓰민-밀은 1.5카브, 마른 무화
과는 1카브, 무화과병은 1마네53)를 〔십일조로 주어야 한다〕. 아키바
랍비는 말한다. 1/2〔마네로 해야 한다〕. 포도주는 1/2로그로54) 〔해야

---

52) 약26평방미터다. 앞 미쉬나3, 6의 각주를 참조하라.
53) '마네'(מנה)는 무게를 재는 측정 단위로, 특히 1이탈리아 마네는 100디나르이
    며 약400그램 정도를 가리킨다.

한다]. 아키바 랍비는 말한다. 1/4로그로 [해야 한다]. 기름은 1/4[로 그로 해야 한다]. 아키바 랍비는 말한다. 1/8[로그]이다. 다른 생산물 에 대해서 압바 샤울이 말한다. 그것을 팔아 두 끼 식사 분량의 음식을 구입하기에 충분한 양[으로 해야 한다].

### 8, 6
다섯째 미쉬나의 문맥을 이어 말한다.

---

מִדָּה זוֹ אֲמוּרָה בְּכֹהֲנִים וּבִלְוִיִּם וּבְיִשְׂרְאֵלִים. הָיָה מַצִּיל, נוֹטֵל מֶחֱצָה וְנוֹתֵן מֶחֱצָה. הָיָה לוֹ דָבָר מֻעָט, נוֹתֵן לִפְנֵיהֶם, וְהֵן מְחַלְּקִין בֵּינֵיהֶם:

---

이 규정은 제사장과 레위인과 이스라엘 사람들에게 [똑같이] 적용 되는 것이다. [그중 얼마를 따로] 남겨둔다면 절반을 취하고 절반을 주어야 한다. 만일 양이 적다면 그들 앞에 그것을 두고 그들이 나누도 록 해야 한다.

- 가난한 사람은 그의 신분이 제사장이거나 레위인이거나 일반 이스 라엘 사람이거나 상관없이 다섯째 미쉬나에서 정한 양을 동등하게 받을 권리가 있다.
- 만약 다른 가난한 사람들을 위해서 얼마를 따로 남겨놓는다면 그 양 은 전체 십일조의 반을 넘지 못한다. 예를 들어 자신의 가난한 친척 들에게 십일조를 챙겨주고 싶더라도 전체 십일조의 반만 남겨놓을 수 있으며 나머지 반은 누구든지 자기에게 오는 가난한 사람들에게 주어야 한다.
- 만약 가난한 사람을 위한 십일조로 내놓을 농산물이 적어서 다섯째

---

54) 1로그는 1/4 카브며 약 0.5리터다.

미쉬나의 규정에 미치지 못한다면 자신에게 온 가난한 사람들이 직접 나누어 가지도록 내어주라고 말한다.

### 8, 7

구제 행위에 관해 논의한다.

---

אֵין פּוֹחֲתִין לְעָנִי הָעוֹבֵר מִמָּקוֹם לְמָקוֹם מִכִּכָּר בְּפוּנְדְּיוֹן, מֵאַרְבַּע סְאִין בְּסֶלַע. לָן, נוֹתְנִין לוֹ פַּרְנָסַת לִינָה. שָׁבַת, נוֹתְנִין לוֹ מְזוֹן שָׁלֹשׁ סְעֻדּוֹת. מִי שֶׁיֶּשׁ לוֹ מְזוֹן שְׁתֵּי סְעֻדּוֹת, לֹא יִטֹּל מִן הַתַּמְחוּי. מְזוֹן אַרְבַּע עֶשְׂרֵה סְעֻדּוֹת, לֹא יִטֹּל מִן הַקֻּפָּה. וְהַקֻּפָּה נִגְבֵּית בִּשְׁנַיִם, וּמִתְחַלֶּקֶת בִּשְׁלֹשָׁה:

---

〔밀〕 4쎄아가 1쎌라[55]일 때 이곳저곳을 여행하는 가난한 이에게 1푼디온[56]어치 빵덩이보다 적게 주면 안 된다. 만일 그가 잠을 잔다면 하룻밤을 지낼 수 있는 값을 주어야 한다. 그가 안식일을 보낸다면 세 끼 식사를 주어야 한다.

두 끼의 음식이 있는 이는 구제하는 음식을[57] 취해서는 안 된다. 열네 끼의 음식이 있는 이는 공공 기금을[58] 취해서는 안 된다. 둘이 공공 기금을 모았다면 셋이 분배를 해야 한다.

- 가난해서 떠돌아다니는 사람에게 음식을 줄 때 1푼디온어치 빵덩이 이상을 주어야 한다는 말은, 두 끼 먹을 양을 주라는 것이다(「에루

---

55) 4쎄아는 24카브며 1쎌라는 48푼디온이다.
56) '푼디온'(פונדיון)은 로마 화폐의 이름으로 2이싸르(청동으로 된 조그만 화폐로 탈무드 시대에 통용되던 로마 화폐) 무게에 해당한다. 1이싸르는 은 24디나르며 1푼디온은 48디나르다.
57) 히브리어 '탐후이'(תמחוי)란 가난한 이에게 분배되는 음식에서 취한 공용 음식을 말한다.
58) 히브리어 '쿠파'(קפה)란 안식일 저녁마다 도시의 가난한 이에게 나누어주는 돈을 말한다.

「빈」8, 2).

- 그 사람이 하룻밤을 자고 간다면 베개와 이부자리를 빌릴 값을 주어
  야 하며 안식일을 지내고 간다면 세 끼 음식을 주어야 한다.

- 이 미쉬나 후반부는 구제받을 자격이 있는 가난한 자가 누구인지 규
  정한다. 구제하는 음식을 먹으려면 두 끼 음식을 살 수 없는 자여야
  하고, 공공 기금을 취하려면 열네 끼 음식을 살 수 없는 자(일주일)
  여야 한다.

- 가난한 이들을 돕기 위한 공공 기금을 조성할 때 돈을 모금하는 사람
  은 두 사람이고, 분배하는 사람은 세 사람이어야 한다. 이런 방법으
  로 공공 기금을 투명하게 운영하려는 의도인데, 걷는 사람과 나누어
  주는 사람의 수가 다르다는 점이 특이하다.

## 8, 8

מִי שֶׁיֶּשׁ לוֹ מָאתַיִם זוּז, לֹא יִטֹּל לֶקֶט שִׁכְחָה וּפֵאָה וּמַעֲשַׂר עָנִי. הָיוּ לוֹ
מָאתַיִם חָסֵר דִּינָר, אֲפִלּוּ אֶלֶף נוֹתְנִין לוֹ כְּאַחַת, הֲרֵי זֶה יִטֹּל. הָיוּ מְמֻשְׁכָּנִים
לְבַעַל חוֹבוֹ אוֹ לִכְתֻבַּת אִשְׁתּוֹ, הֲרֵי זֶה יִטֹּל. אֵין מְחַיְּבִין אוֹתוֹ לִמְכֹּר אֶת
בֵּיתוֹ וְאֶת כְּלֵי תַשְׁמִישׁוֹ:

200주즈를[59] 가진 이는 떨어뜨린 것과 잊어버린 것과 페아와 가난
한 자를 위한 십일조를 가져갈 수 없다. 200디나르보다[60] 하나 적게
(199디나르를) 가진 이는 비록 1,000명이 그에게 하나같이 주더라도
[이것들을] 가져갈 수 있다. 만일 [어떤 이가] 채권자에게 저당을 잡
혔거나 아내의 케투바에[61] 잡힌 경우에 [이것들을] 가져갈 수 있다.

---

59) 히브리어 '주즈'(זוז)는 고대의 화폐 단위로 디나르와 동일하다. 1주즈(디나르)
는 1/4쉘라다. 또한 '주즈'는 고대의 무게 단위이며 1주즈는 약 3.5그램이다.
60) '디나르'는 로마시대의 금은 화폐이다. 금 1디나르는 은 25디나르다.
61) 앞 미쉬나 3, 7를 참조하라.

그에게 집이나 그가 사용하는 그릇을 팔도록 강요할 수는 없다.

- 페아 규정에 따라 남겨진 농산물을 가져가려면 소유하는 재산이 200
  주즈보다 적어야 한다. 만약 다른 사람 1,000명에게 남겨진 농산물
  을 받아서 전체 액수가 규정보다 훨씬 커진다 하더라도, 199주즈(디
  나르)를 가진 사람은 법적으로 이것을 받을 권리가 있다.
- 어떤 사람이 200주즈보다 많은 재산이 있다 해도, 채권자인 아내가
  선취득권이 있을 경우 그 재산은 자기 것이 아니므로 이런 농산물을
  가져갈 수 있다.
- 어떤 사람이 돈은 없는데 집이나 다른 집기들이 있다 하더라도, 그
  는 가난한 사람이며 남겨진 농산물을 가져갈 수 있다. 그가 집이나
  다른 그릇들을 팔라고 강요할 수는 없다.

### 8, 9

「페아」의 마지막 미쉬나는 구제와 관련된 다양한 훈계로 마무리한다.

---

מִי שֶׁיֵּשׁ לוֹ חֲמִשִּׁים זוּז וְהוּא נוֹשֵׂא וְנוֹתֵן בָּהֶם, הֲרֵי זֶה לֹא יִטֹּל. וְכָל מִי
שֶׁאֵינוֹ צָרִיךְ לִטֹּל וְנוֹטֵל, אֵינוֹ נִפְטָר מִן הָעוֹלָם עַד שֶׁיִּצְטָרֵךְ לַבְּרִיּוֹת. וְכָל
מִי שֶׁצָּרִיךְ לִטֹּל וְאֵינוֹ נוֹטֵל, אֵינוֹ מֵת מִן הַזִּקְנָה עַד שֶׁיְּפַרְנֵס אֲחֵרִים מִשֶּׁלּוֹ,
וְעָלָיו הַכָּתוּב אוֹמֵר בָּרוּךְ הַגֶּבֶר אֲשֶׁר יִבְטַח בַּה' וְהָיָה ה' מִבְטַחוֹ. וְכֵן דַּיָּן
שֶׁדָּן דִּין אֱמֶת לַאֲמִתּוֹ. וְכָל מִי שֶׁאֵינוֹ לֹא חִגֵּר, וְלֹא סוּמָא, וְלֹא פִּסֵּחַ, וְעוֹשֶׂה
עַצְמוֹ כְּאַחַד מֵהֶם, אֵינוֹ מֵת מִן הַזִּקְנָה עַד שֶׁיִּהְיֶה כְּאֶחָד מֵהֶם, שֶׁנֶּאֱמַר
צֶדֶק צֶדֶק תִּרְדֹּף. וְכָל דַּיָּן שֶׁלּוֹקֵחַ שֹׁחַד וּמַטֶּה אֶת הַדִּין, אֵינוֹ מֵת מִן הַזִּקְנָה
עַד שֶׁעֵינָיו כֵּהוֹת, שֶׁנֶּאֱמַר וְשֹׁחַד לֹא תִקָּח כִּי הַשֹּׁחַד יְעַוֵּר פִּקְחִים וְגו'.

---

50주즈를 가진 이가 그것으로 거래를 할 경우 그는 〔떨어뜨린 것과
잊어버린 것과 페아와 가난한 자들을 위한 십일조를〕 가져갈 수 없
다. 그것을 가져갈 필요가 없는 이가 가져간 경우 동료의 〔도움을〕 필

요로 하는 〔상태가 되기〕 전에는 이 세상을 떠나지 못한다. 가져갈 필요가 있는 이가 가져가지 않은 경우 자신의 것을 타인에게 도와주는 〔상태가 되기〕 전에는 죽지 않을 것이다. 그것에 대해서 〔성경에 이렇게〕 기록되어 있다. "그러나 무릇 여호와를 의지하며 여호와를 의뢰하는 그 사람은 복을 받을 것이라"(렘 17:7). 성실하게 공의로 재판하는 재판관도 마찬가지다.

저는 이나 시각 장애인이나 절름발이가 아닌 이가 그들 중 하나처럼 가장하는 경우 그는 그들 중 하나처럼 되기 전에는 죽어서는 안 된다. 〔그것에 대해서 성경에 이렇게〕 기록되어 있다. "너는 마땅히 공의만을 좇으라"(신 16:20). 뇌물을 취하거나 치우친 판결을 하는 재판관은 그의 눈이 침침해지기 전에는 죽지 않는다. 〔성경에 이렇게〕 기록되어 있다. "너는 뇌물을 받지 말라 뇌물은 밝은 자의 눈을 어둡게 하고…"(출 23:8).

- 어떤 사람이 50주즈만 가진 상태이지만 그것으로 상거래를 하고 있는 남겨진 농산물을 가져가서는 안 된다. 그가 일시적으로 돈을 적게 보유하는 상태일 수도 있기 때문이다.
- 남겨진 농산물을 가져갈 만큼 가난하지 않은데 가져간 자들은 결국 죽기 전에 그만큼 가난해질 것이며 가져가야 할 만큼 가난하지만 가져가지 않은 자들은 죽기 전에 다른 사람들을 도울 수 있을 만큼 부유해질 것이다. 공의로운 재판관도 마찬가지로 복을 받는다.
- 장애인이 아닌데도 장애인 척하며 남겨진 농산물을 가져간 자는 죽기 전에 장애인이 될 것이다.
- 뇌물을 받고 재판을 굽게 하는 자도 시력을 잃고 장애인이 될 것이다.

# דמאי

## 3

# 드마이
### 의심 소산물

만일 어떤 사람이 드마이 생산물 중 십일조의 거제물로 지정하거나, 분명히 십일조를 하지 않은 생산물 중 가난한 이의 십일조를 지정했을 때 안식일에 그것을 떼어서는 안 된다. 그러나 제사장이나 가난한 이가 그와 함께 먹어왔다면 그 음식이 십일조의 봉헌물이나 가난한 이의 십일조라고 알리는 조건에서 그들이 와서 먹을 수 있다. _「드마이」 4, 4

# 개요

드마이(דמאי)[1]는 농사를 지은 곡식이나 열매들 중에서 적절한 절차와 적절한 때에 십일조를 구별해놓은 것이 규정에 맞는지 어긋나는지 불확실하거나 의심되는 농산물을 가리킨다.

여기서 말하는 십일조는 첫째 십일조, 둘째 십일조, 가난한 자를 위한 십일조, 그리고 십일조의 거제를 포함한다.

첫째 십일조는 지파 영지를 받지 않은 레위인에게 준다(민 18:21). 둘째 십일조는 농산물의 주인이 예루살렘에 가져가서 먹는다(신 14:22-27). 제3년과 제6년에는 둘째 십일조 대신 가난한 자를 위한 십일조를 뗀다(신 14:22-29; 26:12-15). 십일조의 거제는 십일조를 받은 레위인이 그 십일조에서 거제를 떼어 제사장에게 준다(민 18:26).

십일조를 적절하게 떼었는지 의심하는 이유는 이스라엘 백성 중에 율법을 공부하지 않아서 십일조를 떼지 않고 시장에 내다 파는 '암 하

---

1) 이 낱말의 어원이 무엇인지 분명하지 않다. 중세 유대 현인들은 아람어로 '-인지 아닌지'라는 말과 연결시키고, 예루살렘 탈무드는 히브리 성서의 '닮다', '비슷하다'는 동사와 관련해서 생각하며 '분명하다'는 뜻인 '바다이'(ודאי)의 반대말로 만든 조어라고 짐작하는 의견도 있다.

아레쯔'(עם הארץ)가 있기 때문이다.

「드마이」는 예루살렘 탈무드와 토쎕타(תוספתא)에는 나오지만 바벨 탈무드에는 나오지 않는다.

# 제1장

## 1, 1

드마이 규정을 적용하지 않는 물품들이 무엇인지 설명한다.

---

הַקַּלִּין שֶׁבַּדְּמַאי, הַשִּׁיתִין, וְהָרִימִין וְהָעֻזְרָדִין, וּבְנוֹת שׁוּחַ, וּבְנוֹת שִׁקְמָה,
וְנוֹבְלוֹת הַתְּמָרָה, וְהַגֻּפְנִין, וְהַנִּצְפָּה. וּבִיהוּדָה, הָאוֹג, וְהַחֹמֶץ שֶׁבִּיהוּדָה,
וְהַכֻּסְבָּר. רַבִּי יְהוּדָה אוֹמֵר, כָּל הַשִּׁיתִין פְּטוּרִין, חוּץ מִשֶּׁל דּוּפְרָה. כָּל
הָרִימִין פְּטוּרִין, חוּץ מֵרִימֵי שִׁקְמוֹנָה. כָּל בְּנוֹת שִׁקְמָה פְּטוּרוֹת, חוּץ מִן
הַמֻּסְטְפּוֹס:

---

드마이와 관련된 생산물 중 십일조의 의무에서 면제될 수 있는 것
은 다음과 같다: 설익은 무화과,[2] 야생대추, 산사나무 베리, 흰 무화
과, 돌무화과, 설익은 대추야자, 회향, 케이퍼. 유대지역에서는 옻나
무, [유대] 식초, 고수. 예후다 랍비는 말한다. [1년에] 두 번 맺는 것을
제외한 모든 설익은 무화과는 면제된다. 쉬크모나의[3] 야생대추 열매
를 제외한 모든 야생대추 열매는 면제된다. 익어서 벌어진 열매를 제
외한 모든 돌무화과 열매는 면제된다.

- 모든 농업 생산물은 개인적인 용도로 쓰기 전에 거제와 십일조를 먼
  저 떼어야 한다. 그러나 생산자가 유대 법규정을 잘 모르거나 지키지
  않는 '암 하아레쯔'일 경우, 적법하게 뗄 것을 떼어놓았는지 확신할
  수 없을 때가 있다. 그럴 때에 드마이 규정을 적용하는데 이 미쉬나
  는 드마이 규정을 적용하지 않는 물품들을 열거한다. 이런 작물들은

---

2) 잎에서 나온 첫 무화과로 덜 익어 나무에서 떨어진 것을 말한다.
3) 쉬크모나(Shiqmona)는 지중해 해변에 위치하며 현대 도시인 하이파(Haifa) 부
   근에 있는 고대 도시이다.

흔하고 귀한 작물이 아니라서 누구나 와서 가져가도록 밭에 내어놓는 일이 많으며 법적으로 주인이 없거나 땅에 떨어진 것으로 간주할 만한 것들이다. 주인이 없거나 떨어진 것은 거제나 십일조 납부 의무가 없다.

### 1, 2

드마이 때문에 드리는 둘째 십일조를 설명한다.

---

הַדְּמַאי אֵין לוֹ חֹמֶשׁ, וְאֵין לוֹ בִעוּר, וְנֶאֱכָל לְאוֹנֵן, וְנִכְנָס לִירוּשָׁלַיִם וְיוֹצֵא,
וּמְאַבְּדִין אֶת מְעוּטוֹ בַּדְּרָכִים, וְנוֹתְנוֹ לְעַם הָאָרֶץ, וְיֹאכַל כְּנֶגְדּוֹ. וּמְחַלְּלִים
אוֹתוֹ כֶּסֶף עַל כֶּסֶף, נְחֹשֶׁת עַל נְחֹשֶׁת, כֶּסֶף עַל נְחֹשֶׁת, וּנְחֹשֶׁת עַל הַפֵּרוֹת,
וּבִלְבַד שֶׁיַּחֲזֹר וְיִפְדֶּה אֶת הַפֵּרוֹת, דִּבְרֵי רַבִּי מֵאִיר. וַחֲכָמִים אוֹמְרִים, יַעֲלֶה
הַפֵּרוֹת וְיֵאָכְלוּ בִּירוּשָׁלָיִם:

---

드마이의 〔둘째 십일조는〕 1/5 〔벌금〕에서[4] 면제되며 십일조 제거의 의무도[5] 없으며 애곡하는 자는[6] 그것을 먹을 수 있으며 예루살렘으로 가지고 들어가거나 나올 수도 있다. 양이 적어서 길에서 잃어버릴 수 있으며 그것을 암 하아레쯔에게 주고 그와 비슷한 양을 〔예루살렘에서〕 먹을 수 있다. 그는 그것을 바꿀 수 있는데 은은 은으로, 구리

---

4) "또 만일 어떤 사람이 그의 십일조를 무르려면 그것에 오분의 일을 더할 것이요."(레 27:31).

5) "매 삼 년 끝에 그 해 소산의 십분의 일을 다 내어 네 성읍에 저축하여"(신 14:28), "셋째 해 곧 십일조를 드리는 해에 네 모든 소산의 십일조 내기를 마친 후에 그것을 레위인과 객과 고아와 과부에게 주어 네 성읍 안에서 먹고 배부르게 하라"(신 26:12). 아울러 「페아」 7, 6을 참조하라.

6) 히브리어 '오넨'(אונן)이란 가까운 친척이 죽은 후 아직 장례를 치르기 전의 상태에 있는 사람을 가리킨다. "내가 애곡하는 날에 이 성물을 먹지 아니하였고 부정한 몸으로 이를 떼어두지 아니하였고 죽은 자를 위하여 이를 쓰지 아니하였고 내 하나님 여호와의 말씀을 청종하여 주께서 내게 명령하신 대로 다 행하였사오니"(신 26:14).

는 구리로, 구리는 은으로 바꿀 수 있다. 다시 열매로 무른다는 〔조건이라면〕, 열매를 구리로 〔바꿀 수도 있다〕. 메이르 랍비가 그렇게 말했다. 그러나 〔다른〕 랍비들은 말한다. 열매는 예루살렘으로 가져가서 그곳에서 먹어야 한다.

- 일반적으로 둘째 십일조는 제 1, 2, 4, 5년에 발생하는 십일조를 가리키며 예루살렘으로 가져가서 소비해야 한다(신 14:22-27). 그런데 십일조로 드릴 농산물을 무르면 1/5을 더한 액수를 돈으로 바꾸어 예루살렘에 가져가야 한다. 그러나 드마이의 둘째 십일조는 의심스러운 경우이기에 더 첨가하지 않아도 좋다.
- 제4년과 제7년에는 그전까지 납부하지 않았던 모든 십일조를 정산하여 지불하는 '제거'(בעור) 관습을 시행해야 한다. 드마이의 둘째 십일조는 이 의무에서 면제된다.
- 가까운 친족이 죽었으나 아직 장례를 치르지 못한 사람은 곧 부정해질 것이 뻔하기 때문에 성물을 먹을 수 없고, 둘째 십일조도 먹을 수 없다. 그러나 드마이의 둘째 십일조는 먹을 수 있다.
- 둘째 십일조를 예루살렘 안으로 가지고 들어가면 다시 가지고 나올 수 없으나, 드마이의 둘째 십일조는 이 또한 가능하다.
- 둘째 십일조는 아무리 양이 적어도 예루살렘까지 가지고 가서 소비해야 하지만, 드마이의 둘째 십일조는 너무 적은 양이면 그냥 폐기해도 상관없다.
- 둘째 십일조를 암 하아레쯔에게 줄 수 없으니 그가 부정한 상태에서 성물을 먹을지도 모르기 때문이다. 그러나 드마이의 둘째 십일조는 암 하아레쯔에게 주고, 동일한 분량을 예루살렘에 가서 소비하면 의무를 이행한 것으로 간주한다.
- 둘째 십일조에 해당하는 동전을 다른 동전으로 무르는 것은 금지되

어 있지만, 드마이의 둘째 십일조였다면 그 또한 가능하다.

- 둘째 십일조를 무른 돈을 예루살렘 바깥에서 사용하는 것은 금지되어 있다. 그러나 메이르 랍비는 다시 열매로 무른다는 조건하에, 드마이의 둘째 십일조에 해당하는 열매를 구리 동전으로 바꾸는 것이 가능하다고 주장한다. 그러나 다른 랍비들은 반대한다.

### 1, 3

드마이에서 십일조를 떼지 않아도 좋은 조건을 설명한다.

---

הַלּוֹקֵחַ לְזֶרַע וְלִבְהֵמָה, קֶמַח לְעוֹרוֹת, שֶׁמֶן לַנֵּר, שֶׁמֶן לָסוּךְ בּוֹ אֶת הַכֵּלִים,
פָּטוּר מִן הַדְּמַאי. מִכְּזִיב וּלְהַלָּן, פָּטוּר מִן הַדְּמַאי. חַלַּת עַם הָאָרֶץ,
וְהַמְדֻמָּע, וְהַלָּקוּחַ בְּכֶסֶף מַעֲשֵׂר שֵׁנִי, וּשְׁיָרֵי הַמְּנָחוֹת, פְּטוּרִין מִן הַדְּמַאי.
שֶׁמֶן עָרֵב, בֵּית שַׁמַּאי מְחַיְּבִין, וּבֵית הִלֵּל פּוֹטְרִין:

---

파종이나 가축 먹이를 위해 샀거나, 가죽용 가루, 등잔용 기름, 식기 세척용 기름일 경우 드마이의 규정에서 제외된다. 크지브보다[7] [북쪽으로] 더 떨어진 곳의 [생산물은] 드마이 규정에서 제외된다. 암 하아레쯔가[8] [성물을 섞었는지] 의심스러운 할라[9]와 둘째 십일조를 돈으로 산 것과 곡식제물 중 남은 것은 드마이에서 면제된다. 향기로운 기름은 샴마이 학파에서는 의무이나 힐렐 학파에서는 면제된다.

---

7) 크지브(כזיב)는 히브리 성경의 '악십'을 가리키며(삿 1:31), 악고에서 북서쪽으로 약 15킬로미터 지점에 있는 도시이다.
8) '암 하아레쯔'(עם הארץ)는 시대에 따라 뜻이 많이 변하는데 미쉬나에서는 유대 법규정을 잘 모르고 지키지 않는 사람들을 가리킨다. 이런 사람이나 그들과 관련된 음식, 도구 등은 일반 유대인이 접촉하거나 사용하기에 부적절하다고 의심한다.
9) 할라(חלה)는 이스라엘 사람이 곡식으로 반죽을 만들 때 일부를 떼어 제사장에게 주는 관습과 그것으로 만든 빵을 가리킨다(민 15:21).

- 어떤 사람이 의심스러운 음식이나 농산물을 구매했다 하더라도, 그것을 음식으로 사용하지 않고 다른 용도로 쓰면 둘째 십일조를 떼지 않아도 좋다.
- 크지브 지역이나 그보다 더 북쪽에서 생산한 농산물은 이스라엘 땅에서 기른 것이 아니므로 드마이 관련 규정을 적용하지 않는다.
- 그 외에도 암 하아레쯔의 할라, 암 하아레쯔가 성물인 거제와 일반 음식을 섞은 것, 암 하아레쯔의 농산물을 둘째 십일조인 돈으로 산 것, 암 하아레쯔의 곡식제물 중 남은 것들도 마찬가지다. 이 네 가지 경우는 모두 거룩한 음식물이기 때문에 암 하아레쯔도 조심했을 것으로 간주한다.
- 향료를 섞은 기름에 관해서, 샴마이 학파는 음식이 아니지만 드마이 규정을 적용해야 한다고 주장했고, 힐렐 학파는 그 주장에 반대했다.

### 1, 4
드마이와 관련된 다른 법규정들을 소개한다.

---

הַדְּמַאי, מְעָרְבִין בּוֹ, וּמִשְׁתַּתְּפִין בּוֹ, וּמְבָרְכִין עָלָיו, וּמְזַמְּנִין עָלָיו, וּמַפְרִישִׁין
אוֹתוֹ עָרוֹם, בֵּין הַשְּׁמָשׁוֹת. הָא אִם הִקְדִּים מַעֲשֵׂר שֵׁנִי לָרִאשׁוֹן, אֵין בְּכָךְ
כְּלוּם. שֶׁמֶן שֶׁהַגַּרְדִּי סָךְ בְּאֶצְבְּעוֹתָיו, חַיָּב בִּדְמַאי. וְשֶׁהַסּוֹרֵק נוֹתֵן בַּצֶּמֶר,
פָּטוּר מִן הַדְּמַאי:

---

면제된 드마이 생산물은 에루브와[10] 쉬투프로[11] 사용할 수 있으며 그것에 대해 기도문을 낭송할 수 있고 〔타인을 초대하여〕 기도문을

---

10) 에루브(עירוב)는 안식일에 집과 붙어 있는 마당까지 물건을 들어 옮길 수 있는 공간을 확보하는 관행으로, 음식을 마당에 내어놓는 행위로 설정할 수 있다.
11) 쉬투프(שתוף)는 안식일에 어느 마당에서 골목을 지나 옆 마당까지 물건을 들어 옮길 수 있는 공간을 확보하는 관행이다.

낭송할 수 있다. 드마이는 벗은 상태에서나[12] [안식일] 저녁에도 구별해놓을 수 있다. 첫째 십일조를 구별하기 전에 둘째 십일조를 구별해놓아도 상관이 없다. 베 짜는 사람이 손가락에 바르는 기름은 드마이 [규정을 지킬] 의무가 있다. 양모를 빗질하는 이가 바르는 기름은 드마이에서 면제된다.

- 아직 십일조를 떼지 않은 음식은 먹을 수 없으며 에루브나 쉬투프를 위해서 사용할 수 없다. 그러나 드마이는 이런 용도로 가능하다.
- 아직 십일조를 떼지 않은 음식을 놓고 자기 혼자 또는 이웃을 청해서 함께 기도를 할 수 없지만, 드마이를 놓고 기도할 수 있다(「브라홋」7, 1).
- 십일조를 뗄 때는 기도를 드려야 하므로 꼭 옷을 입어야 하지만, 드마이는 의심스러운 경우이므로 기도를 드리지 않으며 옷을 벗고 자기 전에 시행해도 좋다.
- 랍비들의 전통에 따르면 십일조를 안식일이 시작하는 저녁에 떼어놓을 수 없다. 드마이도 안식일 규정에 저촉되면 좋지 않지만, 드마이도 의심스러운 상태이고 안식일이 시작하는 시점도 의심이 생길 수 있으므로 이런 경우에는 관대하게 허락한다(「샤밧」2, 7).
- 십일조는 순서에 따라 구별해야 하지만, 드마이는 상관없다.
- 기름은 음식으로 사용하지 않아도 사람의 몸에 사용하면 십일조를 떼어야 하고, 다른 용도이면 면제를 받는다(셋째 미쉬나).

---

12) 드마이의 십일조는 축복문을 낭송할 필요가 없기 때문이다.

# 제2장

## 2, 1

농산물을 생산한 지역과 관련된 드마이 규정을 논의한다.

וְאֵלּוּ דְבָרִים מִתְעַשְּׂרִין דְּמַאי בְּכָל מָקוֹם. הַדְּבֵלָה, וְהַתְּמָרִים, וְהֶחָרוּבִים,
הָאֹרֶז, וְהַכַּמֹּן. הָאֹרֶז שֶׁבְּחוּצָה לָאָרֶץ, כָּל הַמִּשְׁתַּמֵּשׁ מִמֶּנּוּ פָּטוּר

어느 장소에서 〔생산했든지〕 드마이에서 십일조를 떼어야 할 농산
물들은 다음과 같다: 납작하게 누른 무화과, 대추야자, 캐럽나무 열
매, 쌀, 쿠민.[13] 〔이스라엘〕 땅 밖에서 생산된 쌀을 사용하는 이는 면
제된다.

- 이스라엘 땅에서 생산하지 않은 농산물은 드마이 규정을 적용하지
  않지만(「드마이」1, 3), 암 하아레쯔가 사는 경계지역에서 사용하는
  농산물들은 어느 곳에서 생산했는지 의심스러울 때 이스라엘 땅에
  서 길렀다고 간주한다. 그래서 드마이 규정을 적용한다.

## 2, 2

십일조를 떼었다고 신뢰할 수 있는 사람이 누구인지 논의한다.

הַמְקַבֵּל עָלָיו לִהְיוֹת נֶאֱמָן, מְעַשֵּׂר אֶת שֶׁהוּא אוֹכֵל, וְאֶת שֶׁהוּא מוֹכֵר,
וְאֶת שֶׁהוּא לוֹקֵחַ, וְאֵינוֹ מִתְאָרֵחַ אֵצֶל עַם הָאָרֶץ. רַבִּי יְהוּדָה אוֹמֵר, אַף
הַמִּתְאָרֵחַ אֵצֶל עַם הָאָרֶץ נֶאֱמָן. אָמְרוּ לוֹ, עַל עַצְמוֹ אֵינוֹ נֶאֱמָן, כֵּיצַד יְהֵא
נֶאֱמָן עַל שֶׁל אֲחֵרִים:

---

13) 쿠민(Cumin)은 서남아시아 원산의 한해살이풀로 그 씨앗은 향신료나 의약품
으로 사용한다.

십일조를 냈다고 신뢰할 만한 사람은 본인이 먹는 것, 파는 것, 사는 것에서 십일조를 내는 사람과 암 하아레쯔 집에서 머물지 않는 사람이다. 예후다 랍비는 말한다. 암 하아레쯔 집에서 머물더라도 신뢰할 만한 사람이다. 사람들은 그에게, 자기 자신도 신뢰할 수 없는데 어떻게 다른 사람의 것을 신뢰할 수 있느냐고 말했다.

- 농산물을 거래해도 십일조를 떼었는지 의심할 필요가 없는 신뢰할 만한 사람은 본인이 먹는 것과 다른 사람에게 파는 것과 사는 것에서 철저하게 십일조를 구별하여 드린다. 심지어 십일조를 떼지 않은 음식을 먹게 될까 봐 암 하아레쯔의 집에 머물지도 않는다.
- 예후다 랍비는 마지막 규정에 반대하며 암 하아레쯔의 집에 머물러도 그가 십일조를 뗀 음식을 대접한다면 상관없다고 주장했다. 그러나 다른 랍비들은 암 하아레쯔는 자기가 먹는 음식도 십일조 규정을 지키지 않을 수 있는데 어떻게 다른 사람에게 대접하는 음식은 십일조 규정을 지켰다고 믿을 수 있느냐고 반대했다.

## 2, 3

동료(חבר, 하베르)로 간주할 수 있는 사람이 누구인지 논의한다.

---

הַמְקַבֵּל עָלָיו לִהְיוֹת חָבֵר, אֵינוֹ מוֹכֵר לְעַם הָאָרֶץ לַח וְיָבֵשׁ, וְאֵינוֹ לוֹקֵחַ מִמֶּנּוּ לַח, וְאֵינוֹ מִתְאָרֵחַ אֵצֶל עַם הָאָרֶץ, וְלֹא מְאָרְחוֹ אֶצְלוֹ בִּכְסוּתוֹ. רַבִּי יְהוּדָה אוֹמֵר, אַף לֹא יְגַדֵּל בְּהֵמָה דַקָּה, וְלֹא יְהֵא פָרוּץ בִּנְדָרִים וּבִשְׂחוֹק, וְלֹא יְהֵא מִטַּמֵּא לַמֵּתִים, וּמְשַׁמֵּשׁ בְּבֵית הַמִּדְרָשׁ. אָמְרוּ לוֹ, לֹא בָאוּ אֵלּוּ לִכְלָל:

---

동료가 될 만한 이는 암 하아레쯔에게 물기가 있거나 마른 〔식품을〕 팔아서는 안 되며 그에게 물기가 있는 〔식품을〕 사지 않는다. 그는 암 하아레쯔 집에 머물지 않으며 그 〔암 하아레쯔가〕 자기 옷을 입

고 있을 때 그를 손님으로 받아서도 안 된다. 예후다 랍비는 말한다. 그는 작은 가축도 키워서는 안 되며 무절제한 맹세나 농담도 금지해야 하며 사체로 인해 부정해지면 안 되고, 학교에서 봉사해야 한다. 사람들이 그에게, 이것들은 규칙이 되어서는 안 된다고 말했다.

- 동료(חבר, 하베르)란 정결법을 철저하게 지키는 사람이며 일반 음식도 정결한 상태에서만 먹고, 십일조를 철저히 구별해 드리는 사람이다. 그러므로 동료가 되려는 사람은 암 하아레쯔에게 부정해질 가능성이 있는 젖은 음식을 팔지 않는다. 마른 음식은 부정해질 수 없으나, 암 하아레쯔가 사서 물로 적신 후 부정하게 만들 수 있으므로 역시 팔지 않는다. 같은 원리로 젖은 음식을 암 하아레쯔로부터 사지 않는다. 마른 음식은 부정해지지 않으니 사도 무방하다.
- 둘째 미쉬나와 마찬가지로 암 하아레쯔 집에 손님으로 묵지 않는다. 옷은 직접 접촉하지 않아도 다른 사람이나 물건에 부정을 전이할 수 있으므로 의심스러운 옷을 입은 암 하아레쯔를 손님으로 받지 않는다. 그에게 동료의 옷을 입히면 집 안에 묵게 해도 좋다.
- 예후다 랍비는 양이나 염소 같은 가축들이 곡식을 손상시킬 수 있으므로(「바바 캄마」 7, 7) 기르지 않고, 지키지 못할 맹세를 많이 하지 말고, 음탕한 말이 섞일 수 있는 농담도 삼가고, 학교에 나가서 토라를 공부해야 한다고 주장한다. 그러나 다른 랍비들은 예후다 랍비의 주장에 동의하지 않으며 동료의 자격은 정결법으로 한정해야 한다고 말한다.

## 2, 4

음식을 거래하는 사람들이 지킬 드마이 규정을 보충 설명한다.

---

הַנַּחְתּוֹמִים, לֹא חִיְּבוּ אוֹתָם חֲכָמִים לְהַפְרִישׁ אֶלָּא כְדֵי תְרוּמַת מַעֲשֵׂר
וְחַלָּה. הַחֶנְוָנִים אֵינָן רַשָּׁאִין לִמְכֹּר אֶת הַדְּמַאי. כָּל הַמַּשְׁפִּיעִין בְּמִדָּה גַסָּה,
רַשָּׁאִין לִמְכֹּר אֶת הַדְּמַאי. אֵלּוּ הֵן הַמַּשְׁפִּיעִין בְּמִדָּה גַסָּה, כְּגוֹן הַסִּיטוֹנוֹת
וּמוֹכְרֵי תְבוּאָה:

---

[동료가 되려는] 제빵사에 대해, 현인들은 십일조의 거제물과 할라 외에는 구별할 의무가 없다고 하였다. 가게 주인들은 드마이인 농산물을 팔 권리가 없다. 다량을 취급하는 이들은 드마이 제품을 팔아도 된다. 다량의 제품을 판매하는 자들이란 누구인가? 도매업자들과 곡물 판매자들이다.

- 제빵사들은 십일조에서 뗀 거제와 할라만 구별하면 되고, 암 하아레쯔에게서 구입한 드마이에서 따로 십일조를 떼지 않아도 좋다고 허락한다. 제빵사들은 순이익 폭이 크지 않기 때문에 관대한 결정이 내려진 것으로 보인다.
- 소량으로 거래하는 식료품점 주인들은 둘째 십일조를 떼어놓지 않으면 드마이인 농산물을 판매할 수 없다. 식료품 가게가 제과점보다 큰 이익을 남겼을 것이다.
- 도매업자나 곡물 판매업자처럼 대량으로 거래하는 자들은 전체 거래량에 비교해볼 때 드마이인 농산물이 소량에 불과하므로 드마이 규정을 적용하지 않는다.

**2, 5**

넷째 미쉬나를 좀 더 자세히 설명한다.

---

רַבִּי מֵאִיר אוֹמֵר, אֶת שֶׁדַּרְכּוֹ לְהִמָּדֵד בְּגַסָּה וּמְדָדוֹ בְדַקָּה, טְפֵלָה דַקָּה
לַגַּסָּה. אֶת שֶׁדַּרְכּוֹ לְהִמָּדֵד בְּדַקָּה וּמְדַד בְּגַסָּה, טְפֵלָה גַסָּה לַדַּקָּה. אֵיזוֹ הִיא
מִדָּה גַסָּה, בְּיָבֵשׁ, שְׁלֹשֶׁת קַבִּין, וּבְלַח, דִּינָר. רַבִּי יוֹסֵי אוֹמֵר, סַלֵּי תְאֵנִים
וְסַלֵּי עֲנָבִים וְקֻפּוֹת שֶׁל יָרָק, כָּל זְמַן שֶׁהוּא מוֹכְרָן אַכְסָרָה, פָּטוּר:

---

메이르 랍비는 말한다. 대개 많은 양을 재는 물건을 [가끔] 적은 양을 잴 경우, 적은 양도 많은 양을 잴 때의 규정에 따르면 된다. 대개 적은 양을 재는 물건을 [가끔] 많은 양을 잴 경우, 많은 양도 적은 양을 잴 때의 규정에 따르면 된다. 무엇이 많은 양인가? 마른 물건은 3카브14)이며 젖은 물건은 1디나르[의 가치]이다. 요쎄 랍비는 말한다. 무화과와 포도[가 담긴] 바구니와 야채[가 담긴] 바구니는 한꺼번에 판매하므로 [드마이 규정에서] 면제된다.

- 메이르 랍비는 곡식처럼 주로 대량으로 판매하는 물건을 가끔 소량으로 판매하기도 하는데, 이때 대량으로 판매하는 것처럼 십일조를 떼지 않고 팔아도 좋다. 반대로 주로 소량으로 판매하는 물건을 예외적으로 대량으로 판매할 때는, 소량으로 판매하는 것처럼 십일조를 떼고 난 후에 판매해야 한다. 즉 판매하는 농산물의 성격에 따라 어떻게 파는지도 결정되어 있다는 것이다.
- 랍비들이 생각하는 '대량 거래'는 마른 음식 3카브와 젖은 음식은 1디나르어치이다. 상대적으로 그리 많은 양은 아니다.
- 채소를 바구니에 담아 팔 때는 그 양을 정확하게 측정하지 않으므로 드마이 규정을 적용하지 않는다.

---

14) 1카브는 달걀 24개에 해당하는 부피이며 약 2.2리터다.

# 제3장

## 3, 1

드마이인 농산물을 대접해도 좋은 대상에 관해 설명한다.

---

מַאֲכִילִין אֶת הָעֲנִיִּים דְּמַאי, וְאֶת הָאַכְסַנְיָא דְּמַאי. רַבָּן גַּמְלִיאֵל הָיָה מַאֲכִיל
אֶת פּוֹעֲלָיו דְּמַאי. גַּבָּאֵי צְדָקָה, בֵּית שַׁמַּאי אוֹמְרִים, נוֹתְנִין אֶת הַמְעֻשָּׂר
לְשֶׁאֵינוֹ מְעַשֵּׂר, וְאֶת שֶׁאֵינוֹ מְעֻשָּׂר לַמְעַשֵּׂר. נִמְצְאוּ כָל הָאָדָם אוֹכְלִין מְתֻקָּן.
וַחֲכָמִים אוֹמְרִים, גּוֹבִין סְתָם וּמְחַלְּקִין סְתָם, וְהָרוֹצֶה לְתַקֵּן יְתַקֵּן:

---

가난한 이와 잠시 지나가는 손님에게 드마이 생산물을 줄 수 있다. 감리엘 랍비는 그의 피고용인들에게 드마이를 주기도 했다. 구제용 물품 관리인에 대해 샴마이 학파는 말한다. 십일조를 [이미] 뗀 것을 십일조를 하지 않은 이들에게 주어야 하며 십일조를 떼지 않은 것을 십일조를 하는 이들에게 주어야 한다. 그러면 모두가 [십일조를 뗀] 적법한 것을 먹게 된다. 그러나 현인들은 말한다. [구제용 물품 관리인은 드마이 규정에] 관계없이 모으고 분배해야 하며 [십일조를 내고] 적법하게 [먹고 싶은] 이는 적법하게 행할 것이다.

- 십일조를 떼어놓았는지 의심이 생길 때 적용하는 드마이 규정은 토라의 전통이 아니라 서기들의 전통이므로 법을 적용할 때 관대한 태도가 나타난다. 그래서 가난한 자나 지나가는 객을 대접할 때 드마이에 해당하는 음식을 내어놓아도 좋다. 감리엘 라반의 행위도 이것이 적법함을 반증한다.
- 가난한 이들에게 나누어줄 구제용 물품을 관리하는 사람에 관하여, 샴마이 학파는 이미 십일조를 뗀 물품은 십일조를 하지 않는 이들에게 주고, 십일조를 떼지 않은 물품은 십일조를 하는 이들에게 주어,

결국 모든 사람이 십일조를 뗀 적법한 음식을 먹게 하라고 말했다. 힐렐 학파는 그럴 필요 없다고 하며 물품을 받는 사람에게 맡겨도 된다고 주장한다.

## 3, 2

십일조 납부에 관한 부가 규정을 설명한다.

---

הָרוֹצֶה לַחְסֹם עֲלֵי יָרָק לְהָקֵל מִמַּשָּׂאוֹ, לֹא יַשְׁלִיךְ עַד שֶׁיְּעַשֵּׂר. הַלּוֹקֵחַ יָרָק מִן הַשּׁוּק וְנִמְלַךְ לְהַחֲזִיר, לֹא יַחֲזִיר עַד שֶׁיְּעַשֵּׂר, שֶׁאֵינוֹ מְחֻסָּר אֶלָּא מִנְיָן. הָיָה עוֹמֵד וְלוֹקֵחַ וְרָאָה טֹעַן אַחֵר יָפֶה מִמֶּנּוּ, מֻתָּר לְהַחֲזִיר, מִפְּנֵי שֶׁלֹּא מָשַׁךְ:

---

짐을 가볍게 하기 위해 채소의 잎을 잘라낼 때 십일조를 하기 전에는 그것을 버려서는 안 된다. 시장에서 채소를 산 후 그것을 돌려주려고 한다면 십일조를 하기 전에는 돌려주어서는 안 된다. 왜냐하면 〔십일조를 뗀 다음에는〕 그 양 이외에 아무것도 모자라지 않기 때문이다. 그가 구입하려는 순간 더 좋은 것을 보았다면 그는 〔십일조를 하지 않고〕 돌려줄 수 있다. 그의 〔소유로〕 삼지 않았기 때문이다.

- 어떤 사람이 농산물을 싣고 이동하다가 채소 잎을 잘라내어 화물의 무게를 덜고자 할 때 그 지역에 사는 암 하아레쯔가 그 채소 잎을 주워다가 먹을 수도 있기 때문에, 그 사람은 먼저 십일조를 떼고 나서 그 잎들을 버려야 한다. 그렇지 않으면 암 하아레쯔가 부적절한 음식을 먹도록 돕는 셈이 되기 때문이다.
- 알벡(Hanokh Albeck)에 따르면 시장에서 채소를 집어들었으면 구입하려는 의도가 있기 때문이며 자기 소유의 채소가 생기면 십일조를 떼어놓아야 한다. 심지어 다시 돌려줄 생각이었다 하더라도, 십

일조를 뗀 후에 반환해야 한다. 바벨 탈무드에 따르면 채소를 집어
든 행동은 정확한 양을 재는 것 이외에는 구매 행위에서 아무것도
모자란 것이 없다고 설명한다. 그러므로 그는 십일조를 내야 한다.

- 채소를 집어들지 않아서 구매 행위가 진행되지 않은 상태에서 더 좋
  은 물건을 보았다면 십일조를 내지 않고 반납해도 좋다.

## 3, 3

הַמּוֹצֵא פֵרוֹת בַּדֶּרֶךְ וּנְטָלָן לְאָכְלָן, וְנִמְלַךְ לְהַצְנִיעַ, לֹא יַצְנִיעַ עַד שֶׁיְּעַשֵּׂר.
וְאִם מִתְּחִלָּה נְטָלָן בִּשְׁבִיל שֶׁלֹּא יֹאבֵדוּ, פָּטוּר. כָּל דָּבָר שֶׁאֵין אָדָם רַשַּׁאי
לְמָכְרוֹ דְמַאי, לֹא יִשְׁלַח לַחֲבֵרוֹ דְמַאי. רַבִּי יוֹסֵי מַתִּיר בְּוַדַּאי, וּבִלְבַד
שֶׁיּוֹדִיעֶנּוּ:

만일 길에서 열매를 발견하여 그것을 먹으려고 취하여 따로 보관하
려 할 때 십일조를 하기 전에는 그렇게 해서는 안 된다. 하지만 처
음부터 상하는 것을 막기 위해서 그것을 취했다면 그는 면제된다. 팔
아서는 안 되는 드마이 생산물이라면 친구에게 [선물로] 주어서는
안 된다. 요쎄 랍비는 [십일조를 떼지 않은 것이] 확실한 경우 그것을
[친구에게] 알린다면 [선물로 주는 것을] 허용한다.

- 길에서 주운 열매를 나중에 먹으려고 따로 보관할 때 미리 십일조를
  떼어야 한다. 그러지 않으면 사정을 모르는 사람이 보관된 열매가
  이미 십일조를 떼었다고 생각하고 먹을 수 있으며 그가 범죄하게 만
  들기 때문이다.
- 그러나 먹을 생각 없이 상하는 것을 막기 위해서 집어 들었다면 십
  일조를 떼지 않고 그냥 내려놓을 수 있다.
- 드마이라고 의심이 되는 농산물은 팔아서는 안 될 뿐만 아니라(「드
  마이」 2, 4-5) 선물로 주어도 안 된다. 먼저 십일조를 떼고 선물하는

것은 무방하다. 요쎄 랍비는 확실히 십일조를 떼지 않은 농산물은 그 상태를 밝히고 선물해도 좋다고 말했다. 그러나 드마이라면 역시 십일조는 먼저 떼고 주는 것이 좋다.

### 3, 4

곡식을 쿠타인이나 암 하아레쯔나 이방인에게 맡겨서 일을 시켜도 되는가를 논의한다.

---

הַמּוֹלִיךְ חִטִּים לְטוֹחֵן כּוּתִי אוֹ לְטוֹחֵן עַם הָאָרֶץ, בְּחֶזְקָתָן לַמַּעַשְׂרוֹת
וְלַשְּׁבִיעִית. לְטוֹחֵן עוֹבֵד כּוֹכָבִים, דְּמַאי. הַמַּפְקִיד פֵּרוֹתָיו אֵצֶל הַכּוּתִי אוֹ
אֵצֶל עַם הָאָרֶץ, בְּחֶזְקָתָן לַמַּעַשְׂרוֹת וְלַשְּׁבִיעִית. אֵצֶל הָעוֹבֵד כּוֹכָבִים,
כְּפֵרוֹתָיו. רַבִּי שִׁמְעוֹן אוֹמֵר, דְּמַאי:

---

만일 어떤 사람이 쿠타인 방앗간 주인이나 암 하아레쯔인 방앗간 주인에게 밀을[15] 가져갔다면 [그것을 빻은 후에도] 십일조나 안식년 과 관련된 부분은 [이전 상태를] 그대로 유지한다. 그러나 이방인[16] 인 방앗간 주인에게 가져갔다면 [그것을 빻은 후에] 그것은 드마이 생산물로 간주된다. 만일 쿠타인이나 암 하아레쯔에게 생산물을 보 관하도록 주었다면 십일조나 안식년과 관련된 부분은 [이전 상태를] 그대로 유지한다. 그러나 이방인에게 보관하도록 주었다면 이방인의 생산물로 간주된다. 쉼온 랍비는 말한다. 그것은 드마이 생산물이다.

- 이미 적법한 방법으로 생산하여 십일조까지 뗀 곡식을 방앗간에 맡 겼는데 그 주인이 쿠타인(사마리아인)이나 암 하아레쯔였다면 그

---

15) 안식년에 있지 않고 적법하게 십일조로 낸 밀을 말한다.
16) 이방인이라고 번역한 말은 본문에 '별들을 숭배하는 자들'(עובדי כוכבים)이라 고 표현되어 있다.

주인이 곡식을 바꿔치기하거나 부정하게 만들지 않았으리라 간주
한다. 쿠타인은 토라의 규정을 존중하고 암 하아레쯔도 유사한 전통
을 공유하고 있는 사람으로 인정하는 것이다. 그러나 방앗간 주인이
이교도인 이방인이었다면 자기가 생산한 농산물을 섞었을 가능성
이 있으므로 생산된 물품이 드마이가 된다.

• 같은 원리가 농산물 보관에도 적용되는데 이방인이 맡은 경우에 아
예 이방인의 생산물이 된다고 주장하는 이유는 보관업은 그 특성상
농산물 주인이 그 곁에 지키고 서 있을 수 없기 때문이 아닌가 짐작
된다. 쉼온 랍비는 보관업과 관련해서도 방앗간과 같은 원리를 적용
해야 한다고 주장한다.


### 3, 5

여관에 머물면서 지켜야 할 규칙을 논의한다.

---

הַנּוֹתֵן לְפֻנְדָּקִית, מְעַשֵּׂר אֶת שֶׁהוּא נוֹתֵן לָהּ, וְאֶת שֶׁהוּא נוֹטֵל מִמֶּנָּה, מִפְּנֵי
שֶׁחֲשׁוּדָה לַחֲלָף. אָמַר רַבִּי יוֹסֵי, אֵין אָנוּ אַחֲרָאִין לָרַמָּאִין, אֵינוֹ מְעַשֵּׂר אֶלָּא
מַה שֶּׁהוּא נוֹטֵל מִמֶּנָּה בִּלְבָד:

---

만일 어떤 사람이 여관 여주인에게 [음식을 준비하라고 농산물을]
준다면 그는 그녀에게 준 것에서 십일조를 떼야 한다. 그가 그녀에게
받는 [음식도] 마찬가지다. 그녀가 그것을 바꾸었는지 의심되기 때
문이다. 요쎄 랍비는 말한다. 우리는 속이는 자에 대해서는 책임이 없
다. 그는 그녀에게 받은 것에서만 십일조를 떼면 된다.


• 곡식을 가지고 여행하다가 여관에 머물면서 그 여주인에게 음식을
만들어달라고 그 곡식을 주었다면 여관 여주인이 십일조를 떼지 않
은 자기 곡식과 바꾸어서 음식을 조리했을지 의심이 생긴다. 그러므

로 여관 여주인이 십일조를 떼지 않은 음식을 먹지 않도록 곡식을
줄 때도 십일조를 떼고, 자기가 십일조를 떼지 않은 음식을 먹지 않
도록 음식으로 받을 때도 십일조를 떼어야 한다.

- 요쎄 랍비는 의도적으로 속이려는 사람까지 책임질 필요는 없다면
  서, 여관 여주인이 주는 음식에서만 십일조를 떼면 된다고 주장한다.

### 3, 6
암 하아레쯔인 처가집을 방문하는 경우에 관해 논의한다.

---

הַנּוֹתֵן לַחֲמוֹתוֹ, מְעַשֵּׂר אֶת שֶׁהוּא נוֹתֵן לָהּ, וְאֶת שֶׁהוּא נוֹטֵל מִמֶּנָּה, מִפְּנֵי
שֶׁהִיא חֲשׁוּדָה לַחֲלִיף אֶת הַמִּתְקַלְקֵל. אָמַר רַבִּי יְהוּדָה, רוֹצָה הִיא בְתַקָּנַת
בִּתָּהּ וּבוֹשָׁה מֵחֲתָנָהּ. מוֹדֶה רַבִּי יְהוּדָה בְּנוֹתֵן לַחֲמוֹתוֹ שְׁבִיעִית, שֶׁאֵינָהּ
חֲשׁוּדָה לְהַחֲלִיף לְהַאֲכִיל אֶת בִּתָּהּ שְׁבִיעִית:

---

만일 어떤 사람이 그의 장모에게 [음식을 준비하라고 농산물을] 준
다면 그는 그녀에게 준 것의 십일조를 떼야 한다. 그가 그녀에게 돌려
받는 [음식도] 마찬가지다. 그녀가 그것을 바꾸었는지 의심되기 때문
이다. 예후다 랍비는 말한다. 그녀는 자기 딸이 잘되기를 바라기 때문
에 자기 사위에게 [질이 떨어지는 음식을 내기를] 부끄러워하기 때문
이다. 예후다 랍비도, 만일 어떤 사람이 안식년의 [생산물을] 그의 장
모에게 준다면 그녀가 그것을 바꿔서 그녀의 딸에게 안식년의 [생산
물을] 먹였을 것으로 의심을 받지 않는다고 동의했다.

- 다섯째 미쉬나와 마찬가지로 장모에게 십일조를 뗀 농산물을 주었
  다고 해도, 그녀에게 주는 곡식과 대접받는 음식에서 십일조를 떼어
  야 한다. 예후다 랍비는 장모가 여관 여주인과 다른 점을 설명하는
  데 자기 이익을 위해서가 아니라 자기 딸과 사위에게 좋은 음식을

대접하려 했을 것이라고 말했다.

- 본문에는 남아 있지 않지만 다른 랍비들이 반대 의견을 제시했던 것으로 보이는데, 예후다 랍비가 자기 의견을 조금 양보하면서 안식년 생산물과 관련해서 장모를 신뢰할 수 있다고 동의했다.


## 제4장

### 4, 1
십일조에 관해 누가 한 말을 신뢰할 수 있는지 논의한다.

---

הַלּוֹקֵחַ פֵּרוֹת מִמִּי שֶׁאֵינוֹ נֶאֱמָן עַל הַמַּעַשְׂרוֹת, וְשָׁכַח לְעַשְּׂרָן, וְשׁוֹאֲלוֹ
בְשַׁבָּת, יֹאכַל עַל פִּיו. חָשֵׁכָה מוֹצָאֵי שַׁבָּת, לֹא יֹאכַל עַד שֶׁיְּעַשֵּׂר. לֹא מְצָאוֹ,
אָמַר לוֹ אֶחָד שֶׁאֵינוֹ נֶאֱמָן עַל הַמַּעַשְׂרוֹת, מְעֻשָּׂרִין הֵן, אוֹכֵל עַל פִּיו. חָשֵׁכָה
מוֹצָאֵי שַׁבָּת, לֹא יֹאכַל עַד שֶׁיְּעַשֵּׂר. תְּרוּמַת מַעֲשֵׂר שֶׁל דְּמַאי שֶׁחָזְרָה
לִמְקוֹמָהּ, רַבִּי שִׁמְעוֹן שֶׁזוּרִי אוֹמֵר, אַף בְּחֹל שׁוֹאֲלוֹ וְאוֹכְלוֹ עַל פִּיו:

---

만일 어떤 사람이 십일조에 대해 신뢰할 수 없는 이에게서 열매를 샀는데 십일조 하는 것을 잊어버렸다면 그는 안식일에 그 〔판매자에게〕 물어볼 수 있고, 그의 말에 따라 그것을 먹을 수 있다. 안식일이 끝나는 날 해진 후라면 십일조를 하기 전에는 먹을 수 없다. 그가 그 〔판매자를〕 찾을 수 없을 때 십일조에 대해 신뢰할 수 없는 〔다른〕 사람이 그에게 "그것은 이미 십일조를 한 것이다"라고 말했다면 그의 말에 따라 먹을 수 있다. 그러나 안식일이 끝나는 날 해진 후라면 십일조를 하기 전에는 먹을 수 없다. 만일 드마이 중 십일조의 거제물이 다시 자기 자리로 돌아오는 경우에 대해 쉼온 슈주리 랍비는 말한다. 주중이라도 그는 판매자에게 물어보아야 하며 그의 말에 따라 먹을 수 있다.

- 십일조를 미리 떼었다고 믿을 수 없는 사람에게 열매를 샀다면 십일조를 떼고 먹을 수 있다. 그러나 십일조를 떼는 것을 잊어버렸는데 안식일이 되었다면 판매자가 믿을 수 없는 자이지만 그의 말에 따라 먹을 수도 있다. 안식일에 열매에서 십일조를 떼는 일을 할 수는 없기 때문이다. 그러나 안식일이 끝났다면 확실하게 십일조를 떼고 먹어야 한다.
- 그 열매의 판매자를 찾을 수 없을 때는 그와 같은 신분인 믿을 수 없는 자가 하는 말에 따라 결정해도 무방하다.
- 십일조로 바친 예물에서도 거제를 따로 떼어 제사장에게 주어야 한다. 만약 거제물이 일반 음식과 섞였다면 오직 제사장만 그 음식을 먹을 수 있다. 그런데 드마이인 음식의 십일조에서 거제를 떼었고, 이것이 다시 자기 자리 즉 드마이인 음식과 섞였다. 이런 경우 판매자에게 미리 십일조를 떼었는지 물어야 하며 만약 그가 미리 십일조를 떼었다고 말하면 처음부터 드마이에서 십일조를 뗄 필요가 없었으므로 거제물이 섞인 음식을 자기가 먹어도 좋다.

### 4, 2

십일조를 떼는지 의심스러운 사람의 초대를 받았을 경우를 예로 든다.

---

הַמַּדִּיר אֶת חֲבֵרוֹ שֶׁיֹּאכַל אֶצְלוֹ, וְהוּא אֵינוֹ מַאֲמִינוֹ עַל הַמַּעַשְׂרוֹת, אוֹכֵל עִמּוֹ בְּשַׁבָּת הָרִאשׁוֹנָה, וְאַף עַל פִּי שֶׁאֵינוֹ מַאֲמִינוֹ עַל הַמַּעַשְׂרוֹת, וּבִלְבַד שֶׁיֹּאמַר לוֹ מְעֻשָּׂרִין הֵן. וּבְשַׁבָּת שְׁנִיָּה, אַף עַל פִּי שֶׁנָּדַר מִמֶּנּוּ הֲנָיָה, לֹא יֹאכַל עַד שֶׁיְּעַשֵּׂר:

---

만일 어떤 사람이 맹세를 하면서 친구에게 그와 함께 먹자고 초대했는데 그 〔친구는〕 십일조에 대해 신뢰하지 못할 때 그가 〔친구에게〕

이 [음식은] 십일조로 낸 것이라고 말하면 십일조에 대해 신뢰하지 못할지라도 첫째 안식일에는 그와 함께 먹는다. 그러나 둘째 안식일에는 비록 그가 그에게서 어떤 혜택도 누리지 못한다고 맹세하더라도 십일조를 하기 전에는 [함께] 먹어서는 안 된다.

- 십일조를 떼는지 의심스러운 사람이 초대를 하면 그가 내오는 음식에서 십일조를 떼고 먹으면 아무런 문제가 없다. 그러나 안식일에는 직접 십일조를 뗄 수 없기 때문에, 평소에는 집주인을 믿을 수 없다고 해도 안식일에는 그의 말을 믿고 먹어도 무방하다. 드마이 규정보다 인간관계를 더 높이 평가하는 결정이다.
- 그러나 초대를 받은 날이 두 번째 안식일이라면 즉 초대까지 이레 이상의 시간이 남아 있다면 집주인이 십일조를 하도록 확인한 후 초대에 응해야 한다.

### 4, 3
드마이인 농산물에서 가난한 자를 위한 십일조를 떼어야 하는지 설명한다.

---

רַבִּי אֱלִיעֶזֶר אוֹמֵר, אֵין אָדָם צָרִיךְ לִקְרוֹת שֵׁם לְמַעְשַׂר עָנִי שֶׁל דְּמַאי.
וַחֲכָמִים אוֹמְרִים, קוֹרֵא שֵׁם וְאֵינוֹ צָרִיךְ לְהַפְרִישׁ:

---

엘리에제르 랍비는 말한다. 드마이 생산물을 가난한 자의 십일조로 지정할 필요는 없다.[17] 그러나 랍비들은 말한다. 지정해야 한다. 그러나 그것을 떼어놓을 필요는 없다.

---

17) '지정하다'(לקרות שם למעשר)는 표현은 직역하면 '그 이름을 십일조라고 부르다'이며 본인이 가지고 있는 농산물 중 특정 부분은 십일조라고 선포하며 소유권을 포기하는 행위를 가리킨다.

- 엘리에제르 랍비에 따르면 암 하아레쯔도 가난한 자를 위한 십일조는 납부한다고 믿는다. 그러므로 드마이에서 가난한 자를 위한 십일조를 다시 뗄 필요가 없다는 것이다.
- 그러나 다른 랍비들은 암 하아레쯔는 다른 십일조를 떼지 않기 때문에 가난한 자를 위한 십일조도 떼지 않을 가능성이 높다고 본다. 그러므로 드마이인 농산물을 먹으려면 먼저 가난한 자를 위한 십일조를 떼고 먹는 것이 안전하다. 그러나 그것을 가난한 이에게 줄 필요는 없으니 드마이는 의심스러운 경우이지 실제로 십일조를 떼었는지 여부는 확인할 수 없기 때문이다. 그러므로 결국 드마이에서 뗀 가난한 자의 십일조는 본인 소유로 남는다.

4, 4

안식일에 거제와 십일조를 떼는 행위를 금지한다.

---

מִי שֶׁקָּרָא שֵׁם לִתְרוּמַת מַעֲשֵׂר שֶׁל דְּמַאי וּלְמַעֲשַׂר עָנִי שֶׁל וַדַּאי, לֹא יִטְּלֵם בְּשַׁבָּת. וְאִם הָיָה כֹהֵן אוֹ עָנִי לְמוּדִים לֶאֱכֹל אֶצְלוֹ, יָבֹאוּ וְיֹאכְלוּ, וּבִלְבַד שֶׁיּוֹדִיעֵם:

---

만일 어떤 사람이 드마이 생산물 중 십일조의 거제물로 지정하거나, 분명히 십일조를 하지 않은 생산물 중 가난한 이의 십일조를 지정했을 때 안식일에 그것을 떼어서는 안 된다. 그러나 제사장이나 가난한 이가 그와 함께 먹어왔다면 〔그 음식이 십일조의 봉헌물이나 가난한 이의 십일조라고〕 알리는 조건에서 그들이 와서 먹을 수 있다.

- 어떤 사람이 주중에 드마이 농산물을 사고 그중 일부를 십일조의 거제로 지정하거나, 분명히 십일조를 하지 않은 농산물을 사고 그중 일부를 가난한 이를 위한 십일조로 지정했을 때 실제로 이런 거제물

이나 십일조를 떼는 작업을 안식일에 시행할 수는 없다.

- 그러나 제사장이나 가난한 이가 정기적으로 그의 집에 와서 안식일 식사를 함께 한다면 그들에게 미리 자신이 지정한 내용을 알리고, 그들과 함께 식사해도 무방하다. 이로써 그는 안식일 규정을 어기지 않고 거제나 십일조 의무를 시행한 것이다.

### 4, 5

다른 사람을 시켜서 농산물을 구매하는 경우를 논의한다.

---

הָאוֹמֵר לְמִי שֶׁאֵינוֹ נֶאֱמָן עַל הַמַּעֲשְׂרוֹת, קַח לִי מִמִּי שֶׁהוּא נֶאֱמָן וּמִמִּי
שֶׁהוּא מְעַשֵּׂר, אֵינוֹ נֶאֱמָן. מֵאִישׁ פְּלוֹנִי, הֲרֵי זֶה נֶאֱמָן. הָלַךְ לִקַּח מִמֶּנּוּ,
וְאָמַר לוֹ לֹא מְצָאתִיו וְלָקַחְתִּי לְךָ מֵאַחֵר שֶׁהוּא נֶאֱמָן, אֵינוֹ נֶאֱמָן:

---

만일 어떤 사람이 십일조에 대해서 신뢰할 수 없는 사람에게 "나를 위해 신뢰할 만한 사람이나 십일조를 한 사람에게 〔가서 농산물을〕 사라"고 말한다면 그는 신뢰할 수 없다. 만일 그가 "이러이러한 사람 에게서 사와라"라고 했다면 그를 신뢰할 수 있다. 그가 그런 사람에 게 사러 갔다가 돌아와서 "나는 그를 찾지 못했습니다. 대신 당신을 위해 신뢰할 만한 다른 사람에게서 사왔습니다"라고 하면 그는 신뢰 할 수 없다.

- 스스로 십일조에 관한 법을 지키지 않는 사람에게 십일조를 지키는 상인을 찾아서 적법한 농산물을 사오라고 시키는 일은 의미가 없다. 그 사람의 판단을 신뢰할 수 없기 때문이다. 이렇게 농산물을 구입 했다면 십일조를 따로 떼고 먹어야 한다. 그러나 특정인을 지정해서 농산물을 사오라고 시켰다면 그런 경우에는 나중에 확인할 수도 있 기 때문에 믿고 먹어도 좋다.

## 4, 6

아는 사람이 없는 곳에서 농산물을 구매하는 경우를 논의한다.

---

הַנִּכְנָס לְעִיר וְאֵינוֹ מַכִּיר אָדָם שָׁם, אָמַר, מִי כָאן נֶאֱמָן. מִי כָאן מְעַשֵּׂר. אָמַר
לוֹ אֶחָד, אֲנִי, אֵינוֹ נֶאֱמָן. אָמַר לוֹ, אִישׁ פְּלוֹנִי נֶאֱמָן, הֲרֵי זֶה נֶאֱמָן. הָלַךְ לִקַּח
מִמֶּנּוּ, אָמַר לוֹ, מִי כָאן מוֹכֵר יָשָׁן. אָמַר לוֹ, מִי שֶׁשְּׁלָחֲךָ אֶצְלִי, אַף עַל פִּי
שֶׁהֵן כְּגוֹמְלִין זֶה אֶת זֶה, הֲרֵי אֵלּוּ נֶאֱמָנִין:

---

만일 어떤 사람이 아무도 알지 못하는 도시로 들어가서 "이곳에 신
뢰할 만한 사람이 누구요? 누가 십일조를 한 사람이요?"라고 했는데
어떤 사람이 "내가 그 사람이요"라고 했다면 그는 신뢰할 수 없다. 만
일 그가 "이러이러한 사람은 신뢰할 만하다"라고 했다면 그는 신뢰
할 수 있다. 만일 그가 그에게 사러 가서 "이곳에서 누가 묵은 생산물
을[18] 팝니까?"라고 물었을 때 그가 "당신을 나에게 보낸 사람입니다"
라고 대답했다면 그들이 서로를 추천하고 있는 것처럼 보이더라도
그들은 신뢰할 만하다.

- 평소에 알지 못하는 사람이 스스로 십일조 관련 법규정을 지킨다고
  말하면 믿을 수 없지만, 다른 사람에 관해 증언하는 말은 믿을 수 있
  다. 특히 추수한 지 1년이 지난 묵은 곡식을 파는지 물어서 자기라고
  말하지 않고 다른 사람을 추천한다면 그 사람은 신뢰할 만하다고 주
  장한다.

## 4, 7

---

הַחַמָּרִים שֶׁנִּכְנְסוּ לְעִיר, אָמַר אֶחָד, שֶׁלִּי חָדָשׁ וְשֶׁל חֲבֵרִי יָשָׁן, שֶׁלִּי אֵינוֹ
מְתֻקָּן וְשֶׁל חֲבֵרִי מְתֻקָּן, אֵינָן נֶאֱמָנִין. רַבִּי יְהוּדָה אוֹמֵר, נֶאֱמָנִין:

---

18) 추수한 지 1년이 지난 생산물을 말한다.

만일 당나귀를 모는 사람들이 도시에 들어왔는데 〔그들이〕 "내 생산물은 새 것이고 내 친구의 것은 오래된 것이다"라고 말하거나 "내 생산물은 십일조를 하지 않은 것이고 내 친구의 것은 십일조를 한 것이다"라고 말하면 그들은 신뢰할 수 없다. 예후다 랍비가 말한다. 그들은 신뢰할 수 있다.

- 당나귀에 농산물을 싣고 돌아다니는 상인들이 서로 자기 농산물은 새 곡물이고 십일조를 하지 않았지만 자기 친구의 농산물은 묵은 곡물이고 십일조도 한 것이라 더 낫다고 선전한다면 그들을 신뢰할 수 없다. 서로 공모했을 수 있다.
- 예후다 랍비는 관대한 태도를 보이면서 그들을 믿어도 좋다고 했다.

## 제5장

### 5, 1

드마이인 농산물에서 십일조의 거제물과 할라를 떼는 규정을 설명한다.

---

הַלּוֹקֵחַ מִן הַנַּחְתּוֹם, כֵּיצַד הוּא מְעַשֵּׂר. נוֹטֵל כְּדֵי תְרוּמַת מַעֲשֵׂר וְחַלָּה,
וְאוֹמֵר, אֶחָד מִמֵּאָה מִמַּה שֶּׁיֵּשׁ כָּאן, הֲרֵי בְּצַד זֶה מַעֲשֵׂר, וּשְׁאָר מַעֲשֵׂר
סָמוּךְ לוֹ, זֶה שֶׁעָשִׂיתִי מַעֲשֵׂר עָשׂוּי תְּרוּמַת מַעֲשֵׂר עָלָיו, וְהַשְּׁאָר חַלָּה,
וּמַעֲשֵׂר שֵׁנִי בִּצְפוֹנוֹ אוֹ בִדְרוֹמוֹ, וּמְחֻלָּל עַל הַמָּעוֹת:

---

제빵사에게서 〔빵을〕 살 때 어떻게 십일조를 해야 하는가? 십일조의 거제물과 할라를 위해 충분한 양을 준비하고 이렇게 말해야 한다. "이곳에 있는 것 중 1/100은 〔첫째〕 십일조이며 십일조의 나머지 부

분은 그 옆에 두어야 한다. 내가 십일조로 할당해놓은 것 중에서 십일
조의 거제물을 두고 나머지는 할라로 두어야 한다." 북쪽이나 남쪽에
있는 둘째 십일조는 돈으로 바꿀 수 있다.

- 암 하아레쯔인 제빵사가 만든 빵을 샀다면 먼저 구매한 생산물의
  1/100을 십일조의 거제물로, 1/48을 할라로 떼어놓는다. 그가 뗀
  1/100은 구매한 생산물에서 떼어야 할 첫째 십일조 1/10 가운데 일
  부이며 첫째 십일조의 나머지 부분 즉 9/100이 십일조가 될 것이다
  (물론 이 생산물이 드마이이기 때문에 십일조를 실제로 레위인에게
  납부할 필요는 없다). 십일조를 먼저 떼고 그것에서 거제물을 떼는
  것이 순서인데, 십일조를 실제로 드릴 것이 아니므로 이런 방법이
  필요하다.
- 그는 또 다른 1/10을 떼어 둘째 십일조를 드려야 하는데 첫째 십일
  조 양쪽에서 뗀다. 이 부분은 돈으로 바꿔 예루살렘에서 쓰게 된다.

### 5, 2
거제물과 십일조의 거제물을 한꺼번에 떼는 경우를 설명한다.

---

הָרוֹצֶה לְהַפְרִישׁ תְּרוּמָה וּתְרוּמַת מַעֲשֵׂר כְּאַחַת, נוֹטֵל אֶחָד מִשְּׁלֹשִׁים
וְשָׁלֹשׁ וּשְׁלִישׁ, וְאוֹמֵר, אֶחָד מִמֵּאָה מִמַּה שֶׁיֵּשׁ כָּאן, הֲרֵי זֶה בְּצַד זֶה חֻלִּין,
וְהַשְּׁאָר תְּרוּמָה עַל הַכֹּל. וּמֵאָה חֻלִּין שֶׁיֵּשׁ כָּאן, הֲרֵי זֶה בְּצַד זֶה מַעֲשֵׂר,
וּשְׁאָר מַעֲשֵׂר סָמוּךְ לוֹ, זֶה שֶׁעָשִׂיתִי מַעֲשֵׂר עָשׂוּי תְּרוּמַת מַעֲשֵׂר עָלָיו,
וְהַשְּׁאָר חַלָּה, וּמַעֲשֵׂר שֵׁנִי בִּצְפוֹנוֹ אוֹ בִדְרוֹמוֹ, וּמְחֻלָּל עַל הַמָּעוֹת:

---

거제물과 십일조의 거제물을 한꺼번에 구별하여 떼고 싶다면 1/33
또는 3/100을 취하고 이렇게 말해야 한다: "이곳에 있는 것 중 1/100
은 일반 음식물이고 나머지는 전체에 대한 거제물이다. 이곳에 있는
일반 음식물 1/100은 그 옆에 둔 〔첫째〕 십일조이고 나머지 십일조도

그 옆에 있다. 내가 십일조로 구분해놓은 것은 그에 대한 십일조의 거제물이고 나머지는 할라가 될 것이다." 북쪽이나 남쪽에 있는 둘째 십일조는 돈으로 바꿀 수 있다.

- 어떤 사람이 농산물에서 거제물과 십일조의 거제물을 한꺼번에 떼고 싶다면 1) 전체 농산물의 1/33 또는 3/100을 구별한다. 2) 자기가 뗀 것 중에서 1/100은 일반 음식물로 거룩한 제물이 아니며 나머지 2/100는 거제물이라고 말한다. 순서를 보면 그가 십일조나 십일조의 거제물을 떼기 전에 먼저 거제물을 뗀 것을 알 수 있다. 3) 자기가 뗀 1/100이 십일조인데 아직 떼지는 않았지만 전체에 붙어 있는 9/100도 십일조라고 말한다. 결과적으로 1/10을 십일조로 드렸지만, 실제적으로 1/100만 떼는 행위이다. 4) 자기가 뗀 1/100은 십일조 가운데 거제물로 따로 떼는 것이라고 말한다. 이것은 십일조의 거제물이니 아까 떼어놓은 거제물과 함께 제사장에게 바친다. 5) 할라와 둘째 십일조에 대한 논의가 따라오는데 이것은 후대에 첨가한 듯하다.

### 5, 3
제빵사에게 산 빵의 십일조 문제를 추가로 설명한다.

---

הַלּוֹקֵחַ מִן הַנַּחְתּוֹם, מְעַשֵּׂר מִן הַחַמָּה עַל הַצּוֹנֶנֶת, וּמִן הַצּוֹנֶנֶת עַל הַחַמָּה,
אֲפִלּוּ מִטְּפוּסִין הַרְבֵּה, דִּבְרֵי רַבִּי מֵאִיר. רַבִּי יְהוּדָה אוֹסֵר, שֶׁאֲנִי אוֹמֵר,
חִטִּים שֶׁל אֶמֶשׁ הָיוּ מִשֶּׁל אֶחָד, וְשֶׁל הַיּוֹם הָיוּ מִשֶּׁל אַחֵר. רַבִּי שִׁמְעוֹן אוֹסֵר
בִּתְרוּמַת מַעֲשֵׂר, וּמַתִּיר בְּחַלָּה:

---

제빵사에게 (빵을) 사는 이는 다양한 종류로 되어 있더라도 차가운 빵 대신 따뜻한 빵을, 혹은 따뜻한 빵 대신에 차가운 빵을 십일조로 줄 수 있다. 메이르 랍비가 그렇게 말한다. 그러나 예후다 랍비는 그것

을 금지한다. 어제의 밀과 오늘의 밀이 서로 다른 사람의 것일 수 있기 때문이다.[19)] 쉼온 랍비는 십일조의 거제물로는 금지하지만 할라로는 허용한다.

- 메이르 랍비는 암 하아레쯔인 제빵사에게 산 빵에서 십일조를 뗄 때 어제 구워서 식은 빵과 오늘 구워서 따뜻한 빵을 구별할 필요가 없고 그 모양이 달라도 상관없다고 주장한다. 그는 제빵사의 신분에 초점을 맞추고 있다.

- 예후다 랍비는 그 제빵사가 어제는 십일조를 뗀 밀가루를 사서 쓰고 오늘은 십일조를 떼지 않은 밀가루를 사서 썼을 가능성이 있기 때문에, 그럴 수 없다고 했다. 십일조를 떼지 않은 밀가루에 대한 십일조를 이미 십일조를 뗀 빵에서 다시 뗄 수는 없기 때문이다. 그는 빵의 재료에 초점을 맞추고 있다.

- 쉼온 랍비는 문제를 인식하고 중재안을 내놓는데 십일조의 거제물은 곡식을 추수하여 곡식단을 쌓을 때와 관련 있기 때문에 문제가 되고, 할라는 밀가루 반죽을 만들 때와 관련 있기 때문에 문제가 되지 않는다고 주장한다. 그는 특점 시점에 소유권이 누구에게 있었는지에 따라 판단하고 있다.

### 5, 4
빵장수에게 산 빵의 십일조를 설명한다.

---

הַלּוֹקֵחַ מִן הַפַּלְטֵר, מְעַשֵּׂר מִכָּל טִפּוּס וְטִפּוּס, דִּבְרֵי רַבִּי מֵאִיר. רַבִּי יְהוּדָה אוֹמֵר, מֵאַחַת עַל הַכֹּל. מוֹדֶה רַבִּי יְהוּדָה בַּלּוֹקֵחַ מִן הַמַּנְפּוֹל, שֶׁהוּא מְעַשֵּׂר מִכָּל אֶחָד וְאֶחָד:

---

19) 어제의 밀은 십일조로 바쳐진 것일 수 있고, 오늘의 밀은 십일조로 바쳐지지 않은 것일 수 있거나 그 반대일 수 있다는 말이다.

빵 가게에서 (빵을) 사는 이는 각 종류에 따라 십일조를 해야 한다. 메이르 랍비가 그렇게 말한다. 그러나 예후다 랍비는 말한다. 모든 (종류를) 위해서 한 종류에서 (십일조를 떼면 된다). 만일 그가 독점 상인으로부터[20] 샀다면 예후다 랍비도 종류에 따라 십일조를 해야 하는 것에 동의한다.

- 메이르 랍비는 빵의 종류가 다르면 십일조도 따로 떼어야 한다고 주장하는데 모양이 다르면 다른 제빵사가 만든 빵으로 추정할 수 있기 때문이다. 제빵사의 신분이 가장 중요하다.
- 예후다 랍비는 같은 제빵사도 다른 모양으로 빵을 만들 수 있다고 보고, 빵장수는 대개 제빵사 한 명에게 물건을 공급받는다고 본 것이다. 그러나 어떤 지역에 제빵사가 여럿이지만 빵장수는 한 명뿐이라면 종류에 따라 십일조를 따로 떼야 한다고 동의한다.

## 5, 5
가난한 자에게 음식을 살 때 드리는 십일조를 논의한다.

---

הַלּוֹקֵחַ מִן הֶעָנִי, וְכֵן הֶעָנִי שֶׁנָּתְנוּ לוֹ פְּרוּסוֹת פַּת אוֹ פִלְחֵי דְבֵלָה, מְעַשֵּׂר מִכָּל אֶחָד וְאֶחָד. וּבַתְּמָרִים וּבַגְּרוֹגְרוֹת, בּוֹלֵל וְנוֹטֵל. אָמַר רַבִּי יְהוּדָה, אֵימָתַי, בִּזְמַן שֶׁהַמַּתָּנָה מְרֻבָּה, אֲבָל בִּזְמַן שֶׁהַמַּתָּנָה מְעֶטֶת, מְעַשֵּׂר מִכָּל אֶחָד וְאֶחָד:

---

만일 가난한 이에게서 (음식을) 샀다면 그것이 빵조각이거나 무화과를 눌러 만든 과자이거나 상관없이 종류에 따라 십일조를 해야 한다. 그러나 대추야자나 말린 무화과를 샀다면 그는 그것을 함께 섞어

---

20) 독점 상인(מנפול, 만폴)은 여러 제빵사들에게 빵을 사서 판매를 독점하는 상인을 말한다.

서 십일조를 할 수 있다. 예후다 랍비는 말한다. [이 규정은] 언제 [적용해야 하는가]? 예물이 많은 경우에는 해당되며 예물이 적은 경우에는 종류대로 십일조를 해야 한다.

- 가난해서 구걸하여 받은 음식을 다른 사람에게 팔았다면 그 음식은 십일조를 뗀 것과 떼지 않은 것이 섞여 있을 가능성이 크다. 그러므로 종류별로 구분해서 십일조를 떼야 한다. 사실 그 가난한 자가 음식을 받으면서 십일조 문제를 확인하고 파는 것이 더 확실한 해결책이다.
- 그러나 드마이에 해당하는 음식을 논의하고 있으므로 대추야자나 무화과 말린 것 정도는 구분하지 않아도 좋다고 관대한 태도를 보이는 랍비들이 있다. 그러나 예후다 랍비는 너무 많은 양을 받아서 하나씩 골라내기 어려울 때만 섞어도 무방하며 적은 양이라면 따로 구분해야 한다고 주장한다.

## 5, 6

הַלּוֹקֵחַ מִן הַסִּיטוֹן וְחָזַר וְלָקַח מִמֶּנּוּ שְׁנִיָּה, לֹא יְעַשֵּׂר מִזֶּה עַל זֶה, אֲפִלּוּ מֵאוֹתוֹ הַסּוּג, אֲפִלּוּ מֵאוֹתוֹ הַמִּין. נֶאֱמָן הַסִּיטוֹן לוֹמַר, מִשֶּׁל אֶחָד הֵם:

만일 도매업자에게서 [농산물을] 샀고 또다시 그에게 샀다면 비록 동일한 그릇에 동일한 종류라 하더라도 첫 번째 생산물의 십일조가 두 번째 생산물을 대신할 수 없다. 그러나 도매업자가 그 둘을 한 사람에게서 구입한 것이라고 말한다면 그를 신뢰할 수 있다.

- 어떤 사람이 도매업자가 파는 농산물을 두 번에 걸쳐서 샀는데 그것이 같은 작물이고 같은 그릇에서 가져왔다 하더라도, 십일조를 따로

떼어야 한다. 왜냐하면 그 상인은 도매업자이기 때문에 십일조를 떼는 생산자와 떼지 않는 생산자에게서 물건을 조달받기 때문이다.

- 물론 도매업자가 자기가 판매하는 물건이 한 사람에게 구입했다고 한다면 그를 믿어도 좋으며 그에 따라 구매한 농산물 전체에 대한 십일조를 떼면 된다.

## 5, 7

הַלּוֹקֵחַ מִבַּעַל הַבַּיִת וְחָזַר וְלָקַח מִמֶּנּוּ שְׁנִיָּה, מְעַשֵּׂר מִזֶּה עַל זֶה, אֲפִלּוּ מִשְׁתֵּי קֻפּוֹת, אֲפִלּוּ מִשְׁתֵּי עֲיָרוֹת. בַּעַל הַבַּיִת שֶׁהָיָה מוֹכֵר יָרָק בַּשּׁוּק, בִּזְמַן שֶׁמְּבִיאִין לוֹ מִגִּנּוֹתָיו, מְעַשֵּׂר מֵאַחַת עַל הַכֹּל. וּמִגִּנּוֹת אֲחֵרוֹת, מְעַשֵּׂר מִכָּל אֶחָד וְאֶחָד:

만일 밭주인에게 〔농산물을〕 샀고 또다시 그에게 샀다면 비록 바구니가 둘이고 두 마을의 것이라도 첫째 생산물의 십일조가 둘째 생산물을 대신할 수 있다. 만일 밭주인이 자신의 밭에서 가져간 채소를 시장에서 판다면 모든 〔농산물에〕 대해 십일조를 한 번만 떼면 된다. 그러나 다른 밭에서 가져간 것이라면 각각 십일조를 해야 한다.

- 어떤 사람이 암 하아레쯔인 밭주인에게 농산물을 두 번에 걸쳐서 샀다면 서로 다른 바구니에 들어 있었고 다른 밭에서 재배한 것이라도, 구입한 농산물 전체에 대한 십일조를 한꺼번에 떼어도 무방하다. 밭주인이 십일조를 떼지 않았을 것으로 간주하기 때문에, 십일조를 뗀 것과 떼지 않은 것을 구별할 필요가 없다. 암 하아레쯔인 밭주인이 시장에서 파는 농산물을 구입할 때도 마찬가지다.
- 그러나 암 하아레쯔인 밭주인이 서로 다른 밭에서 가져온 물건을 팔고 있었다면 다른 주인이 생산한 농산물이 있을 수 있기 때문에, 따로 구분해서 십일조를 떼어야 한다.

**5, 8**

셋째부터 일곱째 미쉬나까지 논의한 내용을 결산한다.

---

הַלּוֹקֵחַ טֶבֶל מִשְּׁנֵי מְקוֹמוֹת, מְעַשֵּׂר מִזֶּה עַל זֶה, אַף עַל פִּי שֶׁאָמְרוּ, אֵין
אָדָם רַשַּׁאי לִמְכֹּר טֶבֶל אֶלָּא לְצֹרֶךְ:

---

만일 십일조를 하지 않은 생산물을 두 군데서 샀다면 비록 〔랍비들이〕 꼭 필요한 경우에만 십일조를 하지 않은 생산물을 팔 수 있다고는 하지만, 첫째 생산물의 십일조가 둘째 생산물을 대신할 수 있다.

- 구매한 농산물이 십일조를 떼지 않았다는 것이 분명하다면 이 농산물을 두 장소에서 샀다고 하더라도, 구매한 물건 전체를 하나로 간주하고 십일조를 한 번만 떼어도 무방하다.
- 물론 유대 법전통을 잘 지키는 사람이라면 십일조를 떼지 않은 농산물을 판매하지 않을 것이다. 다른 사람이 그 물건을 먹고 죄를 짓게 만드는 행동이기 때문이다. 십일조를 떼지 않은 곡식은 어떤 사람이 실수로 이미 십일조를 뗀 곡식을 아직 떼지 않은 곡식과 섞어서 문제가 되는 경우에 팔 수 있다. 실수를 범한 사람은 이미 십일조를 뗀 곡식에서 다시 십일조를 뗄까 봐 섞인 곡식단에서 십일조를 뗄 수 없으므로 십일조를 떼지 않은 다른 곡식을 사서 적절한 양을 십일조로 내야 한다(예루살렘 탈무드).

**5, 9**

이방인이나 쿠타인에게 산 농산물의 십일조를 떼는 법을 논의한다.

---

מְעַשְּׂרִין מִשֶּׁל יִשְׂרָאֵל עַל שֶׁל נָכְרִי, מִשֶּׁל נָכְרִי עַל שֶׁל יִשְׂרָאֵל, מִשֶּׁל
יִשְׂרָאֵל עַל שֶׁל כּוּתִים, מִשֶּׁל כּוּתִים עַל שֶׁל כּוּתִים. רַבִּי אֱלִיעֶזֶר אוֹסֵר מִשֶּׁל
כּוּתִים עַל שֶׁל כּוּתִים:

---

이방인에게 산 〔생산물의〕 십일조를 이스라엘 사람에게 산 것으로, 이스라엘 사람에게 산 〔생산물의 십일조를〕 이방인에게서 〔산 것으로〕, 쿠타인에게서 산 〔생산물의 십일조를〕 이스라엘 사람에게 산 것으로, 쿠타인에게 산 〔생산물의 십일조를 다른〕 쿠타인에게 산 것으로 낼 수 있다. 엘리에제르 랍비는 쿠타인에게서 산 〔생산물의 십일조를 다른〕 쿠타인에게 산 것으로 내는 것을 금지한다.

- 이방인이 길렀어도 이스라엘 땅에서 수확한 곡식은 십일조를 내야 한다. 그러나 이방인은 십일조를 내지 않았을 것이 분명하다. 이 곡식의 십일조를 낼 때 이스라엘 사람이지만 아직 십일조를 떼지 않은 곡식을 사서 십일조를 내도 무방하다. 둘 다 십일조를 내지 않은 물건이기 때문이다. 반대 경우도 마찬가지로 판단할 수 있다.
- 쿠타인이란 사마리아인을 부르는 호칭인데, 이들은 자기들이 먹는 음식에서는 십일조를 떼지만 판매하는 곡식에서는 십일조를 떼지 않는 것으로 알려져 있다. 그러므로 쿠타인에게 산 물건의 십일조를 이스라엘 사람이 팔았지만 십일조를 떼지 않은 것으로 대신하거나, 쿠타인에게 산 곡식의 십일조를 다른 쿠타인이 판 곡식에서 떼는 것이 가능하다.
- 엘리에제르 랍비는 쿠타인들 중에서도 판매하는 곡식에서 십일조를 떼는 사람들이 있다고 생각한다. 그러므로 쿠타인이 파는 모든 곡식도 십일조를 떼었는지 따로 확인해야 한다고 주장한다.

5, 10
화분에서 기른 농산물에서 거제나 십일조를 떼는 경우를 설명한다.

עָצִיץ נָקוּב, הֲרֵי זֶה כָּאָרֶץ. תָּרַם מֵהָאָרֶץ עַל עָצִיץ נָקוּב, מֵעָצִיץ נָקוּב עַל
הָאָרֶץ, תְּרוּמָתוֹ תְּרוּמָה. מִשֶּׁאֵינוֹ נָקוּב עַל הַנָּקוּב, תְּרוּמָה, וְיַחֲזוֹר וְיִתְרֹם.
מִן הַנָּקוּב עַל שֶׁאֵינוֹ נָקוּב, תְּרוּמָה, וְלֹא תֵאָכֵל עַד שֶׁיּוֹצִיא עָלֶיהָ תְּרוּמוֹת
וּמַעַשְׂרוֹת:

구멍 난 화분은 땅과 같이 취급한다. [어떤 사람이] 땅에서 [자란 농산물로] 구멍 난 화분에서 [생산한 농산물에 대한] 거제물을 드렸다면 구멍 난 화분에서 [자란 생산물로] 땅에서 [자란 생산물에 대한] 거제물을 드렸다면 그 거제물은 유효하다. 구멍 나지 않은 [화분에서 자란] 것으로 구멍 난 [화분에서 자란 생산물에 대한 거제물을 냈다면], 그 거제물은 유효하지만, 거제물을 다시 드려야 한다. 구멍 난 [화분에서 자란] 것으로 구멍 나지 않은 [화분에서 자란] 것에 대한 거제물을 드려도 유효하다. 그러나 거제물과 십일조를 구별해놓기 전에는 먹을 수 없다.

- 어떤 사람이 바닥에 구멍이 난 화분에서 생산한 농산물은 땅에서 기른 것과 동일하다고 간주한다. 그러므로 토라의 규정에 따라 구멍 난 화분에서 기른 농산물에서 거제와 십일조를 떼어 성전에 내야 한다. 구멍이 나지 않은 화분에서 기른 농산물은 여기에 해당하지 않으나, 랍비들의 전통에 따르면 역시 거제와 십일조를 떼는 것이 좋다.
- 이런 이유로 어떤 사람이 땅에서 자란 농산물로 구멍 난 화분에서 기른 농산물에 대한 거제물을 드렸거나 그 반대의 경우라고 해도, 그 거제물은 유효하다.
- 구멍 나지 않은 화분에서 자란 것으로 구멍 난 화분에서 자란 농산물에 대한 거제물을 냈다면 일단 그 제물은 거제물로 유효하다. 어떤 사람이 거제물로 선언한 것은 취소할 수 없기 때문이다. 그러나 그는 구멍 난 화분에서 자란 농산물에 대한 거제를 적법하게 떼지

않았으므로 그 거제물을 다시 떼어 바쳐야 한다.

- 구멍 난 화분에서 자란 것으로 구멍 나지 않은 화분에서 자란 것에 대한 거제물을 냈다면 역시 일단 그 제물은 거제물로 유효하다. 그러나 이 거제물은 누구도 먹을 수 없다. 그 거제물은 구멍 나지 않은 화분에 자라서 거제물을 드려야 할 의무가 있는 농산물로 구멍이 나지 않은 화분에서 자라 거제물을 드릴 의무가 없는 농산물을 대신해서 구별했으므로 그가 거제물이라고 선언한 농산물은 기술적으로 십일조를 떼지 않은 곡물과 같다. 그러므로 거제물과 십일조를 떼기 전에는 제사장이나 레위인이 먹을 수 없다.

### 5, 11

드마이인 농산물과 일반 농산물의 거제를 떼는 일을 설명한다.

---

תָּרַם מִן הַדְּמַאי עַל הַדְּמַאי, מִדְּמַאי עַל הַוַּדַּאי, תְּרוּמָה, וְיַחֲזֹר וְיִתְרֹם. מִן הַוַּדַּאי עַל הַדְּמַאי, תְּרוּמָה, וְלֹא תֵאָכֵל עַד שֶׁיּוֹצִיא עָלֶיהָ תְּרוּמוֹת וּמַעַשְׂרוֹת:

---

만일 어떤 사람이 드마이 생산물을 위해 〔다른〕 드마이 생산물에서 거제물을 드렸거나, 확실히 십일조를 드리지 않은 생산물을 위해 드마이 생산물에서 거제물을 드릴 경우 그 거제물은 유효하다. 그러나 그는 거제물을 다시 드려야 한다. 드마이 생산물을 위해 십일조로 드려지지 않은 생산물에서 거제물을 드린다면 그 거제물은 유효하다. 그러나 봉헌물과 십일조를 구별해놓기 전에는 먹을 수 없다.

- 드마이인 농산물은 랍비들의 전통에 따라 십일조와 거제물을 드려야 하지만, 분명히 십일조를 떼지 않은 농산물은 토라의 규정에 따라 십일조와 거제물을 떼어야 한다.

- 어떤 사람이 드마이인 농산물로 드마이인 농산물을 위한 거제물을 드렸거나, 확실히 십일조를 드리지 않은 농산물의 거제물을 드렸다면 일단 그가 거제물로 선포한 것은 유효하다. 그러나 드마이인 농산물이 다른 드마이나 분명히 십일조를 떼지 않은 농산물을 대신할 수 없으므로 다시 가서 거제를 떼어 바쳐야 한다(열째 미쉬나).
- 분명히 십일조를 드려야 할 농산물로 십일조를 드려야 할지 의심스러운 드마이 농산물을 위해 드렸다면 그 거제물은 유효하지만 먹을 수 없다. 그는 가서 십일조를 드려야 할 농산물에서 십일조와 거제물을 적법하게 떼어 바쳐야 한다(열째 미쉬나).

## 제6장

### 6, 1

농지를 빌려서 농산물을 수확했을 때 소작농과 지주는 특정한 비율로 수확물을 나누거나 아니면 일정한 양의 수확물을 주고받기로 정하는데[21] 이때 십일조와 거제물을 바치는 방법을 설명한다.

---

הַמְקַבֵּל שָׂדֶה מִיִּשְׂרָאֵל, מִן הַנָּכְרִי וּמִן הַכּוּתִי, יְחַלֵּק לִפְנֵיהֶם. הַחוֹכֵר שָׂדֶה מִיִּשְׂרָאֵל, תּוֹרֵם וְנוֹתֵן לוֹ. אָמַר רַבִּי יְהוּדָה, אֵימָתַי, בִּזְמַן שֶׁנָּתַן לוֹ מֵאוֹתָהּ הַשָּׂדֶה וּמֵאוֹתוֹ הַמִּין, אֲבָל אִם נָתַן לוֹ מִשָּׂדֶה אַחֶרֶת אוֹ מִמִּין אַחֵר, מְעַשֵּׂר וְנוֹתֵן לוֹ:

---

만일 [어떤 사람이] 이스라엘인이나 이방인이나 쿠타인의 밭을 임

---

21) 본문에서 사용한 '임대하다'(קבל)는 동사는 수확물을 일정 비율로 나누는 방법(병작법)과 정해진 양을 납부하는 방법(도작법/정도법)을 모두 가리킬 수 있으나, '빌리다'(חכר)는 동사는 정해진 양을 납부하는 방법을 가리킨다.

대했다면 〔십일조를 떼기 전에〕 그들 앞에서 〔미리 정한 비율로 농산물을〕 나누어야 한다. 만일 이스라엘인에게 빌렸다면 〔먼저〕 거제물을 구별하여 드리고 그의 〔몫을〕 주어야 한다. 예후다 랍비는 말한다. 언제 〔그렇게 처리하는가?〕 동일한 밭이나 동일한 종류의 생산물을 줄 때 〔이 규정을 적용한다〕. 만일 다른 밭이나 다른 종류의 생산물을 줄 경우 그는 십일조를 구별하고 나서 주어야 한다.

- 어떤 사람이 이스라엘 사람이나 이방인 또는 쿠타인이라고 부르는 사마리아인의 밭을 임대하고 일정 비율로 작물을 나누기로 했다면 특정 비율의 수확물은 처음부터 농사짓는 사람의 소유가 아니다. 그러므로 계약에 따라 수확물을 나눈 다음에 십일조와 거제를 뗀다.
- 어떤 사람이 이스라엘인의 밭을 임대하고 일정한 양을 밭주인에게 주기로 했다면 수확물 전체가 농사를 지은 사람의 소유였다가 그 일부의 소유권이 밭주인에게 돌아가는 셈이다. 그러므로 먼저 거제물을 떼고 밭주인의 몫을 주어야 한다. 그러나 랍비들은 소작농의 처지를 고려하여 지주가 유대인일 때 십일조는 각자 떼도록 규정했다.
- 예후다 랍비는 이런 관대한 결정에 반대하며 동일한 밭에서 생산한 동일한 수확물로 밭주인의 몫을 줄 때는 처음부터 밭주인의 소유로 볼 수도 있으니 이 십일조 규정을 적용하지만, 만일 밭주인의 몫을 다른 밭에서 자란 다른 작물로 주고자 할 때는 십일조도 먼저 떼고 주어야 한다고 주장한다.

### 6, 2

이방인에게 밭을 임대한 경우에 관해 논의한다.

---

הַחוֹכֵר שָׂדֶה מִן הַנָּכְרִי, מְעַשֵּׂר וְנוֹתֵן לוֹ. רַבִּי יְהוּדָה אוֹמֵר, אַף הַמְקַבֵּל שָׂדֶה אֲבוֹתָיו מִן הַנָּכְרִי, מְעַשֵּׂר וְנוֹתֵן לוֹ:

만일 이방인에게 밭을 빌렸다면 십일조를 떼고 그의 [몫을] 주어야한다. 예후다 랍비는 말한다. 그가 조상들의 밭을 이방인에게 빌렸다고 하더라도 십일조를 떼고 그의 [몫을] 주어야 한다.

- 어떤 사람이 정해진 양의 수확물을 주기로 하고 이방인의 밭을 빌렸을 경우, 그 주인은 십일조나 거제를 떼지 않을 것이 분명하므로 먼저 십일조와 거제물을 떼고 지주와 계약한 몫을 주어야 한다. 그 땅은 법적으로 이방인 지주의 소유이지만, 그 땅이 이스라엘 안에 있다면 십일조와 거제를 떼어야 한다.
- 예후다 랍비는 원래 이스라엘 사람의 소유였다가 현재 이방인이 소유한 밭을 빌렸다고 해도, 같은 방법으로 십일조와 거제물을 떼고 지주의 몫을 주어야 한다고 주장한다. 후대 랍비들은 이런 규정을 지키면서 유대인 농부가 조상의 땅을 되사고 싶은 마음이 들도록 하기 위해서라고 설명한다.

## 6, 3

제사장이나 레위인이 결부된 소작계약에 관해 논의한다.

---

כֹּהֵן וְלֵוִי שֶׁקִּבְּלוּ שָׂדֶה מִיִּשְׂרָאֵל, כְּשֵׁם שֶׁחוֹלְקִין בַּחֻלִּין כָּךְ חוֹלְקִין בַּתְּרוּמָה.
רַבִּי אֱלִיעֶזֶר אוֹמֵר, אַף הַמַּעַשְׂרוֹת שֶׁלָּהֶן, שֶׁעַל מְנָת כֵּן בָּאוּ:

---

만일 제사장이나 레위인이 이스라엘인에게 밭을 임대했다면 [밭주인은] 일반 농산물을 나누고 거제물도 나누어야 한다. 엘리에제르 랍비는 말한다. 십일조는 그들의 것이니 그런 조건에서 [일을 하러] 왔기 때문이다.

- 만약 제사장이나 레위인이 이스라엘 사람의 밭을 임대했다면 수확

할 때 그 제사장이나 레위인이 먼저 십일조와 거제물을 떼어 자기 것이라고 주장할 수 없으며 일반 농사물을 나누고 거제물을 떼어야 한다(일정 비율로 지대를 지급하는 계약). 지주는 나중에 뗀 십일조와 거제물을 자신이 원하는 제사장이나 레위인에게 줄 수 있다. 엘리에제르 랍비는 이 규정에 반대한다.

## 6, 4

제사장이나 레위인에게 밭을 임대한 경우의 십일조를 논의한다.

---

יִשְׂרָאֵל שֶׁקִּבֵּל מִכֹּהֵן וּמִלֵּוִי, הַמַּעַשְׂרוֹת לַבְּעָלִים. רַבִּי יִשְׁמָעֵאל אוֹמֵר,
הַקַּרְתָּנִי שֶׁקִּבֵּל שָׂדֶה מִירוּשַׁלְמִי, מַעֲשֵׂר שֵׁנִי שֶׁל יְרוּשַׁלְמִי. וַחֲכָמִים אוֹמְרִים,
יָכוֹל הוּא הַקַּרְתָּנִי לַעֲלוֹת וּלְאָכְלוֹ בִירוּשָׁלָיִם:

---

만일 이스라엘인이 제사장이나 레위인에게 밭을 임대한 경우 십일조는 밭주인의 것이다. 이쉬마엘 랍비는 말한다. 만일 〔어떤〕 지역 주민이 예루살렘 사람에게 밭을 빌렸다면 둘째 십일조는 예루살렘 사람의 것이다. 그러나 랍비들은 말한다. 그 지역 주민은 예루살렘으로 올라가서 먹을 수 있다.

- 제사장이나 레위인이 지주인 밭을 일반 유대인이 임대한 경우, 지주가 봉헌물을 받는 것으로 생각했을 것이며 그러므로 먼저 거제물(제사장 지주)과 십일조(레위인 지주)를 떼고 나서 소작료를 정산한다 (정해진 양을 납부하기로 한 계약).
- 둘째 십일조는 원래 예루살렘으로 가져와서 소비해야 한다. 이쉬마엘 랍비는 예루살렘 지주의 밭을 일반 유대인이 임대했을 때 지주가 둘째 십일조를 받는 것으로 생각했을 것이며 그러므로 둘째 십일조를 떼고 난 뒤에 소작료를 정산해야 한다고 주장한다. 그러나 다른

랍비들은 반대하면서, 둘째 십일조는 농사를 지은 자가 소비해야 한다고 주장한다.

## 6, 5

제사장이나 레위인의 올리브 밭을 임대한 경우를 논의한다.

---

הַמְקַבֵּל זֵיתִים לְשֶׁמֶן, כְּשֵׁם שֶׁחוֹלְקִין בַּחֻלִּין כָּךְ חוֹלְקִין בַּתְּרוּמָה. רַבִּי יְהוּדָה אוֹמֵר, יִשְׂרָאֵל שֶׁקִּבֵּל מִכֹּהֵן וּמִלֵּוִי זֵיתִים לְשֶׁמֶן לְמַחֲצִית שָׂכָר, הַמַּעַשְׂרוֹת לַבְּעָלִים:

---

만일 어떤 사람이 기름을 얻기 위해 올리브 밭을 임대했다면〔그 사람과 주인은〕일반 농산물을 나누고 거제물을 나누어야 한다. 예후다 랍비는 말한다. 만일 이스라엘인이 기름을 얻기 위해 제사장이나 레위인에게 올리브 밭을 임대했고〔이득의〕절반을 보수로 받기로 했다면 십일조는 주인에게 속한다.

- 이 미쉬나는 넷째 미쉬나의 문맥에 이어 제사장이나 레위인이 소유한 올리브 밭을 일반 유대인이 임대한 상황으로 이해한다. 그러나 법 규정은 반대되는데 올리브 밭일 경우 일반 농산물을 먼저 나누어 소작료를 정산하고 각자 거제물과 십일조를 해결한다. 관례적으로 기름은 먼저 수확하여 기름을 짠 다음에 거제와 십일조를 떼지만, 곡식은 거제와 십일조를 뗀 다음 방앗간에 가서 밀가루로 만든다. 소작인은 나중에 거제물과 십일조를 떼어 본인이 원하는 제사장이나 레위인에게 준다.
- 예후다 랍비는 반대하며 기름도 곡식과 마찬가지로 제사장이나 레위인 지주가 거제와 십일조를 받고, 나머지를 대상으로 소작료를 정산한다고 주장한다.

## 6, 6

올리브 열매를 판매하는 일과 관련된 규정을 설명한다.

---

בֵּית שַׁמַּאי אוֹמְרִים, לֹא יִמְכֹּר אָדָם אֶת זֵיתָיו אֶלָּא לְחָבֵר. בֵּית הִלֵּל
אוֹמְרִים, אַף לְמַעֲשֵׂר. וּצְנוּעֵי בֵית הִלֵּל הָיוּ נוֹהֲגִין כְּדִבְרֵי בֵית שַׁמַּאי:

---

샴마이 학파는 말한다. 동료에게만[22] 올리브를 팔 수 있다. 힐렐 학
파는 말한다. 십일조를 하는 이에게도 [팔 수 있다]. 하지만 힐렐 학파
중 신중한 이들은 샴마이 학파의 말에 따라 행동하기도 했다.

- 다섯째 미쉬나에 따르면 올리브는 거제와 십일조를 떼기 전에 기름
  짜는 공정을 시행한다. 그러므로 성물을 떼지 않은 올리브 열매는 유
  대 법전통을 잘 지키는 동료(חבר, 하베르)에게만 판매해야 한다는
  것이 샴마이 학파의 주장이다. 그렇지 않은 사람이 사서 성물을 부정
  하게 만들 수 있기 때문이다.
- 힐렐 학파는 조금 관대한 태도를 보이며 동료는 아니더라도 십일조
  만 적법하게 납부하는 사람이라면 올리브를 팔아도 좋다고 주장한
  다. 그 사람이 기름을 짜지 않고 음식으로 먹을 수도 있기 때문이다.
  그러나 힐렐 학파에 속한 사람들 중 일부는 샴마이 학파의 주장을
  따라 행동하기도 했다.

## 6, 7

함께 포도주 틀에서 포도주를 짜는 상황에 관해 논의한다.

---

22) 동료(חבר, 하베르)는 십일조를 적법하게 낼 뿐만 아니라 정결법을 유의해서
   지키기 때문에 일반 음식도 정결한 상태에서만 먹는 사람을 가리킨다.

שְׁנַיִם שֶׁבָּצְרוּ אֶת כַּרְמֵיהֶם לְתוֹךְ גַּת אַחַת, אֶחָד מְעַשֵּׂר וְאֶחָד שֶׁאֵינוֹ
מְעַשֵּׂר, הַמְעַשֵּׂר מְעַשֵּׂר אֶת שֶׁלּוֹ, וְחֶלְקוֹ בְּכָל מָקוֹם שֶׁהוּא:

두 사람이 각각 자기 포도원에서 수확하여 〔생산한 포도를〕 포도주
를 하나로 가져갔는데 한 사람은 십일조를 하고 다른 사람은 하지 않
은 경우, 십일조를 한 사람은 그의 것에 대한 십일조를 내고 자기 몫에
대한 〔십일조도 내야 하니〕 얼마가 되든지 상관없다.

- 십일조를 낸 사람은 그가 실제로 가져가는 자기 몫에 대한 십일조와
  원래 가져왔던 포도에 대한 십일조를 모두 내야 한다. 그가 가져온
  포도에서 나온 포도주가 다른 사람의 손에 들어간다면 그것은 십일
  조를 하지 않은 농산물을 파는 것과 같은 결과가 되기 때문에(「드마
  이」 2, 2), 십일조를 하지 않는 사람이 가져가는 몫까지 십일조를 떼
  야 한다.

### 6, 8
밭 하나를 공동으로 경작한 상황에 관해 논의한다.

שְׁנַיִם שֶׁקִּבְּלוּ שָׂדֶה בַּאֲרִיסוּת, אוֹ שֶׁיָּרְשׁוּ אוֹ שֶׁנִּשְׁתַּתְּפוּ, יָכוֹל הוּא לוֹמַר, טֹל
אַתָּה חִטִּים שֶׁבְּמָקוֹם פְּלוֹנִי וַאֲנִי חִטִּים שֶׁבְּמָקוֹם פְּלוֹנִי, אַתָּה יַיִן שֶׁבְּמָקוֹם
פְּלוֹנִי וַאֲנִי יַיִן שֶׁבְּמָקוֹם פְּלוֹנִי. אֲבָל לֹא יֹאמַר לוֹ, טֹל אַתָּה חִטִּים וַאֲנִי
שְׂעוֹרִים, טֹל אַתָּה יַיִן וַאֲנִי אֶטֹּל שֶׁמֶן:

만일 두 사람이 밭 하나를 빌렸거나[23] 그것을 상속받았거나 동업
을 한 경우, "당신이 이곳에서 밀을 가져간다면 저는 저곳에서 가져
갈 것입니다"라든지 "당신이 이곳에서 포도주를 가져간다면 저는 저

---

23) 미리 정한 비율로 수확물을 나누는 소작제도인 아리쑤트(אריסות)를 말한다.

곳에서 포도주를 가져가겠습니다"라고 말할 수 있다. 그러나 "당신이 밀을 가져가고 저는 보리를 가져가겠습니다"라든지 "당신이 포도주를 가져가고 저는 기름을 가져가겠습니다"라고 말할 수는 없다.

- 일곱째 미쉬나의 문맥을 이어 십일조를 떼는 사람과 떼지 않는 사람이 밭 하나를 공동으로 경작하게 되었을 때 그것이 임대나 상속이나 동업이나 상관없이, 미리 경작할 구역을 나누고 자기가 생산한 농산물에 대한 거제와 십일조를 스스로 책임지면 된다고 주장한다.
- 그러나 같은 밭에서 다른 작물들을 길러서 나누어 가지는 방법은 금지한다. 일단 공동 소유권이기 때문에 그중 일부 작물만 취하는 것이 불가능하며 같은 밭에 다른 작물을 심는 것도 불법이기 때문이다.

### 6, 9

암 하아레쯔인 아버지가 남긴 재산을 동료인 아들과 암 하아레쯔인 아들이 어떻게 나누어야 할지 설명한다.

---

חָבֵר וְעַם הָאָרֶץ שֶׁיָּרְשׁוּ אֶת אֲבִיהֶם עַם הָאָרֶץ, יָכוֹל הוּא לוֹמַר לוֹ, טֹל
אַתָּה חִטִּים שֶׁבְּמָקוֹם פְּלוֹנִי וַאֲנִי חִטִּים שֶׁבְּמָקוֹם פְּלוֹנִי, אַתָּה יַיִן שֶׁבְּמָקוֹם
פְּלוֹנִי וַאֲנִי יַיִן שֶׁבְּמָקוֹם פְּלוֹנִי. אֲבָל לֹא יֹאמַר לוֹ, טֹל אַתָּה חִטִּים וַאֲנִי
שְׂעוֹרִים, טֹל אַתָּה הַלַּח וַאֲנִי אֶטֹּל אֶת הַיָּבֵשׁ:

---

동료와 암 하아레쯔인 [아들들이] 암 하아레쯔인 아버지로부터 상속받았을 경우, 그는 그에게 이렇게 말할 수 있다: "당신이 이곳에서 밀을 가져간다면 저는 저곳에서 밀을 가져갈 것입니다." 혹은 "당신이 이곳에서 포도주를 가져간다면 저는 저곳에서 포도주를 가져가겠습니다." 그러나 "당신이 밀을 가져가고 저는 보리를 가져가겠습니다"라든지 "당신이 젖은 것을 가지고 저는 마른 것을 가지겠습니다"

라고 말할 수는 없다.

- 각각 동료와 암 하아레쯔인 아들들이 역시 암 하아레쯔인 아버지로 부터 상속받았을 경우, 여덟째 미쉬나와 마찬가지로 경작할 구역을 나누고 자기가 생산한 농산물에 대한 거제와 십일조를 내면된다.
- 역시 여덟째 미쉬나와 마찬가지로 두 아들이 농지가 아니라 작물을 기준으로 상속을 나눌 수 없으니 아버지에게 상속한 것은 농지이지 작물이 아니기 때문이다. 또 동료는 자기가 상속받은 농지에서 기른 농산물에서 십일조를 떼지 않은 작물을 암 하아레쯔인 형제에게 줌 으로써 그가 십일조를 떼지 않고 먹도록 방치하는 상황이 발생할 수 도 있기 때문에 금지하는 것이다. 젖은 농산물은 부정해질 수 있도록 준비된 상태이고 마른 농산물은 부정해질 수 없기 때문에 이 두 가 지를 서로 나누어 가지는 것도 금지되어 있다.

### 6, 10

이방인인 아버지의 재산을 개종자와 이방인인 아들들이 상속했을 경우에 관해 논의한다.

---

גֵּר וְגוֹי שֶׁיָּרְשׁוּ אֶת אֲבִיהֶם גּוֹי, יָכוֹל הוּא לוֹמַר, טֹל אַתָּה עֲבוֹדָה זָרָה וַאֲנִי מָעוֹת, אַתָּה יַיִן וַאֲנִי פֵרוֹת. וְאִם מִשֶּׁבָּאוּ לִרְשׁוּת הַגֵּר, אָסוּר:

---

개종자와 이방인인 [아들들이] 이방인인 아버지에게 상속받았을 경우, 그는 이렇게 말할 수 있다. "당신은 우상을 취하시고 저는 돈 을 취하겠습니다." 혹은 "당신은 포도주를 가져가고 저는 열매를 가져 가겠습니다." 그러나 재산이 개종자의 것이 된 후에는 그렇게 할 수 없다.

- 토라의 논리에 따르면 이방인이 개종을 하는 순간 그의 생물학적 아버지와 인연을 끊기 때문에 그의 재산을 상속할 수 없다. 그러나 랍비들은 개종 절차가 너무 부담이 되지 않도록 상속을 허락하며 그 대신 우상숭배와 관련이 있는 재산, 특히 포도주는 상속하지 말 것을 명령한다. 아홉째 미쉬나에서 동료와 암 하아레쯔인 형제는 정결법과 관련하여 부정한 것과 부정하지 않은 것을 나누지 못하도록 되어 있으나, 개종자와 이방인인 형제는 서로 나누어 가질 수 있도록 관대하게 규정하고 있다.

- 그러나 관대한 규정은 아직 소유권을 분명히 나누지 않았던 시점에서 적용 가능하며 소유권이 정해진 다음에는 바꾸거나 재분배할 수 없다. 유대인은 우상과 관련된 재산으로 이익을 볼 수 없기 때문이다.

### 6, 11

이스라엘 땅 밖에서 재배한 농산물을 구매하는 상황을 설명한다.

---

הַמּוֹכֵר פֵּרוֹת בְּסוּרְיָא, וְאָמַר מִשֶּׁל אֶרֶץ יִשְׂרָאֵל הֵן, חַיָּב לְעַשֵׂר. מְעַשְׂרִין הֵן, נֶאֱמָן, שֶׁהַפֶּה שֶׁאָסַר הוּא הַפֶּה שֶׁהִתִּיר. מִשֶּׁלִּי הֵן, חַיָּב לְעַשֵׂר, מְעַשְׂרִין הֵן, נֶאֱמָן, שֶׁהַפֶּה שֶׁאָסַר הוּא הַפֶּה שֶׁהִתִּיר. וְאִם יָדוּעַ שֶׁיֶּשׁ לוֹ שָׂדֶה אֶחָד בְּסוּרְיָא, חַיָּב לְעַשֵׂר:

---

만일 어떤 사람이 농산물을 쑤리아[24]에서 팔고 "그것은 이스라엘 산입니다"라고 말했다면 그는 십일조를 해야 한다. "그것은 십일조를 한 것입니다"라고 말한다면 그는 신뢰할 만하다. 금지시킨 입이 곧 허

---

24) 쑤리아(סוריא)는 랍비문학에서 이스라엘의 북쪽과 동쪽 지역을 가리키는 말이다. 구약성서에서 다윗왕이 아람 나하라임(נהריים)과 아람 쪼바(צובא)를 점령해서 이스라엘 영토로 만든 적이 있었기 때문에, 이스라엘 땅에 적용하는 법규정과 관련하여 중간적인 지위를 가진다. 쑤리아는 지중해 동부 해안과 이집트, 아라비아 반도, 킬리키아 남부를 경계로 하는 지역을 가리킨다.

용하는 입이기 때문이다.[25] "그것은 내가 직접 생산한 것입니다"라고 말했다면 십일조를 해야 한다. "그것은 십일조를 한 것입니다"라고 말한다면 그는 신뢰할 만하다. 금지시킨 입이 곧 허용하는 입이기 때문이다. 〔판매자가〕 시리아에 밭을 가지고 있다는 것이 알려지면 십일조를 해야 한다.

- 만약 어떤 사람이 쑤리아에서 농산물을 팔면서 이스라엘 작물이라고 말한다면 그의 말을 믿을 수 있는지 의심이 드는 드마이인 농산물과 같으므로 구매자인 유대인이 십일조를 뗄 수밖에 없다. 그러나 판매자가 십일조를 냈다고 말한다면 그 말을 신뢰하고 십일조를 떼지 않아도 좋다. 판매자가 자기의 물건이 이스라엘 작물이라고 말할 때 십일조와 관련해서 불리한 언급을 했고 마치 구입을 '금지'하는 의미로 말했기 때문에 그는 정직한 사람이고, 자기가 십일조를 이미 떼었다고 '허용'하는 말을 해도 믿을 수 있다는 것이다.
- 만약 판매자가 유대인인데 쑤리아 땅에서 기른 작물이라고 한다면 구매자가 십일조를 해야 한다. 이방인이 이방인의 땅에서 기른 작물은 십일조나 거제를 뗄 의무가 없지만, 유대인이 중간적인 지위를 가진 쑤리아에서 기른 작물은 동일한 십일조와 거제 관련법을 적용하기 때문이다. 그러나 판매자가 십일조를 이미 떼었다고 말하면 신뢰해도 좋으니 금지한 입이 허용하는 입이기 때문이다.
- 판매자가 쑤리아에서 일만 한 것이 아니라 자기 땅을 소유하고 있다면 이 경우에는 금지한 입과 허용하는 입의 원리를 적용할 수 없다. 왜냐하면 이 경우에 판매하는 농산물에 대한 증언이 단순히 판매자의 말뿐이 아니라 이미 확인된 사실이 있기 때문이다. 무조건 십일조

---

25) 그 생산물은 이스라엘산이기 때문에 십일조를 해야만 한다고 말한다로 금지시킨 것이며, 십일조는 이미 한 것이라고 말한다로 허용하게 한 것을 말한다.

를 해야 한다.

## 6, 12

암 하아레쯔인 고용주를 위해 농산물을 구매하는 동료의 경우를 설명한다.

עַם הָאָרֶץ שֶׁאָמַר לְחָבֵר, קַח לִי אֲגֻדַּת יָרָק, קַח לִי גִלְסְקָן אֶחָד, לוֹקֵחַ סְתָם
וּפָטוּר. וְאִם אָמַר, שֶׁלִּי זֶה, וְזֶה שֶׁל חֲבֵרִי, וְנִתְעָרְבוּ, חַיָּב לְעַשֵּׂר, וַאֲפִלוּ הֵן
מֵאָה:

만일 암 하아레쯔가 동료에게 "나를 위해 채소 한 묶음을 사오십시오"라든지 "나를 위해 빵 한 덩어리를 사오십시오"라고 말했다면 그는 〔십일조를 뗐는지〕 고려하지 않고 구입하고, 〔모든 책임에서〕 면제받는다. 그러나 "이것은 나 자신을 위해 사는 것이고, 이것은 내 친구를 위해서 사는 것입니다"라고 말했고, 〔그것들이〕 서로 섞였다면 〔친구의 것이 자신의 것보다〕 100〔배가〕 많더라도 십일조를 해야 한다.

- 암 하아레쯔가 실질 구매자이며 동료가 대리인으로 농산물이나 음식을 구매할 때 동료인 대리인은 구매하는 물건이 십일조를 뗐는지 확인할 필요가 없고, 또 자기가 구매한다고 해서 십일조를 직접 뗄 필요도 없다. 왜냐하면 구매한 물건이 동료의 소유가 된 적이 없기 때문이며 암 하아레쯔인 구매자가 직접 구매하는 것과 마찬가지기 때문이다.
- 그러나 동료인 대리인이 자기의 것과 구매자의 것을 따로 구매한다고 했다가 물건이 섞여버렸다면 그는 구매한 물건 전체에 대한 십일조를 떼어 바쳐야 한다. 아무리 양이 많아도 어쩔 수 없다.

제7장

7, 1

십일조를 떼는 사람이 그렇지 않은 친구와 안식일 식사를 함께 하려는 상황을 논의한다.

---

הַמַּזְמִין אֶת חֲבֵרוֹ שֶׁיּאכַל אֶצְלוֹ, וְהוּא אֵינוֹ מַאֲמִינוֹ עַל הַמַּעַשְׂרוֹת, אוֹמֵר מֵעֶרֶב שַׁבָּת, מַה שֶׁאֲנִי עָתִיד לְהַפְרִישׁ מָחָר, הֲרֵי הוּא מַעֲשֵׂר, וּשְׁאָר מַעֲשֵׂר סָמוּךְ לוֹ, זֶה שֶׁעָשִׂיתִי מַעֲשֵׂר עָשׂוּי תְּרוּמַת מַעֲשֵׂר עָלָיו, וּמַעֲשֵׂר שֵׁנִי בִּצְפוֹנוֹ אוֹ בִדְרוֹמוֹ, וּמְחֻלָּל עַל הַמָּעוֹת:

---

만일 어떤 사람이 [안식일에] 함께 식사하려고 친구를 초대했는데 그 친구가 십일조와 관련하여 그를 신뢰할 수 없는 경우, 안식일 저녁에 이렇게 말할 수 있다: "내가 내일 구별해놓는 것은 십일조가 될 것이며 십일조의 나머지 부분은 그 옆에 둘 것이다. 내가 십일조로 구분해놓은 것은 그것을 위한 십일조의 거제물이 될 것이다. 둘째 십일조는 북쪽이나 남쪽에 있고 돈으로 바꿀 것이다."

- 십일조 규정을 잘 지키는 사람이 그렇지 않은 사람에게 초대를 받아서 안식일 식사를 함께 하게 되었다면 안식일에는 십일조를 떼는 일을 할 수 없으므로 미리 조치를 취해야 한다. 그리고 초대자가 실제로 십일조를 떼는지 확인할 수 없으므로 드마이 관련법이 적용된다 (십일조는 미리 떼지만 거제는 떼지 않는다).
- 십일조 규정을 잘 지키는 사람은 먼저 1) 금요일에 먹을 음식의 1/100이 십일조이며 나머지 9/100도 그 옆에 있다고 선포한다. 합계는 1/10이 된다. 2) 십일조로 선포한 1/100이 십일조에 대한 거제물이라고 선포한다. 그리고 3) 둘째 십일조는 첫째 십일조 북쪽이나 남쪽에 있

는 것이라고 선포하고, 이것은 돈으로 무를 것이라고 말한다.

- 안식일이 되어 식사할 때는 십일조의 거제물로 선포한 1/100만 제외하고 다른 부분을 모두 먹어도 된다. 왜냐하면 드마이인 음식이므로 나머지 9/100는 주인이 취해도 무방하다. 둘째 십일조도 먹을 수 있으니 돈으로 무를 것이기 때문이다.

### 7, 2

첫째 미쉬나와 같은 상황에서 포도주를 마실 경우를 설명한다.

---

מָזְגוּ לוֹ אֶת הַכּוֹס, אוֹמֵר, מַה שֶׁאֲנִי עָתִיד לְשַׁיֵּר בְּשׁוּלֵי הַכּוֹס, הֲרֵי הוּא
מַעֲשֵׂר, וּשְׁאָר מַעֲשֵׂר סָמוּךְ לוֹ, זֶה שֶׁעָשִׂיתִי מַעֲשֵׂר עָשׂוּי תְּרוּמַת מַעֲשֵׂר
עָלָיו, וּמַעֲשֵׂר שֵׁנִי בְּפִיו, וּמְחֻלָּל עַל הַמָּעוֹת:

---

[안식일에] 잔을 채우는 경우 이렇게 말해야 한다. "내가 잔 아랫부분에 남겨두는 것은 십일조가 될 것이며 십일조의 나머지 부분은 그 옆에 둘 것이다. 내가 십일조로 구분해놓은 것은 십일조의 거제물이 될 것이다. 둘째 십일조는 북쪽이나 남쪽에 있고 돈으로 바꿀 것이다."

- 십일조 규정을 잘 지키는 사람이 그렇지 않은 친구 집에서 안식일에 식사를 하다가 포도주를 마시게 되었다면 그 전날에 이미 십일조 관련 조치를 취해두었어도(둘째 미쉬나), 다시 한 번 포도주에 관한 선언을 해야 한다.
- 이미 자기가 먹을 음식 전체에 대해 그 전날 조치를 취했는데도 불구하고 포도주에 관해 같은 선언을 반복해야 하는 이유를 알벡은 이렇게 설명한다. 다른 음식은 안식일에 일을 하지 않기 위해 전날 조리하기 때문에 전날 선언한 것이 유효하지만, 포도주는 마시기 직전

에 물이나 향료를 타기 때문에 마시기 전에 다시 선언해야 한다는 것이다. 원래 안식일에 십일조를 떼는 행위는 금지되어 있지만, 이 사람은 이미 금요일에 음식의 십일조에 대해 선포했기 때문에 포도 주에 관한 선포는 그 일부로 간주한다는 것이다.

### 7, 3

십일조 규정을 지키는 피고용자가 그렇지 않은 고용주가 준비한 음 식을 먹는 상황을 논의한다.

---

פּוֹעֵל שֶׁאֵינוֹ מַאֲמִין לְבַעַל הַבַּיִת, נוֹטֵל גְּרוֹגֶרֶת אַחַת וְאוֹמֵר, זוֹ וְתֵשַׁע הַבָּאוֹת אַחֲרֶיהָ, עֲשׂוּיוֹת מַעֲשֵׂר עַל תִּשְׁעִים שֶׁאֲנִי אוֹכֵל, זוֹ עֲשׂוּיָה תְרוּמַת מַעֲשֵׂר עֲלֵיהֶן, וּמַעֲשֵׂר שֵׁנִי בָּאַחֲרוֹנָה, וּמְחֻלָּל עַל הַמָּעוֹת, וְחוֹשֵׁךְ גְּרוֹגֶרֶת אֶחָת. רַבָּן שִׁמְעוֹן בֶּן גַּמְלִיאֵל אוֹמֵר, לֹא יַחְשֹׁךְ, מִפְּנֵי שֶׁהוּא מְמַעֵט מְלַאכְתּוֹ שֶׁל בַּעַל הַבַּיִת. רַבִּי יוֹסֵי אוֹמֵר לֹא יַחְשֹׁךְ, מִפְּנֵי שֶׁהוּא תְנַאי בֵּית דִּין:

---

만일 노동자가 고용인을 신뢰하지 못한다면 마른 무화과 하나를 가져다가 이렇게 말해야 한다: "이것과 그 뒤에 있는 9개는 내가 먹는 90개를 위한 십일조이다. 이것은 〔모든〕 것을 위한 십일조의 거제물 이다. 마지막 것은 둘째 십일조이며 돈으로 바꿀 것이다." 그는 마른 무화과 하나를 따로 보관해야 한다. 쉼온 벤 감리엘 라반은 말한다. 보관할 필요가 없다. 〔그가 보관하면〕 고용인의 일을 줄이기 때문이 다. 요쎄 랍비는 말한다. 보관할 필요가 없다. 법정에서 그렇게 정했 기 때문이다.

- 고용주는 피고용자의 식사를 준비하는 관습이 있었다. 그런데 십일 조 규정을 지키는 피고용자가 십일조와 관련해서 고용주를 믿을 수 없을 때 첫째와 둘째 미쉬나에서 언급했던 선언을 하면 된다.

- 다른 점은 십일조에서 떼는 거제물을 피고용자가 직접 보관했다가 제사장에게 납부하느냐 여부이다. 첫째 의견을 따르면 피고용자가 납부해야 하며 결국 그는 전체 무화과 중 99개만 취하게 된다. 감리엘 라반은 고용주가 납부해야 한다고 주장하는데 아마도 피고용자의 몫을 지켜주려는 의도로 보인다. 요쎄 랍비도 찬성하면서, 이 일은 이미 법정에서 정한 선례가 있다고 동조한다.

### 7, 4

사마리아 지역을 여행하는 유대인이 현지에서 구매한 포도주를 마시는 방법을 설명한다.

---

הַלּוֹקֵחַ יַיִן מִבֵּין הַכּוּתִים, אוֹמֵר, שְׁנֵי לֻגִּין שֶׁאֲנִי עָתִיד לְהַפְרִישׁ, הֲרֵי הֵן תְּרוּמָה, וַעֲשָׂרָה מַעֲשֵׂר, וְתִשְׁעָה מַעֲשֵׂר שֵׁנִי. מֵחֵל וְשׁוֹתֶה:

---

만일 쿠타인에게 포도주를 산다면 이렇게 말해야 한다: "내가 구별해놓는 2로그가[26] 거제물이 될 것이다. 10로그는 십일조이며 9로그는 둘째 십일조이다." 그 후에 그가 마시기 시작할 것이다.

- 쿠타인 즉 사마리아인은 자신이 먹는 음식은 십일조를 떼지만 파는 음식에서는 십일조를 떼지 않는 것으로 알려져 있고, 그래서 유대인이 사마리아인의 음식을 사먹을 때에는 필요한 조치를 먼저 취해야 한다. 그런데 이 상황에서 유대인은 여행하는 중이므로 십일조를 떼어 따로 보관하기 어렵다. 그러므로 지금 십일조로 바친다는 선언을 하고 나중에 귀가하여 실제로 바치는 관례를 허용하는 셈이다.
- 쿠타인에게 산 포도주는 분명히 십일조를 떼지 않은 음식이므로 유

---

26) 100로그 가운데 2로그를 말하며 1로그는 1/4카브로 약 0.5리터다.

대인 여행객은 먼저 1) 2로그 즉 전체의 1/50을 떼어 거제로 선포한
다. 2) 그는 10로그 즉 1/10을 떼어 십일조로 선포한다. 그리고 3) 9로
그 즉 십일조를 떼고 남은 것의 1/10을 둘째 십일조로 선포한다. 그
후에 포도주를 마신다.

## 7, 5

다른 장소에 있는 사람이 집에 있는 농산물에서 십일조를 떼는 방
법을 설명한다.

---

הָיוּ לוֹ תְאֵנִים שֶׁל טֶבֶל בְּתוֹךְ בֵּיתוֹ, וְהוּא בְּבֵית הַמִּדְרָשׁ אוֹ בַשָּׂדֶה, אוֹמֵר,
שְׁתֵּי תְאֵנִים שֶׁאֲנִי עָתִיד לְהַפְרִישׁ, הֲרֵי הֵן תְּרוּמָה, וְעֶשֶׂר מַעֲשֵׂר רִאשׁוֹן,
וְתֵשַׁע מַעֲשֵׂר שֵׁנִי. הָיוּ דְמַאי, אוֹמֵר, מַה שֶּׁאֲנִי עָתִיד לְהַפְרִישׁ לְמָחָר, הֲרֵי
הוּא מַעֲשֵׂר, וּשְׁאָר מַעֲשֵׂר סָמוּךְ לוֹ, זֶה שֶׁעָשִׂיתִי מַעֲשֵׂר עָשׂוּי תְּרוּמַת
מַעֲשֵׂר עָלָיו, וּמַעֲשֵׂר שֵׁנִי בְּצָפוֹנוֹ אוֹ בִדְרוֹמוֹ, וּמְחֻלָּל עַל הַמָּעוֹת:

---

만일 집에 십일조를 하지 않은 무화과가 있고, 그가 학교나 밭에 있
다면 이렇게 말해야 한다: "내가 구별해놓을 무화과 2개는 거제물이
며 10개는 십일조이고 9개는 둘째 십일조이다." 만일 [집에 있는 무화
과가] 드마이 생산물이면 이렇게 말해야 한다: "내가 내일 구별해놓
을 것은 십일조이며 십일조의 나머지 부분은 그 옆에 둔다. 내가 십일
조로 구분해놓은 것은 십일조의 거제물이 될 것이다. 둘째 십일조는
북쪽이나 남쪽에 있고 돈으로 바꿀 것이다."

- 어떤 사람이 분명히 십일조를 떼지 않은 무화과를 집에 보관하고 있
  는데 그 상태에서 누군가 그 과일을 먹을까 봐 두렵다면 집에 돌아
  가서 실제로 십일조를 떼기 전에 미리 그 내용을 말로 선포해도 유
  효하다고 인정한다. 그는 넷째 미쉬나와 마찬가지로 거제물(1/50)과
  십일조(1/10)와 둘째 십일조(9/100)를 드린다고 약속한다.

- 그 사람이 드마이인 무화과 때문에 선포한다면 첫째와 둘째 미쉬나
  처럼, 십일조에서 떼는 거제물을 구분하고 둘째 십일조를 선포한 뒤
  돈으로 무른다.

### 7, 6

서로 다른 바구니에 든 농산물에서 십일조를 떼는 방법을 설명한다.

הָיוּ לְפָנָיו שְׁתֵּי כַלְכָּלוֹת שֶׁל טֶבֶל, וְאָמַר, מַעְשְׂרוֹת זוֹ בָזוֹ, הָרִאשׁוֹנָה
מְעֻשֶּׂרֶת. שֶׁל זוֹ בָזוֹ וְשֶׁל זוֹ בָזוֹ, הָרִאשׁוֹנָה מְעֻשֶּׂרֶת. מַעְשְׂרוֹתֵיהֶן מַעְשְׂרוֹת
כַּלְכָּלָה בַחֲבֶרְתָּהּ, קָרָא שֵׁם:

만일 십일조를 하지 않은 생산물 두 바구니가 있는데 "이 바구니의
십일조는 다른 바구니에 있다"고 말했다면 첫째 것이 십일조를 한 것
이 된다. "이 바구니의 십일조는 다른 바구니에 있고 다른 바구니의
십일조는 이 바구니에 있다"고 말한다 해도, 첫째 것만 십일조를 한
것이 된다. "두 바구니의 십일조가 다른 바구니에 있다"고 말한다면
그는 십일조를 [규정대로] 한 것이다.

- 어떤 사람이 십일조를 떼지 않은 농산물 두 바구니가 있었는데 한
  바구니에 든 것의 십일조를 다른 바구니에서 떼고자 한다. 그렇다면
  그렇게 말하면 되고, 첫째 바구니가 십일조를 바친 농산물이 된다.
- 그 사람이 '가'라는 바구니의 십일조를 '나'라는 바구니에서 떼고,
  반대로 '나'라는 바구니의 십일조를 '가'라는 바구니에서 떼고자 한
  다. 그때 그렇게 말한다고 해도 유효하지 않다. '가'라는 바구니의 십
  일조를 '나'라는 바구니에서 뗀다고 했으므로 '가'는 이미 십일조를
  낸 농산물이 된다. 그러므로 나중에 '나'라는 바구니의 십일조를 '가'
  라는 바구니에서 뗄 수 없다. 결국 첫째 바구니만 십일조를 바친 셈

이 된다.

- 그러나 그 사람이 바구니 하나씩 순서대로 말하지 않고 두 바구니를 한꺼번에 언급한다면 이미 십일조를 뗀 농산물에서 다른 농산물의 십일조를 떼지 않아도 되며 두 바구니가 모두 적법하게 십일조를 뗀 농산물이 된다.

### 7, 7

십일조에 관련하여 다른 종류의 농산물들이 섞인 상황을 설명한다.

---

מֵאָה טֶבֶל מֵאָה חֻלִּין, נוֹטֵל מֵאָה וְאֶחָד. מֵאָה טֶבֶל מֵאָה מַעֲשֵׂר, נוֹטֵל מֵאָה וְאֶחָד. מֵאָה חֻלִּין מְתֻקָּנִים מֵאָה מַעֲשֵׂר, נוֹטֵל מֵאָה וְעֶשֶׂר. מֵאָה טֶבֶל תִּשְׁעִים מַעֲשֵׂר, תִּשְׁעִים טֶבֶל וּשְׁמוֹנִים מַעֲשֵׂר, לֹא הִפְסִיד כְּלוּם. זֶה הַכְּלָל, כָּל זְמַן שֶׁהַטֶּבֶל מְרֻבֶּה, לֹא הִפְסִיד כְּלוּם:

---

만일 십일조를 하지 않은 농산물 100개가 일반 농산물 100개와 〔섞여 있다면〕 101개를 취해야 한다.

만일 십일조를 하지 않은 농산물 100개가 〔첫째〕 십일조 100개와 〔섞여 있다면〕 101개를 취해야 한다.

십일조를 한 일반 농산물 100개가 〔첫째〕 십일조 100개와 〔섞여 있다면〕 110개를 취해야 한다.

십일조를 하지 않은 농산물 100개가 〔첫째〕 십일조 90개와 〔섞여 있거나〕, 십일조를 하지 않은 농산물 90개가 〔첫째〕 십일조 80개와 〔섞여 있다면〕, 손해보는 것이 없다.

일반적인 규정은 다음과 같다: 십일조를 하지 않은 생산물이 더 많을 때 손해보는 것은 없다.

- 이 미쉬나에서 '십일조를 하지 않은 농산물'은 사실 거제물을 떼어

놓은 상태이며 십일조의 거제물과 십일조는 떼지 않은 상태이다. 이렇게 십일조를 하지 않은 농산물 100개가 이미 거제와 십일조를 다 뗀 일반 농산물 100개와 섞여 있다면 그는 여기서 십일조의 거제물을 떼어야 한다. 그는 1) 전체에서 101개를 구별하는데 그중 하나는 분명히 십일조를 하지 않은 농산물이 될 것이다. 2) 그중 하나를 구별하여 십일조를 하지 않은 농산물을 위한 십일조의 거제물로 선포한다. 그러나 아직 그는 자기가 구별한 하나가 십일조를 하지 않은 농산물인지 확신할 수 없다. 그래서 3) 그는 101개 중 남은 100개를 제사장에게 판다. 제사장은 자기가 받을 십일조의 거제물 때문에 구매하는 것이므로 조금 낮은 가격으로 그리고 하나를 뺀 99개의 가격을 지불한다. 이렇게 해서 그는 처음에 남긴 99개를 온전히 자기 것으로, 그리고 제사장에게 판 100개도 좀 낮은 가격으로 자기가 취할 수 있게 된다.

- 십일조를 떼지 않은 농산물 100개와 아직 십일조에 대한 거제물을 떼지 않은 십일조 100개가 섞여 있다면 그는 여기서 십일조에 대한 거제물 11개를 떼어야 한다(십일조를 떼지 않은 농산물에서 1개 그리고 십일조에서 10개). 그는 1) 전체에서 101개를 떼어 제사장에게 팔면서, 결국 제사장에게 주어야 할 11개 값을 받지 않는다. 그냥 전체에서 11개를 뗄 수 없는 이유는 어떤 것이 십일조를 떼지 않은 농산물이고 어떤 것이 십일조인지 구별하지 못하기 때문이다.

- 십일조를 이미 뗀 일반 농산물 100개와 십일조인 농산물 100개가 섞여 있다면 그는 여기서 십일조의 거제물 10개를 떼어야 한다. 그는 전체에서 십일조의 거제물이 분명히 포함되어 있을 110개를 떼어 제사장에게 팔고, 100개 값만 받는다.

- 십일조를 하지 않은 농산물 100개가 첫째 십일조 90개와 섞여 있다면 십일조에 대한 거제물 10개를 떼야 한다(1+9). 이 10개가 십일조를

하지 않은 농산물에서 나왔다면 그중 하나는 그것의 십일조이며 십일조에서 나왔다면 그중 아홉은 십일조의 거제물이다. 십일조를 하지 않은 농산물 90개가 첫째 십일조 80개와 섞여 있어도 마찬가지다. 제사장에게 낮은 가격으로 팔지 않아도 되므로 손해보는 것이 없다.

### 7, 8

포도주 주인이 불분명한 선언을 했을 때 십일조의 거제물 떼는 방법을 설명한다.

---

מִי שֶׁהָיוּ לוֹ עֶשֶׂר שׁוּרוֹת שֶׁל עֶשֶׂר עֶשֶׂר כַּדֵּי יַיִן, וְאָמַר, שׁוּרָה הַחִיצוֹנָה אַחַת מַעֲשֵׂר, וְאֵין יָדוּעַ אֵיזוֹ הִיא, נוֹטֵל שְׁתֵּי חָבִיּוֹת לוֹכְסָן. חֲצִי שׁוּרָה הַחִיצוֹנָה אַחַת מַעֲשֵׂר, וְאֵין יָדוּעַ אֵיזוֹ הִיא, נוֹטֵל אַרְבַּע חָבִיּוֹת מֵאַרְבַּע זָוִיּוֹת. שׁוּרָה אַחַת מַעֲשֵׂר, וְאֵין יָדוּעַ אֵיזוֹ הִיא, נוֹטֵל שׁוּרָה אַחַת לוֹכְסָן. חֲצִי שׁוּרָה אַחַת מַעֲשֵׂר, וְאֵין יָדוּעַ אֵיזוֹ הִיא, נוֹטֵל שְׁתֵּי שׁוּרוֹת לוֹכְסָן. חָבִית אַחַת מַעֲשֵׂר, וְאֵין יָדוּעַ אֵיזוֹ הִיא, נוֹטֵל מִכָּל חָבִית וְחָבִית:

---

포도주 병이 10병씩 10줄로 있을 때 "바깥에 있는 한 줄로 십일조를 드린다"라고 말했는데 그것이 어떤 줄인지 모를 경우, 대각선으로 모서리에 있는 두 병을 취해야 한다.

"바깥 줄에 있는 것 중 절반으로 십일조를 드린다"라고 말했는데 어떤 것인지 모를 경우, 네 모서리에 있는 네 병을 취해야 한다.

"한 줄로 십일조를 드린다"라고 말했는데 어떤 것인지 모를 경우, 한 줄을 대각선으로 취해야 한다.

"한 줄의 절반으로 십일조를 드린다"라고 말했는데 어떤 것인지 모를 경우, 두 대각선 줄의 것을 취해야 한다.

"한 병으로 십일조를 드린다"라고 말했는데 어떤 병인지 모를 경우, 모든 병을 취해야 한다.

- 어떤 사람이 포도주 병이 10병씩 10줄로 있을 때 십일조의 거제물을 떼려면 그가 십일조로 지정한 병으로부터 한 병을 구별해야 한다 (1/100). 만약 바깥 한 줄로 십일조를 드린다고 말했다면 바깥줄은 사방으로 모두 네 줄이 있어서 어느 줄을 가리키는지 확실하지 않다. 그때 대각선으로 마주 보는 모서리의 포도주 병을 하나씩 취하면 한 모서리에 있는 병은 바깥 두 줄의 끝에 있는 병이고 다른 모서리에 있는 병은 또 다른 바깥 두 줄의 끝에 있는 병이 된다. 이렇게 대표성이 있는 두 병을 골라 제사장에게 팔며 한 병 값만 받으면 나머지 한 병은 십일조의 거제물로 제사장에게 주는 셈이다.
- 같은 상황에서 바깥줄에 있는 포도주 병들 중 절반으로 십일조를 드린다고 말했다면 그 5병이 다른 병들보다 커서 전체 포도주 양의 십일조에 해당한다는 말이다. 바깥줄의 절반은 모두 8개가 있으므로 모든 '절반' 부분에서 십일조의 거제를 취할 수 있도록, 각 모서리에서 한 병씩 4병을 취한다. 이것을 제사장에게 팔고 3병 값만 받는다.
- 같은 상황에서 그냥 한 줄이 십일조라고 말했다. 포도주 병은 모두 10줄이 있으므로 각 줄에서 한 병씩 빠지지 않도록 10병을 고르고, 제사장에게 판 뒤 한 병 값을 받지 않는다.
- 같은 상황에서 한 줄의 절반으로 십일조를 드린다고 했으면 모든 '절반' 부분에서 십일조를 취할 수 있도록 대각선 두 개를 따라 20병을 고르고, 제사장에게 판 뒤 한 병 값을 받지 않는다.
- 같은 상황에서 한 병이 십일조라고 말했다면 100병을 모두 제사장에게 팔고 한 병 값을 받지 않는다.

# כלאים

## 4

# 킬아임
### 혼합 금지

모든 종류의 씨는 정원에 심을 수 없으며 모든 종류의 채소
는 정원에 심을 수 있다. 겨자와 작은 콩은 씨로 간주되며 큰
콩은 채소로 간주된다. 만일 경계가 1테팍 높이였다가 낮아
졌다고 해도 여전히 유효하다. 처음부터 유효했기 때문이다.
_「킬아임」 3, 2

# 개요

킬아임(כלאים)은 '섞인 것들'이라는 뜻이며 씨앗이나 식물을 섞어서 재배하거나 가축을 이종교배하거나 다른 가축을 섞어서 밭을 가는 행위를 가리킨다.

랍비들은 이 명령을 같은 밭에 서로 다른 씨앗을 섞어서 뿌리지 않는 것은 물론 한 식물에 다른 식물을 접붙이는 것도 금지한다고 해석했다. 포도를 심은 과수원에 다른 곡식이나 채소를 심지 못한다. 그러나 한 밭에 두 종류의 씨앗을 뿌리더라도 서로 다른 장소에 뿌리거나 두 장소를 구분하는 분명한 표시가 있다면 괜찮다.

랍비들의 전통에 따르면 모두 네 가지의 '킬아임'이 있다. 1) 포도원의 킬아임, 2) 한 밭에 씨앗을 뿌리는 킬아임(접붙이기도 포함), 3) 가축을 이종교배하는 킬아임, 4) 다른 종류의 가축에게 멍에를 메게 하는 킬아임.

• 관련 성경구절 | 레위기 19:19; 신명기 22:9-11

# 제1장

## 1, 1

어떤 작물 두 가지가 서로 비슷할 경우 섞어서 심어도 무방한지 설명한다.

---

הַחִטִּים וְהַזּוּנִין אֵינָן כִּלְאַיִם זֶה בָּזֶה. הַשְּׂעוֹרִים וְשִׁבֹּלֶת שׁוּעָל, הַכֻּסְמִין
וְהַשִּׁיפוֹן, הַפּוֹל וְהַסַּפִּיר, הַפְּרַקְדָּן וְהַטֹּפֵחַ, וּפוֹל הַלָּבָן וְהַשְּׁעוּעִים, אֵינָם
כִּלְאַיִם זֶה בָּזֶה:

---

밀과 독보리는 서로 '킬아임'이 아니다. 보리와 염소풀, 쿠쎄멧-밀과 귀리, 강낭콩과 병아리콩, 누에콩과 연리초, 흰콩과 덩굴강낭콩은 서로 '킬아임'이 아니다.


## 1, 2

첫째 미쉬나의 문맥을 이어 섞어 심어도 킬아임 금지법에 저촉되지 않는 작물들을 열거한다.

---

הַקִּשּׁוּת וְהַמְּלָפְפוֹן, אֵינָם כִּלְאַיִם זֶה בָּזֶה. רַבִּי יְהוּדָה אוֹמֵר, כִּלְאַיִם. חֲזֶרֶת
וַחֲזֶרֶת גַּלִּים, עֻלְשִׁין וְעֻלְשֵׁי שָׂדֶה, כְּרֵשִׁין וּכְרֵשֵׁי שָׂדֶה, כֻּסְבָּר וְכֻסְבַּר שָׂדֶה,
חַרְדָּל וְחַרְדָּל מִצְרִי, וּדְלַעַת הַמִּצְרִי וְהָרְמוּצָה, וּפוֹל מִצְרִי וְהֶחָרוּב, אֵינָם
כִּלְאַיִם זֶה בָּזֶה:

---

오이와 머스크멜론은 서로 '킬아임'이 아니다. 예후다 랍비는 말한다. 그것들은 '킬아임'이다. 상추와 야생 상추, 치커리와 야생 치커리, 부추와 야생 부추, 고수와 야생 고수, 겨자와 이집트 겨자, 이집트 박과 여주, 이집트콩과 캐럽콩은 서로 '킬아임'이 아니다.

## 1, 3

섞어 심어도 좋은 작물을 더 열거한다.

---

הַלֶּפֶת וְהַנָּפוּץ, וְהַכְּרוּב וְהַתְּרוֹבְתוֹר, הַתְּרָדִים וְהַלְעוּנִים, אֵינָם כִּלְאַיִם זֶה
בָּזֶה. הוֹסִיף רַבִּי עֲקִיבָא, הַשׁוּם וְהַשׁוּמְנִית, הַבָּצָל וְהַבְּצַלְצוּל, וְהַתֻּרְמוֹס
וְהַפְּלַסְלוֹס, אֵינָן כִּלְאַיִם זֶה בָּזֶה:

---

순무와 무, 양배추와 꽃양배추, 근대와 갯능쟁이는 서로 '킬아임'이
아니다. 아키바 랍비는 마늘과 야생 마늘, 양파와 야생 양파, 루핀과
야생 루핀은 서로 '킬아임'이 아니라고 덧붙였다.


## 1, 4

서로 섞어서 접붙이기를 해도 좋은 나무와 하면 안 되는 나무들을
설명한다.

---

וּבָאִילָן, הָאֱגָסִים וְהַקְּרֻסְתּוֹמֵלִין, וְהַפְּרִישִׁים וְהָעֻזְרָדִים, אֵינָם כִּלְאַיִם זֶה
בָּזֶה. הַתַּפּוּחַ וְהַחִזְרָד, הַפַּרְסְקִים וְהַשְּׁקֵדִין, וְהַשֵּׁזָפִין וְהָרִימִין, אַף עַל פִּי
שֶׁדּוֹמִין זֶה לָזֶה, כִּלְאַיִם זֶה בָּזֶה:

---

나무 중에서는 배와 피핀종 사과, 모과와 산사나무는 서로 '킬아임'
이 아니다. 사과와 서양 모과, 감과 아몬드, 대추와 묏대추는 서로 비
슷하지만 '킬아임'이다.[1]


## 1, 5

서로 섞어서 심으면 킬아임 규정에 어긋나는 채소들을 설명한다.

---

1) 왜냐하면 그 둘은 서로 맛이 다르기 때문이다.

הַצָּנוֹן וְהַנָּפוּץ, הַחַרְדָּל וְהַלָּפְסָן, וּדְלַעַת יְוָנִית עִם הַמִּצְרִית וְהָרְמוּצָה, אַף עַל
פִּי שֶׁדּוֹמִין זֶה לָזֶה, כִּלְאַיִם זֶה בָזֶה:

긴 무와 둥근 무, 겨자와 야생 겨자, 그리스 박과 이집트 박은 서로
비슷하지만 '킬아임'이다.


## 1, 6

서로 섞어서 이종교배하면 안 되고 함께 멍에를 메도 안 되는 가축
들을 설명한다(「킬아임」 8, 1–2).

הַזְּאֵב וְהַכֶּלֶב, כֶּלֶב הַכֻּפְרִי וְהַשּׁוּעָל, הָעִזִּים וְהַצְּבָאִים, הַיְעֵלִים וְהָרְחֵלִים,
הַסּוּס וְהַפֶּרֶד, הַפֶּרֶד וְהַחֲמוֹר, הַחֲמוֹר וְהֶעָרוֹד, אַף עַל פִּי שֶׁדּוֹמִין זֶה לָזֶה,
כִּלְאַיִם זֶה בָזֶה:

늑대와 개, 들개와 자칼, 염소와 사슴, 산염소와 양, 말과 노새, 노새
와 당나귀, 당나귀와 들나귀는 서로 비슷하지만 '킬아임'이다.


## 1, 7

다시 나무 접붙이기에 관해 논의한다.

אֵין מְבִיאִין אִילָן בְּאִילָן, יָרָק בְּיָרָק, וְלֹא אִילָן בְּיָרָק, וְלֹא יָרָק בְּאִילָן. רַבִּי
יְהוּדָה מַתִּיר יָרָק בְּאִילָן:

한 종류의 나무를 다른 종류의 나무에 접붙여서는 안 되며 〔한 종류
의〕 채소를 〔다른 종류의〕 채소에 〔접붙여서도 안 되며〕, 나무를 채소
에, 채소를 나무에 〔접붙여서도 안 된다〕. 예후다 랍비는 채소를 나무
에 〔접붙이는 것을〕 허용한다.

● 이 미쉬나는 지금까지 위에서 언급한 채소나 나무 목록을 기초로 서

로 다른 종류에 속한 것들을 함께 재배하면 안 되는 것처럼 접붙이기를 해도 안 된다고 말한다.

- 예후다 랍비의 주장이 생물학적으로 가능한지 알 수 없으나, 후대 랍비들은 채소를 나무에 접붙이기 해도 새로운 품종이 탄생하지 않으며 나무의 성격만 변하는 것이므로 무방하다고 설명했다.

## 1, 8
접붙이기에 관련된 예를 몇 가지 더 들고 있다.

אֵין נוֹטְעִין יְרָקוֹת בְּתוֹךְ סַדָּן שֶׁל שִׁקְמָה. אֵין מַרְכִּיבִין פֵּיגָם עַל גַּבֵּי קִדָּה
לְבָנָה, מִפְּנֵי שֶׁהוּא יָרָק בְּאִילָן. אֵין נוֹטְעִין יְחוּר שֶׁל תְּאֵנָה לְתוֹךְ הַחָצוֹב,
שֶׁיְּהֵא מְקָרוֹ. אֵין תּוֹחֲבִין זְמוֹרָה שֶׁל גֶּפֶן לְתוֹךְ הָאֲבַטִּיחַ, שֶׁתְּהֵא זוֹרֶקֶת
מֵימֶיהָ לְתוֹכוֹ, מִפְּנֵי שֶׁהוּא אִילָן בְּיָרָק. אֵין נוֹתְנִין זֶרַע דְּלַעַת לְתוֹךְ הַחֲלָמִית,
שֶׁתְּהֵא מְשַׁמַּרְתּוֹ, מִפְּנֵי שֶׁהוּא יָרָק בְּיָרָק:

채소를 돌무화과나무 그루터기에 심어서는 안 된다. 루타를 흰 계수나무에 접붙여서는 안 된다. 채소를 나무에 접붙이는 것이기 때문이다.

무화과나무 묘종을 개밀에 심어서는 안 되는데 그늘지게 할 수 있기 때문이다. 포도덩굴 줄기를 즙이 흘러나올 수 있는 수박 쪽에 심어서는 안 되는데 나무를 채소에 접붙이는 경우이기 때문이다.

박씨는 그것을 보호하기 위해 아욱즙에 넣어두어서는 안 된다. 한 종류의 채소를 다른 종류의 채소에 [접붙여서는] 안 되기 때문이다.

- 베고 남은 돌무화과나무 그루터기를 화분으로 삼아 채소를 심으면 안 된다. 무화과나무가 단단해서 채소를 보호할 수 있지만, 킬아임 규정에 위배된다.

- 개밀은 뿌리가 깊고 높이 자라기 때문에 무화과나무 묘종을 심을 때 그늘지게 만들 수 있다. 그러나 킬아임 규정에 위배된다. 수박은 수분이 많기 때문에 포도덩굴 옆에 심으면 수분을 제공해줄 수 있지만, 역시 킬아임 규정에 위배된다.
- 아욱즙은 점액질이어서 박씨가 마르지 않게 보존할 수 있다. 이것이 실제로 접붙이기는 아니지만 역시 킬아임 규정에 어긋난다고 본다.

### 1, 9

הַטּוֹמֵן לֶפֶת וּצְנוֹנוֹת תַּחַת הַגֶּפֶן, אִם הָיוּ מִקְצָת עָלָיו מְגֻלִּין, אֵינוֹ חוֹשֵׁשׁ לֹא מִשּׁוּם כִּלְאַיִם, וְלֹא מִשּׁוּם שְׁבִיעִית, וְלֹא מִשּׁוּם מַעַשְׂרוֹת, וְנִטָּלִים בְּשַׁבָּת. הַזּוֹרֵעַ חִטָּה וּשְׂעוֹרָה כְּאַחַת, הֲרֵי זֶה כִּלְאַיִם. רַבִּי יְהוּדָה אוֹמֵר, אֵינוֹ כִּלְאַיִם, עַד שֶׁיִּהְיוּ שְׁנֵי חִטִּים וּשְׂעוֹרָה, אוֹ חִטָּה וּשְׁתֵּי שְׂעוֹרִים, אוֹ חִטָּה וּשְׂעוֹרָה וְכֻסֶּמֶת:

순무와 무를 포도나무 아래 묻었는데 그 잎들 일부를 덮지 않았다면 '킬아임'이나 안식년이나 십일조의 규정을 어길까 두려워할 필요가 없다. 그것들은 안식일에 뽑을 수도 있다. 밀과 보리 씨앗을 함께 뿌렸다면 그것이 킬아임이다. 예후다 랍비는 말한다. 두 종류의 밀과 한 종류의 보리, 한 종류의 밀과 두 종류의 보리, 한 종류의 밀, 한 종류의 보리, 한 종류의 쿠쎄멧-밀이 아니라면 그것은 '킬아임'이 아니다.[2]

- 순무와 무를 재배하는 것이 아니라 시원한 곳에 보관하려고 포도나무 아래 묻었고, 그 잎들을 모두 흙으로 덮지 않았다면 그것은 킬아

---

2) 예후다 랍비는 레위기 19:19과 신명기 22:9을 이미 식물이 자라고 있는 밭에 킬아임을 뿌려서는 안 된다는 의미로 해석한다. 그래서 킬아임 식물을 포도나무에 심어서는 안 된다고 보는 것이다.

임 규정에 저촉되지 않는다. 안식년에 농사를 지으면 안 된다는 규정
도 어기지 않았으며 순무나 무가 흙 속에서 좀 더 자랐다고 해도 십
일조를 내지 않아도 좋다. 안식일에 그것들을 뽑아도 수확하는 노동
으로 간주되지 않는다.

- 킬아임에 저촉되는 경우를 정확하게 규정한다면 밀 씨앗과 보리 씨
앗을 섞어서 뿌리는 행위이다. 예후다 랍비는 다른 의견을 제시하는
데 밀 두 종류와 보리, 밀과 보리 두 종류, 밀과 보리와 쿠쎄멧-밀을
섞어서 뿌릴 때 킬아임 규정에 저촉된다고 주장한다.

## 제2장

### 2, 1

다른 씨앗을 섞어 뿌리는 행위를 더 정확하게 정의한다.

---

כָּל סְאָה שֶׁיֶּשׁ בּוֹ רֹבַע מִמִּין אַחֵר, יְמַעֵט. רַבִּי יוֹסֵי אוֹמֵר, יָבֹר. בֵּין מִמִּין
אֶחָד בֵּין מִשְּׁנֵי מִינִין. רַבִּי שִׁמְעוֹן אוֹמֵר, לֹא אָמְרוּ אֶלָּא מִמִּין אֶחָד. וַחֲכָמִים
אוֹמְרִים, כָּל שֶׁהוּא כִלְאַיִם בַּסְּאָה מִצְטָרֵף לְרֹבַע:

---

[씨앗 한 종류] 1쎄아에 다른 종류 1/4[카브가][3] 포함되어 있다면 그
것을 줄여야 한다. 요쎄 랍비는 말한다. [그것을] 완전히 없애야 한다.

한 종류이든 두 종류이든 간에 [그러하다]. 쉼온 랍비는 말한다. 한
종류일 때라고만 말했다. 하지만 [다른] 랍비들은 말한다. 1쎄아 안에
킬아임 [관계인 씨앗만] 합쳐서 1/4까지이다.

---

3) 1/4카브는 1/24쎄아를 말한다.

- 1쎄아는 6카브이므로 어떤 씨앗 1쎄아에 다른 종류 1/4카브가 섞였다면 이것은 전체의 1/24인 셈이다. 이런 경우 킬아임 규정에 위배되기 때문에 많은 씨앗을 더 늘리거나 적은 씨앗을 골라내서 비율을 줄여야 한다. 요쎄 랍비는 이 규정에 반대하면서 킬아임에 위배되었다면 섞인 곡식을 모두 골라내야 하며 그 비율만 조정하는 것으로 부족하다고 주장한다.

- 한편 섞인 씨앗의 양이 1/24쎄아라는 것이 중요하지 몇 가지가 섞였는지는 중요하지 않다는 의견이 있는데 쉼온 랍비는 이에 반대하며 한 종류가 섞였을 때만 적용이 가능하다고 주장했다. 다른 랍비들은 서로 킬아임인 작물들이 섞여 있다면 이런 것들의 양을 합쳐서 1/24쎄아 이하가 되도록 조절해야 하지만(「킬아임」1, 1-5), 만약 서로 킬아임이 아닌 작물은 그 양을 합쳐서 계산하지 않는다고 한다.

### 2, 2

בַּמֶּה דְבָרִים אֲמוּרִים. תְּבוּאָה בִתְבוּאָה וְקִטְנִית בְּקִטְנִית, תְּבוּאָה בְּקִטְנִית וְקִטְנִית בִּתְבוּאָה. בֶּאֱמֶת אָמְרוּ, זֵרְעוֹנֵי גִנָּה שֶׁאֵינָן נֶאֱכָלִין, מִצְטָרְפִין אֶחָד מֵעֶשְׂרִים וְאַרְבַּע בְּנוֹפֵל לְבֵית סְאָה. רַבִּי שִׁמְעוֹן אוֹמֵר, כְּשֵׁם שֶׁאָמְרוּ לְהַחְמִיר כָּךְ אָמְרוּ לְהָקֵל, הַפִּשְׁתָּן בַּתְּבוּאָה מִצְטָרֶפֶת אֶחָד מֵעֶשְׂרִים וְאַרְבַּע בְּנוֹפֵל לְבֵית סְאָה:

이것은 어떤 경우에 적용되는가? 곡식과 곡식이 섞일 때나 콩류와 콩류가 섞일 때 혹은 곡식이 콩류에, 콩류가 곡식에 섞일 때이다. 사실 그들은 〔이렇게〕 말했다. 음식으로 사용되지 않는 정원에 〔뿌리는〕 씨가 〔다른 씨앗들과 합쳐서〕 1쎄아를 뿌릴 수 있는 공간⁴⁾의 1/24이 될 때이다.

---

4) 곡식 1쎄아를 뿌릴 수 있는 밭은 미쉬나에서 땅의 넓이를 계산하는 기본적인 크기이며 가로와 세로가 각각 50아마 정도다.

쉼온 랍비는 말한다. 엄격하게 지켜야 할 규정을 말한 것처럼 덜 엄격하게 지켜야 할 것도 말한다. 아마가 곡식과 합쳐서 1쎄아를 뿌릴 수 있는 공간의 1/24이 될 때 [그러하다].

- 첫째 미쉬나는 곡식과 콩류가 섞인 경우에만 적용된다고, 법적용 범위를 제한하고 있다. 다른 의견도 있는데 곡식이 아니라 식용으로 사용하지 않는 채소의 씨앗, 예를 들어 마늘 씨앗이나 순무 씨앗이 곡식과 섞였을 때 규정을 적용한다고 말한다. 이것은 법을 엄격하게 적용하는 예다.
- 쉼온 랍비는 법을 덜 엄격하게 적용하는 예도 있는데 그것은 아마 씨와 곡식을 섞어서 뿌릴 때라고 말한다.

## 2, 3

어떤 사람이 밭에 작물을 심었다가 다른 작물로 바꾸고자 할 때 어떻게 해야 하는지 논의한다.

---

הָיְתָה שָׂדֵהוּ זְרוּעָה חִטִּים וְנִמְלַךְ לְזָרְעָהּ שְׂעוֹרִים, יַמְתִּין לָהּ עַד שֶׁתַּתְלִיעַ,
וְיוֹפַךְ, וְאַחַר כָּךְ יִזְרַע. אִם צִמְּחָה, לֹא יֹאמַר אֶזְרַע וְאַחַר כָּךְ אוֹפַךְ, אֶלָּא
הוֹפַךְ וְאַחַר כָּךְ זוֹרֵעַ. כַּמָּה יְהֵא חוֹרֵשׁ, כְּתַלְמֵי הָרְבִיעָה. אַבָּא שָׁאוּל אוֹמֵר,
כְּדֵי שֶׁלֹּא יְשַׁיֵּר רֹבַע לְבֵית סְאָה:

---

밀을 뿌린 밭에 보리를 뿌리기로 결정하였다면 [싹이 땅에서] 벌레 먹은 후까지 기다릴 것이며 [땅을] 뒤집고, 그리고 나서 [보리의] 씨를 뿌릴 수 있다. 이미 싹이 나왔다면 "나는 씨를 뿌린 후에 흙을 일굴 것이다"라고 말해서는 안 되고, 흙을 일군 다음에 씨를 뿌려야 한다.

얼마나 깊게 일구어야 하는가? [첫째] 비가 온 후 [만드는] 고랑 정도이다. 압바 샤울은 말한다. 1쎄아가 뿌려진 공간에 1/4[카브]의 공간을 그대로 두지 않기 위함이다.

- 밭에 이미 밀 씨앗을 뿌렸다면 그 씨앗이 썪어서 죽은 다음에 보리를 뿌릴 수 있다. 습기가 많은 땅에서 밀 씨앗은 사흘이 지나면 썪는다 는 의견이 있다(토쎕타).
- 이미 나온 싹을 죽이기 위해서 땅을 뒤집으려면 우기에 처음으로 고 랑을 팔 때처럼 하면 된다고 한다. 이런 방법을 사용하면 이랑 부분 은 갈아엎지 않은 상태이기 때문에 상당히 관대한 해석이 된다. 압바 샤울은 좀 더 엄격한 규칙을 제시하면서, 1쎄아를 뿌리는 밭에 1/4카 브가 갈아엎지 않고 남으면 안 된다고 정확한 숫자를 제시한다.

## 2, 4
셋째 미쉬나에서 다룬 원리를 다른 예를 들어 설명한다.

---

זְרוּעָה וְנִמְלַךְ לְנָטְעָה, לֹא יֹאמַר אֶטַּע וְאַחַר כָּךְ אוֹפַךְ, אֶלָּא הוֹפַךְ וְאַחַר כָּךְ נוֹטֵעַ. נְטוּעָה וְנִמְלַךְ לְזָרְעָה, לֹא יֹאמַר אֶזְרַע וְאַחַר כָּךְ אֲשָׁרֵשׁ, אֶלָּא מְשָׁרֵשׁ וְאַחַר כָּךְ זוֹרֵעַ. אִם רָצָה, גוֹמֵם עַד פָּחוֹת מִטֶּפַח, זוֹרֵעַ, וְאַחַר כָּךְ מְשָׁרֵשׁ:

---

〔곡식, 콩, 또는 채소〕 씨를 뿌린 밭에 〔포도나무를〕 심기로 결정하 였다면 "나는 식물을 심은 후에 흙을 일굴 것이다"라고 말해서는 안 되고 흙을 일군 다음에 식물을 심어야 한다. 〔포도나무를〕 심은 곳에 씨를 뿌리기로 결정하였다면 "나는 먼저 씨를 뿌린 후에 〔나무〕 뿌리 를 뽑을 것이다"라고 말해서는 안 되고 먼저 뿌리를 뽑은 후에 씨를 뿌려야 한다. 만일 〔먼저 씨를 뿌리고〕 싶다면 1테팍보다 낮게 〔식물 을〕 자르고, 씨를 뿌리고, 뿌리를 뽑아야 한다.

## 2, 5

일부러 심지 않은 다른 작물이 밭에서 자라는 경우를 설명한다.

---

הָיְתָה שָׂדֵהוּ זְרוּעָה קַנְבּוֹס אוֹ לוּף, לֹא יְהֵא זוֹרֵעַ וּבָא עַל גַּבֵּיהֶם, שֶׁאֵינָן
עוֹשִׂין אֶלָּא לִשְׁלֹשָׁה שָׁנִים. תְּבוּאָה שֶׁעָלָה בָהּ סְפִיחֵי אַסְטִיס, וְכֵן מְקוֹם
הַגְּרָנוֹת שֶׁעָלוּ בָהֶן מִינִין הַרְבֵּה, וְכֵן תִּלְתָּן שֶׁהֶעֱלָה מִינֵי צְמָחִים, אֵין מְחַיְּבִין
אוֹתוֹ לְנַכֵּשׁ. אִם נִכֵּשׁ אוֹ כִסַּח, אוֹמְרִים לוֹ, עֲקֹר אֶת הַכֹּל חוּץ מִמִּין אֶחָד:

---

대마나 아룸 씨를 뿌린 밭이 있는데 그 위에 [다른] 씨를 뿌려서는
안 된다. 그것들은 3년이 지나야 싹이 나기 때문이다.

곡식을 [심은 밭에] 대청이 웃자라 있거나, 타작마당 자리에 여러
종류의 [풀이] 나왔거나, 호로파 사이에서 다른 식물들이 자랐다면
그것들을 제거할 필요는 없다. 만일 그것들을 제거했거나 잘랐다면
"한 종류만 제외하고 그것들을 모두 뿌리 뽑으라"고 말해야 한다.

- 의도적으로 심지 않은 작물이 밭에서 자란다면 그때 킬아임 규정을
  적용하지 않는다(마 13:24-30). 그러나 농부가 그것들을 뽑거나 자
  르기 시작했다면 그 작물을 기르지 않겠다는 의도를 보인 것이므로
  전부 다 제거할 의무가 있다.

## 2, 6

이랑을 길게 만들어 킬아임 규정에서 벗어나는 방법을 설명한다.

---

הָרוֹצֶה לַעֲשׂוֹת שָׂדֵהוּ מֵשָׁר מֵשָׁר מִכָּל מִין, בֵּית שַׁמַּאי אוֹמְרִים, שְׁלֹשָׁה
תְלָמִים שֶׁל פֶּתִיחַ. וּבֵית הִלֵּל אוֹמְרִים, מְלֹא הָעֹל הַשָּׁרוֹנִי. וּקְרוֹבִין דִּבְרֵי אֵלּוּ
לִהְיוֹת כְּדִבְרֵי אֵלּוּ:

---

여러 종류의 [작물을 키우려고] 밭을 길게길게 나눌 경우, 샴마이

학파는 말한다. 갈아놓은 밭의 세 고랑 〔정도를 남겨두어야 한다〕. 그러나 힐렐 학파는 말한다. '샤론의 멍에'만큼의 넓이다.[5] 전자의 견해는 후자의 견해와 크게 다르지 않다.

- 밭에 이랑을 곧고 길게 만들어서 각각 다른 작물을 심고 싶은데 킬아임 법규정 때문에 문제가 된다. 이 문제를 해결하기 위해서 샴마이 학파는 작물을 심은 이랑과 이랑 사이에 고랑 세 개 정도 공간을 떼어놓으면 각 이랑이 독립된 밭으로 인정할 수 있다고 말한다. 다른 주해자들은 각 이랑을 세 고랑 너비만큼 넓게 만든다면 그 이랑이 독립된 밭이 된다고 읽기도 한다.
- 힐렐 학파는 해안에 있는 샤론 평야에서 쓰는 멍에 정도 사이를 떼어야 한다고 다른 기준을 제시한다. 이것 역시 이랑의 너비로 이해할 수 있다.
- 누구 말인지 알 수 없으나 샴마이 학파의 주장과 힐렐 학파의 주장이 크게 다르지 않다는 평을 덧붙였다.

## 2, 7
서로 다른 작물을 심은 밭이 가까이 붙어 있는 상황을 논의한다.

---

הָיָה רֹאשׁ תּוֹר חִטִּים נִכְנָס בְּתוֹךְ שֶׁל שְׂעוֹרִים, מֻתָּר, מִפְּנֵי שֶׁהוּא נִרְאֶה
כְּסוֹף שָׂדֵהוּ. שֶׁלּוֹ חִטִּים וְשֶׁל חֲבֵרוֹ מִין אַחֵר, מֻתָּר לִסְמֹךְ לוֹ מֵאוֹתוֹ הַמִּין.
שֶׁלּוֹ חִטִּים וְשֶׁל חֲבֵרוֹ חִטִּים, מֻתָּר לִסְמֹךְ לוֹ תֶּלֶם שֶׁל פִּשְׁתָּן, וְלֹא תֶלֶם שֶׁל
מִין אַחֵר. רַבִּי שִׁמְעוֹן אוֹמֵר, אֶחָד זֶרַע פִּשְׁתָּן וְאֶחָד כָּל הַמִּינִין. רַבִּי יוֹסֵי
אוֹמֵר, אַף בְּאֶמְצַע שָׂדֵהוּ מֻתָּר לִבְדֹּק בְּתֶלֶם שֶׁל פִּשְׁתָּן:

---

5) 이스라엘의 해안 평야 중 갈멜산 남쪽에 위치한 샤론 평야에서 밭을 일굴 때의 넓이를 가리키는 것으로 산지에서보다 더 넓은 면적이다.

밀밭 소머리[6] 부분이 보리 [이랑] 속으로 들어가 있다면 [그것은] 허용된다. 그것이 밭 끝부분처럼 보이기 때문이다. 어떤 이의 [밭에] 밀을 뿌렸고 그의 이웃은 다른 종류를 뿌렸을 경우, 그 옆에 같은 종류를 심을 수 있다. 만일 자신의 밭에 밀을 심고 그의 이웃도 밀을 심었다면 그 옆에 아마 이랑을 둘 수 있지만, 다른 종류의 이랑은 허용되지 않는다. 쉼온 랍비는 말한다. 아마[를 심은] 이랑이든 다른 종류의 이랑이든 똑같다. 요쎄 랍비는 말한다. 밭의 중앙에 있는 이랑에 아마[를 심어] 시험하는 것도 허용된다.

- 이 미쉬나의 첫째 문장은 밭 하나가 삼각형이고 그 모서리가 사각형 밭에 붙어 있어서, 첫째 밭 이랑이 둘째 밭으로 이어지는 것같이 보이는 상황이라고 설명하거나, 아니면 그냥 옆에 붙은 사각형 밭이 두 개인 상황이라고 설명한다. 어쨌든 이런 경우, 킬아임 법규정을 적용하지 않는다.
- 어떤 사람이 밭에 밀을 심었고 그의 이웃은 다른 작물을 심었다. 그 두 밭 사이에 공간이 있는데 이 사람이 이웃과 같은 종류를 심었다면 그 부분은 이웃의 밭과 하나처럼 보이며 자기가 심은 밀과 킬아임 관계를 형성하지 않는다.
- 어떤 사람이 밭에 밀을 심었고 그의 이웃도 밀을 심었을 때 그 두 밭 사이에 아마를 한 이랑만 심었다면 그것은 킬아임 법에 저촉되지 않는다. 아마는 넓은 밭에 심어야 생산성이 있으며 한 이랑만 심어서는 이익을 남길 수 없다. 그러므로 그가 심은 아마는 농작물을 얻기 위해서가 아니라 두 밭을 나누거나 시험 삼아 심어본 것에 불과하다.
- 쉼온 랍비는 좀 더 관대한 입장이며 한 이랑이라면 작물이 무엇이든

---

6) 소머리(ראש תור)라는 말은 삼각형 모양을 가리킨다(야스트로 사전).

상관없다고 주장한다. 요쎄 랍비는 작물을 얻기 위해서가 아니라면 밭 한가운데 아마를 시험 삼아 심는 것도 무방하다고 말한다.


## 2, 8

밭 옆에 있는 이랑에 심으면 안 되는 작물도 있다.

---

אֵין סוֹמְכִין לִשְׂדֵה תְבוּאָה חַרְדָּל וְחָרִיעַ, אֲבָל סוֹמְכִין לִשְׂדֵה יְרָקוֹת חַרְדָּל
וְחָרִיעַ. וְסוֹמֵךְ לְבוּר, וּלְנִיר, וּלְגַפָּה, וּלְדֶרֶךְ, וּלְגָדֵר גָּבוֹהַּ עֲשָׂרָה טְפָחִים,
וּלְחָרִיץ שֶׁהוּא עָמֹק עֲשָׂרָה וְרָחָב אַרְבָּעָה, וּלְאִילָן שֶׁהוּא מֵסֵךְ עַל הָאָרֶץ,
וּלְסֶלַע גָּבוֹהַּ עֲשָׂרָה וְרָחָב אַרְבָּעָה:

---

곡식밭 옆에 겨자나 홍화를 심을 수 없지만, 채소밭 옆에는 겨자나 홍화를 심을 수 있다. 경작하지 않는 땅 옆, 최근에 황폐된 땅 옆, 돌담 옆, 길 옆, 10[테팍] 높이의 담 옆, 10[테팍] 깊이와 4[테팍] 넓이의 도랑 옆, 그늘을 만드는 나무 옆, 10[테팍] 높이와 4[테팍] 넓이의 바위 옆 에는 심을 수 있다.


- 겨자나 홍화는 채소밭에 해를 끼치는 작물로 알려져 있다. 그러므로 별 영향을 받지 않는 곡식밭 가까이에 심는 것은 허용하지 않고, 채 소밭 가까이에 심는 것은 허용한다. 도움이 되는 것은 의도가 포함될 수 있고, 의도가 개입된 행동은 킬아임 법을 적용하는 이유가 된다.
- 후반부에 열거한 지형지물들은 모두 밭의 경계를 대표할 수 있으며 이런 것들 옆에 다른 작물을 심어도 킬아임 법에 위배되지 않는다.


## 2, 9

밭 하나에 몇 가지 작물을 함께 재배할 수 있는지 설명한다.

הָרוֹצֶה לַעֲשׂוֹת שָׂדֵהוּ קָרַחַת קָרַחַת מִכָּל מִין, עוֹשֶׂה עֶשְׂרִים וְאַרְבַּע קְרָחוֹת
לְבֵית סְאָה, מִקְרַחַת לְבֵית רֹבַע, וְזוֹרֵעַ בְּתוֹכָהּ כָּל מִין שֶׁיִּרְצֶה. הָיְתָה קָרַחַת
אַחַת אוֹ שְׁתַּיִם, זוֹרְעָם חַרְדָּל. שָׁלֹשׁ, לֹא יִזְרַע חַרְדָּל, מִפְּנֵי שֶׁהִיא נִרְאֵית
כִּשְׂדֵה חַרְדָּל, דִּבְרֵי רַבִּי מֵאִיר. וַחֲכָמִים אוֹמְרִים, תֵּשַׁע קְרָחוֹת מֻתָּרוֹת,
עֶשֶׂר אֲסוּרוֹת. רַבִּי אֱלִיעֶזֶר בֶּן יַעֲקֹב אוֹמֵר, אֲפִלּוּ כָל שָׂדֵהוּ בֵּית כּוֹר, לֹא
יַעֲשֶׂה בְתוֹכָהּ חוּץ מִקְּרַחַת אֶחָת:

밭을 여러 종류의 〔작물을 기르는〕 빈 땅[7]으로 나누고 싶은 경우,
1쎄아를 〔뿌리는〕 밭을 24개의 빈 땅으로 만든다. 빈 땅 하나마다 1로
바[8]가 되게 만들고, 원하는 종류의 씨를 뿌릴 수 있다. 만일 〔밭 가운
데〕 빈 땅이 하나 혹은 두 개 있다면 겨자씨를 뿌릴 수 있다. 하지만
셋일 경우 겨자씨를 뿌려서는 안 된다. 겨자 밭처럼 보일 수 있기 때
문이다. 메이르 랍비의 말이다. 하지만 〔다른〕 랍비들은 말한다. 9개
의 빈 땅까지 허용되며 10개는 허용되지 않는다. 엘리에제르 벤 야아
콥 랍비가 말한다. 밭 전체의 면적이 1코르[9]를 〔심을 수 있는 정도라
도〕 하나 이상의 빈 땅을 만들어서는 안 된다.

- 이 미쉬나는 밭을 독립적인 빈 땅으로 나누어서 다른 작물을 심을 수
  있다고 주장한다. 그런데 밭의 길이나 너비를 정확하게 언급하지 않
  고 밭에 심을 수 있는 씨앗의 부피로 언급하여 계산이 복잡해진다.
  1쎄아는 6카브며 로바는 1/4카브기 때문에, 밭 전체에 1쎄아를 심을
  수 있는 밭을 1로바를 심을 수 있는 빈 땅 24개로 나눈다는 것은 계
  산상 가능하지만, 같은 크기의 빈 땅 24개가 어떤 방식으로 모여 있

---

7) 빈 땅(קרחת)이란 말을 직역하면 '대머리'이며 여기서 밭이나 포도원 가운데 있
   는 빈터를 가리킨다(「킬아임」 4, 1).
8) 로바(רבע)는 넓이를 가리키는 도량형이며 씨앗 1/4카브를 심을 수 있는 넓이로
   가로 10.2아마에 세로 10.2아마 정도로 환산할 수 있다.
9) 1코르(כור)는 30쎄아다.

는지 구체적으로 설명하기는 어렵다.

- 메이르 랍비는 밭 한가운데 다른 작물을 심은 빈 땅이 2개 있는 것은 인정할 수 있지만, 3개라면 벌써 본격적으로 다른 작물을 심은 밭처럼 보이기 때문에, 킬아임 규정에 저촉된다고 말한다. 다른 현인들은 관대하게 9개까지 허용할 수 있다고 말한다. 엘리에제르 벤 야아콥 랍비는 엄격한 규정을 주장하며 아무리 넓은 밭이라 하더라도 다른 작물을 심는 빈 땅은 하나만 둘 수 있다고 말한다. 왜 이렇게 주장했는지 설명하기 어렵기 때문에, 아무리 넓은 밭도 빈 땅 하나이며 결국 작물 한 가지만 심으라는 주장으로 해석하기도 한다(알벡).

## 2, 10

킬아임 규정에 위배되지 않도록 밭을 구분하는 방법을 논의한다.

---

כֹּל שֶׁהוּא בְתוֹךְ בֵּית רֹבַע, עוֹלֶה בְמִדַּת בֵּית רֹבַע. אֲכִילַת הַגֶּפֶן וְהַקֶּבֶר וְהַסֶּלַע, עוֹלִין בְּמִדַּת בֵּית רֹבַע. תְּבוּאָה בִּתְבוּאָה, בֵּית רֹבַע. יָרָק בְּיָרָק, שִׁשָּׁה טְפָחִים. תְּבוּאָה בְיָרָק, יָרָק בִּתְבוּאָה, בֵּית רֹבַע. רַבִּי אֱלִיעֶזֶר אוֹמֵר, יָרָק בִּתְבוּאָה, שִׁשָּׁה טְפָחִים:

---

1로바 넓이의[10] 빈 땅 안에 있는 모든 것은 1로바 넓이를 계산하는 데 포함시킨다. 포도나무나 무덤이나 바위도 1로바 넓이를 계산하는 데 포함시킨다. 곡식 [한 가지를 다른] 곡식 가운데 [심으려면], 1로바가 [기준이다]. 채소 [한 가지를 다른] 채소 가운데 [심으려면], 6테팍이 [기준이다]. 곡물을 채소 가운데, 채소를 곡물 가운데 [심으려면], 1로바가 [기준이다]. 엘리에제르 랍비는 말한다. 채소를 곡물 가운데 [심으려면], 6테팍이 [기준이다].

---

10) 1/24쎄아를 말한다.

- 아홉째 미쉬나에서 언급한 1로바 넓이의 빈 땅을 계산할 때 그 안에 어떤 장애물이 있든지 모두 넓이 계산에 포함시킨다. 이런 빈 땅을 가운데 두면 그 양쪽의 밭 2개는 독립된 밭이며 킬아임 규정을 적용하지 않는다.
- 또 작물에 따라 각각 1로바 넓이의 빈 땅으로 나누거나 6테팍 너비로 떼어서 재배할 수 있다.

### 2, 11

키가 커서 다른 작물에 기대는 것도 킬아임 규정에 해당하는지 설명한다.

---

תְּבוּאָה נוֹטָה עַל גַּבֵּי תְבוּאָה, וְיָרָק עַל גַּבֵּי יָרָק, תְּבוּאָה עַל גַּבֵּי יָרָק, יָרָק עַל גַּבֵּי תְבוּאָה, הַכֹּל מֻתָּר, חוּץ מִדְּלַעַת יְוָנִית. רַבִּי מֵאִיר אוֹמֵר, אַף הַקִּשּׁוּת וּפוֹל הַמִּצְרִי, וְרוֹאֶה אֲנִי אֶת דִּבְרֵיהֶן מִדְּבָרָי:

---

곡물이 〔다른 종류의〕 곡물 위에 기울어져 있거나, 채소가 〔다른〕 채소 위에, 곡물이 채소 위에, 〔혹은〕 채소가 곡물 위에 〔기울어져 있는 경우〕 모두 허용되지만, 그리스 박은 예외이다. 메이르 랍비는 말한다. 오이나 이집트콩 또한 금지된다. 하지만 내 말보다 랍비들의 말을 더 선호한다.

- 정해진 규정대로 거리를 두고 싶었지만 작물이 높이 자라서 다른 작물 위로 기울어져 있는 경우는 킬아임 규정에 저촉되지 않는다. 그러나 그리스 박은 다른 작물을 휘감고 자라기 때문에 킬아임인 경우처럼 보인다. 그러므로 이 작물은 허용할 수 없다.
- 메이르 랍비는 허용할 수 없는 작물 두 가지를 더 언급하고 있지만, 대부분 자기 의견을 따르지 않는다고 한탄한다.

# 제3장

## 3, 1
채소를 심는 방법을 좀 더 관대하게 재해석한다.

---

עֲרוּגָה שֶׁהִיא שִׁשָּׁה טְפָחִים עַל שִׁשָּׁה טְפָחִים, זוֹרְעִים בְּתוֹכָהּ חֲמִשָּׁה
זְרְעוֹנִים, אַרְבָּעָה בְּאַרְבַּע רוּחוֹת הָעֲרוּגָה, וְאֶחָד בָּאֶמְצַע. הָיָה לָהּ גְּבוּל
גָּבוֹהַּ טֶפַח, זוֹרְעִין בְּתוֹכָהּ שְׁלֹשָׁה עָשָׂר, שְׁלֹשָׁה עַל כָּל גְּבוּל וּגְבוּל, וְאֶחָד
בָּאֶמְצַע. לֹא יִטַּע רֹאשׁ הַלֶּפֶת בְּתוֹךְ הַגְּבוּל, מִפְּנֵי שֶׁהוּא מְמַלְּאֵהוּ. רַבִּי
יְהוּדָה אוֹמֵר, שִׁשָּׁה בָּאֶמְצַע:

---

가로세로 6테팍인 정원에는 다섯 종류의 씨를 뿌릴 수 있다. 네〔종류는〕정원의 네〔가장자리에〕, 하나는 중앙에〔뿌릴 수 있다〕. 만일 1테팍 높이의 경계가 있다면 열세 종류를 뿌릴 수 있는데 각 경계마다 세 개씩, 하나는 중앙에〔뿌릴 수 있다〕. 순무청은 경계에 심어서는 안 된다.〔경계를〕가득 채울 수 있기 때문이다. 예후다 랍비는 말한다. 중앙에 여섯 종류를〔심을 수 있다〕.

- 「킬아임」2, 6에 따르면 채소 두 가지를 적법하게 기르려면 6테팍을 떼어야 한다고 주장한다. 그러나 이 미쉬나는 크기가 작은 밭에서는 서로 다른 채소들을 좀 더 가까이 심어도 좋다고 관대하게 재해석하고 있다.
- 정원의 동서남북 가장자리마다 채소 한 종류를 심고 가운데 하나를 심어 모두 다섯 가지를 심을 수 있다. 이 말은 채소와 채소 사이에 1.5테팍이 되는 공간을 두어 서로 섞이지 않도록 만든다는 원리이다.
- 만약 각 가장자리마다 높이가 1테팍이 되는 둔덕이 있다면 전체 면적이 가로세로 각각 8테팍이 되며 각 가장자리마다 서로 다른 채소

를 1테팍 넓이에 심고 가운데 1.5테팍을 떼면서 모두 세 가지 채소를 심을 수 있다. 결국 열세 가지 채소를 심게 된다. 다만 덩굴이 넓게 퍼지는 순무청은 경계를 벗어나기 쉽기 때문에 심으면 안 된다.

- 예후다 랍비는 채소와 채소 사이에 1테팍만 떼면 된다고 생각하기 때문에(셋째 미쉬나), 위와 같은 조건에서 가운데 부분에 여섯 종류를 따로 떼어 심는 것이 가능하다고 주장한다.

## 3, 2

כָּל מִין זְרָעִים אֵין זוֹרְעִים בַּעֲרוּגָה, וְכָל מִין יְרָקוֹת זוֹרְעִין בַּעֲרוּגָה. חַרְדָּל וַאֲפוּנִים הַשּׁוּפִין, מִין זְרָעִים. אֲפוּנִים הַגַּמְלָנִים, מִין יָרָק. גְּבוּל שֶׁהָיָה גָבוֹהַּ טֶפַח וְנִתְמַעֵט, כָּשֵׁר, שֶׁהָיָה כָּשֵׁר מִתְּחִלָּתוֹ. הַתֶּלֶם וְאַמַּת הַמַּיִם שֶׁהֵם עֲמֻקִּים טֶפַח, זוֹרְעִים לְתוֹכָן שְׁלֹשָׁה זֵרְעוֹנִין, אֶחָד מִכָּאן, וְאֶחָד מִכָּאן, וְאֶחָד בָּאֶמְצַע:

모든 종류의 씨는 정원에 심을 수 없으며 모든 종류의 채소는 정원에 심을 수 있다. 겨자와 작은 콩은 씨로 간주되며 큰 콩은 채소로 간주된다. 만일 경계가 1테팍 높이였다가 낮아졌다고 해도 여전히 유효하다. 처음부터 유효했기 때문이다. 고랑이나 물 도랑이 한 뼘 깊이라면 세 종류의 씨를 뿌릴 수 있는데 둘은 양쪽 끝에 또 하나는 중앙에 그러하다.

- 이 미쉬나는 첫째 미쉬나가 곡식 씨앗이 아니라 채소를 심을 때만 적용할 수 있다고 적용범위를 제한한다. 채소는 조금씩 심기도 하지만, 곡식은 넓은 밭에 심기 때문이다. 그리고 겨자와 작은 콩은 곡식과 같은 씨앗으로, 큰 콩은 채소로 분류한다고 예를 들어 설명한다.
- 역시 첫째 미쉬나에서 정한 경계의 높이가 농사를 짓다가 낮아졌다고 하더라도 무방하다고 설명을 덧붙였다. 고랑이나 물 도랑을 지역

별로 구분하여 다른 채소를 심는 방법도 설명한다.


## 3, 3

채소밭에서 발생할 수 있는 다른 문제점들을 논의한다.

---

הָיָה רֹאשׁ תּוֹר יָרָק נִכְנָס לְתוֹךְ שָׂדֶה יָרָק אַחֵר, מֻתָּר, מִפְּנֵי שֶׁהוּא נִרְאֶה
כְּסוֹף שָׂדֵהוּ. הָיְתָה שָׂדֵהוּ זְרוּעַ יָרָק, וְהוּא מְבַקֵּשׁ לִטַּע בְּתוֹכוֹ שׁוּרָה שֶׁל
יָרָק אַחֵר, רַבִּי יִשְׁמָעֵאל אוֹמֵר, עַד שֶׁיְּהֵא הַתֶּלֶם מְפֻלָּשׁ מֵרֹאשׁ הַשָּׂדֶה וְעַד
רֹאשׁוֹ. רַבִּי עֲקִיבָא אוֹמֵר, אֹרֶךְ שִׁשָּׁה טְפָחִים וְרֹחַב מְלֹאוֹ. רַבִּי יְהוּדָה אוֹמֵר,
רֹחַב כִּמְלֹא רֹחַב הַפַּרְסָה:

---

채소밭 소머리 부분이 다른 채소밭으로 들어가 있을 때〔다른 채소를 심는 것이〕허용된다. 그것이 밭의 끝처럼 보이기 때문이다.

어떤 사람이 밭에 채소를 심었는데 그 안에 다른 종류의 채소 한 줄을 심으려는 경우에 대해, 이쉬마엘 랍비는〔이렇게〕말한다. 이랑이 밭의 한쪽 끝에서 다른 쪽까지 이어져 있다면〔허용된다〕. 아키바 랍비는 말한다. 길이가 6테팍에 충분한 너비가 필요하다. 예후다 랍비는 말한다. 발바닥 너비만큼 필요하다.

- 이 미쉬나의 첫부분은「킬아임」2, 7과 동일하다. 밭모퉁이 삼각형 부분이 다른 밭과 겹치는 경우, 서로 다른 채소를 길러도 무방하다.
- 한 가지 채소를 심은 밭에 다른 채소를 한 줄 더 심으려면 이쉬마엘 랍비는 그 줄이 밭의 한쪽 끝에서 다른 쪽 끝까지 이어져서 독립된 밭으로 인정할 수 있어야 한다고 말한다. 아키바와 예후다 랍비는 정확한 크기를 제시한다.

## 3, 4

밭 하나에 여러 가지 채소를 심는 경우를 논의한다.

---

הַנּוֹטֵעַ שְׁתֵּי שׁוּרוֹת שֶׁל קִשּׁוּאִין, שְׁתֵּי שׁוּרוֹת שֶׁל דְּלוּעִים, שְׁתֵּי שׁוּרוֹת
שֶׁל פּוֹל הַמִּצְרִי, מֻתָּר. שׁוּרָה שֶׁל קִשּׁוּאִים, שׁוּרָה שֶׁל דְּלוּעִים, שׁוּרָה שֶׁל
פּוֹל הַמִּצְרִי, אָסוּר. שׁוּרָה שֶׁל קִשּׁוּאִים, שׁוּרָה שֶׁל דְּלוּעִים, שׁוּרָה שֶׁל פּוֹל
הַמִּצְרִי, וְשׁוּרָה שֶׁל קִשּׁוּאִים, רַבִּי אֱלִיעֶזֶר מַתִּיר, וַחֲכָמִים אוֹסְרִין:

---

만일 오이 두 줄과 박 두 줄과 이집트콩 두 줄을 심는다면 그것은 허용된다. 그러나 오이 한 줄과 박 한 줄과 이집트콩 한 줄을 심는다면 그것은 금지된다. 엘리에제르 랍비는 오이 한 줄과 박 한 줄과 이집트콩 한 줄과 오이 한 줄을 [심는 것을] 허용한다. 그러나 랍비들은 금지한다.

- 이 미쉬나에 따르면 채소밭 두 이랑에 같은 작물을 심으면 독립된 밭으로 간주할 수 있고, 그 옆에 다른 작물을 심어도 킬아임 규정에 위배되지 않는다. 그러나 한 줄씩 세 작물을 심으면 다른 작물을 섞어 심은 것처럼 보이기 때문에 금지한다.
- 엘리에제르 랍비는 네 개 이랑에 서로 다른 작물 세 가지를 심고 양쪽에 같은 작물을 심어도 좋다고 했는데 이런 방법으로 채소를 섞어 심지 않았다는 것을 보여주려고 한 듯하다. 그러나 다른 랍비들은 반대한다.

## 3, 5

심지어 같은 곳에 채소 두 가지를 심는 방법을 논의한다.

---

נוֹטֵעַ אָדָם קִשּׁוּת וּדְלַעַת לְתוֹךְ גֻּמָּא אַחַת, וּבִלְבַד שֶׁתְּהֵא זוֹ נוֹטָה לְצַד זֶה,
וְזוֹ נוֹטָה לְצַד זֶה, וְנוֹטָה שֵׂעָר שֶׁל זוֹ לְכָאן, וְשֵׂעָר שֶׁל זוֹ לְכָאן. שֶׁכָּל מַה

오이와 박을 구멍 하나에 심을 수 있는데 하나가 한쪽으로만 기울어져 있고 또 [다른] 하나가 한쪽으로만 기울어져 있어야 한다. 하나의 잎 끝부분이 한쪽으로 기울어져 있고 [다른] 하나의 잎 끝부분이 한쪽으로 기울어져 있을 경우에 그러하다. 랍비들이 금지하는 것은 모두 겉모습을 따라 결정하는 것이기 때문이다.

- 랍비들은 오이와 박을 구멍 하나에 심더라도 서로 다른 방향으로 자라서 섞인 것처럼 보이지 않으면 무방하다고까지 말한다.
- 여기서 적용하는 원리를 '마르잇 하아인'(מַרְאִית הָעָיִן, 겉모습)이라고 부르는데 원래 범법행위가 아니지만 겉으로 보기에 법규정을 어긴 것처럼 보일 수 있다면 삼가야 한다는 랍비들의 전통이다. 그러므로 이 미쉬나는 원리를 반대 방향으로 적용하는 셈이다.

### 3, 6

밭에 양파를 심었는데 박도 심고 싶은 경우에 관해 논의한다.

הָיְתָה שָׂדֵהוּ זָרוּעַ בְּצָלִים, וּמְבַקֵּשׁ לִטַּע בְּתוֹכָהּ שׁוּרוֹת שֶׁל דְּלוּעִים, רַבִּי יִשְׁמָעֵאל אוֹמֵר, עוֹקֵר שְׁתֵּי שׁוּרוֹת וְנוֹטֵעַ שׁוּרָה אַחַת, וּמַנִּיחַ קְמַת בְּצָלִים בִּמְקוֹם שְׁתֵּי שׁוּרוֹת, וְעוֹקֵר שְׁתֵּי שׁוּרוֹת וְנוֹטֵעַ שׁוּרָה אֶחָת. רַבִּי עֲקִיבָא אוֹמֵר, עוֹקֵר שְׁתֵּי שׁוּרוֹת וְנוֹטֵעַ שְׁתֵּי שׁוּרוֹת, וּמַנִּיחַ קְמַת בְּצָלִים בִּמְקוֹם שְׁתֵּי שׁוּרוֹת, וְעוֹקֵר שְׁתֵּי שׁוּרוֹת וְנוֹטֵעַ שְׁתֵּי שׁוּרוֹת. וַחֲכָמִים אוֹמְרִים, אִם אֵין בֵּין שׁוּרָה לַחֲבֶרְתָּהּ שְׁתֵּים עֶשְׂרֵה אַמָּה, לֹא יְקַיֵּם אֶת הַזֶּרַע שֶׁל בֵּינְתָיִם:

어떤 이가 양파 씨를 뿌린 밭에 박을 몇 줄 심으려 하는 경우에 대해, 이쉬마엘 랍비는 말한다. 그는 [양파] 두 줄을 뿌리째 뽑고 [박] 한 줄을 심고, 양파 두 줄을 그대로 두고, 다시 [양파] 두 줄을 뿌리째 뽑고 〔박〕 한 줄을 심어야 한다고 〔말한다〕. 아키바 랍비는 말한다. 그는 〔양파〕 두 줄을 뿌리째 뽑고 〔박〕 두 줄을 심고, 양파 두 줄을 그대로 두고, 다시 두 줄을 뿌리째 뽑고 두 줄을 심어야 한다고 〔말한다〕. 그러나 랍비들은 말한다. 〔박〕 한 줄과 다음 줄 사이에 12아마의 공간이 없으면 그것들 사이에 뿌린 것을 기를 수 없다.

- 양파 밭에 박을 몇 줄 심는 방법에 관해, 이쉬마엘 랍비는 양파 두 줄을 뽑고 그 자리에 박 한 줄을 심어서, 고랑과 고랑 사이를 충분히 넓게 떼어놓으라고 말한다.
- 아키바 랍비는 좀 더 관대한 태도를 보이면서 더 가깝게 심어도 좋다고 허락한다. 랍비들은 이쉬마엘과 아키바 랍비의 중간적인 입장을 취하고 있다.

### 3, 7
박과 다른 채소 또는 곡식 사이를 얼마나 떼어야 하는지 설명한다.

---

דְּלַעַת בְּיָרָק, כְּיָרָק. וּבַתְּבוּאָה, נוֹתְנִין לָהּ בֵּית רֹבַע. הָיְתָה שָׂדֵהוּ זְרוּעָה תְבוּאָה, וּבִקֵּשׁ לִטַּע לְתוֹכָהּ שׁוּרָה שֶׁל דְּלוּעִין, נוֹתְנִין לָהּ לַעֲבוֹדָתָהּ שִׁשָּׁה טְפָחִים. וְאִם הִגְדִּילָה, יַעֲקֹר מִלְּפָנֶיהָ. רַבִּי יוֹסֵי אוֹמֵר, נוֹתְנִין לָהּ עֲבוֹדָתָהּ אַרְבַּע אַמּוֹת. אָמְרוּ לוֹ, הֶחְמַרְתָּ זוֹ מִן הַגֶּפֶן. אָמַר לָהֶן, מָצִינוּ שֶׁזּוֹ חֲמוּרָה מִן הַגֶּפֶן, שֶׁלַגֶּפֶן יְחִידִית נוֹתְנִין לָהּ עֲבוֹדָתָהּ שִׁשָּׁה טְפָחִים, וְלִדְלַעַת יְחִידִית נוֹתְנִין לָהּ בֵּית רֹבַע. רַבִּי מֵאִיר אוֹמֵר מִשּׁוּם רַבִּי יִשְׁמָעֵאל, כָּל שְׁלֹשָׁה דְלוּעִין לְבֵית סְאָה, לֹא יָבִיא זֶרַע לְתוֹךְ בֵּית סְאָה. רַבִּי יוֹסֵי בֶּן הַחוֹטֵף אֶפְרָתִי אָמַר מִשּׁוּם רַבִּי יִשְׁמָעֵאל, כָּל שְׁלֹשָׁה דְלוּעִין לְבֵית כּוֹר, לֹא יָבִיא זֶרַע לְתוֹךְ בֵּית כּוֹר:

---

채소〔밭에〕 박 한 줄기를 심는다면 채소와 같은 공간을 떼어야 한다.[11] 그러나 곡물〔밭에〕 심는다면 1로바의 공간이 필요하다. 곡물을

심은 밭에 박을 한 줄기 심으려 할 경우, 일할 공간을 위해 6테팍이 필요하다. 만일 그 [박이] 자라날 경우 그것이 그렇게 되기 전에 뽑아야 한다. 요쎄 랍비는 말한다. 일할 공간을 위해 4아마가 필요하다. 사람들이 그에게 말했다. "당신은 포도나무보다 더 엄격하게 취급하십니까?" 그가 그들에게 대답했다. "[박을] 포도나무보다 더 엄격하게 취급한 [예가] 있습니다. 포도나무 한 그루를 경작하려면 6테팍이 필요하지만, 박 한 줄기는 1로바가 필요하기 때문입니다". 메이르 랍비가 이쉬마엘의 이름으로 말한다. 박 세 줄기가 1쎄아 공간에 있으면 그 쎄아의 공간 안에 [또 다른] 씨를 뿌려서는 안 된다. 요쎄 벤 하호테프 에프라티 랍비는 이쉬마엘의 이름으로 말했다. 박 세 줄기가 1코르 공간에 있으면 그 코르의 공간에 [또 다른] 씨를 뿌려서는 안 된다.

- 채소밭에 박을 한 줄기 심는다고 해도 「킬아임」 2, 10 규정에 따라 6테팍을 떼어야 한다. 그러나 곡식을 심은 밭에 심는다면 가로와 세로가 1로바인 공간을 떼어야 한다.

- 곡식을 심은 밭에 박 한 줄을 심으려 할 경우에는 박 한 줄기를 심을 때보다 섞어 심은 것으로 보일 가능성이 적으며 1로바를 뗄 필요없이 6테팍만 떼면 된다. 그러나 박이 너무 웃자라서 이 공간을 넘어설 경우에 박을 뿌리째 뽑아야 한다.

- 요쎄 랍비는 이 규정에 반대하면서, 4아마를 떼어야 한다고 주장한다. 그러나 다른 랍비들은 요쎄 랍비가 박을 심을 때 포도보다 더 엄격한 규정을 적용하려 한다고 비판한다. 곡식을 심은 밭에 포도를 심을 때 6테팍만 떼면 되기 때문이다(「킬아임」 4, 5). 요쎄 랍비는 박은 한 줄기만 기르려고 해도 1로바가 필요하기 때문에(이 미쉬나 첫 부

---

11) 6테팍의 공간을 말한다.

분), 포도보다 엄격한 규칙을 적용하는 것이 당연하다고 대답한다.

- 메이르 랍비는 1쎄아를 뿌릴 수 있는 밭에 박 세 줄기를 심었다면 더 이상 박을 늘릴 수 없다고 주장하는데 이것은 훨씬 더 많은 공간을 떼어서 확보하라는 말이다. 요쎄 벤 하호테프 에프라티 랍비는 훨씬 더 많은 공간을 요구한다.


## 제4장


### 4, 1

포도원의 빈 공간에 다른 작물을 심을 수 있는 조건을 논의한다.

---

קָרַחַת הַכֶּרֶם, בֵּית שַׁמַּאי אוֹמְרִים, עֶשְׂרִים וְאַרְבַּע אַמּוֹת. וּבֵית הִלֵּל
אוֹמְרִים שֵׁשׁ עֶשְׂרֵה אַמָּה. מְחוֹל הַכֶּרֶם, בֵּית שַׁמַּאי אוֹמְרִים, שֵׁשׁ עֶשְׂרֵה
אַמָּה. וּבֵית הִלֵּל אוֹמְרִים שְׁתֵּים עֶשְׂרֵה אַמָּה. וְאֵיזוֹ הִיא קָרַחַת הַכָּרֶם. כֶּרֶם
שֶׁחָרֵב מֵאֶמְצָעוֹ. אִם אֵין שָׁם שֵׁשׁ עֶשְׂרֵה אַמָּה, לֹא יָבִיא זֶרַע לְשָׁם. הָיוּ שָׁם
שֵׁשׁ עֶשְׂרֵה אַמָּה, נוֹתְנִין לָהּ עֲבוֹדָתָהּ, וְזוֹרֵעַ אֶת הַמּוֹתָר:

---

샴마이 학파는 말한다. 포도원 [가운데 있는] 빈 땅은 [적어도] 24 아마가 되어야 한다. 힐렐 학파는 말한다. 16아마면 된다. 샴마이 학파는 말한다. 포도원의 바깥쪽 빈 땅[12)]은 [적어도] 16아마가 되어야 한다. 힐렐 학파는 말한다. 12아마면 된다.

포도원 빈 땅이란 무엇인가? 중간에 [포도나무가] 없는 포도원을 말한다. 만일 16아마보다 적으면 그곳에 씨를 뿌리면 안 된다. 하지만 [적어도] 16아마면 포도나무를 경작하기 위해 충분한 공간을 확보하고 [남아 있는 곳에] 씨를 뿌려도 된다.

---

12) 이 낱말(מחול)은 포도원에서 바깥쪽에 있는 빈 땅을 가리킨다(야스트로 사전).

● 포도원의 빈터에는 두 가지가 있다. 포도원 가운데 있는 빈 땅(קרחת,
카라핫)과 바깥쪽에 있는 빈 땅(מחול, 마홀)이다. 다른 작물을 심어
도 킬아임 법규정에 위배되지 않는 최소 크기에 관해 삼마이 학파는
좀 더 엄격한 기준을, 힐렐 학파는 좀 더 관대한 기준을 제시한다.

### 4, 2
포도원 바깥쪽에 있는 빈 땅에 관해 논의한다.

---

אֵיזֶה הוּא מְחוֹל הַכֶּרֶם. בֵּין כֶּרֶם לַגָּדֵר. אִם אֵין שָׁם שְׁתֵּים עֶשְׂרֵה אַמָּה, לֹא
יָבִיא זֶרַע לְשָׁם. הָיוּ שָׁם שְׁתֵּים עֶשְׂרֵה אַמָּה, נוֹתְנִין לוֹ עֲבוֹדָתוֹ וְזוֹרֵעַ אֶת
הַמּוֹתָר:

---

포도원의 바깥쪽 빈 땅이란 무엇인가? 포도나무와 〔경계가 되는〕
울타리 사이의 공간을 말한다. 만일 이 공간이 12아마보다 작으면 그
곳에 씨를 뿌리면 안 된다. 하지만 〔적어도〕 12아마라면 포도나무를
경작하기 위해 충분한 공간을 확보하고 〔남아 있는 곳에〕 씨를 뿌려
도 된다.

### 4, 3
예후다 랍비는 바깥쪽 빈 땅에 관한 다른 정의를 제시한다.

---

רַבִּי יְהוּדָה אוֹמֵר, אֵין זֶה אֶלָּא גֶּדֶר הַכֶּרֶם. וְאֵיזֶה הוּא מְחוֹל הַכֶּרֶם. בֵּין שְׁנֵי
הַכְּרָמִים. אֵיזֶה הוּא גָדֵר, שֶׁהוּא גָבֹהַּ עֲשָׂרָה טְפָחִים. וְחָרִיץ, שֶׁהוּא עָמֹק
עֲשָׂרָה וְרָחָב אַרְבָּעָה:

---

예후다 랍비는 말한다. 그것은 포도원의 울타리일 뿐이다.[13] 그러

---

13) 4아마의 포도나무 경작지가 있다면 포도나무와 울타리 사이의 남아 있는 곳
에 씨를 뿌려도 된다.

면 포도원의 바깥쪽 빈 땅이란 무엇인가? 두 포도원 사이의 〔공간을 말한다〕. 무엇이 울타리인가? 그 높이가 10테팍인 것이다. 무엇이 도랑인가? 깊이가 10테팍에 너비가 4테팍인 것이다.

- 예후다 랍비는 둘째 미쉬나에서 정의하고 있는 땅은 울타리를 가리킬 뿐이라고 주장하며 이런 곳은 그 넓이와 상관없이 농작물을 재배할 수 없다고 한다. 농작물을 재배할 수 있는 바깥쪽 빈 땅이란 오히려 두 포도원 사이에 있는 땅을 가리킨다고 설명한다.
- 포도원을 두르는 울타리와 도랑에도 정해진 크기가 있다(「킬아임」 2, 8).

## 4, 4
포도원 안에 설치하는 적법한 칸막이에 관해 설명한다.

מְחִצַּת הַקָּנִים, אִם אֵין בֵּין קָנֶה לַחֲבֵרוֹ שְׁלֹשָׁה טְפָחִים, כְּדֵי שֶׁיִּכָּנֵס הַגְּדִי,
הֲרֵי זוֹ כִּמְחִצָּה. וְגָדֵר שֶׁנִּפְרַץ, עַד עֶשֶׂר אַמּוֹת הֲרֵי הוּא כְּפֶתַח, יָתֵר מִכֵּן,
כְּנֶגֶד הַפִּרְצָה אָסוּר. נִפְרְצוּ בוֹ פְּרָצוֹת הַרְבֵּה, אִם הָעוֹמֵד מְרֻבֶּה עַל הַפָּרוּץ,
מֻתָּר, וְאִם הַפָּרוּץ מְרֻבֶּה עַל הָעוֹמֵד, כְּנֶגֶד הַפִּרְצָה אָסוּר:

갈대 칸막이는 갈대와 갈대 사이의 〔거리가〕 3테팍보다 작아서 새끼 염소가 들어갈 〔수 없을 때 유효한〕 칸막이로 간주한다. 울타리가 터진 틈이 10아마에 이르면 입구로 간주한다. 만일 이보다 더 크면 틈 반대편에 〔씨 뿌리는 것이〕 금지된다. 만일 〔울타리에〕 많은 틈이 있어도 세워져 있는 것이 그 틈보다 더 많으면 틈 반대편에 〔씨 뿌리는 것이〕 허용된다. 만일 틈이 세워져 있는 것보다 더 많으면 금지된다.

- 일정한 조건에 부합하는 칸막이를 세우면 독립적인 밭으로 인정하

며 그 반대편에 다른 작물을 심어도 킬아임 법규정에 위배되지 않는다. 예를 들어 갈대를 엮어서 칸막이를 만들었다면 갈대와 갈대 사이에 있는 틈이 3테팍보다 작아야 한다.

- 돌을 쌓아서 만든 울타리에 터진 틈이 10아마에 이르면 더 이상 울타리로 인정하지 않으며 그 너머에 다른 작물을 심을 수 없다.
- 울타리에 터진 틈이 한곳에 모여 있지 않고 여러 곳에 흩어져 있어도 전체적으로 서 있는 부분이 더 많다면 울타리로 인정한다.

### 4, 5
포도원을 정확하게 정의한다.

---

הַנּוֹטֵעַ שׁוּרָה שֶׁל חָמֵשׁ גְּפָנִים, בֵּית שַׁמַּאי אוֹמְרִים, כֶּרֶם. וּבֵית הִלֵּל אוֹמְרִים, אֵינוֹ כֶרֶם, עַד שֶׁיְּהוּ שָׁם שְׁתֵּי שׁוּרוֹת. לְפִיכָךְ, הַזּוֹרֵעַ אַרְבַּע אַמּוֹת שֶׁבַּכֶּרֶם, בֵּית שַׁמַּאי אוֹמְרִים, קִדֵּשׁ שׁוּרָה אַחַת. וּבֵית הִלֵּל אוֹמְרִים, קִדֵּשׁ שְׁתֵּי שׁוּרוֹת:

---

포도나무 다섯 그루를 한 줄에 심었을 때 샴마이 학파는 말한다. 이것은 포도원으로 간주한다. 그러나 힐렐 학파는 말한다. 그곳에 두 줄이 없다면 포도원으로 간주하지 않는다. 그와 마찬가지로, 포도원 안에 [있는 땅] 4아마에 씨를 뿌릴 때 샴마이 학파는 말한다. 그는 한 줄을 사용할 수 없게 만든 것이다.[14] 그러나 힐렐 학파는 그가 두 줄을 사용할 수 없게 만들었다고 말한다.

---

14) 여기서 '사용할 수 없게 만들다'는 말(קדש)을 직역하면 '거룩하게 만들다'가 된다. 그런데 킬아임 법규정을 어겼을 때 그 농산물을 사용할 수 없다는 말을 이 동사로 표현한 것은 토라에서 유래한다. "네 포도원에 두 종자를 섞어 뿌리지 말라. 그리하면 네가 뿌린 씨의 열매와 포도원의 소산을 다 빼앗길까 하노라"(신 22:9).

- 샴마이 학파에 따르면 포도나무 다섯 그루를 한 줄로 심었다면 그것은 포도원이라고 말할 수 있다. 그러므로 그 근처에 곡식을 심기 위해서는 4아마를 떼어야 한다. 그러나 힐렐 학파는 포도나무를 최소한 두 줄로 심어야 포도원이 될 수 있다고 주장한다(토쎕타는 이 경우 각 줄에 나무 세 그루씩 심어야 한다고 주장한다).
- 포도원 안에 있는 땅 4아마에 곡식 씨앗을 뿌렸다면 포도나무를 가꿀 때 필요한 부분까지 곡식을 심었다는 말이다. 그러므로 샴마이 학파는 자기들의 정의에 따라 그 사람이 포도나무 한 줄을 먹을 수 없는 열매로 만들었다고 설명한다. 힐렐 학파는 물론 그가 두 줄을 먹을 수 없게 만들었다고 설명한다.

## 4, 6

포도원을 또 다른 방법으로 설명한다.

---

הַנּוֹטֵעַ שְׁתַּיִם כְּנֶגֶד שְׁתַּיִם, וְאַחַת יוֹצְאָה זָנָב, הֲרֵי זֶה כֶּרֶם. שְׁתַּיִם כְּנֶגֶד שְׁתַּיִם וְאַחַת בֵּינְתַּיִם, אוֹ שְׁתַּיִם כְּנֶגֶד שְׁתַּיִם וְאַחַת בָּאֶמְצַע, אֵינוֹ כֶרֶם, עַד שֶׁיְּהוּ שְׁתַּיִם כְּנֶגֶד שְׁתַּיִם וְאַחַת יוֹצְאָה זָנָב:

---

만일 〔포도나무〕 두 그루 맞은편에 〔다른 포도나무〕 두 그루를 심었는데 하나가 꼬리처럼 나왔다면 이것은 포도원이다. 그러나 두 그루 맞은편에 〔다른〕 두 그루를 심었는데 하나가 〔두 그루〕 사이에 있거나, 두 그루 맞은편에 〔다른〕 두 그루를 심었는데 하나가 중앙에 있다면 두 그루 맞은편에 〔다른〕 두 그루를 심었는데 하나가 꼬리처럼 나오지 않는 한, 이것은 포도원이 아니다.

- 포도원은 첫째 줄에 포도나무 두 그루, 둘째 줄에 포도나무 두 그루, 그리고 셋째 줄에 한 그루 이상 있어야 하며 셋째 줄의 한 그루가 둘

째 줄의 두 그루 사이에 있어서 꼬리처럼 보일 때부터이다.

● 만일 첫째 줄과 둘째 줄에 두 그루씩 있는데 두 줄 사이에 한 그루가
있는 형식이라면 포도원으로 볼 수 없다.

### 4, 7

남의 땅에 심은 포도나무도 자기 포도원에 포함될 수 있는지 논의
한다.

---

הַנּוֹטֵעַ שׁוּרָה אַחַת בְּתוֹךְ שֶׁלּוֹ, וְשׁוּרָה אַחַת בְּתוֹךְ שֶׁל חֲבֵרוֹ, וְדֶרֶךְ
הַיָּחִיד וְדֶרֶךְ הָרַבִּים בָּאֶמְצַע, וְגָדֵר שֶׁהוּא נָמוּךְ מֵעֲשָׂרָה טְפָחִים, הֲרֵי אֵלּוּ
מִצְטָרְפוֹת. גָּבוֹהַּ מֵעֲשָׂרָה טְפָחִים, אֵינָן מִצְטָרְפוֹת. רַבִּי יְהוּדָה אוֹמֵר, אִם
עֵרְסָן מִלְמַעְלָה, הֲרֵי אֵלּוּ מִצְטָרְפוֹת:

---

만일 자신의 〔밭에〕 포도나무를 한 줄 심고 한 줄은 이웃의 〔밭에
심었는데〕 그 사이에 사적인 도로나 공공 도로가 있을 때 울타리가
10테팍보다 낮을 때 그 둘은 합쳐서 〔포도원 하나로 취급한다〕. 그러
나 10테팍보다 높으면 합쳐지지 않는다. 예후다 랍비는 말한다. 만일
〔울타리〕 위에서 서로 얽혔다면 〔포도원으로〕 취급해야 한다.

● 포도원은 땅의 소유권보다 우선하며 길이나 낮은 담이 있어도 포도
원 하나로 간주한다. 높은 담이 있어도 포도나무가 담 너머로 얽혀
있다면 역시 하나로 인정한다.

### 4, 8

포도나무 두 줄 사이 간격이 얼마나 되어야 다른 작물을 심을 수 있
는지 설명한다.

הַנּוֹטֵעַ שְׁתֵּי שׁוּרוֹת, אִם אֵין בֵּינֵיהֶן שְׁמֹנֶה אַמּוֹת, לֹא יָבִיא זֶרַע לְשָׁם. הָיוּ שָׁלֹשׁ, אִם אֵין בֵּין שׁוּרָה לַחֲבֶרְתָּהּ שֵׁשׁ עֶשְׂרֵה אַמָּה, לֹא יָבִיא זֶרַע לְשָׁם. רַבִּי אֱלִיעֶזֶר בֶּן יַעֲקֹב אוֹמֵר מִשּׁוּם חֲנַנְיָה בֶּן חֲכִינַאי, אֲפִלּוּ חָרְבָה הָאֶמְצָעִית וְאֵין בֵּין שׁוּרָה לַחֲבֶרְתָּהּ שֵׁשׁ עֶשְׂרֵה אַמָּה, לֹא יָבִיא זֶרַע לְשָׁם, שֶׁאִלּוּ מִתְּחִלָּה נְטָעָן הֲרֵי זֶה מֻתָּר בִּשְׁמֹנֶה אַמּוֹת:

만일 〔포도나무〕 두 줄을 심었는데 그 사이의 공간이 8아마가 되지 않는다면 그곳에 씨를 뿌려서는 안 된다. 만일 세 줄인 경우 한 줄과 다음 줄 사이의 공간이 16아마가 되지 않는다면 씨를 뿌려서는 안 된다.

엘리에제르 벤 야아코브 랍비는 하난야 벤 하히나이의 이름으로 말한다. 비록 가운데가 불모지가 되었더라도, 한 줄과 다음 줄 사이의 공간이 16아마가 아니라면 씨를 뿌려서는 안 된다. 처음부터 〔두 줄을 바깥쪽에〕 심었다면 그 사이가 8아마인 경우에 〔씨를 뿌리는 것이〕 허용된다.

- 포도나무 두 줄 사이에 빈터 8아마가 있다면 그 두 줄은 독립된 포도원이며 6테팍을 떼고 남은 부분에 곡식 씨앗을 심을 수 있다. 8아마에 미치지 못하면 불가능하다. 포도나무 세 줄을 심었다면 빈터 16아마가 있을 때 서로 독립된 것으로 본다.
- 엘리에제르 벤 야아콥 랍비는 포도나무 세 줄이 있었지만 가운데 줄이 다 죽어서 불모지처럼 된 경우 남은 두 줄 사이에 16아마가 있어야 다른 씨를 뿌릴 수 있다고 주장했고, 처음부터 바깥쪽 두 줄만 있었을 경우에는 8아마만 있어도 가능하다고 했다.

### 4, 9
자기 포도원에 일부러 빈터를 남겨놓은 사람의 경우를 논의한다.

הַנּוֹטֵעַ אֶת כַּרְמוֹ עַל שֵׁשׁ עֶשְׂרֵה אַמָּה שֵׁשׁ עֶשְׂרֵה אַמָּה, מֻתָּר לְהָבִיא זֶרַע
לְשָׁם. אָמַר רַבִּי יְהוּדָה, מַעֲשֶׂה בְצַלְמוֹן, בְּאֶחָד שֶׁנָּטַע אֶת כַּרְמוֹ עַל שֵׁשׁ
עֶשְׂרֵה שֵׁשׁ עֶשְׂרֵה אַמָּה, וְהָיָה הוֹפֵךְ שְׂעַר שְׁתֵּי שׁוּרוֹת לְצַד אֶחָד וְזוֹרֵעַ אֶת
הַנִּיר, וּבַשָּׁנָה אַחֶרֶת הָיָה הוֹפֵךְ אֶת הַשֵּׂעָר לְמָקוֹם אַחֵר וְזוֹרֵעַ אֶת הַבּוּר,
וּבָא מַעֲשֶׂה לִפְנֵי חֲכָמִים, וְהִתִּירוּ. רַבִּי מֵאִיר וְרַבִּי שִׁמְעוֹן אוֹמְרִים, אַף
הַנּוֹטֵעַ אֶת כַּרְמוֹ עַל שְׁמֹנֶה שְׁמֹנֶה אַמּוֹת, מֻתָּר:

만일 어떤 사람이 자기 포도원에 [포도나무를] 심고 16아마씩 [떼
어놓는다면], 그곳에 씨를 뿌리는 것이 허용된다. 예후다 랍비는 말한
다. 짤몬에서[15] 일어났던 일인데, 어떤 사람이 자기 포도원에 [포도나
무를] 심고 16아마씩 [떼어놓은 후] 두 줄의 가지 끝이 한 곳을 향하
게 하고 갈아놓은 땅[16]에 씨를 뿌렸다. 이듬해에는 가지 끝이 다른 곳
을 향하게 하고 [전해의] 휴경지[17]에 씨를 뿌렸다. 그 일이 랍비들에
게 알려졌고, 그들은 그것을 허용했다. 메이르와 쉼온 랍비는 말한다.
자기 포도원에 [포도나무를] 심고 8아마씩 [떼어놓아도] 그 역시 허
용해야 한다.

- 여덟째 미쉬나의 문맥에 이어 포도원에 포도나무를 세 줄 이상 심고
  16아마씩 떼어놓는다면 포도나무를 돌볼 6테팍만 제외한 빈터에 곡
  식을 기를 수 있다.

- 예후다 랍비는 짤몬이라는 곳에서 일어났던 특정한 사건을 예로 드
  는데 이 사람은 포도나무를 심은 줄 사이를 미리 16아마씩 떼어서 빈
  터를 조성하고, 포도나무 가지를 엮어서 한쪽 빈터를 덮은 다음 남
  은 땅에 농사를 지었다. 이듬해에는 반대쪽 빈터를 덮은 다음 전해

---

15) 짤몬(צלמון)이란 하부 갈릴리에 위치한 마을이다.
16) 이 낱말(ניר)은 농부가 깨끗하게 치우고 갈아놓은 땅을 가리킨다(야스트로 사전).
17) 이 낱말(בור)은 땅을 경작하지 않고 휴경지로 남겨두는 관례를 가리키며 교육
    을 받지 않은 사람도 가리킬 수 있다(야스트로 사전).

에 휴경지였던 땅에 농사를 지었다. 랍비들은 이 방법이 법규정에 저
촉되지 않는다고 판정했으며 농지를 한 해씩 돌려가며 쉬게 해주는
효과도 있었다.

- 메이르와 쉼온 랍비는 좀 더 관대한 기준을 제시한다(여덟째 미쉬나).


## 제5장


### 5, 1
포도원으로 간주할 수 없는 경우를 설명한다.

---

כֶּרֶם שֶׁחָרַב, אִם יֵשׁ בּוֹ לְלַקֵּט עֲשַׂר גְּפָנִים לְבֵית סְאָה, וּנְטוּעוֹת כְּהִלְכָתָן,
הֲרֵי זֶה נִקְרָא כֶּרֶם דָּל. כֶּרֶם שֶׁהוּא נָטוּעַ עִרְבּוּבְיָא, אִם יֵשׁ בּוֹ לְכַוֵּן שְׁתַּיִם
נֶגֶד שָׁלֹשׁ, הֲרֵי זֶה כֶּרֶם. וְאִם לָאו, אֵינוֹ כֶּרֶם. רַבִּי מֵאִיר אוֹמֵר, הוֹאִיל וְהוּא
נִרְאֶה כְתַבְנִית הַכְּרָמִים, הֲרֵי זֶה כֶּרֶם:

---

황폐한 포도원에서 1쎄아를 [심을 수 있는] 공간에 포도나무 열 그
루를 수확할 수 있다면 규정에 맞게 심은 것이며 그것을 빈약한 포도
원이라 부른다. 만일 포도원에 포도나무를 섞어서 심었는데 [포도나
무] 두 그루가 [다른] 세 그루와 나란히 있다면 그것을 포도원으로
간주한다. 만일 그렇지 않다면 포도원으로 간주하지 않는다. 메이르
랍비는 말한다. 포도원 모양처럼 보인다면 그것은 포도원으로 간주
된다.


- 포도원이 황폐해졌어도 일정한 넓이 안에 열 그루가 자라고 있다면
  아직 포도원이라고 할 수 있으며 포도원과 관련된 모든 법규정을 적
  용해야 한다.

- 「킬아임」4, 6에서 포도원을 정의하는 포도나무 배열이 한 줄에 두 그루씩 두 줄이 있고 꼬리가 달린 형태라고 논한 적이 있는데 이 미쉬나는 그것을 다른 말로 표현하는 것으로 보인다.
- 메이르 랍비는 눈으로 보기에 포도원 같다면 포도원이라고 말한다.

## 5, 2

계속해서 포도나무를 배열하는 문제를 논의한다.

---

כֶּרֶם שֶׁהוּא נָטוּעַ עַל פָּחוֹת מֵאַרְבַּע אַמּוֹת, רַבִּי שִׁמְעוֹן אוֹמֵר, אֵינוֹ
כֶּרֶם. וַחֲכָמִים אוֹמְרִים, כֶּרֶם, וְרוֹאִין אֶת הָאֶמְצָעִיּוֹת כְּאִלּוּ אֵינָן:

---

포도나무들 〔간격이〕 4아마보다 작은 포도원에 대해 쉼온 랍비는 말한다. 그것은 포도원이 아니다. 그러나 랍비들은 말한다. 그것은 포도원이며 가운데 줄에 있는 것은 없는 것으로 간주한다.

- 쉼온 랍비는 포도나무를 심은 줄 사이에 일을 할 수 있는 간격 4아마가 없다면 포도원이 아니라고 주장한다. 다른 랍비들은 반대의견을 제시하며 가운데 있는 줄은 없다고 생각하고 바깥쪽 줄만 보면 조건에 맞는 포도원이 된다고 주장한다.

## 5, 3

포도원 안에 다른 지형지물이 있어도 포도원으로 정의하는 데 문제가 없는지 논의한다.

---

חָרִיץ שֶׁהוּא עוֹבֵר בַּכֶּרֶם, עָמֹק עֲשָׂרָה וְרָחָב אַרְבָּעָה, רַבִּי אֱלִיעֶזֶר בֶּן
יַעֲקֹב אוֹמֵר, אִם הָיָה מְפֻלָּשׁ מֵרֹאשׁ הַכֶּרֶם וְעַד סוֹפוֹ, הֲרֵי זֶה נִרְאֶה כְּבֵין
שְׁנֵי כְרָמִים, וְזוֹרְעִים בְּתוֹכוֹ. וְאִם לָאו, הֲרֵי הוּא כְגַת. וְהַגַּת שֶׁבַּכֶּרֶם
עֲמֻקָּה עֲשָׂרָה וּרְחָבָה אַרְבָּעָה, רַבִּי אֱלִיעֶזֶר אוֹמֵר, זוֹרְעִים בְּתוֹכָהּ, וַחֲכָמִים

---

אוֹסְרִים. שׁוֹמֵרָה שֶׁבַּכֶּרֶם, גְּבוֹהָה עֲשָׂרָה וּרְחָבָה אַרְבָּעָה, זוֹרְעִין בְּתוֹכָהּ.
וְאִם הָיָה שֵׂעָר כּוֹתֵשׁ, אָסוּר:

---

도랑이 포도원을 가로지르는데 그 깊이가 10〔테곽이고〕너비가 4〔테곽일〕때 엘리에제르 벤 야아코브 랍비는 말한다. 만일 이〔도랑이〕포도원 한쪽 끝에서 다른 쪽까지 뻗어 있으면 두 포도원 사이에 있는 것처럼 보이기 때문에 그곳에 씨를 뿌려도 된다. 만일 그렇지 않다면 포도주 틀의〔일부처럼〕간주한다.

포도원의 포도주 틀이 그 깊이가 10〔테곽이고〕너비가 4〔테곽일〕때 엘리에제르 랍비는 말한다. 그곳에 씨를 뿌려도 된다. 그러나 랍비들은 금지한다.

만일 포도원의 원두막이 그 높이가 10〔테곽이고〕너비가 4〔테곽이라면〕, 그곳에 씨를 뿌려도 된다. 만일 잎들이 얽혀 있다면 금지된다.

- 이 미쉬나는 깊이나 높이가 10테곽이고 너비가 4테곽인 지형지물은 독립적인 영역으로 취급해야 한다는 원리를 거듭 설명한다. 이 크기에 맞는 도랑이 포도원을 쭉 가로지르면 그곳에 곡식 씨앗을 심어도 무방하다. 때가 되면 포도주를 짜는 데 사용했던 장소도 크기가 맞으면 곡식을 심을 수 있다. 포도원을 지키는 사람들이 머무는 언덕도 크기에 맞으면 씨를 뿌릴 수 있다. 물론 반대의견이나 예외규정도 있다.

## 5, 4

---

גֶּפֶן שֶׁהִיא נְטוּעָה בְגַת אוֹ בְנֶקַע, נוֹתְנִין לָהּ עֲבוֹדָתָהּ, וְזוֹרֵעַ אֶת הַמּוֹתָר. רַבִּי יוֹסֵי אוֹמֵר, אִם אֵין שָׁם אַרְבַּע אַמּוֹת, לֹא יָבִיא זֶרַע לְשָׁם. וְהַבַּיִת שֶׁבַּכֶּרֶם, זוֹרְעִין בְּתוֹכוֹ:

---

만일 포도나무를 포도주 틀이나 갈라진 틈에 심었다면 경작을 위한 〔충분한 공간을〕 허용해야 하며 남은 곳에 씨를 뿌려도 된다. 요쎄 랍비는 말한다. 그곳에 〔빈터〕 4아마가 없다면 씨를 뿌릴 수 없다. 만일 포도원에 집이 있다면 그 안에 씨를 뿌려도 된다.

- 셋째 미쉬나와 반대되는 경우로, 포도주 틀이나 땅의 갈라진 틈에 포도나무를 심었다면 그 나무를 돌볼 공간으로 6테팍이 필요하고, 나머지 땅에 씨를 뿌려도 된다. 요쎄 랍비는 땅 전체가 4아마 이상이 되어야 한다고 주장한다.
- 집은 그 자체로 독립된 영역이다. 그러므로 포도원 안에 집이 있다면 그 안에 다른 작물을 심어도 킬아임 규정에 어긋나지 않는다.

## 5, 5

킬아임 규정에 어긋나는 방법으로 경작했을 경우 어떻게 되는지 논의한다.

---

הַנּוֹטֵעַ יָרָק בַּכֶּרֶם אוֹ מְקַיֵּם, הֲרֵי זֶה מְקַדֵּשׁ אַרְבָּעִים וַחֲמִשָּׁה גְפָנִים. אֵימָתַי, בִּזְמַן שֶׁהָיוּ נְטוּעוֹת עַל אַרְבַּע אַרְבַּע, אוֹ עַל חָמֵשׁ חָמֵשׁ. הָיוּ נְטוּעוֹת עַל שֵׁשׁ שֵׁשׁ, אוֹ עַל שֶׁבַע שֶׁבַע, הֲרֵי זֶה מְקַדֵּשׁ שֵׁשׁ עֶשְׂרֵה אַמָּה לְכָל רוּחַ, עֲגֻלּוֹת וְלֹא מְרֻבָּעוֹת:

---

만일 포도원에 채소를 심었거나 그곳에 〔돋아난 채소를〕 자라도록 두었다면 포도나무 45그루를 사용할 수 없는 것으로 간주한다. 어떤 경우에 〔그렇게 되는가〕? 〔포도나무를〕 4〔아마씩〕 또는 5〔아마씩 떼고〕 심은 경우이다. 만일 6〔아마씩〕 또는 7〔아마씩 떼고〕 심었다면 모든 방향으로 16아마 내에 〔있는 포도나무를〕 사용할 수 없는 것으로 간주하며 이때 사각형이 아닌 원으로 적용한다.

- 포도원에 채소를 심었거나 자연스럽게 돋아난 채소를 뽑지 않고 자라도록 두었다면 그 지점을 중심으로 4-5아마씩 떼고 심은 포도나무 45그루가 먹기에 부적합한 것, 일반 음식으로 사용할 수 없는 것이 된다. 6-7아마씩 떼고 심었다면 16그루가 사용할 수 없게 된다.

### 5, 6

포도원에 돋아난 채소에 관한 논의이다.

---

הָרוֹאֶה יָרָק בַּכֶּרֶם, וְאָמַר כְּשֶׁאַגִּיעַ לוֹ אֲלַקְּטֶנּוּ, מֻתָּר. כְּשֶׁאֶחֱזֹר אֲלַקְּטֶנּוּ, אִם הוֹסִיף בְּמָאתַיִם, אָסוּר:

---

만일 포도원에서 자라는 채소를 보고 "내가 들어갈 때 그것을 뽑을 것이다"라고 말한다면 그것이 허용된다. "내가 다시 와서 그것을 뽑을 것이다"라고 말한다면 〔그 채소가 그 장소에서〕 1/200만 자랐더라도 금지된다.

- 포도원에 자연스럽게 돋아난 채소를 그대로 두면 킬아임 법에 위배된다. 어떤 사람이 이런 상황에서 그 채소를 당장 뽑지 않고 일하다가 그곳에 도착하면 뽑겠다고 말해도, 시간 차이가 조금 생기지만, 그의 포도나무가 사용할 수 없게 되는 것은 아니다.
- 그러나 그가 채소를 그대로 놓아두고 다음에 와서 뽑겠다고 말했다면 그 시간 동안 그 채소가 아주 조금만 자랐다고 하더라도, 그의 포도나무는 사용할 수 없게 된다.

### 5, 7

포도원에 돋아난 곡식에 관한 논의이다.

הָיָה עוֹבֵר בַּכֶּרֶם וְנָפְלוּ מִמֶּנּוּ זְרָעִים, אוֹ שֶׁיָּצְאוּ עִם הַזְּבָלִים אוֹ עִם הַמַּיִם, הַזּוֹרֵעַ וְסִעֲרַתּוּ הָרוּחַ לַאֲחוֹרָיו, מֻתָּר. סְעֲרַתּוּ הָרוּחַ לְפָנָיו, רַבִּי עֲקִיבָא אוֹמֵר, אִם עֲשָׂבִים, יוֹפַךְ. וְאִם אָבִיב, יְנַפֵּץ. וְאִם הֵבִיאָה דָגָן, תִּדָּלֵק:

만일 포도원을 지나가다가 [곡식] 씨앗을 떨어뜨렸거나, 거름이나 물과 함께 떨어졌거나, 혹은 씨를 뿌리는데 뒤에서 바람이 불어왔다면 이것들은 [모두] 허용된다. 바람이 앞에서 불어온 경우에 대해 아키바 랍비는 말한다. 싹이 [날 때까지 자랐다면] 땅을 뒤집어야 한다. [푸른] 이삭이 [맺힐 때까지 자랐다면] 뽑아내야 한다. 그리고 만약 곡식이 영글었으면 그것을 태워야 한다.

- 이 미쉬나가 열거하고 있는 예는 농부가 의도적으로 포도원에 곡식을 심은 경우가 아니며 쉽게 발견하지 못할 경우들이기 때문에, 이런 곡식 때문에 포도나무들이 사용할 수 없게 되는 것은 아니라고 규정한다.
- 그러나 농부가 충분히 인지할 수 있는 상황에서 포도원에 곡식이 날아들었다면 그에 맞는 적절한 조치를 취해야 한다. 그렇지 않으면 더 큰 손해를 보게 된다(다섯째 미쉬나).

## 5, 8
포도원에 심을 수 없는 작물들을 설명한다.

הַמְקַיֵּם קוֹצִים בַּכֶּרֶם, רַבִּי אֱלִיעֶזֶר אוֹמֵר, קִדֵּשׁ. וַחֲכָמִים אוֹמְרִים, לֹא קִדֵּשׁ אֶלָּא דָבָר שֶׁכָּמוֹהוּ מְקַיְּמִין. הָאִירוּס וְהַקִּסּוֹס וְשׁוֹשַׁנַּת הַמֶּלֶךְ וְכָל מִינֵי זְרָעִים, אֵינָן כִּלְאַיִם בַּכֶּרֶם. הַקַּנְבּוֹס, רַבִּי טַרְפוֹן אוֹמֵר, אֵינוֹ כִלְאַיִם, וַחֲכָמִים אוֹמְרִים, כִּלְאָיִם. וְהַקִּנְרָס, כִּלְאַיִם בַּכָּרֶם:

포도원에 가시나무를 자라게 둔 경우에 대해 엘리에제르 랍비는 말한다. 그것은 [포도나무를] 사용할 수 없는 것으로 만든다. 그러나 랍비들은 말한다. [정상적으로] 자란 것을 제외하고는 사용할 수 없는 것으로 만들지 않는다.

붓꽃, 담쟁이덩굴, 패모와 모든 종류의 씨들은 포도원에서 킬아임으로 간주하지 않는다. 타르폰 랍비에 따르면 대마는 킬아임의 규정을 적용하지 않는다. 그러나 랍비들은 말한다. 그것은 킬아임이다. 아티초크는 포도원에서 킬아임이다.

- 포도원에 가시나무가 자라게 둔 경우, 엘리에제르 랍비는 킬아임 법에 어긋난다고 주장했으나, 랍비들은 킬아임이 아니라고 말한다. 가시나무가 정상적으로 자라서 사람이나 동물에게 유익이 되는 지역이라면 모르지만, 대부분의 경우 가시나무는 일반적인 농작물이 아니기 때문에 괜찮다는 것이다.
- 포도원에서 자라도 킬아임 법에 어긋나지 않는 작물들은 대개 사람이나 가축의 음식으로 쓰지 않는 종류이다. 대마와 아티초크는 킬아임인데, 어떻게 사용하든 음식으로 간주된 것으로 보인다.

## 제6장

### 6, 1

포도원의 일부인 '아리쓰'(עָרִיס, 울타리를 넘어간 포도덩굴 아래의 땅) 지역에 관해 논의한다.

---

אֵיזֶהוּ עָרִיס, הַנּוֹטֵעַ שׁוּרָה שֶׁל חָמֵשׁ גְּפָנִים בְּצַד הַגָּדֵר שֶׁהוּא גָבוֹהַּ עֲשָׂרָה טְפָחִים, אוֹ בְּצַד חָרִיץ שֶׁהוּא עָמֹק עֲשָׂרָה טְפָחִים וְרָחָב אַרְבָּעָה, נוֹתְנִין

לֹו עֲבוֹדָתוֹ אַרְבַּע אַמּוֹת. בֵּית שַׁמַּאי אוֹמְרִים, מוֹדְדִין אַרְבַּע אַמּוֹת מֵעִקַּר
הַגְּפָנִים לַשָּׂדֶה. וּבֵית הִלֵּל אוֹמְרִים, מִן הַגָּדֵר לַשָּׂדֶה. אָמַר רַבִּי יוֹחָנָן בֶּן
נוּרִי, טוֹעִים כָּל הָאוֹמְרִים כֵּן, אֶלָּא אִם יֵשׁ שָׁם אַרְבַּע אַמּוֹת מֵעִקַּר גְּפָנִים
וְלַגָּדֵר, נוֹתְנִין לוֹ אֶת עֲבוֹדָתוֹ, וְזוֹרֵעַ אֶת הַמּוֹתָר. וְכַמָּה הִיא עֲבוֹדַת הַגֶּפֶן.
שִׁשָּׁה טְפָחִים לְכָל רוּחַ. רַבִּי עֲקִיבָא אוֹמֵר, שְׁלֹשָׁה:

〔포도원의〕아리쓰 지역이란 어떤 것인가? 높이가 10테팍인 울타리
옆이나 깊이가 10테팍에 너비가 4테팍인 도랑 옆에 포도나무 다섯 그
루를 심은 것이며 경작에 필요한 4아마의 공간을 확보해야 한다. 샴
마이 학파는 말한다. 포도나무 뿌리부터 밭까지 4아마를 재야 한다.
그러나 힐렐 학파는 말한다. 울타리부터 밭까지이다.

요하난 벤 누리 랍비는 말한다. 그렇게 말하는 것은 모두 실수이다.
〔덩굴이〕포도나무 뿌리에서 울타리까지 4아마 정도〔자랐다면〕, 경
작을 위한 공간을 주고 나머지 부분에 씨를 뿌릴 수 있다. 그러면 포
도나무를〔기르는〕작업 공간은 얼마나 되어야 하는가? 모든 방향으
로 6테팍이다. 아키바 랍비는 말한다. 3〔테팍이다〕.

- 포도원의 일부로 '아리쓰'(עריס)란, 포도나무를 울타리 가까이 심어
  서 그 덩굴이 울타리 위로 넘어가는 경우 그 아래 땅을 가리킨다. 더
  정확히 정의하자면 포도나무 다섯 그루를 심었는데 그 덩굴이 높이
  가 10테팍인 울타리를 넘거나, 깊이가 10테팍이고 너비가 4테팍인
  도랑을 넘을 때를 가리킨다. 이런 경우 포도나무를 경작할 공간으로
  4아마를 떼어놓아야 한다(포도원이 아니라면 6테팍만 떼면 된다).
  이때 작업 공간인 4아마를 재는 방법에 관해 샴마이 학파와 힐렐 학
  파는 이견을 보인다.
- 요하난 벤 누리 랍비는 아리쓰 지역에 관련된 다른 전승을 소개한다.
  아리쓰 지역이 울타리까지 4아마일 때 농부들이 일할 공간 6테팍을

떼고, 나무와 울타리 사이에 다른 씨앗을 뿌려도 좋다는 전승이 있다는 것이다. 아키바 랍비는 3테팍이면 충분하다고 주장한다.

## 6, 2

둔덕에 심은 포도나무에 관해 논의한다.

עָרִיס שֶׁהוּא יוֹצֵא מִן הַמִּדְרֵגָה, רַבִּי אֱלִיעֶזֶר בֶּן יַעֲקֹב אוֹמֵר, אִם עוֹמֵד
בָּאָרֶץ וּבוֹצֵר אֶת כֻּלּוֹ, הֲרֵי זֶה אוֹסֵר אַרְבַּע אַמּוֹת בַּשָּׂדֶה, וְאִם לָאו, אֵינוֹ
אוֹסֵר אֶלָּא כְנֶגְדּוֹ. רַבִּי אֱלִיעֶזֶר אוֹמֵר, אַף הַנּוֹטֵעַ אַחַת בָּאָרֶץ וְאַחַת
בַּמִּדְרֵגָה, אִם גָּבוֹהַּ מִן הָאָרֶץ עֲשָׂרָה טְפָחִים, אֵינָהּ מִצְטָרֶפֶת עִמָּהּ, וְאִם
לָאו, הֲרֵי זוֹ מִצְטָרֶפֶת עִמָּהּ:

〔포도원의〕아리쓰 지역이 둔덕에서 뻗어나와 있을 때 엘리에제르 벤 야아코브 랍비는 말한다. 만일 땅바닥에 서 있는 사람이 포도를 모두 수확할 수 있다면 〔그 아리쓰 지역〕 4아마 안에 있는 밭에 〔씨 뿌리기를〕금지한다. 만일 그렇지 않다면 〔그 포도나무〕 앞부분만 금지된다. 엘리에제르 랍비는 말한다. 만일 두 줄 중 하나를 땅바닥에 심고 다른 하나를 둔덕에 심었는데 〔그 둔덕이〕 땅보다 10테팍 이상 높다면 〔그 둘을 같은 밭으로〕 함께 합칠 수 없다. 만일 그렇지 않다면 서로 함께 합쳐진다.

- 포도나무를 둔덕에 심었는데 땅바닥에 서 있는 사람이 언덕을 오르지 않아도 덩굴에 달린 포도를 수확할 수 있다면 그 포도나무는 땅에서 자란 것과 같다고 보고, 4아마를 떼어야 다른 씨를 뿌릴 수 있다. 그러나 나무가 둔덕 위에 올라가 있어서 땅바닥에 서서는 수확할 수 없다면 나무 바로 앞부분만 킬아임 규정을 적용하고 그 외 지역에는 다른 씨를 뿌릴 수 있다.

- 땅에 심은 포도나무와 둔덕 위에 심은 포도나무를 합쳐서 포도원 하나로 간주할 수 있는지 여부는 그 둔덕의 높이가 10테팍 이상인지에 달려 있다.

## 6, 3

포도나무를 시렁에 올려 키우는 상황에 관해 논의한다.

הַמַּדְלֶה אֶת הַגֶּפֶן עַל מִקְצָת אַפִּיפְיָרוֹת, לֹא יָבִיא זֶרַע אֶל תַּחַת הַמּוֹתָר. אִם הֵבִיא, לֹא קִדֵּשׁ. וְאִם הִלֵּךְ הֶחָדָשׁ, אָסוּר. וְכֵן הַמַּדְלֶה עַל מִקְצָת אִילָן סְרָק:

포도나무를 시렁 위에 매달면 〔그 시렁의〕 나머지 부분 아래에도 씨를 뿌려서는 안 된다. 만일 〔이미〕 씨를 뿌렸다고 해도, 그것이 〔포도나무를〕 사용하지 못하게 만들지 않는다. 새 〔덩굴손이 시렁의 남은 부분을 따라〕 퍼져 나갔다면 〔그 밑에 심은 곡식은〕 금지된다. 열매 맺지 않는 나무 위에 〔덩굴을〕 걸쳐놓았더라도 〔동일한 규정이〕 적용된다.

- 포도나무 덩굴을 키우기 위해 세운 시렁 밑에 다른 씨앗을 뿌릴 수 없으며 빈 시렁이라고 해도 마찬가지다. 그러나 빈 시렁 밑에 뿌린 씨앗 때문에 포도 열매가 사용하지 못하게 되는 것은 아니니 실제 포도나무 덩굴 밑에 씨앗을 뿌린 것이 아니기 때문이다.
- 반대로 빈 시렁 밑에 다른 씨앗을 뿌렸는데 포도나무 덩굴이 자라서 그 위를 덮었다면 그곳에서 키운 곡식을 음식으로 사용할 수 없다. 시렁 대신에 열매를 맺지 않는 나무에 덩굴을 걸었다고 해도 마찬가지다.

## 6, 4

포도덩굴이 열매 맺는 나무 가지에 걸린 상황을 설명한다.

---

הַמַּדְלֶה אֶת הַגֶּפֶן עַל מִקְצָת אִילָן מַאֲכָל, מֻתָּר לְהָבִיא זֶרַע אֶל תַּחַת
הַמּוֹתָר. וְאִם הֵלֵךְ הֶחָדָשׁ, יַחֲזִירֶנּוּ. מַעֲשֶׂה שֶׁהָלַךְ רַבִּי יְהוֹשֻׁעַ אֵצֶל רַבִּי
יִשְׁמָעֵאל לִכְפַר עֲזִיז, וְהֶרְאָהוּ גֶּפֶן מֻדְלָה עַל מִקְצָת תְּאֵנָה. אָמַר לוֹ, מָה אֲנִי
לְהָבִיא זֶרַע אֶל תַּחַת הַמּוֹתָר. אָמַר לוֹ, מֻתָּר. וְהֶעֱלָהוּ מִשָּׁם לְבֵית הַמַּגְנְיָה,
וְהֶרְאָהוּ גֶּפֶן שֶׁהִיא מֻדְלָה עַל מִקְצָת הַקּוֹרָה, וְסַדָּן שֶׁל שִׁקְמָה, וּבוֹ קוֹרוֹת
הַרְבֵּה. אָמַר לוֹ, תַּחַת הַקּוֹרָה זוֹ אָסוּר, וְהַשְּׁאָר מֻתָּר:

---

열매 맺는 나무 위에 포도나무를 걸쳐놓는 경우 나머지 부분 아래에 씨를 뿌릴 수 있다. 새 [덩굴손이 나머지 부분을 따라] 퍼져 나갔다면 반드시 되돌려놓아야 한다.

예호슈아 랍비가 케파르 아지즈[18]에 사는 이쉬마엘 랍비에게 갔을 때 [이쉬마엘 랍비는 예호슈아 랍비에게] 무화과나무 위에 걸쳐놓은 포도나무를 보여주고는 그에게 물었다. "내가 [그 나무의] 나머지 부분 아래에 씨를 뿌릴 수 있겠습니까?" 그가 대답했다. "그것은 허용됩니다."

[이쉬마엘 랍비는] 그를 데리고 벳 함마그니야로 올라가 가지가 많은 돌무화과나무의 줄기와 가지들 위에 걸쳐놓은 포도나무를 보여주었다. [예호슈아 랍비가 이쉬마엘 랍비에게] 말했다. "이 가지들 아래는 [씨 뿌리기가] 금지되지만 다른 [가지들] 아래에서는 허용됩니다."

• 포도나무 덩굴을 열매 맺는 나무의 가지에 걸쳐놓았다면 덩굴이 걸리지 않은 나머지 부분 아래에 다른 씨앗을 심어도 무방하다. 이것은

---

18) 아지즈(עזיז)는 헤브론의 남서쪽에 있던 마을이다.

시렁이나 열매 맺지 않는 나무와 달리(셋째 미쉬나) 독립적인 중요성을 가진 존재이기 때문에 포도덩굴 때문에 그 성질을 잃지 않는다. 덩굴손이 나머지 부분을 따라 퍼져도 밑에 심은 씨앗이 사용할 수 없게 되지 않으며 다시 되돌려놓으면 된다. 열매 맺지 않는 나무였다면 밑에 심은 곡식이 사용할 수 없게 된다.

- 예호슈아 랍비가 이쉬마엘 랍비를 찾아갔을 때[19] 토론했던 이야기 중 포도나무 덩굴을 무화과나무에 걸쳐놓은 경우는 위의 규정에 따라 나머지 부분에 다른 씨를 뿌려도 좋다고 확인했다. 그러나 열매를 식용으로 쓰지 않는 돌무화과나무에 걸린 경우 조금 다른 규정을 제시하는데 포도덩굴이 걸린 가지 밑에 다른 씨를 뿌리면 안 되지만, 다른 가지들 밑은 괜찮다고 말한다. 가지가 너무 많기 때문에 가지 하나를 독립된 나무로 간주한 것으로 보인다.

### 6, 5

열매를 맺지 않는 나무가 무엇인지 정의한다.

---

אֵיזֶהוּ אִילָן סְרָק. כָּל שֶׁאֵינוֹ עוֹשֶׂה פֵרוֹת. רַבִּי מֵאִיר אוֹמֵר, הַכֹּל אִילָן סְרָק, חוּץ מִן הַזַּיִת וְהַתְּאֵנָה. רַבִּי יוֹסֵי אוֹמֵר, כָּל שֶׁאֵין כְּמוֹהוּ נוֹטְעִין שָׂדוֹת שְׁלֵמוֹת, הֲרֵי זֶה אִילָן סְרָק:

---

'쓰락' 나무란 무엇인가? 열매 맺지 못하는 나무를 가리킨다. 메이르 랍비는 말한다. 올리브나무와 무화과나무를 제외한 모든 나무는 '쓰락' 나무이다. 요쎄 랍비는 말한다. 밭에 심지 않는 모든 나무는 '쓰락' 나무이다.

---

19) 예호슈아 랍비는 서기 80-110년 사이에 활동한 제2세대 타나이며 이쉬마엘 랍비는 서기 110-135년에 활동한 제3세대 타나다. 그러므로 이 미쉬나의 문맥은 스승이 제자를 가르치는 상황을 염두에 두고 있다.

- 음식으로 사용하는 열매를 맺지 않는 나무를 '쓰락'(סרק)이라고 부른다. '비어 있다' 또는 '결실이 없다'는 뜻이다. 메이르 랍비는 올리브나무와 무화과나무를 제외하면 모든 나무가 이 범주에 속한다고 했는데 포도나무를 거는 작업과 관련된 정의로 보인다. 요쎄 랍비는 좀 더 넓게 규정하며 농부들이 과수원에 심는 나무는 유실수이고, 그러지 않는 나무들은 열매 맺지 않는 나무라고 설명한다.

### 6, 6
다시 포도원의 아리쓰 지역에 관해 논의한다.

פִּסְקֵי עָרִיס, שְׁמֹנֶה אַמּוֹת וָעוֹד. וְכָל מִדּוֹת שֶׁאָמְרוּ חֲכָמִים בַּכֶּרֶם, אֵין
בָּהֶם וָעוֹד, חוּץ מִפִּסְקֵי עָרִיס. אֵלּוּ הֵן פִּסְקֵי עָרִיס, עָרִיס שֶׁחָרַב מֵאֶמְצָעוֹ
וְנִשְׁתַּיְּרוּ בוֹ חָמֵשׁ גְּפָנִים מִכָּאן וְחָמֵשׁ גְּפָנִים מִכָּאן. אִם יֵשׁ שָׁם שְׁמֹנֶה
אַמּוֹת, לֹא יָבִיא זֶרַע לְשָׁם. שְׁמֹנֶה אַמּוֹת וָעוֹד, נוֹתְנִין לוֹ כְּדֵי עֲבוֹדָתוֹ, וְזוֹרֵעַ
אֶת הַמּוֹתָר:

[포도원의] 아리쓰 지역에 간격이 8아마 이상 벌어졌다면 [그 아래 다른 씨를 심을 수 있다]. 랍비들이 포도원과 관련하여 말한 모든 크기는 [틀림이] 없으며 [포도원의] 아리쓰 지역 간격에 관해서만 [8아마보다] '약간 더'라고 할 수 있다.

[포도원의] 아리쓰 지역의 간격이란 이런 것이다. 아리쓰 지역 포도나무들 중 가운데 부분이 고사했고 그 양쪽으로 포도나무가 다섯 그루씩 있을 때이다. 만약 간격이 8아마라면 그곳에 씨를 뿌려서는 안 된다. 만일 8아마나 약간 더 크다면 경작할 충분한 공간을 떼고 나머지 부분에 씨를 뿌려도 된다.

- 포도원 아리쓰 지역에 8아마 이상 되는 간격이 벌어졌다면 그 밑에 다른 씨앗을 심어도 무방하다. 이때 8아마 크기는 실제 그보다 조금

더 넓어야 한다. 이렇게 규정에 기록된 크기가 정확하지 않고 조금 더 넓어야 하는 경우는 포도나무 덩굴의 간격 관련 법규뿐이다.

- 그리고 포도원 아리쓰 지역에 간격이 생긴다는 말이 무슨 뜻인지 자세히 설명한다.

## 6, 7

עָרִיס שֶׁהוּא יוֹצֵא מִן הַכֹּתֶל מִתּוֹךְ הַקֶּרֶן וְכָלֶה, נוֹתְנִין לוֹ עֲבוֹדָתוֹ, וְזוֹרֵעַ אֶת הַמּוֹתָר. רַבִּי יוֹסֵי אוֹמֵר, אִם אֵין שָׁם אַרְבַּע אַמּוֹת, לֹא יָבִיא זֶרַע לְשָׁם:

포도원 아리쓰 지역이 담을 따라 모퉁이 쪽으로 나가다가 중단되었다면 경작할 충분한 공간을 떼고 나머지 부분에 씨를 뿌려도 된다. 요쎄 랍비는 말한다. 만일 공간이 4아마보다 작으면 그곳에 씨를 뿌릴 수 없다.

- 이 미쉬나는 한쪽 담을 따라 심은 나무 두 그루가 있고 다른 쪽 담을 따라 심은 나무 두 그루가 있는데, 두 담이 어떤 식으로든 만나면서 모퉁이에 다른 나무 한 그루가 더 있는 경우를 묘사한다. 그러므로 담을 따라 형성된 아리쓰 지역이 모퉁이 쪽에 이르면서 끝난다. 그렇다면 나무를 돌볼 수 있는 6테팍을 남기고 나머지 부분에 다른 씨앗을 뿌릴 수 있다. 즉 이런 경우 포도원으로 간주하지 않는다.
- 요쎄 랍비는 생각이 달라서 이 경우도 포도원으로 봐야 하고, 빈터가 4아마가 되어야 다른 씨앗을 뿌릴 수 있다고 주장한다.

## 6, 8

포도원 아리쓰 지역에서 튀어나와 있는 갈대 막대기에 관해 논의한다.

הַקָּנִים הַיּוֹצְאִים מִן הֶעָרִיס וְחָס עֲלֵיהֶן לְפָסְקָן, כְּנֶגְדָּן מֻתָּר. עֲשָׂאָן כְּדֵי
שֶׁיְּהַלֵּךְ עֲלֵיהֶן הֶחָדָשׁ, אָסוּר:

갈대가 아리쓰 지역에 튀어나와 있는데 그것을 짧게 자르지 않는다
면 그 맞은편에는 씨를 뿌려도 된다. 그러나 새로운 [덩굴손이] 나오
게 하려고 그렇게 한다면 [그곳에 다른 씨앗을 심는 것이] 금지된다.

- 아리쓰 지역에 갈대 막대기가 튀어나와 있지만 포도나무 덩굴을 매
  다는 용도가 아니고, 그냥 귀찮아서 자르지 않는다면 그 밑에 다른
  씨앗을 심어도 좋다. 그러나 새로 덩굴손이 뻗어나올 때 매달려는
  계획이 있다면 그 밑에 씨앗을 심을 수 없다.

## 6, 9

הַפֶּרַח הַיּוֹצֵא מִן הֶעָרִיס, רוֹאִין אוֹתוֹ כְּאִלּוּ מְטֻטֶּלֶת תְּלוּיָה בוֹ, כְּנֶגְדּוֹ אָסוּר.
וְכֵן בְּדָלִית. הַמּוֹתֵחַ זְמוֹרָה מֵאִילָן לְאִילָן, תַּחְתֶּיהָ אָסוּר. סְפָקָהּ בְּחֶבֶל אוֹ
בְּגֶמִי, תַּחַת הַסְּפוּק מֻתָּר. עֲשָׂאָהּ כְּדֵי שֶׁיְּהַלֵּךְ עָלָיו הֶחָדָשׁ, אָסוּר:

꽃이 아리쓰 지역에서 나오는 경우, 그곳에 다림줄이 매달려 있는
것과 같은 방법으로 그 아래 [씨를 뿌리는 것이] 금지된다. 매달려 있
는 [포도나무 가지의 경우에도] 마찬가지다.[20] 만일 포도나무 가지가
나무에서 나무로 뻗으면 그 아래 [씨를 뿌리는 것이] 금지된다. 묶는
줄이나 갈대 풀로 연장하는 경우 그 연장선 아래 [씨 뿌리기가] 허용
된다. 새 [덩굴손이] 나오게 하려고 그렇게 한다면 [씨 뿌리기가] 금
지된다.

---

20) 새로운 덩굴손이 6테팍이 넘는 경우, 즉 경작지의 공간을 갖는 경우 그곳에 씨
    를 뿌리는 것이 금지된다.

- 포도원의 아리쓰 지역에 포도꽃이 피었다면 그 아래 부분, 즉 다림줄을 매단 것처럼 바로 밑에 다른 씨를 뿌릴 수 없다. 포도원이 아니라 혼자 서 있는 포도나무의 매달린 가지에서 꽃이 피어도 같은 규정을 적용한다.

- 포도나무 가지를 한 나무에서 다른 나무로 자라도록 매달아놓았다면 그 아래 다른 씨를 뿌릴 수 없다. 줄이나 갈대를 엮어서 포도나무 덩굴을 매달았다면 그 줄 밑에는 다른 씨를 뿌릴 수 있다. 덩굴손이 그 줄을 타고 자라게 할 계획이었다면 다른 씨를 뿌릴 수 없다.


## 제7장


### 7, 1

포도나무 가지의 일부를 땅속에 묻어서 뿌리를 내리게 만들어 새 나무를 길러내는 기술(הברכה, 하브라카)과 킬아임 법규정의 관계를 설명한다.

---

הַמַּבְרִיךְ אֶת הַגֶּפֶן בָּאָרֶץ, אִם אֵין עָפָר עַל גַּבָּהּ שְׁלֹשָׁה טְפָחִים, לֹא יָבִיא זֶרַע עָלֶיהָ, אֲפִלּוּ הִבְרִיכָהּ בִּדְלַעַת אוֹ בְסִילוֹן. הִבְרִיכָהּ בְּסֶלַע, אַף עַל פִּי שֶׁאֵין עָפָר עַל גַּבָּהּ אֶלָּא שָׁלֹשׁ אֶצְבָּעוֹת, מֻתָּר לְהָבִיא זֶרַע עָלֶיהָ. הָאַרְכֻּבָּה שֶׁבַּגֶּפֶן, אֵין מוֹדְדִין לָהּ אֶלָּא מִן הָעִקָּר הַשֵּׁנִי:

---

만일 포도나무 가지를 땅속에 묻어서 [뿌리내리게 했는데], 그 위에 흙이 3테팍 이상 쌓여 있지 않으면 비록 박 껍질이나 대롱을 통해 들어갔더라도 그곳에 씨를 뿌릴 수 없다. 포도나무 가지를 돌이 많은 곳에 묻었을 때 그 위에 흙이 3에쯔바옷밖에 쌓여 있지 않아도 그 위에 씨를 뿌릴 수 있다. 그 [무릎처럼] 구부러진 포도나무 가지는 두

번째 뿌리부터 측정한다.

- 포도나무 가지를 땅에 묻어 뿌리를 내리게 만드는 작업이 끝났지만, 그 위에 흙이 3테팍 높이로 쌓여 있지 않다면 그 위에 다른 씨앗을 뿌릴 수 없다. 박 껍질이나 대롱을 사용해서 묻었다고 해도 묻은 가지와 씨앗을 완전히 차단할 수 없으므로 마찬가지 경우가 된다.
- 그러나 돌이 많은 지역이라면 조건을 완화해줄 수 있다.
- 이 하브라카 기술을 사용해서 새로 탄생한 묘종을 어미 나무에서 자르면 무릎처럼 구부러진 형태(אָרכּוּבָה, 아르쿠바)가 되는데[21] 이 묘종을 돌볼 작업 공간을 잴 때 첫 번째로 내린 뿌리가 아니라 두 번째로 내린 뿌리부터 잰다.

### 7, 2

세 그루의 포도나무를 심었을 경우 그 나무들 사이의 공간에 따른 규정을 논의한다.

---

הַמַבְרִיךְ שָׁלֹשׁ גְּפָנִים וְעִקָּרֵיהֶם נִרְאִים, רַבִּי אֱלִיעֶזֶר בַּר צָדוֹק אוֹמֵר, אִם יֵשׁ בֵּינֵיהֶם מֵאַרְבַּע אַמּוֹת וְעַד שְׁמֹנֶה, הֲרֵי אֵלּוּ מִצְטָרְפוֹת. וְאִם לָאו, אֵינָן מִצְטָרְפוֹת. גֶּפֶן שֶׁיָּבְשָׁה, אֲסוּרָה וְאֵינָה מְקַדֶּשֶׁת. רַבִּי מֵאִיר אוֹמֵר, אַף צֶמֶר גֶּפֶן אָסוּר וְאֵינוֹ מְקַדֵּשׁ. רַבִּי אֶלְעָזָר בַּר צָדוֹק אוֹמֵר מִשְּׁמוֹ, אַף עַל גַּבֵּי הַגֶּפֶן אָסוּר וְאֵינוֹ מְקַדֵּשׁ:

---

포도나무 세 그루의 [가지를] 땅 속에 묻었고 그들의 [원래] 뿌리가 보일 때 엘리에제르 바르 짜도크 랍비는 말한다. 만일 그것들 사이에 공간이 4-8아마라면 [원래의 포도나무와] 함께 취급해야 한다. 그렇지 않으면 함께 취급해서는 안 된다.

---

21) 이 낱말(אָרכּוּבָה)은 무릎관절 부위를 말한다(야스트로 사전).

만일 포도나무가 시들었다면 [씨 뿌리기가] 허용되지 않는다. 그러나 [그 씨앗 때문에] 사용할 수 없게 되지는 않는다. 메이르 랍비는 말한다. 목화나무도 [포도원에 심는 것이] 금지된다. 하지만 [그 나무 때문에] 사용할 수 없게 되지는 않는다. 엘리에제르 바르 짜도크 랍비는 그의 이름을 걸고 말한다. [땅에 묻은] 포도나무 위에 [씨를 뿌리는 것은] 금지된다. 하지만 [그 씨앗 때문에] 사용할 수 없게 되지는 않는다.

- 어떤 사람이 포도나무 세 그루의 가지를 땅속에 묻어 뿌리가 내리게 해서, 마치 포도나무 세 그루씩 두 줄로 심은 것처럼 보이게 되었고, 이런 경우라면 포도원에 관련된 법규정을 적용하게 되었다(「킬아임」 4, 5-6). 엘리에제르 바르 짜도크 랍비는 원래 있던 나무와 새로 생긴 나무 사이에 4-8아마 정도가 되는 간격이 있을 때만 다 합쳐서 계산하여 포도원으로 간주할 수 있다고 조건을 제시한다.
- 포도나무가 말라서 시들었다면 일종의 중간적인 지위를 가지게 된다. 아직도 그 나무 밑에 다른 씨앗을 뿌릴 수 없지만, 뿌린다고 해서 킬아임 법에 위배되는 것은 아니다. 무화과나무도 마찬가지고, 땅에 묻은 포도나무 가지 위에 씨를 뿌리는 것도 그러하다.

### 7, 3
포도원 중 빈 땅과 포도나무를 경작할 땅의 공간 크기에 따른 규정을 논의한다.

אֵלּוּ אוֹסְרִין וְלֹא מְקַדְּשִׁין. מוֹתַר חָרְבַּן הַכֶּרֶם, מוֹתַר מְחוֹל הַכֶּרֶם, מוֹתַר
פְּסָקֵי עָרִיס, מוֹתַר אַפִּיפְיָרוֹת. אֲבָל תַּחַת הַגֶּפֶן, וַעֲבוֹדַת הַגֶּפֶן, וְאַרְבַּע
אַמּוֹת שֶׁבַּכֶּרֶם, הֲרֵי אֵלּוּ מִתְקַדְּשׁוֹת:

다음 〔장소들 위에 씨를 뿌리는 것은〕 금지되지만 사용할 수 없게 되지는 않는다. 포도원 중 황폐한 땅[22]의 남아 있는 부분, 포도원의 바깥쪽 빈 땅, 아리쓰 지역의 간격 아래 남아 있는 땅, 시렁 〔밑에 있는〕 남은 땅이다. 그러나 포도나무 아래와 포도나무를 관리하기 위해 필요한 공간과 포도원 〔옆〕 4아마에 〔다른 씨앗을 심으면〕 사용할 수 없는 것이 된다.

- 포도원 가운데 있는 빈 땅은 16아마 미만이면 다른 씨앗을 심을 수 없지만, 포도나무를 경작할 공간 4아마를 남겼다면 사용할 수 없게 되지는 않는다(「킬아임」 4, 1). 바깥쪽에 있는 빈 땅은 12아마, 아리쓰 지역의 간격은 6아마(「킬아임」 6, 6) 미만일 때 그러하다. 시렁 밑에는 무조건 다른 씨앗을 심으면 안 되는데(「킬아임」 6, 3), 심어도 사용할 수 없게 되지는 않는다고 설명한다.
- 그러나 포도나무 바로 아래, 포도나무를 경작할 때 필요한 땅 6테팍, 그리고 포도원을 경작할 때 필요한 땅 4아마 안에 다른 씨앗을 심으면 사용할 수 없는 것이 된다.

### 7, 4
타인 소유의 농토 및 과수원과 킬아임 규정의 상관관계를 설명한다.

---

הַמְסַכֵּךְ אֶת גַּפְנוֹ עַל גַּבֵּי תְבוּאָתוֹ שֶׁל חֲבֵרוֹ, הֲרֵי זֶה קִדֵּשׁ, וְחַיָּב בְּאַחֲרָיוּתוֹ. רַבִּי יוֹסֵי וְרַבִּי שִׁמְעוֹן אוֹמְרִים, אֵין אָדָם מְקַדֵּשׁ דָּבָר שֶׁאֵינוֹ שֶׁלּוֹ:

---

만일 자기 포도나무가 이웃의 곡물을 덮어버린다면 그 〔곡물은〕 사

---

22) 이 미쉬나에는 분명히 황폐한 땅(חרבן)이라고 기록되어 있지만 앞뒤 문맥을 살펴보면 '가운데 있는 빈 땅'(קרחת)을 가리킨 것으로 보인다.

용할 수 없게 되며 그에 대한 책임을 져야 한다. 요쎄 랍비와 쉼온 랍비는 말한다. 사람이 자기 소유가 아닌 것을 사용할 수 없게 만들 수는 없다.

- 어떤 사람이 자기 포도나무가 이웃의 곡식 위로 자라서 덮게 만들었다면 킬아임 규정을 적용할 수 있으며 그 이웃의 곡식을 음식으로 사용할 수 없게 된다. 그러므로 그 책임을 져야 한다.
- 요쎄 랍비와 쉼온 랍비는 사람이 자기 소유가 아닌 농작물을 사용할 수 없게 만들어서는 안 된다고 주장했는데 이들은 히브리 성서 본문에 "네 포도원에" 두 종자를 섞어 뿌리지 말라고 했으므로(신 22:9) 남의 소유에는 영향을 미칠 수 없다고 해석한 것이다.

### 7, 5

안식년에 포도원에 씨를 뿌린 경우에 대해 논의한다.

---

אָמַר רַבִּי יוֹסֵי, מַעֲשֶׂה בְּאֶחָד שֶׁזָּרַע אֶת כַּרְמוֹ בַּשְּׁבִיעִית, וּבָא מַעֲשֶׂה לִפְנֵי
רַבִּי עֲקִיבָא, וְאָמַר, אֵין אָדָם מְקַדֵּשׁ דָּבָר שֶׁאֵינוֹ שֶׁלּוֹ:

---

요쎄 랍비는 말한다. 어떤 사람이 안식년에 그의 포도원에 씨를 뿌린 적이 있었고 아키바 랍비에게 그 행위에 대해서 [물었을 때] 그는 이렇게 말했다. "본인의 것이 아닌 것을 아무도 빼앗을 수 없다."[23)]

- 안식년 기간 밭에서 자란 생산물은 주인이 없는 것으로 간주되어 누구든지 와서 가져갈 수 있으며 심지어 그것을 팔 수 없는 이의 경우라도 상관이 없다.

---

23) 안식년의 생산물은 주인이 없는 것으로 간주되기 때문이다.

## 7, 6

강압적으로 차지한 포도원에 씨를 뿌려 수확한 경우에 대해 논의한다.

---

הָאָנָס שֶׁזָּרַע אֶת הַכֶּרֶם וְיָצָא מִלְפָנָיו, קוֹצְרוֹ אֲפִלּוּ בַמּוֹעֵד. עַד כַּמָּה הוּא נוֹתֵן לַפּוֹעֲלִים, עַד שְׁלִישׁ. יָתֵר מִכָּאן, קוֹצֵר כְּדַרְכּוֹ וְהוֹלֵךְ אֲפִלּוּ לְאַחַר הַמּוֹעֵד. מֵאֵימָתַי הוּא נִקְרָא אָנָס, מִשֶּׁיִּשְׁקַע:

---

어떤 사람이 강압적으로 차지한 포도원에 씨를 뿌렸고 〔합법적인 주인에 의해〕 그 〔포도원〕이 복구되었는데 〔킬아임이 되는 것을 막기위해〕 명절 기간 중간이라도 〔다른 작물을〕 뽑는 경우 〔만일 일꾼이 명절에 일하는 것을 거절한다면〕 일꾼에게 얼마의 임금을 더 주어야 하는가? 1/3을 더 주어야 한다. 만일 이보다 더 요구한다면 〔일꾼을 고용하지 않아도 되며〕 평소처럼 명절 이후에 뽑아도 된다. 어느 시점에서부터 강압적으로 차지했다고 해야 하는가? 〔원주인의 이름이〕 잊힌 이후부터이다.

- 땅이 정당한 소유자인 유대인에게 돌아가자마자 그는 씨앗이 자라기 시작하기 전에 즉시 씨앗을 잘라야 한다. 그는 일반적으로 밭에서 일하는 것이 금지되어 있는 모든 기간 동안에도 그렇게 해야 한다. 가능한 한 빨리 이 씨앗을 자르려면 일꾼을 고용해야 한다. 즉, 너무 오래 걸리면 스스로 잘라낼 수가 없다. 이 일꾼에게 최대 1/3의 임금을 더 주어야 한다는 것이다.

## 7, 7

바람이 불어 포도나무가 곡물을 덮친 경우에 대해 논의한다.

הָרוּחַ שֶׁעִלְעֲלָה אֶת הַגְּפָנִים עַל גַּבֵּי תְבוּאָה, יִגְדֹּר מִיָּד. אִם אֵרְעוֹ אֹנֶס,
מֻתָּר. תְּבוּאָתוֹ שֶׁהָיְתָה נוֹטָה תַּחַת הַגֶּפֶן, וְכֵן בְּיָרָק, מַחֲזִיר וְאֵינוֹ מְקַדֵּשׁ.
מֵאֵימָתַי תְּבוּאָה מִתְקַדֶּשֶׁת, מִשֶּׁתַּשְׁרִישׁ. וַעֲנָבִים, מִשֶּׁיְּעָשׂוּ כְּפוֹל הַלָּבָן.
תְּבוּאָה שֶׁיָּבְשָׁה כָּל צָרְכָּהּ, וַעֲנָבִים שֶׁבָּשְׁלוּ כָּל צָרְכָּן, אֵין מִתְקַדְּשׁוֹת:

바람이 불어와 포도나무가 곡물을 덮친다면 즉시 잘라내야 한다.
어떤 일이 발생하여 〔잘라낼 수 없다면〕 그대로 두어도 된다. 만일 곡
물이나 채소가 포도나무 아래에서 굽어졌다면 그것을 원상태로 돌려
놓아야 하지만 빼앗기지는 않는다. 언제 〔포도원에 심겨진〕 곡물을 빼
앗기는가? 뿌리에 부딪쳤을 때이다. 포도는 〔언제 빼앗기는가〕? 흰 강
낭콩의 크기가 되었을 때이다. 곡물이 완전히 영글었을 때 혹은 포도
가 완전히 익었을 때 그것을 빼앗을 수 없다.

- 곡식 위에 포도를 일부러 걸쳐놓은 것이 아니고 바람에 의해서 곡물
  을 덮친 것이므로 즉시 잘라낼 필요는 없다. 하지만 즉시 차단할 필
  요는 있다.

## 7, 8

포도원에서 구멍 난 화분과 구멍이 나지 않은 화분에 뿌려진 씨에
대해 논의한다.

עָצִיץ נָקוּב מְקַדֵּשׁ בַּכֶּרֶם, וְשֶׁאֵינוֹ נָקוּב אֵינוֹ מְקַדֵּשׁ. וְרַבִּי שִׁמְעוֹן אוֹמֵר, זֶה
וָזֶה אוֹסְרִין וְלֹא מְקַדְּשִׁין. הַמַּעֲבִיר עָצִיץ נָקוּב בַּכֶּרֶם, אִם הוֹסִיף בְּמָאתַיִם,
אָסוּר:

포도원에서 구멍 난 화분에 〔뿌려진 씨는〕 〔성물로 간주되어〕 빼앗
기지만 구멍이 나지 않은 화분에 〔뿌려진 씨는〕 빼앗기지 않는다. 쉼
온 랍비는 말한다. 둘 다 금지되지만 둘 다 빼앗기지는 않는다. 만일

구멍 난 화분을 포도원으로 옮기는데 〔옮기는 동안〕 1/200 〔크기로〕
더 자랐다면 그것은 금지된다.

- 구멍이 뚫린 화분은 흙처럼 취급된다. 그런 화분에 씨앗을 심은 다음 포도원에 두면 씨앗과 포도는 킬아임이므로 금지된다.


## 제8장

### 8, 1

킬아임 관련 기본규정들을 요약하고 있는데 히브리 성서 레위기 19:
19에 대한 주석으로 볼 수 있다.

---

כִּלְאֵי הַכֶּרֶם אֲסוּרִין מִלְזְרֹעַ, וּמִלְקַיֵּם, וַאֲסוּרִין בַּהֲנָאָה. כִּלְאֵי זְרָעִים,
אֲסוּרִים מִלְזְרֹעַ וּמִלְקַיֵּם, וּמֻתָּרִין בַּאֲכִילָה, וְכָל שֶׁכֵּן בַּהֲנָאָה. כִּלְאֵי בְגָדִים
מֻתָּרִין בְּכָל דָּבָר, וְאֵינָן אֲסוּרִין אֶלָּא מִלְּבֹּשׁ. כִּלְאֵי בְהֵמָה מֻתָּרִים לְגַדֵּל
וּלְקַיֵּם, וְאֵינָן אֲסוּרִים אֶלָּא מִלְּהַרְבִּיעַ. כִּלְאֵי בְהֵמָה זֶה בָזֶה:

---

포도원에 킬아임에[24] 해당하는 〔다른 종류의〕 씨를 뿌리거나 자라
게 해서는 안 되며 그것으로 이익을 남겨서도 안 된다. 킬아임에 해당
하는 씨를 뿌리거나 자라게 해서는 안 되지만, 그것을 먹을 수 있고 이
익을 남길 수도 있다. 킬아임에 해당하는 의복으로 무엇이든 할 수 있
지만, 그것을 입어서는 안 된다. 킬아임에 해당하는 가축을 키우거나
자라게 할 수는 있지만, 새끼를 낳게 하면 안 된다. 킬아임에 해당하는
가축은 이것과 저것을 함께 〔일을 시켜서는〕 안 된다.

---

24) '킬아임'은 섞여서는 안 되는 두 종류를 의미한다.

- 포도원에 킬아임 규정에 해당하는 곡식이나 채소의 씨를 뿌리거나 자연스럽게 자라는 것을 방치하거나 그것을 팔아 이익을 남기면 안 된다. 즉 가축에게 먹이거나 비유대인에게 파는 것도 금지된다.
- 밭에 킬아임 규정에 해당하는 씨앗을 섞어서 뿌리거나 방치하면 안 되지만, 먹거나 이익을 남겨도 좋다.
- 서로 다른 직물을 섞어 짜서 킬아임에 해당하는 옷을 입으면 안 되지만(שעטנז, 샤트네즈. 레 19:19; 신 22:11), 다른 용도로 사용하거나 파는 것은 무방하다.
- 이종교배를 통해 태어난 가축을 기를 수는 있지만, 이종교배를 시행하면 안 된다.
- 미쉬나 마지막 문장은 서로 다른 동물에게 함께 일을 시키는 상황으로 앞으로 나올 미쉬나들의 주제이기도 하다.

## 8, 2

서로 다른 가축이 멍에 하나를 끌지 못한다는 규정을 설명한다.

---

בְּהֵמָה עִם בְּהֵמָה וְחַיָּה עִם חַיָּה, בְּהֵמָה עִם חַיָּה וְחַיָּה עִם בְּהֵמָה, טְמֵאָה עִם טְמֵאָה וּטְהוֹרָה עִם טְהוֹרָה, טְמֵאָה עִם טְהוֹרָה וּטְהוֹרָה עִם טְמֵאָה, אֲסוּרִין לַחֲרֹשׁ וְלִמְשֹׁךְ וּלְהַנְהִיג:

---

〔서로 다른 종류의〕 가축과 가축, 짐승과 짐승, 가축과 짐승, 짐승과 가축, 부정한 것과 부정한 것, 정결한 것과 정결한 것, 부정한 것과 정결한 것, 정결한 것과 부정한 것을 함께 쟁기질을 시키거나 끌거나 모는 것은 금지된다.

- 고대 랍비들이 생각할 수 있는 모든 동물을 가축과 짐승 또는 정결한 동물과 부정한 동물이라는 범주로 나누어 포함시키고, 함께 일을 시

키지 말라고 명하고 있다.

## 8, 3

다른 종류의 동물을 모는 사람이 맞는 매에 대해 설명한다.

---

הַמַּנְהִיג סוֹפֵג אֶת הָאַרְבָּעִים, וְהַיּוֹשֵׁב בַּקָּרוֹן סוֹפֵג אֶת הָאַרְבָּעִים. רַבִּי מֵאִיר
פּוֹטֵר. וְהַשְּׁלִישִׁית שֶׁהִיא קְשׁוּרָה לִרְצוּעוֹת, אֲסוּרָה:

---

〔다른 종류의 동물을〕 모는 사람은 〔매〕 40〔대를〕 맞는다.[25] 수레에
앉기만 해도 〔매〕 40〔대를〕 맞는다. 메이르 랍비는 그것을 허용한다.
세 번째 동물을 줄로 매는 일은 금지된다.

- 둘째 미쉬나가 금지한 동물들을 함께 몰거나 그런 동물들이 끄는 수
  레에 앉기만 해도 킬아임 규정에 위배되며 토라가 금지한 행위를 시
  행했기 때문에 매를 맞는다. 메이르 랍비는 직접 몰고가지 않고 수레
  에 앉아만 있었다면 법규정을 어긴 것이 아니라고 주장한다.
- 만약 같은 종류의 동물 두 마리를 멍에에 맨 상태에서 다른 사람이
  종류가 다른 동물을 데려와 함께 멍에에 매었다. 동일한 사람이 종
  류가 다른 동물을 한 마리씩 섞어서 맨 것이 아니므로 킬아임 규정
  을 어기지 않았다고 주장할 수 있지만, 이 미쉬나는 그런 경우도 규
  정에 위배된다고 말한다.

## 8, 4

말이나 리비아 나귀, 노새들의 킬아임 규정에 대해 설명한다.

---

25) 40에 하나 감한 매를 의미한다. "사십까지는 때리려니와 그것을 넘기지는 못
할지니 만일 그것을 넘겨 매를 지나치게 때리면 네가 네 형제를 경히 여기는
것이 될까 하노라"(신 25:3).

אֵין קוֹשְׁרִין אֶת הַסּוּס לֹא לְצִדְּדֵי הַקָּרוֹן וְלֹא לְאַחַר הַקָּרוֹן, וְלֹא אֶת הַלֻּבְדְּקִים לַגְּמַלִּים. רַבִּי יְהוּדָה אוֹמֵר, כָּל הַנּוֹלָדִים מִן הַסּוּס, אַף עַל פִּי שֶׁאֲבִיהֶן חֲמוֹר, מֻתָּרִין זֶה עִם זֶה. וְכֵן הַנּוֹלָדִים מִן הַחֲמוֹר, אַף עַל פִּי שֶׁאֲבִיהֶם סוּס, מֻתָּרִין זֶה עִם זֶה. אֲבָל הַנּוֹלָדִים מִן הַסּוּס עִם הַנּוֹלָדִים מֵחֲמוֹר, אֲסוּרִים זֶה עִם זֶה:

말을 〔소가 끄는〕 수레의 측면이나 뒤에 매어서는 안 되며 리비아 나귀를 낙타가 〔끄는 수레에〕 매어서도 안 된다.

예후다 랍비는 말한다. 말이 낳은 〔노새들은〕 나귀가 아비일지라도 서로 〔멍에를 지는 것이〕 허용된다. 나귀가 낳은 〔노새들은〕 말이 아비일지라도 서로 〔멍에를 지는 것이〕 허용된다. 그러나 말이 낳은 〔노새와〕 나귀가 낳은 〔노새에게 함께 멍에를 지게 하는 것은〕 금지된다.

- 미쉬나의 앞부분은 소가 끄는 수레 앞에 말을 함께 매는 것은 물론 측면이나 뒤에 매어도 킬아임 규정에 위배된다고 말한다. 리비아 나귀와 낙타는 분명히 다른 동물이므로 왜 따로 언급했는지 이해하기 어렵지만, 혹시 비슷한 지역에서 수입한 동물이라고 해도 함께 일을 시킬 수 없다는 이유일지도 모른다.
- 노새처럼 이종교배를 통해서 태어난 동물은 어미가 누구인지에 따라 함께 일할 수 있는지 여부를 결정한다. 동일한 어미에게서 태어난 동물들끼리는 함께 일을 시킬 수 있지만, 같은 노새라도 다른 어미가 낳았다면 함께 일을 시킬 수 없다.

## 8, 5

어떤 노새가 말의 새끼인지 나귀의 새끼인지 알 수 없는 경우의 규정에 대해 설명한다.

הַפְּרוֹטִיּוֹת אֲסוּרוֹת, וְהָרְמָךְ מֻתָּר. וְאַדְנֵי הַשָּׂדֶה, חַיָּה. רַבִּי יוֹסֵי אוֹמֵר,
מְטַמְּאוֹת בָּאֹהֶל כָּאָדָם. הַקֻּפָּד וְחֻלְדַּת הַסְּנָיִים, חַיָּה. חֻלְדַּת הַסְּנָיִים, רַבִּי
יוֹסֵי אוֹמֵר, בֵּית שַׁמַּאי אוֹמְרִים, מְטַמֵּא כַזַּיִת בְּמַשָּׂא, וְכָעֲדָשָׁה בְמַגָּע:

어미가 말인지 당나귀인지 알려지지 않은 〔노새는 다른 노새와 함께 일하는 것이〕 금지된다. 그러나 말이 어미인 노새는 〔말과 멍에를 매는 것이〕 허용된다. 야생 인간〔과[26] 같은 동물은〕 짐승이다. 요쎄 랍비는 말한다. 그들은 천막에 있는 시체와 같이 부정하게 만든다.[27] 고슴도치와 족제비는 짐승이다. 족제비에 관하여 요쎄 랍비는 샴마이 학파의 말을 빌려 말한다. 그것이 올리브 열매 〔크기〕만할 때 옮기거나, 편두콩 〔크기〕만 할 때 접촉하면 부정하게 된다.

- 어떤 노새가 말의 새끼인지 나귀의 새끼인지 알 수 없다면 다른 노새와 함께 일을 시킬 수 없다. 의심스러운 경우에는 더 엄격하게 판단하는 것이 좋다.
- 어미가 말인 노새를 어미가 말인 다른 노새와 함께 일을 시키는 것은 허용한다. 이 해석은 이미 넷째 미쉬나 내용과 동일하기 때문에, 어미가 말인 노새를 다른 동물과 함께 일을 시켜도 좋다고 보는 사람도 있다. 어미가 말인 노새는 실제로 쟁기를 끄는 데 도움이 되지 않는다는 것이 그 이유이다.
- 인간처럼 생긴 야생 동물은 원숭이를 가리키는 것으로 보인다. 킬아임 법전통과 관련해서 원숭이를 짐승으로 분류하고 있는데 원숭이에게 농사를 시킬 리는 없으므로 미쉬나는 정결법 쪽으로 논의의 방

---

26) '야생 인간'이 무엇을 의미하는지 불분명하다. 예루살렘 탈무드는 산이나 숲에 사는 자연인들로 보며 여러 해설가들은 유인원과 같은 종류로 본다.
27) "장막에서 사람이 죽을 때의 법은 이러하니 누구든지 그 장막에 들어가는 자와 그 장막에 있는 자가 이레 동안 부정할 것이며"(민 19:14).

향을 바꾼다. 요쎄 랍비는 원숭이가 짐승이지만, 덮기 부정과 관련해서는 인간의 시체와 같은 위치를 가진다고 주장한다(부정의 아버지의 아버지).

- 고슴도치와 족제비도 짐승으로 분류한다. 요쎄 랍비는 이 짐승들의 사체는 정결법과 관련해서 지위가 불분명하다고 생각한 것으로 보인다. 옮기기 부정과 관련해서 올리브 열매 크기라는 규정은 동물의 사체에 관련되고, 접촉의 부정과 관련해서 편두 크기라는 규정은 기는 것과 관련된다.

## 8, 6
가축과 짐승으로 구별한 목록이다.

---

שׁוֹר בָּר, מִין בְּהֵמָה. וְרַבִּי יוֹסֵי אוֹמֵר, מִין חַיָּה. כֶּלֶב, מִין חַיָּה. רַבִּי מֵאִיר אוֹמֵר, מִין בְּהֵמָה. חֲזִיר, מִין בְּהֵמָה. עָרוֹד, מִין חַיָּה. הַפִּיל וְהַקּוֹף, מִין חַיָּה. וְאָדָם מֻתָּר עִם כֻּלָּם לִמְשׁוֹךְ וְלַחֲרשׁ וּלְהַנְהִיג:

---

야생 소는 가축의 한 종류이다. 그러나 요쎄 랍비는 말한다. 짐승의 한 종류이다.

개는 짐승의 한 종류이다. 메이르 랍비는 말한다. 가축의 한 종류이다.

돼지는 가축의 한 종류로, 야생 나귀는 짐승으로, 코끼리와 유인원은 짐승의 한 종류이다.

사람은 그 어떤 것들과 함께 끌거나 쟁기를 갈거나 몰아도 된다.

- 이 미쉬나에서 언급한 동물들이 모두 농사에 도움이 될 것 같지 않으며 이 미쉬나는 랍비들이 동물에 관련된 지식을 체계적으로 범주화하는 추상적 노력을 하고 있는 모습을 드러낸다.

- 사람은 어떤 동물과도 킬아임 관계를 형성하지 않는다. 그러므로 농사를 지을 때 인간이 함께 쟁기를 끌거나 수레를 끌어도 문제가 되지 않는다.

## 제9장

### 9, 1

의복과 관련된 킬아임 규정을 논의하는데 특히 히브리 성서, 신명기 22:11에 대한 주석으로 볼 수 있다.

---

אֵין אָסוּר מִשּׁוּם כִּלְאַיִם אֶלָּא צֶמֶר וּפִשְׁתִּים. וְאֵינוֹ מִטַּמֵּא בִנְגָעִים אֶלָּא צֶמֶר וּפִשְׁתִּים. אֵין הַכֹּהֲנִים לוֹבְשִׁין לְשַׁמֵּשׁ בְּבֵית הַמִּקְדָּשׁ אֶלָּא צֶמֶר וּפִשְׁתִּים. צֶמֶר גְּמַלִּים וְצֶמֶר רְחֵלִים שֶׁטְּרָפָן זֶה בָזֶה, אִם רֹב מִן הַגְּמַלִּים, מֻתָּר, וְאִם רֹב מִן הָרְחֵלִים, אָסוּר. מֶחֱצָה לְמֶחֱצָה, אָסוּר. וְכֵן הַפִּשְׁתָּן וְהַקַּנְבּוֹס שֶׁטְּרָפָן זֶה בָזֶה:

---

킬아임 규정에 따라 금지되는 것은 모직과 아마 섬유이다. 피부병 증세 때문에 부정해지는 것도 모직과 아마 섬유이다(레 13:47 이하). 제사장이 성전에서 봉사할 때 모직과 아마 섬유만 입는다. 만일 낙타털과 양털을 섞어서 가공하였는데 낙타털을 더 많이 사용하면 〔아마 섬유와 함께 섞는 것이〕 허용된다. 그러나 양털을 더 많이 사용하면 금지된다. 만일 〔그 둘이〕 동일하게 사용되었다면 금지된다. 아마 섬유와 대마를 섞어서 가공하면 마찬가지다.

- 신명기 22:11에 따르면 모직과 아마 섬유를 섞어서 짠 천(שַׁעַטְנֵז, 샤트네즈)을 입지 못한다. 그러므로 섞어 짜면 안 되는 것과 피부병 증세 때문에 부정해지는 것(레 13:47)이 모두 모직과 아마 섬유를 섞어

짠 것이다.

- 그러나 제사장이 성전에서 맡은 일을 수행할 때에는 모직과 아마 섬유를 섞어 짠 옷만 입어야 한다(출 39:27-29).

- 킬아임 규정에 관련된 모직은 양털을 가리키며 낙타털은 금지되지 않는다. 그러므로 낙타털과 양털이 섞였는데 낙타털이 더 많으면 킬아임 법에 위배되지 않는다. 양털이 많으면 금지되고, 동일한 양이면 금지된다.

- 킬아임 규정에 관련된 것은 아마 섬유이므로 대마 섬유는 금지되지 않는다. 그러므로 대마와 아마 섬유 중 대마가 더 많을 때 모직과 섞어 짜도 좋으며 아마가 더 많으면 금지되고, 동일한 양이면 금지된다.

## 9. 2

---

הַשִּׁירָיִים וְהַכָּלָךְ אֵין בָּהֶם מִשּׁוּם כִּלְאַיִם, אֲבָל אֲסוּרִים מִפְּנֵי מַרְאִית הָעָיִן.
הַכָּרִים וְהַכְּסָתוֹת אֵין בָּהֶם מִשּׁוּם כִּלְאַיִם, וּבִלְבַד שֶׁלֹּא יִהְיֶה בְשָׂרוֹ נוֹגֵעַ
בָּהֶן. אֵין עֲרַאי לְכִלְאַיִם. וְלֹא יִלְבַּשׁ כִּלְאַיִם אֲפִלּוּ עַל גַּבֵּי עֲשָׂרָה, אֲפִלּוּ לִגְנֹב
אֶת הַמֶּכֶס:

---

비단과 인피 섬유는 킬아임 규정에 적용되지 않지만, 겉모습 때문에 금지된다. 매트리스와 쿠션은 사람의 [벗은] 몸이 닿지 않는 한 킬아임 규정을 적용하지 않는다. 킬아임에 해당하는 의복은 잠시라도 [입어서는] 안 된다. 킬아임에 해당하는 의복은 [다른 의복] 열 벌 위에도 입어서는 안 되며 관세의 의무를 피하기 위해서도 [입어서는 안 된다].

- 비단이나 인피 섬유는 킬아임 규정에 적용되지 않는다. 비단과 모직, 또는 비단과 인피 섬유를 섞어 짜도 킬아임 규정에 어긋나지 않는다. 그러나 그 겉모습이 킬아임처럼 보이기 때문에(מראית העין, 마르잇

하아인) 금지한다.

- 의복과 관련하여 토라가 금지하는 킬아임은 몸 위에 입지 말라는 것이다. 그러므로 매트리스나 쿠션을 만들 때 모직과 아마 섬유를 섞어 짜도 벗은 몸을 대지 않으면 킬아임 법에 위배되지 않는다.
- 킬아임에 해당하는 의복은 잠시라도 입으면 안 된다. 다른 옷 열 벌을 입고 그 위에 덧입어도 안 된다. 세관이 와서 킬아임에 해당하는 의복을 보면 세금을 부과할 수 있기 때문에 숨기려고 입을 수도 있는데 그런 경우에도 법규정을 어긴 것으로 간주한다.

## 9, 3

의복과 관련된 킬아임 규정 중 '입는' 행위에 대해 추가로 설명한다.

---

מִטְפְּחוֹת הַיָּדַיִם, מִטְפְּחוֹת הַסְּפָרִים, מִטְפְּחוֹת הַסַּפָּג, אֵין בָּהֶם מִשּׁוּם
כִּלְאָיִם. רַבִּי אֶלְעָזָר אוֹסֵר. וּמִטְפְּחוֹת הַסְּפָרִים, אֲסוּרוֹת מִשּׁוּם כִּלְאָיִם:

---

손수건, 두루마리 싸개, 목욕 수건은 킬아임 규정에 적용되지 않는다. 그러나 엘아자르 랍비는 [모직과 아마 섬유를 포함하고 있다면] 금지한다. 이발사의 수건이 [모직과 아마 섬유로 만들어졌다면] 킬아임 규정에 따라 금지된다.

- 신명기 22:11에서 '입다'는 동사를 사용했기 때문에 그 외 다른 용도로 사용하는 천에는 킬아임 규정을 적용하지 않는다. 엘리에제르 랍비는 반대한다. 이발사가 이발할 때 사용하는 천은 일시적이지만 사람에게 입히기 때문에 킬아임 규정을 적용한다.

## 9, 4

시체 싸개와 나귀의 안장의 킬아임 규정에 대해 설명한다.

תַּכְרִיכֵי הַמֵּת וּמַרְדַּעַת שֶׁל חֲמוֹר, אֵין בָּהֶם מִשּׁוּם כִּלְאָיִם. לֹא יִתֵּן הַמַּרְדַּעַת
עַל כְּתֵפוֹ, אֲפִלּוּ לְהוֹצִיא עָלֶיהָ זֶבֶל:

시체 싸개와 나귀의 안장은 킬아임 규정에 적용되지 않는다. 비록
분뇨를 운반하더라도 사람이 그 안장을 어깨에 얹어서는 안 된다.

● 역시 사람의 몸 위에 입는 경우가 아니면 킬아임 규정을 적용하지 않는
다. 그러나 안장을 어깨에 지는 것처럼 잠깐이라도 사람 몸 위에
올려놓으면 킬아임 법규정을 적용한다고 주장한다. 이 부분은 레위
기 19:19을 확대해석한 결과로 보인다.

### 9, 5

옷을 파는 상인에 관해 논의한다.

מוֹכְרֵי כְסוּת מוֹכְרִין כְּדַרְכָּן, וּבִלְבַד שֶׁלֹּא יִתְכַּוְּנוּ בַּחַמָּה מִפְּנֵי הַחַמָּה,
וּבַגְּשָׁמִים מִפְּנֵי הַגְּשָׁמִים. וְהַצְּנוּעִים מַפְשִׁילִין בְּמַקֵּל לַאֲחוֹרֵיהֶם:

의복을 판매하는 상인은 태양 아래에서 [뜨거운] 태양으로부터 [보
호하려는] 의도를 품거나, 비 아래에서 비로부터 [보호하려는 의도를
품지] 않는 한, 하던 대로 [킬아임에 해당하는 의복을] 판매할 수 있
다. 그러나 보다 신중한 이는 옷을 막대기 위에 걸어둔다.

● 돌아다니며 옷을 파는 상인들은 상품을 옮기거나 손님들에게 보여
주기 위해서 일시적으로 킬아임에 해당하는 옷을 입기도 한다. 그
래서 랍비들은 그런 경우에는 킬아임 법규정을 적용하지 않는다고
허락하면서, 그 대신 여름에 해를 가리기 위해 겨울에 비를 막기 위
해서 입으면 안 된다는 조건을 단다. 이 결정은 둘째 미쉬나와 상반
된다.

- 그러나 철저하게 법을 지키고자 하는 상인은 이런 옷들은 따라 막대 기에 걸어서 옮긴다고 덧붙여 말한다.

## 9, 6

재단사와 관련된 상황에 대해 논의한다.

תּוֹפְרֵי כְסוּת תּוֹפְרִין כְּדַרְכָּן, וּבִלְבַד שֶׁלֹּא יִתְכַּוְּנוּ בַּחַמָּה מִפְּנֵי הַחַמָּה,
וּבַגְּשָׁמִים מִפְּנֵי הַגְּשָׁמִים. וְהַצְּנוּעִים תּוֹפְרִים בָּאָרֶץ:

재단사가 태양 아래서 [뜨거운] 태양으로부터 [보호하려는] 의도 를 품거나, 비 아래서 비로부터 [보호하려는 의도를 품지] 않는 한, 하던 대로 [킬아임에 해당하는 의복을] 바느질할 수 있다. 그러나 보 다 신중한 이는 옷을 바닥 위에서 바느질한다.

- 재단사는 킬아임에 해당하는 천을 무릎 위에 놓고 바느질을 하기도 한다. 그래서 다섯째 미쉬나와 마찬가지로 이런 경우에는 킬아임 법 규정을 적용하지 않는다고 허락하면서, 그 대신 옷처럼 사용하는 것 은 금지한다.
- 철저하게 법을 지키고자 하는 재단사는 킬아임에 해당하는 천은 땅 에 내려놓고 작업을 한다고 말한다.

## 9, 7

어떤 옷을 입기 전에 킬아임 규정에 어긋나는지 검사해야 한다고 가르친다.

הַבִּרְסִין וְהַבַּרְדְּסִין וְהַדַּלְמָטִקְיוֹן וּמִנְעֲלוֹת הַפִּנּוֹן, לֹא יִלְבַּשׁ בָּהֶן עַד שֶׁיִּבְדֹּק.
רַבִּי יוֹסֵי אוֹמֵר, הַבָּאִים מֵחוֹף הַיָּם וּמִמְּדִינַת הַיָּם אֵינָן צְרִיכִין בְּדִיקָה, מִפְּנֵי
שֶׁחֶזְקָתָן בַּקַּנְבּוֹס. וּמִנְעָל שֶׁל זֶרֶד אֵין בּוֹ מִשּׁוּם כִּלְאָיִם:

비르씬, 바르데씬,[28] 달마티크욘[29] 펠트 신발은 검사하기 전까지 신을 수 없다. 요쎄 랍비는 말한다. 해안이나 바다 건너편에서 가져온 것들은 원래 대마로 만들었기 때문에 검사할 필요가 없다. 양모로 덧 댄 신발은 킬아임 규정에 따르지 않는다.

- 이 미쉬나가 열거하고 있는 제품들은 주로 아마 실로 바느질한다. 그러므로 이런 물품을 사용하기 전에 킬아임 규정에 위배되는 점은 없는지 먼저 검사해야 한다.
- 요쎄 랍비는 이스라엘의 해안지방이나 바다 너머에서 수입한 제품은 주로 대마 실로 바느질하기 때문에 검사할 필요가 없다고 주장한다(첫째 미쉬나). 그러므로 이스라엘, 시리아, 이집트 같은 곳에서 만든 옷만 검사하면 된다.
- 마지막 문장은 분명하지 않은데, 펠트 신발 중에서 아마 섬유가 포함 되었을 때만 킬아임 규정을 적용한다고 해석하기도 하고, 펠트 신발 은 모직과 아마 섬유가 섞여 있지만 굽이 없기 때문에 킬아임 규정 과 관련이 없다고 설명하기도 한다.

### 9, 8
토라에 나오는 '샤트네즈'라는 말을 다르게 해석한다.

---

אֵין אָסוּר מִשׁוּם כִּלְאַיִם אֶלָּא טָווּי וְאָרוּג, שֶׁנֶּאֱמַר לֹא תִלְבַּשׁ שַׁעַטְנֵז, דָּבָר
שֶׁהוּא שׁוּעַ טָווּי וְנוּז. רַבִּי שִׁמְעוֹן בֶּן אֶלְעָזָר אוֹמֵר, נָלוֹז וּמֵלִיז הוּא אֶת אָבִיו
שֶׁבַּשָּׁמַיִם עָלָיו:

---

28) 히브리어 '비르씬'(ברסין)과 '바르데씬'(ברדסין)은 모직으로 된 의복류로 정확한 의미는 모르나 그것들이 만들어진 생산지의 이름으로 보인다. 다른 견해에 따르면 '비르씬'은 얇은 덮개이고 '바르데씬'은 두꺼운 덮개로 본다.
29) 달마티안 모직 의류를 의미하는 것으로 보인다.

잣거나 짠 것 외에는 칼아임 규정에 따라 금지되지 않으니 "양털과 베실로 섞어 짠 것을 입지 말지니라"라고 기록된 바와 같이 빗질 하거나 잣거나 짠 것이 〔킬아임 규정에 따라 금지된다〕. 쉼온 벤 엘아자르 랍비는 말한다. 〔섞어 짠 것이라는 말은〕 그 사람이 아주 비뚤어져서 하늘에 계신 그의 아버지도 그를 외면하신다는 〔뜻이다〕.

- 신명기 22:11에 포함된 섞어 짠 것(שעטנז, 샤트네즈)이라는 말이 전형적인 히브리어 낱말이 아니기 때문에, 이것을 줄임말로 보고 다른 해석을 시도하는 것이다. 그래서 처음 나오는 두 글자가 빗질한 것(שוע, 슈아), 다음 한 글자가 자은 것(טווי, 타부이), 그리고 마지막 두 글자가 짠 것(נוז, 누즈)을 상징한다고 설명한다. 또는 킬아임 규정을 어기는 자가 아주 비뚤어져서(נלוז, 날로즈) 하늘에 계신 그의 아버지도 그를 외면하신다(מליז, 멜리즈)는 뜻이라고 푼다.

### 9, 9
모직과 아마 섬유 이외에 킬아임 규정이 적용되는 경우를 논의한다.

---

הַלְבָדִים אֲסוּרִים, מִפְּנֵי שֶׁהֵם שׁוּעִים. פִּיו שֶׁל צֶמֶר בְּשֶׁל פִּשְׁתָּן אָסוּר, מִפְּנֵי שֶׁהֵם חוֹזְרִין כְּאָרִיג. רַבִּי יוֹסֵי אוֹמֵר, מְשִׁיחוֹת שֶׁל אַרְגָּמָן אֲסוּרוֹת, מִפְּנֵי שֶׁהוּא מוֹלֵל עַד שֶׁלֹּא קוֹשֵׁר. לֹא יִקְשֹׁר סֶרֶט שֶׁל צֶמֶר בְּשֶׁל פִּשְׁתָּן לַחְגֹּר בּוֹ אֶת מָתְנָיו, אַף עַל פִּי שֶׁהָרְצוּעָה בָאֶמְצַע:

---

펠트로 된 것은 빗질을 했기 때문에 금지된다. 아마 섬유 옷 위에 모직으로 테두리를 두르는 것은 짠 것과 비슷하므로 금지된다. 요쎄 랍비는 말한다. 자주색으로 염색한 모직 허리띠는 연결하기 전에 〔옷에〕 바느질을 하기 때문에 금지된다. 모직 띠는 〔가죽으로 된〕 끈이 사이에 있더라도 허리를 묶기 위해 아마 섬유로 〔만든 띠에〕 연결

해서는 안 된다.

- 펠트는 양털을 두드리고 짜서 만든다. 그런데 여기에 아마 천을 달면 함께 짜지 않았더라도 빗질을 해야 하므로 킬아임 법규정에 어긋나는 것으로 본다.
- 아마 천 가장자리에 모직 실을 달아서 사용하는 행위도 금지한다. 함께 짜지는 않았지만 그렇게 보이기 때문이다.
- 모직으로 허리띠를 만들어 아마 천으로 만든 옷에 달 때 바느질을 해서 고정시키므로 킬아임 법규정을 어기는 것으로 간주한다.
- 허리띠를 만들 때 모직과 아마 천을 쓰고 섞이지 않도록 가운데 가죽을 댄다고 해도 킬아임 규정에 어긋나는 것으로 본다. 이 허리띠를 몸에 두르면 결국 끝에서 모직과 아마 천이 서로 만나기 때문이다.

## 9, 10

방직공이나 세탁자가 사용한 실에 대한 킬아임 규정을 설명한다.

אוֹתוֹת הַגַּרְדִּין וְאוֹתוֹת הַכּוֹבְסִים, אֲסוּרוֹת מִשּׁוּם כִּלְאַיִם. הַתּוֹכֵף תְּכִיפָה אַחַת, אֵינָהּ חִבּוּר, וְאֵין בָּהּ מִשּׁוּם כִּלְאַיִם, וְהַשּׁוֹמְטָהּ בְּשַׁבָּת, פָּטוּר. עָשָׂה שְׁנֵי רָאשֶׁיהָ לְצַד אֶחָד, חִבּוּר, וְיֵשׁ בָּהּ מִשּׁוּם כִּלְאַיִם, וְהַשּׁוֹמְטָהּ בְּשַׁבָּת, חַיָּב. רַבִּי יְהוּדָה אוֹמֵר, עַד שֶׁיְּשַׁלֵּשׁ. הַשַּׂק וְהַקֻּפָּה מִצְטָרְפִין לְכִלְאַיִם:

방직공과 세탁자의 표시는 킬아임 규정에 따라 금지된다. 〔모직과 아마 천을〕 한 땀만 바느질했다면 이것은 연결된 것이 아니며 킬아임 규정을 적용하지 않는다. 만일 그것을 안식일에 풀었다면 그는 책임이 없다. 그러나 그가 〔실의〕 끝부분 두 개를 같은 쪽으로 나오게 했다면 이것은 연결된 형태이며 킬아임의 규정이 적용된다. 만일 안식일에 그것을 풀었다면 그에게는 책임이 있다. 예후다 랍비가 말한다. 바늘땀을 세 개 만들었을 경우에만 [규정을 적용한다]. 자루와 바구니를 [함께 결합하면], 그 결합된 것에 킬아임 규정을 적용한다.

- 당시에 방직공이나 세탁자는 주인이 누군지 표시하기 위해서 실을 사용했다. 그러므로 킬아임에 해당하는 재료로 만든 실은 사용할 수 없다.
- 천 두 개를 잡고 한 땀만 바느질을 했다면 1) 그것은 아직 연결된 것이 아니어서 부정이 전이되지 않으며, 2) 킬아임 규정을 적용하지 않으며, 3) 안식일에 이 실을 다시 풀어도 노동으로 간주하지 않는다(「샤밧」 7, 2). 그러나 실로 두 천을 꿰었다가 같은 쪽으로 나오게 다시 꿰었다면 그것은 연결된 것이며 킬아임 규정을 적용하며 안식일에 풀면 노동으로 간주한다.
- 예후다 랍비는 세 땀을 바느질했을 때만 연결된 것으로 본다고 했다.
- 모직 천이 자루에 달려 있고 아마 천이 바구니에 달려 있는데 그 자루를 바구니에 연결했다면 그 결합된 것에 킬아임 규정을 적용한다.

# שביעית

## 5

# 슈비잇
## 제7년 안식년

제7년에 언제부터 나무의 열매를 먹을 수 있는가? 덜 익은 무화과가 장밋빛을 띨 때 빵과 함께 밭에서 그것을 먹을 수 있다. 익기 시작하면 그것을 집으로 가져가도 된다. 이와 마찬가지로 안식년 주기의 다른 해에는 십일조를 할 의무가 있다.
_「슈비잇」4, 7

# 개요

「슈비잇」(שביעית)은 '일곱째' 해 즉 안식년 관련 규정을 다룬다. 토라는 일곱째 해가 되면 땅을 갈아서 농사를 짓지 못하며, 그때까지 갚지 못한 빚을 탕감해주라고 명령한다.

주요 주제는 다음과 같다.

1) 농사일에서 일시적으로 휴식: 안식년에 금지된 노동과 허락된 노동을 구분하고, 안식년에 스스로 자라난 농산물을 처리하는 방법에 관해 논의한다.

2) 안식년 농산물은 거룩함: 안식년에 저절로 자라난 농산물은 밭주인이나 종, 나그네, 가난한 자들 누구나 먹을 수 있다. 이런 농산물은 시장에 내다 팔지 못하며 폐기하거나 허비할 수 없고, 같은 종류의 농산물이 아직 들에서 자라는 동안은 가져다가 창고에 저장할 수는 있어도 그 기간이 지나면 공공 재산으로 다시 내어놓아야 한다.

3) 빚 탕감: 농업사회에서 가난 때문에 생긴 빚은 안식년에 탕감하지만, 상업사회에서 사업으로 생긴 채무는 안식년에도 보호한다. 이때 '프로즈불'(פרוזבול)이라는 특별한 계약서를 만들고 법원의 공증을 받는다.

안식년 관련 규정은 이스라엘 땅에만 적용한다.

• 관련 성경구절 | 출애굽기 23:10–11; 레위기 25:1–7; 신명기 15:1–3

제1장

1, 1

안식년을 시행하는 시간에 관해 논의한다.

---

עַד אֵימָתַי חוֹרְשִׁין בִּשְׂדֵה הָאִילָן עֶרֶב שְׁבִיעִית. בֵּית שַׁמַּאי אוֹמְרִים, כָּל זְמַן
שֶׁהוּא יָפֶה לַפֶּרִי. וּבֵית הֵלֵּל אוֹמְרִים, עַד הָעֲצֶרֶת. וּקְרוֹבִין דִּבְרֵי אֵלּוּ לִהְיוֹת
כְּדִבְרֵי אֵלּוּ:

---

안식년 전해에는 과수원에서 언제까지 밭갈기가 허용되는가? 샴마이 학파는 말한다. 열매로 수익을 얻을 수 있을 때까지이다. 힐렐 학파는 말한다. 〔칠칠절의〕 대회로 모이는 날까지이다. 〔그런데 두 견해의 시기는〕 크게 다르지 않다.

- 안식년이 일곱째 해인 것은 의심할 여지가 없지만, 랍비들은 정확하게 어느 시점에 안식년이 시작되는지 묻고 있다. 샴마이 학파에 따르면 과수원 땅을 고르는 작업이 제6년의 열매에 도움이 되는 한 작업이 가능하지만, 그 일이 다음 해인 제7년을 위한 것이라면 금지된다고 설명한다. 이 견해가 다소 주관적이라고 생각한 힐렐 학파는 정확한 날짜를 지정한다. 칠칠절 마지막에 대회로 모이는 날(עצרת)까지 과수원에서 일할 수 있다.
- 마지막에 붙은 문장은 후대 랍비의 평가로 보이는데 샴마이 학파의 주장과 힐렐 학파의 주장이 크게 다르지 않다고 말한다.

1, 2

첫째 미쉬나를 부연하며 과수원이란 어떤 땅을 말하는지 논의한다.

무엇을 과수원으로 간주하는가? 1쎄아[1]의 공간에 [적어도] 나무
세 그루가 포함된 것을 말한다. 만일 [각 나무가] 60이탈리아 마네[2]
무게의 마른 무화과 덩이를 생산할 수 있다면 1쎄아 전체 공간은 밭갈
기가 허용된다. 만일 그보다 적다면 수확하는 이가 바구니에 채울 수
있을 만큼의 공간만 갈아야 한다.

- 넓이가 1쎄아인 땅에 나무가 세 그루 있다면 이것은 과수원(אילן
  שדה)이라고 부를 수 있으며 첫째 미쉬나에서 논의한 규정을 적용할
  수 있다. 이때 나무 한 그루는 60이탈리아 마네(약 24킬로그램)에 해
  당하는 마른 무화과 열매를 생산할 정도의 크기여야 한다.
- 나무 숫자가 모자라거나 나무가 세 그루 있어도 생산량이 기준에 미
  치지 못한다면 그 주인은 그 나무들 주위 땅만 고를 수 있다. 주위의
  땅은 바구니를 들고 열매를 따는 행위가 이루어지는 정도이다. 나머
  지 땅은 곡식을 기르는 밭과 같으니 유월절까지만 땅을 갈 수 있다.

### 1, 3

열매를 맺지 않는 나무가 있는 경우를 논의한다.

---

1) '쎄아'(סעה)는 넓이를 재는 측정 단위로, 1쎄아는 약 50아마×50아마=2,500
   아마(약 506평방미터)다.
2) '마네'(מנה)는 무게를 재는 측정 단위이며, 특히 1이탈리아 마네는 100디나르
   이며 약 400그램이다.

열매 맺지 못하는 나무[3]이든 열매를 맺는 나무이든 함께 취급하며 무화과나무와 같이 간주된다. 만일 [각 나무가] 60이탈리아 마네 즉 1키카르 무게의 마른 무화과 덩이를 생산할 수 있다면 1쎄아 전체 공간은 밭갈기가 허용된다. 만일 그보다 적다면 수확하는 이가 필요한 만큼의 공간에 밭을 갈아야 한다.

- 밭에 열매를 맺지 못하는 나무가 서 있더라도 둘째 미쉬나에 정한 기준에 맞는 무화과나무처럼 큰 나무라면 역시 첫째 미쉬나에서 정한 규정에 따라 밭갈기를 허용한다.

## 1, 4

과수원의 땅을 고르는 문제를 계속 논의하면서 출애굽기 34:21에 관한 설명도 덧붙인다.

---

הָיָה אֶחָד עוֹשֶׂה כְּכַּר דְּבֵלָה וּשְׁנַיִם אֵין עוֹשִׂין, אוֹ שְׁנַיִם עוֹשִׂין וְאֶחָד אֵינוֹ עוֹשֶׂה, אֵין חוֹרְשִׁין לָהֶם אֶלָּא לְצָרְכָּן, עַד שֶׁיִּהְיוּ מִשְׁלֹשָׁה וְעַד תִּשְׁעָה. הָיוּ עֲשָׂרָה, מֵעֲשָׂרָה וּלְמַעְלָה, בֵּין עוֹשִׂין בֵּין שֶׁאֵינָן עוֹשִׂין, חוֹרְשִׁין כָּל בֵּית סְאָה בִּשְׁבִילָן. שֶׁנֶּאֱמַר בֶּחָרִישׁ וּבַקָּצִיר תִּשְׁבֹּת, אֵין צָרִיךְ לוֹמַר חָרִישׁ וְקָצִיר שֶׁל שְׁבִיעִית, אֶלָּא חָרִישׁ שֶׁל עֶרֶב שְׁבִיעִית שֶׁהוּא נִכְנָס בַּשְּׁבִיעִית, וְקָצִיר שֶׁל שְׁבִיעִית שֶׁהוּא יוֹצֵא לְמוֹצָאֵי שְׁבִיעִית. רַבִּי יִשְׁמָעֵאל אוֹמֵר, מַה חָרִישׁ רְשׁוּת, אַף קָצִיר רְשׁוּת, יָצָא קְצִיר הָעֹמֶר:

---

만일 한 나무가 마른 무화과 덩이 1키카르를 생산하지만 [다른] 두 나무는 생산하지 못하거나, 두 나무는 [마른 무화과 덩이를] 생산하지만 한 나무가 생산하지 못할 경우 각각에 필요한 만큼의 공간에 밭

---

3) 이 낱말(סרק, 쓰락)은 열매 맺지 못하는 나무를 뜻한다(「킬아임」6, 5).

을 갈아야 한다. 세 그루의 나무에서 아홉 그루의 나무까지 이 규정이
적용된다. 만일 열 그루 이상의 나무가 있을 경우 그것들이 생산을 하
든 그렇지 않든 간에 1쎄아 전체 공간의 밭갈기가 허용된다.

"밭 갈 때에나 거둘 때에도 쉴지며"라고 기록하였으나, 7년째는 밭
을 가는 때와 거둘 때를 언급할 필요가 없다. 그러나 7년째로 들어가
는 7년째가 되기 전해에 밭을 가는 것과 7년째로부터 나오는 7년째
의 거두는 것을 언급한 것이다. 이쉬마엘 랍비는 말한다. 밭갈기가 선
택적인 것처럼 거두기도 선택적일 [경우를 언급한 것이며] 오메르를
거두는 일은 예외이다.

- 나무는 둘째 미쉬나에서 정한 기준에 맞게 커야 하며 그 기준에 미치
  지 못하면 나무 주위만 땅을 고를 수 있다. 그러나 이것은 나무가 세
  그루에서 아홉 그루까지 적용하며 열 그루 이상이라면 이 기준과 상
  관없이 과수원 전체를 갈아도 좋다.
- 미쉬나 후반부는 출애굽기 34:21을 주해하고 있다. "너는 엿새 동안
  일하고 일곱째 날에는 쉴지니 밭 갈 때에나 거둘 때에도 쉴지며"라
  고 기록했다. 여기서 이미 일곱째 날에 쉬라고 했는데 뒤에서 밭 갈
  때와 거둘 때에 쉬라고 다시 말한 이유가 무엇인지 묻는다. 그래서
  랍비들은 하반절이 안식일이 아니라 안식년에 관한 규정이라고 생
  각하는데 일곱째 해에도 땅을 갈지 말라고 명령하였으므로(레 24:
  4-5) 다시 언급할 필요는 없다. 그러므로 랍비들은 여기서 밭 갈기
  란 여섯째 해에 일어나는 일이고, 거두기란 안식년 다음 해에 일어
  나는 일이라고 주장한다.
- 이쉬마엘 랍비는 이 구절을 다르게 해석하는데 선택적인 거두기와
  의무적인 거두기라는 개념을 사용한다. 예를 들어 유월절 둘째 날이
  안식일이 되었고, 보리의 첫 수확인 오메르를 거두어야 하는데 일을

할 수가 없는 상황이다. 이런 경우 오메르를 수확하는 것이 안식일법을 기각시키니 이것은 의무적인 거두기이기 때문이다. 그러나 선택적인 거두기 또는 선택적인 밭 갈기는 금지된다.

## 1, 5

안식년 전해에 과수원 땅을 가는 행위를 더 자세히 논의한다.

---

שְׁלֹשָׁה אִילָנוֹת שֶׁל שְׁלֹשָׁה אֲנָשִׁים, הֲרֵי אֵלּוּ מִצְטָרְפִין, וְחוֹרְשִׁין כָּל בֵּית סְאָה בִּשְׁבִילָן. וְכַמָּה יְהֵא בֵינֵיהֶם, רַבָּן גַּמְלִיאֵל אוֹמֵר, כְּדֵי שֶׁיְּהֵא הַבָּקָר עוֹבֵר בְּכֵלָיו:

---

세 사람이 세 그루 나무를 소유하고 있다면 그 〔나무들은〕서로 연결되며 1쎄아 전체 공간은 그들을 위해 밭갈기가 허용된다. 그들 사이의 공간은 어느 정도가 되어야 하는가? 감리엘 라반은 말한다. 멍에를 씌운 황소가 통과할 수 있는 공간이어야 한다.

- 과수원 땅을 언제까지 갈 수 있는지 여부는 나무의 소유권자가 누구인지와 관련이 없으며 서로 주인이 달라도 과수원 하나로 합쳐서 법규정을 적용할 수 있다.
- 과수원을 규정하는 또 다른 조건으로 나무 사이에 있는 공간의 넓이도 규정하고 있으며 농기구를 얹은 소가 지나갈 정도는 되어야 한다고 말한다(약 4아마).

## 1, 6

어린 나무들일 경우에 적용하는 규칙을 설명한다.

---

עֶשֶׂר נְטִיעוֹת מְפֻזָּרוֹת בְּתוֹךְ בֵּית סְאָה, חוֹרְשִׁין כָּל בֵּית סְאָה בִּשְׁבִילָן, עַד רֹאשׁ הַשָּׁנָה. הָיוּ עֲשׂוּיוֹת שׁוּרָה וּמֻקָּפוֹת עֲטָרָה, אֵין חוֹרְשִׁין לָהֶם אֶלָּא

---

묘목 열 그루가 1쎄아 땅에 퍼져 있다면 전체 공간은 로쉬 하샤나까지 그들을 위해 밭갈기가 허용된다. 그러나 〔그 묘목들이〕 한 줄에 심겨져 있거나 울타리로 둘러싸여 있다면 필요한 만큼만 밭갈기가 허용된다

- 아직 어린 묘목들을 심은 땅이라면 1쎄아에 열 그루가 있을 때부터 과수원으로 간주하며 묘목들은 훨씬 더 손이 많이 가기 때문에 로쉬 하샤나 즉 새해 첫날까지 땅을 갈 수 있다(유대력에 따라 새해 첫날은 9-10월 정도에 해당한다). 일곱째 해가 되기 직전까지 땅을 갈 수 있다는 말이다.
- 그러나 묘목들이 한 줄로 늘어서 있거나 묘목들 주위에 울타리가 있어서 퍼져 있지 않고 한 지역에 모여 있다면 필요에 따라 나무 주위만 갈아야 한다. 묘목이 없는 빈 땅을 갈면 일곱째를 위해 준비하는 것처럼 보이기 때문이다.

### 1, 7

박도 묘목과 비슷한 경우임을 설명하고 있다.

---

הַנְּטִיעוֹת וְהַדְּלוּעִים, מִצְטָרְפִין לְתוֹךְ בֵּית סְאָה. רַבָּן שִׁמְעוֹן בֶּן גַּמְלִיאֵל אוֹמֵר, כָּל עֲשָׂרָה דְלוּעִים לְבֵית סְאָה, חוֹרְשִׁין כָּל בֵּית סְאָה עַד רֹאשׁ הַשָּׁנָה:

---

묘목과 박은 1쎄아의 공간에 함께 연결된다. 쉼온 벤 감리엘 라반은 말한다. 박 열 줄기가 1쎄아의 공간에 있다면 전체 공간은 로쉬 핫샤나까지 밭갈기가 허용된다.

- 박은 묘목과 같은 지위를 가진 작물로 취급하며 합하여 열 그루가 되면 1쎄아 땅 전체를 새해 첫날까지 갈 수 있다. 쉼온 라반은 묘목이 없고 박만 열 줄기가 있어도 마찬가지라고 주장한다.

## 1, 8

나무가 어느 시점까지 묘목인지 규정한다.

---

עַד אֵימָתַי נִקְרְאוּ נְטִיעוֹת. רַבִּי אֶלְעָזָר בֶּן עֲזַרְיָה אוֹמֵר, עַד שֶׁיָּחֵלּוּ. רַבִּי יְהוֹשֻׁעַ אוֹמֵר, בַּת שֶׁבַע שָׁנִים. רַבִּי עֲקִיבָא אוֹמֵר, נְטִיעָה כִּשְׁמָהּ. אִילָן שֶׁנִּגְמַם וְהוֹצִיא חֲלִיפִין, מִטֶּפַח וּלְמַטָּה כִּנְטִיעָה, מִטֶּפַח וּלְמַעְלָה, כְּאִילָן, דִּבְרֵי רַבִּי שִׁמְעוֹן:

---

언제까지 묘목이라고 부르는가? 엘아자르 벤 아자르야 랍비는 말한다. 일반적으로 사용할 수 있는 〔제4년〕까지이다. 예호슈아 랍비는 말한다. 7년째까지이다. 아키바 랍비는 말한다. 묘목이란 이름 그대로 〔새로 심겨진 것을〕 의미한다. 만일 나무가 잘려져 〔그루터기에서〕 새로운 줄기가 나오는데 1테팍보다 낮으면 묘목으로 간주한다. 하지만 1테팍보다 높으면 나무로 간주한다. 〔그것은〕 쉼온 랍비의 말이다.

- 나무를 묘목이라고 부를 수 있는 기간에 대해, 엘아자르 랍비는 나무를 심고 그 열매를 취할 수 없는 첫 4년 동안 묘목이라고 부른다고 대답한다. 나무를 심고 첫 3년 동안은 그 열매를 오를라(עָרְלָה, 할례 받지 않은 것)라고 부르며 먹을 수 없고, 제4년이 되면 만물을 구별해서 성전에 드리고, 제5년이 되면 일반적인 용도로 사용할 수 있다. 그러므로 제5년부터 나무는 성년에 이른 것으로 본다.
- 예호슈아 랍비는 제7년부터 다 자란 나무라고 주장하는데 이것은 늦게 자라는 올리브나무에 기준을 맞춘 것이라고 한다(무화과나무는

6년, 포도나무는 5년이면 다 자란다).

- 아키바 랍비는 사람들이 그 나무를 보고 부르는 이름에 따라 판단하면 된다고 말한다.
- 나무를 잘랐고 다시 가지가 자라기 시작했다면 묘목과 같은 지위를 인정하며 이때는 1 테팍 이상 자랐는지 여부로 판단한다.

## 제2장

### 2, 1

안식년과 곡식을 기르는 밭에 관한 논의를 시작한다.

---

עַד אֵימָתַי חוֹרְשִׁין בִּשְׂדֵה הַלָּבָן עֶרֶב שְׁבִיעִית. עַד שֶׁתִּכְלֶה הַלֵּחָה, כָּל זְמַן שֶׁבְּנֵי אָדָם חוֹרְשִׁים לִטַּע בַּמִּקְשָׁאוֹת וּבַמִּדְלָעוֹת. אָמַר רַבִּי שִׁמְעוֹן, נָתַתָּ תוֹרַת כָּל אֶחָד וְאֶחָד בְּיָדוֹ, אֶלָּא בִּשְׂדֵה הַלָּבָן עַד הַפֶּסַח, וּבִשְׂדֵה הָאִילָן עַד עֲצֶרֶת:

---

채마밭에서[4] 제7년이 되기 전 언제까지 밭을 갈 수 있는가? 땅이 마르기 전까지[5] 혹은 오이나 박을 심을 수 있을 때까지이다. 쉼온 랍비가 말한다. "모든 사람들이 각자의 방법대로 규정을 정하는구나. 〔그럴 바에는 차라리〕 채마밭에서는 유월절까지로 정하고 과수원에서는 〔칠칠절〕 대회까지로 정하는 것이 〔좋다〕."

---

4) 문자적으로 '흰 밭'(בשדה הלבן)이라고 기록했으며 나무 아래 어두운 그늘에서 작물을 키우는 과수원이 아니고 정상적으로 곡식이나 채소를 기르는 밭을 가리킨다(야스트로 사전).
5) 우기가 지난 4월 중순경을 말한다.

- 제6년째가 되는 해에 곡식이나 채소를 기르는 밭을 언제까지 갈 수 있는가? 첫째 의견은 우기에 내린 비로 젖은 땅이 마르기 전까지라고 했고, 대개 유월절이 지나면 흙이 다 마르게 된다. 둘째 의견은 물을 많이 주어야 하는 오이나 박을 심을 수 있을 때까지라고 했으니 역시 수분이 없는 땅에서는 기를 수 없기 때문이다.
- 쉼온 랍비는 이런 기준은 개인의 판단에 달려 있기 때문에 바람직하지 않다고 생각했고, 정확한 날짜를 정해야 한다고 주장했다. 채마밭을 유월절까지 과수원은 칠칠절까지로 하자고 제안한다(「슈비잇」 1, 1. 힐렐 학파의 의견 참조). 채마밭과 과수원을 구별한 이유는 채마밭이 과수원에 비해서 훨씬 많은 물이 필요하기 때문이다.

### 2, 2

밭을 가는 기간에 관한 예외적인 상황을 논의한다.

---

מְזַבְּלִין וּמְעַדְּרִין בַּמִּקְשָׁאוֹת וּבַמִּדְלָעוֹת עַד רֹאשׁ הַשָּׁנָה. וְכֵן בְּבֵית הַשְּׁלָחִין. מְיַבְּלִין, מְפָרְקִין, מְאַבְּקִין, מְעַשְּׁנִין, עַד רֹאשׁ הַשָּׁנָה. רַבִּי שִׁמְעוֹן אוֹמֵר, אַף נוֹטֵל הוּא אֶת הֶעָלֶה מִן הָאֶשְׁכּוֹל בַּשְּׁבִיעִית:

---

오이나 박을 〔심은〕 밭에서는 로쉬 하샤나 전까지 거름을 주거나 괭이질을 할 수 있다. 관개시설을 한 밭에서도 마찬가지다. 로쉬 하샤나까지는 결함이 있는 것을 제거할 수 있으며 잎을 벗겨낼 수 있으며 땅을 덮거나 소독할 수 있다. 쉼온 랍비는 말한다. 제7년째 〔되는 해라도〕 포도송이에서 〔시든〕 잎을 제거할 수 있다.

- 토라는 거름을 주거나 괭이질하는 것을 금지하지는 않았고, 랍비들이 전통적으로 금지하고 있다. 그래서 규정을 좀 더 관대하게 적용하여 안식년이 시작하는 새해 첫날까지 허용된다고 말한다.

- 관개시설을 통해 인위적으로 물을 대는 밭은 제6년의 열매도 물이 필요하고, 다음 해인 제7년을 위한 준비작업이 아니기 때문에 역시 새해 첫날까지 일할 수 있다.
- 그다음에 열거한 작업 목록은 토라에 규정되지 않았으나 랍비들이 금지한 내용들을 덧붙이고 있고, 역시 제6년에 시행해도 좋다.
- 쉼온 랍비는 심지어 제7년이 되었어도 포도송이에서 나뭇잎을 제거할 수 있다고 주장하는데 이 작업은 제7년의 수확을 증대하기 위한 것이 아니고 이미 달린 포도송이를 보호하는 일이기 때문이다.

## 2, 3

이 미쉬나는 제6년에 하는 가지치기에 관해 논의한다.

מְסַקְּלִין עַד רֹאשׁ הַשָּׁנָה. מְקַרְסְמִין, מְזָרְדִין, מְפַסְּלִין, עַד רֹאשׁ הַשָּׁנָה. רַבִּי יְהוֹשֻׁעַ אוֹמֵר, כְּזֵרוּדָהּ וּכְפִסּוּלָהּ שֶׁל חֲמִשִׁית, כָּךְ שֶׁל שִׁשִּׁית. רַבִּי שִׁמְעוֹן אוֹמֵר, כָּל זְמַן שֶׁאֲנִי רַשַּׁאי בַּעֲבוֹדַת הָאִילָן, רַשַּׁאי אֲנִי בְּפִסּוּלוֹ:

로쉬 하샤나까지 돌을 제거할 수 있다. 로쉬 하샤나까지 나무를 다 듬고 가지치기를 하고 죽은 가지를 쳐낼 수 있다. 예호슈아 랍비는 말한다. 제5년에 가지를 치고 다듬었던 것처럼 제6년에도 [시행한다]. 쉼온 랍비는 말한다. 나무를 돌보는 것이 내게 허용된 때까지 [가지를] 다듬는 것도 허용된다.

- 밭에서 돌을 고르거나 가지를 치는 작업은 역시 랍비들의 전통이며 제6년 말까지 허락된다.
- 예호슈아 랍비의 말은 제5년에 시행했던 작업을 기준으로 제6년에 도 그 작업을 시행하라는 말이다. 예를 들어 제5년에 가지치기를 시작해서 제6년까지 일했으면 제6년에 시작한 가지치기를 제7년까지

계속해도 무방하다. 제5년에 가지치기를 시작해서 로쉬 하샤나 전에 마쳤으면 제6년에 시작한 작업도 로쉬 하샤나 전에 마쳐야 한다.

- 쉼온 랍비는 나무를 돌보기 위해서 밭을 가는 작업이 칠칠절까지 허용되었기 때문에 가지치기도 칠칠절까지 허용된다고 주장한다. 밭 가는 일과 가지 치는 일을 같은 종류의 작업으로 본 것이다.

### 2, 4

---

מְזַהֲמִין אֶת הַנְּטִיעוֹת, וְכוֹרְכִין אוֹתָן, וְקוֹטְמִין אוֹתָן, וְעוֹשִׂין לָהֶן בָּתִּים, וּמַשְׁקִין אוֹתָן, עַד רֹאשׁ הַשָּׁנָה. רַבִּי אֶלְעָזָר בַּר צָדוֹק אוֹמֵר, אַף מַשְׁקֶה הוּא אֶת הַנּוֹף בַּשְּׁבִיעִית, אֲבָל לֹא אֶת הָעִקָּר:

---

로쉬 하샤나까지 묘목에 〔기름을〕 바르고 감싸고 재로 보호하고 쉼터를 마련하고 물 뿌리는 것이 허용된다. 엘아자르 바르 짜도크 랍비는 말한다. 7년째에도 나뭇잎에 물을 뿌릴 수 있으나 뿌리에는 줄 수 없다.

- 이 미쉬나가 열거하는 작업은 땅을 가는 것이 아니라 묘목을 보호하기 위한 것이므로 로쉬 하샤나까지 허용한다. 엘아자르 랍비는 더 나아가 잎을 보호하기 위해서 물을 뿌리는 작업은 제7년에도 허용된다고 주장한다. 물론 뿌리에 물을 주는 것은 금지된다.

### 2, 5

무화과 열매에 기름을 바르고 구멍을 내는 작업에 관해 설명한다.

---

סָכִין אֶת הַפַּגִּים וּמְנַקְּבִים אוֹתָם, עַד רֹאשׁ הַשָּׁנָה. פַּגֵּי עֶרֶב שְׁבִיעִית שֶׁנִּכְנְסוּ לַשְּׁבִיעִית, וְשֶׁל שְׁבִיעִית שֶׁיָּצְאוּ לְמוֹצָאֵי שְׁבִיעִית, לֹא סָכִין וְלֹא מְנַקְּבִין אוֹתָן. רַבִּי יְהוּדָה אוֹמֵר, מְקוֹם שֶׁנָּהֲגוּ לָסוּךְ, אֵינָן סָכִין, מִפְּנֵי שֶׁהִיא עֲבוֹדָה.

---

מָקוֹם שֶׁנָּהֲגוּ שֶׁלֹּא לָסוּךְ, סָכִין. רַבִּי שִׁמְעוֹן מַתִּיר בְּאִילָן, מִפְּנֵי שֶׁהוּא רַשַׁאי בַּעֲבוֹדַת הָאִילָן:

로쉬 하샤나까지 설익은 무화과에 구멍을 뚫어 기름을 칠 수 있다. 6년째 설익은 무화과가 7년까지 남아 있고 7년째 설익은 무화과가 8년까지 남아 있다면 구멍을 뚫거나 기름을 쳐서는 안 된다.

예후다 랍비는 말한다. 기름을 칠하는 관습이 있는 곳에서는 기름을 쳐서는 안 된다. 그것은 일로 분류되기 때문이다. 하지만 무화과에 기름을 치는 관습이 없다면 기름칠은 허용된다. 쉼온 랍비는 말한다. [8년째에는] 나무에 [기름칠하는 것은] 허용된다. 나무를 돌보는 것이 허용되었기 때문이다.

- 무화과 열매가 제때에 익지 않으면 열매에 구멍을 뚫고 기름을 바른다. 이 작업 역시 땅을 가는 것이 아니기 때문에 로쉬 하샤나까지 허용한다. 그러나 제7년에 접어든 이후에도 설익은 열매가 있다고 해서 기름 바르기나 구멍 뚫기 작업을 할 수는 없으니 이것은 수확을 늘리는 노동이기 때문이다. 제7년에 열리고 제8년까지 나무에 달려 있는 열매도 마찬가지다.
- 예후다 랍비는 지역 관습에 따라 기름 바르기와 구멍 뚫기가 노동으로 정의되는지 여부를 확인하고 판단해야 한다고 반대 의견을 내놓는다. 일관적인 법전통을 확립하는 것보다 지역 전통을 존중하는 것이 더 중요하다는 생각이다.
- 쉼온 랍비는 제7년에 달린 열매는 제8년이 되어도 거룩하지만 나무 자체는 그렇지 않으므로 제8년이 되면 나무를 돌보는 작업을 시작해도 좋다고 주장한다.

**2, 6**

로쉬 하샤나 이전 언제까지 농산물을 심거나 가지를 칠 수 있는지 설명한다.

---

אֵין נוֹטְעִין וְאֵין מַבְרִיכִין וְאֵין מַרְכִּיבִין עֶרֶב שְׁבִיעִית פָּחוֹת מִשְּׁלֹשִׁים יוֹם
לִפְנֵי רֹאשׁ הַשָּׁנָה. וְאִם נָטַע אוֹ הִבְרִיךְ אוֹ הִרְכִּיב, יַעֲקוֹר. רַבִּי יְהוּדָה אוֹמֵר,
כָּל הַרְכָּבָה שֶׁאֵינָהּ קוֹלֶטֶת לִשְׁלֹשָׁה יָמִים, שׁוּב אֵינָהּ קוֹלֶטֶת. רַבִּי יוֹסֵי וְרַבִּי
שִׁמְעוֹן אוֹמְרִים, לִשְׁתֵּי שַׁבָּתוֹת:

---

로쉬 하샤나가 되기 전 30일 이내에는 나무를 심거나 취목하거나 접목시킬 수 있다. 만일 나무를 심거나 취목하거나 접목시켰다면 그 나무를 뽑아야 한다. 예후다 랍비는 말한다. 취목한 나무가 사흘 이내에 뿌리내리지 못한다면 다시는 [뿌리를] 내리지 않는다. 요쎄 랍비와 쉼온 랍비는 말한다. 안식일 두 번 이내이다.

- 새 묘목을 심는 일, 가지를 구부려 땅에 묻고 새 나무로 키우는 취목법, 새순을 접목하기 등의 작업은 제6년째 해 내내 시행할 수 있으나, 제7년 새해 첫날인 로쉬 하샤나 30일 전에는 마쳐야 한다. 이를 어기고 작업했으면 그 나무를 뽑아야 한다. 그런 나무는 안식년에 심은 것처럼 보이기 때문이다.
- 예후다 랍비는 원래 취목하거나 접목한 묘목은 사흘 안에 뿌리를 내린다고 지적하면서, 로쉬 하샤나 사흘 전까지는 이런 일을 해도 무방하다고 주장했다. 그러나 요쎄 랍비와 쉼온 랍비는 두 주일은 걸린다고 생각하고, 두 주 전까지 가능하다고 주장한다.

**2, 7**

십일조와 안식년 관련법 사이의 상관관계를 논의한다.

로쉬 하샤나 전에 뿌리를 내린 쌀, 기장, 양귀비, 참깨는 이전 해의
〔규정에 따라〕 십일조를 해야 하며 제7년째에도 〔수확이〕 허용된다.
그것이 〔뿌리를 내리지〕 않았다면 제7년째에 〔수확이〕 금지되며 다음
해의 〔규정에 따라〕 십일조를 해야 한다.

- 십일조는 안식년을 기준으로 몇 번째 해인지에 따라 다르게 부과한
  다. 첫째, 둘째, 넷째, 다섯째 해에는 둘째 십일조를 부과하고, 셋째
  와 여섯째 해에는 가난한 자들을 위한 십일조를 부과하며 일곱째 해
  에는 십일조를 부과하지 않는다. 그리고 한 해의 수확물을 다음 해의
  십일조로 낼 수 없다. 또한 농작물의 종류에 따라 어느 해에 기른 것
  인지 정하는데 예를 들어 곡식과 올리브는 로쉬 하샤나 전에 일반적
  인 크기의 1/3에 미치면 그 전해의 수확으로 본다. 채소는 크기와 상
  관없이 수확한 해의 수확으로 본다.
- 곡식과 채소의 중간에 속한 작물들은 판단 기준이 따로 있는데 쌀,
  기장, 양귀비, 참깨는 여섯째 해에 이미 뿌리를 내린 경우 여섯째 해
  의 규정에 따라 첫째 십일조와 가난한 자의 십일조를 구별해야 한다.
  그러나 안식년에 자란 열매를 수확하지 말라는 규정을 지키지 않아
  도 좋다. 이런 작물들이 로쉬 하샤나까지 뿌리를 내리지 않았다면 일
  곱째 해에 수확할 수 없다. 십일조도 일곱째의 규정에 따라 부과되지
  않는다.

## 2, 8
일곱째 미쉬나의 문맥에 이어 다른 작물들에 관해 설명한다.

רַבִּי שִׁמְעוֹן שְׁזוּרִי אוֹמֵר, פּוֹל הַמִּצְרִי שֶׁזְּרָעוֹ לְזֶרַע בַּתְּחִלָּה, כַּיּוֹצֵא בָהֶן.
רַבִּי שִׁמְעוֹן אוֹמֵר, אֲפוּנִין הַגַּמְלוֹנִין, כַּיּוֹצֵא בָהֶן. רַבִּי אֶלְעָזָר אוֹמֵר, אֲפוּנִין
הַגַּמְלוֹנִין, מִשֶּׁתְּרַמְלוּ לִפְנֵי רֹאשׁ הַשָּׁנָה:

쉼온 쉐주리 랍비는 말한다. 이집트콩을 처음부터 〔이집트콩의〕 씨
앗을 〔얻으려고〕 심은 경우도 이와 같다. 쉼온 랍비는 말한다. 큰 콩도
이와 같다. 엘아자르 랍비는 말한다. 큰 콩은 로쉬 하샤나 전에 꼬투리
가 형성되었을 때만 이와 같다.

- 쉼온 쉐주리 랍비는 이집트콩을 먹기 위해서가 아니라 그 씨앗을 얻
  으려고 심은 경우도 일곱째 미쉬나와 마찬가지로 땅에 뿌리를 내렸
  는지 여부로 판단한다고 주장한다.
- 쉼온 랍비는 큰 콩도 마찬가지라고 했고, 엘아자르 랍비는 큰 콩의
  경우 로쉬 하샤나 전에 꼬투리가 나왔을 때만 그렇다고 말했다.

### 2, 9

물을 준 시기에 따라 판단이 달라지는 작물들에 관해 설명한다.

הַבְּצָלִים הַסָּרִיסִים, וּפוֹל הַמִּצְרִי, שֶׁמָּנַע מֵהֶם מַיִם שְׁלֹשִׁים יוֹם לִפְנֵי רֹאשׁ
הַשָּׁנָה, מִתְעַשְּׂרִין לְשֶׁעָבַר, וּמֻתָּרִים בַּשְּׁבִיעִית, וְאִם לָאו, אֲסוּרִים בַּשְּׁבִיעִית,
וּמִתְעַשְּׂרִין לַשָּׁנָה הַבָּאָה. וְשֶׁל בַּעַל שֶׁמָּנַע מֵהֶם מַיִם שְׁתֵּי עוֹנוֹת, דִּבְרֵי רַבִּי
מֵאִיר. וַחֲכָמִים אוֹמְרִים, שָׁלֹשׁ:

로쉬 하샤나 30일 이내에 물을 주지 않은 씨 없는 양파와 이집트콩
은 이전 해의 〔규정에 따라〕 십일조를 해야 하며 7년째에도 〔수확이〕
허용된다. 그렇지 않다면 7년째에 〔수확이〕 금지되며 다음 해의 〔규
정에 따라〕 십일조를 해야 한다. 〔우기의〕 두 기간 동안 물을 주지 않
은 자도 〔이와 같다는 것이〕 메이르 랍비의 말이다. 〔다른〕 랍비들은

말한다. 세 기간 동안이다.

- 씨 없는 양파와 이집트콩을 관개시설한 밭에서 기를 때 로쉬 하샤나 전 30일 동안 물을 주지 않았다면 이것은 채소 관련규정을 적용하지 않고 제6년의 관례에 따라 취급하며 제7년에 수확해도 무방하다. 이 기간 내에 물을 주었다면 채소 관련규정을 적용하며 제6년에 수확하면 제6년 규정에 따라 십일조를 내고, 제7년에 수확할 수 없다.
- 다른 기준도 존재하는데 메이르 랍비는 이런 작물에 인위적으로 물을 주어야 할 시기 두 번을 뛰어넘고 자연스럽게 내리는 비만 맞게 했다면 제6년 수확으로 취급한다고 주장한다. 다른 랍비들은 세 번이라고 주장한다. 왜냐하면 이런 작물들은 따로 물을 주지 않아도 빗물만으로 잘 자라기 때문이다.

### 2, 10

씨를 얻기 위해 밭에 남겨놓은 박이 로쉬 하샤나(신년) 전에 굳어진 경우의 규정에 대해 설명한다.

הַדְּלוּעִין שֶׁקִּיְּמָן לְזֶרַע, אִם הִקְשׁוּ לִפְנֵי רֹאשׁ הַשָּׁנָה וְנִפְסְלוּ מֵאֹכֶל אָדָם,
מֻתָּר לְקַיְּמָן בַּשְּׁבִיעִית. וְאִם לָאו, אָסוּר לְקַיְּמָן בַּשְּׁבִיעִית. הַתְּמָרוֹת שֶׁלָּהֶם,
אֲסוּרוֹת בַּשְּׁבִיעִית. וּמַרְבִּיצִין בְּעָפָר לָבָן, דִּבְרֵי רַבִּי שִׁמְעוֹן, רַבִּי אֱלִיעֶזֶר בֶּן
יַעֲקֹב אוֹסֵר. מְמַרְסִין בָּאֹרֶז בַּשְּׁבִיעִית, רַבִּי שִׁמְעוֹן אוֹמֵר, אֲבָל אֵין מְכַסְּחִין:

씨를 [얻기] 위해 밭에 남겨놓은 박이 로쉬 하샤나 전에 굳어져서 사람이 먹을 수 없게 되었다면 제7년째 해에 남겨놓을 수 있다. 만일 그렇지 않다면 제7년째에 남겨놓을 수 없다. 그 싹들도 제7년에 [돌봐서는] 금지된다.

하얀 [밭] 땅에 물 주는 것은 허용된다. 쉼온 랍비가 그렇게 말했다.

그러나 엘리에제르 벤 야아콥 랍비는 금지한다. 제7년에도 벼에 물을 댈 수 있다. 쉼온 랍비는 말한다. 그러나 [벼를] 솎아줄 수는 없다.

- 안식년에 생산된 작물이지만 더 이상 밭에서 자라지 않는다면 이것을 밭에서 치워야 한다. 그러나 박을 말려서 씨로 쓰려고 밭에 남겨놓았고, 이것이 로쉬 하샤나 전에 굳어져서 사람이 먹을 수 없게 되었다면 이것은 제6년의 수확물로 간주한다. 그것을 밭에 남겨놓아도 무방하다. 그러나 정해진 시간 전에 굳어지지 않았다면 이것은 안식년의 작물이며 밭에 남겨놓을 수 없다.
- 박이 굳어진 뒤에도 싹들은 부드러워서 사람이 먹을 수 있기 때문에, 제7년에 수확하는 것이 금지된다. 채소는 수확하는 해의 작물이기 때문이다.
- 쉼온 랍비는 제7년에 곡식을 기르는 밭에 물을 주는 것을 허용한다. 이것은 제7년의 수확을 위해서가 아니라 제8년을 위한 것이기 때문이다. 그러나 반대의견도 존재한다.
- 쉼온 랍비는 제7년에 벼를 기르는 논에 물을 대는 것도 허용한다. 다음 해를 위해 작물을 보호하는 행위로 볼 수 있기 때문이다. 그러나 그해의 수확을 증대하기 위해서 벼를 솎아줄 수는 없다고 말한다.

## 제3장

### 3, 1

안식년에 거름을 처리하는 방법을 논의한다.

---

מֵאֵימָתַי מוֹצִיאִין זְבָלִים לָאַשְׁפַּתּוֹת. מִשֶּׁיִּפְסְקוּ עוֹבְדֵי עֲבוֹדָה, דִּבְרֵי רַבִּי
מֵאִיר. רַבִּי יְהוּדָה אוֹמֵר, מִשֶּׁיִּבֵשׁ הַמָּתוֹק. רַבִּי יוֹסֵי אוֹמֵר, מִשֶּׁיִּקְשֶׁר:

---

[제7년 중] 언제부터 거름 더미로 거름을 내어갈 수 있는가? 노동
자가 일을 중단할 때부터이다. [그것은] 메이르 랍비의 말이다. 예후
다 랍비는 말한다. 거름의 습기[6]가 마를 때부터이다. 요쎄 랍비는 말
한다. 그것이 단단해질 때부터이다.

- 안식년에는 들에 거름을 뿌릴 수 없으며 분뇨를 들에 내어놓는 것도
  금지된다. 거름을 만들기 위해서 일하는 것처럼 보이기 때문이다. 그
  렇다면 안식년에 언제부터 거름을 내다 쌓는 것이 허용되는가? 메
  이르 랍비의 의견에 따르면 비유대인이나 법규정을 지키지 않는 유
  대인 노동자들이 제때에 맞추어 거름을 만들고 나서 그 뒤에 거름을
  내어놓아도 좋다. 농사를 짓기 위해서 제때에 맞추어 거름을 낸 것이
  아니기 때문에 오해받을 염려가 없다는 것이다.
- 예후다 랍비는 분뇨가 말라서 더 이상 거름으로 쓸 수 없을 때 요쎄
  랍비는 말라서 딱딱해진 후에 가능하다고 주장한다.

---

6) 원문에는 "그 단맛(המתוק)이 마르고 나면"이라고 기록되어 있다. 라쉬는 이 표
현이 습기를 가리키는 것이라고 설명했다.

## 3, 2

안식년에 쌓을 수 있는 거름 더미의 크기와 수에 관해 설명한다.

עַד כַּמָּה מְזַבְּלִין, עַד שָׁלֹשׁ שָׁלֹשׁ אַשְׁפַּתּוֹת לְבֵית סְאָה שֶׁל עֶשֶׂר עֶשֶׂר
מַשְׁפֵּלוֹת שֶׁל לֶתֶךְ לֶתֶךְ. מוֹסִיפִין עַל הַמַּשְׁפֵּלוֹת, וְאֵין מוֹסִיפִין עַל
הָאַשְׁפַּתּוֹת. רַבִּי שִׁמְעוֹן אוֹמֵר, אַף עַל הָאַשְׁפַּתּוֹת:

얼마나 많은 거름을 둘 수 있는가? 1쎄아를 [뿌리는] 밭에 거름 더
미 세 개씩이다. [각 더미는] 바구니 열 개의 [양을 넘지 않아야 하며
각 바구니는] 1레텍[7]이다. 바구니의 수는 늘릴 수 있지만, 거름 더미
의 수는 늘릴 수 없다. 쉼온 랍비는 말한다. 거름 더미의 수도 늘릴 수
있다.

- 안식년에 분뇨를 밖에 내다 쌓지만 거름을 만든다고 오해를 받지
  않으려면 그 수와 크기를 정해두어야 한다. 기준이 되는 농지는 씨앗
  1쎄아를 뿌릴 수 있는 넓이이고(500-1,000평방미터), 거름 더미 세
  개를 내다 쌓을 수 있다. 각 거름 더미는 바구니 열 개 정도의 크기
  이고, 이때 바구니는 1레텍이 들어간다. 결국 150쎄아(1,200-2,100리
  터) 정도의 거름 더미 세 개가 쌓이게 된다.
- 거름 더미를 더 크게 만들어도 되지만 세 개 이상 만들면 안 된다는
  의견과 늘려도 좋다는 의견이 대립한다. 어느 편이 더 오해를 줄일
  수 있느냐의 문제이며 랍비들 간에 이견이 존재한다.

---

7) 레텍(לֶתֶךְ)은 부피를 재는 도량형으로, 2레텍이 1코르이다(약 30쎄아).

## 3, 3

עוֹשֶׂה אָדָם אֶת שָׂדֵהוּ שָׁלֹשׁ שָׁלֹשׁ אַשְׁפַּתּוֹת לְבֵית סְאָה. יָתֵר מִכָּאן,
מַחֲצִיב, דִּבְרֵי רַבִּי שִׁמְעוֹן. וַחֲכָמִים אוֹסְרִין, עַד שֶׁיַּעֲמִיק שְׁלֹשָׁה, אוֹ עַד
שֶׁיַּגְבִּיהַּ שְׁלֹשָׁה. עוֹשֶׂה אָדָם אֶת זִבְלוֹ אוֹצָר. רַבִּי מֵאִיר אוֹסֵר, עַד שֶׁיַּעֲמִיק
שְׁלֹשָׁה, אוֹ עַד שֶׁיַּגְבִּיהַּ שְׁלֹשָׁה. הָיָה לוֹ דָּבָר מְעָט, מוֹסִיף עָלָיו וְהוֹלֵךְ. רַבִּי
אֶלְעָזָר בֶּן עֲזַרְיָה אוֹסֵר, עַד שֶׁיַּעֲמִיק שְׁלֹשָׁה, אוֹ עַד שֶׁיַּגְבִּיהַּ שְׁלֹשָׁה, אוֹ עַד
שֶׁיִּתֵּן עַל הַסֶּלַע:

1쎄아를 〔뿌리는〕 밭에 거름 더미 세 개를 둘 수 있다. 그보다 더 많
아도 무방하다.[8] 〔그것은〕 쉼온 랍비의 말이다. 그러나 〔다른〕 랍비들
은 3〔테팍〕 깊이로 또는 3〔테팍〕 높이로 〔쌓여 있지 않는 한〕 그것을
금한다.

하나의 큰 더미에 〔모든〕 거름을 쌓을 수 있다. 그러나 메이르 랍비
는 3〔테팍〕 깊이로 또는 3〔테팍〕 높이로 〔쌓여 있지 않는 한〕 그것을
금한다.

만일 〔밭에〕 거름을 적게 갖고 있다면 그것을 추가할 수 있다. 엘아
자르 벤 아자르야 랍비는 3〔테팍〕 깊이로 또는 3〔테팍〕 높이로 〔쌓거
나〕 돌투성이의 땅에 〔쌓여 있지 않는 한〕 그것을 금한다.

- 둘째 미쉬나에서 규정한 바와 같이 기준이 되는 넓이에 거름 더미 세
  개를 만들 수 있다. 쉼온 랍비는 좀 더 관대하게 거름 더미의 수를 늘
  려도 좋다고 하는데 다른 랍비들은 수를 늘리려면 땅을 파서 묻든가
  둔덕을 높이고 그 위에 쌓으라고 말한다. 밭과 같은 높이라면 오해
  를 살 수 있기 때문이다.

---

8) 이 문장은 사본에 따라 다르게 남아 있다. 현재 번역은 필사본들 중 카우프만 사
본에 따른 것이다. 그러나 댄비는 "they must be set out circlewise"라고 옮겼고,
케하티는 "he must set them out in a triangle"이라고 옮겼다.

- 유사한 규정들을 두 개 더 모아놓았는데 규정된 거름 더미 세 개를 하나로 합쳐서 크게 쌓아도 된다는 의견과 따로 만들어야 한다는 의견이 있다. 그리고 거름이 많지 않아서 규정된 크기의 거름 더미를 만들 수 없으면 조금씩 내다 쌓아도 된다는 의견과 그렇지 않다는 의견 등이다.

### 3, 4

가축 우리가 없어서 밭에 가둘 때 거름을 주는 것으로 오해받지 않는 방법을 설명한다.

---

הַמְדַיֵּר אֶת שָׂדֵהוּ, עוֹשֶׂה סַהַר לְבֵית סָאתַיִם, עוֹקֵר שָׁלֹשׁ רוּחוֹת וּמַנִּיחַ אֶת הָאֶמְצָעִית. נִמְצָא מְדַיֵּר בֵּית אַרְבַּעַת סְאִין. רַבָּן שִׁמְעוֹן בֶּן גַּמְלִיאֵל אוֹמֵר, בֵּית שְׁמוֹנַת סְאִין. הָיְתָה כָל שָׂדֵהוּ בֵּית אַרְבַּעַת סְאִין, מְשַׁיֵּר מִמֶּנּוּ מִקְצָת, מִפְּנֵי מַרְאִית הָעַיִן, וּמוֹצִיא מִן הַסַּהַר וְנוֹתֵן לְתוֹךְ שָׂדֵהוּ כְּדֶרֶךְ הַמְזַבְּלִין:

---

자신의 밭을 가축 우리로 사용하는 사람은 2쎄아를 [뿌리는] 밭에 울타리를 만들어야 한다. [거름으로 가득 차 있을 때] 울타리의 세 면을 제거하고 가운데 [울타리는] 그대로 두어야 한다. 그러면 4쎄아를 [뿌리는] 밭에 우리를 만든 셈이 된다. 쉼온 벤 감리엘 랍비는 말한다. 8쎄아를 [뿌리는] 밭을 [가축 우리를 위한 공간으로 사용될 수 있다]. 전체가 4쎄아를 [뿌리는] 밭이라면 겉모습 때문에 [우리로 사용하지 않는 땅을] 조금 남겨두어야 한다. 그는 가축 우리에서 [거름을] 옮겨 거름을 내는 방식에 따라 그의 밭에 둘 수 있다.

- 가축 우리가 따로 없는 사람이 자기 밭에 가축을 둘 수 있는데 다른 사람들이 보고 거름을 주기 위한 행위로 오해할 수 있다. 이런 오해를 피하기 위해서 밭을 모두 우리로 만들지 않고, 2쎄아를 뿌리는 넓

이만 먼저 우리로 만든다. 그리고 그곳이 가축 분뇨로 가득 차면 가운데 울타리를 남기고 다음 2쎄아 밭으로 옮기는 방식을 취한다. 합해도 4쎄아 정도가 될 뿐 밭 전체를 차지하지 않도록 하는 것이 요령이다. 쉼온 벤 감리엘 라반은 8쎄아까지는 괜찮다고 관대하게 말한다.

- 밭이 좁아서 전체 넓이가 4쎄아를 뿌리는 넓이라면 밭 전체를 우리로 만드는 것처럼 보이지 않기 위해서 농지의 일부를 밭으로 남겨두어야 한다. 그리고 우리에 분뇨가 가득 차면 집에서 밭으로 거름을 내다 쌓는 방법대로 밭으로 옮긴다.


### 3, 5

안식년에 밭에서 돌을 파내는 작업에 관해서 논의한다.

---

לֹא יִפְתַּח אָדָם מַחְצֵב בַּתְּחִלָּה לְתוֹךְ שָׂדֵהוּ, עַד שֶׁיִּהְיוּ בוֹ שָׁלֹשׁ מוּרְבִּיּוֹת,
שֶׁהֵם שָׁלֹשׁ עַל שָׁלֹשׁ עַל רוּם שָׁלֹשׁ, שִׁעוּרָן עֶשְׂרִים וְשֶׁבַע אֲבָנִים:

---

[길이가] 3[아마, 너비가] 3[아마, 높이가] 3[아마이며], 돌이 모두 27개인, 3층으로 되어 있지 않다면 [제7년] 초기에 자신의 밭에서 채석장을 열지 않는다.

- 안식년에 밭에서 돌을 파내면 경작을 시작하는 것으로 오해를 받을 수 있다. 그리고 돌밭에다 새로 채석장을 여는 것도 금지된다. 그러나 이미 채석장이 설치된 경우라면 돌을 캐내어 건축자재로 사용할 수 있다. 이런 경우에 채석장으로 인정할 수 있는 최소 크기 규정은 3층으로 되어 있고, 각 층의 길이와 너비와 높이가 3아마여야 한다. 길이와 너비와 높이가 1아마인 석재 27개를 이미 생산한 흔적이 남아 있어야 한다는 것이다.

## 3, 6

안식년에 돌담을 허는 작업에 관해서 논의한다.

---

גָּדֵר שֶׁיֵּשׁ בּוֹ עֶשֶׂר אֲבָנִים שֶׁל מַשָּׂאוֹי שְׁנַיִם שְׁנַיִם, הֲרֵי אֵלּוּ יִנָּטְלוּ. שִׁעוּר
גָּדֵר, עֲשָׂרָה טְפָחִים. פָּחוֹת מִיכַּן, מְחַצֵּב וְגוֹמְמוֹ עַד פָּחוֹת מֵהָאָרֶץ טֶפַח.
בַּמֶּה דְבָרִים אֲמוּרִים, מִתּוֹךְ שֶׁלּוֹ, אֲבָל מִתּוֹךְ שֶׁל חֲבֵרוֹ, מַה שֶׁהוּא רוֹצֶה,
יִטֹּל. בַּמֶּה דְבָרִים אֲמוּרִים, בִּזְמַן שֶׁלֹּא הִתְחִיל בּוֹ מֵעֶרֶב שְׁבִיעִית. אֲבָל אִם
הִתְחִיל בּוֹ מֵעֶרֶב שְׁבִיעִית, מַה שֶׁהוּא רוֹצֶה, נוֹטֵל:

---

만일 〔밭에 있는〕 담이 각각 두 사람이 〔들〕 무게에 해당하는 돌 열 개로 되어 있다면 이것은 제거해도 된다. 그러한 담의 높이는 10테팍이다. 만일 그보다 낮다면 그것은 채석장으로 간주되며 땅에서 1테팍 정도가 될 때까지 잘라서 평평하게 할 수 있다. 이 말은 무슨 뜻인가? 이것은 본인의 밭일 때 〔그러하다〕. 이웃의 밭인 경우 원하는 만큼 돌을 제거할 수 있다. 이 말은 무슨 뜻인가? 〔이 규정은〕 제6년에 〔돌을 제거하기를〕 시작하지 않았을 경우에 적용된다. 제6년에 〔제거하기를〕 시작했을 경우 원하는 만큼 돌을 제거할 수 있다.

- 안식년에 밭에 있는 돌담을 헐고 싶은데, 이 작업은 경작하기 위해 밭에서 돌을 골라내는 것으로 오해를 받기 쉽다. 그러나 크고 무거운 돌이 열 개 이상 포함되어 있고 그 높이가 10테팍을 넘으면 이런 오해를 살 가능성이 없으므로 이 작업이 허용된다.
- 벽 높이가 10테팍에 이르지 못하면 윗부분에 있는 돌들만 제거하고 바닥에 1테팍 정도를 남긴다. 그래야 그가 경작을 위해 돌을 고르는 것이 아님을 증명할 수 있다.
- 예외규정이 첨가되어 있는데 위의 규정은 본인의 밭에만 적용한다. 남의 밭을 경작하려고 돌을 제거할 리는 없으므로 얼마든지 돌담을

헐어도 좋다. 그리고 돌담 제거 작업을 안식년이 오기 전에 시작했다면 이것은 경작을 위한 작업이 아니므로 특별한 제한규정이 없다. 위의 규정들은 안식년에 들어서 시작한 작업에만 적용된다.

### 3, 7

אֲבָנִים שֶׁזִּעְזְעָתַן הַמַּחֲרֵשָׁה, אוֹ שֶׁהָיוּ מְכֻסּוֹת וְנִתְגַּלּוּ, אִם יֵשׁ בָּהֶם שְׁתַּיִם שֶׁל מַשֹּׂאוֹי שְׁנַיִם שְׁנַיִם, הֲרֵי אֵלּוּ יִנָּטֵלוּ. הַמְסַקֵּל אֶת שָׂדֵהוּ, נוֹטֵל אֶת הָעֶלְיוֹנוֹת, וּמַנִּיחַ אֶת הַנּוֹגְעוֹת בָּאָרֶץ. וְכֵן גַּרְגֵּר שֶׁל צְרוֹרוֹת אוֹ גַּל שֶׁל אֲבָנִים, נוֹטֵל אֶת הָעֶלְיוֹנוֹת, וּמַנִּיחַ אֶת הַנּוֹגְעוֹת בָּאָרֶץ. אִם יֵשׁ תַּחְתֵּיהֶן סֶלַע אוֹ קַשׁ, הֲרֵי אֵלּוּ יִנָּטֵלוּ:

쟁기로 갈았거나 전에는 덮여 있다가 드러난 돌들의 경우, 각각 두 사람이 [들] 무게가 되는 돌이 두 개가 있다면 그것을 제거해도 된다. 자신의 밭에서 돌을 제거할 때 위에 있는 것을 제거하고 땅에 닿아 있는 것은 그대로 두어야 한다. 자갈 더미나 돌 무더기의 경우도 위에 있는 것을 제거하고 땅에 닿아 있는 것은 그대로 두어야 한다. 만일 그 밑에 바위나 지푸라기가 있다면 그 [돌을] 제거할 수 있다.

- 의도하지 않았으나 밭에서 크고 무거운 돌이 두 개 이상 발견되었다면 그것을 제거해도 좋다. 이런 큰 돌은 건축자재로 사용할 수 있기 때문이다. 그러나 이런 조건에 부합하는 돌이라 하더라도 땅에 직접 닿아 있는 것은 그대로 두어야 하며 그 위에 있는 돌만 제거할 수 있다. 자갈 더미나 돌 무더기도 마찬가지다.
- 제거하려는 돌 밑에 흙이 아니라 바위나 지푸라기가 있다면 돌을 전부 제거할 수 있다. 이런 땅에서는 농사를 지을 수 없기 때문이다.

## 3, 8

골짜기로 이어지는 계단 만들기에 관해 설명한다.

---

אֵין בּוֹנִין מַדְרֵגוֹת עַל פִּי הַגֵּאָיוֹת עֶרֶב שְׁבִיעִית מִשֶּׁפָּסְקוּ הַגְּשָׁמִים, מִפְּנֵי
שֶׁהוּא מְתַקְנָן לַשְּׁבִיעִית. אֲבָל בּוֹנֶה הוּא בַּשְּׁבִיעִית מִשֶּׁפָּסְקוּ גְשָׁמִים, מִפְּנֵי
שֶׁהוּא מְתַקְנָן לְמוֹצָאֵי שְׁבִיעִית. וְלֹא יִסְמֹךְ בְּעָפָר, אֲבָל עוֹשֶׂה הוּא חַיִץ. כָּל
אֶבֶן שֶׁהוּא יָכוֹל לִפְשֹׁט אֶת יָדוֹ וְלִטְּלָה, הֲרֵי זוֹ תִנָּטֵל:

---

제6년째 우기가 끝난 후에 골짜기로 연결된 계단을 만들어서는 안
된다. 제7년이 되는 해에 〔경작을 하기 위한〕 준비가 되기 때문이다.
하지만 제7년째 우기가 끝난 후에는 〔계단을〕 만들 수 있다. 그는 제
8년이 되는 해의 〔경작을〕 준비하기 때문이다. 흙으로 〔계단을〕 덮어
서는 안 되지만 〔거친 돌을 사용하여〕 제방을 만들 수는 있다. 손을
뻗어 취할 수 있는 돌은 제거할 수 있다.


- 이 미쉬나가 안식년에 경작하지 않는다는 큰 원칙과 무슨 관련이 있
  는지 분명하지 않은데, 알벡에 따르면 여기서 언급하는 '계단'이 사
  실은 '계단식 밭'을 가리킨다고 해석한다. 이런 계단식 농지는 우기
  가 끝나고 만들기 시작해서 다음 우기가 왔을 때 경작한다. 그러므로
  제6년째 되는 해의 우기가 끝난 다음에 계단식 밭을 만들면 제7년
  경작을 준비하는 셈이 된다. 그러므로 이것이 금지된다. 같은 이유
  로 제7년 우기가 끝난 후에는 계단식 밭을 만들 수 있는데 이것은 제
  8년 경작과 관련되기 때문이다.
- 제7년에 계단식 밭을 만들 때 흙을 덮어서 돋우면 같은 해에 경작을
  하려는 것으로 오해 받을 수 있다. 그러나 흙이 없이 돌들만 골라 제
  방처럼 쌓는 것은 경작과 상관이 없으므로 허용된다. 다만 밭 전체에
  서 돌을 고르는 행위는 오해를 받을 수 있기 때문에, 담에서 손을 뻗
  어서 닿는 거리에 있는 돌들만 제거하여 쌓는다.

**3, 9**

밭에서 돌을 제거하는 일에 관해 추가로 설명한다.

---

אַבְנֵי כָתֵף, בָּאוֹת מִכָּל מָקוֹם. וְהַקַּבְלָן, מֵבִיא מִכָּל מָקוֹם. וְאֵלוּ הֵם אַבְנֵי
כָתֵף, כָּל שֶׁאֵינָהּ יְכוֹלָה לְהִנָּטֵל בְּאַחַת יָד, דִּבְרֵי רַבִּי מֵאִיר. רַבִּי יוֹסֵי אוֹמֵר,
אַבְנֵי כָתֵף כִּשְׁמָן, כָּל שֶׁהֵן נִטָּלוֹת שְׁתַּיִם שָׁלֹשׁ עַל הַכָּתֵף:

---

무거운 돌들[9]은 어떤 곳에서든 가져올 수 있다. 하청업자는 어디서
든 그것을 가져올 수 있다. 무거운 돌이란 무엇인가? 한 손으로 들 수
없는 돌을 말한다. [그것은] 메이르 랍비의 말이다. 요씨 랍비는 말한
다. 이름 그대로 두세 [사람의] 어깨로 날라야 하는 돌을 말한다

- 무거운 돌들은 경작을 위해 골라내는 것이 아니고 건축자재로 쓰려
  고 파내는 것이므로 오해를 받지 않는다. 건축 하청업자는 농업이 아
  니라 건축업을 위해 돌을 옮기는 사람이므로 어디서든 돌을 옮겨도
  무방하다.[10]
- 무거운 돌들은 본문에서 '어깨의 돌들'(אבני כתף)이라고 기록되어
  있는데 메이르 랍비는 손이 아니라 어깨를 써야 들 수 있는 돌을 가
  리킨다고 주장한다. 요쎄 랍비는 돌을 들 때 어깨를 사용하되 두세
  사람이 함께 들 정도의 돌이라고 말한다.

---

9) 실제로는 '어깨의 돌들'(אבני כתף)이라고 기록되어 있으며 본문에서 그 의미가
   무엇인지 설명하고 있다.

10) '하청업자'(קבלן)라는 말은 그 농지를 받아서 대신 경작하는 자를 가리킬 수도
   있다. 그렇다면 자기 밭이 아니므로 돌을 제거해도 된다는 규정이 되는데 이
   런 경우 원칙을 더 관대하게 적용한다고 말할 수 있다.

## 3, 10

안식년에 땅에 구덩이를 파는 작업에 관해 논의한다.

---

הַבּוֹנֶה גָדֵר בֵּינוֹ וּבֵין רְשׁוּת הָרַבִּים, מֻתָּר לְהַעֲמִיק עַד הַסֶּלַע. מַה יַעֲשֶׂה
בֶּעָפָר, צוֹבְרוֹ בִּרְשׁוּת הָרַבִּים וּמְתַקְּנוֹ, דִּבְרֵי רַבִּי יְהוֹשֻׁעַ. רַבִּי עֲקִיבָא אוֹמֵר,
כְּדֶרֶךְ שֶׁאֵין מְקַלְקְלִין בִּרְשׁוּת הָרַבִּים, כָּךְ לֹא יְתַקְּנוּ. מַה יַעֲשֶׂה בֶּעָפָר,
צוֹבְרוֹ בְּתוֹךְ שָׂדֵהוּ כְּדֶרֶךְ הַמְזַבְּלִין. וְכֵן הַחוֹפֵר בּוֹר וְשִׁיחַ וּמְעָרָה:

---

자신의 사적 영역과 공적 영역 사이에 담을 만들 경우 바위까지 파
내려갈 수 있다. 흙은 어떻게 해야 하는가? 〔흙은〕 공적 영역에 쌓아
둔 후 필요에 따라 복구하면 된다. 〔그것은〕 예호슈아 랍비의 말이다.
아키바 랍비는 말한다. 공적 영역을 손상시키지 않아야 하므로 복구
하지 않는다. 흙은 어떻게 해야 하는가? 거름을 내놓는 방식대로 자
신의 밭에 쌓아두면 된다. 저수지나 도랑이나 동굴을 만들 때도 그와
같이 하면 된다.

- 안식년에 구덩이를 파면 경작하는 행위로 보이고 오해를 받을 수 있
  다. 그러나 자신의 사유지와 공공영역을 구분하는 담을 쌓으려고 땅
  을 파는 행위는 허용된다.
- 예호슈아 랍비는 이때 흙을 파서 자기 밭에 쌓으면 경작하는 것처럼
  보이기 때문에 이것을 공적 영역에 쌓아야 한다고 주장한다. 나중에
  담에 난 구멍을 복구하는 데 쓰면 된다. 아키바 랍비는 반대의견을
  제시한다. 어떤 이유로든 공적 영역에 손상을 입히면 안 되며 일시
  적으로 공적 영역에 쌓아놓은 흙도 사람들에게 방해가 되기 때문에
  타당한 해결책이 아니라는 것이다. 차라리 자기 사유지에 흙을 쌓되
  밭에 거름을 내다 쌓는 방법을 따라야 하며 1쎄아를 뿌릴 수 있는 공
  간에 흙더미 세 개를 쌓으라고 말한다(첫째 미쉬나).

● 안식년에 물저장소나 도랑, 동굴을 팔 때도 같은 규정을 적용한다.

## 제4장

### 4, 1

안식년에 들에서 음식이 될 수 없는 것들을 채취할 수 있다는 규정을 설명한다.

---

בָּרִאשׁוֹנָה הָיוּ אוֹמְרִים, מְלַקֵּט אָדָם עֵצִים וַאֲבָנִים וַעֲשָׂבִים מִתּוֹךְ שֶׁלּוֹ,
כְּדֶרֶךְ שֶׁהוּא מְלַקֵּט מִתּוֹךְ שֶׁל חֲבֵרוֹ, אֶת הַגַּס הַגַּס. מִשֶּׁרַבּוּ עוֹבְרֵי עֲבֵרָה,
הִתְקִינוּ שֶׁיְּהֵא זֶה מְלַקֵּט מִתּוֹךְ שֶׁל זֶה, וְזֶה מְלַקֵּט מִתּוֹךְ שֶׁל זֶה, שֶׁלֹּא
בְטוֹבָה, וְאֵין צָרִיךְ לוֹמַר שֶׁיִּקְצַץ לָהֶם מְזוֹנוֹת:

---

처음에 〔랍비들은 이렇게〕 말했다: 사람들은 이웃의 밭에서 모으는 것과 같이 자신의 밭에서 목재나 돌이나 풀 등 큰 것들을 모을 수 있다.

〔그러나〕 규정을 어기는 이들이 많아지자 이 사람은 저 사람의 〔밭에서〕 모으고, 저 사람은 이 사람의 〔밭에서〕 모아야 하며 〔서로〕 호의를 〔베풀 수〕 없다고 했다. 그들이 〔모으는 일의 보상으로〕 음식을 〔주겠다고〕 정할 수 없음은 말할 필요가 없다.

● 밭에서 나무나 돌 또는 풀을 제거하는 행위는 밭을 경작하기 위해서 땅을 고르는 것처럼 오해를 받을 수 있으며 안식년에 삼가야 할 일이다. 그러나 자기 농지가 아닌 곳에서 이런 물건들을 모은다면 경작하려는 의도로 오해를 살 이유가 없다. 이 미쉬나는 나무나 돌이나 풀이 크기가 크다면 자기 밭에서 이런 것들을 제거해도 경작과

관련이 없음을 인정한 적도 있었다고 말한다.

- 그러나 이런 규정을 악용하여 안식년에 일을 하는 사람들이 늘자 법
  규정을 수정했고, 자기 밭에서 모으는 일은 금지하고 남의 밭에서
  모으는 일만 허용했다. 또 서로 약속하여 상대방의 밭에서 모으는
  계약을 맺을 수 없다고 결정했다. 자기 밭에 와서 모으는 일을 하는
  대신 음식을 주겠다고 계약하는 행위 역시 금지되었다.

## 4, 2

안식년 관련법을 어긴 경우에 처리하는 방법을 설명한다.

---

שָׂדֶה שֶׁנִּתְקַוְּצָה, תִּזָּרַע בְּמוֹצָאֵי שְׁבִיעִית. שֶׁנִּטַּיְּבָה אוֹ שֶׁנִּדַּיְּרָה, לֹא תִזָּרַע
בְּמוֹצָאֵי שְׁבִיעִית. שָׂדֶה שֶׁנִּטַּיְּבָה, בֵּית שַׁמַּאי אוֹמְרִים, אֵין אוֹכְלִין פֵּרוֹתֶיהָ
בַּשְּׁבִיעִית, וּבֵית הִלֵּל אוֹמְרִים, אוֹכְלִין. בֵּית שַׁמַּאי אוֹמְרִים, אֵין אוֹכְלִין
פֵּרוֹת שְׁבִיעִית בְּטוֹבָה, וּבֵית הִלֵּל אוֹמְרִים, אוֹכְלִין בְּטוֹבָה וְשֶׁלֹּא בְטוֹבָה.
רַבִּי יְהוּדָה אוֹמֵר, חִלּוּף הַדְּבָרִים, זוֹ מִקֻּלֵּי בֵית שַׁמַּאי וּמֵחֻמְרֵי בֵית הִלֵּל:

---

엉겅퀴가 제거된 밭에서 8년째 씨를 뿌릴 수 있다. 그러나 〔7년째
해에 밭을 갈거나 돌을 제거하여〕 개선된 밭이나 가축의 우리로 사용
한 밭에서는 8년째 씨를 뿌릴 수 없다.

〔7년째에〕 개선된 밭에 대해서 샴마이 학파는 말한다. 7년째 해에
생산물을 먹을 수 없다. 그러나 힐렐 학파는 먹을 수 있다고 한다. 샴
마이 학파는 말한다. 〔서로〕 호의를 베풀기 위해 7년째 생산물을 먹을
수 없다. 힐렐 학파는 〔서로〕 호의를 베풀든 말든 간에 먹을 수 있다
고 한다. 예후다 랍비는 말한다. 〔두 학파의 말은〕 바뀌어야 한다. 샴
마이 학파의 〔견해는〕 관대하고 힐렐 학파의 〔견해는〕 엄격하기 때문
이다.

- 안식년에는 밭의 상태를 개선할 목적으로 일하면 안 되지만, 이 규정은 토라의 계명이 아니라 랍비들의 전통이다. 그러므로 밭에서 엉겅퀴를 제거하는 일은 금지되지만, 그 규정을 어겼다고 해서 안식년이 지난 뒤에 경작을 막을 수는 없다. 그러나 토라의 계명을 어기고 밭을 갈아서 개선하면 8년째 해가 되어도 씨를 뿌릴 수 없다. 밭에 가축들을 들여서 거름을 준 경우도 마찬가지다(「슈비잇」3, 4).
- 안식년 관련법을 어기고 밭을 개선하는 작업을 하였고 열매가 맺혔을 경우, 샴마이 학파는 생산한 농작물을 제7년에 먹을 수 없다고 했고, 힐렐 학파는 먹어도 된다고 했다. 제7년에 자연스럽게 열린 열매는 먹을 수 있기 때문이다. 샴마이 학파는 서로 약속하여 상대방의 밭에서 생산된 제7년의 농작물을 먹는 것도 금지한다고 했고, 힐렐 학파는 이것도 허용했다.
- 예후다 랍비는 위에서 기록한 샴마이와 힐렐 학파의 토론이 잘못 전해졌다고 지적하며 두 학파의 의견을 서로 바꾸어야 한다고 주장했다(「에두욧」5, 1).

### 4, 3

안식년에 이방인에게 땅을 임대한 경우에 관해 논의한다.

---

חוֹכְרִין נִירִין מִן הַנָּכְרִים בַּשְּׁבִיעִית, אֲבָל לֹא מִיִּשְׂרָאֵל. וּמַחֲזִיקִין יְדֵי נָכְרִים בַּשְּׁבִיעִית, אֲבָל לֹא יְדֵי יִשְׂרָאֵל. וְשׁוֹאֲלִין בִּשְׁלוֹמָן, מִפְּנֵי דַּרְכֵי שָׁלוֹם:

---

새로 간 땅은 제7년에 이방인에게 빌려줄 수 있으나 유대인에게는 빌려줄 수 없다. 그들은 7년째 이방인을 격려할 수는 있지만 유대인을 격려해서는 안 된다. 평화의 길을 〔지키기 위해서 이방인들과〕 평안의 인사말을 주고받을 수 있다.

- 안식년에 밭을 갈았으면 경작할 수 없으므로 이방인에게 임대할 수 있고, 이방인이 이 땅에서 농사를 지을 수 있다. 당연히 유대인이 갈 아놓은 땅을 다른 유대인이 임대할 수도 없다.
- 자기 농지를 이방인에게 임대한 자는 그 이방인에게 행운을 빌 수 있고, 유대인 임대인에게 행운을 빌 수는 없다. 사실 평화를 유지하기 위해서 이방인에게 행운을 비는 일은 언제나 가능하다.

### 4, 4

과수원에서 나무를 자르는 작업에 관해 설명한다.

---

הַמֵּדַל בַּזֵּיתִים, בֵּית שַׁמַּאי אוֹמְרִים, יָגוֹם. וּבֵית הִלֵּל אוֹמְרִים, יְשָׁרֵשׁ. וּמוֹדִים בְּמַחֲלִיק, עַד שֶׁיָּגוֹם. אֵיזֶה הוּא הַמֵּדַל, אֶחָד אוֹ שְׁנַיִם. הַמַּחֲלִיק, שְׁלֹשָׁה, זֶה בְצַד זֶה. בַּמֶּה דְבָרִים אֲמוּרִים, מִתּוֹךְ שֶׁלּוֹ, אֲבָל מִתּוֹךְ שֶׁל חֲבֵרוֹ, אַף הַמַּחֲלִיק, יְשָׁרֵשׁ:

---

[7년째 해에] 올리브나무를 솎는 경우에 대해 샴마이 학파는 말한다. [바닥까지] 잘라버릴 수 있다. 힐렐 학파는 말한다: 뿌리까지 제거할 수 있다. 밭을 평평하게 고를 경우 [바닥까지] 잘라버릴 수 있다는 것에 대해 [두 학파는] 동의한다. 솎아내기란 무엇인가? 나무 하나 혹은 두 그루인 [경우이다]. 평평하게 고른다는 것은 무엇인가? 세 그루의 나무가 서로 인접해 있는 경우이다. 이것은 무슨 말인가? 자신의 소유지인 경우에 [적용된다]. 동료의 소유지인 경우 평평하게 고를 때라도 뿌리까지 제거할 수 있다.

- 안식년에 올리브나무를 기르는 과수원에서 이미 자라고 있는 나무를 자를 경우, 샴마이 학파는 다른 나무가 더 잘 자라게 하기 위해서 솎아주는 작업을 하는 것은 무방하다. 그러나 나무를 뿌리째 뽑으면

새 나무를 심을 자리를 만드는 것처럼 보여서 오해를 받을 수 있다.
힐렐 학파는 뿌리째 뽑아도 된다고 말하는데 솎아내는 작업은 오해
를 사지 않는다고 본 것이다. 그러나 자라고 있는 나무를 모두 베고
땅을 평평하게 고를 경우, 줄기만 자를 수 있다는 의견에 모두 동의
한다.

- 규정을 더 정확하게 해석하기 위해서 솎아내는 작업은 나무 하나나
  두 그루를 베고 셋째 나무를 남겨두는 방식으로 일하는 것이다. 이
  에 반해 땅을 평평하게 고르는 작업은 서로 인접해 있는 나무 세 그
  루를 모두 베는 것이다.

- 이런 규정은 자기 과수원에서 일할 때만 적용한다. 자기 동료나 친
  구의 과수원에서 일하는 중이라면 누구도 나무를 베어 다른 작물을
  심으려 한다고 오해하지 않을 것이기 때문이다(「슈비잇」3, 6).


## 4, 5
안식년에 올리브나무나 돌무화과나무의 가지를 쳤을 경우의 규정
에 대해 설명한다.

---

הַמַּבְקִיעַ בַּזַּיִת, לֹא יְחַפֵּהוּ בְּעָפָר, אֲבָל מְכַסֶּה הוּא בָּאֲבָנִים אוֹ בְקַשׁ. הַקּוֹצֵץ
קוֹרוֹת שִׁקְמָה, לֹא יְחַפֵּהוּ בְּעָפָר, אֲבָל מְכַסֶּה הוּא בָּאֲבָנִים אוֹ בְקַשׁ. אֵין
קוֹצְצִין בְּתוּלַת שִׁקְמָה בַּשְּׁבִיעִית, מִפְּנֵי שֶׁהִיא עֲבוֹדָה. רַבִּי יְהוּדָה אוֹמֵר,
כְּדַרְכָּהּ, אָסוּר, אֶלָּא אוֹ מַגְבִּיהַּ עֲשָׂרָה טְפָחִים, אוֹ גוֹמֵם מֵעַל הָאָרֶץ:

---

올리브나무 가지를 잘라내는 경우 흙으로 [그루터기를] 덮어서는
안 되지만 돌이나 짚으로 덮을 수는 있다. 돌무화과나무의 가지를 잘
라내는 경우 흙으로 [그루터기를] 덮어서는 안 되지만 돌이나 짚으로
덮을 수는 있다. 제7년째 어린 돌무화과나무를[11] 잘라서는 안 된다.

---

11) 이 낱말(בתולת שקמה)은 사실 '처녀 돌무화과나무'라는 뜻인데, 한 번도 가지

노동이기 때문이다. 예후다 랍비는 말한다. 일반적인 방법으로 〔자르는 것은〕금지된다. 〔돌무화과나무의 높이를〕10테팍 이상 남기거나 〔바닥까지〕잘라내는 경우에는 〔허용된다〕.

- 안식년에 올리브나무나 돌무화과나무의 가지를 쳤을 경우, 그루터기를 흙으로 덮어서는 안 된다. 나무가 회복하면서 더 많은 열매를 맺도록 하는 작업이기 때문이다. 그러나 돌이나 짚으로 덮는 정도는 허용되니 이것은 나무가 마르는 것을 막는 작업이며 열매를 더 얻는 효과가 없기 때문이다.
- 어린 돌무화과나무의 줄기를 한 번 잘라주면 더 굵은 줄기로 자라면서 많은 수확을 기대할 수 있다. 작물을 관리하는 작업은 허용되고 수확을 늘리는 작업을 금지되므로 이 작업도 금지된다. 예후다 랍비는 특별한 조건이라면 허용할 수 있다고 주장한다.

### 4, 6

안식년에 포도나무를 다듬거나 갈대를 자르는 경우의 규정에 대해 설명한다.

---

הַמְזַנֵּב בִּגְפָנִים וְהַקּוֹצֵץ קָנִים, רַבִּי יוֹסֵי הַגְּלִילִי אוֹמֵר, יַרְחִיק טֶפַח. רַבִּי עֲקִיבָא אוֹמֵר, קוֹצֵץ כְּדַרְכּוֹ, בַּקַּרְדֹּם אוֹ בַמַּגָּל, וּבַמְּגֵרָה, וּבְכָל מַה שֶׁיִּרְצֶה. אִילָן שֶׁנִּפְשַׁח, קוֹשְׁרִין אוֹתוֹ בַּשְּׁבִיעִית, לֹא שֶׁיַּעֲלֶה, אֶלָּא שֶׁלֹּא יוֹסִיף:

---

〔제7년에〕포도나무를 다듬거나 갈대를 자르는 사람에 대해 갈릴리 사람 요쎄 랍비는 말한다. 〔적어도〕1테팍만큼은 〔자르지 않고〕남겨두어야 한다. 그러나 아키바 랍비는 말한다. 도끼나 낫이나 톱이나

---

치기를 하지 않은 어린 돌무화과나무를 가리킨다.

원하는 도구로 일상적인 방법대로 잘라도 된다. 갈라져 있는 나무는 제7년에 묶어도 좋다. 〔그 나무를〕 개선하기 위함이 아니라 더 이상 갈라지지 않도록 하기 위함이다.

- 안식년에 포도나무 가지를 쳐서 다듬는 작업은 금지되어 있으니 그 해의 수확을 늘리는 일이기 때문이다. 밭에서 갈대를 잘라내는 작업도 그해에 농사를 짓기 위해 준비하는 일이다. 그래서 요쎼 랍비는 가지나 갈대를 잘라도 1테팍만큼 남겨두어 오해를 사지 않도록 하라고 말한다. 그러나 아키바 랍비는 좀 더 관대한 자세를 보인다.
- 안식년에 나무가 갈라지면 수확을 늘리지 않고 그 나무를 보호하고 관리하는 한에서 줄로 묶어주는 작업을 허용한다.

### 4, 7

안식년에 자연스럽게 열린 열매를 먹는 일에 관해 논의한다.

---

מֵאֵימָתַי אוֹכְלִין פֵּרוֹת הָאִילָן בַּשְּׁבִיעִית, הַפַּגִּים מִשֶּׁיַּזְרִיחוּ, אוֹכֵל בָּהֶם פִּתּוֹ
בַּשָּׂדֶה. בָּחֵלּוּ, כּוֹנֵס לְתוֹךְ בֵּיתוֹ. וְכֵן כַּיּוֹצֵא בָהֶם בִּשְׁאָר שְׁנֵי שָׁבוּעַ, חַיָּב
בַּמַּעַשְׂרוֹת:

---

제7년에 언제부터 나무의 열매를 먹을 수 있는가? 덜 익은 무화과가 장밋빛을 띨 때 빵과 함께 밭에서 그것을 먹을 수 있다. 익기 시작하면 그것을 집으로 가져가도 된다. 이와 마찬가지로 안식년 주기의 다른 해에는 십일조를 할 의무가 있다.

- 토라는 안식년에 자연스럽게 열린 열매를 일반인과 종과 거류인과 가축과 짐승이 나누어 먹으라고 명령했는데(레 25:6-7), 랍비들은 충분히 익은 곡식과 열매가 된 후에 먹을 수 있다고 해석한다. 그래

서 나무의 열매 중 무화과의 경우, 붉은 빛이 돌면 들에서 먹을 수 있고, 더 완전히 익으면 집으로 가져간다. 이것이 일반적으로 무화과를 먹는 방법이기 때문이다.

- 안식년에 자연스럽게 열린 열매는 주인이 없는 상태로 간주하며 십일조를 떼지 않는다. 그러나 안식년이 돌아오는 7년 주기 중 다른 해에는 꼭 십일조를 떼고 먹는다.

## 4, 8

덜 익은 포도의 식용 가능성에 대해 설명한다.

---

הַבֹּסֶר, מִשֶּׁהֵבִיא מַיִם, אוֹכֵל בּוֹ פִּתּוֹ בַּשָּׂדֶה. הַבְאִישׁ, כּוֹנֵס לְתוֹךְ בֵּיתוֹ. וְכֵן כַּיּוֹצֵא בוֹ בִּשְׁאָר שְׁנֵי שָׁבוּעַ, חַיָּב בְּמַעַשְׂרוֹת:

---

덜 익은 포도의 경우 즙이 생길 때 빵과 함께 밭에서 그것을 먹을 수 있다. 〔포도가〕 익기 시작할 때 그것을 집으로 가져가도 된다. 그와 마찬가지로 안식년 주기의 다른 해에 십일조를 할 의무가 있다.

- 일곱째 미쉬나와 마찬가지로 포도도 일반적인 관례에 따라 먹는데 즙이 생겼는지 여부로 판단한다.

## 4, 9

올리브 열매의 경우 어느 시점에서 먹을 수 있으며 기름으로 사용할 수 있는지 설명한다.

---

זֵיתִים, מִשֶּׁיַּכְנִיסוּ רְבִיעִית לִסְאָה, פּוֹצֵעַ וְאוֹכֵל בַּשָּׂדֶה. הַכְנִיסוּ חֲצִי לֹג, כּוֹתֵשׁ וְסָךְ בַּשָּׂדֶה. הַכְנִיסוּ שְׁלִישׁ, כּוֹתֵשׁ בַּשָּׂדֶה וְכוֹנֵס לְתוֹךְ בֵּיתוֹ. וְכֵן כַּיּוֹצֵא בָהֶם בִּשְׁאָר שְׁנֵי שָׁבוּעַ, חַיָּבִים בְּמַעַשְׂרוֹת. וּשְׁאָר כָּל פֵּרוֹת הָאִילָן, כְּעוֹנָתָן לַמַּעַשְׂרוֹת, כֵּן עוֹנָתָן לַשְּׁבִיעִית:

---

올리브의 경우 〔열매〕 1쎄아가 기름 1/4로그를 생산할 수 있을 때 그것을 으깨어 밭에서 먹을 수 있다. 1/2로그를 생산할 수 있을 때 밭에서 그것을 으깨어 기름으로 사용할 수 있다. 1/3 정도까지 자랐을 때 밭에서 으깨어 집으로 가져갈 수 있다. 그와 마찬가지로 안식년 주기의 다른 해에 십일조를 할 의무가 있다. 다른 모든 나무의 열매는 7년째에 허용된 시기에 십일조를 해야 한다.

- 올리브 열매도 일반적인 관례에 따르지만 조금 더 규정이 복잡하다. 올리브 열매는 하나씩 따서 먹는 것이 아니라 다량으로 수확해서 기름을 짜기 때문에, 그 열매가 기름을 얼마나 생산할 수 있는지를 기준으로 삼는다. 올리브 열매 1쎄아에서 기름 1/4로그가 나올 때쯤 밭에서 먹을 수 있고, 좀 더 익어서 1/2로그가 나올 때쯤이면 밭에서 기름을 짜서 먹어도 좋다. 더 익어서 평년 기름 생산량의 1/3정도를 생산할 수 있을 때, 즉 1쎄아에서 1로그 정도가 나올 때면 집으로 가져갈 수 있다.
- 위와 같은 판단기준 때문에 안식년에 열매를 먹는 시기는 평년에 십일조를 내는 시기와 동일하다.

### 4, 10
안식년에 가지치기를 하는 방법을 설명한다.

---

מֵאֵימָתַי אֵין קוֹצְצִין אֶת הָאִילָן בַּשְּׁבִיעִית. בֵּית שַׁמַּאי אוֹמְרִים, כָּל הָאִילָן מִשֶּׁיּוֹצִיא. וּבֵית הַלֵּל אוֹמְרִים, הֶחָרוּבִין מִשֶּׁיְשַׁלְשֵׁלוּ, וְהַגְּפָנִים מִשֶּׁיְגָרֵעוּ, וְהַזֵּיתִים מִשֶּׁיָּנֵצוּ, וּשְׁאָר כָּל אִילָן מִשֶּׁיּוֹצִיא. וְכָל הָאִילָן, כֵּיוָן שֶׁבָּא לְעוֹנַת הַמַּעַשְׂרוֹת, מֻתָּר לְקָצְצוֹ. כַּמָּה יְהֵא בַזַּיִת וְלֹא יְקָצֶנּוּ, רֹבַע. רַבָּן שִׁמְעוֹן בֶּן גַּמְלִיאֵל אוֹמֵר, הַכֹּל לְפִי הַזַּיִת:

---

제7년에 언제부터 나무를 잘라서는 안 되는가? 샴마이 학파는 말한다. 모든 나무들은 열매를 맺은 이후부터이다. 힐렐 학파는 말한다. 캐럽나무는 [열매가] 아래로 처진 이후부터이고, 포도나무는 포도알이 촉촉해진 이후부터이며 올리브나무는 꽃이 핀 이후부터이고, 다른 나무들은 열매를 맺은 이후부터이다. 모든 나무는 십일조를 해야 할 시기가 되면 잘라낼 수 있다.

올리브나무는 얼마만큼 생산할 때 자를 수 없는가? 1/4카브다. 쉼온 벤 감리엘 랍비는 말한다. 모든 것은 올리브나무의 [종류에] 달려 있다.

- 안식년에 자연스럽게 생겨난 열매는 사람과 짐승의 음식이 되기 때문에 안식년에 열매 맺는 나무를 함부로 자를 수 없다. 샴마이 학파는 열매를 맺은 다음에는 마음대로 자를 수 없다고 주장한다. 힐렐 학파는 작물에 따라 다른 기준을 제시하여 열매를 보호한다.
- 아홉째 미쉬나가 설명한 바와 같이 안식년에 열매를 먹을 수 있는 시기와 다른 해에 십일조를 떼는 시기가 동일하므로 역시 십일조를 내는 시기가 되면 나무를 자를 수도 있다.
- 마지막 주제는 나무를 자르는 시기가 아니라 자를 수 있는 나무를 어떻게 판단하는지 논의하는데 열매 맺는 나무는 함부로 자를 수 없기 때문이다(신 20:19). 첫째 의견에 따르면 올리브나무 한 그루가 기름 1/4카브를 생산할 때 자를 수 없다고 했고, 쉼온 라반은 나무의 종류에 따라 다른 기준이 있다고 주장한다.

# 제5장

## 5, 1
안식년 규정을 적용하는 열매에 관해 설명한다.

---

בְּנוֹת שׁוּחַ, שְׁבִיעִית שֶׁלָּהֶן, שְׁנִיָּה, שֶׁהֵן עוֹשׂוֹת לְשָׁלֹשׁ שָׁנִים. רַבִּי יְהוּדָה
אוֹמֵר, הַפַּרְסָאוֹת, שְׁבִיעִית שֶׁלָּהֶן, מוֹצָאֵי שְׁבִיעִית, שֶׁהֵן עוֹשׂוֹת לִשְׁתֵּי
שָׁנִים. אָמְרוּ לוֹ, לֹא אָמְרוּ אֶלָּא בְנוֹת שׁוּחַ:

---

흰무화과나무는 안식년 〔규정을〕 2년째 해에 적용한다. 3년에 한
번씩 〔열매가〕 익기 때문이다. 예후다 랍비는 말한다. 페르시아 무화
과는 안식년 규정을 안식년 다음 해에 적용한다. 2년에 한 번씩 〔열매
가〕 익기 때문이다. 〔사람들이〕 그에게 말했다. "이 규정은 흰무화과
에만 적용되어야 합니다."

- 흰무화과나무는 열매가 달리면 3년이 지나야 익는다. 그러므로 안
  식년이 시작할 때 달린 열매는 안식년 뒤 2년째 되는 해에 익으며 이
  열매는 안식년의 열매이기 때문에 안식년 관련법을 적용한다. 예후
  다 랍비는 비슷한 예로 페르시아 무화과나무가 있다고 덧붙인다. 이
  나무는 열매가 달린 뒤 2년이 지나야 익기 때문에, 안식년에 달린 열
  매는 안식년 다음 해에 익는다. 그러므로 그 열매에 안식년 관련법을
  적용해야 한다. 그러나 다른 랍비들은 예후다 랍비의 적용에 반대하
  며 흰무화과나무만 예외적인 경우로 취급해야 한다고 주장한다.[12]

---

12) 혹자는 티베리아에서는 페르시아 무화과가 매년 열린다는 기록이 있기 때문
에 반대한다고 설명하기도 한다(토쎕타 「슈비잇」 4, 1).

## 5, 2

땅에 묻어 보관하는 채소에 관해 논의한다.

---

הַטּוֹמֵן אֶת הַלּוּף בַּשְּׁבִיעִית, רַבִּי מֵאִיר אוֹמֵר, לֹא יִפְחֹת מִסְּאתַיִם, עַד גֹּבַהּ
שְׁלֹשָׁה טְפָחִים, וְטֶפַח עָפָר עַל גַּבָּיו. וַחֲכָמִים אוֹמְרִים, לֹא יִפְחֹת מֵאַרְבַּעַת
קַבִּים, עַד גֹּבַהּ טֶפַח, וְטֶפַח עָפָר עַל גַּבָּיו. וְטוֹמְנוֹ בִמְקוֹם דְּרִיסַת אָדָם:

---

제7년에 아룸을 땅에 묻는 사람에 대해 메이르 랍비는 말한다. 그
양이 2쎄아보다 적어서는 안 되고, 그 높이가 3테팍보다 낮아서는 안
되며 1테팍보다 더 깊게 흙으로 그것을 덮어야 한다. 랍비들은 말한
다. 그 양이 4카브보다 적어서는 안 되고, 그 높이가 1테팍보다 낮아
서는 안 되며 1테팍보다 깊게 흙으로 덮어야 한다. 또한 사람들이 걸
어 다니는 곳에 그것을 묻어야 한다.

- 채소들 중에서 양파와 비슷한 아룸(לוּף, 룹)은 땅에 묻어서 보관하는
  데 혹시 파종한다는 오해를 받을 수 있다. 이런 오해를 피하기 위해
  서 메이르 랍비는 무게가 2쎄아, 작물의 높이는 3테팍, 그리고 땅을
  1테팍 이상 파서 묻으라고 제안한다. 그러나 다른 랍비들은 메이르
  랍비보다 관대한 조건을 제시하고 있으며 더 작은 크기의 작물을 더
  적은 양씩 묻어도 좋다고 허락한다. 묻는 깊이는 동일하다.
- 더 확실하게 하기 위해서 행인들이 들어가지 않는 밭이 아니라 사람
  들이 밟고 지나가는 곳에 묻으라고 명령한다.

## 5, 3

안식년에 아룸을 가져갈 수 있는지 논의한다.

---

לוּף שֶׁעָבְרָה עָלָיו שְׁבִיעִית, רַבִּי אֱלִיעֶזֶר אוֹמֵר, אִם לָקְטוּ הָעֲנִיִּים אֶת עָלָיו,
לָקְטוּ. וְאִם לָאו, יַעֲשֶׂה חֶשְׁבּוֹן עִם הָעֲנִיִּים. רַבִּי יְהוֹשֻׁעַ אוֹמֵר, אִם לָקְטוּ

---

הָעֲנִיִּים אֶת עָלָיו, לְקָטוּ. וְאִם לָאו, אֵין לַעֲנִיִּים עָלָיו חֶשְׁבּוֹן:

7년째 해가 지난 후〔까지 땅에〕남아 있는 아룸에 대해 엘리에제르 랍비는 말한다. 가난한 이들이 그 잎을 모으면 모으게 해야 한다. 그렇게 하지 않았다면 가난한 자들〔의 몫을〕계산해야 한다. 예호슈아 랍비는 말한다. 가난한 이들이 그 잎을 모으면 모으게 해야 한다. 그렇게 하지 않았다면 가난한 자들은 〔밭주인과〕아무런 관계가 없다.

- 아룸은 몇 년 동안 수확하지 않고 땅속에 묻어둘 수 있다. 안식년에 이미 먹을 수 있는 상태였던 아룸이 그대로 땅에 남아 있는 경우에 관하여 엘리에제르 랍비는 가난한 사람들이 그 잎을 따갔다면 그것은 그들의 권리를 행사한 것이며 아룸의 주인이 안식년 다음까지 놓아둘 계획이었다고 하더라도 따로 정산할 여지가 없다. 그러나 가난한 사람들이 아룸에 손을 대지 않았다면 그 아룸은 안식년의 열매이며 밭주인은 가난한 사람들의 몫을 계산해 주어야 한다.
- 예호슈아 랍비는 가난한 자들이 안식년에 아룸을 따갔으면 좋지만, 따가지 않았다면 그것으로 그만이며 밭주인이 따로 가난한 자들에게 몫을 계산해줄 필요가 없다고 주장한다.

### 5, 4
다 익은 후에도 땅에 묻어두는 작물 세 가지를 캐는 방법에 관해 논의한다.

לוּף שֶׁל עֶרֶב שְׁבִיעִית שֶׁנִּכְנַס לַשְּׁבִיעִית, וְכֵן בְּצָלִים הַקֵּיצוֹנִים, וְכֵן פּוּאָה שֶׁל עֵדִית, בֵּית שַׁמַּאי אוֹמְרִים, עוֹקְרִין אוֹתָן בְּמַאֲרוּפוֹת שֶׁל עֵץ. וּבֵית הִלֵּל אוֹמְרִים, בְּקַרְדֻּמּוֹת שֶׁל מַתָּכוֹת. וּמוֹדִים בְּפוּאָה שֶׁל צְלָעוֹת, שֶׁעוֹקְרִין אוֹתָהּ בְּקַרְדֻּמּוֹת שֶׁל מַתָּכוֹת:

7년째 해까지 남아 있는 6년째 해의 아룸과 비슷한 여름 양파와 좋은 땅에서 자란 꼭두서니[13]에 대해 샴마이 학파는 말한다. 나무 갈퀴로 그 뿌리를 뽑아야 한다. 힐렐 학파는 말한다. 금속 갈퀴[를 사용할 수 있다]. 강한 뿌리를 지닌 꼭두서니의 경우 금속 갈퀴를 사용하여 뿌리를 뽑는 것에 대해서는 [두 학파가] 동의한다.

- 이 미쉬나가 언급하는 아룸과 여름 양파와 꼭두서니는 모두 다 익은 후에도 땅에 묻어둘 수 있는 작물들이며 곡괭이나 갈퀴로 땅을 긁어서 캐내야 한다. 그러나 이런 행위는 마치 땅을 경작하는 것처럼 보일 수 있고, 안식년에 시행하기에 적절하지 않은 작업이다. 샴마이 학파는 오해를 피하기 위해서 일반적으로 사용하지 않는 나무 갈퀴를 쓰라고 제안한다. 그러나 힐렐 학파는 금속 갈퀴를 써도 무방하다고 허용한다. 샴마이 학파도 뿌리가 깊이 박힌 꼭두서니라면 금속 갈퀴를 써도 좋다고 예외규정을 인정한다.

### 5, 5

안식년 이후 언제부터 아룸을 구입할 수 있는지 논의한다.

---

מֵאֵימָתַי מֻתָּר אָדָם לִקַּח לוּף בְּמוֹצָאֵי שְׁבִיעִית, רַבִּי יְהוּדָה אוֹמֵר, מִיָּד.
וַחֲכָמִים אוֹמְרִים, מִשֶּׁיִּרְבֶּה הֶחָדָשׁ:

---

제7년 이후 [8년째 해에는] 언제부터 아룸을 구입할 수 있는가? 예후다 랍비는 말한다. 즉시 [구입할 수 있다]. 그러나 랍비들은 말한다. 새로운 농작물이 생산된 이후부터이다.

---

13) 이 낱말(פּוּאָה שֶׁל עֲדִית)은 꼭두서니를 가리키는 것으로 보이며 이것은 쌍떡잎 식물로 꼭두서니과의 다년생초이다.

- 아룸은 한 해에 심고 거두는 작물이 아니기 때문에, 안식년이 지난 뒤에 아룸을 구입할 때 안식년의 열매를 살 위험이 있다. 예후다 랍비는 관대한 입장을 대표하면서, 제8년에 거래되는 아룸이 제6년에 달린 것일 수도 있으므로 안식년이 끝나면 곧 구입이 가능하다고 주장한다. 그러나 다른 랍비들은 아룸도 다른 농작물과 마찬가지로 제8년에 새로 열매가 열린 다음에 거래가 가능하다고 한다.

## 5, 6

안식년 관련법을 어길 가능성이 있는 도구를 거래하는 일에 관해 논의한다.

---

אֵלּוּ כֵלִים שֶׁאֵין הָאֻמָּן רַשַּׁאי לְמָכְרָם בַּשְּׁבִיעִית, מַחֲרֵשָׁה וְכָל כֵּלֶיהָ, הָעוֹל, וְהַמִּזְרֶה, וְהַדָּקֵר. אֲבָל מוֹכֵר הוּא מַגַּל יָד וּמַגַּל קָצִיר, וַעֲגָלָה וְכָל כֵּלֶיהָ. זֶה הַכְּלָל, כָּל שֶׁמְּלַאכְתּוֹ מְיֻחֶדֶת לַעֲבֵרָה, אָסוּר. לְאִסּוּר וּלְהֶתֵּר, מֻתָּר:

---

장인들이 제7년에 팔아서는 안 되는 기구들은 다음과 같다: 쟁기와 그와 관련된 기구들, 멍에, 키질하는 기구, 곡괭이. 그러나 작은 낫과 큰 낫, 마차와 그와 관련된 장비들은 팔 수 있다. 일반적인 원리는 이러하다. 〔제7년 규정을〕 어기는 노동을 위해 고안된 〔기구들은〕 모두 금지된다. 금지된 〔노동이나〕 허용된 〔일 모두를〕 위한 것은 허용된다.

- 안식년에 금지된 노동과 직접적으로 관련된 도구들은 안식년에 팔고 살 수 없다. 그러므로 쟁기나 멍에와 곡괭이는 밭을 가는 작업을, 키는 곡식을 대량으로 수확하여 고르는 작업을 위해 쓰기 때문에 거래가 금지된다. 그러나 낫과 마차는 금지된 작업을 위해 쓸 수도 있지만 그 외 다른 용도로도 쓸 수 있어서 중간적인 지위를 가지고 있

으며 안식년에 팔고 사는 것이 허용된다.

- 원칙은 안식년에 금지된 노동을 하는 도구는 사고파는 것이 금지되
  지만, 금지된 노동과 허용된 노동을 모두 할 수 있는 도구는 구매자
  의 판단에 따라 다른 용도로 쓸 수 있으므로 거래를 허용한다.

### 5, 7

안식년에 토기를 파는 방법을 설명한다.

---

הַיּוֹצֵר, מוֹכֵר חֲמִשָּׁה כַּדֵּי שֶׁמֶן וַחֲמִשָּׁה עָשָׂר כַּדֵּי יַיִן, שֶׁכֵּן דַּרְכּוֹ לְהָבִיא מִן
הַהֶפְקֵר. וְאִם הֵבִיא יוֹתֵר מִכָּאן, מֻתָּר. וּמוֹכֵר לְנָכְרִים בָּאָרֶץ, וּלְיִשְׂרָאֵל
בְּחוּצָה לָאָרֶץ:

---

도공은 기름 항아리 다섯 개와 포도주 항아리 열다섯 개를 판매할
수 있다. 그것은 주인 없는 생산물을 가져갈 수 있는 일반적인 양이기
때문이다. 이보다 더 가져가도 그것은 허용된다. 또한 이스라엘에 있
는 이방인과 이스라엘 밖에 있는 유대인들에게 〔더 많은 항아리를〕
판매할 수도 있다.

- 안식년에 저절로 자란 열매는 주인이 없는 것을 간주하고 취할 수
  있으나, 이것을 판매하거나 저장하는 것은 금지되어 있다. 그러므로
  도공은 보통 사람이 저절로 자란 올리브 열매와 포도를 거둘 수 있
  는 양을 고려해서 기름 항아리 다섯 개와 포도주 항아리 열다섯 개
  까지 팔 수 있다.
- 물론 특별히 필요하면 이것보다 더 많은 올리브 열매나 포도를 거둘
  수도 있으며 자기 집을 방문한 손님에게 제공할 수도 있다. 그러나
  도공은 정해진 양 이상으로 항아리를 팔지 않는다.
- 안식년 관련법은 이스라엘 땅 안에서 그리고 유대인들에게만 적용

된다. 그러므로 도공은 외국인이나 외국에 사는 유대인에게 항아리를 팔 때 제한받지 않는다.

## 5, 8

안식년 관련법을 어길 가능성이 있는 다른 상황들을 논의한다.

בֵּית שַׁמַּאי אוֹמְרִים, לֹא יִמְכֹּר לוֹ פָרָה חוֹרֶשֶׁת בַּשְּׁבִיעִית. וּבֵית הִלֵּל
מַתִּירִין, מִפְּנֵי שֶׁהוּא יָכוֹל לְשָׁחֲטָהּ. מוֹכֵר לוֹ פֵּרוֹת אֲפִלּוּ בִשְׁעַת הַזֶּרַע,
וּמַשְׁאִיל לוֹ סְאָתוֹ אַף עַל פִּי שֶׁהוּא יוֹדֵעַ שֶׁיֶּשׁ לוֹ גֹרֶן, וּפוֹרֵט לוֹ מָעוֹת אַף
עַל פִּי שֶׁהוּא יוֹדֵעַ שֶׁיֶּשׁ לוֹ פוֹעֲלִים. וְכֻלָּן, בְּפֵרוּשׁ, אֲסוּרִין:

샴마이 학파는 말한다. 제7년에 〔밭을〕 가는 암소를 판매해서는 안 된다. 하지만 힐렐 학파는 〔그것을〕 허용한다. 그가 〔그 소를〕 도살할 수도 있기 때문이다. 씨를 뿌리는 시기에 열매를 판매할 수 있다. 타작마당을 소유하고 있다는 것을 알지라도 1쎄아를 〔재는 통을〕 빌려줄 수도 있다. 그에게 노동자가 있다는 것을 알지라도 동전을 바꾸어줄 수 있다. 하지만 〔만일 안식년 규정을 어기는 것이라고〕 분명히 말한다면 그 모든 것은 금지된다.

- 암소는 밭을 가는 데 쓸 수도 있고 도살하여 음식으로 쓸 수도 있다. 샴마이 학파는 이런 경우에 규정을 엄정하게 적용해야 한다고 보고 팔지 말라고 했지만, 힐렐 학파는 의심스러운 상황이지만 구매자의 판단을 믿고 팔아도 좋다고 한다(여섯째 미쉬나).
- 씨 뿌리는 시기에 씨를, 수확하는 시기에 곡식을 재는 통을, 그리고 수확하는 노동자들을 고용하는 시기에 환전을 해주는 문제도 모두 의심스러운 경우에 속한다. 그러므로 명확하게 안식년 관련법을 어기는 작업을 하는지 말하지 않는다면 상대방을 믿고 빌려줄 수 있다.

## 5, 9

안식년 규정과 관련하여 여성들이 요리 도구를 빌려줄 수 있는지의 여부에 대해 논의한다.

---

מַשְׁאֶלֶת אִשָּׁה לַחֲבֶרְתָּהּ הַחֲשׁוּדָה עַל הַשְּׁבִיעִית נָפָה וּכְבָרָה וְרֵחַיִם וְתַנּוּר. אֲבָל לֹא תָבוֹר וְלֹא תִטְחַן עִמָּהּ. אֵשֶׁת חָבֵר מַשְׁאֶלֶת לְאֵשֶׁת עַם הָאָרֶץ נָפָה וּכְבָרָה, וּבוֹרֶרֶת וְטוֹחֶנֶת וּמַרְקֶדֶת עִמָּהּ. אֲבָל מִשֶּׁתַּטִּיל הַמַּיִם, לֹא תִגַּע אֶצְלָהּ, שֶׁאֵין מַחֲזִיקִין יְדֵי עוֹבְרֵי עֲבֵרָה. וְכֻלָּן לֹא אָמְרוּ אֶלָּא מִפְּנֵי דַרְכֵי שָׁלוֹם. וּמַחֲזִיקִין יְדֵי נָכְרִים בַּשְּׁבִיעִית, אֲבָל לֹא יְדֵי יִשְׂרָאֵל. וְשׁוֹאֲלִין בִּשְׁלוֹמָן, מִפְּנֵי דַרְכֵי שָׁלוֹם:

---

여자는 안식년 규정을 어기는 것으로 의심되는 〔이웃〕 여자에게 작은 체, 큰 체, 손절구, 화덕을 빌려줄 수 있다. 그러나 그 여자는 자신이 체로 치거나 갈아서는 안 된다.

동료의 아내는 암 하아레쯔의 아내에게 작은 체나 큰 체를 빌려줄 수 있다. 그 여자는 체로 치거나 갈거나 정제할 수 있다. 그러나 물을 붓는 순간 그것과 접촉해서는 안 된다. 규정을 어기는 자를 도와주어서는 안 되기 때문이다.

이 모든 것은 오직 평화의 길을 위해 〔허용한 것이다〕.

이방인은 안식년에 도움을 받을 수 있지만 유대인은 안 된다. 평화의 길을 〔지키기 위해서 이방인들과〕 평안의 인사말을 주고받을 수 있다.

---

- 여성들의 경우 안식년의 열매를 취하여 요리하고 가족들에게 먹일 수 있지만, 그 열매가 자연스럽게 달려 있는 기간이 지나면 더 이상 안식년의 열매를 집에 보관할 수 없으며 모두 폐기해야 한다. 이 미쉬나에서 체나 절구나 화덕은 정해진 기간에 올바른 용도로 쓸 수도 있지만, 금지된 기간에 사용할 가능성도 있어서 의심을 불러일으킨

다. 그러나 빌려가는 사람의 판단을 믿고 빌려줄 수 있다.

- 의심스러운 상황에서 상대방의 의도를 모를 때 도구를 빌려줄 수는 있지만, 함께 가서 그 작업에 동참하는 것은 금지된다. 의심스러운 상황에서 타인에게는 관대하게 그러나 본인에게는 엄정하게 규정을 적용한다.

- 십일조나 정결법을 철저하게 지키는 동료(חבר, 하베르)와 결혼한 여성은 이런 법을 잘 모르거나 지키지 않을 가능성이 높은 암 하아레쯔(עם הארץ)와 결혼한 여성에게 체를 빌려줄 수 있다. 그러나 암 하아레쯔나 그의 아내도 십일조는 내야 한다는 것을 알고 있기 때문에, 함께 가서 작업에 참여하는 것을 허용한다. 그러나 암 하아레쯔는 정결법을 지키지 않는다. 그러므로 암 하아레쯔의 아내가 음식에 물을 부어서 부정해질 수 있도록 준비과정을 시행한 이후부터는 그 음식과 접촉하면 안 된다. 특히 곡식 가루에 물을 부어 반죽할 경우 그 일부를 떼어 제사장에게 주어야 하는데 암 하아레쯔의 아내는 반죽 전체를 부정하게 만들 수 있다. 그러므로 성물을 파괴하는 일에 동참하는 것은 금지되어 있다.

- 위에서 의심스러운 경우에 관대하게 처분하라는 말은 법규정을 지키는 자와 지키지 않는 자들 사이에 평화를 유지하기 위한 방편이다.

- 안식년 관련법은 유대인에게만 적용한다. 그러므로 안식년에 일하는 이방인에게 행운을 빌 수는 있지만 유대인을 도울 수는 없다. 그리고 유대인들이 이방인들과 평화롭게 살아가기 위하여 언제든지 평화를 비는 인사를 할 수 있다.

## 제6장

### 6, 1

안식년에 자라는 열매와 관련해서 이스라엘 땅의 경계가 어디까지
인지 설명한다.

---

שָׁלֹשׁ אֲרָצוֹת לַשְּׁבִיעִית. כָּל שֶׁהֶחֱזִיקוּ עוֹלֵי בָבֶל, מֵאֶרֶץ יִשְׂרָאֵל וְעַד כְּזִיב,
לֹא נֶאֱכָל וְלֹא נֶעֱבָד. וְכָל שֶׁהֶחֱזִיקוּ עוֹלֵי מִצְרַיִם, מִכְּזִיב וְעַד הַנָּהָר וְעַד
אֲמָנָה, נֶאֱכָל, אֲבָל לֹא נֶעֱבָד. מִן הַנָּהָר וּמֵאֲמָנָה וְלִפְנִים, נֶאֱכָל וְנֶעֱבָד:

---

안식년 규정과 관련하여 [이스라엘 땅은] 세 구역으로 나눌 수 있
다. 바벨에서 올라온 이들이 [차지한 땅, 곧] 이스라엘 땅에서 [북쪽
의] 크지브[14)]까지 [안식년의 농작물은] 먹을 수도 없고 경작할 수도
없다. 이집트에서 올라온 이들이 차지한 땅, [곧] 크지브에서 강[15)]과
아마나[16)]까지 [안식년의 농작물은] 먹을 수 있지만 경작할 수는 없
다. 강에서 아마나 안쪽에서는 먹을 수도 있고 경작할 수도 있다.

- 안식년 관련법은 이스라엘 사람들이 사는 땅에 적용된다. 바벨에서
  올라온 자들이 차지한 땅은 남쪽의 이스라엘 땅부터 크지브까지이
  며 안식년에 이 땅에서 나오는 농산물은 마음대로 먹을 수 없고 안
  식년 관련법에 따라 먹어야 하며(자연스럽게 열린 농산물을 거두어
  먹되 보관할 수 없고, 자연스럽게 들에 열리는 기간이 지나면 폐기
  해야 함), 농사를 지을 수도 없다.

---

14) 크지브는 「드마이」 1, 3의 각주를 참조하라.
15) 여기서 말하는 강은 북쪽에서 남쪽으로 흐르다가 지중해로 연결되는 카스미
    강을 가리키는 것으로 보인다.
16) 아마나는 헤르몬과 연결된 아마나산을 말하는 것으로 보인다(아 4:8).

- 예호슈아와 함께 이집트에서 올라온 자들이 점령한 땅은 크지브부터 강과 아마나까지이다. 히브리 성서에서 정관사를 붙여서 '그 강'이라고 부르면 유프라테스강을 가리키는데 미쉬나도 같은 어법을 사용하는지 확신할 수 없다. 만약 아마나가 현대의 레바논 지역에 있는 산을 가리키고(왕하 5:12), 강과 아마나가 비슷한 지역을 가리킨다면 이 강은 아마나산에서 발원하여 다마스커스로 흐르는 카스미강을 가리킨다고 볼 수 있다. 이 지역에서 생산된 농산물은 안식년 관련법과 상관없이 먹을 수 있지만 경작할 수는 없다.
- 강과 아마나로부터 안쪽 즉 동쪽에 있는 땅[17]에서 생산된 농산물을 안식년 관련법과 상관없이 먹을 수 있으며 농지를 경작할 수도 있다. 다시 말해서 이 지역은 안식년 관련법을 적용하지 않으며 이스라엘 사람들이 사는 땅으로 여기지 않는다.

### 6, 2

쑤리아 땅에 관한 규정을 소개한다.

---

עוֹשִׂין בְּתָלוּשׁ בְּסוּרְיָא, אֲבָל לֹא בִמְחֻבָּר. דָּשִׁים וְזוֹרִין וְדוֹרְכִין וּמְעַמְּרִין, אֲבָל לֹא קוֹצְרִין וְלֹא בוֹצְרִין וְלֹא מוֹסְקִים. כְּלָל אָמַר רַבִּי עֲקִיבָא, כָּל שֶׁכַּיּוֹצֵא בוֹ מֻתָּר בְּאֶרֶץ יִשְׂרָאֵל, עוֹשִׂין אוֹתוֹ בְּסוּרְיָא:

---

쑤리아에서는 [땅에서] 분리된 [농작물을 다루는] 일을 할 수 있으나 [땅에] 붙어 있는 [농작물을 다루는] 일을 할 수 없다. 타작과 키질과 [포도를] 밟을 수 있고 곡식단으로 [곡식을] 가져갈 수 있으나, 추수할 수 없고 포도나 올리브 열매를 딸 수도 없다. 아키바 랍비가 이렇게 규정을 말한다. 이스라엘 땅에서 허용된 일은 쑤리아에서도 허

---

17) 알벡은 아마나 산맥과 바다 사이에 있는 지역이라고 해석하고, 두로와 시돈 지방이라고 설명한다.

용된다.

- 예호슈아가 점령하지 못했으나 다윗 왕이 정복한 땅을 '쑤리아' (סוריא)라고 부른다(현대 국가 시리아와 같은 이름이지만 다른 개념이다). 그리고 이 땅은 어떤 규정과 관련해서는 이스라엘 땅이고 다른 규정과 관련해서는 이스라엘 땅이 아닌 중간적인 지위를 가진다. 이 미쉬나는 안식년에 쑤리아에서 시행할 수 있는 노동에 관해 논하고 있는데 밭주인이 자기 밭에서 자연스럽게 자란 농산물을 주인 없는 것으로 선포하지 않았을 때 그 밭에서 일하는 것을 금지한 전통과 관련된다(레 25:5).
- 쑤리아에서 허용된 노동은 이미 땅에서 뽑아 수확이 끝난 농작물과 관련된 것이니 타작과 키질, 포도 밟기, 곡식 옮기기 등이다. 그러나 곡식이나 열매를 추수하는 것은 금지한다. 이런 규정의 이면에는 이스라엘 사람들이 이스라엘 땅을 버리고 쑤리아로 이주하는 것을 막으려는 의도가 깔려 있으나, 생계가 어려워서 쑤리아에 가서 일용노동자로 일하는 것을 막지는 않는 배려도 발견된다.
- 아키바 랍비는 반대의견을 제시하면서 안식년 관련법 적용과 관련해서 이스라엘 땅과 쑤리아가 다르지 않다고 주장한다.

6, 3

제6년에 추수했으나 제7년이 될 때까지 땅속에 묻어 두었던 경우에 관해 논의한다.

---

בְּצָלִים שֶׁיָּרְדוּ עֲלֵיהֶם גְּשָׁמִים וְצִמְחוּ, אִם הָיוּ הֶעָלִין שֶׁלָּהֶם שְׁחוֹרִין, אֲסוּרִין. הוֹרִיקוּ, הֲרֵי אֵלּוּ מֻתָּרִין. רַבִּי חֲנִינָא בֶן אַנְטִיגְנוֹס אוֹמֵר, אִם יְכוֹלִין לְהִתָּלֵשׁ בֶּעָלִין שֶׁלָּהֶן, אֲסוּרִין. וּכְנֶגֶד כֵּן, מוֹצָאֵי שְׁבִיעִית, מֻתָּרִין:

---

비가 내려 싹이 난 양파가 잎이 검게 되었다면 〔그 양파는〕금지된다. 잎이 녹색이 되었다면 허용된다. 하니나 벤 안티그노스 랍비는 말한다. 잎을 〔잡고 양파를〕 뽑을 수 있다면 금지된다. 이와 반대로 안식년이 지난 후 〔8년째 해에는〕 그러한 〔양파도〕 허용된다.

- 안식년에 땅속에 묻어 보관하던 양파에서 검은색 곧 짙은 녹색으로 싹이 나기 시작했다면 이 양파는 안식년의 열매이며 안식년 관련법을 적용한다. 그 싹이 녹색 곧 누르스름한 녹색이고 시들어 있다면 이 양파는 안식년의 열매가 아니며 관련법을 적용하지 않는다. 하니나 랍비는 다른 기준을 제시하는데 양파에서 돋아 나온 싹이 튼튼하여 그것을 잡고 양파를 뽑을 수 있다면 그 양파가 안식년의 열매라고 주장한다.
- 같은 원리를 안식년에 땅에 묻혀 있었고 제8년에 싹이 난 경우에도 적용할 수 있으니 싹이 튼튼하여 그것을 잡고 양파를 뽑을 수 있다면 그 양파는 제8년의 양파이며 안식년의 열매가 아니다.

### 6, 4

제8년에 농산물을 구입할 때 안식년의 열매가 아니라고 믿을 수 있는지 여부를 설명한다.

---

מֵאֵימָתַי מֻתָּר אָדָם לִקַּח יָרָק בְּמוֹצָאֵי שְׁבִיעִית, מִשֶּׁיַּעֲשֶׂה כַיּוֹצֵא בוֹ. עָשָׂה
הַבְּכִיר, הֻתַּר הָאָפִיל. רַבִּי הִתִּיר לִקַּח יָרָק בְּמוֹצָאֵי שְׁבִיעִית מִיָּד:

---

안식년이 끝난 후 〔제8년에는〕 언제부터 채소를 구입할 수 있는가? 동일한 종류의 〔농작물이〕 자랄 때가 지난 〔다음부터〕이다. 만물을 거둔 이후에는 〔동일한 동작물을〕 나중에 생산하는 곳에서도 〔구입이〕 허용된다. 랍비는 안식년이 끝난 직후 야채 구입을 허용한다.

- 안식년이 끝나고 제8년째 해가 되었을 때 안식년의 열매를 구입하지 않는 가장 좋은 방법은 본인이 구입하려는 농작물이 자라서 수확할 시기가 지난 다음에 구입하면 된다.
- 같은 농작물이라고 하더라도 지역에 따라 빨리 자라는 곳이 있고 늦게 자라는 곳이 있다. 그러므로 늦게 자라는 곳에 거주하는 사람은 빨리 자라는 곳에서 자란 농산물을 제 시기보다 조금 일찍 구입해도 무방하다.
- 랍비, 즉 예후다 한나씨 랍비는 안식년이 끝나자마자 채소를 구입해도 무방하다고 허락했다. 그는 채소가 빨리 자라기 때문에 시간이 조금만 흘러도 수확할 수 있다고 생각했거나, 채소는 이스라엘 땅 외부에서 수입하는 경우가 있기 때문에 그렇게 허락한 것으로 보인다.

## 6, 5
안식년에 농산물을 폐기하는 방법에 관해 설명한다.

---

אֵין מוֹצִיאִין שֶׁמֶן שְׂרֵפָה וּפֵרוֹת שְׁבִיעִית מֵהָאָרֶץ לְחוּץ לָאָרֶץ. אָמַר רַבִּי
שִׁמְעוֹן, שָׁמַעְתִּי בְּפֵרוּשׁ, שֶׁמוֹצִיאִין לְסוּרְיָא וְאֵין מוֹצִיאִין לְחוּץ לָאָרֶץ:

---

〔거제로〕 태웠어야 할 기름과 안식년의 열매는 〔이스라엘〕 땅에서 다른 나라로 가져갈 수 없다. 쉼온 랍비는 말한다. 쑤리아로 가져갈 수는 있지만 다른 나라로는 가져갈 수 없다는 것을 분명히 들었다.

- 거제로 드린 올리브기름이 부정해지면 성전에서 태울 수 없고 폐기해야 하며 안식년에 열린 열매이지만 들에서 보존되는 기간이 지나면 더 이상 보관할 수 없고 폐기해야 한다(「슈비잇」 제7장). 이러한 물품들은 외국으로 반출하여 사용하는 것이 금지되어 있으며 이스라엘 땅 안에서 폐기해야 한다.

- 쉼온 랍비가 반대하며 이런 물품들을 중간적인 지위를 가진 쑤리아
  로 가져가서 폐기하는 것은 허용된다고 주장한다(둘째 미쉬나).

## 6, 6
거제를 이스라엘 땅 바깥에서 수입하는 문제를 다룬다.

---

אֵין מְבִיאִין תְּרוּמָה מֵחוּצָה לָאָרֶץ לָאָרֶץ. אָמַר רַבִּי שִׁמְעוֹן, שָׁמַעְתִּי בְּפֵרוּשׁ, שֶׁמְּבִיאִין מִסּוּרְיָא וְאֵין מְבִיאִין מֵחוּצָה לָאָרֶץ:

---

거제를 이스라엘 땅 밖에서 이스라엘로 수입해서는 안 된다. 쉼온
랍비는 말한다. 쑤리아에서 가져올 수는 있지만 다른 나라에서는 안
된다는 것을 분명히 들었다.

- 제사장에게 바칠 거제를 이스라엘 땅 바깥에서 수입해서는 안 된다
  고 했으니 랍비들은 이스라엘 사람들이 이스라엘 땅을 떠나서 외국
  에 거주하는 것을 막으려고 노력한 듯 보인다.
- 쉼온 랍비는 이에 반대하며 이런 물품들을 중간적인 지위를 가진 쑤
  리아에서 수입하는 것은 허용된다고 주장한다(둘째 미쉬나).

## 제7장

## 7, 1
안식년 관련법을 전부 적용하는 농산물이 어떤 것인지 설명한다.

---

כְּלָל גָּדוֹל אָמְרוּ בַשְּׁבִיעִית, כָּל שֶׁהוּא מַאֲכַל אָדָם וּמַאֲכַל בְּהֵמָה, וּמִמִּין הַצּוֹבְעִים, וְאֵינוֹ מִתְקַיֵּם בָּאָרֶץ, יֶשׁ לוֹ שְׁבִיעִית וּלְדָמָיו שְׁבִיעִית, יֶשׁ לוֹ

---

בְּעוּר וּלְדָמָיו בְּעוּר. וְאֵיזֶה זֶה, עֲלֵה הַלּוּף הַשּׁוֹטֶה, וַעֲלֵה הַדַּנְדָּנָה, הָעֻלְשִׁין,
וְהַכְּרֵשִׁין, וְהָרְגִילָה, וְנֵץ הֶחָלָב. וּמַאֲכַל בְּהֵמָה, הַחוֹחִים וְהַדַּרְדָּרִים. וּמִמִּין
הַצּוֹבְעִים, סְפִיחֵי אִסְטִיס, וְקוֹצָה. יֵשׁ לָהֶם שְׁבִיעִית וְלִדְמֵיהֶן שְׁבִיעִית, יֵשׁ
לָהֶם בְּעוּר וְלִדְמֵיהֶן בְּעוּר:

---

안식년과 관련된 중요한 규정이 있다. 사람의 음식이나 짐승의 먹이고, 염색을 위해 사용하지만, [수확한 뒤] 땅에서 자라지 않는다면 안식년 규정은 그것이나 [그것을 판] 값에 모두 적용된다. 폐기하는 규정도 그것이나 [그것을 판] 값에 모두 적용된다.

[사람의 음식은] 어떤 [식물들]인가? 아룸 잎, 민트 잎, 치커리, 부추, 쇠비름, 유액 분비 식물이다. 짐승의 먹이로는 어떤 [식물들]인가? 가시와 엉겅퀴이다. 염색을 위한 식물은 무엇인가? 대청의 둘째 싹과 홍화씨이다. 안식년 규정은 그것과 [그것을 판] 값에 모두 적용된다. 폐기하는 규정도 그것들과 [그것을 판] 값에 모두 적용된다.

- 안식년 관련법을 적용하는 농산물은 크게 두 가지 기준으로 판단한다. 첫째, 사람이나 짐승의 먹이로 사용하거나 염색할 때 사용하는 것이다. 둘째, 수확한 뒤 땅에 그냥 두면 썩고 자라지 않는 것이다. 이 두 가지 조건에 맞는 농산물은 첫째, 안식년에 자신이 먹기 위해서 거두어 보관이 가능하지만, 그 열매가 더 이상 자연스럽게 들에 있는 기간이 지나면 보관하던 것도 모두 폐기해야 한다(신 26:13). 둘째, 이런 농산물을 먹고 마시고 기름처럼 바르는 데 사용할 수 있지만, 그 외의 용도로 사용할 수 없다. 안식년의 열매를 팔아서 얻은 돈도 사용기간과 용도에 관한 두 가지 규칙에 따라 사용한다.
- 미쉬나 후반부에는 실제 농산물들을 예로 들고 있으며 같은 규정을 반복해서 선포하고 있다.

## 7, 2

첫째 미쉬나에서 제시한 두 가지 조건에 모두 맞지 않는 경우를 논의한다.

---

וְעוֹד כְּלָל אַחֵר אָמְרוּ, כָּל שֶׁאֵינוֹ מַאֲכַל אָדָם וּמַאֲכַל בְּהֵמָה, וּמִמִּין הַצּוֹבְעִין, וּמִתְקַיֵּם בָּאָרֶץ, יֵשׁ לוֹ שְׁבִיעִית וְלִדְמָיו שְׁבִיעִית, אֵין לוֹ בִעוּר וְאֵין לְדָמָיו בִעוּר. אֵי זֶהוּ, עִקַּר הַלּוּף הַשּׁוֹטֶה, וְעִקַּר הַדַּנְדְּנָה, וְהָעִרְקַבְּנִין, וְהַחַלְבְּצִין, וְהַבֻּכְרְיָה. וּמִמִּין הַצּוֹבְעִין, הַפּוּאָה וְהָרַכְפָּא, יֵשׁ לָהֶם שְׁבִיעִית וְלִדְמֵיהֶן שְׁבִיעִית, אֵין לָהֶם בִעוּר וְלֹא לִדְמֵיהֶן בִעוּר. רַבִּי מֵאִיר אוֹמֵר, דְּמֵיהֶם מִתְבַּעֲרִין עַד רֹאשׁ הַשָּׁנָה. אָמְרוּ לוֹ, לָהֶן אֵין בִעוּר, קַל וָחֹמֶר לִדְמֵיהֶן:

---

〔안식년과 관련된〕 또 다른 규정이 있다. 사람의 음식이나 짐승의 먹이나 염색을 위해 사용하는 식물이 아니고,[18] 〔수확한 뒤〕 땅에서 자라는 것이라면 안식년 규정은 그것이나 〔그것을 판〕 값에 모두 적용된다. 그러나 폐기하는 규정은 그것이나 〔그것을 판〕 값에 모두 적용되지 않는다.

그것은 어떤 〔식물들〕인가? 아룸 뿌리, 민트 뿌리, 수사슴 혀, 유액 분비 식물과 구족도리풀 뿌리이다. 염색을 위한 식물은 무엇인가? 꼭두서니와 족두리꽃이다. 안식년 규정은 그것이나 〔그것을 판〕 값에 모두 적용된다. 그러나 폐기하는 규정은 그것이나 〔그것을 판〕 값에 모두 적용되지 않는다.

메이르 랍비는 말한다. 〔그것을 판〕 값은 로쉬 하샤나까지 폐기한다. 랍비들은 말한다. 폐기하는 규정은 그러한 식물에는 적용되지 않으니 〔논리에 따라 그것을 판〕 값에도 〔적용하지 않는다〕.

---

18) 사본에 따라 이 첫째 조건이 적용된다고 하는 문장과 적용되지 않는다고 하는 문장이 있다. 다시 말하면 둘째 미쉬나는 첫째 미쉬나에서 제시한 두 가지 조건 중 둘째만 적용되지 않는 것이거나 아니면 둘 다 적용되지 않는 경우를 논의한다.

- 첫째 미쉬나에서 제시한 조건에 맞지 않는 농산물은 안식년 관련법을 적용하지만 폐기하는 규정은 적용하지 않는다. 농작물이 수확한 뒤에 땅에 놓아두어도 썩지 않고 계속해서 들에 있을 수 있으므로 특정한 기간이 지나서 집에 보관했던 것을 폐기할 이유도 없다.
- 이런 경우에 해당하는 농작물들을 실례를 들어 설명하고, 규정을 반복해서 확인했다.
- 메이르 랍비는 이러한 농산물을 집에서 제거할 필요가 없다고 하더라도, 그것을 팔고 받은 값은 제8년 첫날까지 폐기해야 한다고 주장한다. 이 돈이 거룩한 것임을 잊고 잘못 사용할 수 있기 때문이다. 그러나 다른 랍비들은 농산물을 제거할 필요가 없으므로 그것을 판 값도 폐기할 필요가 없다고 주장한다.

## 7, 3

안식년의 열매를 모아서 먹는 경우와 파는 경우를 설명한다.

---

קְלִפֵּי רִמּוֹן וְהַנֵּץ שֶׁלּוֹ, קְלִפֵּי אֱגוֹזִים וְהַגַּלְעִינִין, יֵשׁ לָהֶם שְׁבִיעִית וְלִדְמֵיהֶן
שְׁבִיעִית. הַצַּבָּע, צוֹבֵעַ לְעַצְמוֹ, וְלֹא יִצְבַּע בְּשָׂכָר, שֶׁאֵין עוֹשִׂין סְחוֹרָה
בְּפֵרוֹת שְׁבִיעִית, וְלֹא בִבְכוֹרוֹת, וְלֹא בִתְרוּמוֹת, וְלֹא בִנְבֵלוֹת, וְלֹא בִטְרֵפוֹת,
וְלֹא בִשְׁקָצִים, וְלֹא בִרְמָשִׂים. וְלֹא יִהְיֶה לוֹקֵחַ יַרְקוֹת שָׂדֶה וּמוֹכֵר בַּשּׁוּק,
אֲבָל הוּא לוֹקֵט וּבְנוֹ מוֹכֵר עַל יָדוֹ. לָקַח לְעַצְמוֹ וְהוֹתִיר, מֻתָּר לְמָכְרָן:

---

안식년 규정은 석류 껍질과 꽃, 견과류 껍질과 알맹이와 [그것을 판] 값에 적용된다. 염색하는 이는 자신을 위해 염색할 수는 있지만 급여를 받고 염색해서는 안 된다. 안식년 생산물, 첫 태생, 거제물, 죽은 채 발견된 것들, 찢겨 죽은 것들, 혐오스러운 것들, 기는 것들로 거래해서는 안 되기 때문이다.

밭에서 [자란] 채소를 사서도 안 되고 시장에서 팔아서도 안 된다.

그러나 자신이 가져간 것을 아들이 [가족의 필요를 위해] 팔 수는 있다. 자신을 위해 가져 온 것 중 남은 것은 팔 수 있다.

- 석류 껍질이나 꽃, 견과류 껍질과 알맹이는 일반적으로 음식으로 분류하지 않지만, 열매의 일부이기 때문에 안식년 관련법을 적용한다. 이러한 물품들을 이용해서 염색을 하더라도 자기가 쓰기 위해서 하는 것은 허용하고 급여를 받고 하는 것은 금지된다.
- 이렇게 안식년의 열매처럼 거래 대상으로 팔고 살 수 없는 것들은 제사장에게 주는 첫 태생 가축, 제사장에게 주는 거제물, 죽은 채 발견된 것(혹은 곧 죽을 것), 찢겨 죽은 것(혹은 부적절한 방법으로 도살한 것), 혐오스러운 것, 기는 것들이다.
- 안식년에 밭에서 자연스럽게 자란 채소를 팔고 살 수 없다는 것이 원칙이다. 그러나 자신이 모아온 것을 먹고 남은 것을 파는 것은 허용된다. 이러한 관대한 허용은 본인이 아니라 자식을 시키든지, 의도적으로 많이 모으지 않았는데 남았다는 상황을 인정한 것으로 보인다.

## 7, 4
거래가 금지된 물품을 팔고 살 수 있는 예외적인 상황을 설명한다.

לָקַח בְּכוֹר לְמִשְׁתֵּה בְּנוֹ אוֹ לְרֶגֶל וְלֹא צָרִיךְ לוֹ, מֻתָּר לְמָכְרוֹ. צָדֵי חַיָּה עוֹפוֹת
וְדָגִים שֶׁנִּזְדַּמְּנוּ לָהֶם מִינִים טְמֵאִין, מֻתָּרִים לְמָכְרָן. רַבִּי יְהוּדָה אוֹמֵר, אַף
מִי שֶׁנִּתְמַנָּה לוֹ לְפִי דַרְכּוֹ, לוֹקֵחַ וּמוֹכֵר, וּבִלְבַד שֶׁלֹּא תְהֵא אֻמָּנוּתוֹ בְּכָךְ.
וַחֲכָמִים אוֹסְרִין:

아들의 결혼예식이나 명절을 위해 첫 태생인 [가축을] 샀지만 그것이 필요 없게 된 경우, 그것을 팔 수 있다. 짐승이나 새나 물고기를 잡는 사냥꾼이 부정한 동물을 획득할 경우, 그것을 팔 수 있다. 예후다 랍비는 말한다. 그러한 것을 우연히 획득할 경우에, 그것이 그의 직업이 아니라면 그것을 사거나 팔 수 있다. 그러나 랍비들은 금지한다.

- 첫 태생인 가축이 흠이 있으면 이것을 팔아서 다른 가축을 대신 바쳐야 한다. 어떤 사람이 이런 흠 있는 첫 태생 가축을 샀다가 필요 없게 되었다면 이것을 팔 수 있다. 첫 태생을 거래하려는 것이 목적이 아니라 손해를 막으려는 것이기 때문이다.
- 덫을 놓아 짐승이나 새나 물고기를 잡는 자가 의도와 달리 부정한 것을 잡았다면 이것을 이방인에게 팔 수 있다.
- 예후다 랍비는 어떤 사람이 우연히 부정한 동물을 잡았으면 이것을 팔 수 있다고 관대하게 결정한다. 다만 이런 부정한 동물을 잡아 파는 것을 직업으로 삼으면 안 된다고 조건을 단다. 그러나 다른 랍비들은 반대한다.

## 7, 5
나무의 어린 가지들도 안식년 관련법을 적용하는지 설명한다.

---

לוּלְבֵי זְרָדִים וְהֶחָרוּבִין, יֵשׁ לָהֶם שְׁבִיעִית וְלִדְמֵיהֶן שְׁבִיעִית, יֵשׁ לָהֶן בְּעוּר וְלִדְמֵיהֶן בְּעוּר. לוּלְבֵי הָאֵלָה וְהַבָּטְנָה וְהָאֲטָדִין, יֵשׁ לָהֶם שְׁבִיעִית, וְלִדְמֵיהֶן שְׁבִיעִית, אֵין לָהֶם בְּעוּר וְלֹא לִדְמֵיהֶן בְּעוּר. אֲבָל לֶעָלִין יֵשׁ בְּעוּר, מִפְּנֵי שֶׁנּוֹשְׁרִין מֵאֲבִיהֶן:

---

안식년 규정은 마가목과 캐럽나무 가지들과 〔그것을 판〕 값에 적용한다. 폐기하는 규정도 그것들과 〔그것을 판〕 값에 적용한다. 안식년 규정은 테레빈나무와 피스타치오나무와 산사나무 가지들과 〔그것을 판〕 값에 적용한다. 그러나 폐기하는 규정은 그것들과 〔그것을 판〕 값

에 적용되지 않는다. 하지만 그 잎들에는 적용된다. 줄기에서 떨어지기 때문이다.

- 마가목과 캐럽나무의 어린 가지들은 먹을 수 있고 땅에 놓아두면 썩기 때문에 안식년 관련법을 모두 적용한다(첫째 미쉬나). 그러나 테레빈나무와 피스타치오나무와 산사나무 가지들은 먹을 수 있지만 땅에 놓아두면 썩지 않고 자란다. 그러므로 안식년 관련법을 적용하지만 폐기하는 규정은 적용하지 않는다(둘째 미쉬나). 이런 나무들의 잎은 줄기에서 떨어지고 땅에서 썩기 때문에 폐기하는 규정도 적용한다.

### 7, 6

안식년 규정에 장미, 헤나, 발삼이 적용되는지의 여부를 논의한다.

---

הַוֶּרֶד וְהַכֹּפֶר וְהַקְּטָף וְהַלֹּטֶם, יֶשׁ לָהֶם שְׁבִיעִית וְלִדְמֵיהֶן שְׁבִיעִית. רַבִּי
שִׁמְעוֹן אוֹמֵר, אֵין לַקְּטָף שְׁבִיעִית, מִפְּנֵי שֶׁאֵינוֹ פְּרִי:

---

안식년 규정은 장미, 헤나, 발삼에 적용되며 [그것을 판] 값에도 적용된다. 쉼온 랍비는 말한다. 발삼에는 적용되지 않는다. 열매가 아니기 때문이다.

- 이 미쉬나가 다루는 식물들은 주로 향수를 만드는 데 사용한다. 기름처럼 몸에 바르는 것은 안식년 열매를 사용하는 적절한 용도로 간주되며 안식년 규정을 적용한다. 쉼온 랍비는 반대의견을 제시하는데 발삼은 열매가 아니고 나무이기 때문에 이 범주에 속하지 않는다고 주장한다.

안식년의 열매와 다른 열매가 섞였을 때 폐기하는 규정을 적용하는
문제를 다룬다.

---

וֶרֶד חָדָשׁ שֶׁכְּבָשׁוֹ בְּשֶׁמֶן יָשָׁן, יְלַקֵּט אֶת הַוֶּרֶד. וְיָשָׁן בֶּחָדָשׁ, חַיָּב בַּבִּעוּר.
חָרוּבִין חֲדָשִׁים שֶׁכְּבָשָׁן בְּיַיִן יָשָׁן, וִישָׁנִים בֶּחָדָשׁ, חַיָּבִין בַּבִּעוּר. זֶה הַכְּלָל,
כֹּל שֶׁהוּא בְנוֹתֵן טַעַם, חַיָּב לְבַעֵר, מִין בְּשֶׁאֵינוֹ מִינוֹ. וּמִין בְּמִינוֹ, כֹּל שֶׁהוּא.
שְׁבִיעִית אוֹסֶרֶת כָּל שֶׁהוּא בְּמִינָהּ, וְשֶׁלֹּא בְמִינָהּ, בְּנוֹתֵן טַעַם:

---

[안식년의] 새로운 장미를 오래된 기름에 절인 경우, 그 장미를 없
앨 수 있다. 오래된 [장미를] 신선한 기름에 [절인 경우] 폐기하는 규
정을 [지킬] 의무가 있다. 새로운 캐럽콩을 오래된 포도주에 절이거
나 오래된 [캐럽콩을] 새 [포도주에] 절인 경우, 폐기하는 규정을 [지
킬] 의무가 있다. 일반적인 규칙은 이러하다. 하나가 다른 종류의 것
과 [섞여 있는데] 그것이 충분히 맛을 내는 경우, 폐기하는 규정을
[지킬] 의무가 있다. 그러나 같은 종류의 것과 섞여 있는 경우에는 언
제나 [폐기하는 규정에 적용된다]. 안식년의 열매가 같은 종류의 [농
산물과] 섞여 있을 때 언제나 그것을 금지된 것으로 만든다. 그러나
다른 종류의 [농산물과] 섞여 있을 때는 충분히 맛을 내는 경우에만
[금지된 것이 된다].

● 안식년에 자란 장미를 제6년에 짠 올리브기름에 절인 경우, 장미를
   기름에서 꺼내어 폐기하는 기간에 없앤다. 그리고 남은 기름은 계속
   사용할 수 있으니 장미가 기름에 어떤 맛을 내지는 않기 때문이다.
   제6년에 딴 장미를 안식년에 짠 기름에 절인 경우, 말린 장미는 기름
   에 맛을 내게 하는 것으로 보고 폐기하는 기간에 기름까지 폐기해야
   한다고 주장한다. 캐럽콩은 어떤 상태이든 포도주에 절였을 때 맛을

내기 때문에 폐기하는 규정을 적용한다.

- 원칙은 맛을 내는 여부와 같은 종류의 식물인지를 기준으로 적용한
다. 같은 종류가 아니라면 맛을 내는 경우에 폐기하는 규정을 적용
한다. 같은 종류라면 맛을 내는지 여부와 상관없이 언제나 폐기하는
규정을 적용한다.

## 제8장

### 8, 1
안식년의 열매를 의료용으로 사용하는 방법을 설명한다.

כְּלָל גָּדוֹל אָמְרוּ בַשְּׁבִיעִית, כָּל הַמְיֻחָד לְמַאֲכָל אָדָם, אֵין עוֹשִׂין מִמֶּנּוּ
מְלוּגְמָא לְאָדָם, וְאֵין צָרִיךְ לוֹמַר לַבְּהֵמָה. וְכָל שֶׁאֵינוֹ מְיֻחָד לְמַאֲכָל אָדָם,
עוֹשִׂין מִמֶּנּוּ מְלוּגְמָא לְאָדָם, אֲבָל לֹא לַבְּהֵמָה. וְכָל שֶׁאֵינוֹ מְיֻחָד לֹא לְמַאֲכָל
אָדָם וְלֹא לְמַאֲכָל בְּהֵמָה, חָשַׁב עָלָיו לְמַאֲכָל אָדָם וּלְמַאֲכָל בְּהֵמָה, נוֹתְנִין
עָלָיו חֻמְרֵי אָדָם וְחֻמְרֵי בְהֵמָה. חָשַׁב עָלָיו לְעֵצִים, הֲרֵי הוּא כְעֵצִים, כְּגוֹן
הַסִּיאָה וְהָאֵזוֹב וְהַקּוֹרָנִית:

안식년에 관한 중요한 보편 규정은 다음과 같다. 사람의 음식으로
쓰는 식물은 무엇이든지 간에 사람을 위한 찜질제로 만들어서는 안
된다. 가축을 위한 [찜질제로 만들 수 없다는 것은] 말할 필요도 없다.
사람의 음식으로 쓰지 않는 식물은 무엇이든지 간에 사람을 위한 찜
질제로 만들 수는 있으나, 가축을 위한 [찜질제로 만들 수] 없다.

사람의 음식이나 가축의 먹이로 쓰는 식물이 아니지만, 사람의 음
식이나 가축의 먹이로 사용할 의도를 갖고 있다면 사람이나 가축에게
보다 엄격한 [규정을] 적용해야 한다. 그것들을 나무로 [사용할] 의도
라면 그렇게 취급되어야 하며 [안식년 규정을 지키지 않아도 된다].

예를 들어 세이버리, 마조람, 백리향 등의 식물이다.

- 안식년의 열매는 관례에 따라 먹거나 마시거나 기름처럼 바르는 용
  도로 사용할 수 있으며 먹는 것을 바르거나 바르는 것을 먹을 수 없
  다(둘째 미쉬나). 그러므로 사람이 먹는 식물을 사람이나 가축의 몸
  에 붙이는 찜질제로 만들어 치료할 수 없다. 사람이 먹지 않고 가축
  에게 먹이는 식물이라면 사람의 몸에 붙이는 찜질제로 만들 수 있으
  나 가축을 위한 찜질제로 만들 수 없는 것이다.
- 사람도 가축도 먹지 않는 것이 관례이지만, 어떤 이유로 사람이나
  가축의 먹이로 쓸 계획을 세웠을 때 이것을 사람을 위한 찜질제를
  만드는 데 사용할 수 있다. 그렇다면 엄격한 규정이란 무슨 뜻인가?
  예루살렘 탈무드는 부적절한 식물을 가축에게 먹이로 줄 때는 완전
  히 무를 때까지 끓여서 주기 때문에, 미쉬나가 말하는 엄정한 규정
  은 이 식물을 끓이는 행위를 금지하는 것이라고 설명한다.
- 안식년 관련법을 불을 때는 나무에 적용하지 않는다. 그러므로 음식
  으로 사용하지 않는 열매를 땔감으로 사용한다면 안식년 관련법과
  무관하다.

## 8, 2

안식년의 열매를 사용하는 방법을 바꾸는 일에 관해 논의한다.

---

שְׁבִיעִית, נִתְּנָה לַאֲכִילָה וְלִשְׁתִיָּה וּלְסִיכָה, לֶאֱכֹל דָּבָר שֶׁדַּרְכּוֹ לֶאֱכֹל,
וְלָסוּךְ דָּבָר שֶׁדַּרְכּוֹ לָסוּךְ. לֹא יָסוּךְ יַיִן וָחֹמֶץ, אֲבָל סָךְ הוּא אֶת הַשֶּׁמֶן. וְכֵן
בִּתְרוּמָה וּבְמַעֲשֵׂר שֵׁנִי. קַל מֵהֶם שְׁבִיעִית, שֶׁנִּתְּנָה לְהַדְלָקַת הַנֵּר:

---

안식년 농산물을 먹기, 마시기, 바르기 위해 사용할 수 있다. 관례
적으로 먹는 것을 먹으며 관례적으로 바르는 것을 바른다. 포도주나

식초를 발라서는 안 되며 기름은 바를 수 있다.

거제와 둘째 십일조에도 동일한 규정이 적용된다. 그러나 등불을 밝히기 위해 바친 안식년 농산물에 대해서는 보다 관대한 규정이 적용된다.

- 이 미쉬나 첫 문장은 안식년 열매를 사용하는 원칙이다. 안식년의 열매는 먹기, 마시기, 바르기라는 세 가지 용도로 사용할 수 있으며 이런 관례적인 용도를 심하게 벗어나서 사용하는 것을 금지한다. 예를 들어 주로 마시거나 음식을 만드는 데 사용하는 포도주나 식초를 몸에 바르는 것은 금지한다. 그러나 기름은 음식을 요리할 때 넣어 먹고 마시고 심지어 불을 켤 때도 사용할 수 있는데 몸에 바르는 것도 허용된다. 관례의 문제다.
- 거제와 둘째 십일조는 토라가 성물로 구분했으며 이것 역시 먹기, 마시기, 바르기 용도로만 사용할 수 있다. 그러나 역시 다양한 용도로 쓰는 농산물도 있으며 안식년에 나온 기름은 등불을 밝히는 데 사용할 수 있다.

### 8, 3
안식년의 열매를 파는 행위에 관해 설명한다.

---

אֵין מוֹכְרִין פֵּרוֹת שְׁבִיעִית, לֹא בְמִדָּה, וְלֹא בְמִשְׁקָל, וְלֹא בְמִנְיָן, וְלֹא תְאֵנִים בְּמִנְיָן, וְלֹא יָרָק בְּמִשְׁקָל. בֵּית שַׁמַּאי אוֹמְרִים, אַף לֹא אֲגֻדּוֹת. וּבֵית הִלֵּל אוֹמְרִים, אֶת שֶׁדַּרְכּוֹ לֶאֱגֹד בַּבַּיִת, אוֹגְדִין אוֹתוֹ בַּשּׁוּק, כְּגוֹן הַכְּרֵשִׁין וְנֵץ הֶחָלָב:

---

안식년 농산물은 부피나 무게를 [재거나] 개수를 [세어] 팔 수 없다. 무화과를 개수로 [세어 팔 수] 없으며 채소도 무게로 [재어 팔 수]

없다. 샴마이 학파는 말한다. 꾸러미로도 〔팔 수〕 없다. 힐렐 학파는 말한다. 리크와 아스포델과 같이 대개 집에서 묶는 꾸러미는 시장에서도 묶을 수 있다.

- 안식년의 열매는 팔고 살 수 없지만, 예외적인 경우에는 일부 허용한다(「슈비잇」 7, 3). 그러나 안식년의 열매를 팔 때 부피나 무게를 재거나 개수를 세는 일반적인 방법을 통해 팔 수 없으니 안식년의 열매로 상업을 하는 것처럼 오해를 받을 수 있기 때문이다.
- 예를 들어 무화과는 100개들이 묶음으로 파는 것이 관례인데, 개수를 세어 판다고 50개나 30개씩 파는 것도 금지된다. 채소도 묶음으로 파는 것이 관례인데, 이것을 풀어서 무게로 재어 파는 것도 금지된다.
- 샴마이 학파는 부피나 무게, 개수로 파는 것을 금지하는 것은 물론 꾸러미로 파는 것도 금지해야 한다고 주장한다. 낱개로 풀어서 개수를 어림잡아 팔아야 한다. 힐렐 학파는 들에서 거둔 채소를 집에 가져가려고 묶는 꾸러미와 같은 요령으로 묶으면 시장에도 내다 팔 수 있다고 주장한다.

## 8, 4
안식년의 열매를 사용하는 방법에 관해 논의한다.

הָאוֹמֵר לְפוֹעֵל, הֵא לְךָ אִסָּר זֶה וּלְקֹט לִי יָרָק הַיּוֹם, שְׂכָרוֹ מֻתָּר. לְקֹט לִי בּוֹ יָרָק הַיּוֹם, שְׂכָרוֹ אָסוּר. לָקַח מִן הַנַּחְתּוֹם כִּכָּר בְּפוֹנְדְיוֹן, כְּשֶׁאֶלְקֹט יְרָקוֹת שָׂדֶה אָבִיא לָךְ, מֻתָּר. לָקַח מִמֶּנּוּ סְתָם, לֹא יְשַׁלֵּם לוֹ מִדְּמֵי שְׁבִיעִית, שֶׁאֵין פּוֹרְעִין חוֹב מִדְּמֵי שְׁבִיעִית:

만일 〔안식년에〕 노동자에게 "당신을 위한 1이싸르[19]가 여기 있으니 오늘 나를 위해 야채를 수확해 오시오."라고 말한다면 그런 지불은 허용된다. 하지만 "[1이싸르에 대한] 대가로 나를 위해 야채를 수확해 오시오"라고 말한다면 그것은 금지된다.

만일 제빵사에게 1푼디온[20]어치의 빵을 사고 "내가 밭에서 야채를 수확해서 당신에게 가져 오겠습니다"라고 말한다면 그것은 허용된다. 하지만 아무런 조건 없이 그에게 [빵을] 샀다면 안식년 농산물을 [판] 값으로 지불할 필요가 없다. 안식년 농산물을 [판] 값으로 빚을 갚지 않기 때문이다

- 안식년에 노동자를 고용하여 안식년의 열매를 수확하게 하고 그 값을 주면 안식년의 열매를 먹지 않고 거래하는 것으로 오해를 받을 수 있다. 그러므로 고용계약을 할 때 노동자가 일하는 대가를 지불한다고 말해야 한다. 안식년의 열매를 받는 대가를 지불하겠다고 말하는 것은 금지된다. 말을 어떻게 하느냐에 따라 법적인 판단이 달라진다.
- 제빵사가 안식년의 열매가 아닌 곡식으로 빵을 만들었고, 가난한 사람이 이것을 산 뒤 안식년의 열매를 거두어 그 값을 치르겠다고 말하면 먹는 것을 먹는 것과 바꾸기 때문에 허용한다. 단, 그 빵은 거래 이후부터 안식일의 열매와 같은 지위를 얻는다.
- 그러나 빵을 살 때 안식년의 열매로 값을 치르겠다고 계약하지 않았다면 나중에 그 빚을 안식년의 열매로 갚을 수 없다. 빚 갚기는 안식년의 열매를 사용하는 용도에 들지 않기 때문이다.

---

19) 이싸르는 「페아」 8,1의 각주를 참조하라.
20) 푼디온은 「페아」 8,7의 각주를 참조하라.

**8, 5**

안식년의 열매를 판 값으로 노임을 주는 행위에 관해 설명한다.

---

אֵין נוֹתְנִים, לֹא לְבַיָּר, וְלֹא לְבַלָּן, וְלֹא לְסַפָּר, וְלֹא לְסַפָּן. אֲבָל נוֹתֵן הוּא לְבַיָּר
לִשְׁתּוֹת. וּלְכֻלָּן, הוּא נוֹתֵן מַתְּנַת חִנָּם:

---

[안식년의 열매를 판 값으로] 채굴자, 목욕탕 종사자, 이발사, 선원
에게 지불하지 않는다. 그러나 채굴자가 음료를 제공한다면 그에게
지불할 수 있다. 그들 모두에게 선물로 지불할 수도 있다.

- 안식년의 열매를 팔아서 얻은 값은 안식년의 열매와 마찬가지로 먹
  기, 마시기, 바르기를 위해서 써야 한다. 그러므로 이런 행위와 직접
  적인 관련이 없는 일을 하는 사람들에게 급료로 줄 수 없다. 그러나
  채굴자가 우물을 파서 마실 물을 제공하는 경우라면 채굴자의 급료
  로 지불할 수 있다.
- 또한 어떤 물품이나 노동에 대한 대가가 아니라 선물로 주는 것이라
  면 누구에게나 줄 수 있다.

**8, 6**

안식년의 열매를 다루는 방법에 관해 논의한다.

---

תְּאֵנִים שֶׁל שְׁבִיעִית, אֵין קוֹצִין אוֹתָן בְּמֻקְצֶה, אֲבָל קוֹצֶה אוֹתָם בַּחַרְבָּה. אֵין
דּוֹרְכִין עֲנָבִים בַּגַּת, אֲבָל דּוֹרֵךְ הוּא בָּעֲרֵבָה. וְאֵין עוֹשִׂין זֵיתִים בַּבַּד וּבַקֹּטֶב,
אֲבָל כּוֹתֵשׁ הוּא וּמַכְנִיס לַבּוֹדִידָה. רַבִּי שִׁמְעוֹן אוֹמֵר, אַף טוֹחֵן הוּא בְּבֵית
הַבַּד וּמַכְנִיס לַבּוֹדִידָה:

---

안식년 무화과는 무크쩨[21]인 장소에서 자르면 안 된다. 하지만 열

---

21) '무크쩨'(מקצה)는 따로 '떼어놓는 것'이라는 뜻으로 안식일이나 명절에 접촉

린 공터에서는 자를 수 있다. 포도는 포도주 틀에서 밟으면 안 된다. 하지만 반죽통에서는 밟을 수 있다. 올리브는 올리브 틀이나 올리브 분쇄기로 〔가공할〕 수 없다. 하지만 그것을 부수어 조그만 통에 둘 수는 있다. 쉼온 랍비는 말한다. 큰 올리브 틀에서 갈아 조그만 통으로 가져갈 수 있다

- 토라는 포도나무가 맺은 열매를 거두지 말라고 명령하였는데(레 25:5), 랍비들은 이 계명을 확장해서 포도를 가공하고 보관하는 행위에도 적용한다. 그리고 일반적인 방법으로 수확, 가공, 보관하는 것은 금지하고, 다른 방법을 쓰는 것은 허용한다. 그러므로 이 미쉬나가 말하는 '무크쩨'(מקצה)인 장소는 일반적으로 무화과를 재배하는 과수원이라 금지된 장소를 가리킨다. 이런 금지된 장소에서 무화과를 자르는 것은 안 되며 황량하고 탁 트인 장소에서는 허용된다.
- 마찬가지로 포도를 밟아서 즙을 짤 때 포도주 틀을 사용하는 것은 금지되어 있지만, 반죽통을 이용하는 것은 허용된다. 올리브 열매에서 기름을 짤 때 올리브 틀이나 올리브 분쇄기를 사용하는 것은 금지되어 있지만, 손으로 부수어 돌로 깎은 작은 통(בודידה, 보디다)을 이용하는 것은 허용된다.
- 쉼온 랍비는 좀 더 관대하게 설명하며 올리브 열매를 큰 올리브 틀에서 갈아 작은 통에 담아도 무방하다고 말한다.

---

할 수는 있어도 옮길 수는 없는 물건을 가리킨다. 이와 관련해서 도구나 장소도 사용이 금지된다. 그래서 직접 일하는 데 쓰는 도구, 너무 귀하여 조심해서 다루어야 하는 물건, 용도가 불분명한 물건, 그리고 다른 금지된 물건을 쓰는 데 필요한 물건 등이다.

אֵין מְבַשְּׁלִין יָרָק שֶׁל שְׁבִיעִית בְּשֶׁמֶן שֶׁל תְּרוּמָה, שֶׁלֹּא יְבִיאֶנּוּ לִידֵי פְסוּל.
רַבִּי שִׁמְעוֹן מַתִּיר. וְאַחֲרוֹן אַחֲרוֹן, נִתְפָּשׂ בַּשְּׁבִיעִית. וְהַפֵּרֵי עַצְמוֹ, אָסוּר:

안식년 야채는 거제인 기름으로 요리해서는 안 된다. 그것을 무효
로 만들지 않기 위함이다. 쉼온 랍비는 그것을 허용한다. 〔안식년의
열매를 팔아서 얻은〕 마지막 것에 안식년 규정을 적용하며 〔안식년
의〕 농산물 자체는 금지된다.

- 이 미쉬나 전반부에 관한 설명은 두 가지가 존재한다. 첫째, 안식년
  의 열매를 거제인 기름으로 요리했는데 안식년의 열매를 폐기하는
  기간이 되면 그 요리를 폐기하면서 성물인 기름을 폐기하는 결과를
  초래한다. 유효한 거제물을 폐기하는 것은 금지되어 있다. 둘째, 거
  제인 기름이 무효가 되면 이것을 태워버려야 하는데 이미 요리를 한
  상태이므로 기름과 함께 안식년 열매까지 태우는 결과를 초래한다.
  안식년의 열매를 부적절한 이유로 폐기하는 것은 금지되어 있다.
- 그러나 쉼온 랍비는 안식년의 열매나 거제인 기름을 폐기해도 무방
  하다고 보고, 이런 요리를 허락했다.
- 안식년의 열매를 팔아서 받은 값으로 다른 음식을 살 수 있는데 이
  때 그 돈은 원래 가지고 있던 거룩한 성질을 잃고 새로 산 음식이 안
  식년 관련법에 저촉받는 거룩한 성질을 획득한다. 만약 그 음식을 팔
  아서 또 다른 음식을 사면 거룩한 성질은 다시 이동하며 안식년 관
  련법의 적용대상은 마지막으로 구매한 제품이 된다. 한편 안식년의
  열매 자체는 언제나 그 거룩한 성질을 유지하며 팔고 사는 행위가
  아무런 영향을 미치지 못한다.

**8, 8**

안식년의 열매를 판 값으로 구매할 수 없는 물품들을 설명한다.

---

אֵין לוֹקְחִים עֲבָדִים וְקַרְקָעוֹת וּבְהֵמָה טְמֵאָה מִדְּמֵי שְׁבִיעִית. וְאִם לָקַח,
יֹאכַל כְּנֶגְדָּן. אֵין מְבִיאִין קִנֵּי זָבִים וְקִנֵּי זָבוֹת וְקִנֵּי יוֹלְדוֹת מִדְּמֵי שְׁבִיעִית.
וְאִם הֵבִיא, יֹאכַל כְּנֶגְדָּן. אֵין סָכִין כֵּלִים בְּשֶׁמֶן שֶׁל שְׁבִיעִית. וְאִם סָךְ, יֹאכַל
כְּנֶגְדּוֹ:

---

안식년 농산물을 [판] 값으로 노예나 땅이나 부정한 가축을 구입할
수 없다. 이미 구입했다면 [동일한 가격에] 해당하는 [음식을 사서]
먹어야 한다. 안식년 농산물을 [판] 값으로 유출병이 있는 남자나 여
자의 새 제물이나 출산한 여자의 새 제물로 가져오는 것은 금지된다.
이미 그렇게 했다면 [동일한 가격에] 해당하는 [음식을 사서] 먹어야
한다.

- 먼저 노예나 토지 또는 부정한 가축은 음식으로 사용할 수 없기 때
  문에 안식년의 열매를 판 값으로 구매할 수 없다. 어떤 이유로 이 규
  정을 어겼다면 동일한 액수의 음식을 사서 안식년 관련법에 맞추어
  먹으면 된다.
- 유출병자는 병이 나았을 때 새 두 마리를 바쳐야 하고(레 15:14, 29),
  산모도 같은 제물을 드려야 한다(레 12:8). 안식년의 열매를 판 값으
  로 제물을 살 수 없는 이유를 분명히 설명하는 부분이 없지만, 아마
  도 일반인과 가난한 자들을 돕는다는 의도에 어긋나기 때문에 그런
  것으로 짐작한다. 어떤 이유로 이 규정을 어기면 위와 같은 방법으로
  해결한다.
- 안식년에 생산한 기름은 몸에 바르는 용도로 사용할 수 있지만 그릇
  에 바를 수는 없다. 이 규정을 어기면 위와 같은 방법으로 해결한다.

## 8, 9

안식년의 기름을 바른 가죽을 처리하는 방법에 관해 논의한다.

---

עוֹר שֶׁסָּכוֹ בְּשֶׁמֶן שֶׁל שְׁבִיעִית, רַבִּי אֱלִיעֶזֶר אוֹמֵר, יִדָּלֵק. וַחֲכָמִים אוֹמְרִים,
יֵאָכֵל כְּנֶגְדּוֹ. אָמְרוּ לִפְנֵי רַבִּי עֲקִיבָא, אוֹמֵר הָיָה רַבִּי אֱלִיעֶזֶר, עוֹר שֶׁסָּכוֹ
בְּשֶׁמֶן שֶׁל שְׁבִיעִית, יִדָּלֵק. אָמַר לָהֶם, שְׁתֹקוּ, לֹא אוֹמַר לָכֶם מַה שֶׁרַבִּי
אֱלִיעֶזֶר אוֹמֵר בּוֹ:

---

안식년에 [짠] 기름을 바른 가죽에 대해 엘리에제르 랍비는 말한다. 그것을 태워야 한다. 하지만 랍비들은 말한다. 그것과 [동일한 가격에] 해당하는 [음식을 사서] 먹어야 한다. 그들이 아키바 랍비 앞에서 말했다. "엘리에제르 랍비가 말씀하시기를 안식년에 [짠] 기름을 바른 가죽은 태워야 한다고 했습니다." [아키바 랍비가] 말했다. "조용히 하시오! 엘리에제르 랍비가 그것과 관련하여 정말 무엇을 말했는지 말하지 않겠소."

- 엘리에제르 랍비는 안식년에 생산된 기름을 가죽에 바르는 행위를 심각한 범죄라고 보았고, 그 가죽을 태워버려야 한다고 말했다. 다른 랍비들은 여덟째 미쉬나와 마찬가지로 같은 액수의 음식을 사서 안식년 관련법에 맞추어 먹고 문제를 해결하라고 말했다.
- 미쉬나 후반부에는 이 주제를 아키바 랍비에게 가져가서 묻는 장면이 묘사되어 있는데 아키바 랍비는 화를 내면서 대답하기를 거절한다. 기록은 여기까지이기 때문에 아키바 랍비가 왜 화를 냈는지 알수 없지만, 한 세대 전에 활동하던 엘리에제르 랍비의 의견이 후대에는 너무 관대한 태도로 간주되었고, 이런 의견을 논의하는 것 자체가 사람들을 잘못된 길로 인도할까 봐 논의도 금기시한 것이 아닌가 짐작할 수 있다.

**8, 10**

아홉째 미쉬나와 비슷한 상황 하나를 더 첨가한다.

---

וְעוֹד אָמְרוּ לְפָנָיו, אוֹמֵר הָיָה רַבִּי אֱלִיעֶזֶר, הָאוֹכֵל פַּת כּוּתִים כְּאוֹכֵל בְּשַׂר
חֲזִיר. אָמַר לָהֶם, שְׁתֹקוּ, לֹא אוֹמַר לָכֶם מַה שֶּׁרַבִּי אֱלִיעֶזֶר אוֹמֵר בּוֹ:

---

그들이 또 그 앞에서 말했다. "엘리에제르 랍비는 쿠타인이 만든 빵을 먹는 자는 돼지 고기를 먹는 자와 같다고 말했습니다." 그가 말했다. "조용히 하시오! 엘리에제르 랍비가 그것과 관련하여 정말 무엇을 말했는지 말하지 않겠소."

● 이 미쉬나의 주제는 쿠타인 즉 사마리아인이 만든 빵을 먹지 말라는 것인데, 엘리에제르 랍비는 이렇게 강한 표현을 사용해서 유대인들이 사마리아인들과 친밀한 관계를 맺지 못하도록 경계하려 했음을 알 수 있다. 이 말을 들은 아키바 랍비가 또 화를 내는데 실제로 그가 무슨 말을 들었는지는 알 수 없다(아홉째 미쉬나).

**8, 11**

안식년에 짚이나 그루터기로 데운 목욕탕에서 몸을 씻는 것이 허용되는지에 대해 논의한다.

---

מֶרְחָץ שֶׁהֻסְּקָה בְּתֶבֶן אוֹ בְּקַשׁ שֶׁל שְׁבִיעִית, מֻתָּר לִרְחֹץ בָּהּ. וְאִם מִתְחַשֵּׁב
הוּא, הֲרֵי זֶה לֹא יִרְחֹץ:

---

안식년에 [자란] 짚이나 그루터기로 데운 목욕탕의 경우 거기서 몸을 씻는 것이 허용된다. 하지만 [영향력 있는] 중요한 사람인 경우 그는 씻어서는 안 된다.

• 안식년에 곡식을 베고 난 짚이나 그루터기는 동물들의 먹이가 될 수 있어도 사람의 음식이 될 수는 없다. 그러므로 사람을 위한 다른 용도로 사용하는 것이 허용된다. 그러나 법적으로 허용된다고 하더라도 영향력이 있는 중요한 사람은 이런 행동을 삼가야 한다. 다른 사람들이 그의 행위를 보고 안식년의 열매를 뜻대로 사용해도 된다고 오해할 수 있기 때문이다.


## 제9장


### 9, 1

들에서 자라는 채소 중에서 안식년 관련법을 적용하지 않는 것들을 설명한다.

---

הַפֵּגָם, וְהַיַרְבוּזִין הַשׁוֹטִים, וְהַחֲלַגְלוֹגִית, כֻּסְבָּר שֶׁבֶּהָרִים, וְהַכַּרְפַּס שֶׁבַּנְּהָרוֹת, וְהַגַּרְגֵּר שֶׁל אֲפָר, פְּטוּרִין מִן הַמַּעַשְׂרוֹת, וְנִלְקָחִין מִכָּל אָדָם בַּשְּׁבִיעִית, שֶׁאֵין כַּיּוֹצֵא בָהֶם נִשְׁמָר. רַבִּי יְהוּדָה אוֹמֵר, סְפִיחֵי חַרְדָּל, מֻתָּרִין, שֶׁלֹּא נֶחְשְׁדוּ עֲלֵיהֶן עוֹבְרֵי עֲבֵרָה. רַבִּי שִׁמְעוֹן אוֹמֵר, כָּל הַסְּפִיחִין מֻתָּרִין, חוּץ מִסְּפִיחֵי כְרוּב, שֶׁאֵין כַּיּוֹצֵא בָהֶם בְּיַרְקוֹת שָׂדֶה. וַחֲכָמִים אוֹמְרִים, כָּל הַסְּפִיחִין אֲסוּרִין:

---

루타, 명아주, 쇠비름, 야생 고수, 셀러리, 초원 딸기는 십일조를 [뗄 의무에서] 면제되며 안식년에 아무에게든지 구매할 수 있다. 그런 것들은 누구도 [경작하며] 지키지 않기 때문이다.

예후다 랍비는 말한다. 겨자의 뒷그루는 허용된다. 그것 때문에 위반자라고 의심을 받지는 않기 때문이다. 쉼온 랍비는 말한다. 양배추의 뒷그루를 제외한 모든 뒷그루는 허용된다. 그런 것들은 야생 채소에 들어가지 않기 때문이다. 하지만 랍비들은 말한다. 모든 뒷그루는 금지된다.

- 이 미쉬나가 나열하고 있는 식물들은 특별히 기르는 사람이 없고 들
  풀로 자라는 것들이다. 주인이 없는 작물이기 때문에 십일조를 떼어
  성전에 바칠 의무가 없다.
- 안식년에 채소를 구입하는 사람은 판매자가 안식년의 열매를 파는
  것은 아닌지 확인해야 하며 안식년 관련법을 지키지 않는 암 하아레
  쯔와 거래하지 않는 것이 좋다. 안식년의 열매는 그 용도나 사용기
  한이 제한되기 때문이다. 그러나 위에서 열거한 식물들은 주인이 없
  는 작물이기 때문에 안식년에 누구에게 구매해도 무방하다.
- 제6년에 수확하고 씨앗이 떨어졌고, 누가 특별히 경작하지 않았는
  데 뒷그루가 자라났다. 그런데 이 작물은 관례적으로 농부들이 공들
  여 키우는 것이므로 자연스럽게 자란 뒷그루인지 아니면 누가 불법
  적으로 기른 것인지 확신할 수 없고 의심이 생긴다. 예후다 랍비는
  겨자의 경우에 의심할 필요가 없다고 주장하는데 아무도 안식년에
  겨자를 일부러 키우지 않을 것이라는 논리이다.
- 쉼온 랍비는 양배추를 제외하고 모든 채소의 뒷그루를 마음놓고 구
  매하라고 말한다. 양배추는 꼭 밭에서 공들여 기르지 않으면 얻을 수
  없기 때문이다. 다른 랍비들은 좀 더 엄정한 태도를 취하면서, 채소
  의 뒷그루는 구매하지 않는 것이 좋다고 말한다.

### 9, 2
안식년의 열매를 거두는 지리적 경계를 정의한다.

שָׁלֹשׁ אֲרָצוֹת לַבִּעוּר, יְהוּדָה, וְעֵבֶר הַיַּרְדֵּן, וְהַגָּלִיל. וְשָׁלֹשׁ שָׁלֹשׁ אֲרָצוֹת לְכָל
אַחַת וְאֶחָת. גְּלִיל הָעֶלְיוֹן, וּגְלִיל הַתַּחְתּוֹן, וְהָעֵמֶק. מִכְּפַר חֲנַנְיָה וּלְמַעְלָן,

כֹּל שֶׁאֵינוֹ מְגַדֵּל שִׁקְמִין, גְּלִיל הָעֶלְיוֹן, וּמִכְּפַר חֲנַנְיָה וּלְמַטָּן, כֹּל שֶׁהוּא מְגַדֵּל
שִׁקְמִין, גְּלִיל הַתַּחְתּוֹן. וּתְחוּם טְבֶרְיָא, הָעֵמֶק. וּבִיהוּדָה, הָהָר וְהַשְּׁפֵלָה
וְהָעֵמֶק. וּשְׁפֵלַת לוֹד כִּשְׁפֵלַת הַדָּרוֹם, וְהָהָר שֶׁלָּהּ כְּהַר הַמֶּלֶךְ. מִבֵּית חוֹרוֹן
וְעַד הַיָּם מְדִינָה אֶחָת:

[안식년 농산물을] 폐기하는 규정과 관련하여 세 지역을 구별한다.
유다, 요단강 동쪽, 갈릴리이다. 각 지역들은 다시 세 지역으로 구분한
다. [갈릴리 지역은] 갈릴리 상부, 갈릴리 하부, 골짜기로 [구분한다].
크파르 하나니야에서 위쪽으로 돌무화과나무가 자라지 않는 지역은
모두 갈릴리 상부이다. 크파르 하나니야에서 아래쪽으로 돌무화과
나무가 자라는 지역은 갈릴리 하부이다. 티베랴 지역은 골짜기이다.
유다는 산악지대, 쉐펠라, 골짜기로 [구분한다]. 루드 [지역] 쉐펠라
는 남쪽 쉐펠라에 속하는 것으로 간주되며 산악지대는 왕의 산악지
대와 같다. 벧호론에서 바다쪽까지는 같은 지역으로 간주한다.

- 안식년의 열매는 그 열매가 자연스럽게 들에 열려 있는 동안에는 집
  으로 가져다가 보관하며 먹어도 좋다. 그러나 그 열매가 시들어서 떨
  어지고 더 이상 자연스럽게 발견할 수 없는 기간이 되면 집에 보관
  하던 열매도 먹거나 태우거나 바다에 버려서 폐기해야 한다. 질문은
  이 규정이 말하는 들이 집에서 얼마나 멀어도 되는가 하는 것이다.
- 이 미쉬나는 안식년의 열매와 관련된 규정을 세 지역으로 나누어 판
  단한다고 설명한다. 갈릴리에 사는 사람은 갈릴리에 있는 들에 어떤
  열매가 맺혔는지 여부를 보고 자신의 행위를 결정하며 유다나 요단
  강 동쪽 지방의 상황에 신경 쓸 필요가 없다.
- 각 지역은 다시 세 구역으로 나누어지며 안식년 관련법을 적용하는
  지리적 한계로 기능한다. 요단강 동쪽 지역에 관한 설명은 없는데
  다른 곳에서 찾을 수 있다.

## 9, 3

안식년 농산물을 폐기하는 세 지역에 관해 논의한다.

---

וְלָמָּה אָמְרוּ שָׁלֹשׁ אֲרָצוֹת, שֶׁיִּהְיוּ אוֹכְלִין בְּכָל אַחַת וְאַחַת עַד שֶׁיְּכַלֶּה
הָאַחֲרוֹן שֶׁבָּהּ. רַבִּי שִׁמְעוֹן אוֹמֵר, לֹא אָמְרוּ שָׁלֹשׁ אֲרָצוֹת אֶלָּא בִּיהוּדָה.
וּשְׁאָר כָּל הָאֲרָצוֹת, כְּהַר הַמֶּלֶךְ. וְכָל הָאֲרָצוֹת, כְּאַחַת לַזֵּיתִים וְלַתְּמָרִים:

---

왜 세 지역을 말하는가? 각 지역의 [안식년 농산물] 마지막 것이
[있을] 때까지 각 지역에서 [안식년 농산물을] 먹을 수 있기 때문이
다. 쉼온 랍비는 말한다. 유대 지역과 관련해서만 세 지역을 [구별한
다고] 말한 것이다. 다른 지역은 왕의 산악지대와 같다. 그리고 모든
지역들은 올리브와 대추야자와 관련하여 볼 때 한 지역과 같다.

- 미쉬나 전반부는 둘째 미쉬나에서 세 지역을 구분하는 이유가 안식
  년 열매를 먹고 보관할 때 지리적 한계를 구성한다고 설명한다.
- 쉼온 랍비는 지역구분법에 관하여 완전히 다른 생각을 가지고 있다.
  유다는 세 지역으로 구분하는 것이 맞지만, 갈릴리와 요단강 동쪽은
  유다의 산악지대와 동일하게 취급한다는 것이다.
- 마지막 문장은 쉼온 랍비의 의견인지 후대 랍비의 첨가인지 분명히
  알 수 없지만, 올리브와 대추야자 열매의 경우에는 모든 지역이 같
  은 기간에 열매를 먹고 폐기해야 한다고 말한다.

## 9, 4

안식년의 열매를 먹는 기간에 관한 추가 규정을 설명한다.

---

אוֹכְלִין עַל הַמֻּפְקָר, אֲבָל לֹא עַל הַשָּׁמוּר. רַבִּי יוֹסֵי מַתִּיר אַף עַל הַשָּׁמוּר.
אוֹכְלִין עַל הַסְּפִיחִין וְעַל הַדּוּפְרָא, אֲבָל לֹא עַל הַסִּתְוָנִיּוֹת. רַבִּי יְהוּדָה מַתִּיר
כָּל זְמַן שֶׁבִּכְּרוּ עַד שֶׁלֹּא יִכְלֶה הַקַּיִץ:

---

주인 없는 농산물로 간주되는 것이 〔들에 있는 동안〕 그것을 먹을 수 있다. 요쎄 랍비는 〔주인 없는 농산물이〕 저장되어 있는 기간에도 〔먹도록〕 허용한다. 〔풀 사이에서 자라는〕 빈약한 곡물이나 한 해에 두 번 수확하는 나무〔의 열매가 있는 동안에도〕 계속 먹을 수 있다. 그러나 겨울 포도가 〔있는 동안에는〕 먹을 수 없다. 예후다 랍비는 〔안식년의〕 여름이 끝나기 전에 익기 시작한 것은 허용한다.

- 안식년의 열매는 밭에서 자랐다 하더라도 주인 없는 농산물(מפקר, 무프카르)로 간주되며 그 열매가 자연스럽게 자라 들에 있는 동안 그것을 집으로 가져가서 먹고 보관도 할 수 있다. 그러나 같은 종류의 열매가 더는 들에서 자라지 않는 때가 되면 그 열매를 더 이상 집에 보관할 수 없으며 어떤 방법을 쓰든 폐기해야 한다.
- 그러나 밭에서 거둔 열매를 모두 창고에 쌓아놓고 주인이 없는 농산물이라고 선포하였고, 그 후에 이웃이나 동물이 와서 먹을 수 있도록 허락하였다면 그 열매는 폐기하지 않고 계속해서 먹어도 좋다는 규칙도 있다.
- 요쎄 랍비는 폐기하는 기간이 지났고 곡식을 창고에 들인 후에 주인 없는 농산물로 선포한 열매만 남아 있다 하더라도 안식년의 열매를 폐기하지 않고 먹을 수 있다고 관대하게 결정한다.
- 또 다른 의견에 따르면 집에 보관한 곡식은 상품성이 있는 좋은 것들이고 들에는 잡초들 사이에 빈약한 곡식만 남아 있다 하더라도 먹을 수 있다고 주장한다. 무화과나무 중에서 한 해에 두 번 봄과 여름에 열매를 맺는 종도 있는데 봄 열매를 여름 열매가 달려 있는 동안 계속 먹을 수 있다.
- 포도는 허용되지 않는다. 포도는 대개 여름에 길러서 가을이 오면 수확하는데 품종에 따라 겨울에 열매를 맺는 것도 있다. 그러나 안

식년 여름에 자란 포도는 가을이 오면 폐기해야 한다. 예후다 랍비
는 이 의견에 반대하고, 포도가 여름이 끝나기 전에 익기 시작해서
겨울이 올 때쯤 충분히 익은 경우에는 다르다고 주장했다.

### 9, 5

서로 다른 채소를 같은 그릇에 보관한 경우를 설명한다.

---

הַכּוֹבֵשׁ שְׁלשָׁה כְּבָשִׁים בְּחָבִית אַחַת, רַבִּי אֱלִיעֶזֶר אוֹמֵר, אוֹכְלִין עַל
הָרִאשׁוֹן. רַבִּי יְהוֹשֻׁעַ אוֹמֵר, אַף עַל הָאַחֲרוֹן. רַבָּן גַּמְלִיאֵל אוֹמֵר, כָּל שֶׁכָּלָה
מִינוֹ מִן הַשָּׂדֶה, יְבַעֵר מִינוֹ מִן הֶחָבִית, וַהֲלָכָה כִדְבָרָיו. רַבִּי שִׁמְעוֹן אוֹמֵר, כָּל
יָרָק, אֶחָד לַבִּעוּר. אוֹכְלִין בָּרְגִילָה עַד שֶׁיִּכְלוּ סְגַרִיּוֹת מִבִּקְעַת בֵּית נְטוֹפָה:

---

야채 세 종류를 한 항아리에 절여놓은 경우에 대해 엘리에제르 랍
비는 말한다. 첫 번째 〔야채가 밭에 남아 있다면〕 먹어도 좋다. 그러
나 예호수아 랍비는 말한다. 마지막 〔야채가 남아〕 있더라도 〔먹을 수
있다〕. 감리엘 라반은 말한다. 동일한 종류의 야채가 더 이상 밭에 남
아 있지 않을 때 항아리에 있는 야채를 폐기해야 하니 할라카[22]는 그
의 말을 따른다. 쉼온 랍비는 말한다. 모든 야채는 폐기하는 규정에
있어서는 한 종류처럼 취급해야 한다. 베트 네토파 골짜기에 야생 쇠
비름이 더 이상 남아 있지 않을 때까지 〔쇠비름을〕 먹을 수 있다.

- 안식년에 거둔 서로 다른 채소를 한 항아리에 넣어 함께 절여놓았을
  때 그 채소를 폐기하는 기간이 각각 다르기 때문에 먹을 수 있는 기
  간도 달라진다. 엘리에제르 랍비는 가장 엄정하게 폐기하는 기간이
  가장 먼저 돌아오는 채소에 맞추어 전부 폐기하라고 명령하고, 예호
  슈아 랍비는 가장 관대하게 폐기하는 기간이 가장 나중에 돌아오는

---

22) 할라카(הלכה)는 랍비 유대교에서 권위를 인정하는 법적인 결정을 말한다.

채소에 맞추어 폐기하면 된다고 말한다. 감리엘 라반은 종류에 따라 다른 폐기 기간에 맞추어 각각 폐기하라고 명령했고, 후대 랍비들은 감리엘 라반의 의견을 따라서 할라카를 확정했다.

• 쉼온 랍비는 더 관대한 태도를 보여주는데 채소의 종류를 구분하지 않고 모든 채소를 같은 시기에 폐기하라고 말한다. 그리고 그 시점까지는 어떤 채소이든지 먹을 수 있다. 예를 들어 갈릴리 하부 베트 네토파 골짜기에 쇠비름이 남아 있다면 어떤 채소를 먹어도 무방하다는 것이다.

## 9. 6
안식년의 열매를 폐기하는 기간에 관련된 부속규정을 설명한다.

---

הַמְלַקֵּט עֲשָׂבִים לַחִים, עַד שֶׁיִּיבַשׁ הַמָּתוֹק. וְהַמְגַבֵּב בַּיָּבֵשׁ, עַד שֶׁתֵּרֵד רְבִיעָה שְׁנִיָּה. עֲלֵי קָנִים וַעֲלֵי גְפָנִים, עַד שֶׁיִּשְׁרוּ מֵאֲבִיהֶן. וְהַמְגַבֵּב בַּיָּבֵשׁ, עַד שֶׁתֵּרֵד רְבִיעָה שְׁנִיָּה. רַבִּי עֲקִיבָא אוֹמֵר, בְּכֻלָּן עַד שֶׁתֵּרֵד רְבִיעָה שְׁנִיָּה:

---

만일 〔안식년 농산물 중〕 젖은 야채를 가져올 경우 땅의 수분이 마를 때까지 〔먹을 수 있다〕. 마른 야채를 가져올 경우 〔다음 해에〕 두 번째 비가 내릴 때까지 〔먹을 수 있다〕. 갈대 잎과 포도나무 잎은 줄기에서 떨어질 때까지 〔먹을 수 있다〕. 마른 것을 가져올 경우 두 번째 비가 내릴 때까지 〔먹을 수 있다〕. 아키바 랍비는 말한다. 모든 경우에 〔다음 해에〕 두 번째 비가 내릴 때까지 〔먹을 수 있다〕.

• 안식년의 열매를 폐기하는 기간을 결정할 때 그 채소에 수분이 있는 지 없는지에 따라 판단한다는 의견이다. 첫째 의견은 히브리어 낱말 '마톡'(מתוק)을 어떻게 이해하느냐에 따라 다르게 판단할 수 있다. 이 낱말이 '단 물'을 가리킨다면 젖은 채소는 땅의 수분이 있는 동안

먹을 수 있다. 그러나 이 낱말이 '향미채소'를 가리킨다면 젖은 채소
는 들에 향미채소가 있는 동안 먹을 수 있다.

- 마른 야채를 거두었다면 다음 해인 제8년 가을이 되어 두 번째 비가
  올 때까지 먹을 수 있는데 이 시점이 되면 들짐승들도 이런 풀을 먹
  지 못하기 때문이다. 두 번째 비는 대개 헤슈반월 7일, 17일, 또는 23
  일 정도에 내린다(10-11월).
- 갈대나 포도 잎은 다른 잎이 줄기에 달려서 물기가 있는 동안에 먹
  을 수 있다. 처음부터 마른 잎을 거두었다면 역시 제8년 두 번째 비
  가 내릴 때까지 먹을 수 있다.
- 아키바 랍비는 관대한 태도를 보이면서 어떤 채소이든지 제8년 두
  번째 비가 내릴 때까지 먹을 수 있다고 주장한다.

## 9, 7

두 번째 비와 관련된 다양한 법규정들을 모아놓았다.

---

כַּיּוֹצֵא בוֹ, הַמַּשְׂכִּיר בַּיִת לַחֲבֵרוֹ עַד הַגְּשָׁמִים, עַד שֶׁתֵּרֵד רְבִיעָה שְׁנִיָּה.
הַמֵּדֵר הֲנָאָה מֵחֲבֵרוֹ עַד הַגְּשָׁמִים, עַד שֶׁתֵּרֵד רְבִיעָה שְׁנִיָּה. עַד אֵימָתַי
עֲנִיִּים נִכְנָסִים לַפַּרְדֵּסוֹת, עַד שֶׁתֵּרֵד רְבִיעָה שְׁנִיָּה. מֵאֵימָתַי נֶהֱנִין וְשׂוֹרְפִין
בַּתֶּבֶן וּבַקַּשׁ שֶׁל שְׁבִיעִית, מִשֶּׁתֵּרֵד רְבִיעָה שְׁנִיָּה:

---

이와 마찬가지로 어떤 사람에게 집을 비가 내릴 때까지 빌려줄 경
우 그것은 두 번째 비가 내릴 때까지를 의미한다. 어떤 사람이 동료에
게 비가 내릴 때까지 이익을 얻지 않기로 맹세했다면 두 번째 비가 내
릴 때까지를 의미한다. 언제까지 가난한 이가 〔농산물을 줍기 위해〕
정원에 들어갈 수 있는가? 두 번째 비가 내릴 때까지이다. 언제까지
안식년의 짚이나 그루터기를 사용하여 태울 수 있는가? 두 번째 비가
내릴 때부터이다.

- 여섯째 미쉬나와 관련해서 비슷한 계약조건을 적용하는 거래는 이런 것들이 있다. 비가 내릴 때까지 집을 빌려주거나, 동료로부터 경제적인 이득을 취하지 않기로 맹세한 경우, 이 비는 두 번째 비를 가리킨다.
- 안식년이 아니어도 가난한 자들은 다른 사람의 밭에 들어가서 잊어버린 것, 밭 모퉁이에 남긴 것, 떨어뜨린 것을 취할 수 있다. 그러나 그것도 다음 해 두 번째 비가 내릴 때까지로 제한한다.
- 짚이나 그루터기는 들짐승들이 먹을 수 있으므로 안식년에는 태울 수 없다. 그러나 다음 해 두 번째 비가 내렸고 그때까지 남은 것들이 있다면 농사를 짓기 위해서 태울 수 있다.

### 9, 8

안식년의 열매를 폐기하는 방법을 설명한다.

---

מִי שֶׁהָיוּ לוֹ פֵרוֹת שְׁבִיעִית וְהִגִּיעַ שְׁעַת הַבִּעוּר, מְחַלֵּק מְזוֹן שָׁלֹשׁ סְעֻדּוֹת לְכָל אֶחָד וְאֶחָד. וַעֲנִיִּים אוֹכְלִין אַחַר הַבִּעוּר, אֲבָל לֹא עֲשִׁירִים, דִּבְרֵי רַבִּי יְהוּדָה. רַבִּי יוֹסֵי אוֹמֵר, אֶחָד עֲנִיִּים וְאֶחָד עֲשִׁירִים אוֹכְלִין אַחַר הַבִּעוּר:

---

어떤 사람이 안식년 농산물을 소유하고 있는데 그것을 폐기할 시간이 되었다면 그는 각 사람이 [먹을] 세 끼의 식사를 위한 음식을 할당해야 한다. 폐기할 시간 이후에도 가난한 이는 [안식년 농산물을] 먹을 수 있다. 그러나 부유한 이는 [먹을 수] 없다고 예후다 랍비가 말했다. 요쎄 랍비는 말한다. 가난한 이와 부유한 이가 똑같이 폐기할 시간이 지나도 먹을 수 있다.

- 안식년의 열매를 폐기할 때가 되면 한 사람이 세 끼를 먹을 수 있는 양 즉 하루치 식량씩 나누어서 다른 사람에게 준다. 다른 사람에게

줄 수 없는 상황이라면 그것을 집 바깥에 내놓고 마을 사람들이 자유롭게 가져갈 수 있도록 한다.

- 예후다 랍비는 폐기할 시한이 지나도 가난한 자는 계속해서 안식년의 열매를 먹을 수 있다고 주장한다. 이 주장은 "네 백성의 가난한 자들이 먹게 하라"는 명령을 확대해석한 것으로 보이는데(출 23:11), 어떤 주석가는 농지가 있는 지주들이 남은 음식을 가져가지 못하도록 막으려는 것이라고 설명하기도 했다.

- 요쎄 랍비는 가난한 자는 물론 부자도 폐기할 시점 이후에 안식년의 열매를 먹을 수 있다고 주장했다. 부자가 안식년의 열매를 집 바깥에 내놓고 사람들에게 가져가라고 말한 뒤에 본인도 그것을 다시 가져올 수 있으므로 결국 부자도 계속해서 먹는 결과를 가져온다는 말로 보인다.

### 9, 9

폐기할 시점이 지난 안식년의 열매를 유산으로 물려받은 경우에 관해 논의한다.

---

מִי שֶׁהָיוּ לוֹ פֵרוֹת שְׁבִיעִית שֶׁנָּפְלוּ לוֹ בִירֻשָׁה אוֹ שֶׁנִּתְּנוּ לוֹ בְמַתָּנָה, רַבִּי
אֱלִיעֶזֶר אוֹמֵר, יִנָּתְנוּ לְאוֹכְלֵיהֶן. וַחֲכָמִים אוֹמְרִים, אֵין הַחוֹטֵא נִשְׂכָּר, אֶלָּא
יִמָּכְרוּ לְאוֹכְלֵיהֶן, וּדְמֵיהֶם יִתְחַלְּקוּ לְכָל אָדָם. הָאוֹכֵל מֵעִסַּת שְׁבִיעִית עַד
שֶׁלֹּא הוּרְמָה חַלָּתָהּ, חַיָּב מִיתָה:

---

어떤 사람에게 상속이나 선물로 받은 안식년 농산물이 있는 경우에 대해 엘리에제르 랍비는 말한다. 그것을 누구나 먹을 수 있게 주어야 한다. 그러나 랍비들은 말한다. 죄인들은 혜택을 볼 수 없다. 대신 그것을 먹는 이들에게 팔아 다른 이에게 줄 수는 있다. 만일 곡식 제물을 떼놓기 전에 안식년 [농산물의] 밀가루를 먹는다면 그는 죽어

야 할 죄인이다.

- 안식년의 열매를 상속이나 선물로 받았고 폐기할 시점이 지났다. 엘리에제르 랍비는 이 열매를 다른 사람에게 주어 먹게 하라고 말한다. 그러나 이 열매를 받아먹으면 안식년 관련법을 어기는 셈이며 그들이 죄를 짓게 된다. 그러므로 다른 랍비들은 죄를 짓는 사람들이 공짜로 음식을 받아 혜택을 보도록 할 수는 없으니 그것을 팔라고 했다. 그것을 팔고 받은 돈은 가난한 자들에게 나누어준다.
- 마지막 문장은 안식년의 열매인 밀가루로 반죽을 빚을 때 십일조는 떼지 않지만 제사장이 먹을 할라-빵을 위한 몫을 떼어야 한다고 명령한다. 이것을 떼지 않고 먹는 자는 거룩한 음식을 불법적으로 먹는 셈이니 죽어야 마땅하다.

## 제10장

### 10, 1
안식년에 어떤 빚을 탕감해야 하는지 설명한다.

---

שְׁבִיעִית, מְשַׁמֶּטֶת אֶת הַמִּלְוָה בִּשְׁטָר וְשֶׁלֹּא בִּשְׁטָר. הַקָּפַת הַחֲנוּת, אֵינָהּ מְשַׁמֶּטֶת, וְאִם עֲשָׂאָהּ מִלְוֶה, הֲרֵי זֶה מְשַׁמֵּט. רַבִּי יְהוּדָה אוֹמֵר, הָרִאשׁוֹן הָרִאשׁוֹן מְשַׁמֵּט. שְׂכַר שָׂכִיר, אֵינוֹ מְשַׁמֵּט, וְאִם עֲשָׂאוֹ מִלְוֶה, הֲרֵי זֶה מְשַׁמֵּט. רַבִּי יוֹסֵי אוֹמֵר, כָּל מְלָאכָה שֶׁפּוֹסֶקֶת בַּשְּׁבִיעִית, מְשַׁמֶּטֶת, וְשֶׁאֵינָהּ פּוֹסֶקֶת בַּשְּׁבִיעִית, אֵינָהּ מְשַׁמֶּטֶת:

---

차용증서를 〔썼든지 그렇지〕 않든지 간에 안식년에는 모든 빚을 탕감해주어야 한다. 상점 주인에게 〔빚진〕 부채는 〔안식년에〕 탕감하

지 않는다. 그러나 대출 형식으로 전환되었다면 탕감해야 한다. 예후다 랍비는 말한다. 이전의 〔빚은〕 항상 탕감해준다. 노동자에게 〔밀린〕 임금 〔부채는〕 탕감해서는 안 된다. 그러나 대출 형식으로 전환되었다면 탕감해야 한다. 요쎄 랍비는 말한다. 안식년에 중단해야 할 일 〔에 대한 지불도〕 면제된다. 그러나 안식년에 중단하지 않는 일〔에 대한 지불은〕 면제되지 않는다.

- 토라는 안식년에 이웃에게 받을 빚을 독촉하지 않고 면제하라고 명령하는데(신 15:1-2), 이 미쉬나는 토라의 계명을 다시 쓰면서 차용증서를 썼는지 여부가 중요하지 않다고 말한다. 이것은 토라가 '모든' 채주가 면제해야 한다고 한 말을 확대해석한 것이다.
- 상점에서 물품을 구입하고 값을 지불하지 않아서 생긴 지불의무는 빚이라고 간주하지 않으며 안식년에 탕감하지 않는다. 구매자는 언제든지 평소에 그 값을 지불해야 하기 때문이다. 그러나 상점 주인이 이 지불의무를 공식적인 부채로 전환하고 지불기간을 정했다면 이 경우에는 안식년에 탕감한다. 다시 말해서 안식년에 탕감하는 것은 대출을 했다가 생긴 부채이며 상거래 중에 발생한 빚은 해당하지 않는다.
- 예후다 랍비는 처음으로 물건을 사지 않고 값을 지불하지 않았다면 부채가 아니지만, 두 번째로 값을 지불하지 않으면 첫째 지불의무가 부채로 전환된다고 말한다. 그리고 이 빚은 안식년에 탕감된다.
- 노동자를 고용했는데 임금을 지불하지 않은 경우도 대출에 의한 부채가 아니므로 안식년에 탕감하지 않으며 꼭 지불해야 한다. 노동자가 받지 못한 임금을 공식적인 부채로 전환하면 상황이 달라진다.
- 요쎄 랍비는 노동자의 임금은 그가 시행한 노동의 종류에 따라 판단한다고 주장한다. 만약 그 노동이 안식년에 금지되어 있다면 그 지

불의무는 부채로 전환된다. 그러나 그 노동이 밭과 상관없고 안식년에도 허용된다면 그 지불의무는 빚이며 안식년에도 지불해야 한다.

## 10, 2

안식년 후 8년째 새해 첫날 소를 잡아 나눌 때 부채가 면제되는 경우에 대해 논의한다.

---

הַשׁוֹחֵט אֶת הַפָּרָה וְחִלְּקָהּ בְּרֹאשׁ הַשָּׁנָה, אִם הָיָה הַחֹדֶשׁ מְעֻבָּר, מְשַׁמֵּט. וְאִם לָאו, אֵינוֹ מְשַׁמֵּט. הָאוֹנֵס, וְהַמְפַתֶּה, וְהַמּוֹצִיא שֵׁם רָע, וְכָל מַעֲשֵׂה בֵית דִּין, אֵין מְשַׁמְּטִין. הַמַּלְוֶה עַל הַמַּשְׁכּוֹן, וְהַמּוֹסֵר שְׁטָרוֹתָיו לְבֵית דִּין, אֵינָן מְשַׁמְּטִין:

---

〔안식년이 끝난 8년째〕 새해 첫날 소를 잡아 그것을 나눌 때 그 달이 윤달이라면 부채는 면제된다. 그러나 윤달이 아니라면 면제되지 않는다. 강간, 유혹, 명예훼손〔에 대한 벌금〕과 법적인 절차 때문에 발생하는 모든 의무는 면제되지 않는다. 대출이나 저당잡히거나 부채문서가 법정에 있는 경우 면제되지 않는다.

- 빚은 안식년 마지막 날에 탕감한다. 그런데 음력을 기초로 시행되는 유대력은 때에 따라 윤달을 삽입하여 명절이 계절에 맞도록 조정하기 때문에 제7년의 마지막 날이 제8년의 새해 첫날이 될 수도 있다. 만약 여러 사람이 돈을 모아서 소 한 마리를 잡기로 하고, 그중 한 사람이 소를 잡아 고기를 나누었을 때 그날이 제7년의 마지막 날이라면 지불해야 할 대금은 면제되고 제8년의 첫날이라면 면제되지 않는다. 원래 제8년의 첫날이 되어야 할 날도 윤달이라면 제7년의 마지막 날이 되기 때문에 빚을 면제한다.
- 강간범과 유혹한 자는 벌금으로 50쉐켈을 내야 하며(「케투봇」 3, 4;

출 22:16; 신 22:29), 명예를 훼손한 자는 100쉐켈을 내야 한다(신 22:
19). 이러한 벌금은 부채로 인정하지 않으며 안식년에도 면제되지
않는다. 법정에서 결정한 다른 벌금도 마찬가지다.

- 대출을 하고 저당잡혔을 경우 안식년에 면제되지 않는데 돈을 갚고
  저당잡혔던 물품을 돌려받는 일은 사고파는 거래와 같기 때문이다.
  안식년이 오기 전에 채권자가 부채문서를 법정에 넘겼을 경우 빚을
  탕감하는 의무는 개인에게 있고 법정은 저촉을 받지 않으므로 안식
  년에 면제되지 않는다.

### 10, 3

안식년에 빚을 탕감하지 않아도 되는 '프로즈불' 계약을 설명한다.

---

פְּרוֹזְבּוּל, אֵינוֹ מְשַׁמֵּט. זֶה אֶחָד מִן הַדְּבָרִים שֶׁהִתְקִין הִלֵּל הַזָּקֵן, כְּשֶׁרָאָה
שֶׁנִּמְנְעוּ הָעָם מִלְּהַלְווֹת זֶה אֶת זֶה וְעוֹבְרִין עַל מַה שֶּׁכָּתוּב בַּתּוֹרָה (דברים
טו) הִשָּׁמֶר לְךָ פֶּן יִהְיֶה דָבָר עִם לְבָבְךָ בְלִיַּעַל וְגוֹ', הִתְקִין הִלֵּל לִפְרוֹזְבּוּל:

---

프로즈불을 〔작성한 대출은〕 면제되지 않는다. 이것은 힐렐 원로가
제정한 것이다. 그는 사람들이 서로 대출해주기를 꺼려하면서, 토라
에 "너의 마음에 악한 생각을 가지지 않도록 조심하라"고 기록한 것
을 범하는 것을 보았을 때 이 프로즈불을 제정했다.

- 프로즈불(פרוזבול, 헬라어 προσβολή)은 안식년이 끝나기 전에 채권
  자가 기록해서 법원에 그 집행을 맡기는 문서이며 안식년에 빚을 탕
  감해주는 의무에서 면제되는 효과가 있다. 이 문서를 작성한 채권자
  는 안식년이 지난 뒤에 빚을 받을 수 있다.
- 미쉬나는 힐렐 원로가 이 제도를 시행했다고 주장하는데 안식년 규
  정 때문에 채권자들이 대출해주기를 꺼려하여 가난한 사람들이 겪

는 어려움이 빚을 지는 것보다 더 심하다고 여겼기 때문이다. 이미 토라도 채권자들이 이렇게 생각하리라는 것을 예상했는데(신 15:9), 그 상황을 토라의 계명만으로 해결하지 못하자 추가규정을 만든 셈 이다.

### 10, 4
프로즈불에 명시해야 할 사항을 설명한다.

---

זֶהוּ גוּפוֹ שֶׁל פְּרוֹזְבּוּל. מוֹסֵר אֲנִי לָכֶם אִישׁ פְּלוֹנִי וּפְלוֹנִי הַדַּיָּנִים שֶׁבְּמָקוֹם פְּלוֹנִי, שֶׁכָּל חוֹב שֶׁיֶּשׁ לִי, שֶׁאֶגְבֶּנּוּ כָּל זְמַן שֶׁאֶרְצֶה. וְהַדַּיָּנִים חוֹתְמִין לְמַטָּה, אוֹ הָעֵדִים:

---

프로즈불의 양식은 다음과 같다. "나는 이러이러한 장소의 판사들 인 여러분 아무개와 아무개에게 〔부채 관련 내역을〕 넘깁니다. 내가 가진 채권을 내가 원할 때에 모두 수금하겠습니다." 판사나 증인들이 그 아래에 도장을 찍는다.

● 이 미쉬나는 특정 지역의 판사들을 명시하고, 대출금을 포기하는 일 이 없다는 조건으로 대출해주는 증서이다. 직접적으로 안식년 규정 을 폐기한다고 말하지 않고 우회적인 표현을 사용했다.

### 10, 5
프로즈불에 기록하는 날짜에 관해 논의한다.

---

פְּרוֹזְבּוּל הַמֻּקְדָּם, כָּשֵׁר, וְהַמְאֻחָר, פָּסוּל. שִׁטְרֵי חוֹב הַמֻּקְדָּמִים, פְּסוּלִים, וְהַמְאֻחָרִים, כְּשֵׁרִים. אֶחָד לֹוֶה מֵחֲמִשָּׁה, כּוֹתֵב פְּרוֹזְבּוּל לְכָל אֶחָד וְאֶחָד. חֲמִשָּׁה לֹוִין מֵאֶחָד, אֵינוֹ כוֹתֵב אֶלָּא פְּרוֹזְבּוּל אֶחָד לְכֻלָּם:

---

이전 날짜를 [기록한] 프로즈불은 유효하지만 이후의 날짜를 [기록한] 것은 무효가 된다. 이전 날짜를 [기록한] 대출서류는 무효가 되나, 이후의 날짜를 [기록한 대출서류는] 유효하다. 만일 한 사람이 다섯 명에게 빌렸다면 프로즈불을 각각 써야 한다. 그러나 다섯 명이 한 명에게 빌렸다면 [모두를 위해] 프로즈불 하나를 쓰면 된다.

- 프로즈불을 쉐밧월에 작성하면서 날짜를 두 달 전인 키슬레브월로 적으면 유효하다. 이미 대출이 발생한 것처럼 적은 서류에서 손해가 발생한다면 채권자에게 일어나기 때문이다. 그러나 반대로 키슬레브월에 서류를 작성하면서 날짜를 다가올 쉐밧월로 적으면 무효가 된다. 이것은 채권자에게 유리하고 채무자에게 손해가 발생할 수 있기 때문이다.
- 그러나 대출서류의 경우는 반대이니 이전 날짜를 기록하면 무효가 된다. 대출서류에는 제삼자의 재산에 유치권 또는 선취득권을 설정할 수 있기 때문이다. 만약 채무자가 자기 재산을 제삼자에게 팔았고 그 이후에 채무불이행 상태가 되면 채권자는 선취득권을 행사하고 제삼자는 재산을 잃을 위험이 있기 때문이다. 그러나 이후의 날짜를 기록한 대출서류는 유효하니 아무도 재산을 잃을 염려가 없기 때문이다.
- 프로즈불은 채권자의 이익을 위해 작성하는 서류이므로 채권자의 수에 맞추어 기록한다.

## 10, 6

프로즈불을 작성할 때 채무자가 토지를 소유해야 하는지 여부를 설명한다.

אֵין כּוֹתְבִין פְּרוֹזְבּוּל אֶלָּא עַל הַקַּרְקַע. אִם אֵין לוֹ, מְזַכֶּה הוּא בְּתוֹךְ שָׂדֵהוּ כָּל שֶׁהוּא. הָיְתָה לוֹ שָׂדֶה מְמֻשְׁכֶּנֶת בָּעִיר, כּוֹתְבִין עָלֶיהָ פְּרוֹזְבּוּל. רַבִּי חֲצָפִית אוֹמֵר, כּוֹתְבִין לָאִישׁ עַל נִכְסֵי אִשְׁתּוֹ, וְלַיְתוֹמִים עַל נִכְסֵי אַפּוֹטְרוֹפִין:

프로즈불은 오직 땅을 [담보로 할 때] 작성할 수 있다. 그러나 [채무자가 땅이] 없다면 [채권자는] 자신의 밭에서 적은 부분의 소유권을 준다. 만일 그가 도시에 저당 잡힌 땅이 있다면 그것을 담보로 프로즈불을 쓸 수 있다. 후쯔피트 랍비는 말한다. 남자는 아내의 재산을 [담보로 하여], 고아는 후견인의 재산을 [담보로 하여] 프로즈불을 쓸 수 있다.

- 대출에 관한 프로즈불을 작성할 때 채무자의 토지를 담보로 잡으면 이것은 마치 법원에서 대출을 상환 받은 것과 같은 상태가 된다. 채권자가 적절한 시기에 법원의 프로즈불을 통해서 대출을 상환 받을 때는 이미 상환이 끝난 채무를 정산 받는 것과 같다. 이런 논리에 따라 채권자는 안식년에 빚을 탕감하라는 계명을 직접적으로 어기지 않은 것으로 간주한다.
- 채무자가 토지를 소유하지 못하였고 대출 관련 프로즈불을 작성해야 한다면 채권자가 가상으로 자신의 밭 중에서 일부 소유권을 채무자에게 주고, 그것을 담보로 문서를 작성한다. 그 땅은 결국 자신에게 돌아올 것이므로 채무이행을 보장하는 역할만 하게 된다.
- 채무자가 도시 안에 있는 땅을 담보로 대출 받은 일이 있고, 동일한 땅을 담보로 다른 대출 받는다고 해도 프로즈불 작성을 허락한다. 논리적으로 불가능한 일이지만 채무자의 입장에서 관대하게 해석하고 있다. 같은 이유로 아내의 재산이나 후견인의 재산을 담보로 프로즈불 작성을 허락한다.

## 10, 7

벌통을 토지로 볼 수 있는지 여부를 논의한다.

---

כַּוֶּרֶת דְּבוֹרִים, רַבִּי אֱלִיעֶזֶר אוֹמֵר, הֲרֵי הִיא כְּקַרְקַע, וְכוֹתְבִין עָלֶיהָ פְרוֹזְבּוּל,
וְאֵינָהּ מְקַבֶּלֶת טֻמְאָה בִּמְקוֹמָהּ, וְהָרוֹדֶה מִמֶּנָּה בְּשַׁבָּת חַיָּב. וַחֲכָמִים
אוֹמְרִים, אֵינָהּ כְּקַרְקַע, וְאֵין כּוֹתְבִין עָלֶיהָ פְרוֹזְבּוּל, וּמְקַבֶּלֶת טֻמְאָה
בִּמְקוֹמָהּ, וְהָרוֹדֶה מִמֶּנָּה בְּשַׁבָּת, פָּטוּר:

---

벌통에 대해 엘리에제르 랍비는 말한다. 그것은 땅처럼 취급되며
〔그것을 담보로〕 프로즈불을 쓸 수 있다. 그것이 그 장소에 〔남아 있
는〕 한 부정해질 〔가능성이〕 없다. 안식일 그곳에서 꿀을 취하는 이는
책임을 져야 한다. 그러나 랍비들은 말한다. 그것은 땅이 아니며 〔그
것을 담보로〕 프로즈불을 쓸 수 없다. 그 장소에 있는 동안 부정해질
〔가능성이〕 있다. 안식일 그곳에서 꿀을 취하는 이는 〔책임에서〕 면
제된다.


- 벌통은 벽에 구멍이 있어서 막히지 않았지만 땅에 고정되어 있다는
  이유로 다양한 법전통에서 문제를 일으키는 존재이다. 엘리에제르
  랍비는 벌통이 땅과 동일하다고 주장하며 채무자가 토지를 소유하
  지 않았다고 하더라도 벌통을 가지고 있다면 이것을 담보로 프로즈
  불을 작성할 수 있다고 주장한다. 둘째, 정결법에 따라 땅에 고정되
  어 있는 것들은 땅과 같은 지위를 가지며 부정이 전이될 수 없다. 그
  러므로 벌통도 땅에 고정되어 있으면 부정해지지 않는다. 셋째, 안식
  일에 무엇인가를 땅에서 취하는 자는 안식일 계명을 어긴 것으로 간
  주한다. 그러므로 벌통에서 꿀을 채취한 자는 계명을 어긴 책임을 져
  야 한다.
- 다른 랍비들은 벌통이 땅과 동일하다고 보지 않으므로 위의 세 가지

문제에 관해 엘리에제르 랍비와 반대되는 의견을 주장한다.

## 10, 8

채무자가 안식년이 지난 뒤에 빚을 갚는 상황을 논의한다.

---

הַמַּחֲזִיר חוֹב בַּשְּׁבִיעִית, יֹאמַר לוֹ מְשַׁמֵּט אָנִי. אָמַר לוֹ אַף עַל פִּי כֵן, יְקַבֵּל
מִמֶּנּוּ, שֶׁנֶּאֱמַר וְזֶה דְּבַר הַשְּׁמִטָּה. כַּיּוֹצֵא בוֹ, רוֹצֵחַ שֶׁגָּלָה לְעִיר מִקְלָט וְרָצוּ
אַנְשֵׁי הָעִיר לְכַבְּדוֹ, יֹאמַר לָהֶם, רוֹצֵחַ אָנִי. אָמְרוּ לוֹ, אַף עַל פִּי כֵן, יְקַבֵּל
מֵהֶם, שֶׁנֶּאֱמַר (שם יט) וְזֶה דְּבַר הָרוֹצֵחַ:

---

〔채무자가〕 안식년에 빚을 갚으면 〔채권자는 채무자에게〕 이렇게 말해야 한다. "나는 그것을 면제합니다." 〔그러면 채무자가〕 "그렇지만 〔나는 빚을 갚겠습니다〕"라고 말하고, 〔채권자는〕 그에게 받을 수 있다. "이것은 면제의 말씀"이라고 기록되어 있기 때문이다.

이와 마찬가지로 〔부지중〕 살해한 이가 도피성[23]으로 갔을 때 사람들이 그에게 권리를 수여하려면 그는 그들에게 이렇게 말해야 한다. "나는 살인자입니다." 〔그러면〕 그들이 "그렇지만 〔우리는 당신에게 권리를 수여합니다〕"라고 말하고, 그는 〔권리를〕 받을 수 있다. "이것은 살인자에 대한 말씀"으로 기록되어 있기 때문이다.

- 채무자가 안식년이 지난 뒤 제8년에 빚을 갚으러 오면 채권자가 안식년 관련법을 무시하고 그것을 받을 수 없다. 그러므로 채권자는 안식년 법에 따라 빚을 탕감한다고 선포하고, 채무자가 그럼에도 불구하고 빚을 갚겠다고 말해야 한다. 그 이후에 채권자는 적법하게 빚을 돌려받는다. 랍비들은 채무자가 빚을 갚는 것이 정당한 일이며

---

23) 도피성은 실수로 살인한 사람을 보호하기 위해 특별히 설치된 성읍(민 35:6; 수 20:2). 이곳에 피신한 자는 생명의 안전과 함께 공정한 재판을 받을 수 있었다.

안식년 관련법을 악용하는 일이 없어야 한다는 입장이며 토라의 계
명을 우회하는 방법을 마련하는 셈이다. 토라 인용문(신 15:2)은 법
규라는 뜻의 '말'(דבר, 다바르)을 실제로 채무자와 채권자가 하는 말
로 해석한다.

- 마찬가지로 어떤 사람이 실수로 살인하고 도피성으로 피했을 때도
  유사한 과정을 거쳐야 한다. 살인자는 자신이 도피성에 온 목적을 밝
  히고, 도피성 거주민들은 그에게 보호받을 권리를 수여한다. 이 또
  한 토라 본문(신 19:4)을 실제 대화로 재해석한 결과이다.

### 10, 9

안식년이 지난 뒤에 빚 갚는 일을 칭찬하고 격려한다.

---

הַמַּחֲזִיר חוֹב בַּשְּׁבִיעִית, רוּחַ חֲכָמִים נוֹחָה מִמֶּנּוּ. הַלּוֶה מִן הַגֵּר שֶׁנִּתְגַּיְּרוּ
בָנָיו עִמּוֹ, לֹא יַחֲזִיר לְבָנָיו. וְאִם הֶחֱזִיר, רוּחַ חֲכָמִים נוֹחָה מִמֶּנּוּ. כָּל
הַמִּטַּלְטְלִין, נִקְנִין בִּמְשִׁיכָה. וְכָל הַמְקַיֵּם אֶת דְּבָרוֹ, רוּחַ חֲכָמִים נוֹחָה מִמֶּנּוּ:

---

안식년에 빚을 갚는 자에 대해 랍비들은 그에 대해 매우 기쁘게 생
각한다. 만일 어떤 사람이 아들들과 함께 개종을 한 개종자에게 빌린
경우 그는 아들에게 빚을 갚지 않아도 된다. 그러나 만일 그가 빚을
갚는다면 랍비들은 그에 대해 기쁘게 생각한다. 모든 동산은 [구매한
물건을] 옮겨갔을 때 [법적인 소유권을] 획득한다. 그의 말을 이행하
는 모든 자에 대해 랍비들은 매우 기쁘게 생각한다.

- 채무자는 안식년에 탕감된 빚을 갚을 필요가 없다. 그럼에도 불구하
  고 채무자가 자기 빚을 갚는다면 랍비들이 그 사람의 행동 때문에
  매우 기뻐하며 그의 자세를 높이 치하할 것이다. 정말 어쩔 수 없는
  상황이 아니라면 안식년 관련법의 혜택을 보지 않는 것이 바람직하

다는 것이다.

- 비유대인이 유대인으로 개종하면 그 사람은 새로운 사람으로 다시 태어나는 것과 마찬가지며 그전에 관련된 모든 법적인 관계가 끊어진다. 그러므로 아버지와 아들들이 함께 개종하면 상속을 받을 수 없다. 어떤 사람이 개종자에게 빚이 있고 그 채권자가 죽었다면 그 아들들이 채권을 상속받을 수 없으며 채무자는 아들들에게 빚을 갚을 의무가 없다. 그러나 그가 빚을 갚는 것이 바람직하다.
- 동산으로 간주하는 물건을 구입하면 대금을 지불했다고 하더라도 그 물건을 직접 자기 집으로 옮겨왔을 때 소유권이 발생한다. 물건을 구입하기로 하고 대금을 지불했으나 아직 그 물건이 판매자에게 있다면 구매자는 소유권이 없으며 판매자는 더 높은 대금을 제시하는 다른 사람에게 그 물건을 팔 수 있다. 물론 첫 번째 구매자에게 받은 돈은 반환해야 한다. 그러나 이미 말로 약속한 것을 바꾸지 않고 지키는 것이 바람직하다.

# תרומות

## 6

# 트루몿
### 봉헌물

거제물을 드리지 않아도 되는 이들은 다음 다섯 종류의 사람들이다. 그들이 거제를 드렸다면 그것은 거제로 인정되지 않는다. 청각장애인, 지적장애인, 미성년자, 본인의 것이 아닌 것을 거제로 드린 자, 이스라엘인의 것을 거제로 드린 이방인. 주인의 허락을 받았더라도 그 거제물은 거제가 아니다.
_「트루몿」1, 1

# 개요

「트루못」(תרומות)의 명칭은 '거제'(תרומה, 트루마)라는 낱말에서 나왔으며 이스라엘 사람이 제사장에게 주는 농산물 선물을 가리킨다. 물론 레위인이 보수로 받은 십일조에서 일부를 떼어 제사장에게 거제를 주기도 한다.

거제와 관련된 규정을 정리하면 다음과 같다.

1) 거제는 제사장이 아닌 자가 먹을 수 없으며 이 규정을 어긴 자는 하늘에서 내린 죽음의 벌을 받게 된다. 같은 이유로 거제를 떼지 않은 음식을 먹는 자도 책임이 있다.

2) 토라는 농산물에서 떼어야 할 거제의 양을 정확하게 규정하지 않았다. 일반적으로 2퍼센트 정도를 떼지만, 다른 견해도 있다.

3) 거제인 음식물이 속된 음식물과 섞이면 전체가 의심스러운 거제로 변한다. 제사장이 아닌 자는 이 음식을 먹을 수 없으며 제사장에게 팔아야 한다. 그 음식의 가격은 섞여 있는 거제를 제거한 상태를 기준으로 정한다.

4) 거제인 음식물이 속된 음식물과 섞였는데 약 100:1의 비율이라면 거제에 해당하는 양을 제거하고 남은 음식을 속된 음식으로 다루

어도 좋다.

5) 토라는 거제를 성물이라고 부르기 때문에 정결하게 취급하고 보관해야 한다.

6) 토라는 거제를 곡식과 포도주와 기름에서 바치라고 명령했지만, 랍비들은 땅에서 자라고 거두어 보관할 수 있는 농산물 전체로 확대 적용한다.

• **관련 성경구절** | 민수기 18:8, 11–12, 25–32; 신명기 18:4–5

# 제1장

## 1, 1
거제를 바치는 사람의 자격을 설명한다.

---

חֲמִשָּׁה לֹא יִתְרֹמוּ, וְאִם תָּרְמוּ, אֵין תְּרוּמָתָן תְּרוּמָה. הַחֵרֵשׁ, וְהַשּׁוֹטֶה,
וְהַקָּטָן, וְהַתּוֹרֵם אֶת שֶׁאֵינוֹ שֶׁלּוֹ. נָכְרִי שֶׁתָּרַם אֶת שֶׁל יִשְׂרָאֵל, אֲפִלּוּ
בִרְשׁוּת, אֵין תְּרוּמָתוֹ תְּרוּמָה:

---

거제물을 드리지 않아도 되는 이들은 다음 다섯 〔종류의〕 사람들이다. 그들이 거제를 드렸다면 〔그것은〕 거제로 인정되지 않는다. 청각장애인, 지적장애인, 미성년자, 본인의 것이 아닌 것을 거제로 드린 자, 이스라엘인의 것을 거제로 드린 이방인. 〔주인의〕 허락을 받았더라도 그 거제물은 거제가 아니다.

- 거제는 의도적으로 성전에 봉헌하는 유대인이 바쳐야 유효하다. 유대 법전통에 따라 독립적인 의도를 가지지 못하는 청각장애인, 지적장애인, 미성년자는 거제와 관련해서도 법적인 주체가 될 수 없다.
- 거제는 본인의 수확물 중에서 따로 떼어 드리는 것이며 다른 사람의 재산에서 자신의 거제를 뗄 수는 없다.
- 비유대인은 거제를 바칠 수 없으며 친분이 있는 유대인이 이를 허락했다고 하더라도 그가 바치는 것은 거제로 인정되지 않는다.

## 1, 2
청각장애인의 법적 지위에 관해 논의한다.

---

חֵרֵשׁ הַמְדַבֵּר וְאֵינוֹ שׁוֹמֵעַ, לֹא יִתְרֹם. וְאִם תָּרַם, תְּרוּמָתוֹ תְּרוּמָה. חֵרֵשׁ
שֶׁדִּבְּרוּ בוֹ חֲכָמִים בְּכָל מָקוֹם, שֶׁאֵינוֹ לֹא שׁוֹמֵעַ וְלֹא מְדַבֵּר:

---

말할 수 있지만 들을 수 없는 청각장애인은 거제를 드리지 않는다. 만일 드렸다면 거제물은 거제물로 [인정된다]. 랍비들이 여러 장소에서 말하는 청각장애인이란 듣지도 말하지도 못하는 이들이다.

- 첫째 미쉬나에서 청각장애인이 바친 거제는 무효가 된다고 했는데 이 미쉬나는 듣지도 못하고 말하지도 못하는 자의 경우에 그러하다고 설명한다. 듣지도 말하지도 못하면 의사소통을 할 수 없고 올바른 제사를 드릴 수 없다고 생각한 것이다.
- 들을 수 없지만 말할 수 있는 자도 거제를 드릴 수 없지만, 굳이 드린다면 그의 거제물을 유효하다고 인정한다. 말로 의사소통을 할 수 있는 자는 원래 들을 수 있었는데 후천적으로 청력을 잃은 경우일 수 있으며 그는 거제의 의미를 배워서 알 수 있기 때문이다.

### 1, 3
미성년자가 거제를 드리는 경우를 논의한다.

---

קָטָן שֶׁלֹּא הֵבִיא שְׁתֵּי שְׂעָרוֹת, רַבִּי יְהוּדָה אוֹמֵר, תְּרוּמָתוֹ תְּרוּמָה. רַבִּי יוֹסֵי אוֹמֵר, אִם עַד שֶׁלֹּא בָא לְעוֹנַת נְדָרִים, אֵין תְּרוּמָתוֹ תְּרוּמָה. וּמִשֶּׁבָּא לְעוֹנַת נְדָרִים, תְּרוּמָתוֹ תְּרוּמָה:

---

[음부에] 털 두 가닥이 나지 않은 미성년자에 대해 예후다 랍비는 말한다. 그의 거제물은 거제로 [인정된다]. 요쎄 랍비는 말한다. 맹세를 하는 연령이 되지 않았다면 그의 거제물은 거제물이 아니다. 하지만 맹세를 하는 연령이 되었다면 그의 거제물은 거제로 [인정한다].

- 첫째 미쉬나에서 미성년자가 바친 거제는 무효가 된다고 했는데 유대 법전통에 따라 미성년자는 음부에 털 두 가닥이 돋아났는지 여

부로 결정한다. 그런데 예후다 랍비는 첫째 미쉬나에 반대하며 미성년자가 바친 거제물도 거제로 인정한다고 주장한다. 요쎄 랍비는 또다른 판단 기준을 제시하는데 합법적으로 맹세(נדר, 네데르)를 할수 있는 연령에 따라 판단한다는 것이다. 맹세를 하려면 남성은 12세, 여성은 11세가 되어야 유효하며 이 나이에 맹세의 의미를 이해할수 있다면 거제의 의미도 충분히 이해할 수 있으리라 추정한 것이다.

## 1, 4
거제물을 구별하는 방법에 관해 논의한다.

---

אֵין תּוֹרְמִין זֵיתִים עַל הַשֶּׁמֶן, וְלֹא עֲנָבִים עַל הַיַּיִן. וְאִם תָּרְמוּ, בֵּית שַׁמַּאי אוֹמְרִים, תְּרוּמַת עַצְמָן בָּהֶם. וּבֵית הִלֵּל אוֹמְרִים, אֵין תְּרוּמָתָן תְּרוּמָה:

---

기름 대신 올리브 열매를, 포도주 대신 포도 열매를 거제로 드려서는 안 된다. 만일 거제로 드렸다면 샴마이 학파는 그것들 안에 거제물이 있다고 말하고, 힐렐 학파는 그의 거제물이 거제가 아니라고 말한다.

- 거제물은 아직 가공하지 않은 올리브 열매나 포도 열매로 드릴 수 없으며 완성된 기름이나 포도주로 드려야 한다.
- 어떤 사람이 이 규정을 어기고 열매 상태에서 거제를 드렸을 때 샴마이 학파는 그의 거제물은 거룩한 거제물과 속된 부분이 섞인 상태라고 간주했다. 한편 힐렐 학파는 그가 바친 거제물이 무효라고 주장한다.

## 1, 5
서로 다른 농산물에서 거제물을 구별하는 방법을 설명한다.

אֵין תּוֹרְמִין מִן הַלֶּקֶט, וּמִן הַשִּׁכְחָה, וּמִן הַפֵּאָה, וּמִן הַהֶפְקֵר, וְלֹא מִמַּעֲשֵׂר
רִאשׁוֹן שֶׁנִּטְּלָה תְרוּמָתוֹ, וְלֹא מִמַּעֲשֵׂר שֵׁנִי וְהֶקְדֵּשׁ שֶׁנִּפְדּוּ, וְלֹא מִן הַחַיָּב
עַל הַפָּטוּר, וְלֹא מִן הַפָּטוּר עַל הַחַיָּב, וְלֹא מִן הַתָּלוּשׁ עַל הַמְחֻבָּר, וְלֹא מִן
הַמְחֻבָּר עַל הַתָּלוּשׁ, וְלֹא מִן הֶחָדָשׁ עַל הַיָּשָׁן, וְלֹא מִן הַיָּשָׁן עַל הֶחָדָשׁ, וְלֹא
מִפֵּרוֹת הָאָרֶץ עַל פֵּרוֹת חוּצָה לָאָרֶץ, וְלֹא מִפֵּרוֹת חוּצָה לָאָרֶץ עַל פֵּרוֹת
הָאָרֶץ. וְאִם תָּרְמוּ, אֵין תְּרוּמָתָן תְּרוּמָה:

거제물을 구별해서 드릴 수 없는 것들은 다음과 같다. 레케트, 쉬흐하, 페아, 주인이 없는 것, 거제물을 구별해놓은 첫째 십일조, 둘째 십일조, [이미] 무른 성물에서 [드릴 수 없다].

[거제가] 면제된 것 대신 [거제를 드릴] 의무가 있는 것으로, 의무가 있는 것 대신 면제된 것으로, [땅에] 심겨져 있는 것 대신 [땅에서] 뽑은 것으로, 뽑은 것 대신 심겨져 있는 것으로, 묵은 [농산물] 대신 새 것으로, 새 것 대신 묵은 것으로, 외국에서 자란 열매 대신 이 땅의 열매로, 이 땅의 열매 대신 외국에서 자란 열매로 [드릴 수 없다]. [이러한 생산물을] 거제로 드린다면 그의 거제물은 거제가 아니다.

- 가난한 자들에게 선물로 주는 농산물은 거제와 십일조를 뗄 의무에서 면제된다. 추수할 때 가난한 자들이 주울 수 있는 이삭을 이르는 레케트(레 19:9), 밭주인이 잊어버리고 밭에 두고 온 곡식인 쉬흐하(신 24:19), 그리고 추수할 때 가난한 자들을 위해 곡식을 베지 않고 남겨두는 밭의 모퉁이 페아(레 19:9; 23:22; 신 24:19-21)가 여기에 해당한다. 비슷한 이유로 주인이 없는 농산물로 선포된 것은 거제를 따로 떼지 않는다.
- 이스라엘 백성들이 십일조로 바친 것을 레위인이 자기 몫으로 받고 (첫째 십일조), 레위인은 받은 중에서 십일조의 거제(תרומת מעשר, 트루맛 마아싸르)를 떼어 제사장에게 준다. 그런데 이스라엘 백성이 거제를 떼기 전에 레위인이 그의 십일조를 받았으면 이미 받은 것에

서 거제를 또 떼지 않는다.

- 둘째 십일조는 제1, 2, 4, 5년에 떼어 돈으로 바꾼 뒤 예루살렘으로 가져가서 소비하고, 이미 무른 성물은 그것을 대체하는 돈을 성전에 바친다. 이러한 경우에는 거제를 뗀 적도 없고 바친 이후에도 거제를 뗄 의무가 없다.

- 농작물 중에서 거제를 뗄 의무가 있는 것과 면제되는 것이 있다. 농부 한 사람이 이 두 가지 농작물을 함께 재배할 때 한 농작물에서 거제를 떼어 다른 농작물과 관련된 의무를 해결할 수 없다.

- 아직 땅에 심겨져 있어서 자라고 있는 농작물에서 거제를 뗄 수 없으며 땅에서 뽑아 수확한 뒤에 거제를 뗀다. 그러므로 이미 수확한 것으로 아직 수확하지 않은 것에 부과될 거제를 뗄 수 없고, 그 반대도 마찬가지다.

- 작년에 거둔 묵은 농산물과 올해 새로 거둔 농산물은 서로 다른 것으로 간주하며 묵은 농산물로 새 농산물의 거제를 드릴 수 없다. 반대도 마찬가지다.

- 이스라엘 땅 바깥에서 수확한 농산물은 거제를 뗄 의무가 없다. 그러므로 이러한 농산물을 바쳐서 이스라엘에서 거둔 농산물의 거제로 삼을 수 없다. 반대도 마찬가지다.

- 여기서 나열한 경우에 규칙을 어기고 거제로 드린 농산물은 거제로 인정하지 않으며 제사장이 아닌 자가 먹어도 무방하다.

## 1, 6

거제를 드리는 자의 자격에 관한 추가규정이다.

---

חֲמִשָּׁה לֹא יִתְרֹמוּ, וְאִם תָּרְמוּ, תְּרוּמָתָן תְּרוּמָה. הָאִלֵּם, וְהַשִּׁכּוֹר, וְהָעָרוֹם,
וְהַסּוּמָא, וּבַעַל קֶרִי. לֹא יִתְרֹמוּ, וְאִם תָּרְמוּ, תְּרוּמָתָן תְּרוּמָה:

---

거제를 드리지 않아도 되는 이들은 다음 다섯 〔종류의〕 사람들이다. 그들이 거제물을 드렸다면 거제로 〔인정된다〕. 언어장애인, 술취한 이, 벌거벗은 이, 시각장애인, 사정한 자. 그들이 거제물을 드렸다면 거제로 〔인정된다〕.

- 첫째 미쉬나에서 거제를 드리지 말아야 할 사람들의 목록을 설명했는데 이 미쉬나도 거제를 드리지 말아야 할 자들이지만 그들의 거제물은 인정받는 경우를 논의한다. 예를 들어 말을 할 수 없는 언어장애인은 적절한 기도문을 낭송할 수 없기 때문에 거제를 드릴 수 없으나, 거제의 의미를 이해할 지성이 있기 때문에 그가 드린 거제물은 거제로 인정한다.
- 술에 취하거나 어떤 이유로 벌거벗은 사람은 제정신이 아니거나 어떤 다른 이유로 제의에 참여할 수 없으므로 거제를 드릴 수 없으나, 굳이 거제를 드리면 거제로 인정한다.
- 앞을 볼 수 없는 시각장애인은 자신이 바치는 것이 어떤 상태인지 정확하게 알 수 없으므로 거제를 드릴 수 없으나, 거제의 의미를 이해할 지성이 있기 때문에 거제물을 드리면 거제로 인정한다.
- 사정한 자는 정결례를 시행하기 전에는 기도문을 낭송할 수 없으므로 거제를 드릴 수 없다(「브라홋」 3, 6). 그러나 그가 거제물을 드리면 거제로 인정한다.

## 1, 7

거제를 얼마나 드려야 할지 설명한다.

אֵין תּוֹרְמִין, לֹא בְמִדָּה, וְלֹא בְמִשְׁקָל, וְלֹא בְמִנְיָן. אֲבָל תּוֹרֵם הוּא אֶת
הַמָּדוּד וְאֶת הַשָּׁקוּל וְאֶת הַמָּנוּי. אֵין תּוֹרְמִין בְּסַל וּבְקֻפָּה שֶׁהֵם שֶׁל מִדָּה,
אֲבָל תּוֹרֵם הוּא בָהֶן חֶצְיָן וּשְׁלִישָׁן. לֹא יִתְרֹם בִּסְאָה חֶצְיָהּ, שֶׁחֶצְיָהּ מִדָּה:

양이나 무게나 수에 따라 거제물을 드리지 않는다. 그러나 이미 양을 쟀거나, 무게를 쟀거나 수를 센 것으로 거제를 드린다. 양을 재는 광주리나 바구니에 거제물을 드리지 않는다. 그러나 〔바구니에〕 절반이나 1/3 정도 들어 있는 상태로는 드릴 수 있다. 1쎄아를 〔재는 바구니의〕 절반을 〔채워서〕 드리지 않는다. 그 절반은 〔상용하는〕 도량형이기 때문이다.

- 토라는 거제를 얼마나 드려야 하는지 정확한 분량을 제시하지 않으나, 랍비들은 약 2퍼센트 이상을 드려야 한다고 기준을 세운다. 적게 드리면 인색한 것이고 많이 드릴수록 관대한 것으로 여긴다. 그러므로 이 미쉬나는 거제를 정확하게 재거나 달거나 세어 드리지 말고 넉넉하게 드리라고 명령한다.
- 같은 이유 때문에 이미 공인된 도량형으로 사용하는 광주리나 바구니를 가득 채울 수 없으며 적당히 반이나 1/3을 채워서 바쳐야 한다. 한 가지 예외는 1쎄아가 들어가는 바구니인데, 그 바구니의 반도 상용하는 도량형이기 때문에 그것을 사용하지 못한다(1쎄아는 3카브이고, 3카브는 1힌이다).

## 1, 8

거제물을 구별하는 방법에 관한 추가규정이다.

---

אֵין תּוֹרְמִין שֶׁמֶן עַל זֵיתִים הַנִּכְתָּשִׁין, וְלֹא יַיִן עַל עֲנָבִים הַנִּדְרָכִים. וְאִם תָּרַם, תְּרוּמָתוֹ תְּרוּמָה, וְיַחֲזֹר וְיִתְרֹם. הָרִאשׁוֹנָה מְדַמַּעַת בִּפְנֵי עַצְמָהּ, וְחַיָּבִין עָלֶיהָ חֹמֶשׁ, אֲבָל לֹא שְׁנִיָּה:

---

으깬 올리브 열매 대신 기름을 거제물로 드리거나 밟은 포도 열매 대신 포도주를 거제물로 드려서는 안 된다. 하지만 〔이미〕 드렸다면

그의 거제물은 거제로 [인정되나], 다시 거제를 드려야 한다. 첫째 거제물은 그 자체로 [다른 음식을 거제 관련법을 적용하는] 섞인 것으로 만들며 [그것을 먹은 자는] 1/5을 더 추가해서 [내야] 한다. 그러나 둘째 [거제물은] 그렇지 않다.

- 거제물은 가공이 끝난 농산물로 드리는데 아직 가공 중인 농산물을 대신해서 다른 농산물의 가공품을 드리는 것은 금지된다.
- 규칙을 어기고 가공 중인 농산물을 거제로 드리면 거제로 인정한다. 그 대신 그 사람은 가공이 끝난 농산물로 다시 거제를 드려야 한다. 이 규정은 서로 상반되는 기준들을 동시에 인정하고 있는데 아마도 올리브나 포도를 으깼지만 아직 기름이나 포도주가 나오지 않은 중간적인 지위 때문에 초래된 상황으로 보인다.
- 이런 상황에서 처음 드린 거제물이 거룩한 거제이며 둘째 거제물은 사실 벌금에 해당한다. 그래서 첫째 거제물이 다른 음식에 떨어져 섞이면 전체가 의심스러운 거제물이 된다. 제사장이 아닌 자가 그것을 먹으면 먹은 양에 해당하는 액수에 1/5을 더해서 값을 배상해야 한다(레 5:16). 그러나 둘째 거제는 사실 부적절한 첫째 거제에 대한 벌금에 해당하므로 이것이 다른 음식에 떨어져 섞인 것을 먹더라도 그 값만 배상하며 1/5을 추가하지 않는다.

### 1, 9

절인 올리브나 건포도를 거제물로 드릴 수 있는지에 대해 논의한다.

---

וְתוֹרְמִין שֶׁמֶן עַל זֵיתִים הַנִּכְבָּשִׁים, וְיַיִן עַל עֲנָבִים לַעֲשׂוֹתָם צִמּוּקִים. הֲרֵי שֶׁתָּרַם שֶׁמֶן עַל זֵיתִים לַאֲכִילָה, וְזֵיתִים עַל זֵיתִים לַאֲכִילָה, וְיַיִן עַל עֲנָבִים לַאֲכִילָה, וַעֲנָבִים עַל עֲנָבִים לַאֲכִילָה, וְנִמְלַךְ לְדָרְכָן, אֵינוֹ צָרִיךְ לִתְרֹם:

---

절인 올리브 열매 대신 기름을 거제물로 드리거나 건포도로 만든 포도 대신 포도주를 거제물로 드릴 수 있다. 음식용 올리브 대신 기름을, 음식용 올리브 대신 올리브를, 음식용 포도 대신 포도주를, 음식용 포도 대신 포도를 거제물로 드렸고 그 후에 〔포도를〕 밟았다면 〔다시〕 거제를 드릴 필요가 없다.

- 절인 올리브나 건포도는 가공이 끝난 농산물이다. 그러므로 역시 가공이 끝난 기름이나 포도주로 대신 드려도 무방하다.
- 미쉬나 후반부에 열거한 경우들은 열매를 음식으로 먹으려는 의도로 그 열매의 가공품을 대신 거제로 드리려는 것이다. 같은 열매더라도 주인의 의도에 따라 가공이 끝난 시점이 달라질 수 있으며 음식으로 먹으려는 농산물은 열매 상태로, 가공하려는 농산물은 가공품으로 거제를 드린다. 두 경우가 모두 가공이 끝난 상태라면 이 미쉬나의 첫 문장처럼 하나 대신 다른 것을 드려도 무방하며 음식으로 먹으려던 열매 대신 가공품을 드려도 좋다는 결론이 나온다. 그런데 가공품으로 거제를 드린 후에 주인이 마음을 바꾸어 음식으로 먹으려던 열매를 가공하기로 결정했다면 그는 가공하지 않은 열매 대신 가공품을 거제로 드린 셈이 된다. 그러나 이렇게 중간에 계획이 바뀐 경우에는 처음에 거제를 뗄 때 적법한 절차를 따랐으므로 책임을 면제한다.


### 1, 10

작업이 끝난 것과 작업이 끝나지 않은 것을 서로 대신하여 거제물로 드릴 수 있는지에 대해 논의한다.

〔아직〕 작업이 끝나지 않은 것 대신 〔이미〕 작업이 끝난 것을, 〔이미〕 작업이 끝난 것 대신 〔아직〕 작업이 끝나지 않은 것을, 〔아직〕 작업이 끝나지 않은 것 대신 〔아직〕 작업이 끝나지 않는 것을 거제물로 드릴 수 없다. 하지만 〔이미〕 거제로 드렸다면 그 거제물은 거제로 〔인정한다〕.

- 거제를 드릴 때 아직 가공이 끝나지 않은 농산물과 이미 가공이 끝난 농산물을 바꾸어서 바칠 수 없다(「트루못」 1, 4; 1, 8). 한 가지 농산물 대신 다른 농산물을 거제로 바칠 수 있는 유일한 경우는 두 가지가 모두 가공이 끝난 상태이다(「트루못」 1, 9).
- 마지막 문장은 규칙을 어기고 부적절한 거제물을 바쳐도 거제로 인정한다고 했는데 이 역시 지금까지 설명한 거제의 원칙에 상반된다. 기름이나 포도주 대신 올리브나 포도 열매를 거제로 드릴 수 없고(「트루못」 1, 4), 규칙을 어기고 거제를 드리면 거제를 다시 드려야 한다고 했기 때문이다(「트루못」 1, 8). 주석자들은 올리브나 포도는 가공하는 데 많은 시간과 노력이 들어서 따로 설명한 것이며 그 이외의 농산물들은 좀 더 관대하게 처분한 것이라고 설명한다.

# 제2장

## 2, 1

정결한 농산물과 부정한 농산물에서 떼는 거제에 관해 논의한다.

אֵין תּוֹרְמִין מִטָּהוֹר עַל הַטָּמֵא. וְאִם תָּרְמוּ, תְּרוּמָתָן תְּרוּמָה. בֶּאֱמֶת אָמְרוּ, הָעִגּוּל שֶׁל דְּבֵלָה שֶׁנִּטְמָא מִקְצָתוֹ, תּוֹרֵם מִן הַטָּהוֹר שֶׁיֵּשׁ בּוֹ עַל הַטָּמֵא שֶׁיֵּשׁ בּוֹ. וְכֵן אֲגֻדָּה שֶׁל יָרָק, וְכֵן עֲרֵמָה. הָיוּ שְׁנֵי עִגּוּלִים, שְׁתֵּי אֲגֻדּוֹת, שְׁתֵּי עֲרֵמוֹת, אַחַת טְמֵאָה וְאַחַת טְהוֹרָה, לֹא יִתְרֹם מִזֶּה עַל זֶה. רַבִּי אֱלִיעֶזֶר אוֹמֵר, תּוֹרְמִין מִן הַטָּהוֹר עַל הַטָּמֵא:

부정한 〔농산물〕 대신 정결한 〔농산물로〕 거제를 드려서는 안 된다. 만일 〔이미〕 드렸다면 그 거제물은 거제로 〔인정한다〕. 그들이 진심으로 말했다. 만일 말린 무화과로 만든 과자가 부분적으로 부정해졌다면 부정해진 부분 대신 정결한 부분을 거제물로 드릴 수 있다. 또한 야채 묶음이나 곡식 더미도 그러하다. 〔무화과〕 과자 두 개, 야채두 묶음, 곡식 두 더미가 있는데 하나는 정결하고 하나는 부정하다면 그중 하나 대신 〔다른〕 하나를 거제물로 드려서는 안 된다. 엘리에제르 랍비는 말한다. 부정한 것을 대신하여 정결한 것에서 거제물로 드릴 수 있다.

- 거제물은 농산물이 정결하든 부정하든 모두 떼어야 하지만, 제사장은 정결한 것만 사용할 수 있으며 부정한 것은 태워야 한다. 이렇게 두 가지가 서로 다르므로 부정한 농산물 대신 정결한 농산물로 거제를 드리는 것은 금지되어 있다. 그러나 굳이 그렇게 바친다면 그 거제물은 유효하다.
- 랍비문학에서 "그들이 진심으로 말했다"는 표현은 바로 앞에 나온 법적인 결정에 반대할 때 사용한다. 무화과를 말려서 함께 눌러놓은

과자, 채소 묶음, 곡식 더미 중 일부부만 부정해졌다면 그 부정한 부분 이외의 다른 부분에서 거제를 떼어 드린다. 이 의견은 무화과나 채소나 곡식이 여럿이지만 현재 한 덩어리로 묶여 있다고 보고, 정결한 한 덩어리를 부정한 다른 덩어리 대신 사용하는 경우가 아니라고 간주한 것이다. 그러나 이런 물건들이 각각 두 덩어리로 구분되어 있다면 하나 대신 다른 것으로 거제를 드릴 수 없다.

- 엘리에제르 랍비는 이 미쉬나 전체에 대한 반대의견을 제시하면서, 정결한 농산물로 거제를 드리는 것은 허용해야 한다고 주장한다.


## 2, 2

אֵין תּוֹרְמִין מִן הַטָּמֵא עַל הַטָּהוֹר. וְאִם תָּרַם, שׁוֹגֵג, תְּרוּמָתוֹ תְּרוּמָה, וּמֵזִיד, לֹא עָשָׂה כְלוּם. וְכֵן בֶּן לֵוִי שֶׁהָיָה לוֹ מַעֲשֵׂר טֶבֶל, הָיָה מַפְרִישׁ עָלָיו וְהוֹלֵךְ, שׁוֹגֵג, מַה שֶּׁעָשָׂה, עָשׂוּי, מֵזִיד, לֹא עָשָׂה כְלוּם. רַבִּי יְהוּדָה אוֹמֵר, אִם הָיָה יוֹדֵעַ בּוֹ בַּתְּחִלָּה, אַף עַל פִּי שֶׁהוּא שׁוֹגֵג, לֹא עָשָׂה כְלוּם:

정결한 〔농산물〕 대신 부정한 〔농산물로〕 거제물을 드려서는 안 된다. 〔이미〕 드렸을 때 실수로 〔드렸다면〕 그의 거제물을 거제로 〔인정하지만〕, 고의였다면 그는 〔그의 책임을〕 다하지 않은 것이다. 마찬가지로 〔봉헌물을 떼지 않은〕 부적절한 십일조를 갖고 있는 레위 자손이 그것으로 〔거제를〕 구별해 드리고 간 경우, 실수로 〔드렸으면〕 그의 행위를 인정하지만, 고의였다면 그는 〔그의 책임을〕 다하지 않은 것이다. 예후다 랍비는 말한다. 만일 처음부터 알았다면 실수로 〔드렸어도〕 그는 〔그의 책임을〕 다하지 않은 것이다.


- 정결한 농산물 대신 부정한 농산물로 거제를 드릴 수는 없다. 어떤 사람이 부정한 농산물에서 거제물을 드렸을 때 그가 실수로 그렇게 했다면 그가 바친 거제물을 인정하지만, 의도적으로 그렇게 했다면

다시 거제물을 떼어 바쳐야 한다.

- 레위인은 이스라엘 백성에게 받은 십일조 중에서 일부를 떼어 제사
  장에게 '십일조의 거제'를 드려야 한다. 그런데 어떤 레위인이 적절
  하게 거제를 뗀 십일조와 떼지 않아서 부적절한 십일조를 모두 받았
  는데 적절한 십일조 대신 부적절한 십일조에서 '십일조의 거제'를
  떼어 제사장에게 주었다. 만약 그가 실수로 드렸다면 그 행위를 인
  정하지만, 의도적으로 드렸다면 인정하지 않는다.
- 예후다 랍비는 그 레위인이 자기가 받은 실일조가 부적절하다는 사
  실을 알고 있다가 시간이 지나면서 잊어버렸고 실수로 그것을 거제
  로 드린 경우, 그것도 인정할 수 없다고 주장한다.

## 2, 3

실수로 저지른 행위와 의도적인 행위에 관련된 다른 경우를 논의
한다.

---

הַמַּטְבִּיל כֵּלִים בְּשַׁבָּת, שׁוֹגֵג, יִשְׁתַּמֵּשׁ בָּהֶם, מֵזִיד, לֹא יִשְׁתַּמֵּשׁ בָּהֶם.
הַמְעַשֵּׂר וְהַמְבַשֵּׁל בְּשַׁבָּת, שׁוֹגֵג, יֹאכַל, מֵזִיד, לֹא יֹאכַל. הַנּוֹטֵעַ בְּשַׁבָּת,
שׁוֹגֵג, יְקַיֵּם, מֵזִיד, יַעֲקֹר. וּבַשְּׁבִיעִית, בֵּין שׁוֹגֵג בֵּין מֵזִיד, יַעֲקֹר:

---

안식일에 [정결하게 하려고] 그릇을 담글 때 실수일 경우 그것을
사용할 수 있지만, 고의라면 사용할 수 없다. 안식일에 십일조를 구별
하거나 요리한 경우 그것이 실수였다면 먹을 수 있지만 고의라면 먹
을 수 없다. 안식일에 [식물을] 심는 경우 실수였다면 키울 수 있지만
고의라면 뿌리를 뽑아야 한다. 그러나 안식년의 경우 실수든 고의든
그것을 뽑아야 한다.

- 부정한 그릇을 물웅덩이에 담그는 정결례를 안식일에 실시할 수 없

으니 그가 그 그릇을 사용가능한 상태로 만들기 때문에 새 그릇을 만드는 것과 동일하다. 그가 안식일인 것을 모르거나 안식일에 정결례를 시행하는 것이 금지되었다는 규정을 모르고 실수로 시행한 경우 그 그릇을 사용해도 좋다. 그러나 그가 요일과 규정을 알면서도 그렇게 했다면 안식일에 그 그릇을 사용할 수 없고, 평일에 다시 적절한 방법으로 정결례를 시행한 뒤에 사용할 수 있다.

- 안식일에 농산물에서 십일조로 드릴 부분을 떼거나, 요리를 하거나, 식물을 심은 경우도 같은 원칙을 적용하며 실수라면 그 농산물을 먹을 수 있지만, 고의라면 먹을 수 없다. 예외인 경우는 안식년일 경우이며 이때는 실수라고 주장해도 노동의 결과를 사용할 수 없다.


## 2, 4

종류가 다른 농산물에서 거제를 드리는 방법을 논의한다.

---

אֵין תּוֹרְמִין מִמִּין עַל שֶׁאֵינוֹ מִינוֹ. וְאִם תָּרַם, אֵין תְּרוּמָתוֹ תְרוּמָה. כָּל מִין חִטִּים, אֶחָד. כָּל מִין תְּאֵנִים וּגְרוֹגָרוֹת וּדְבֵלָה, אֶחָד. וְתוֹרֵם מִזֶּה עַל זֶה. כָּל מָקוֹם שֶׁיֵּשׁ כֹּהֵן, תּוֹרֵם מִן הַיָּפֶה. וְכָל מָקוֹם שֶׁאֵין כֹּהֵן, תּוֹרֵם מִן הַמִּתְקַיֵּם. רַבִּי יְהוּדָה אוֹמֵר, לְעוֹלָם הוּא תוֹרֵם מִן הַיָּפֶה:

---

한 종류 대신 다른 종류의 것을 거제물로 드려서는 안 된다. 만일 [이미] 드렸다면 그 거제물은 거제로 [인정하지] 않는다. 밀은 모두한 [종류로] 간주한다. 무화과 [열매와] 마른 무화과와 무화과 과자는 모두 한 [종류로] 간주한다. 한 가지 대신 [다른] 한 가지를 거제물을 드릴 수 있다. 제사장이 있을 때는 언제나 최상의 것을 거제물로 드리고, 제사장이 없을 때는 [오래] 가지고 있을 수 있는 것으로 거제를 드려야 한다. 예후다 랍비는 말한다. 항상 최상의 것을 거제물로 드려야 한다.

- 농산물 중 서로 섞으면 '킬아임'이 되는 것 한 가지 대신 다른 한 가지로 거제물을 드리면 무효가 된다(여섯째 미쉬나). 그러나 밀은 어떤 종류이든지 동일한 밀로 간주하며 무화과 열매와 마른 것과 과자 역시 동일한 제품으로 간주하니 한 가지 대신 다른 한 가지로 거제를 드릴 수 있다.
- 거제를 구별할 때 제사장에게 곧 전달할 수 있는 경우에는 가장 좋은 열매를 골라서 드린다. 그러나 제사장에게 곧 전달할 상황이 아니라면 오래 보관할 수 있는 것으로 드린다. 예후다 랍비는 다른 의견을 제시한다.

## 2, 5

양파에서 거제를 떼는 방법을 설명한다.

---

תּוֹרְמִין בָּצָל קָטָן שָׁלֵם, וְלֹא חֲצִי בָצָל גָּדוֹל. רַבִּי יְהוּדָה אוֹמֵר, לֹא כִי, אֶלָּא
חֲצִי בָצָל גָּדוֹל. וְכֵן הָיָה רַבִּי יְהוּדָה אוֹמֵר, תּוֹרְמִין בְּצָלִים מִבְּנֵי הַמְּדִינָה
עַל הַכּוּפְרִים, אֲבָל לֹא מִן הַכּוּפְרִים עַל בְּנֵי הַמְּדִינָה, מִפְּנֵי שֶׁהוּא מַאֲכַל
פּוֹלִיטִיקִין:

---

작은 양파는 그 전체를 거제물로 드리고, 큰 양파의 절반을 드려서는 안 된다. 예후다 랍비는 말한다. 그렇지 않다. 큰 양파의 절반을 드려야 한다. 예후다 랍비는 또 이렇게 말했다. 시골 사람들의 〔양파〕 대신 도시민의 양파를 드릴 수는 있지만, 도시 〔양파〕 대신 시골 〔양파〕 드릴 수는 없다. 〔도시 양파가〕 도시민들의 음식이기 때문이다.

- 어떤 사람이 양파에서 거제물을 구별할 때 작은 양파 전체와 큰 양파의 일부 중 선택해야 한다면 작은 양파 전체를 드려야 한다. 그 이유를 설명하지는 않는데 넷째 미쉬나를 따르면 오래 보관할 수 있는

쪽을 선택한 것으로 보인다. 예후다 랍비는 큰 양파의 반이 낫다고
했는데 이것은 좀 더 나은 품질의 양파일 것으로 추정한다.

- 시골에서 키우는 양파는 길기는 하지만 작고, 도시에서 키운 양파는
  크고 품질이 좋다. 그러므로 시골 양파 대신 도시 양파를 거제로 드
  릴 수 있지만 그 반대는 금지된다. 도시에 사는 사람 즉 지위가 높은
  사람들이 도시 양파만 먹는 것을 보아도 잘 알 수 있다.

## 2, 6

---

וְתוֹרְמִין זֵיתֵי שֶׁמֶן עַל זֵיתֵי כֶבֶשׁ, וְלֹא זֵיתֵי כֶבֶשׁ עַל זֵיתֵי שֶׁמֶן. וְיַיִן שֶׁאֵינוֹ
מְבֻשָּׁל עַל הַמְבֻשָּׁל, וְלֹא מִן הַמְבֻשָּׁל עַל שֶׁאֵינוֹ מְבֻשָּׁל. זֶה הַכְּלָל, כָּל שֶׁהוּא
כִּלְאַיִם בַּחֲבֵרוֹ, לֹא יִתְרֹם מִזֶּה עַל זֶה, אֲפִלּוּ מִן הַיָּפֶה עַל הָרָע. וְכָל שֶׁאֵינוֹ
כִּלְאַיִם בַּחֲבֵרוֹ, תּוֹרֵם מִן הַיָּפֶה עַל הָרָע, אֲבָל לֹא מִן הָרָע עַל הַיָּפֶה. וְאִם
תָּרַם מִן הָרָע עַל הַיָּפֶה, תְּרוּמָתוֹ תְּרוּמָה, חוּץ מִן הַזּוּנִין עַל הַחִטִּים, שֶׁאֵינָן
אֹכֶל. וְהַקִּשּׁוּת וְהַמְּלָפְפוֹן, מִין אֶחָד. רַבִּי יְהוּדָה אוֹמֵר, שְׁנֵי מִינִין:

---

절이는 올리브 대신 기름 [짜는] 올리브를 거제물로 드릴 수 있지
만, 기름 [짜는] 올리브 대신 절이는 올리브를 드려서는 안 된다. 끓
인 포도주 대신 끓이지 않은 포도주를 드릴 수 있지만, 끓이지 않은
포도주 대신 끓인 포도주를 드려서는 안 된다. 일반적인 규칙은 이러
하다. 한 종류가 [다른] 한 종류의 킬아임인 경우, 한 가지 대신 [다
른] 하나를 거제물로 드려서는 안 된다. 열등한 것 대신 우월한 것을
드리더라도 [그러하다]. [한 종류가 다른] 한 종류의 킬아임이 아닌
경우, 열등한 것 대신 우월한 것을 드릴 수는 있지만, 우월한 것 대신
열등한 것을 드려서는 안 된다. 만일 우월한 것을 대신하여 열등한 것
을 드렸다면 그 거제물은 거제로 [인정한다]. 그러나 밀을 대신하여
독보리를 드려서는 안 되니 그것은 식용이 아니기 때문이다. 오이와
머스크멜론은 같은 종류이다. 예후다 랍비는 말한다. 두 종류이다.

- 올리브 열매는 상품을 골라 기름을 짜고 하품은 소금물에 절여서 보관한다. 그러므로 절이는 올리브 대신 기름 짜는 올리브를 거제로 드릴 수 있지만, 그 반대는 금지된다. 포도주도 상품은 잘 보관하고 하품은 끓여서 음료수로 사용한다. 그러므로 끓인 포도주 대신 끓이지 않은 포도주로 거제를 드릴 수 있지만 그 반대는 금지된다.

- 거제를 드리는 방법을 '킬아임'이라는 용어로 설명하는데 킬아임은 섞어서 기르면 안 되는 농산물 두 종류를 의미한다(레 19:19; 신 22: 9-11). 물론 이 용어는 농산물에만 국한되지 않고, 동물들의 이종교배 금지와 털과 아마 섬유를 포함한 의복의 재료에도 적용된다. 그래서 킬아임 관계를 형성하는 것 한 가지 대신 다른 한 가지로 거제를 드릴 수 없다고 주장한다.

- 서로 킬아임 관계가 아니라면 질이 떨어지는 농산물 대신 더 나은 품질의 농산물을 거제로 바칠 수 있고, 그 반대는 금지된다. 그렇지만 어떤 자가 규칙을 어기고 질이 떨어지는 농산물로 거제를 드렸어도 그의 거제를 인정한다.

- 예외적인 경우로 밀 대신 독보리를 바칠 수 없는데 독보리는 밀 사이에서 자라지만 먹을 수 없는 작물이다(「킬아임」1, 1). 오이와 머스크멜론 사이의 관계에 대해 이견이 있다(「킬아임」1, 2).

## 제3장

### 3, 1

거제로 드린 농산물의 품질이 나중에 변하는 경우를 논의한다.

---

הַתּוֹרֵם קִשּׁוּת וְנִמְצֵאת מָרָה, אֲבַטִּיחַ וְנִמְצָא סָרוּחַ, תְּרוּמָה, וְיַחֲזֹר וְיִתְרֹם. הַתּוֹרֵם חָבִית שֶׁל יַיִן וְנִמְצֵאת שֶׁל חֹמֶץ, אִם יָדוּעַ שֶׁהָיְתָה שֶׁל חֹמֶץ עַד שֶׁלֹּא תְרָמָהּ, אֵינָהּ תְּרוּמָה. אִם מִשֶּׁתְּרָמָהּ הֶחֱמִיצָה, הֲרֵי זוֹ תְּרוּמָה. אִם סָפֵק, תְּרוּמָה, וְיַחֲזֹר וְיִתְרֹם. הָרִאשׁוֹנָה, אֵינָהּ מְדַמַּעַת בִּפְנֵי עַצְמָהּ, וְאֵין חַיָּבִין עָלֶיהָ חֹמֶשׁ. וְכֵן הַשְּׁנִיָּה:

---

〔어떤 사람이〕 오이를 거제로 드렸는데 그것이 쓰거나, 수박을 〔거제로 드렸는데〕 부패했을 경우 그것이 거제로 인정되지만, 그는 거제를 다시 드려야 한다. 포도주 한 통을 거제로 드렸는데 신맛이 날 경우, 만약 거제로 드리기 전에 신맛이 나는 것을 알았다면 그것은 거제가 아니다. 거제로 드린 다음에 신맛이 나게 되었다면 그것은 거제로 〔인정한다〕. 의심스러운 경우 그것을 거제로 인정하지만, 거제를 다시 드려야 한다. 〔처음 드린〕 첫째 거제물은 그 자체로 〔다른 음식을 거제 관련법을 적용하는〕 섞인 것으로 만들지 않으며 〔그것을 먹은 자는〕 1/5을 더 추가해서 〔낼〕 필요가 없다. 그리고 둘째 〔거제물도〕 그렇다.

- 오이나 수박을 거제로 드렸는데 나중에 그것이 먹을 수 없는 상태인 것이 드러났다. 그렇다면 거제를 드리는 책임을 다한 것으로 인정하지만, 거제물을 다시 드려야 한다. 이것은 질이 좋은 농산물 대신 질이 나쁜 농산물을 거제로 드리는 경우와 유사한데, 이것도 거제로 인정한다고 했다(「트루못」 2, 6). 다만 이 경우에는 다시 거제를 드려야 할 책임이 있다.

- 포도주를 거제로 드리는데 이미 식초가 되었음을 알고도 드렸다면 그것은 거제가 아니다. 다시 말하면 같은 포도에서 나왔지만 포도주와 식초는 서로 다른 가공품이며 한 가지 대신 다른 것으로 거제를 드릴 수 없다. 그러나 포도주 상태에서 거제를 드렸는데 그 이후에 변했다면 이것은 거제로 인정한다. 그가 거제를 드릴 때는 포도주였기 때문이다. 그가 포도주를 바칠 때 어떤 상태였는지 확신할 수 없다면 그는 더 엄격한 기준에 따라 행동해야 한다.

- 이런 상황에서 첫째 거제물이 속된 음식에 떨어져 섞인다 하더라도 그것이 음식 전체를 '의심스러운 거제'로 만들지 않으니 첫째 거제물은 온전한 거제가 아니기 때문이다(처음부터 식초인 경우). 다시 드리는 둘째 거제물이 속된 음식에 섞여도 의심스러운 거제로 만들지 않으니 둘째 거제물도 온전한 거제가 아니기 때문이다(처음에 포도주인 경우). 제사장이 아닌 사람이 섞인 음식을 먹었다고 하더라도, 그는 거제를 먹은 것이 아니므로 1/5을 추가로 배상하지 않는다(「트루못」 1, 8).

### 3, 2

첫째와 둘째 거제물이 섞인 경우에 관해 논의한다.

---

נָפְלָה אַחַת מֵהֶן לְתוֹךְ הַחֻלִּין, אֵינָהּ מְדַמַּעְתָּן. נָפְלָה שְׁנִיָּה לְמָקוֹם אַחֵר,
אֵינָהּ מְדַמַּעְתָּן. נָפְלוּ שְׁתֵּיהֶן לְמָקוֹם אֶחָד, מְדַמְּעוֹת כַּקְּטַנָּה שֶׁבִּשְׁתֵּיהֶן:

---

〔첫째와 둘째 거제물 중〕하나가 속된 음식 속에 떨어졌을 경우, 그것은 〔거제물 규정의 규제를 받는〕 섞인 것이 되지 않는다. 다른 하나가 다른 곳에 떨어졌을 경우, 그것도 〔거제물 규정의 규제를 받는〕 섞인 것이 되지 않는다. 그 두 〔거제물이 모두〕 한곳에 떨어진 경우, 둘 중 〔양이〕 적은 것에 따라 〔거제물 규정의 규제를 받는〕 섞인 것이

된다.

- 첫째 미쉬나에서 언급한 처음 드린 거제물과 나중에 다시 드린 거제물 중 하나가 일반인이 먹는 속된 음식에 떨어지면 그 음식 전체가 '의심스러운 거제'로 변하지 않는다. 첫째와 둘째 거제물은 모두 온전한 거제로 인정할 수 없는 의심스러운 영역이 있기 때문이며 제사장이 아닌 일반인이 먹을 수 있다.
- 그러나 거제로 인정했다는 것은 온전한 거제물을 냈다는 것이며 첫째와 둘째 거제물을 통해 성물을 바칠 의무를 다했다는 뜻이다. 그러므로 첫째와 둘째 거제물이 모두 한곳에 떨어졌다면 그 음식은 거제 관련법을 적용하는 섞인 것이 된다.
- 거제가 속된 음식에 떨어져 섞인 것이 되었고 거제와 속된 음식이 1:100 비율이나 그 이하라면 일반인이 그것을 먹을 수 없기 때문에 제사장에게 파는 수밖에 없다. 그러나 그 비율이 그 이상이라면 거제에 해당하는 분량을 따로 떼고 일반인이 먹을 수 있다. 첫째와 둘째 거제물이 속된 음식에 떨어져서 섞인 것이 되었고 그 비율을 계산할 때 둘 중 더 적은 분량을 기준으로 계산한다.

### 3, 3
공동으로 소유한 농산물에서 거제를 떼는 상황을 설명한다.

---

הַשֻּׁתָּפִין שֶׁתָּרְמוּ זֶה אַחַר זֶה, רַבִּי עֲקִיבָא אוֹמֵר, תְּרוּמַת שְׁנֵיהֶם תְּרוּמָה.
וַחֲכָמִים אוֹמְרִים, תְּרוּמַת הָרִאשׁוֹן תְּרוּמָה. רַבִּי יוֹסֵי אוֹמֵר, אִם תָּרַם
הָרִאשׁוֹן כַּשִּׁעוּר, אֵין תְּרוּמַת הַשֵּׁנִי תְּרוּמָה. וְאִם לֹא תָרַם הָרִאשׁוֹן כַּשִּׁעוּר,
תְּרוּמַת הַשֵּׁנִי תְּרוּמָה:

---

공동소유자가 차례대로 거제물을 드릴 경우에 대해 아키바 랍비는

말한다. 그들 두 사람의 거제물이 모두 거제이다. 그러나 랍비들은 말한다. 첫 번째 드린 이의 거제물만 거제이다. 요쎄 랍비는 말한다. 첫 번째 드린 이가 [규정된] 양을 드렸다면 두 번째 드리는 이의 거제물은 거제가 아니다. 그러나 첫 번째 드린 이가 [규정된] 양을 드리지 않았다면 두 번째 드리는 이의 거제물이 거제이다.

- 두 사람이 동업하여 농사를 지어 수확을 했고 각 사람이 차례로 거제를 떼어 바쳤을 때 누구의 거제가 적법한 거제인지 묻는다. 아키바 랍비는 두 사람의 거제물이 모두 거제라고 했는데 각자 적법한 거제물의 반씩 바쳤고 그것을 합하면 온전한 거제가 된다는 논리이다. 예를 들어 한 사람이 거제로 곡식 1쎄아를 바쳤다면 그중 반은 거제물이고 나머지 반은 속된 음식이다. 그러므로 그가 성전에 바친 거제는 사실 '섞인 것'(מדמע, 메두마)이라고 볼 수 있다.
- 다른 랍비들은 반대하며 처음으로 드린 거제물이 거제라고 주장한다. 그의 동업자가 이미 거제를 바쳤다는 사실을 알았다면 자기는 거제물을 바치지 않았을 것이니 둘째 거제는 실수라는 것이다.
- 요쎄 랍비는 적절한 양을 드렸는지 여부에 따라 판단한다고 주장한다. 처음으로 드린 거제물이 적절한 양이었다면(「트루못」 4, 3), 둘째 거제물은 거제가 아니다.

## 3, 4

בַּמֶּה דְבָרִים אֲמוּרִים, בְּשֶׁלֹּא דִבֵּר, אֲבָל הִרְשָׁה אֶת בֶּן בֵּיתוֹ אוֹ אֶת עַבְדּוֹ אוֹ אֶת שִׁפְחָתוֹ לִתְרֹם, תְּרוּמָתוֹ תְּרוּמָה. בִּטֵּל, אִם עַד שֶׁלֹּא תָרַם בִּטֵּל, אֵין תְּרוּמָתוֹ תְּרוּמָה. וְאִם מִשֶּׁתָּרַם בִּטֵּל, תְּרוּמָתוֹ תְּרוּמָה. הַפּוֹעֲלִים, אֵין לָהֶן רְשׁוּת לִתְרֹם, חוּץ מִן הַדָּרוֹכוֹת, שֶׁהֵן מְטַמְּאִים אֶת הַגַּת מִיָּד:

어떤 [경우에] 이것이 적용되는가? [한 사람이 다른 사람에게] 상의하지 않은 경우에 〔적용된다〕. 그러나 그의 가족이나 남자 노예나 여자 노예에게 거제물을 드리라고 허락했다면 그 거제물은 거제로 〔인정한다〕. 만일 거제물을 드리기 전에 취소한다면 취소할 수 있고, 그의 거제물은 거제로 〔인정하지〕 않는다. 만일 거제물을 드린 후에 취소한다면 그의 거제물은 거제로 〔인정한다〕. 노동자는 거제물을 드릴 권한이 없다. 그러나 포도주를 밟는 여성들은 예외이다. 그들은 포도주 틀을 바로 더럽히기 때문이다.

- 셋째 미쉬나에서 온전한 거제를 판단하기 위해 제시한 기준들은 동업자들이 서로 상의하지 않은 경우에 적용한다. 그러나 미리 상의하여 한 사람에게 거제를 드릴 권한을 양도하면 그 사람이 거제물을 구별하여 드린다. 그리고 같은 원리에 따라 동업자가 아니라 가족이나 그 구성원들에게 거제물을 드릴 권한을 양도하는 것도 가능하다고 덧붙인다.
- 집주인은 이미 양도한 권한을 취소할 수도 있는데 거제물을 구별해서 드리기 전에 취소해야 한다.
- 미쉬나 뒷부분에 첨가된 규정은 집주인이 노동자에게 거제물을 드릴 권한을 양도할 수 없다고 말하는데 노동자들이 규정에 따라 성물을 떼는 일을 적절하게 시행할지 알 수 없기 때문이다. 한편 규정을 잘 모르거나 지키지 않는 암 하아레쯔 주인이 규정을 잘 지키는 '동료'를 고용하여 거제를 떼도록 할 수 있는데 이때 포도주를 밟는 여성들은 이런 일을 할 수 없다. 포도를 밟는 순간 즙이 배어 나오면서 포도주 틀 전체가 부정해질 수 있는 상태로 준비되기 때문에, 포도주 밟는 여성들이 이것을 모두 부정하게 만들 수 있다는 것이다.

## 3, 5

농산물 더미에서 거제나 십일조를 떼는 방법을 설명한다.

---

הָאוֹמֵר, תְּרוּמַת הַכְּרִי זֶה בְּתוֹכוֹ, וּמַעַשְׂרוֹתָיו בְּתוֹכוֹ, תְּרוּמַת מַעֲשֵׂר זֶה בְּתוֹכוֹ, רַבִּי שִׁמְעוֹן אוֹמֵר, קָרָא שֵׁם. וַחֲכָמִים אוֹמְרִים, עַד שֶׁיֹּאמַר בִּצְפוֹנוֹ אוֹ בִדְרוֹמוֹ. רַבִּי אֶלְעָזָר חִסְמָא אוֹמֵר, הָאוֹמֵר, תְּרוּמַת הַכְּרִי מִמֶּנּוּ עָלָיו, קָרָא שֵׁם. רַבִּי אֱלִיעֶזֶר בֶּן יַעֲקֹב אוֹמֵר, הָאוֹמֵר, עִשּׂוּר מַעֲשֵׂר זֶה עָשׂוּי תְּרוּמַת מַעֲשֵׂר עָלָיו, קָרָא שֵׁם:

---

〔어떤 사람이〕 "이 더미의 거제물은 그 〔더미〕 안에 있으며 십일조도 그 〔더미〕 안에 있다"거나 "십일조의 거제물이 그 〔더미〕 안에 있다"고 말하는 것에 대해 쉼온 랍비는 말한다. 그는 그 이름으로 지정한 것이다. 그러나 랍비들은 말한다. "남쪽이나 북쪽에 있다"고 말할 때까지 〔지정한 것이 아니다〕. 엘리에제르 히쓰마 랍비는 말한다. "이 더미의 거제물은 그곳에서 〔취할 것이고〕 그것을 위한 것이다"라고 말한다면 그는 그 이름으로 지정한 것이다. 엘리에제르 벤 야아콥 랍비는 말한다. "이 십일조의 열 번째 것은 십일조 거제물이다"라고 말한다면 그는 그 이름으로 지정한 것이다.

- 어떤 사람이 실제로 거제나 십일조를 떼어 구별하지 않고 자기 곡식 더미 속에 거제물이나 십일조가 있다고 말로만 이야기했을 때 쉼온 랍비는 그 사람이 적절하게 거제와 십일조를 구별한 것이라고 말한다. 그 사람의 곡식은 이제 정식으로 거제와 십일조를 떼었으므로 음식으로 사용해도 무방하다. 그러나 다른 랍비들은 이런 말로는 부족하다며 최소한 그 더미가 어디 있는지는 말해야 한다고 주장한다.
- 엘리에제르 히쓰마 랍비는 주인이 어떤 더미 안에 있다고 말할 필요도 없고 더미에서 거제를 드릴 생각이라고만 말해도 무방하다고 했

고, 엘리에제르 벤 야아콥 랍비도 맞장구를 치며 어떤 레위인이 자기가 받은 십일조 열 개 중 하나가 십일조의 거제라고 말하면 그만이라고 주장한다(십일조의 거제물이란 첫째 십일조를 받은 레위인이 1/10을 구별하여 제사장에게 주는 것을 말한다).

### 3, 6
농산물 중에서 만물와 거제를 떼는 순서에 관해 논의한다.

---

הַמַּקְדִּים תְּרוּמָה לַבִּכּוּרִים, מַעֲשֵׂר רִאשׁוֹן לַתְּרוּמָה, וּמַעֲשֵׂר שֵׁנִי לָרִאשׁוֹן,
אַף עַל פִּי שֶׁהוּא עוֹבֵר בְּלֹא תַעֲשֶׂה, מַה שֶּׁעָשָׂה עָשׂוּי. שֶׁנֶּאֱמַר מְלֵאָתְךָ
וְדִמְעֲךָ לֹא תְאַחֵר:

---

만일 만물보다 거제물을 먼저 구별해놓았거나, 거제물보다 첫째 십일조를 〔먼저 구별해놓았거나〕, 첫째 〔십일조〕보다 둘째 십일조를 〔먼저 구별해놓았다면〕, 그는 비록 금지 계명을 어겼더라도, 그가 할 일을 한 것으로 〔인정한다〕. "너는 풍성한 수확과 과일즙을 바치는 것을 미루지 말라"고 말했기 때문이다.

- 이 미쉬나 앞부분에 농산물을 수확했을 때 성전에 드릴 제물들을 떼는 순서를 지키지 않은 경우들을 열거하고 있다. 예를 들어 만물은 열매가 줄기를 거쳐 땅과 연결되어 있을 때 구별하고, 거제물은 다 수확해서 가공까지 끝난 뒤에 구별한다. 그런데 그 순서를 바꾸어서 만물보다 거제를 먼저 구별했다면 그는 계명을 어긴 것이다. 다른 경우도 마찬가지며 수확한 농산물에서 제물을 떼는 순서는 만물, 거제물, 첫째와 둘째 십일조이다.
- 그러나 농부가 성전에 바칠 제물들을 구별했다면 순서를 어긴 것은 관대하게 용서하고, 그가 의무를 다했다고 인정한다. 그 이유는 토라

가 제물을 드릴 때는 미루지 말고 서두르라고 명령했기 때문이다(출 22:28).

## 3, 7

농산물에서 제물을 떼는 순서에 관해 추가로 설명한다.

---

וּמִנַּיִן שֶׁיְּקַדְּמוּ הַבְּכּוּרִים לַתְּרוּמָה, זֶה קְרוּי תְּרוּמָה וְרֵאשִׁית, וְזֶה קְרוּי
תְּרוּמָה וְרֵאשִׁית, אֶלָּא יְקַדְּמוּ בִכּוּרִים, שֶׁהֵן בִּכּוּרִים לַכֹּל. וּתְרוּמָה לָרִאשׁוֹן,
שֶׁהִיא רֵאשִׁית. וּמַעֲשֵׂר רִאשׁוֹן לַשֵּׁנִי, שֶׁיֵּשׁ בּוֹ רֵאשִׁית:

---

〔만물도〕 거제물과 만물이라 부르고, 〔거제물도〕 거제물과 만물이라 부르는데 거제물보다 만물을 먼저 구별해야 하는 것을 어디서 〔알수 있는가〕? 만물을 먼저 취해야 하는 것은 그것이 모든 것의 첫 번째 열매이기 때문이다. 거제물을 첫째 십일조보다 먼저 취해야 하는 것은 첫 번째라 불렀기 때문이다. 그리고 첫째 십일조를 〔둘째 십일조보다〕 먼저 취해야 하는 것은 첫 번째라 부르는 것에 〔거제물이〕 포함되어 있기 때문이다.

- 랍비들의 해석에 따르면 토라가 만물을 거제물이라고 부른 적도 있다. "너희의 번제와 너희의 제물과 너희의 십일조와 너희 손의 거제와 너희의 서원제와 낙헌 예물과 너희 소와 양의 처음 난 것들을 너희는 그리로 가져다가 드리고"(신 12:6)라는 본문에서 "거제"는 만물을 가리킨다고 해석하는데 정기적인 거제는 예루살렘 성전까지 가져갈 필요가 없기 때문이다. 만물을 첫째라고 부른 것은 쉽게 찾을 수 있다(출 23:19). 토라는 거제를 거제라고 불렀고(민 18:29), 거제물에 관해 말하면서 첫째 소산이라고 부르기도 했다(민 18:11-12). 그렇다면 거제물보다 만물을 먼저 구별해야 한다는 규정은 어

느 본문에서 명하고 있는지 의문이 생긴다.

- 만물을 제일 먼저 구별해야 하는 이유는 아직 열매가 줄기를 통해 땅에 연결되어 있는 상태에서 구별할 수 있기 때문이다. 십일조보다 거제물을 먼저 구별해야 하는 이유는 위에서 언급한 것처럼 토라가 거제를 "첫째"라고 부른 적이 있기 때문이다(민 18:12).

- 레위인에게 주는 첫째 십일조를 먼저 구별해야 하는 이유는 첫째 십일조 안에 거제가 포함되어 있기 때문인데, 이 말은 레위인들이 첫째 십일조에서 십일조의 거제를 떼어서 제사장에게 주기 때문에 그렇게 말한 것이다.

### 3, 8

거제와 관련해서 사람의 말과 의도가 다른 경우를 설명한다.

---

הַמִּתְכַּוֵּן לוֹמַר תְּרוּמָה וְאָמַר מַעֲשֵׂר, מַעֲשֵׂר וְאָמַר תְּרוּמָה, עוֹלָה וְאָמַר
שְׁלָמִים, שְׁלָמִים וְאָמַר עוֹלָה, שֶׁאֵינִי נִכְנָס לְבַיִת זֶה וְאָמַר לָזֶה, שֶׁאֵינִי נֶהֱנֶה
לָזֶה וְאָמַר לָזֶה, לֹא אָמַר כְּלוּם, עַד שֶׁיִּהְיוּ פִּיו וְלִבּוֹ שָׁוִין:

---

거제물이라고 말하려고 생각했던 이가 [실수로] 십일조라 말했거나 십일조라고 [말하려고 생각했던 이가 실수로] 거제물이라 말한 경우, 번제라고 [말하려고 생각했던 이가 실수로] 화목제라고 말했거나 화목제라고 [말하려고 생각했던 이가 실수로] 번제라고 말한 경우, 나는 이 집으로 들어가지 않겠다고 [말하려고 생각했던 이가 실수로] 이 집이라고 말했거나, 이 사람으로부터 이익을 취하지 않겠다고 [말하려고 생각했던 이가 실수로] 이 사람이라고 말한 경우, 그의 말과 마음이 일치할 때까지 그는 아무 말도 하지 않은 것이다.

- 어떤 사람이 제물로 구별하면서 그 이름을 말할 때 그가 하는 말과

그가 마음속으로 의도한 바가 일치할 때 온전한 제물이 된다. 그러므로 거제물을 구별하려 생각했던 농산물을 향해 십일조라고 말하면 그는 아무 말도 하지 않은 것과 같으며 거제도 십일조도 구별한 것이 아니다. 매우 관대한 결정이다.

### 3, 9

비유대인이 드리는 거제에 관해 논의한다.

---

הַנָּכְרִי וְהַכּוּתִי, תְּרוּמָתָן תְּרוּמָה, וּמַעְשְׂרוֹתֵיהֶן מַעֲשֵׂר, וְהֶקְדֵּשָׁן הֶקְדֵּשׁ. רַבִּי יְהוּדָה אוֹמֵר, אֵין לַנָּכְרִי כֶּרֶם רְבָעִי. וַחֲכָמִים אוֹמְרִים, יֶשׁ לוֹ. תְּרוּמַת הַנָּכְרִי מְדַמַּעַת, וְחַיָּבִין עָלֶיהָ חֹמֶשׁ. וְרַבִּי שִׁמְעוֹן פּוֹטֵר:

---

이방인이나 쿠타인이 〔드리는〕 거제물은 거제이고, 그들의 십일조는 십일조이며 그들의 성물은 성물이다. 예후다 랍비는 말한다. 넷째 해의 포도원 〔규칙은〕 이방인에게는 적용되지 않는다. 그러나 랍비들은 말한다. 적용된다. 이방인들의 거제물은 섞인 것이 되며 〔그것을 먹은 자는〕 1/5을 더 추가할 의무가 있다. 그러나 쉼온 랍비는 면제한다.

- 이방인이나 쿠타인, 즉 사마리아 사람들은 십일조와 거제를 예루살렘 성전에 바칠 의무가 없다. 그러나 그들이 굳이 바친다면 그들의 거제나 십일조를 인정하고 받는다. 또는 이방인이나 쿠타인이 이스라엘 땅 안에 밭을 소유하고 있다면 거제와 십일조를 낼 수 있다고 설명하기도 한다.
- 포도원에서 제4년에 자란 열매는 예루살렘으로 가져와서 먹어야 한다. 예후다 랍비는 이방인은 이 규칙을 지킬 필요가 없다고 주장하는데 이것은 앞에서 말한 규칙과 상반되는 것처럼 들린다. 토쎕타에

따르면 예후다 랍비는 이스라엘이 아니라 시리아에 있는 포도원에 관해 설명한 것이라고 한다. 그러나 다른 랍비들은 이방인에게도 이 규칙을 적용해야 한다고 주장한다.

- 이방인이 바친 거제물이 속된 음식에 떨어지면 섞인 것이 되며 거제 와 속된 음식의 비율이 1:100이나 그 이하이면 제사장만 먹을 수 있 다. 제사장이 아닌 자가 그것을 먹으면 전체 음식 값에 1/5을 더한 값을 배상해야 한다. 다시 말해서 이방인이 바친 거제물도 일반 거제 물과 같은 기능을 한다는 것이다. 쉼온 랍비는 반대의견을 제시하며 이방인의 거제물이 속된 음식에 떨어져도 섞인 것이 되지 않고, 제사 장이 아닌 자가 먹어도 1/5을 첨가할 의무에서 면제한다.


## 제4장

### 4, 1
농산물 더미에서 거제를 떼는 과정을 설명한다.

---

הַמַּפְרִישׁ מִקְצָת תְּרוּמָה וּמַעַשְׂרוֹת, מוֹצִיא מִמֶּנּוּ תְּרוּמָה עָלָיו, אֲבָל לֹא לְמָקוֹם אַחֵר. רַבִּי מֵאִיר אוֹמֵר, אַף מוֹצִיא הוּא מִמָּקוֹם אַחֵר תְּרוּמָה וּמַעַשְׂרוֹת:

---

〔어떤 사람이〕 거제물과 십일조의 일부를 구별하면 〔동일한 더미 에서 나머지〕 거제물〔이나 십일조를〕 취해야 한다. 그러나 다른 곳에 서 〔취해서는〕 안 된다. 메이르 랍비는 말한다. 다른 장소에서 거제물 과 십일조를 취할 수 있다.

- 어떤 사람이 한 장소에 농산물 더미가 있었고 거제와 십일조를 떼었

는데 전체가 아니라 일부만 구별한 상태이다. 그렇다면 적절한 양을 채우기 위해서 나머지 거제나 십일조를 뗄 때 동일한 더미에서 떼어야 하니 그가 구별하는 곡식의 양이 중요하지 몇 번에 구별하는지는 중요하지 않다. 같은 종류의 농산물을 쌓은 더미가 다른 장소에 있다고 해도 다른 장소에서 나머지 거제나 십일조를 뗄 수 없는 이유는 일부를 구별한 농산물 더미가 이미 반 정도 면제된 상태이므로 이 더미 대신 다른 농산물로 의무를 다할 수 없기 때문이다.

- 메이르 랍비는 반대하며 같은 농산물로 모두 거제를 구별해야 할 상황이라면 다른 장소에 있는 농산물 더미에서 거제나 십일조를 구별해도 무방하다고 말한다.

## 4, 2

מִי שֶׁהָיוּ פֵרוֹתָיו בַּמְּגוּרָה, וְנָתַן סְאָה לְבֶן לֵוִי וּסְאָה לְעָנִי, מַפְרִישׁ עַד שְׁמֹנֶה סְאִין וְאוֹכְלָן, דִּבְרֵי רַבִּי מֵאִיר. וַחֲכָמִים אוֹמְרִים, אֵינוֹ מַפְרִישׁ אֶלָּא לְפִי חֶשְׁבּוֹן:

어떤 사람이 창고에 있는 생산물 중에서 1쎄아는 레위인에게, 1쎄아는 가난한 이에게 준 경우 그는 8쎄아까지 구별하여 먹을 수 있다. 메이르 랍비의 말이다. 그러나 랍비들은 말한다. 그는 〔정확한 양을〕 계산하고 그에 따라서 구별한 뒤 〔먹을 수 있다〕.

- 메이르 랍비는 수확하여 창고에 들인 농산물 중에서 레위인에게 첫째 십일조로 1쎄아를 주고 가난한 자들의 십일조도 1쎄아를 주었다면 창고에 있는 농산물 중 8쎄아까지는 십일조를 뗄 의무에서 면제된 것이며 음식으로 사용하는 것이 허용된다고 설명한다. 창고에 쌓여 있는 다른 농산물은 아직 십일조를 떼지 않은 상태를 유지한다. 다른 랍비들은 이 방법에 반대하면서 창고에 들인 농산물의 전체 양

을 파악하고 정확한 십일조의 양을 계산해서 낸 뒤에 그것을 먹을
수 있다고 주장한다.

## 4, 3
거제를 드리는 적절한 양에 관해 논의한다.

שִׁעוּר תְּרוּמָה, עַיִן יָפָה, אֶחָד מֵאַרְבָּעִים. בֵּית שַׁמַּאי אוֹמְרִים, מִשְּׁלֹשִׁים.
וְהַבֵּינוֹנִית, מֵחֲמִשִּׁים. וְהָרָעָה, מִשִּׁשִּׁים. תָּרַם וְעָלָה בְיָדוֹ אֶחָד מִשִּׁשִּׁים,
תְּרוּמָה, וְאֵינוֹ צָרִיךְ לִתְרֹם. חָזַר וְהוֹסִיף, חַיָּב בְּמַעַשְׂרוֹת. עָלָה בְיָדוֹ מִשִּׁשִּׁים
וְאֶחָד, תְּרוּמָה, וְיַחֲזֹר וְיִתְרֹם כְּמוֹת שֶׁהוּא לָמוּד, בְּמִדָּה וּבְמִשְׁקָל וּבְמִנְיָן. רַבִּי
יְהוּדָה אוֹמֵר, אַף שֶׁלֹּא מִן הַמֻּקָּף:

거제로 〔드릴〕 양은 관대한 자가 1/40이다. 샴마이 학파는 1/30이
라고 말한다. 중간인 자는 1/50이다. 인색한 자는 1/60을 〔드린다〕. 만
일 거제물을 구별한 후 〔그 양이〕 1/60인 것을 알게 된 경우, 그것은
〔온전한〕 거제이며 〔추가로〕 구별할 필요가 없다. 그가 다시 가서 〔부
족한 양을〕 추가한 경우 그것은 십일조를 〔낼〕 의무를 〔시행한 것이
다〕. 거제물이 1/61인 것을 알게 된 경우 그는 관례에 따라 양과 무게
와 수를 맞추어 다시 구별해야 한다. 예후다 랍비는 말한다. 인접해
있지 않은 것 중에서 〔추가적인 거제물을 취할 수 있다〕.

- 거제로 농산물을 드릴 때 주인이 관대한지 중간 정도인지 아니면 인
  색한지에 따라 1/40-1/60 비율로 구별하여 드린다. 샴마이 학파는
  이 가운데 관대한 분량에 대해서 이견이 있으며 1/30로 드릴 수 있
  다고 주장한다.
- 어떤 사람이 거제를 구별하여 드렸는데 나중에 자기가 드린 것이
  1/60에 불과한 것을 알게 되었다. 그렇다고 하더라도 다시 추가로
  거제물을 뗄 필요가 없으니 인색한 양이지만 이미 거제로 인정받는

양을 드렸기 때문이다. 그럼에도 불구하고 그가 농산물을 더 떼어서 드린다면 그것은 거제가 아니다. 거제물을 뗀 뒤 십일조를 떼는 것이 순서이므로(「트루못」 3, 6-7) 그것은 십일조로 간주한다.

- 반대로 거제를 드린 뒤에 자기가 드린 것이 1/61 즉 인색한 양에도 못 미치는 것을 알게 되었다. 그렇다면 평소에 드리던 거제의 양을 기준으로 계산해서 나머지를 더 드린다. 여기서 양과 무게와 수에 따라 계산한다는 표현은 일반 규정에 어긋나는데(「트루못」 1, 7), 부족한 양을 채우기 위해서 허락하는 것으로 보인다. 예후다 랍비는 이 경우에 또 한 가지의 규정을 어겨도 좋다고 말하는데 원래 거제를 떼었던 농산물 더미가 아니라 다른 장소에 있는 것을 사용해도 좋다고 허락한다(첫째 미쉬나).

## 4, 4
대리인을 세워서 거제를 떼는 방법을 설명한다.

---

הָאוֹמֵר לִשְׁלוּחוֹ, צֵא וּתְרֹם, תּוֹרֵם כְּדַעְתּוֹ שֶׁל בַּעַל הַבָּיִת. אִם אֵינוֹ יוֹדֵעַ
דַּעְתּוֹ שֶׁל בַּעַל הַבַּיִת, תּוֹרֵם כְּבֵינוֹנִית, אֶחָד מֵחֲמִשִּׁים. פִּחֵת עֲשָׂרָה אוֹ
הוֹסִיף עֲשָׂרָה, תְּרוּמָתוֹ תְּרוּמָה. אִם נִתְכַּוֵּן לְהוֹסִיף אֲפִלּוּ אַחַת, אֵין תְּרוּמָתוֹ
תְּרוּמָה:

---

대리인에게 "가서 거제물을 드리시오"라고 말한다면 주인의 생각에 맞춰 거제를 드려야 한다. 만일 주인의 생각을 모른다면 평균적인 양인 1/50을 거제로 드린다. 만일 1/10을 덜었거나 더했다면 그의 거제물은 거제로 [인정된다]. 만일 의도적으로 하나라도 더한다면 그의 거제물은 거제로 [인정하지] 않는다.

- 밭주인이 대리인을 보내서 거제를 구별하라고 했다면 그 대리인은

주인이 원하는 비율에 따라 거제를 드려야 한다. 그러나 주인의 뜻을 모른다면 중간 정도의 양, 즉 1/50을 드린다. 이렇게 행동한 결과 주인이 생각한 1/40보다 덜 드리거나 그가 생각한 1/60보다 더 드리는 경우가 발생해도, 대리인이 구별한 거제물은 거제로 인정한다. 그러나 대리인이 주인이 원하는 비율을 알고 있었는데도 불구하고 의도적으로 비율을 변경하여 조금이라도 더 냈다면 그의 거제물은 거제로 인정하지 않는다.

## 4, 5
거제의 양에 관한 추가규정을 설명한다.

---

הַמַּרְבֶּה בִּתְרוּמָה, רַבִּי אֱלִיעֶזֶר אוֹמֵר, אֶחָד מֵעֲשָׂרָה, כִּתְרוּמַת מַעֲשֵׂר, יָתֵר מִכָּאן, יַעֲשֶׂנָּה תְּרוּמַת מַעֲשֵׂר לְמָקוֹם אַחֵר. רַבִּי יִשְׁמָעֵאל אוֹמֵר, מֶחֱצָה חֻלִּין וּמֶחֱצָה תְּרוּמָה. רַבִּי טַרְפוֹן וְרַבִּי עֲקִיבָא אוֹמְרִים, עַד שֶׁיְּשַׁיֵּר שָׁם חֻלִּין:

---

보다 많은 거제물을 드리고자 하는 이에 대해 엘리에제르 랍비는 말한다. 십일조의 거제처럼 1/10까지 [더할 수 있다]. 이보다 더하고 싶다면 다른 농산물에서 십일조의 거제로 드린다. 이쉬마엘 랍비는 말한다. 속된 것과 거제물을 절반씩까지 [할 수 있다]. 타르폰 랍비와 아키바 랍비는 말한다. 속된 것을 [최소한으로] 남겨놓고 [가능한 한 많은 거제물을 드릴 수 있다].

- 셋째 미쉬나가 거제로 드리는 최소량을 규정했다면 이 미쉬나는 최대량을 규정한다. 어떤 사람이 규정된 것보다 거제를 더 많이 드리고자 한다면 규정된 양의 1/10까지 더 드릴 수 있다. 이것은 십일조를 받은 레위인이 제사장에게 십일조의 거제로 떼어 주는 것과 같은 양이다.

- 이것보다 더 많은 양을 거제로 드린다면 추가된 분량은 거제로 간주하지 않는다. 오히려 이 농산물은 아직 십일조를 떼지 않은 상태이므로 먹을 수 없다. 그리고 한 번 거제라고 불렀기 때문에 레위인에게 줄 수도 없다. 그러므로 그는 레위인이 이 농산물을 십일조로 받은 다른 농산물에 대한 십일조의 거제로 사용하도록 해야 한다.
- 이쉬마엘 랍비는 다른 의견을 제시하며 농산물 더미의 반까지는 거제로 드릴 수 있다고 했다. 타르폰 랍비와 아키바 랍비는 한 발 더 나가서 농산물 더미에서 속된 음식으로 쓸 것을 최소한으로 남기고 그 나머지를 다 거제로 바쳐도 무방하다고 말한다.

## 4, 6

בִּשְׁלֹשָׁה פְרָקִים מְשַׁעֲרִים אֶת הַכַּלְכָּלָה, בַּבְּכּוּרוֹת, וּבַסְּיָפוֹת, וּבְאֶמְצַע הַקַּיִץ. הַמּוֹנֶה, מְשֻׁבָּח. וְהַמּוֹדֵד, מְשֻׁבָּח מִמֶּנּוּ. וְהַשּׁוֹקֵל, מְשֻׁבָּח מִשְּׁלָשְׁתָּן:

세 시기에 바구니에 〔담길 생산량을〕 추정한다. 맏물이 익는 시기, 늦 열매의 시기, 한여름의 시기다. 〔수를〕 세는 이는 칭찬받을 만하다. 〔양을〕 측정하는 이는 더 칭찬받을 만하다. 무게를 다는 이는 셋 중 가장 칭찬받을 만하다.

- 거제를 얼마나 드려야 할지 추산하기 위해서 1년에 세 번은 자기가 거둔 농산물의 양을 조사해야 한다. 가장 빨리 열매가 익어서 봄에 거두는 것, 그보다 늦은 시기 즉 초여름에 익는 것, 그리고 한 여름에 익는 것을 조사해야 하는데 날씨가 더워질수록 열매가 작아진다.
- 조사하는 방법은 수를 세거나 양을 측정하거나 무게를 다는데 정확하게 무게를 다는 것이 가장 칭찬받는 방법이다. 물론 거제를 뗄 때는 수를 세거나 무게를 달지 못하지만(「트루못」 1, 7), 수확량을 파

악할 때는 이런 방법을 쓰는 것이 허용된다.


## 4, 7

거제물이 떨어져 섞인 것에 관해 설명한다.

---

רַבִּי אֱלִיעֶזֶר אוֹמֵר, תְּרוּמָה, עוֹלָה בְּאֶחָד וּמֵאָה. רַבִּי יְהוֹשֻׁעַ אוֹמֵר, בְּמֵאָה
וְעוֹד. וְעוֹד זֶה, אֵין לוֹ שִׁעוּר. רַבִּי יוֹסֵי בֶן מְשֻׁלָּם אוֹמֵר, וְעוֹד, קַב לְמֵאָה
סְאָה, שְׁתוּת לַמְּדֻמָּע:

---

엘리에제르 랍비는 거제물 〔하나를〕 들어내려면 〔속된 것이〕 101
〔개가〕 되어야 한다고 말한다. 예호슈아 랍비는 100〔개와〕 그 이상이
며 여기서 그 이상이 되는 〔양은〕 크기가 정해지지 않았다고 말한다.
요쎄 벤 메슐람 랍비는 그 이상이 되는 〔양은〕 100쎄아에 1카브며 1/6
〔쎄아면〕 섞인 것을 〔만든다〕.


● 거제물이 떨어져서 속된 음식과 섞이면 그 음식은 '섞인 것'(מדמע,
메두마)이 되며 제사장이 아닌 사람은 먹을 수가 없다. 이 미쉬나는
어떤 음식을 섞인 것이라고 규정하기 위하여 정확한 비율을 규정하
고 있다. 엘리에제르 랍비에 따르면 거제물 하나가 속된 음식이 100
개에 섞여서 총량이 101개가 될 때 섞인 것이 된다. 예호슈아 랍비
는 100배 이상이라는 원리에 찬성하지만, 정확하게 얼마나 더 많아
야 하는지는 정해진 바가 없다고 말한다. 즉 속된 음식 99개에 거제
물이 하나 그리고 조금 더 있으면 된다는 것이다. 요쎄 벤 메슐람 랍
비도 기본적인 원리에 찬성하지만, 조금 더 많은 양을 정확하게 규
정하려고 시도한다. 그는 100쎄아에 1카브를 제안하는데 1카브는
1/6쎄아다. 그러므로 100배를 넘어가는 양은 거제 1과 1/6 정도다.

## 4, 8

섞인 것에 떨어진 물품의 종류에 관해 논의한다.

---

רַבִּי יְהוֹשֻׁעַ אוֹמֵר, תְּאֵנִים שְׁחוֹרוֹת מַעֲלוֹת אֶת הַלְּבָנוֹת, לְבָנוֹת, מַעֲלוֹת אֶת הַשְּׁחוֹרוֹת. עִגּוּלֵי דְבֵלָה, הַגְּדוֹלִים מַעֲלִים אֶת הַקְּטַנִּים, וְהַקְּטַנִּים מַעֲלִין אֶת הַגְּדוֹלִים. הָעֲגוּלִים מַעֲלִין אֶת הַמַּלְבְּנִים, וְהַמַּלְבְּנִים מַעֲלִין אֶת הָעֲגוּלִים. רַבִּי אֱלִיעֶזֶר אוֹסֵר. וְרַבִּי עֲקִיבָא אוֹמֵר, בְּיָדוּעַ מַה נָּפְלָה, אֵין מַעֲלוֹת זוֹ אֶת זוֹ, וּכְשֶׁאֵינוּ יָדוּעַ מַה נָּפְלָה, מַעֲלוֹת זוֹ אֶת זוֹ:

---

예호슈아 랍비는 말한다. 무화과 열매에 〔관해 말하면〕, 검은 것이 〔떨어졌을 때〕 흰 것을 들어올리고, 흰 것이 〔떨어졌을 때〕 검은 것을 들어올린다. 무화과 과자에 〔관해 말하면〕, 큰 것이 〔떨어졌을 때〕 작은 것을 들어올리며 작은 것이 〔떨어졌을 때〕 큰 것을 들어올린다. 둥근 것이 〔떨어졌을 때〕 사각형 모양의 것을 들어올리며 사각형 모양의 것이 〔떨어졌을 때〕 둥근 것을 들어올린다. 엘리에제르 랍비는 금지시킨다. 그러나 아키바 랍비는 말한다. 어떤 것이 떨어졌는지 아는 경우 한 가지 대신 다른 것을 들어올리지 않는다. 어떤 것이 떨어졌는지 알지 못하는 경우 한 가지 대신 다른 것을 들어올릴 수 있다.

- 예호슈아 랍비에 따르면 검은색이며 거제인 무화과 열매가 속된 음식인 무화과 100개 속에 떨어졌는데 그중 50개는 하얀색이고 50개는 검은색이었다. 이때 거제와 같은 색깔인 속된 무화과는 50개이므로 섞인 것의 비율을 1:50으로 볼 수도 있으나, 이런 경우에 색깔과 상관없이 속된 열매 전체를 하나의 집단으로 계산해서 1:100에 도달했다고 간주한다. 그러므로 거제물인 무화과 열매 한 개를 꺼내서 제사장을 주고, 나머지 열매는 속된 음식으로 먹어도 좋다. 같은 원리를 무화과 과자에도 적용할 수 있으며 크기나 모양이 달라도 무방하다.

- 엘리에제르 랍비는 색깔, 크기, 모양이 다른 물건들을 하나의 집단으로 계산하는데 반대하며 거제물만 제거하는 행위를 금지한다.
- 아키바 랍비는 중재안을 제시하는데 떨어진 거제물의 색깔이나 크기나 모양을 정확히 알면 엘리에제르 랍비의 의견에 따라 같은 종류만 계산에 포함시키고, 알지 못하면 예호슈아 랍비의 의견에 따라 전체를 하나의 집단으로 계산한다고 한다.

## 4, 9

---

כֵּיצַד, חֲמִשִּׁים תְּאֵנִים שְׁחוֹרוֹת וַחֲמִשִּׁים לְבָנוֹת, נָפְלָה שְׁחוֹרָה, שְׁחוֹרוֹת אֲסוּרוֹת וְהַלְּבָנוֹת מֻתָּרוֹת. נָפְלָה לְבָנָה, לְבָנוֹת אֲסוּרוֹת וּשְׁחוֹרוֹת מֻתָּרוֹת. בְּשֶׁאֵינוּ יָדוּעַ מַה נָּפְלָה, מַעֲלוֹת זוֹ אֶת זוֹ. בָּזוֹ רַבִּי אֱלִיעֶזֶר מַחֲמִיר, וְרַבִּי יְהוֹשֻׁעַ מֵקֵל:

---

어떻게 〔그렇게 하는가〕? 검은 무화과 50개가 있고 흰 무화과 50개가 있는데 검은 것이 떨어졌다면 검은 것은 금지되고 흰 것은 허용된다. 흰 것이 떨어졌다면 흰 것은 금지되고 검은 것은 허용된다. 어느 것이 떨어졌는지 모른다면 한 가지 대신 다른 것을 들어올린다. 이 점에서 엘리에제르 랍비는 엄격하고 예호슈아 랍비는 관대하다.

- 여덟째 미쉬나에서 아키바 랍비는 떨어져 섞인 거제물이 어떤 것인지 알 때와 모를 때를 나누어 다른 계산법을 제안했다. 이 미쉬나는 실제 예를 들어 그의 말을 설명한다. 어떤 것이 떨어졌는지 알면 같은 조건에 맞는 것들만 섞인 것이 되어 먹는 것이 금지되고, 다른 것은 먹을 수 있다는 것이다. 그러나 어떤 것이 떨어졌는지 모르면 전체를 한 집단으로 계산해서 거제를 제거하고 먹는다. 그러므로 여덟째 미쉬나에 기록된 엘리에제르 랍비의 말은 규정을 엄격하게 적용하고 있고, 예호슈아 랍비의 말은 관대하게 적용하고 있다.

**4, 10**

예호슈아 랍비가 엄정하고 엘리에제르 랍비가 관대하게 판단한 예
도 있다고 말한다.

---

וּבְזוֹ רַבִּי אֱלִיעֶזֶר מֵקֵל, וְרַבִּי יְהוֹשֻׁעַ מַחְמִיר. בְּדוֹרֵס לִיטְרָא קְצִיעוֹת עַל פִּי
הֶכַד וְאֵינוֹ יוֹדֵעַ אֵיזוֹהִי, רַבִּי אֱלִיעֶזֶר אוֹמֵר, רוֹאִין אוֹתָן כְּאִלּוּ הֵן פְּרוּדוֹת,
וְהַתַּחְתּוֹנוֹת מַעֲלוֹת אֶת הָעֶלְיוֹנוֹת. רַבִּי יְהוֹשֻׁעַ אוֹמֵר, לֹא תַעֲלֶה עַד שֶׁיִּהְיוּ
שָׁם מֵאָה כַדִּים:

---

그러나 다음과 같은 점에 있어서는 엘리에제르 랍비가 관대하고
예호슈아 랍비가 엄격하다. 〔거제물인〕 말린 무화과 1리트라[1]를 〔말
린 훌린 무화과를 포함하는〕 항아리 입구에 눌러 넣었는데 어느 〔항
아리인지〕 기억하지 못하는 경우에 대해 엘리에제르는 말한다. 그것
은 분리된 것으로 간주하며 아래에 있는 것 대신 위에 있는 것을 들어
올린다. 예호슈아 랍비는 말한다. 항아리 100개가 있지 않는 한 들어
올리지 않는다.

- 무화과 열매를 항아리 안에 눌러 넣어서 무화과 과자를 만드는데 이
  미 속된 음식인 무화과 100리트라를 넣은 항아리에 거제물인 무화
  과 1리트라를 눌러 넣었고, 어느 항아리에 넣었는지도 기억하지 못
  하는 경우가 발생했다. 이 경우에 항아리에 들어 있는 무화과 101리
  트라는 하나로 합쳐서 그 주인이 무조건 위에서 1리트라만 제거
  하면 나머지를 먹을 수 있을까? 엘리에제르 랍비는 항아리에 들어
  있는 무화과가 서로 분리되어 있다고 주장하며 그러므로 헐겁게 들
  어 있는 속된 무화과 100리트라가 거제물 1리트라를 무효화시킨다

---

1) 리트라(לטרא, litra)는 무게의 단위로 로마의 리브라(libra)에서 유래했으며 60
쉐켈에 해당한다. 120주즈로 약 360그램이다.

고 말한다. 그러므로 거제물 1리트라를 제거하면 나머지를 속된 음식으로 먹을 수 있다.

- 예호슈아 랍비는 항아리 속에 눌러 넣은 것은 분리되지 않는다고 보고, 1:100의 비율을 맞추기 위해서 항아리 100개가 있다면 항아리 하나를 거제로 제거할 수 있다고 주장한다.

## 4, 11

סְאָה תְרוּמָה שֶׁנָּפְלָה עַל פִּי מְגוּרָה וְקִפְּאָהּ, רַבִּי אֱלִיעֶזֶר אוֹמֵר, אִם יֵשׁ בִּקְפוּי מֵאָה סְאָה, תַּעֲלֶה בְּאֶחָד וּמֵאָה, וְרַבִּי יְהוֹשֻׁעַ אוֹמֵר, לֹא תַעֲלֶה. סְאָה תְרוּמָה שֶׁנָּפְלָה עַל פִּי מְגוּרָה, יַקְפִּיאֶנָּה. וְאִם כֵּן, לָמָּה אָמְרוּ תְּרוּמָה עוֹלָה בְּאֶחָד וּמֵאָה, אִם אֵינוֹ יָדוּעַ אִם בְּלוּלוֹת הֵן, אוֹ לְאַיִן נָפְלָה:

거제물 1쎄아가 저장된 더미 위에 떨어졌고 그것을 걷어낸 경우에 대해 엘리에제르 랍비는 말한다. 걷어낸 층에 100쎄아가 있다면 101 쎄아부터 들어올린다. 그러나 예호슈아 랍비는 말한다. 들어올리지 않는다.

거제물 1쎄아가 저장된 더미 위에 떨어졌다면 그는 그것을 걷어내면 된다. 그렇다면 왜 101쎄아부터 거제를 들어올린다고 말하는가? 그것이 섞였는지, 그렇지 않은지, 어디에 떨어졌는지 모르는 경우에만 〔그것이 적용된다〕.

- 거제물 1쎄아가 속된 음식 위에 떨어졌고 거제물은 그 표면 위에 남아 있었다. 엘리에제르 랍비에 따르면, 일단 그 표면에 있는 음식을 걷어내야 한다. 그리고 그 표면에 속된 음식 100쎄아가 있었고 거제물이 떨어져서 101쎄아가 되었을 때 거제물 1쎄아를 들어올리면 나머지를 속된 음식으로 먹을 수 있다고 주장한다. 다시 말해서 섞인 것에서 거제만 제거하는 비율 1:100을 계산할 때 표면에 있는 것들

만 계산에 포함된다는 것이다. 예호슈아 랍비는 반대하는데 그 사람이 표면에 있는 것들을 걷어내었다면 거제물 1쎄아만 들어올릴 수 없다고 보았으며 정해진 비율에 맞는다고 해도 상관없다.

- 미쉬나 후반부는 추가로 설명을 덧붙인다. 거제물이 표면에 남아 있고 그것을 걷어낼 수 있다면 왜 군이 1:100의 비율을 지켜야 하는지 설명하는데 거제물이 떨어져서 표면에 남아 있는지 아니면 더 깊은 것들과 섞였는지 모를 때 거제물이 떨어진 장소가 어디인지 모를 때가 있기 때문에 이 비율을 지켜야 한다고 주장한다.

## 4, 12

שְׁתֵּי קֻפוֹת וּשְׁתֵּי מְגוּרוֹת שֶׁנָּפְלָה סְאָה תְרוּמָה לְתוֹךְ אַחַת מֵהֶן, וְאֵין יָדוּעַ לְאֵיזוֹ מֵהֶן נָפְלָה, מַעֲלוֹת זוֹ אֶת זוֹ. רַבִּי שִׁמְעוֹן אוֹמֵר, אֲפִלּוּ הֵם בִּשְׁתֵּי עֲיָרוֹת, מַעֲלוֹת זוֹ אֶת זוֹ:

바구니 두 개나 저장하는 더미 두 개가 있는데 거제물 1쎄아가 둘 중 하나 속에 떨어졌고 어느 곳에 떨어졌는지 모른다면 한 가지 대신 다른 한 가지를 들어올린다. 쉼온 랍비는 말한다. 그것들이 다른 마을에 있더라도 한 가지 대신 다른 한 가지를 들어올린다.

- 유사한 바구니나 더미 두 개가 있고 거제물이 떨어져 섞였는데 어느 것 속에 떨어졌는지 모르는 상황이다. 두 바구니 또는 두 더미에 들어 있는 농산물의 합계가 100쎄아를 넘는다면 그것들이 두 바구니 또는 두 더미로 나뉘어 있더라도, 하나의 집단으로 합산하고 어느 곳이든지 거제물을 제거하면 된다. 왜냐하면 거제물이 어느 쪽에 떨어졌는지 모르기 때문이다.
- 쉼온 랍비는 두 바구니나 두 더미가 멀리 떨어져 있어도 이 규정을 적용할 수 있다고 한다. 즉, 동일한 농산물을 담은 바구니가 두 마을

에 떨어져 있었고 그중 하나에 거제물을 떨어뜨렸는데 어느 마을에서 떨어뜨렸는지 기억하지 못하는 경우가 그러하다. 그는 어느 마을에 있는 바구니든지 상관없이 거제물 1쎄아를 떼어 제사장에게 주고 나머지는 속된 음식으로 먹을 수 있다.

### 4, 13

אָמַר רַבִּי יוֹסֵי, מַעֲשֶׂה בָא לִפְנֵי רַבִּי עֲקִיבָא בַּחֲמִשִּׁים אֲגֻדּוֹת שֶׁל יָרָק,
שֶׁנָּפְלָה אַחַת מֵהֶן לְתוֹכָן, חֶצְיָהּ תְּרוּמָה, וְאָמַרְתִּי לְפָנָיו, תַּעֲלֶה. לֹא
שֶׁהַתְּרוּמָה תַעֲלֶה בַּחֲמִשִּׁים וְאֶחָד, אֶלָּא שֶׁהָיוּ שָׁם מֵאָה וּשְׁנֵי חֲצָיִים:

요쎄 랍비가 말한다. 한 번은 아키바 랍비 앞에 채소 묶음 50개 속에 〔동일한 묶음〕 하나가 떨어졌는데 그중 반이 거제물이었던 일을 와서 〔물은 자가〕 있었다. 나는 그 앞에서 말했다. "그것을 들어올릴 수 있습니다. 51묶음에서 거제물을 들어올리는 것이 아니라, 채소 묶음 절반짜리 102개가 그곳에 있었기 때문입니다."

• 요쎄 랍비는 아키바 랍비 앞에서 섞인 것을 구별하여 처리하던 이야기를 하나 들려준다. 열매가 하나씩 떨어져 있는 경우가 아니라 채소 여럿을 한 묶음씩 묶어놓은 것이 논의의 중심이었다. 채소 묶음은 50개였고 그 안에 떨어진 거제물은 반 묶음이었기 때문에, 묶음 수로 따지면 섞인 비율이 1:50이고 거제물만 제거할 수 없는 상황이다. 그러나 요쎄 랍비는 거제물의 양과 전체 채소의 양을 비율로 계산해야 한다고 주장했고, 섞인 비율은 1:101이라고 보았다. 그러므로 거제물만 제거하여 제사장을 주고 나머지는 속된 음식으로 먹을 수 있다는 것이다.

## 제5장

### 5, 1

부정한 거제물이나 속된 음식이 섞이는 경우를 설명한다.

---

סְאָה תְּרוּמָה טְמֵאָה שֶׁנָּפְלָה לְפָחוֹת מִמֵּאָה חֻלִּין, אוֹ לְמַעֲשֵׂר רִאשׁוֹן, אוֹ לְמַעֲשֵׂר שֵׁנִי, אוֹ לְהֶקְדֵּשׁ, בֵּין טְמֵאִין בֵּין טְהוֹרִים, יֵרָקֵבוּ. אִם טְהוֹרָה הָיְתָה אוֹתָהּ הַסְּאָה, יִמָּכְרוּ לַכֹּהֲנִים בִּדְמֵי תְרוּמָה, חוּץ מִדְּמֵי אוֹתָהּ סְאָה. וְאִם לְמַעֲשֵׂר רִאשׁוֹן נָפְלָה, יִקְרָא שֵׁם לִתְרוּמַת מַעֲשֵׂר. וְאִם לְמַעֲשֵׂר שֵׁנִי אוֹ לְהֶקְדֵּשׁ נָפְלָה, הֲרֵי אֵלּוּ יִפָּדוּ. וְאִם טְמֵאִים הָיוּ אוֹתָן הַחֻלִּין, יֵאָכְלוּ נִקּוּדִים אוֹ קְלָיוֹת, אוֹ יִלּוֹשׁוּ בְמֵי פֵרוֹת, אוֹ יִתְחַלְּקוּ לְעִסּוֹת, כְּדֵי שֶׁלֹּא יְהֵא בְמָקוֹם אֶחָד כַּבֵּיצָה:

---

부정한 거제물 1쎄아가 100쎄아보다 적은 속된 음식이나 첫째 십일조나 둘째 십일조나 성물에 떨어졌다면 그것들이 부정하든 정하든 간에 썩도록 놓아두어야 한다. 만일 〔거제물 1쎄아가〕 정결하다면 그 1쎄아 값을 제하고 거제물 가격으로 제사장들에게 팔 수 있다. 만일 첫째 십일조에 떨어졌다면 그것을 십일조의 거제물로 지정해야 한다. 둘째 십일조나 성물에 떨어졌다면 물러야 한다. 만약 속된 음식이 부정했다면 말려서 먹든지, 구워서 먹든지, 혹은 과일즙으로 반죽해서 먹든지, 혹은 달걀만큼의 양이 되지 않도록 반죽하여 나누어 먹을 수 있다.

- 거제로 바친 제물이 부정해지면 제사장이 먹을 수 없고 태워야 한다. 이러한 부정한 거제물이 섞인 것을 판단하는 비율 1:100보다 적은 상태의 속된 음식이나 성물에 떨어졌다면 비율 때문에 그 거제물을 제거할 수 없으므로 먹지 못하고 썩도록 버려야 한다.[2]
- 정결한 거제물이 속된 음식에 떨어져서 섞였고 역시 비율에 미치지

못하면 제사장에게 팔되, 떨어진 거제물 가격은 받지 말고 속된 음식을 거제물 가격으로 판다.

- 만약 정결한 거제물이 첫째 십일조 속에 떨어졌다면 그가 십일조의 거제를 구별하였고 그것이 그 음식 속에 있다고 선포해야 한다. 그러고 나서 제사장에게 그 음식을 파는데 떨어진 거제물의 가격과 십일조의 거제 가격을 받지 말고 판다.

- 만약 정결한 거제물이 둘째 십일조나 성물 속에 떨어졌다면 그는 이것을 제사장에게 팔기 전에 이것을 먼저 물러야 한다. 둘째 십일조는 예루살렘으로 가져가서 소비해야 하고 성물은 성전을 유지하기 위해서 드리는 것이기 때문에 일단 이 음식을 물러서 속된 음식으로 만들어야 한다. 그렇다면 상황은 거제물이 속된 음식에 떨어진 경우와 동일하기 때문에 위의 규정에 따른다.

- 만약 정결한 거제물이 부정한 속된 음식에 떨어졌고 그가 이것을 제사장에게 팔았다면 그 제사장은 부정한 속된 음식이 거제물에게 부정을 전이하지 못하도록 막아야 한다. 이때 음식이 젖지 않도록 조심해야 한다. 음식은 마른 상태에서는 부정이 전이되지 않으므로 속된 음식이 거제에 부정을 전이하지 않는다. 조리 방법도 물이 개입되지 않도록 말리거나 구워서 먹어야 한다. 또 다른 방법은 일곱 가지 음료수에 들지 않는 과일즙으로 반죽해서 먹는 것이다. 그리고 음식의 부정이 전이될 수 있는 최소량에 미치지 못하는 적은 양으로 나누어 먹는 것도 방법이다.

---

2) 부정한 거제물을 처리하는 방법에 따라 태우지 않고 썩게 내버려두는 이유에 관해서는 후대 주석가들 사이에 이견이 있다. 람밤은 그 음식이 조리하지 않고 먹을 수 있는지 여부를 기준으로 제시하며 조리해야 하는 것이면 썩게 내버려두고 그렇지 않으면 태운다고 하였다. 다른 주석가들은 그냥 버리지 않고 태우러 가는 동안에 유혹이 생겨서 그것을 먹을 수 있기 때문이라고 설명한다.

5, 2

부정한 거제물 1쎄아와 정결한 속된 음식 100쎄아가 섞이는 상황을 설명한다.

---

סְאָה תְרוּמָה טְמֵאָה שֶׁנָּפְלָה לְתוֹךְ מֵאָה חֻלִּין טְהוֹרִין, רַבִּי אֱלִיעֶזֶר אוֹמֵר, תֵּרֹם וְתִשָּׂרֵף, שֶׁאֲנִי אוֹמֵר, סְאָה שֶׁנָּפְלָה הִיא סְאָה שֶׁעָלְתָה. וַחֲכָמִים אוֹמְרִים, תַּעֲלֶה וְתֵאָכֵל נִקּוּדִים אוֹ קְלָיוֹת, אוֹ תִלּוֹשׁ בְּמֵי פֵרוֹת, אוֹ תִתְחַלֵּק לְעִסּוֹת, כְּדֵי שֶׁלֹּא יְהֵא בְּמָקוֹם אֶחָד כַּבֵּיצָה:

---

부정한 거제물 1쎄아가 정결한 속된 음식 100쎄아에 떨어진 것에 대해 엘리에제르 랍비는 말한다. 거제물은 꺼내어 태워야 한다. 나는 꺼낸 1쎄아가 떨어졌던 1쎄아라고 말한다. 그러나 랍비들은 말한다. 그것을 꺼내어 말려서나 구워서, 혹은 과일즙으로 반죽해서, 혹은 달걀 [크기의 양이] 되지 않도록 반죽을 나누어 먹을 수 있다.

- 부정한 거제물 1쎄아가 속된 음식에 떨어졌는데 그것이 100쎄아로 섞인 것을 판단하는 비율에 맞는 상황이다. 거제물이 정결했다면 그것을 제거하는 것으로 상황이 마무리되겠지만, 부정했기 때문에 그것을 꺼내어 태워야 한다. 엘리에제르 랍비는 이때 제거하는 양 1쎄아가 맞으면 그것을 떨어진 거제물로 인정한다고 선언한다.
- 다른 랍비들은 떨어졌던 부정한 거제물이 그대로 제거되었다는 사실을 받아들이지 못한다. 그러므로 속된 음식이 의심스러운 상태가 된다고 보고, 음식의 부정이 전이되지 않는 방법으로 먹어야 한다고 주장한다(먹는 방법은 첫째 미쉬나).

5, 3

정결한 거제물 1쎄아와 부정한 속된 음식 100쎄아가 섞이는 상황을 설명한다.

---

סְאָה תְּרוּמָה טְהוֹרָה שֶׁנָּפְלָה לְמֵאָה חֻלִּין טְמֵאִין, תַּעֲלֶה וְתֵאָכֵל נְקוּדִים אוֹ קְלָיוֹת, אוֹ תִלּוֹשׁ בְּמֵי פֵרוֹת, אוֹ תִתְחַלֵּק לְעִסּוֹת, כְּדֵי שֶׁלֹּא יְהֵא בְמָקוֹם אֶחָד כַּבֵּיצָה:

---

정결한 거제물 1쎄아가 부정한 속된 음식 100쎄아에 떨어졌다면 〔거제를〕 제거하고 말려서, 구워서, 혹은 과일즙으로 반죽해서, 혹은 한번에 달걀〔크기의 양이〕 되지 않도록 반죽하여 나눠 먹을 수 있다.

- 정결한 거제물과 부정한 속된 음식이 1:100 비율로 섞였다면 섞인 것 관련규정에 따라 거제를 제거하여 제사장에게 준다. 그런데 이 거제 물은 온전한 거제물이 아니고 거제를 대신하는 대체물과 같은 성격 이며 부정한 속된 음식의 영향을 완전히 무시할 수 없으므로 음식의 부정이 전이되지 않는 방법으로 먹는다(먹는 방법은 첫째 미쉬나).

### 5, 4

부정한 거제물이 정결한 거제물과 섞인 경우에 관해 논의한다.

---

סְאָה תְּרוּמָה טְמֵאָה שֶׁנָּפְלָה לְמֵאָה סְאָה תְּרוּמָה טְהוֹרָה, בֵּית שַׁמַּאי אוֹסְרִים, וּבֵית הַלֵּל מַתִּירִין. אָמְרוּ בֵּית הַלֵּל לְבֵית שַׁמַּאי, הוֹאִיל וּטְהוֹרָה אֲסוּרָה לְזָרִים וּטְמֵאָה אֲסוּרָה לַכֹּהֲנִים, מַה טְּהוֹרָה עוֹלָה, אַף טְמֵאָה תַּעֲלֶה. אָמְרוּ לָהֶם בֵּית שַׁמַּאי, לֹא, אִם הֶעֱלוּ הַחֻלִּין הַקַּלִּין הַמֻּתָּרִין לְזָרִים אֶת הַטְּהוֹרָה, תַּעֲלֶה תְּרוּמָה הַחֲמוּרָה הָאֲסוּרָה לְזָרִים אֶת הַטְּמֵאָה. לְאַחַר שֶׁהוֹדוּ, רַבִּי אֱלִיעֶזֶר אוֹמֵר, תֵּרוֹם וְתִשָּׂרֵף. וַחֲכָמִים אוֹמְרִים, אָבְדָה בְמִעוּטָהּ:

---

부정한 거제물 1쎄아가 정결한 거제물 100쎄아에 떨어진 것에 대 해 샴마이 학파는 금지시키지만 힐렐 학파는 허용한다.

힐렐 학파가 샴마이 학파에게 말한다. "정결한 〔거제물은〕 제사장이 아닌 사람들에게는 금지되고 부정한 〔거제물은〕 제사장들에게 금지됩니다. 정결한 〔거제물을〕 제거할 수 있는 것처럼 부정한 〔거제물〕도 제거할 수 있어야 합니다." 샴마이 학파가 그들에게 말한다. "아닙니다. 제사장이 아닌 사람에게 관대하게 허용된 속된 음식에서 정결한 거제물을 제거할 수 있지만, 제사장이 아닌 사람에게 엄격하게 금지된 거제물에서 부정한 〔거제물을〕 제거할 수 있습니다." 〔샴마이 학파가〕 인정하고 동의한 후에 엘리에제르 랍비가 말했다. 거제물은 꺼내어 태워야 한다. 그러나 랍비들은 말한다. 〔양이〕 적기 때문에 없어졌다고 〔간주한다〕.

- 거제물이 속된 음식에 떨어졌을 때 섞인 것에 관한 1:100 비율을 기준으로 판단한다. 그렇다면 같은 비율을 부정한 거제와 정결한 거제가 섞였을 때도 적용할 수 있느냐가 이 미쉬나의 주제이다. 샴마이 학파는 거제물은 섞인 것의 비율과 관련이 없으며 이 거제물은 먹는 것이 금지된다고 주장한다. 그러나 힐렐 학파는 속된 음식도 1:100 비율이면 거제의 영향을 받지 않으므로 정결한 거제물이 1:100 이상으로 많다면 역시 부정한 거제물의 영향을 받지 않는다고 주장한다.
- 힐렐 학파는 제사장과 비제사장은 각각 먹을 수 있는 것과 먹을 수 없는 것이 정해져 있다고 전제한 뒤, 비제사장이 일정한 조건(비율)에 따라 거제를 제거하고 속된 음식을 먹을 수 있다면 제사장도 부정한 거제를 제거하고 정결한 거제를 먹을 수 있다고 주장한다.
- 그러나 샴마이 학파는 힐렐 학파가 제사장만 먹을 수 있는 거제물과 제사장이나 비제사장이 모두 먹을 수 있는 속된 음식을 부적절하게 비교하며 잘못된 논리를 편다고 지적한다. 그래서 거제물의 경우에는 섞인 것과 관련된 비율을 적용할 수 없다고 반박한다. 그러나 후

대에 삼마이 학파가 주장을 접고 힐렐 학파의 의견에 동조했다.

- 엘리에제르 랍비는 이때 제거한 부정한 거제물을 태워야 한다고 주장했다. 그러나 다른 랍비들은 부정한 거제물이 매우 소량이기 때문에 없어졌다고 간주하며 제사장이 먹어도 무방하다고 말한다.

### 5, 5
섞인 것에서 제거한 거제물을 처리하는 법을 설명한다.

---

סְאָה תְרוּמָה שֶׁנָּפְלָה לְמֵאָה, הִגְבִּיהָהּ וְנָפְלָה לְמָקוֹם אַחֵר, רַבִּי אֱלִיעֶזֶר אוֹמֵר, מְדַמַּעַת כִּתְרוּמָה וַדַּאי. וַחֲכָמִים אוֹמְרִים, אֵינָהּ מְדַמַּעַת אֶלָּא לְפִי חֶשְׁבּוֹן:

---

거제물 1쎄아가 〔속된 음식〕 100쎄아에 떨어졌고, 그것을 주워 올렸는데 〔다시〕 다른 곳에 떨어진 경우에 대해 엘리에제르 랍비는 말한다. 비록 섞인 것이지만 거제물로 취급한다. 그러나 랍비들은 말한다. 그 양의 비율에 따라 그것을 섞인 것으로 취급한다.

- 엘리에제르 랍비에 따르면 속된 음식 100쎄아에 떨어졌던 거제물 1쎄아를 들어 올려서 제거했다면 그것은 온전한 거제물이며 제사장에게 주어야 한다. 그런데 이 거제물이 또 한 번 다른 속된 음식에 떨어졌다면 그 음식 전체가 섞인 것이 된다. 그는 섞인 것에서 제거한 1쎄아가 실제로는 섞인 것이지만 거제물과 같은 지위를 가진다고 주장한다.
- 그러나 다른 랍비들은 1:100 비율에 미치는지 여부를 보고, 그 이상이면 이것이 거제물이지만 그 이하이면 거제물이 아니라고 말한다.

## 5, 6

섞인 것의 일부가 또 다른 음식에 떨어진 경우를 다룬다.

---

סְאָה תְּרוּמָה שֶׁנָּפְלָה לְפָחוֹת מִמֵּאָה וְנִדְּמְעוּ, וְנָפַל מִן הַמְדֻמָּע לְמָקוֹם אַחֵר,
רַבִּי אֱלִיעֶזֶר אוֹמֵר, מְדַמַּעַת כִּתְרוּמָה וַדַּאי. וַחֲכָמִים אוֹמְרִים, אֵין הַמְדֻמָּע
מְדַמֵּעַ אֶלָּא לְפִי חֶשְׁבּוֹן, וְאֵין הַמְחֻמָּץ מַחֲמִיץ אֶלָּא לְפִי חֶשְׁבּוֹן, וְאֵין הַמַּיִם
שְׁאוּבִים פּוֹסְלִים אֶת הַמִּקְוֶה אֶלָּא לְפִי חֶשְׁבּוֹן:

---

거제물 1쎄아가 100쎄아보다 적은 [속된 음식에] 떨어져 섞인 것이
되었고, 그 섞인 것 중 [일부가 다시] 다른 곳에 떨어진 [경우에 대해]
엘리에제르 랍비는 말한다. 이것은 확실한 거제물처럼 [다른 음식을]
섞인 것으로 만든다. 그러나 랍비들은 말한다. 그 섞인 것은 [그 양
을] 계산해서 [다른 음식을] 섞인 것으로 만든다.

[거제물이 포함된] 발효된 [반죽도 그 양을] 계산해서 [다른 반죽
을] 발효시킨다. 길은 물도 [그 양을] 계산해서 물웅덩이를 무효로 만
든다.

- 거제물 1쎄아가 100쎄아보다 적은 속된 음식에 떨어지면 거제만 제
  거할 수 없으며 섞인 것이 된다. 그런데 그 섞인 것의 일부가 다시 다
  른 음식에 떨어졌다. 엘리에제르 랍비는 섞인 것이 떨어지면 마치 거
  제물이 떨어진 것과 마찬가지로 그 음식을 섞은 것으로 만든다고 주
  장했고, 거제물의 거룩함이 사라지지 않는 한 계속해서 섞인 것을
  생산한다고 보았다.
- 다른 랍비들은 떨어진 섞인 것과 다른 음식의 양을 계산해서 그 비
  율에 따라 판단해야 한다고 주장했다. 말하자면 떨어진 섞인 것 안
  에 거제는 1/100 정도가 들어 있으므로 그것이 다른 음식에 떨어졌
  으면 섞인 것을 만들 가능성이 거의 없다는 말이다.

- 미쉬나 후반부에는 이와 비슷한 다른 규정들이 몇 가지 열거되어 있다. 거제물이 포함된 발효된 반죽 중 일부가 다른 반죽에 떨어졌다면 거제물의 양을 계산해서 그 반죽을 일반인도 먹어도 되는지 결정한다. 40쎄아가 들어가는 물웅덩이에 길어온 물 3로그가 섞이면 그곳에서 정결례를 시행할 수 없다. 만약 이 물웅덩이의 물이 또 다른 물웅덩이에 떨어진다면 길어온 물의 양을 계산해서 정결례를 시행할 수 있는지 여부를 결정한다.

## 5, 7

섞인 것의 일부가 다른 음식에 떨어진 경우에 대해 계속 논의한다.

---

סְאָה תְּרוּמָה שֶׁנָּפְלָה לְמֵאָה, הִגְבִּיהָהּ וְנָפְלָה אַחֶרֶת, הִגְבִּיהָהּ וְנָפְלָה
אַחֶרֶת, הֲרֵי זוֹ מֻתֶּרֶת, עַד שֶׁתִּרְבֶּה תְרוּמָה עַל הַחֻלִּין:

---

거제물 1쎄아가 [속된 음식] 100쎄아에 떨어져서 그것을 들어 올렸고, 다른 [거제물 1쎄아가] 떨어져서 그것을 들어 올렸으며 [또 다시] 다른 [거제물 1쎄아가] 떨어졌다면 그것은 속된 음식보다 거제물이 더 많아지기 전에는 [제사장이 아닌 사람들이 먹도록] 허용된다.

- 거제물 1쎄아가 속된 음식 100쎄아에 떨어져서 그것을 들어내었고, 랍비들의 해석에 따르면 속된 음식 속에 거제물 중 일부 즉 1/100이 남아 있다(둘째 미쉬나). 그 상태에서 다른 거제물 1쎄아가 떨어져서 그것을 들어내면 거제물의 함량이 2/100로 늘어난다. 이런 식으로 거제물이 그 음식에 떨어질 때마다 거제물의 함량이 늘어나게 되는데 거제물이 전체의 반이 넘으면 더 이상 이스라엘 사람이 먹을 수 없으며 제사장에게 팔아야 한다.

סְאָה תְרוּמָה שֶׁנָּפְלָה לְמֵאָה, וְלֹא הִסְפִּיק לְהַגְבִּיהָהּ עַד שֶׁנָּפְלָה אַחֶרֶת, הֲרֵי
זוֹ אֲסוּרָה. וְרַבִּי שִׁמְעוֹן מַתִּיר:

거제물 1쎄아가 [속된 음식] 100쎄아에 떨어졌고, 그것을 들어 올리기 전에 다른 [거제물이] 떨어졌다면 그것은 금지된다. 그러나 쉼온 랍비는 허용한다.

- 속된 음식 100쎄아에 거제물 2쎄아가 떨어져 섞인 상태면 그 비율이 2/102가 되어 섞인 것을 판단하는 기준인 1/101보다 훨씬 많은 양이므로 이것은 섞인 것이며 일반 이스라엘 사람이 먹는 것이 금지된다.
- 쉼온 랍비는 일반인이 먹는 것을 허용하는데 첫째 거제물이 속된 음식에 떨어졌을 때 섞인 것을 판단하는 기준에 맞으므로 그 거룩성이 상실되었다고 본 것이다. 그러므로 두 번째로 떨어진 거제물은 속된 음식 101쎄아에 떨어진 것이다.

### 5, 9

곡식을 갈면서 부피가 줄거나 늘어나면 섞인 것을 어떻게 판단하는지 설명한다.

סְאָה תְרוּמָה שֶׁנָּפְלָה לְמֵאָה, וּטְחָנָן וּפָחֲתוּ, כְּשֵׁם שֶׁפָּחֲתוּ הַחֻלִּין, כָּךְ פָּחֲתָה
הַתְּרוּמָה, וּמֻתָּר. סְאָה תְרוּמָה שֶׁנָּפְלָה לְפָחוֹת מִמֵּאָה, וּטְחָנָן וְהוֹתִירוּ, כְּשֵׁם
שֶׁהוֹתִירוּ הַחֻלִּין, כָּךְ הוֹתִירָה הַתְּרוּמָה, וְאָסוּר. אִם יָדוּעַ שֶׁהַחִטִּים שֶׁל חֻלִּין
יָפוֹת מִשֶּׁל תְּרוּמָה, מֻתָּר. סְאָה תְרוּמָה שֶׁנָּפְלָה לְפָחוֹת מִמֵּאָה, וְאַחַר כֵּן
נָפְלוּ שָׁם חֻלִּין, אִם שׁוֹגֵג, מֻתָּר, וְאִם מֵזִיד, אָסוּר:

거제물 1쎄아가 [속된 음식] 100쎄아에 떨어진 후 그것을 갈았는데 양이 줄어들었다면 속된 음식이 줄어든 것처럼 거제물 역시 줄었다고 [간주하고] 허용한다. 거제물 1쎄아가 100쎄아보다 적은 [속된 음식에] 떨어진 후 그것을 갈았는데 양이 늘어났다면 속된 음식이 늘어난 것처럼 거제물도 늘었다고 [간주하고] 금지된다. 속된 음식인 밀이 거제물인 [밀보다 품질이] 더 뛰어나다는 것이 분명하다면 그것은 허용된다. 거제물 1쎄아가 100쎄아보다 적은 [속된 음식에] 떨어진 후 [다른] 속된 음식이 그곳에 떨어진 경우에, 그것이 실수라면 허용되고 고의라면 금지된다.

- 밀과 같은 곡식은 품종에 따라 가루로 갈면서 그 부피가 줄어들기도 하고 늘어나기도 한다. 섞인 것을 판단하는 기준 1:100 비율에 맞는 곡식에서 거제물을 제거하기 전에 가루로 갈았고, 그 부피가 줄어들었다. 이런 경우 속된 음식과 거제가 동일한 비율로 줄어들었다고 간주하며 거제물을 들어내면 일반 이스라엘 사람이 먹을 수 있다.
- 반대로 기준 비율에 맞지 않아서 섞인 것인 곡식을 갈아서 그 부피가 늘어났을 경우, 속된 음식과 거제가 동일한 비율로 늘어났다고 간주하며 섞인 것이라는 지위는 변하지 않는다. 제사장이 아닌 사람이 이것을 먹는 것은 금지된다. 그러나 속된 음식인 밀의 품질이 좋고 거제물인 밀은 좋지 않을 경우, 늘어난 부피는 속된 음식 때문이라고 간주하며 일반인이 먹는 것을 허용한다.
- 기준 비율에 맞지 않아서 섞인 것인 곡식에 속된 음식인 곡식이 더 떨어졌다면 비율이 변하면서 1:100 비율 이상이 될 수 있다. 만약 실수로 속된 음식을 더 떨어뜨렸다면 비율에 따라 판단하여 먹는 것을 허용하지만, 의도적으로 떨어뜨리는 행위는 금지한다.

## 제6장

### 6, 1

부적절하게 거제를 먹는 자에 관해 설명한다.

---

הָאוֹכֵל תְּרוּמָה שׁוֹגֵג, מְשַׁלֵּם קֶרֶן וְחֹמֶשׁ. אֶחָד הָאוֹכֵל וְאֶחָד הַשּׁוֹתֶה וְאֶחָד
הַסָּךְ, אֶחָד תְּרוּמָה טְהוֹרָה וְאֶחָד תְּרוּמָה טְמֵאָה, מְשַׁלֵּם חֲמִשָּׁה וְחֹמֶשׁ
חֲמִשָּׁה. אֵינוֹ מְשַׁלֵּם תְּרוּמָה, אֶלָּא חֻלִּין מְתֻקָּנִים, וְהֵם נַעֲשִׂין תְּרוּמָה,
וְהַתַּשְׁלוּמִין תְּרוּמָה. אִם רָצָה הַכֹּהֵן לִמְחֹל, אֵינוֹ מוֹחֵל:

---

실수로 거제물을 먹은 사람은 [자기가 먹은 음식의] 원금과 1/5을
낸다. [거제를] 먹든지, 마시든지, 혹은 [기름을] 바르든지, 거제물이
정결하든지 부정하든지 [상관없다]. [그가 배상할 1/5을 먹었다면]
그 1/5은 [물론] 1/5의 1/5을 내야 한다. 거제물 중에서 [배상할] 값
을 물어서는 안 되며 [십일조를] 뗀 속된 음식 중에서 [배상한다]. 그
것들은 거제물이 되고 [배상하는] 값도 거제물이 된다. 제사장이 [받
는 것을] 포기하고 싶어하더라도 그렇게 할 수 없다.

- 거제는 제사장만 먹을 수 있으며 제사장이 아닌 사람이 의도적으로
  거제를 먹으면 죽임을 당한다(레 22:10). 그러나 거제인지 모르고
  실수로 먹거나 마시거나 몸에 바르는 일이 벌어졌다면 1/5을 더하
  여 배상해야 한다. 만약 그가 배상하기 위해 떼어놓은 1/5을 또 먹었
  다면 1/5의 1/5을 더 첨가하여 배상해야 한다. 다시 말해서 거제를
  배상하기 위해 떼어놓은 음식도 거제의 지위를 가진다는 해석이다.
- 그가 배상하기 위해 음식을 뗄 때 거제 중에서 취하면 안 되니 이것
  은 이미 제사장의 것이기 때문이다. 그는 십일조를 뗀 속된 음식에
  서 떼어 배상한다.

- 그가 배상한 것은 거제와 같은 지위를 가지게 되며 심지어 제사장이 그의 행동을 용서한다고 하더라도 배상한 것의 지위는 변함이 없다.

## 6, 2

제사장과 결혼하기 전에 이스라엘 여인이 거제를 먹는 문제를 논의한다.

---

בַּת יִשְׂרָאֵל שֶׁאָכְלָה תְּרוּמָה וְאַחַר כָּךְ נִשֵּׂאת לְכֹהֵן, אִם תְּרוּמָה שֶׁלֹּא זָכָה
בָּהּ כֹּהֵן אָכְלָה, מְשַׁלֶּמֶת קֶרֶן וְחֹמֶשׁ לְעַצְמָהּ. וְאִם תְּרוּמָה שֶׁזָּכָה בָּהּ כֹּהֵן
אָכְלָה, מְשַׁלֶּמֶת קֶרֶן לַבְּעָלִים, וְחֹמֶשׁ לְעַצְמָהּ, מִפְּנֵי שֶׁאָמְרוּ, הָאוֹכֵל תְּרוּמָה
שׁוֹגֵג, מְשַׁלֵּם קֶרֶן לַבְּעָלִים, וְחֹמֶשׁ לְכָל מִי שֶׁיִּרְצֶה:

---

〔제사장이 아닌〕 이스라엘인의 딸이 거제물을 먹고 그 후에 제사장과 결혼한 경우, 제사장이 미처 먹지 않은 거제물을 그녀가 먹었다면 그녀는 〔자기가 먹은 음식의〕 원금과 1/5을 자기 자신에게 주어야 한다. 그러나 제사장이 이미 먹은 거제물을 그녀가 먹었다면 원금은 〔거제물의〕 소유인 〔제사장에게〕 주어야 하고, 1/5은 자기 자신에게 준다. 왜냐하면 그들이 〔어떤 사람이〕 실수로 거제물을 먹었다면 그 원금을 소유주에게 주고 1/5은 〔그가 주기를〕 원하는 모든 〔제사장〕에게 주라고 말했기 때문이다.

- 아직 제사장이 입을 대지 않은 거제물을 이스라엘 여인이 먹었고 나중에 제사장과 결혼했다면 자기가 먹은 음식의 원금과 그 1/5을 자기 자신에게 주어야 한다. 자기가 자기 자신에게 배상을 한다면 경제적인 의미는 없지만, 종교적으로 잘못된 행위를 인정하고 속죄하는 뜻으로 이렇게 시행하는 것이다.
- 이미 제사장이 먹기 시작한 거제물을 이스라엘 여인이 먹었고 나중

에 제사장과 결혼했다면 그녀는 제사장의 몫을 빼앗은 셈이므로 제
사장에게 원금을 주고 벌금인 1/5은 자기 자신에게 준다. 벌금을 자
기에게 준다는 결정은 고대 랍비들의 가르침을 따른 것인데, 불법적
으로 거제물을 먹은 경우 원금은 원래 소유주에게 그리고 벌금은 제
사장들 중 아무에게나 주어도 좋다고 했다. 그러므로 제사장 집안의
일원이 된 여인은 벌금을 받을 자격이 있다는 것이다.


### 6, 3
실수로 일꾼이나 손님에게 거제물을 대접한 경우를 설명한다.

---

הַמַּאֲכִיל אֶת פּוֹעֲלָיו וְאֶת אוֹרְחָיו תְּרוּמָה, הוּא מְשַׁלֵּם אֶת הַקֶּרֶן, וְהֵם
מְשַׁלְּמִין אֶת הַחֹמֶשׁ, דִּבְרֵי רַבִּי מֵאִיר. וַחֲכָמִים אוֹמְרִים, הֵם מְשַׁלְּמִין קֶרֶן
וְחֹמֶשׁ, וְהוּא מְשַׁלֵּם לָהֶם דְּמֵי סְעוּדָתָן:

---

만일 [어떤 사람이] 일꾼이나 손님에게 거제물을 먹도록 주었다면
그는 그 원금을 물어야 하고 [일꾼이나 손님들은] 1/5을 물어야 한다.
메이르 랍비가 그렇게 말했다. 그러나 랍비들은 말한다. 그들이 그 원
금과 1/5을 [모두] 물어야 한다. 그는 그들에게 식사비를 준다.


- 제사장이 아닌 사람이 실수로 거제물을 먹으면 그 음식의 원금에
  1/5을 더하여 배상해야 한다(첫째 미쉬나). 그런데 어떤 사람이 자
  신이 고용한 일꾼이나 자기를 방문한 손님에게 실수로 거제물을 주
  어 먹였다. 그 사람은 일꾼이나 손님을 먹일 의무가 있고 거제물을
  사용해서 그 일을 하였으므로 그는 먹지 않았더라도 음식의 원금을
  제사장에게 배상한다. 그러나 실제로 거제를 먹은 사람들은 일꾼과
  손님들이므로 그들이 벌금인 1/5을 제사장에게 배상한다.
- 다른 랍비들은 거제물의 원금과 벌금을 먹은 사람이 내야 한다는 토

라의 명령을 있는 그대로 적용하되, 일꾼들의 고용주나 손님들을 대접한 집주인은 자기 의무를 다한다는 의미에서 식사비용을 계산해서 주라고 말한다.

## 6, 4

거제물을 도둑질한 경우를 논의한다.

---

הַגּוֹנֵב תְּרוּמָה וְלֹא אֲכָלָהּ, מְשַׁלֵּם תַּשְׁלוּמֵי כֶפֶל דְּמֵי תְרוּמָה. אֲכָלָהּ, מְשַׁלֵּם שְׁנֵי קְרָנִים וְחֹמֶשׁ, קֶרֶן וְחֹמֶשׁ מִן הַחֻלִּין, וְקֶרֶן דְּמֵי תְרוּמָה. גָּנַב תְּרוּמַת הַקְּדֵשׁ וַאֲכָלָהּ, מְשַׁלֵּם שְׁנֵי חֲמָשִׁים וְקֶרֶן, שֶׁאֵין בַּהֶקְדֵּשׁ תַּשְׁלוּמֵי כָפֶל:

---

만일 거제물을 훔쳤는데 그것을 먹지 않았다면 그는 거제물 값의 두 배가 되는 액수를 물어야 한다. 만일 그가 먹었다면 그는 원금의 두 배와 1/5을 내야 한다. 즉 속된 음식에서 원금과 1/5을, 그리고 거제물의 값을 [낸다]. 만일 성물의 거제를 훔쳐서 먹었다면 그는 2/5와 원금을 내야 한다. 두 배를 지불하는 것은 성물에는 적용되지 않기 때문이다.

- 남의 물건을 훔친 도둑은 훔친 물건의 원금을 두 배로 물어내야 한다. 그러므로 어떤 사람이 거제물을 훔쳤는데 먹지 않았다면 그 거제물 값의 두 배를 배상한다.
- 그가 훔친 거제물을 먹었다면 문제가 복잡해진다. 그가 거제물의 값을 두 배로 물어내는 것은 당연하지만, 그중 반은 거제물이고 반은 속된 음식이다. 원금의 1/5은 이 중 속된 음식의 값을 기준으로 계산해서 첨가한다.
- 성물의 거제(תְּרוּמַת הַקֹּדֶשׁ, 트루맛 헤크데쉬)는 제사장이 성전 유지를 위해 낸 제물이다. 불법적으로 성물의 거제를 먹으면 두 가지 계

명을 어기게 된다. 첫째, 거제물을 먹은 죄가 있고, 둘째, 성물로부터 이득을 취한 죄가 있다. 그러므로 거제물과 관련하여 벌금 1/5을 더 내고, 성물을 취한 것과 관련하여 벌금 1/5을 낸다. 이 사람은 도둑 질에 관련된 벌금은 내지 않는데 도둑질은 개인과 개인 사이에만 적 용되며 성전 재물에는 적용되지 않기 때문이다(「바바 메찌아」 4, 9). 결국 이 사람은 원금에 2/5를 더하여 내면 된다.

### 6, 5

불법적으로 거제물을 먹은 뒤 벌금을 내는 방법에 관해 설명한다.

---

אֵין מְשַׁלְּמִין מִן הַלֶּקֶט וּמִן הַשִּׁכְחָה וּמִן הַפֵּאָה וּמִן הַהֶפְקֵר, וְלֹא מִמַּעֲשֵׂר רִאשׁוֹן שֶׁנִּטְּלָה תְרוּמָתוֹ, וְלֹא מִמַּעֲשֵׂר שֵׁנִי וְהֶקְדֵּשׁ שֶׁנִּפְדּוּ, שֶׁאֵין הַקְדֵּשׁ פּוֹדֶה אֶת הֶקְדֵּשׁ, דִּבְרֵי רַבִּי מֵאִיר. וַחֲכָמִים מַתִּירִין בְּאֵלּוּ:

---

〔거제물을 먹고 배상할 때 다음과 같은 것들로〕 낼 수 없다. 레케트, 쉬흐하, 페아, 주인이 없는 것, 거제물을 뗀 첫째 십일조, 둘째 십일조, 〔값을 치르고〕 무른 성물. 성물은 성물로 〔값을 치르고〕 무를 수 없다. 메이르 랍비의 말이었다. 그러나 현인들은 그것을 허용한다.

- 제사장이 아닌 사람이 실수로 거제물을 먹었다면 먹은 음식의 원금에 1/5을 더하여 배상해야 한다(첫째 미쉬나). 그런데 이 미쉬나가 열거하고 있는 생산물 중 일부를 배상물로 사용할 수 없다. 그 이유는 이런 생산물에서 거제를 뗄 의무가 면제되어 있기 때문이다(「트루못」 1, 5).

- '레케트'는 추수할 때 땅에 떨어진 이삭으로 가난한 이들이 주울 수 있는 이삭들을 뜻하고(레 19:9), '쉬흐하'는 추수할 때 밭에 잊어버리고 두고 온 곡식단을 뜻하며(신 24:19), '페아'는 모퉁이라는 뜻으

로 추수 때 가난한 이들을 위해 남겨두어야 하는 밭의 모퉁이를 말한다(레 19:9; 23:22; 신 24:19-21). 따라서 '페아'란 가난한 이들을 위해 모퉁이에 남겨둔 곡식이나 모퉁이에 남겨두는 행위를 의미한다. 주인 없는 것은 물론 누구나 가져가서 먹을 수 있는 곡식이나 열매를 뜻한다. 결국 가난한 자들을 돕기 위해 구별한 생산물에서 거제를 떼지 않으며 이런 생산물에서 불법적으로 먹은 거제의 배상물을 떼는 것은 옳지 않다는 판단이다.

- 거제물을 뗀 첫째 십일조와 둘째 십일조, 그리고 값을 치르고 무른 성물은 모두 한때 거룩한 지위를 가졌으나 현재는 그렇지 않은 생산물들이다. 메이르 랍비에 따르면 한때 거룩한 지위였던 음식을 거룩한 거제를 불법적으로 먹은 배상물로 사용할 수 없다고 주장하는 것이다. 벌금은 속된 음식에서 떼어 지불한다. 다른 랍비들은 이런 음식으로 배상해도 좋다고 허락하는데 이런 음식들이 원래 거제를 뗄 의무가 있는 음식이었고 가난한 자들을 위해 내어주는 음식과 다르기 때문이다.


## 6, 6

아키바 랍비와 엘리에제르 랍비가 배상물의 종류에 관해 논쟁을 벌인다.

---

רַבִּי אֱלִיעֶזֶר אוֹמֵר, מְשַׁלְּמִין מִמִּין עַל שֶׁאֵינוֹ מִינוֹ, בִּלְבַד שֶׁיְּשַׁלֵּם מִן הַיָּפֶה
עַל הָרָע. וְרַבִּי עֲקִיבָא אוֹמֵר, אֵין מְשַׁלְּמִין אֶלָּא מִמִּין עַל מִינוֹ. לְפִיכָךְ, אִם
אָכַל קִשּׁוּאִין שֶׁל עֶרֶב שְׁבִיעִית, יַמְתִּין לְקִשּׁוּאִין שֶׁל מוֹצָאֵי שְׁבִיעִית, וִישַׁלֵּם
מֵהֶם. מִמָּקוֹם שֶׁרַבִּי אֱלִיעֶזֶר מֵקֵל, מִשָּׁם רַבִּי עֲקִיבָא מַחְמִיר, שֶׁנֶּאֱמַר וְנָתַן
לַכֹּהֵן אֶת הַקֹּדֶשׁ, כֹּל שֶׁהוּא רָאוּי לִהְיוֹת קֹדֶשׁ, דִּבְרֵי רַבִּי אֱלִיעֶזֶר. וְרַבִּי
עֲקִיבָא אוֹמֵר, וְנָתַן לַכֹּהֵן אֶת הַקֹּדֶשׁ, קֹדֶשׁ שֶׁאָכָל:

---

엘리에제르 랍비는 말한다. 한 종류 대신 다른 종류로 〔배상하는〕

값을 치를 수 있고, 열등한 종류 대신 우수한 종류로 값을 치를 수 있다. 그러나 아키바 랍비는 말한다. 동일한 종류로만 값을 치를 수 있다. 그래서 만일 6년째 해의 오이를 먹었다면 그는 8년째 해의 오이를 기다려 그것으로 값을 치러야 한다. "제사장에게 성물을 주라"는 말씀을 엘리에제르 랍비는 관대하게, 아키바 랍비는 엄격하게 적용시킨다. 거룩하게 될 수 있는 무엇이든지 [주라는 말이라고] 엘리에제르 랍비는 말했다. 그러나 아키바 랍비는 말한다. "제사장에게 거룩한 것을 주라"에서 거룩한 것은 그가 먹은 것이다.

- 엘리에제르 랍비는 실수로 거제물을 먹은 자가 그것을 배상할 때 자기가 먹은 것과 다른 종류의 곡식이나 열매를 사용해도 무방하며 다만 품질이 더 좋은 것으로 가져오라고 말한다. 그러나 아키바 랍비는 자기가 먹은 것과 같은 곡식이나 열매를 가져 와야 한다고 주장한다.

- 랍비들의 세계에서 농산물은 안식년 주기를 따르기 때문에 어떤 사람이 거제물인 제6년의 오이를 실수로 먹었을 때 엘리에제르 랍비의 규정을 따르면 즉시 다른 농산물로 배상하면 일이 해결된다. 그러나 아키바 랍비의 규정을 따르면 오래 기다려야 한다. 제7년의 오이는 안식년의 열매이므로 거제가 면제되어 배상물로 쓸 수 없으므로 제8년의 오이가 나올 때까지 기다려야 하기 때문이다.

- 두 사람 사이에 이견이 생긴 이유는 "제사장에게 성물을 주라"는 토라의 계명을 다르게 해석했기 때문이다(레 22:14). 랍비들은 실수로 거제를 먹었을 때 속된 음식으로 배상해야 한다고 생각하는데 이 본문은 마치 성물로 거제를 배상하라는 것처럼 들리기 때문에 문제가 된다. 엘리에제르 랍비는 이 본문이 거룩해질 수도 있지만 현재 거룩하지 않은 것이면 종류에 상관없이 무엇이든지 배상물로 사용할

수 있다고 해석했다. 아키바 랍비는 이 본문이 거룩한 것이라고 부른 것은 원래 제사장이 받아서 먹었어야 할 그 성물을 가리킨다고 보고 동일한 종류의 생산물로 배상하라고 말한 것이다.

## 제7장

### 7, 1

의도적으로 먹지 말아야 할 거제물을 먹은 경우를 설명한다.

---

הָאוֹכֵל תְּרוּמָה מֵזִיד, מְשַׁלֵּם אֶת הַקֶּרֶן וְאֵינוֹ מְשַׁלֵּם אֶת הַחֹמֶשׁ. הַתַּשְׁלוּמִין חֻלִּין, אִם רָצָה הַכֹּהֵן לִמְחֹל, מוֹחֵל:

---

만일 어떤 사람이 고의로 거제물을 먹었다면 그는 그 원금을 내지만 1/5의 〔벌금은〕 내지 않는다. 〔그가 배상한〕 값은 속된 음식으로 취급된다. 만일 제사장이 용서하고 싶다면 용서할 수 있다.

- 실수로 거제물을 먹은 사람은 그 음식의 원금에 1/5을 더하여 배상해야 한다(「트루못」 6, 1). 그러나 고의로 먹은 사람은 원금을 배상하지만 1/5을 더 물어내지 않는다. 그 이유는 첫째, 토라의 계명이 분명하게 실수로 먹은 자를 지목하며 1/5을 더 내라고 명령하기 때문이다(레 22:14). 둘째, 1/5을 첨부하여 벌금을 내면 실수로 저지른 행위를 용서받는 효과가 있는데 고의로 거제를 먹은 자는 용서받을 기회가 없다.
- 그가 배상한 원금은 거제가 아니라 속된 음식으로 간주한다. 범죄자가 배상한 음식이 성물의 자격을 얻지 못한다는 것이다. 실수로 거제를 먹은 자의 배상물은 제사장이 임의로 면제해줄 수 없었는데 고

의로 거제를 먹은 자의 배상물은 속된 음식이므로 제사장이 원하면
받지 않을 수 있다. 역시 그가 저지른 범죄를 속죄할 기회를 박탈한
다는 의미가 있다.

### 7, 2

제사장의 딸이 거제를 먹을 수 있는 자격에 관해 논의한다.

בַּת כֹּהֵן שֶׁנִּשֵּׂאת לְיִשְׂרָאֵל וְאַחַר כָּךְ אָכְלָה תְרוּמָה, מְשַׁלֶּמֶת אֶת הַקֶּרֶן
וְאֵינָהּ מְשַׁלֶּמֶת אֶת הַחֹמֶשׁ, וּמִיתָתָהּ בִּשְׂרֵפָה. נִשֵּׂאת לְאֶחָד מִכָּל הַפְּסוּלִין,
מְשַׁלֶּמֶת קֶרֶן וְחֹמֶשׁ, וּמִיתָתָהּ בְּחֶנֶק, דִּבְרֵי רַבִּי מֵאִיר. וַחֲכָמִים אוֹמְרִים, זוֹ
וָזוֹ מְשַׁלְּמוֹת אֶת הַקֶּרֶן וְאֵינָן מְשַׁלְּמוֹת אֶת הַחֹמֶשׁ, וּמִיתָתָן בִּשְׂרֵפָה:

제사장의 딸이 [제사장이 아닌] 이스라엘인과 결혼한 후 거제물을
먹었다면 그녀는 그 [거제의] 원금을 지불해야 하지만 1/5은 지불하
지 않으며 [만일 그녀가 간통을 했다면] 사형 [방법은] 화형이다. 만
일 그녀가 부적격자와 결혼한 후 [실수로 거제물을 먹었다면] 그 원
금과 1/5을 지불해야 하며 [만일 그녀가 간통을 했다면] 사형 [방법
은] 교살이다. 메이르 랍비가 그렇게 말했다. 그러나 랍비들은 말한
다. [두 경우에] 여인은 그 원금만 지불하고 1/5은 지불하지 않으며
[만일 그녀가 간통을 했다면] 사형 [방법은] 화형이다.

- 제사장의 딸은 원래 거제를 먹을 자격이 있지만 일반인인 이스라엘
  사람과 결혼하면 그 자격을 잃는다(레 22:12). 거제를 먹지 못하는
  사람을 설명하는 토라의 본문은 '자르'(זר)라는 말을 사용하고 있는
  데(레 22:10), 랍비들은 이 낱말을 제사장의 일원이 아닌 외부인, 즉
  일반인이라고 해석했고, 또 태어날 때부터 일반인이어야 한다고 생
  각했다. 제사장의 딸은 한때 거제를 먹을 자격이 있었으나 결혼을

통해서 일반인이 되었으므로 특별한 지위를 가지고 있다고 보고, 실수로 먹은 거제의 원금은 배상하지만 벌금은 낼 필요가 없다고 판단한 것이다. 주제와 상관이 없지만, 일반인과 결혼한 제사장의 딸이 간통을 하면 제사장의 딸의 신분으로 사형을 당하게 되어 화형에 처한다(레 21:9).

- 제사장의 딸이 아버지 없는 고아나 자격이 박탈된 제사장처럼 부적격자와 결혼하면 거제를 먹을 자격을 잃게 되며 남편 사후에 제사장인 아버지 집으로 돌아가도 그 자격이 회복되지 않는다. 메이르 랍비에 따르면 이 여인은 제사장 집안 출신이라는 모든 자격을 잃었고, 일반 이스라엘 여인과 동일한 지위를 가진다. 실수로 거제를 먹었다면 그 원금과 벌금을 배상한다. 그녀가 간통을 하면 일반 이스라엘 사람과 마찬가지로 교살을 통해 사형을 당한다.

- 그러나 다른 랍비들은 메이르 랍비의 의견에 반대했고, 일반인과 결혼을 하든지 부적격자와 결혼을 하든지 제사장의 딸은 특별한 지위를 유지한다고 간주했다. 실수로 거제를 먹으면 원금과 벌금을 배상하며 간통을 하면 화형을 당한다.

## 7, 3

1/5을 더 내지 않아도 되는 다른 경우들에 관해 논의한다.

---

הַמַּאֲכִיל אֶת בָּנָיו קְטַנִּים, וְאֶת עֲבָדָיו בֵּין גְּדוֹלִים בֵּין קְטַנִּים, הָאוֹכֵל תְּרוּמַת חוּצָה לָאָרֶץ, וְהָאוֹכֵל פָּחוֹת מִכַּזַּיִת תְּרוּמָה, מְשַׁלֵּם אֶת הַקֶּרֶן, וְאֵינוֹ מְשַׁלֵּם אֶת הַחֹמֶשׁ. וְהַתַּשְׁלוּמִין חֻלִּין, אִם רָצָה הַכֹּהֵן לִמְחֹל, מוֹחֵל:

---

미성년자인 아들에게 [거제물을] 먹였거나, 성인이나 미성년자인 종에게 [먹였거나], 이스라엘 밖에서 바친 거제물을 먹었거나, 올리브 열매 [크기보다] 적은 거제물을 먹었다면 그 원금을 지불하고 1/5

은 지불하지 않는다. 그가 〔배상한 것은〕 속된 음식이다. 만일 제사장이 용서하고 싶으면 용서할 수 있다.

- 거제물을 취하여 직접 먹거나 남을 먹였지만 원금만 배상하고 벌금을 내지 않아도 좋은 경우는 첫째, 자기가 먹여야 할 의무가 있는 자식이나 종에게 거제물을 주어 먹게 한 경우이다. 이스라엘 사람이 손님이나 피고용자에게 거제를 먹였을 때 자기가 원금을 배상하고 실제로 먹은 자들이 벌금을 낸다는 규칙이 있었는데(「트루못」6, 3), 자식이나 종에게 먹였을 경우에는 그가 원금을 배상하는 것으로 끝난다. 미성년자인 자식이나 종은 법적인 주체가 아니기 때문이다.
- 둘째, 거제는 이스라엘 땅에서 생산된 물품으로 드려야 한다. 그러므로 이스라엘 바깥에서 생산하여 바친 거제를 먹은 사람은 원금만 배상하고 벌금은 내지 않는다. 성물이 아니기 때문이다.
- 셋째, 올리브 열매 크기보다 적은 분량의 음식은 음식이라고 할 수 없으니 이것은 음식의 부정을 전이하는 최소 크기 규정이기도 하다. 그러므로 이렇게 적은 분량을 먹은 경우에는 토라의 계명을 어겼다고 볼 수 없다.
- 이 세 가지 경우에 배상하기 위해 바친 음식은 종교적 의미가 담긴 벌금이 아니니 성물이 아니며 속된 음식으로 취급한다. 같은 이유로 제사장이 용서하고 배상을 포기하고자 한다면 그것도 가능하다.

### 7, 4
1/5을 지불해야 하는 경우의 일반 규칙에 대해 다룬다.

זֶה הַכְּלָל, כָּל הַמְשַׁלֵּם קֶרֶן וְחֹמֶשׁ, הַתַּשְׁלוּמִין תְּרוּמָה, אִם רָצָה הַכֹּהֵן לִמְחֹל, אֵינוֹ מוֹחֵל. וְכָל הַמְשַׁלֵּם אֶת הַקֶּרֶן וְאֵינוֹ מְשַׁלֵּם אֶת הַחֹמֶשׁ, הַתַּשְׁלוּמִין חֻלִּין, אִם רָצָה הַכֹּהֵן לִמְחֹל, מוֹחֵל:

다음은 일반 규칙이다. (실수로 먹은 거제의) 원금과 1/5을 지불할 때 그것은 거제물로 취급된다. 제사장이 용서하고 싶어도 용서할 수 없다. 그 원금만 지불하고 1/5은 지불하지 않을 때 그것은 속된 음식이다. 제사장이 용서하고 싶으면 용서할 수 있다.

- 이 미쉬나는 첫째와 셋째 미쉬나에서 논의했던 내용을 요약하여 정리한다. 실수로 먹은 거제를 배상하는 음식이 거제로 인정받기 위해서는 벌금을 내야 하며 벌금을 내지 않아도 되는 경우 배상하는 원금은 속된 음식이 된다. 거제로 인정하면 제사장이 임의로 용서하고 포기할 수 없으며 속된 음식이라면 원하는 대로 처리해도 좋다.

## 7, 5

거제와 속된 음식이 함께 놓여서 혼란스러운 상황들을 설명한다.

---

שְׁתֵּי קֻפּוֹת, אַחַת שֶׁל תְּרוּמָה וְאַחַת שֶׁל חֻלִּין, שֶׁנָּפְלָה סְאָה תְרוּמָה לְתוֹךְ
אַחַת מֵהֶן וְאֵין יָדוּעַ לְאֵיזוֹ מֵהֶן נָפְלָה, הֲרֵי אֲנִי אוֹמֵר, לְתוֹךְ שֶׁל תְּרוּמָה
נָפְלָה. אֵין יָדוּעַ אֵיזוֹ הִיא שֶׁל תְּרוּמָה וְאֵיזוֹ הִיא שֶׁל חֻלִּין, אָכַל אַחַת מֵהֶן,
פָּטוּר, וְהַשְּׁנִיָּה, נוֹהֵג בָּהּ בִּתְרוּמָה, וְחַיֶּבֶת בְּחַלָּה, דִּבְרֵי רַבִּי מֵאִיר. רַבִּי
יוֹסֵי פּוֹטְרָהּ. אָכַל אַחַר אֶת הַשְּׁנִיָּה, פָּטוּר. אָכַל אֶחָד אֶת שְׁתֵּיהֶן, מְשַׁלֵּם
כַּקְּטַנָּה שֶׁבִּשְׁתֵּיהֶן:

---

바구니 두 개가 있고, 하나는 거제물 다른 하나는 속된 음식이 들어 있는데 거제물 1쎄아가 그들 중 하나에 떨어졌고 어느 곳에 떨어졌는지 알 수 없는 경우, 나는 (1쎄아가) 거제물 바구니로 떨어졌다고 본다.

어떤 것이 거제물이고 어떤 것이 속된 음식인지 알 수 없는데 그들 중 하나를 먹었다면 그는 (책임에서) 면제된다. (먹지 않은) 둘째 (바구니를) 거제물로 보아야 하며 할라-빵 규정을 지켜야 한다. 메이르 랍비가 그렇게 말했다. 〔그러나〕요쎄 랍비는〔할라 규정을 지킬 책임을〕면제했다. 다른 사람이 둘째〔바구니에 든 음식을〕먹었다면 그도〔책임에서〕면제된다. 만일 한 사람이 두〔바구니에 든 음식을 모두〕먹었다면 그는 둘 중 작은〔바구니의〕값을 지불하면 된다.

- 거제물 1쎄아가 다른 음식에 떨어졌는데 거제에 떨어졌는지 속된 음식에 떨어졌는지 불확실할 때 랍비들은 관대하게도 거제인 음식에 떨어졌다고 판정한다. 거제가 속된 음식에 떨어져서 속된 음식을 먹지 못하게 되었을까 걱정할 필요가 없다는 것이다.
- 비슷한 상황에서 자기가 먹은 음식이 거제인지 속된 음식인지 불확실할 때 관대하게 속된 음식을 먹었다고 간주하며 거제를 먹어서 원금과 벌금을 배상해야 할까 걱정할 필요가 없다. 둘째 바구니에 든 음식은 거제이니 제사장에게 주는데 할라-빵을 만들 만큼은 따로 떼어 구별한다. 거제에서는 할라-빵을 만드는 반죽을 떼지 않는 것이 원칙이지만, 이 경우는 의심스러운 상태이므로 규정을 이중으로 적용하고 있다. 요쎄 랍비는 이런 결정에 반대한다.
- 같은 상황에서 먹지 않은 둘째 바구니의 음식을 다른 사람이 먹었다면 그 사람도 역시 거제 관련 원금과 벌금을 낼 의무에서 면제된다. 그가 먹은 음식이 속된 음식이라고 주장할 여지가 있기 때문이다. 한 사람이 두 바구니에 있는 음식을 모두 먹었을 경우에만 의심할 여지 없이 거제를 먹었다고 결정할 수 있으며 이때 그 사람은 양이 적었던 바구니의 음식을 거제로 간주하고 그 원금과 벌금을 낸다. 분명히 잘못을 저지른 경우에도 관대하게 처리하는 모습이 인상적이다.

## 7, 6
거제와 속된 음식이 함께 놓인 상황에 대해 계속 논의한다.

נָפְלָה אַחַת מֵהֶן לְתוֹךְ הַחֻלִּין, אֵינָהּ מְדַמַּעְתָּן, וְהַשְּׁנִיָּה, נוֹהֵג בָּהּ בִּתְרוּמָה,
וְחַיֶּבֶת בְּחַלָּה, דִּבְרֵי רַבִּי מֵאִיר. וְרַבִּי יוֹסֵי פּוֹטֵר. נָפְלָה שְׁנִיָּה לְמָקוֹם אַחֵר,
אֵינָהּ מְדַמַּעְתָּן. נָפְלוּ שְׁתֵּיהֶן לְמָקוֹם אֶחָד, מְדַמְּעוֹת כַּקְּטַנָּה שֶׁבִּשְׁתֵּיהֶן:

만일 두 [바구니] 중 하나의 [음식이] 속된 음식 속으로 떨어졌다
면 의심스러운 거제물이 되지 않으며 또 다른 바구니를 거제물로 취
급하고, 할라 규정을 [지킬] 의무가 있다. 메이르 랍비가 그렇게 말했
다. 그러나 요쎄 랍비는 [그 책임을] 면제한다. 또 둘째 [바구니의 음
식이] 다른 곳에 떨어졌다면 의심스러운 거제물이 되지 않는다. 만일
두 [바구니의 음식이 모두] 한 곳에 떨어졌다면 둘 중 [양이] 더 적은
것에 따라 의심스러운 거제물을 만든다.

- 거제인 음식이 속된 음식에 떨어졌고 둘 사이의 비율이 1:100보다
  적을 때 섞인 음식은 '의심스러운 거제'가 되며 이것은 거제와 마찬
  가지로 제사장에게 팔아야 한다. 거제와 속된 음식 중 하나가 또 다
  른 속된 음식에 떨어져 섞였다면 떨어진 것은 속된 음식이었다고 간
  주한다. 그러므로 섞인 음식은 의심스러운 거제물이 되지 않으며 떨
  어지지 않은 음식이 거제가 된다. 그리고 거제이지만 할라 관련 규정
  을 지킬 의무가 있다는 것이 메이르 랍비의 의견이다(다섯째 미쉬
  나). 요쎄 랍비는 반대한다.
- 떨어지지 않았던 둘째 바구니의 음식이 또 다른 속된 음식에 떨어져
  섞였어도, 섞인 음식이 의심스러운 거제가 되지 않는다. 둘째 바구
  니가 속된 음식이었다고 주장하면 부정할 수 없기 때문이다.
- 두 바구니에 든 음식이 모두 떨어져서 섞였을 때에는 분명히 거제가
  떨어진 것이므로 섞인 음식은 비율에 따라 의심스러운 거제가 된다.
  이때 비율 계산은 둘 중 양이 더 적은 것을 기준으로 한다.

## 7, 7

거제와 속된 음식이 있는 두 바구니 중 하나의 곡식을 심은 경우에 대해 논의한다.

---

זָרַע אֶת אַחַת מֵהֶן, פָּטוּר, וְהַשְּׁנִיָּה, נוֹהֵג בָּהּ בַּתְּרוּמָה, וְחַיֶּבֶת בְּחַלָּה, דִּבְרֵי רַבִּי מֵאִיר. וְרַבִּי יוֹסֵי פוֹטֵר. זָרַע אַחֵר אֶת הַשְּׁנִיָּה, פָּטוּר. זָרַע אֶחָד אֶת שְׁתֵּיהֶן, בְּדָבָר שֶׁזַּרְעוֹ כָלֶה, מֻתָּר, וּבְדָבָר שֶׁאֵין זַרְעוֹ כָלֶה, אָסוּר:

---

만일 두 [바구니] 중 하나의 [곡식을] 심었다면 [거제 규정에서] 면제되며 또 다른 것을 거제물로 취급하고, 할라 규정을 지켜야 한다. 메이르 랍비가 그렇게 말했다. 그러나 요쎄 랍비는 [할라 규정을 지킬 책임을] 면제한다. 다른 사람이 둘째 [바구니의 곡식을] 심었다면 그는 [거제 규정을 지킬 책임에서] 면제된다. 한 사람이 두 [바구니의 곡식을 모두] 심었을 때 [땅에서] 썩는 종류의 씨면 [제사장이 아닌 사람이 먹는 것이] 허용된다. 그러나 [땅에서] 썩지 않는 종류의 씨라면 금지된다.

- 거제인 곡식과 속된 음식인 곡식이 든 바구니 두 개가 있었고, 그중 하나를 심었는데 어떤 것을 심었는지 확신할 수 없는 상황이라면 속된 음식인 곡식을 심었다고 관대하게 결정한다. 아직 바구니에 남아 있는 곡식이 거제이며 할라-빵 관련 규정을 지켜야 한다는 것이 메이르 랍비의 의견이다(다섯째 미쉬나). 요쎄 랍비는 반대한다.
- 만약 다른 사람이 바구니에 남아 있던 곡식을 심었어도, 거제 관련 규정에 저촉되지 않으며 원금과 벌금을 배상할 의무에서 면제된다. 자기가 심은 것이 속된 음식이었다고 주장할 여지가 있기 때문이다.
- 한 사람이 두 바구니에 든 곡식을 모두 땅에 심었다면 그는 분명히 거제물인 곡식을 심는 잘못을 저질렀다. 만약 그가 심은 씨앗이 땅

속에서 변형되어 자라고 난 뒤에 그 모습을 유지하지 못하는 밀이나 보리라면 이것은 거제의 지위를 잃으며 일반인이 먹어도 무방하다. 그러나 땅에 심어도 그 모습이 변하지 않는 마늘이나 양파 등은 거제의 지위를 유지하며 자란 후에도 일반인이 먹을 수 없다.

## 제8장

### 8, 1

거제를 먹는 도중에 먹을 자격이 바뀐 것을 안 경우를 설명한다.

הָאִשָּׁה שֶׁהָיְתָה אוֹכֶלֶת בִּתְרוּמָה, בָּאוּ וְאָמְרוּ לָהּ, מֵת בַּעְלִיךְ אוֹ גֵרְשֵׁךְ, וְכֵן הָעֶבֶד שֶׁהָיָה אוֹכֵל בִּתְרוּמָה, וּבָאוּ וְאָמְרוּ לוֹ, מֵת רַבָּךְ, אוֹ מְכָרְךָ לְיִשְׂרָאֵל, אוֹ נְתָנְךָ בְּמַתָּנָה, אוֹ עֲשָׂאָךְ בֶּן חוֹרִין. וְכֵן כֹּהֵן שֶׁהָיָה אוֹכֵל בִּתְרוּמָה, וְנוֹדַע שֶׁהוּא בֶן גְרוּשָׁה אוֹ בֶן חֲלוּצָה, רַבִּי אֱלִיעֶזֶר מְחַיֵּב קֶרֶן וְחֹמֶשׁ, וְרַבִּי יְהוֹשֻׁעַ פּוֹטֵר. הָיָה עוֹמֵד וּמַקְרִיב עַל גַּבֵּי הַמִּזְבֵּחַ, וְנוֹדַע שֶׁהוּא בֶן גְרוּשָׁה אוֹ בֶן חֲלוּצָה, רַבִּי אֱלִיעֶזֶר אוֹמֵר, כָּל הַקָּרְבָּנוֹת שֶׁהִקְרִיב עַל גַּבֵּי הַמִּזְבֵּחַ, פְּסוּלִים. וְרַבִּי יְהוֹשֻׁעַ מַכְשִׁיר. נוֹדַע שֶׁהוּא בַעַל מוּם, עֲבוֹדָתוֹ פְּסוּלָה:

만일 어떤 여자가 거제물을 먹고 있는데 사람들이 그녀에게 "당신의 남편은 죽었소" 또는 "그는 당신과 이혼했소"라고 말하는 경우와 그와 비슷하게 어떤 노예가 거제물을 먹고 있는데 사람들이 그에게 "당신의 주인은 죽었소" 또는 "그가 당신을 〔제사장이 아닌〕 이스라엘 사람에게 팔았소" 또는 "그가 당신을 선물로 주었소" 또는 "그가 당신을 자유인으로 만들었소"라고 말하는 경우와 그와 비슷하게 제사장이 거제물을 먹고 있는데 그가 이혼한 여자나 할루짜의 아들임이 알려진 경우에 대해 엘리에제르 랍비는 〔그가 먹은 거제의〕 원금과 1/5을 더 내야 할 책임이 있다고 하나, 예호슈아 랍비는 〔그 규정에서] 면제된다고 한다.

만일 〔제사장이〕 제단 위에 서서 희생제사를 드리고 있는데 그가 이혼한 여자나 할루짜의 아들인 것이 알려지는 경우에 대해 엘리에 제르 랍비는 말한다. 그가 제단에서 바친 모든 제사는 무효가 된다. 그러나 예호슈아 랍비는 유효하다고 한다. 만일 그가 흠이 있는 자임 이 알려지면 그의 제사는 무효가 된다

- 이 미쉬나는 제사장과 결혼한 여성, 제사장의 종, 그리고 제사장이 거제를 먹을 자격을 잃게 되는 상황을 열거하고 있으며 엘리에제르 랍비는 그들이 먹은 거제의 원금과 벌금을 모두 배상해야 한다고 주 장했고 예호슈아 랍비는 면제해준다고 하였다.
- 첫째, 일반 이스라엘 사람인 여자가 제사장과 결혼하면 거제를 먹을 자격이 생긴다. 그러나 남편이 죽거나 이혼하여 결혼관계가 종료되 면 거제를 먹을 수 없다. 물론 제사장 남편에게서 얻은 자식이 없을 경우에 그렇다. 둘째, 제사장이 소유하는 종은 거제를 먹을 자격이 있으나, 소유자가 바뀌거나 해방되면 거제를 먹을 수 없다. 셋째, 제 사장은 이혼한 여인이나 할루짜(חלוצה) 즉 역연혼을 하지 않은 여 인과 결혼할 수 없다. 그런데 어떤 제사장이 이러한 여인들의 자식 임이 밝혀지면 그는 불법적인 결혼의 결과이므로 거제를 먹을 자격 을 잃는다.
- 엘리에제르 랍비는 거제를 먹을 수 없는 자가 실수로 거제를 먹은 경우로 간주하고 원금과 벌금을 배상하라고 명령했다. 예호슈아 랍 비는 이 사람들도 자신의 자격에 관해 모르고 있다가 갑자기 상황이 밝혀진 경우이므로 벌금 1/5은 면제하고 원금만 배상하라고 명령 했다.
- 이 주제와 관련이 없지만 비슷한 논리를 적용해야 하는 주제는 제사

장이 제단 위에서 제물을 바치다가 중간에 자격이 없음이 밝혀지는 경우이다. 제사장이 이혼한 여인이나 할루짜의 자식임이 밝혀지면 더 이상 제사장으로 일할 수 없다. 엘리에제르 랍비는 그의 제사장 자격이 무효가 되었으므로 그 사람이 드렸던 제물들도 무효가 된다고 주장했다. 그러나 예호슈아 랍비는 그가 제물을 드릴 때는 자기가 무자격자임을 모르고 있었으므로 적법한 제사장으로 알고 드린 제물들은 유효하다고 주장했다. 그러나 두 랍비 모두 흠 있는 제사장이 드린 제사는 무효라는 데 동의한다. 신체에 나타난 흠은 자신이 모를 리 없기 때문이다.

## 8, 2

불법적으로 거제를 입에 넣었는데 아직 삼키지 않은 경우에 관해 논의한다.

---

וְכֻלָּם, שֶׁהָיְתָה תְרוּמָה בְתוֹךְ פִּיהֶם, רַבִּי אֱלִיעֶזֶר אוֹמֵר, יִבְלָעוּ. וְרַבִּי יְהוֹשֻׁעַ אוֹמֵר, יִפְלֹטוּ. אָמְרוּ לוֹ, נִטְמֵאתָ וְנִטְמֵאת תְּרוּמָה, רַבִּי אֱלִיעֶזֶר אוֹמֵר, יִבְלָע. וְרַבִּי יְהוֹשֻׁעַ אוֹמֵר, יִפְלֹט. טָמֵא הָיִיתָ וּטְמֵאָה הָיְתָה תְרוּמָה, אוֹ נוֹדַע שֶׁהוּא טֶבֶל, וּמַעֲשֵׂר רִאשׁוֹן שֶׁלֹּא נִטְּלָה תְרוּמָתוֹ, וּמַעֲשֵׂר שֵׁנִי וְהֶקְדֵּשׁ שֶׁלֹּא נִפְדּוּ, אוֹ שֶׁטָּעַם טַעַם פִּשְׁפֵּשׁ לְתוֹךְ פִּיו, הֲרֵי זֶה יִפְלֹט:

---

[첫째 미쉬나에서 언급한] 그들 모두가 입에 거제물을 [물고] 있는 경우에 대해 엘리에제르 랍비는 말한다. 그들은 그 [음식을] 삼킬 수 있다. 그러나 예호슈아 랍비는 말한다. 그들은 그 [음식을] 뱉어야 한다. 사람들이 "당신은 부정하게 되었소" 또는 "거제물이 부정하게 되었소"라고 말하는 경우에 대해 엘리에제르 랍비는 말한다. 그는 그것을 삼킬 수 있다. 그러나 예호슈아 랍비는 말한다. 그는 그것을 뱉어야 한다. "당신은 부정했다" 또는 "거제물은 부정했다" 또는 그것이 부적절한 것이거나 거제물을 떼지 않은 첫째 십일조이거나, 무르지

않은 둘째 십일조나 성물임을 알게 되거나, 그가 자기 입속에서 벌레 맛을 느꼈을 경우, 그는 그것을 뱉어야 한다.

- 제사장과 결혼한 여인, 제사장의 종, 그리고 제사장 등 첫째 미쉬나에서 논의했던 사람이 실수로 거제를 입에 넣었는데 아직 삼키지 않았다. 엘리에제르 랍비는 어차피 그 음식의 원금과 1/5의 벌금을 배상해야 하므로 삼키라고 말하고, 예호슈아 랍비는 아직 먹지 않았다면 벌금을 내지 않아도 되기 때문에 뱉으라고 권한다.
- 그들이 거제를 입에 넣었는데 그들 자신이 갑자기 부정해지거나 거제가 부정해지는 일이 발생했다. 엘리에제르 랍비는 그들이 거제를 먹기 시작할 시점에는 부정하지 않았으므로 문제가 없고, 삼켜도 좋다고 말했다. 그러나 예호슈아 랍비는 반대했다.
- 그러나 그들이 거제를 먹기 전부터 이미 부정했거나 거제가 부정했다면 이것을 먹는 행위가 의도적일 수밖에 없으므로 두 랍비가 모두 뱉어야 한다고 설명한다. 거제가 부정하다는 말은 먹기에 부적절한 상태임을 가리키는데 십일조를 떼지 않아서 부적절한 상태이거나 (טבל, 테벨), 거제를 떼지 않은 첫째 십일조이거나, 무르지 않은 둘째 십일조나 성물일 경우, 그리고 입에 넣었는데 벌레 맛이 나는 경우이다.

### 8, 3
십일조를 떼지 않고 먹는 포도에 관해 설명한다.

---

הָיָה אוֹכֵל בְּאֶשְׁכּוֹל וְנִכְנַס מִן הַגִּנָּה לֶחָצֵר, רַבִּי אֱלִיעֶזֶר אוֹמֵר, יִגְמֹר. וְרַבִּי יְהוֹשֻׁעַ אוֹמֵר, לֹא יִגְמֹר. חֲשֵׁכָה לֵילֵי שַׁבָּת, רַבִּי יְהוֹשֻׁעַ אוֹמֵר, יִגְמֹר. וְרַבִּי אֱלִיעֶזֶר אוֹמֵר, לֹא יִגְמֹר:

---

포도송이를 먹다가 정원에서 뜰로 들어간 경우에 대해 엘리에제르 랍비는 말한다. 그는 [포도송이를] 끝까지 [먹어도] 좋다. 그러나 예호슈아 랍비는 말한다. 그는 끝까지 [먹지] 않는다. 안식일 저녁 어두워졌을 때에 대해 엘리에제르 랍비는 말한다. 그는 [포도송이를] 끝까지 [먹어도] 좋다. 그러나 예호슈아 랍비는 말한다. 그는 끝까지 [먹지] 않는다.

- 어떤 사람이 포도원에서 일하다가 포도송이 하나를 따먹는 등 정식으로 요리를 한 식사가 아니라 즉석에서 마련한 간식을 먹는다면 십일조를 떼지 않아도 좋다. 그러나 그가 포도송이를 포도원에서 자기 집 뜰로 가지고 들어가면 이것은 열매를 수확하여 들이는 행위와 동일하므로 십일조를 떼기 전에 먹어서는 안 된다. 엘리에제르 랍비는 포도송이를 먹기 시작할 때는 그것이 허용되는 상황이었기 때문에 끝까지 다 먹어도 좋다고 하였고, 예호슈아 랍비는 마당에 들어서는 순간부터 십일조를 떼기 전에는 먹을 수 없다고 주장한다.
- 금요일 저녁이 되어 안식일이 시작되면 십일조를 떼지 않고 즉석에서 먹는 일이 금지된다. 안식일에 먹는 음식은 모두 공식적인 식사로 간주하며 십일조를 뗀 뒤에 먹을 수 있다는 말이다. 엘리에제르 랍비는 위와 같은 논리로 먹던 포도송이를 끝까지 먹으라고 했고, 예호슈아 랍비는 금지했다.

### 8, 4
덮어놓지 않은 물과 포도주와 우유를 먹지 말라고 명한다.

---

יַיִן שֶׁל תְּרוּמָה שֶׁנִּתְגַּלָּה, יִשָּׁפֵךְ, וְאֵין צָרִיךְ לוֹמַר שֶׁל חֻלִּין. שְׁלֹשָׁה מַשְׁקִין אֲסוּרִים מִשּׁוּם גִּלּוּי, הַמַּיִם וְהַיַּיִן וְהֶחָלָב. וּשְׁאָר כָּל הַמַּשְׁקִין מֻתָּרִים. כַּמָּה יִשְׁהוּ וְיִהְיוּ אֲסוּרִין, כְּדֵי שֶׁיֵּצֵא הָרַחַשׁ מִמְּקוֹם קָרוֹב וְיִשְׁתֶּה:

---

[아무것도] 덮여 있지 않은 거제용 포도주는 쏟아버려야 한다. 속된 음식인 [포도주에 대해서는] 말할 필요도 없이 [쏟아버려야 한다]. 덮여 있지 않을 때 금지된 음료수는 모두 세 가지이니 물, 포도주, 우유이다. 그러나 다른 음료수는 모두 허용된다. 얼마나 오랫동안 [열려 있어야 마시는 것이] 금지되는가? 가까운 곳에 있는 기는 생물이 와서 마실 수 있는 정도의 [시간이다].

- 거제물은 구별하여 떼어놓을 때부터 거룩하기 때문에 폐기하지 않는 것이 관례인데, 포도주를 아무것도 덮지 않고 놓아두었을 경우 쏟아버려야 한다고 명한다. 그 이유를 설명하지는 않지만, 마지막 문장에 비추어 생각해보면 뱀이나 도마뱀 등 기는 생물이 들어가서 독을 뿜어 독주가 되었을 가능성을 경계하는 것으로 보인다. 그렇다면 속된 음식인 포도주를 덮지 않고 놓아둔 경우는 두말할 필요도 없이 쏟아버려야 한다.
- 이와 같은 이유로 금지하는 음료수로는 포도주 이외에도 물과 우유가 있다.
- 그리고 아무것도 덮지 않아서 마시기 위험한 음료수가 되는 데 걸리는 시간은 가까운 곳에 사는 뱀이나 도마뱀 등 기는 생물이 와서 그 음료수를 마실 수 있는 정도라고 규정한다.

## 8, 5

שִׁעוּר הַמַּיִם הַמְגֻלִּין, כְּדֵי שֶׁתֹּאבַד בָּהֶם הַמָּרָה. רַבִּי יוֹסֵי אוֹמֵר, בְּכֵלִים, כָּל שֶׁהֵן, וּבַקַּרְקָעוֹת, אַרְבָּעִים סְאָה:

[아무것도] 덮여 있지 않은 물은 그 양이 [독의] 쓴맛을 없애기에 [충분하면 금지]한다. 요쎄 랍비는 말한다. 그릇에 있는 것이면 어떤

양이든 [마시는 것이 금지되며], 땅에 있는 것이면 40쎄아 [이상이면 허용된다].

- 넷째 미쉬나에서 언급했던 경우와 같이 물 위에 아무것도 덮지 않고 노출되어 있었는데 그 안에 독이 섞여 들어가도 쓴맛을 느낄 수 없는 정도의 양이었다. 독의 쓴맛을 느낄 수 있을 만큼 적은 물이면 누구도 마시지 않겠지만, 맛이 느껴지지 않으면 사람들이 마시고 위험해질 수도 있기 때문에 마시는 것이 금지된다.
- 그 물이 그릇에 들어 있었다면 양과 상관없이 금지된다. 섞여 있는 독이 다른 곳으로 빠질 수 없기 때문에 더 위험하기 때문이다.
- 그 물이 땅바닥에 고여 있으면 40쎄아 이상일 때 독이 희석되었다고 여겨 허용한다. 이 기준은 물에 다른 물질이 섞였을 때 물의 원래 상태를 유지할 수 있는 최소 크기 규정이며(정결례를 시행하는 물웅덩이의 경우), 독이 섞였어도 이 이상의 물이라면 희석된다고 본다.

### 8, 6
뱀이 물었을 가능성이 있는 열매나 동물에 관해 논의한다.

---

נְקוּרֵי תְאֵנִים וַעֲנָבִים וְהַקִּשׁוּאִין וְהַדְּלוּעִין וְהָאֲבַטִּיחִים וְהַמְּלָפְפוֹנוֹת, אֲפִלּוּ
הֵם כִּכָּר, אֶחָד גָּדוֹל וְאֶחָד קָטָן, אֶחָד תָּלוּשׁ וְאֶחָד מְחֻבָּר, כָּל שֶׁיֵּשׁ בּוֹ לֵחָה,
אָסוּר. וּנְשׁוּכַת הַנָּחָשׁ, אֲסוּרָה, מִפְּנֵי סַכָּנַת נְפָשׁוֹת:

---

무화과, 포도, 오이, 박, 수박, 머스크멜론에 [파먹은] 구멍들이 있을 때 그것들의 [무게가] 1키카르[3]이거나, [파먹은 구멍이] 크든지

---

3) 무게를 재는 도량형으로 1키카르(ככר)는 약 3,000쉐켈에 해당한다. 이 문맥에서 왜 이렇게 큰 도량형을 사용했는지 의문을 제기하고 본문을 수정하여 설명하는 주석자들도 있다. 예를 들어 "그것들이 그릇에(ככד) 들어 있거나"로 읽고,

작든지, [열매가 땅에서] 떨어져 있든지 붙어 있든지 관계없이, 습기가 있으면 [먹는 것이] 금지된다. 뱀이 물었던 것은 생명의 위험 때문에 [먹는 것이] 금지된다.

- 어떤 열매이든지 파먹은 구멍들이 있다면 뱀이 물어서 독이 퍼졌을 가능성이 있으므로 먹는 것이 금지된다. 특히 열매 안에 습기가 많이 남아 있는 경우 뱀의 독이 열매 전체에 퍼졌을 수 있어서 더 위험하다. 이런 구멍이 발견되었고 습기가 있는 열매라면 그 열매의 크기나 구멍의 크기가 상관없고, 열매를 따서 보관하던 중이든지 아직 땅에 연결되었든지 상관없이 먹으면 안 된다. 뱀이 물었던 것은 열매는 물론이고 가축도 먹어서는 안 된다.

## 8, 7

הַמְשַׁמֶּרֶת שֶׁל יַיִן, אֲסוּרָה מִשּׁוּם גִּלּוּי. רַבִּי נְחֶמְיָה מַתִּיר:

포도주 여과기를 [뚜껑으로 쓰면] 노출 때문에 [마시는 것이] 금지된다. 그러나 네헴야 랍비는 허용한다.

- 이 미쉬나는 음식에 들어가는 독과 관련하여 포도주를 보관한 항아리 입구를 여과기로 덮어놓으면 보호가 되는지 여부를 논의하고 있다. 첫째 의견에 따르면 독이 여과기를 통과할 수 있기 때문에 아무것도 덮어두지 않은 상태와 마찬가지며 마시는 것이 금지된다고 한다. 그러나 네헴야 랍비는 독이 체를 통과하지 못한다고 여기고 그 포도주를 마셔도 좋다고 허락하였다.

---

수확하여 그릇에 담겨 있어도 파먹은 구멍이 있으면 먹지 말라고 설명한다.

## 8, 8

병 안에 보관하던 거제가 정결한지 부정한지 확실하지 않을 때 처리하는 방법에 관해 논의한다.

---

חָבִית שֶׁל תְּרוּמָה שֶׁנּוֹלַד בָּהּ סְפֵק טֻמְאָה, רַבִּי אֱלִיעֶזֶר אוֹמֵר, אִם הָיְתָה מֻנַּחַת בְּמָקוֹם תֻּרְפָּה, יַנִּיחֶנָּה בְּמָקוֹם הַמֻּצְנָע, וְאִם הָיְתָה מְגֻלָּה, יְכַסֶּנָּה. וְרַבִּי יְהוֹשֻׁעַ אוֹמֵר, אִם הָיְתָה מֻנַּחַת בְּמָקוֹם מֻצְנָע, יַנִּיחֶנָּה בְּמָקוֹם תֻּרְפָּה, וְאִם הָיְתָה מְכֻסָּה, יְגַלֶּנָּה. רַבָּן גַּמְלִיאֵל אוֹמֵר, אַל יְחַדֵּשׁ בָּהּ דָּבָר:

---

거제물 병이 부정한지 의심스러운 경우에 대해 엘리에제르 랍비는 말한다. 만일〔병을〕노출되는 곳에 두었다면 숨겨진 곳에 두어야 한다. 만일 열려 있다면 덮어두어야 한다. 그러나 예호슈아 랍비는 말한다. 그〔병이〕숨겨진 곳에 있다면 노출되는 장소에 두어야 하고 덮여 있다면 열어두어야 한다. 감리엘 랍비는 말한다. 어떤 변화도 주지 말아야 한다.

- 병 안에 보관하던 거제가 정결한지 의심이 생긴 경우, 거제물을 의도적으로 버리거나 부정하게 만들면 안 된다는 원리와 부정한 거제물을 먹을 수 없다는 원리 중 어떤 것을 우선으로 하느냐에 따라 랍비들 사이에 이견이 생긴다.
- 엘리에제르 랍비에 따르면 상황이 더 악화되지 않도록 보호조치를 시행해야 한다. 그 거제가 의심스러워서 정상적으로 사용할 수 없다고 하더라도, 상황이 악화되어 절대로 사용할 수 없게 되는 것은 막아야 한다는 것이다. 그래서 실외에 보관했다면 실내로, 덮지 않았다면 덮어서 보관해야 한다.
- 예호슈아 랍비는 반대입장에 서 있는데 거제가 정결한지 의심스러워서 정상적으로 사용할 수 없다면 상황을 악화시켜서 절대로 사용

할 수 없는 상태로 만들라고 명한다. 확실하게 부적절한 거제가 되면 폐기할 수 있기 때문이다. 그래서 실내에 보관했다면 실외로 내가고, 덮어놓았다면 덮개를 벗겨야 한다.

- 감리엘 랍비는 두 의견에 모두 반대하며 아무런 조치도 취하지 말고 그대로 놓아두었다가 확실하게 부정해지면 폐기하라고 말한다. 그렇지 않더라도 의심 때문에 정상적인 거제로 사용할 수는 없다.

## 8, 9

포도주 병 안에 보관하던 거제물이 윗부분이 깨어져 아랫부분이 부정해졌을 경우에 대해 논의한다.

---

חָבִית שֶׁנִּשְׁבְּרָה בַּגַּת הָעֶלְיוֹנָה, וְהַתַּחְתּוֹנָה טְמֵאָה, מוֹדֶה רַבִּי אֱלִיעֶזֶר וְרַבִּי יְהוֹשֻׁעַ, שֶׁאִם יְכוֹלִים לְהַצִּיל מִמֶּנָּה רְבִיעִית בְּטָהֳרָה, יַצִּיל. וְאִם לָאו, רַבִּי אֱלִיעֶזֶר אוֹמֵר, תֵּרֵד וְתִטַּמֵּא, וְאַל יְטַמְּאֶנָּה בְיָדָיו:

---

〔포도주〕 병이 포도주 틀의 윗부분에서 깨어졌고, 그 아랫부분이 부정해졌을 경우에 관해 엘리에제르 랍비와 예호슈아 랍비가 서로 동의한다. 만일 정결하게 1/4만큼 되살릴 수 있다면 되살려야 한다. 되살릴 수 없는 경우에 대해 엘리에제르 랍비는 말한다. 포도주를 〔그대로〕 아래로 내려가게 하고 부정하도록 내버려두어야 한다. 그의 손으로 그것을 부정하게 해서는 안 된다.

- 포도주 틀 윗부분에 거제를 담은 포도주 병을 두었는데 이것이 깨어졌다면 거제인 포도주가 흘러내려가서 그 포도주 틀에 있던 모든 포도주가 섞인 것(מדמע, 메두마)이 될 수 있다. 섞인 것이 되면 제사장이나 이스라엘 사람 누구도 마실 수 없다. 엘리에제르 랍비와 예호슈아 랍비는 얼른 정결한 그릇으로 거제인 포도주의 1/4 정도를 구

분하라고 조언한다. 이렇게 살린 포도주는 거제로 인정하지만, 나머지는 섞인 것이 된다.

- 만약 1/4을 되살릴 수 없다면 거제인 포도주가 흘러내려가는 대로 두고 전체를 포기하는 수밖에 없다는 것이 엘리에제르 랍비의 의견이다. 부정한 그릇이 곁에 있어도 거제를 부정하게 만들 수 없으므로 사용할 수 없다. 예호슈아 랍비의 의견은 열한째 미쉬나에 나온다.


## 8, 10

포도주 병이 엎어졌을 때 거제물의 정결 여부에 대해 논의한다.

וְכֵן חָבִית שֶׁל שֶׁמֶן שֶׁנִּשְׁפְּכָה, מוֹדֶה רַבִּי אֱלִיעֶזֶר וְרַבִּי יְהוֹשֻׁעַ, שֶׁאִם יָכוֹל לְהַצִּיל מִמֶּנָּה רְבִיעִית בְּטָהֳרָה, יַצִּיל. וְאִם לָאו, רַבִּי אֱלִיעֶזֶר אוֹמֵר, תֵּרֵד וְתִבָּלַע, וְאַל יְבַלְעֶנָּה בְּיָדָיו:

마찬가지로 [올리브]기름 병이 엎어진 것에 대해 엘리에제르 랍비와 예호슈아 랍비가 서로 동의한다. 만일 정결하게 1/4만큼 되살릴 수 있다면 되살려야 한다. 되살릴 수 없는 경우에 대해 엘리에제르 랍비는 말한다. 올리브기름이 [그대로] 아래로 내려가 [땅에] 스며들도록 해야 한다. 그가 그의 손으로 스며들게 해서는 안 된다.

- 올리브기름 병이 엎어져서 땅에 쏟아졌다면 얼른 정결한 그릇을 가져와서 거제인 기름을 1/4이라도 담으라고 조언한다. 아홉째 미쉬나와 달리 기름 짜는 틀이 아니라 땅에 쏟아진 경우를 예로 들고 있는데 올리브기름은 섞인 것이 되어도 등잔에 불을 피우는 용도로 사용할 수 있어서 피해가 크지 않기 때문이다.
- 만약 1/4을 되살릴 수 없다면 거제인 기름이 땅에 스며들어서 사용

할 수 없게 되어도 포기하는 수밖에 없다는 것이 엘리에제르 랍비의
의견이다. 역시 부정한 그릇이 곁에 있어도 거제를 부정하게 만들
수 없기 때문에 사용할 수 없다. 예호슈아 랍비의 의견은 열한째 미
쉬나에 나온다.

## 8, 11

아홉째와 열째 미쉬나에 관한 예호슈아 랍비의 의견이 소개된다.

וְעַל זוֹ וְעַל זוֹ אָמַר רַבִּי יְהוֹשֻׁעַ, לֹא זוֹ הִיא תְרוּמָה שֶׁאֲנִי מֻזְהָר עָלֶיהָ
מִלְּטַמְּאָה, אֶלָּא מִלְּאָכְלָהּ. וּבַל תְּטַמְּאָה כֵּיצַד, הָיָה עוֹבֵר מִמָּקוֹם לְמָקוֹם
וְכִכָּרוֹת שֶׁל תְּרוּמָה בְּיָדוֹ, אָמַר לוֹ נָכְרִי, תֶּן לִי אַחַת מֵהֶן וַאֲטַמְּאָהּ, וְאִם
לָאו, הֲרֵי אֲנִי מְטַמֵּא אֶת כֻּלָּהּ, רַבִּי אֱלִיעֶזֶר אוֹמֵר, יְטַמֵּא אֶת כֻּלָּהּ, וְאַל יִתֵּן
לוֹ אַחַת מֵהֶן וִיטַמֵּא. רַבִּי יְהוֹשֻׁעַ אוֹמֵר, יַנִּיחַ לְפָנָיו אַחַת מֵהֶן עַל הַסָּלַע:

이런 경우와 저런 경우 모두에 대해 예호슈아 랍비는 말한다. 이것
은 내가 부정하게 하지 말라고 주의를 받은 거제가 아니고, 먹지 말라
고 (주의를 받은) 경우들이다.

어떻게 부정하지 않게 할 수 있는가? 만일 거제인 빵 덩어리들을
손에 들고 여기서 저기로 다닐 때 이방인이 그에게 "나에게 하나를
주시오. 그러면 내가 그것만 부정하게 할 것이오. 그렇지 않다면 나는
전부 부정하게 할 것이오"라고 말했다. 엘리에제르 랍비는 말한다.
그에게 하나만 주어서 부정하게 하도록 두지 말고 전부 부정하게 하
도록 하라. 예호슈아 랍비는 말한다. 그 앞에서 바위 위에 (빵 덩어리
들 중) 하나만 두라.

- 아홉째 미쉬나가 언급한 포도주와 열째 미쉬나가 언급한 올리브기
  름에 관해서 예호슈아 랍비는 흐르는 거제물을 부정한 그릇에 담아
  서 부정하게 만드는 일이 금지된 것은 아니라고 주장한다. 정결한

그릇으로 거제물을 되살릴 상황이 아니라면 부정한 그릇이라도 사용해서 거제물이 흘러내려가지 않도록 막아야 하며 속된 음식인 포도주나 기름 전체를 포기하지 않아도 된다.

- 또 다른 상황으로 이방인이 거제인 빵 덩어리 둘을 들고 가는 이스라엘 사람을 잡아서 하나를 강탈하려고 했는데 거제를 이방인에게 주면 부정해지기 때문에 위험을 무릅써야 할지 결정해야 하는 상황이 되었다. 엘리에제르 랍비는 이스라엘 사람이 주도적으로 거제인 빵 덩어리 하나를 내어주어 부정하게 만드는 일에 가담하면 안 된다고 주장하며 둘 다 빼앗겨서 부정해지는 편이 낫다고 말한다. 예호슈아 랍비는 이스라엘 사람이 주도적으로 범죄하지 않고 거제인 빵 덩어리도 구할 수 있는 방안을 제시하는데 빵 덩어리 하나를 바위 위에 올려놓고 이방인이 직접 가져가도록 하라는 것이다.

## 8, 12
이방인이 이스라엘 여인을 위협하는 경우를 논의한다.

---

וְכֵן נָשִׁים שֶׁאָמְרוּ לָהֶם נָכְרִים, תְּנוּ אַחַת מִכֶּם וּנְטַמֵּא, וְאִם לָאו, הֲרֵי אָנוּ מְטַמְּאִים אֶת כֻּלְּכֶם, יְטַמְּאוּ אֶת כֻּלָּן, וְאַל יִמְסְרוּ לָהֶם נֶפֶשׁ אַחַת מִיִּשְׂרָאֵל:

---

마찬가지로 이방인이 여자들에게 "우리에게 당신들 중 한 명을 주면 [그녀만] 부정하게 할 것이지만, 그렇지 않으면 당신들 모두를 부정하게 할 것이오"라고 말한다면 그 [여자들] 모두를 부정하게 하도록 해야 하고, 이스라엘 중 한 생명도 주어서는 안 된다.

- 이방인이 이스라엘 여성을 강제로 취하여 성범죄를 저지르려 한다면 어떤 이스라엘 사람도 이런 행위를 허용해서는 안 되며 차라리 모든 사람이 피해를 입는 편을 택하라고 명령한다. 거제인 빵 덩어

리와 달리(열한째 미쉬나) 사람과 관련된 상황에서는 랍비들 사이에 이견이 없으며 범죄에 강력하게 저항하라고 가르친다.


## 제9장


### 9, 1
거제인 곡식을 밭에 심은 경우를 논의한다.

---

הַזּוֹרֵעַ תְּרוּמָה, שׁוֹגֵג, יוֹפַךְ. וּמֵזִיד, יְקַיֵּם. אִם הֵבִיאָה שְׁלִישׁ, בֵּין שׁוֹגֵג בֵּין מֵזִיד, יְקַיֵּם. וּבְפִשְׁתָּן, מֵזִיד, יוֹפַךְ:

---

거제물을 심었는데 실수로 심었다면 쟁기질할 수 있지만, 고의로 심었다면 자라도록 두어야 한다. 만일 1/3 정도 자랐다면 실수든지 고의든지 자라도록 두어야 한다. 아마와 같은 경우 만일 고의로 심었다면 쟁기질해야 한다.


- 거제인 곡식을 밭에 심는 것은 금지되어 있으며 불법적으로 심어서 자라난 열매는 동일하게 거제의 지위를 가진다. 만약 거제인지 모르고 실수로 심었다면 밭을 갈아엎고 다른 작물을 심어서 경작할 수 있다고 관대하게 결정한다. 그러나 고의로 심었다면 다 자라서 수확할 때까지 두고 그 열매를 거제로 성전에 바쳐야 한다.
- 그러나 이미 작물이 다 자란 높이의 1/3 정도까지 자랐다면 실수든 고의든 계속 키워야 한다. 원래 높이의 1/3은 거제인 작물의 최소 크기 규정인 셈이며 거제로 인정할 수 있는 작물을 의도적으로 폐기하는 것은 범죄행위이다.
- 아마는 예외적인 경우인데, 아마 씨가 들어 있는 씨방은 언제나 속

된 음식이기 때문이다. 심은 것을 밭에서 계속 기르면 결국 주인에게 이득이 되기 때문에, 랍비들은 거제를 심은 행위에 대한 처벌을 받아야 한다고 생각한다. 그가 실수로 심었든지 고의로 심었든지 밭을 뒤집어엎어야 한다.

## 9, 2

거제인 곡식을 심어서 자랐을 경우 떨어뜨린 것과 잊어버린 것과 「페아」 규정에 대해 논의한다.

וְחַיֶּבֶת בְּלֶקֶט וּבְשִׁכְחָה וּבְפֵאָה. וַעֲנִיֵּי יִשְׂרָאֵל וַעֲנִיֵּי כֹהֲנִים, מְלַקְּטִים. וַעֲנִיֵּי יִשְׂרָאֵל, מוֹכְרִין אֶת שֶׁלָּהֶם לַכֹּהֲנִים בִּדְמֵי תְרוּמָה, וְהַדָּמִים שֶׁלָּהֶם. רַבִּי טַרְפוֹן אוֹמֵר, לֹא יְלַקְּטוּ אֶלָּא עֲנִיֵּי כֹהֲנִים, שֶׁמָּא יִשְׁכְּחוּ וְיִתְּנוּ לְתוֹךְ פִּיהֶם. אָמַר לוֹ רַבִּי עֲקִיבָא, אִם כֵּן, לֹא יְלַקְּטוּ אֶלָּא טְהוֹרִים:

이것은 떨어뜨린 것과 잊어버린 것과 페아 〔규정을 따를〕 의무가 있다. 그리고 가난한 이스라엘 사람과 가난한 제사장이 줍도록 해야 한다. 가난한 이스라엘 사람은 자기 몫을 제사장에게 거제 가격으로 팔아야 하며 그 값은 그들의 것이다. 타르폰 랍비는 말한다. 가난한 제사장만 모을 수 있다. 〔가난한 이스라엘 사람〕 잊고 〔실수로〕 그것을 입 안에 넣을 수 있기 때문이다. 아키바 랍비는 〔타르폰 랍비에게〕 말한다. "만일 그렇다면 정결한 〔제사장만〕 모으도록 해야 합니다."

- 거제인 곡식을 심어서 자랐을 경우 일반 생산물과 마찬가지로 떨어뜨린 것(לקט, 레케트)과 잊어버린 것(שכחה, 쉬흐하)과 페아(פאה) 규정에 따라 수확할 의무가 있고, 가난한 이스라엘 사람과 가난한 제사장들이 곡식을 가져간다. 그러나 이 생산물은 법적으로 거제이므로 일반인이 먹을 수 없으므로 이스라엘 사람은 제사장에게 팔아야

한다.

- 타르폰 랍비는 가난한 이스라엘 사람들이 거제를 심은 밭임을 잊고 열매를 먹을 가능성도 있으며 이렇게 범죄를 행할 기회를 주는 셈이라고 생각했다. 그래서 제사장들과 이 밭에서 열매를 모을 수 있다고 주장하였다. 만약 타르폰 랍비의 논리를 따른다면 제사장 중에서도 부정한 자는 거제를 심은 밭에서 수확하다가 거제를 부적절하게 만들 가능성이 있으므로 제외시켜야 한다고 아키바 랍비가 말한다. 아키바 랍비가 실제로 수확할 자격을 제한하려는 의도인지 아니면 타르폰 랍비에 대항하여 가난한 이스라엘 사람들도 열매를 모을 수 있다고 주장하는 것인지 불분명하다.

## 9, 3

거제인 곡식을 심어서 자랐을 경우의 십일조에 대해 논의한다.

---

וְחַיֶּבֶת בְּמַעַשְׂרוֹת וּבְמַעֲשַׂר עָנִי, וַעֲנִיֵּי יִשְׂרָאֵל וַעֲנִיֵּי כֹהֲנִים נוֹטְלִים, וַעֲנִיֵּי יִשְׂרָאֵל מוֹכְרִין אֶת שֶׁלָּהֶם לַכֹּהֲנִים בִּדְמֵי תְרוּמָה, וְהַדָּמִים שֶׁלָּהֶם. הַחוֹבֵט מְשֻׁבָּח. וְהַדָּשׁ כֵּיצַד יַעֲשֶׂה, תּוֹלֶה כְפִיפוֹת בְּצַוְּארֵי בְהֵמָה וְנוֹתֵן לְתוֹכָן מֵאוֹתוֹ הַמִּין, נִמְצָא לֹא זוֹמֵם אֶת הַבְּהֵמָה וְלֹא מַאֲכִיל אֶת הַתְּרוּמָה:

---

이것은 십일조와 가난한 이를 위한 십일조 [규정을 따를] 의무가 있다. 그리고 가난한 이스라엘 사람과 가난한 제사장이 그것을 취할 수 있다. 그러나 가난한 이스라엘 사람은 거제 가격으로 그것을 팔아야 하며 그 값은 그들의 것이다. [막대기로 곡식을] 치는 자는 칭찬받을 만하다. [가축으로] 타작하는 이는 어떻게 해야 하는가? 그는 가축의 목에 바구니를 달고 [타작한 것과] 동일한 종류의 것을 [동물 먹이로] 두어야 한다. 그러면 가축에게 입마개를 씌우지 않아도 되고 동물이 거제물을 먹지 않도록 할 수 있다.

- 거제인 곡식을 심어서 자랐을 경우 일반 생산물과 마찬가지로 십일 조와 가난한 자들을 위한 십일조를 구별해서 내야 한다. 가난한 이 스라엘 사람과 제사장이 모두 이것을 취할 수 있지만, 이 생산물은 법적으로 거제이므로 일반인이 먹을 수 없으므로 이스라엘 사람은 제사장에게 팔아야 한다.

- 이 열매를 타작할 때 사람이 막대기로 쳐서 낱알을 거둔다면 별다른 문제가 없다. 그러나 타작마당에 펴놓고 가축이 걸어다니며 밟아서 낱알을 떨어뜨린다면 그 과정 중에 가축이 거제인 곡식을 먹을 가능 성이 있다. 타작하는 가축의 입에 입마개를 씌울 수는 없으므로(신 25:4), 가축이 먹을 수 있는 먹이를 따로 준비해서 바구니에 담아 먹 에 걸어주어야 한다.

### 9, 4

거제를 심어서 거둔 열매의 법적인 지위를 설명한다.

---

גִּדּוּלֵי תְרוּמָה, תְּרוּמָה. וְגִדּוּלֵי גִדּוּלִין, חֻלִּין. אֲבָל הַטֶּבֶל וּמַעֲשֵׂר רִאשׁוֹן וּסְפִיחֵי שְׁבִיעִית וּתְרוּמַת חוּצָה לָאָרֶץ וְהַמְדֻמָּע וְהַבִּכּוּרִים, גִּדּוּלֵיהֶן, חֻלִּין. גִּדּוּלֵי הֶקְדֵּשׁ וּמַעֲשֵׂר שֵׁנִי, חֻלִּין, וּפוֹדֶה אוֹתָם בִּזְמַן זַרְעָם:

---

거제물이 자라서 [거둔 열매는] 거제물이다. 그러나 [거제물이] 자 라서 [거둔 열매가 다시 심어서] 자라서 [거둔 열매는] 속된 음식이 다. 그러나 부적절한 것, 첫째 십일조, 안식년의 뒷그루, 이스라엘 땅 밖에서 자란 것을 [바친] 거제, 의심스러운 거제물, 맏물이 자라서 [거 둔 열매도] 속된 음식이다. 성물과 둘째 십일조가 자라서 [거둔 열매 도] 속된 음식이다. 그리고 그는 심을 때를 기준으로 그것의 값을 무 를 수 있다.

- 거제를 밭에 심어서 자랐을 경우 그 열매도 거제로 간주하니 거제를 제사장에게 주지 않고 밭에 심은 자를 처벌하는 의미가 있다. 그러나 거제가 자라서 거둔 열매를 다시 한 번 심어서 자란 식물의 열매는 속된 음식으로 간주한다. 이로써 거제물을 심어서 거둔 열매는 실제 거제가 아니라 중간적인 지위를 가지고 있음을 알 수 있다.
- 거제가 아닌 다른 곡식 예물을 심어서 거둔 열매는 원래 지위를 잃고 속된 음식이 된다. 그 이유는 여섯째 미쉬나에서 자세히 다룬다.
- 성전을 유지하기 위해 바치는 성물이나 둘째 십일조는 돈으로 무르는 경우가 많은데, 이런 것들을 무른 돈은 거룩하기 때문에 성전에 바치거나 예루살렘에 가지고 가서 쓴다. 이러한 식물을 밭에 심어서 자라면 그 열매는 속된 음식이며 거룩하게 취급하거나 무를 필요가 없다. 그러나 그 열매를 팔 때는 그가 뿌린 씨의 값만 받을 수 있다. 예를 들어 어떤 사람이 성물이나 둘째 십일조에 해당하는 곡식 1쎄아를 심었는데 10쎄아가 생산되었다면 10쎄아의 생산물을 1쎄아 값으로 팔아야 한다.

### 9, 5

거제를 밭에 심는 방법에 따라 발생하는 다른 상황을 설명한다.

---

מֵאָה לְגִנָּה שֶׁל תְּרוּמָה וְאַחַת שֶׁל חֻלִּין, כֻּלָּן מֻתָּרִין בְּדָבָר שֶׁזַּרְעוֹ כָלֶה. אֲבָל בְּדָבָר שֶׁאֵין זַרְעוֹ כָלֶה, אֲפִלּוּ מֵאָה שֶׁל חֻלִּין וְאַחַת שֶׁל תְּרוּמָה, כֻּלָּן אֲסוּרִין:

---

거제물을 [심은] 고랑 100줄과 속된 음식을 [심은 고랑] 한 줄이 있을 때 그 씨가 [땅에서] 썩는 종류이면 전체가 [모두] 허용된다. 그러나 썩지 않는 종류라면 속된 음식이 100고랑이고 거제물이 한 고랑이라고 하더라도 모두 금지된다.

- 거제인 식물을 심었는데 속된 음식인 식물도 함께 심어서 섞인 경우이다. 만약 그 식물의 씨가 땅속에서 썩어서 형태가 없어지는 종류라면 거제와 속된 음식이 100:1 비율로 섞였다 하더라도 그 전체를 속된 음식으로 간주한다. 이것은 매우 관대한 결정인데, 거제물이 자라서 열린 열매도 거제라는 원칙이 토라의 계명이 아니라 랍비들의 전통이기 때문에 가능하다.
- 그러나 씨가 계속해서 형태를 유지하는 작물이라면 계속해서 거제로 간주한다. 수확한 속된 음식과 거제가 100:1 비율로 섞이면 거제라는 지위가 상실되지만, 땅속에 심겨 있는 상황에서 이 비율이 적용되지 않는다.

## 9, 6

הַטֶּבֶל, גִּדּוּלָיו מֻתָּרִין בְּדָבָר שֶׁזַּרְעוֹ כָלֶה. אֲבָל בְּדָבָר שֶׁאֵין זַרְעוֹ כָלֶה, גִּדּוּלֵי גִדּוּלִין, אֲסוּרִין. אֵיזֶהוּ דָבָר שֶׁאֵין זַרְעוֹ כָלֶה, כְּגוֹן הַלּוּף וְהַשּׁוּם וְהַבְּצָלִים. רַבִּי יְהוּדָה אוֹמֵר, הַשּׁוּם, כַּשְּׂעוֹרִים:

부적절한 것에서 자란 것도 그 씨가 〔땅에서〕 썩는 종류라면 허용된다. 그러나 그 씨가 〔땅에서〕 썩는 종류가 아니라면 〔부적절한 것이〕 자란 것에서 〔다시〕 자란 것이라도 금지된다. 그 씨가 〔땅에서〕 썩지 않는 종류란 어떤 것인가? 아룸, 마늘, 양파 등이다. 예후다 랍비는 말한다. 마늘은 보리와 같다.

- 십일조를 떼지 않아 부적절한 것이 되면 먹는 일이 금지되지만, 부적절한 것을 심어서 재배한 농작물은 그 씨가 땅속에서 썩는 종류일 경우 먹는 일이 허용된다. 그 씨가 썩어 없어지면서 부적절한 것이 일반적인 속된 음식으로 변하는 셈이다. 그러나 그 씨가 땅속에서도 그 형태를 유지할 경우에는 먹는 것이 금지되며 십일조를 내야 할

의무가 사라지지 않는다.

- 땅속에서 그 씨가 형태를 유지하는 작물을 직접 예로 들고 있는데 주로 알뿌리 식물들이다. 예후다 랍비는 마늘을 이 목록에서 빼야 한다고 주장한다.

## 9, 7

הַמְנַכֵּשׁ עִם הַנָּכְרִי בַּחֲסִיּוֹת, אַף עַל פִּי שֶׁפֵּרוֹתָיו טֶבֶל, אוֹכֵל מֵהֶם עֲרַאי. שְׁתִילֵי תְרוּמָה שֶׁנִּטְמְאוּ, שְׁתָלָן, טָהֲרוּ מִלְּטַמֵּא, וַאֲסוּרִין מִלֶּאֱכֹל עַד שֶׁיִּגֹם אֶת הָאֹכֶל. רַבִּי יְהוּדָה אוֹמֵר עַד שֶׁיָּגֹם וְיִשְׁנֶה:

양파 종류의 식물을 〔심은 밭에서〕 이방인과 함께 잡초를 뽑을 때 작물이 부적절한 것이라도 그것을 일시적으로 먹을 수 있다. 부정하게 된 거제물의 어린 식물을 다시 심으면 부정하게 하는 것으로부터 정결해진다. 그러나 먹을 수 있는 부분을 자를 때까지는 그것을 먹을 수 없다. 예후다 랍비는 말한다. 자르는 것을 반복한〔후에야 먹을 수 있다〕.

- 이스라엘 사람이 이스라엘 땅 안에 있지만 이방인이 소유한 밭에서 일하고 있는데 재배하는 작물은 그 씨가 썩지 않는 파속(屬) 식물이다. 만약 이 밭이 이스라엘 사람 소유였고 부적절한 것인 파속 식물을 심어서 재배하고 있다면 그는 십일조를 떼기 전에는 그 작물을 먹을 수 없다. 그러나 밭이 이방인 소유이고 처음 심은 것도 이방인이며 이스라엘 사람은 잡초를 뽑는 일로 고용되었다면 정식으로 수확하여 십일조를 떼기 전에 일하면서 임의로 먹는 것이 허용된다.
- 거제로 바친 식물을 잘라서 모종을 만들었는데 부정해진 상황에서 그것을 땅에 심어 기르면 더 이상 부정하지 않다. 땅과 연결되어 있는 물건은 부정해지지 않기 때문이다. 그렇지만 그것을 먹을 때는 좀

더 조심하여 처음 자라 올라온 부분을 잘라버리고 다음 부분부터 취하여 제사장이 먹는다. 예후다 랍비는 두 번은 잘라내고 그 다음부터 먹으라고 명령한다.

## 제10장

### 10, 1

거제가 속된 음식과 같은 그릇에 담긴 상황에 관해 논의한다.

---

בָּצָל שֶׁנְּתָנוֹ בְתוֹךְ עֲדָשִׁים, אִם שָׁלֵם, מֻתָּר. וְאִם חִתְּכוֹ, בְּנוֹתֵן טַעַם. וּשְׁאָר כָּל הַתַּבְשִׁיל, בֵּין שָׁלֵם בֵּין מְחֻתָּךְ, בְּנוֹתֵן טַעַם. רַבִּי יְהוּדָה מַתִּיר בִּצְחָנָה, שֶׁאֵינוֹ אֶלָּא לִטֹּל אֶת הַזֻּהֲמָא:

---

〔거제물인〕 양파를 편두 가운데 두었는데 〔양파가〕 흠이 없다면 〔편두를 먹는 것이〕 허용된다. 그러나 〔양파를〕 잘라서 〔편두에서 양파의〕 맛이 난다면 〔금지된다〕. 다른 모든 요리는 〔양파가〕 흠이 없든지 잘랐든지 간에 맛이 나는지 여부에 따라 〔결정한다〕. 예후다 랍비는 〔양파를〕 절인 생선 〔가운데 둔 경우를〕 허용한다. 이것은 악취를 제거하기 위해서 〔둔 것이기〕 때문이다.

- 거제인 양파와 속된 음식인 편두를 같은 그릇에 두었다면 두 가지가 섞여서 의심스러운 거제물이 되는지가 논의의 주제이다. 랍비들은 두 가지 작물이 요리를 해도 그 모양을 유지하고 있으므로 거제인 양파의 맛이 편두에 스며들었는지 여부를 기준으로 판단한다고 주장한다. 그래서 양파를 자르지 않고 통째로 편두 사이에 놓아두었다면 맛이 전이되지 않고, 양파를 잘라서 두었다면 맛이 전이된다고

간주한다. 의심스러운 거제물이 되면 제사장만 먹을 수 있다.

- 추가 규정은 속된 음식이 편두가 아닌 다른 음식이었을 때 양파를 잘랐는지 여부와 관계없이 맛이 나는지 여부만으로 판단한다고 주장한다. 편두는 양파를 잘라놓았을 때만 맛이 배지만 다른 요리는 그것과 상관없이 맛이 밸 수 있다고 말하는 셈이니 양파의 맛은 상대적으로 편두에 잘 배지 않는다고 생각한 듯하다.

- 예후다 랍비는 한 가지 더 예외조항을 제시하는데 절인 생선 가운데 거제인 양파를 둔다 하더라도 이것은 일반인이 먹을 수 있다고 주장한다. 이것은 맛보다 악취를 제거하려는 목적으로 취한 행동이기 때문이다.

## 10, 2

תַּפּוּחַ שֶׁרְסָקוֹ וּנְתָנוֹ לְתוֹךְ עִסָּה, וְחִמְּצָהּ, הֲרֵי זוֹ אֲסוּרָה. שְׂעוֹרִים שֶׁנָּפְלוּ
לְתוֹךְ הַבּוֹר שֶׁל מַיִם, אַף עַל פִּי שֶׁהִבְאִישׁוּ, מֵימָיו מֻתָּרִין:

〔거제물인〕 사과를 갈아서 〔밀가루〕 반죽에 넣어 발효를 시킨다면 금지된다. 만일 보리가 물구덩이에 떨어졌다면 〔보리가 물을〕 오염시켰더라도 그 물이 허용된다.

- 어떤 사람이 거제인 사과를 갈아서 반죽에 넣었고 그 반죽이 발효되었을 때 거제인 사과의 당분이 발효에 직접적인 영향을 미쳤기 때문에, 일반 이스라엘 사람이 그 반죽을 먹을 수 없다.

- 거제인 보리가 물구덩이에 떨어져서 썩었고 물에서 좋지 않은 냄새를 풍기게 만들었다. 분명히 거제인 보리가 물의 맛을 바꾸었지만, 그 물을 일반 이스라엘 사람이 먹어도 좋은 이유는 거제가 물을 더 나쁘게 오염시켰기 때문이다. 거제 때문에 속된 음식의 질이 더 나빠진 경우는 먹는 것이 금지되지 않는다.

## 10, 3

הָרוֹדֶה פַּת חַמָּה וּנְתָנָהּ עַל פִּי חָבִית שֶׁל יֵין תְּרוּמָה, רַבִּי מֵאִיר אוֹסֵר,
וְרַבִּי יְהוּדָה מַתִּיר. רַבִּי יוֹסֵי מַתִּיר בְּשֶׁל חִטִּים, וְאוֹסֵר בְּשֶׁל שְׂעוֹרִים, מִפְּנֵי
שֶׁהַשְּׂעוֹרִים שׁוֹאֲבוֹת:

따뜻한 빵을 〔화덕에서〕 꺼내 거제물인 포도주 병 입구에 둔 것에
대해 메이르 랍비는 금지하고 예후다 랍비는 허용한다. 요쎄 랍비는
밀〔빵〕은 허용하고 보리〔빵〕은 금지한다. 보리〔빵〕은 흡수하기 때문
이다.

- 화덕에서 구운 따뜻한 빵을 꺼내어 포도주 병 입구에 놓아두면 거제
  물인 포도주 맛을 흡수하여 일반 이스라엘 사람이 먹을 수 없는 상
  태가 된다는 것이 메이르 랍비의 의견이다. 예후다 랍비는 이런 상
  황에서 빵에 포도주 맛이 배지는 않는다고 간주하고 허용했다. 요쎄
  랍비는 밀빵인지 보리빵인지에 따라 구분해야 한다고 말한다.

## 10, 4

거제의 맛이 밴 속된 음식을 제사장이 먹을 수 있다고 주장한다.

תַּנּוּר שֶׁהִסִּיקוֹ בְּכַמּוֹן שֶׁל תְּרוּמָה וְאָפָה בוֹ, הַפַּת מֻתֶּרֶת, שֶׁאֵין טַעַם כַּמּוֹן,
אֶלָּא רֵיחַ כַּמּוֹן:

거제물인 쿠민으로 화덕을 데웠고 그 안에서 〔빵을〕 굽는다면 그
빵은 허용된다. 쿠민 맛은 나지 않고 쿠민 향만 나기 때문이다.

- 거제물인 쿠민을 태워서 화덕을 데웠고 그 안에서 빵을 구우면 그
  빵에서 쿠민 냄새는 나지만 맛이 나지는 않는다. 이런 경우 거제가
  섞인 것으로 보지 않으니 일반 이스라엘 사람도 거제 냄새를 맡을

수는 있고 먹는 것만 금지되기 때문이다.

## 10, 5

호로파가 포도주 통에 떨어진 경우를 다룬다.

---

תִּלְתָּן שֶׁנָּפְלָה לְתוֹךְ הַבּוֹר שֶׁל יַיִן, בִּתְרוּמָה, בְּמַעֲשֵׂר שֵׁנִי, אִם יֵשׁ בַּזֶּרַע כְּדֵי
לִתֵּן טַעַם, אֲבָל לֹא בָעֵץ. בִּשְׁבִיעִית וּבְכִלְאֵי הַכֶּרֶם וְהֶקְדֵּשׁ, אִם יֵשׁ בַּזֶּרַע
וּבָעֵץ כְּדֵי לִתֵּן טַעַם:

---

호로파가 포도주 통에 떨어졌다. 그 [호로파가] 거제물이나 둘째 십
일조이고, 그 씨가 맛을 낼 수 있지만 줄기는 그렇지 않다면 [그 포도
주는 금지된다]. [그 호로파가] 안식년 생산물이거나 포도원에서 킬
아임으로 [재배했거나] 성물인 경우, 씨와 줄기가 맛을 내더라도 [금
지된다].

- 거제나 둘째 십일조인 호로파가 포도주 통에 떨어졌다. 거제나 둘째
  십일조의 거룩함은 식용으로 사용하는 호로파의 씨앗에 관련되어
  있으며 줄기와는 상관이 없다. 그러므로 그 씨가 맛을 낼 수 있다면
  그 포도주를 일반 이스라엘 사람이 마시지 못한다.
- 호로파가 안식년에 생산되었거나 포도원에서 킬아임으로 재배했거
  나 성전 유지를 위해 바친 성물일 경우 씨앗과 줄기가 모두 관련이
  된다. 호로파가 안식년 생산물이었다면 그 포도주는 들에 포도가 남
  아 있는 기간 동안만 마실 수 있다. 포도원에서 포도나무와 함께 기
  른 호로파였다면 그 포도주는 아예 마시는 것이 금지된다. 성물이었
  다면 그 포도주도 성전 유지를 위한 성물이 된다.

מִי שֶׁהָיוּ לוֹ חֲבִילֵי תִלְתָּן בְּכִלְאֵי הַכֶּרֶם, יִדָּלֵקוּ. הָיוּ לוֹ חֲבִילֵי תִלְתָּן שֶׁל טֶבֶל,
כּוֹתֵשׁ, וּמְחַשֵּׁב כַּמָּה זֶרַע יֵשׁ בָּהֶם, וּמַפְרִישׁ אֶת הַזֶּרַע, וְאֵינוֹ צָרִיךְ לְהַפְרִישׁ
אֶת הָעֵץ. אִם הִפְרִישׁ, לֹא יֹאמַר אֶכְתּוֹשׁ וְאֶטֹּל אֶת הָעֵץ וְאֶתֵּן אֶת הַזֶּרַע,
אֶלָּא נוֹתֵן הָעֵץ עִם הַזָּרַע:

포도원에서 킬아임으로 [재배한] 호로파 묶음이 있는 사람은 그
것을 태워야 한다. 그가 부적절한 것인 호로파 묶음이 있는 경우, 그
것을 쳐서 얼마나 많은 씨가 있는지 계산하고 씨에서 [십일조를] 구
별해놓아야 한다. 하지만 줄기에서는 구별할 필요가 없다. 그러나 그
가 [줄기도] 구별해놓았다면 "나는 [호로파를] 쳐서 내가 줄기를 취
하고 씨를 [제사장에게] 줄 것이다"라고 말해서는 안 되며 씨와 함께
줄기를 [제사장에게] 주어야 한다.

- 만약 포도원에서 포도나무와 함께 기른 호로파가 있다면 그것은 킬
  아임 규정에 어긋나기 때문에 불에 태워야 한다.
- 호로파 묶음이 있는데 아직 십일조를 떼지 않아 부적절한 것에 해당
  한다면 씨를 털어서 계산한 뒤 적절한 십일조와 거제를 떼되 줄기는
  계산에 넣을 필요가 없다. 그러나 그가 씨를 털기 전에 호로파를 거
  제로 구별했다면 위의 방법대로 씨를 털어서 계산할 수 없다. 그는
  씨는 물론 줄기도 계산하여 제사장에게 주어야 한다.

### 10, 7
올리브 열매를 절이는 상황을 다룬다.

זֵיתֵי חֻלִּין שֶׁכְּבָשָׁן עִם זֵיתֵי תְרוּמָה, פְּצוּעֵי חֻלִּין עִם פְּצוּעֵי תְרוּמָה, פְּצוּעֵי
חֻלִּין עִם שְׁלֵמֵי תְרוּמָה, אוֹ בְמֵי תְרוּמָה, אָסוּר. אֲבָל שְׁלֵמֵי חֻלִּין עִם פְּצוּעֵי
תְרוּמָה, מֻתָּר:

속된 음식인 올리브를 거제물인 올리브와 함께 절일 경우, 속된 음식인 〔올리브와〕 거제인 〔올리브를〕 으깨어 〔절였거나〕, 속된 음식인 〔올리브〕 으깬 것과 거제이며 온전한 〔올리브를 함께 절였거나, 그것을〕 거제인 물에 〔절였다면〕,[4] 그것들은 금지된다. 그러나 속된 음식이며 온전한 〔올리브와〕 거제물인 올리브 으깬 것을 〔함께 절인 경우는〕 허용된다.

- 올리브 열매를 절이는데 거제인 올리브에 속된 음식인 올리브가 떨어져 섞였다. 만약 속된 음식인 올리브를 으깬 상태라면 거제물의 상태가 어떠하든지 속된 음식의 맛이 거제에 영향을 미치게 되며 결국 섞인 것을 일반 이스라엘 사람이 먹을 수 없게 된다.
- 그러나 속된 음식인 올리브가 온전한 상태라면 맛에 영향을 주지 않는다고 간주하고, 일반인이 먹는 것을 허용한다. 결과적으로 으깨지 않은 온전한 올리브 열매는 맛을 배출하지는 않지만 받아들이기는 하는 이중적인 성격을 가진 것으로 이해할 수 있다.

### 10, 8
물고기를 절이는 상황을 설명한다.

דָּג טָמֵא שֶׁכְּבָשׁוֹ עִם דָּג טָהוֹר, כָּל גָּרָב שֶׁהוּא מַחֲזִיק סָאתַיִם, אִם יֶשׁ בּוֹ
מִשְׁקַל עֲשָׂרָה זוּז בִּיהוּדָה שֶׁהֵן חָמֵשׁ סְלָעִים בַּגָּלִיל דָּג טָמֵא, צִירוֹ אָסוּר.
רַבִּי יְהוּדָה אוֹמֵר, רְבִיעִית בְּסָאתַיִם. וְרַבִּי יוֹסֵי אוֹמֵר, אֶחָד מִשִּׁשָּׁה עָשָׂר בּוֹ:

부정한 생선을 정결한 생선과 함께 절일 경우, 2쎄아가 들어가는 토기 그릇에, 부정한 생선을 유대 도량형으로 10주즈[5] 또는 갈릴리

---

4) '거제인 물'은 거제인 올리브를 절여서 그 과즙이 섞인 물을 가리킨다.
5) 주즈는 「페아」 8, 8의 각주를 참조하라.

도량형으로 5쎌라를 절인다면 그 소금물은 〔사용이〕 금지된다. 예후다 랍비는 말한다. 2쎄아에 1/4〔로그가 있으면 사용할 수 없다〕. 그러나 요쎄 랍비는 말한다. 1/16〔이 될 경우만 사용할 수 없다〕.

- 이 미쉬나는 거제와 상관없이 물고기를 절일 때 부정한 것과 정결한 것이 섞이게 된 상황을 설명한다. 기준이 되는 그릇의 크기는 2쎄아이니 48로그이고 9,600주즈에 해당한다. 이 그릇에 정결한 생선이 들어 있었는데 부정한 생선이 유대 도량형으로 10주즈 떨어져 섞였고, 그 생선을 절인 소금물이 부정해져서 다시 사용할 수 없게 되었다. 그렇다면 물고기를 절일 때 부정해지는 최소 크기 규정은 1/960이다.
- 예후다 랍비는 2쎄아 들어가는 그릇에 부정한 생선 1/4로그가 섞이면 부정하다고 말했다. 1/4로그는 50주즈이므로 최소 크기 규정은 1/192이 되고, 부정을 더 엄격하게 규정하고 있다.
- 요쎄 랍비는 2쎄아 들어가는 그릇의 1/16에 해당하는 부정한 생선이 섞이면 사용할 수 없다고 말했다. 2쎄아의 1/16은 3로그 또는 600주즈이며 최소 크기 규정은 말 그대로 1/16로 매우 엄격한 기준을 제시했다.

### 10, 9

메뚜기를 절이는 상황을 다룬다.

---

חֲגָבִים טְמֵאִים שֶׁנִּכְבְּשׁוּ עִם חֲגָבִים טְהוֹרִים, לֹא פָסְלוּ אֶת צִירָם. הֵעִיד רַבִּי צָדוֹק עַל צִיר חֲגָבִים טְמֵאִים, שֶׁהוּא טָהוֹר:

---

부정한 메뚜기를 정결한 메뚜기와 함께 절일 경우, 소금물은 무효가 되지 않는다. 짜독 랍비는 부정한 메뚜기를 〔절인〕 소금물이 정결

하다고 증언했다.

- 토라는 이스라엘 사람이 먹을 수 있는 메뚜기와 그렇지 않은 것을 구별한다(레 11:22). 이 미쉬나는 부정한 메뚜기와 정결한 메뚜기를 한꺼번에 넣고 절여도 부정한 메뚜기가 소금물이나 정결한 메뚜기의 맛에 영향을 미치지 않는다고 주장한다. 그리고 서기 1세기에 활동했던 짜독 랍비의 권위로 이 결정이 옳음을 주장한다.

### 10, 10
채소를 절이는 상황을 설명한다.

---

כָּל הַנִּכְבָּשִׁים זֶה עִם זֶה, מֻתָּרִים, אֶלָּא עִם הֶחָסִית. חֲסִית שֶׁל חֻלִּין עִם חֲסִית שֶׁל תְּרוּמָה, יָרָק שֶׁל חֻלִּין עִם חֲסִית שֶׁל תְּרוּמָה, אָסוּר. אֲבָל חֲסִית שֶׁל חֻלִּין עִם יָרָק שֶׁל תְּרוּמָה, מֻתָּר:

---

〔야채라면〕 어떤 종류이건 섞어서 절이는 것이 허용되지만, 리크는 〔제외된다〕. 속된 음식인 리크를 거제물인 리크와 함께 〔절이거나〕, 속된 음식인 야채를 거제물인 리크와 함께 〔절이면〕 금지된다. 그러나 속된 음식인 리크를 거제물인 〔다른〕 야채와 〔절이면〕 허용된다.

- 채소는 속된 음식과 거제물을 섞어서 절여도 서로 맛에 영향을 주지 않으며 일반 이스라엘 사람이 속된 음식인 채소를 먹는 것이 허용된다. 리크를 포함한 다른 알뿌리 식물들 즉 양파나 마늘은 예외이니 이런 채소는 맛에 영향을 주기 때문이다.
- 리크나 양파나 마늘은 다른 채소의 맛에 영향을 주지만, 다른 채소의 맛을 받아들이지는 않는다. 그러므로 다른 채소가 속된 음식이라면 그 채소는 더 이상 일반인이 먹을 수 없고, 다른 채소가 거제라면

리크에 아무런 영향을 주지 못하므로 일반인이 먹을 수 있다.

## 10, 11

רַבִּי יוֹסֵי אוֹמֵר, כָּל הַנִּשְׁלָקִים עִם הַתְּרָדִים, אֲסוּרִים, מִפְּנֵי שֶׁהֵם נוֹתְנִין אֶת
הַטַּעַם. רַבִּי שִׁמְעוֹן אוֹמֵר, כְּרוּב שֶׁל שָׁקְיָא עִם כְּרוּב שֶׁל בַּעַל, אָסוּר, מִפְּנֵי
שֶׁהוּא בוֹלֵעַ. רַבִּי יְהוּדָה אוֹמֵר, כָּל הַמִּתְבַּשְּׁלִין זֶה עִם זֶה, מֻתָּרִים, אֶלָּא עִם
הַבָּשָׂר. רַבִּי יוֹחָנָן בֶּן נוּרִי אוֹמֵר, הַכָּבֵד אוֹסֶרֶת וְאֵינָה נֶאֱסֶרֶת, מִפְּנֵי שֶׁהִיא
פּוֹלֶטֶת וְאֵינָה בּוֹלַעַת:

요쎄 랍비는 말한다. 무엇이든 근대와 함께 푹 끓이면 금지된다. 그
것이 맛을 내기 때문이다. 쉼온 랍비는 말한다. 경작하는 땅에서 재배
한 양배추를 빗물로 재배한 것과 함께 〔푹 끓이면〕 금지된다. 하나가
〔다른 것을〕 흡수하기 때문이다. 예후다 랍비는 말한다. 고기만 제외
한다면 어떤 것이든 〔채소를〕 함께 요리한 것은 허용된다. 요하난 벤
누리 랍비는 말한다. 간은 〔다른 음식을〕 금지시키지만 금지되지 않
는다. 간은 〔맛을〕 내지만 흡수하지 않기 때문이다.

- 속된 음식인 채소를 거제인 채소와 함께 넣고 푹 끓여도 일반인이 먹
  을 수 있지만(열째 미쉬나), 근대는 다른 채소의 맛에 영향을 미치므
  로 예외라는 것이 요쎄 랍비의 주장이다.

- 쉼온 랍비는 양배추도 사람이 경작하는 밭에서 키운 것과 들에서 비
  를 맞고 저절로 자란 것이 다르다고 지적하며 전자가 속된 음식이고
  후자가 거제라면 전자가 후자의 맛을 흡수하여 영향을 받는다고 말
  한다.

- 예후다 랍비는 여러 가지 채소를 함께 요리하고 푹 끓이지 않는다면
  맛에 영향을 미치지 않는다고 보았으나, 부정한 동물의 고기는 영향
  을 미친다고 보았다.

- 요하난 벤 누리 랍비는 동물의 간에 대해 설명하는데 간은 다른 재료에 맛을 내지만 다른 재료의 맛이 간으로 흡수되지는 않는 특징이 있다. 그러므로 간이 거제이면 다른 재료에 영향을 미치지만, 속된 음식이면 다른 맛을 흡수하지 않아서 계속해서 허용된다.

## 10, 12

בֵּיצָה שֶׁנִּתְבַּשְּׁלָה בִּתְבָלִין אֲסוּרִין, אֲפִלּוּ חֶלְמוֹן שֶׁלָּהּ אָסוּר, מִפְּנֵי שֶׁהוּא בוֹלֵעַ. מֵי שְׁלָקוֹת וּמֵי כְבָשִׁים שֶׁל תְּרוּמָה, אֲסוּרִים לְזָרִים:

달걀을 금지된 향료로 요리하면 그 노른자도 금지된다. 그것은 〔맛을〕 흡수하기 때문이다. 거제물인 야채를 푹 끓인 물과 절인 물은 〔제사장이 아닌〕 그 밖의 사람에게 금지된다.

- 거제이기 때문에 일반인이 먹는 것이 금지된 향료로 달걀을 요리하면 그 맛이 달걀 흰자는 물론 노른자까지 흡수되기 때문에 일반 이스라엘 사람이 먹을 수 없다.
- 거제인 채소를 푹 끓이거나 절였던 물에는 채소의 맛이 배어 나와서 제사장이 아닌 일반인이 먹을 수 없다.

## 제11장

### 11, 1

제사장이 거제물을 다루는 방법에 관해 논의한다.

אֵין נוֹתְנִין דְּבֵלָה וּגְרוֹגָרוֹת לְתוֹךְ הַמּוּרְיָס, מִפְּנֵי שֶׁהוּא מְאַבְּדָן, אֲבָל נוֹתְנִין אֶת הַיַּיִן לַמּוּרְיָס. וְאֵין מְפַטְּמִין אֶת הַשֶּׁמֶן, אֲבָל עוֹשִׂין אֶת הַיַּיִן יֵנוֹמְלִין. אֵין

מְבַשְּׁלִין יַיִן שֶׁל תְּרוּמָה, מִפְּנֵי שֶׁהוּא מְמַעֲטוֹ. רַבִּי יְהוּדָה מַתִּיר, מִפְּנֵי שֶׁהוּא מַשְׁבִּיחוֹ:

[거제물인] 무화과 과자나 마른 무화과는 [생선을 절인] 소금물에 넣어서는 안 된다. 그것들이 훼손시키기 때문이다. 그러나 [거제물인] 포도주를 [생선을 절인] 소금물에 넣을 수 있다. [거제물인] 기름에 향을 낼 수 없다. 포도주를 이노믈린-포도주로 만들 수 있다.[6] 거제인 포도주를 끓여서는 안 된다. 그 [양을] 줄이기 때문이다. 예후다 랍비는 말한다. [그 맛을] 향상시키기 때문에 허용된다.

- 생선을 절일 때 맛을 향상시키기 위해서 무화과를 넣는 일이 있는데 이런 식으로 무화과 과자나 마른 무화과를 사용하면 더 이상 과일로 먹을 수 없다. 그러므로 무화과 과자나 마른 무화과가 거제물인데 그것을 생선 절이는 소금물에 넣으면 거제를 훼손하는 셈이고, 이런 행위는 금지된다. 그러나 포도주는 거제물이어도 생선 절이는 소금물에 넣을 수 있는데 원래 생선 절임을 먹을 때 포도주를 마시기 때문에 포도주가 훼손되어 버리는 상황이 발생하지 않는다.
- 올리브기름을 거제로 바쳤는데 이것에 향을 첨가하여 향수로 사용할 수 없으니 향을 첨가하면 더 이상 기름을 식용으로 사용할 수 없고 향료가 기름을 흡수하여 기름이 사라지는 결과를 초래하기 때문이다. 그러나 거제인 포도주에 꿀이나 후추를 넣어 이노믈린(אינומלין, ייןנומלין,)-포도주로 만드는 것은 허용된다. 가미한 포도주를 모두 마시기 때문이다.
- 거제로 바친 포도주를 끓이면 그 양이 줄어들기 때문에 거제를 훼손

---

6) 이노믈린(ייןנומלין, אינומלין)-포도주는 꿀과 후추를 가미한 포도주를 말한다(야스트로 사전).

하는 행위이고 금지시켜야 한다는 의견이 있는데 예후다 랍비는 포
도주를 끓이면 맛이 향상되므로 허용해야 한다는 입장이다.

## 11, 2

거제로 바친 다양한 과일즙에 관해 논의한다.

---

דְּבַשׁ תְּמָרִים, וְיֵין תַּפּוּחִים, וְחֹמֶץ סְתָוָנִיּוֹת, וּשְׁאָר כָּל מֵי פֵרוֹת שֶׁל תְּרוּמָה,
רַבִּי אֱלִיעֶזֶר מְחַיֵּב קֶרֶן וְחֹמֶשׁ, וְרַבִּי יְהוֹשֻׁעַ פּוֹטֵר. וְרַבִּי אֱלִיעֶזֶר מְטַמֵּא
מִשּׁוּם מַשְׁקֶה. אָמַר רַבִּי יְהוֹשֻׁעַ, לֹא מָנוּ חֲכָמִים שִׁבְעָה מַשְׁקִים כְּמוֹנֵי
פְטָמִים, אֶלָּא אָמְרוּ, שִׁבְעָה מַשְׁקִין טְמֵאִים, וּשְׁאָר כָּל הַמַּשְׁקִין טְהוֹרִין:

---

〔제사장이 아닌 사람이 실수로〕 대추야자 꿀, 사과 맛 포도주, 겨울
포도 식초나 거제인 열매로 만든 다른 과일즙을 마셨을 경우에 대해
엘리에제르 랍비는 그 원금과 1/5을 더 낼 의무가 있다고 말한다. 그
러나 예호슈아 랍비는 면제된다고 한다.

엘리에제르 랍비는 음료에 관한 규정에서 볼 때 〔이러한 음료들은〕
부정하게 만들 수 있다고 한다. 그러나 예호슈아 랍비는 말한다. 랍비
들은 음료수 일곱 종류를 향료 장수처럼 다루지 않았다. 오히려 음료
수 일곱 종류는 부정하게 만들 수 있고 다른 모든 음료는 정결하다고
말했다.

- 거제물인 대추야자로 꿀을 만들거나 사과로 술을 빚거나 겨울 포도
  로 식초를 만드는 일은 금지된다(셋째 미쉬나). 이러한 공정을 거치
  면서 거제물이 줄어들고 훼손된 것으로 볼 가능성이 있기 때문이다.
  그러나 어떤 사람이 이런 음료를 만들었고 제사장이 아닌 사람이 실
  수로 그것을 마셨다. 엘리에제르 랍비는 이것이 거제로 만든 음료이
  므로 다른 거제물과 마찬가지로 마신 자가 원금과 벌금을 배상해야

한다고 주장한다. 그러나 예호슈아 랍비는 이것이 일반적으로 거제
물을 먹는 방법이 아니기 때문에 원금만 배상하면 된다고 말한다.

- 이와 관련하여 이런 과일즙이 음식의 부정과 어떤 관련이 있는지 설
명한다. 음식은 음료수에 젖었을 때부터 부정해질 수 있고, 이때 음
식을 준비시키는 음료수는 일곱 가지로 정해져 있다. 위에서 언급한
과일즙은 그 일곱 가지 음료수에 들지 않지만, 엘리에제르 랍비는 이
런 과일즙도 같은 역할을 한다고 주장한다. 그러나 예호슈아 랍비는
반대하면서, 고대 랍비들이 음료수 일곱 가지를 정하면서 향료 장수
처럼 그 목록을 대충 정한 것이 아니라고 지적한다. 그들이 정한 음
료수 일곱 가지만 음식이 부정해질 수 있도록 준비시키는 역할을 하
기 때문에, 그 외 다른 과일즙은 정결하다고 말한다.

## 11, 3

올리브와 포도를 짜서 만든 생산물에 관한 다양한 규칙들이다.

---

אֵין עוֹשִׂין תְּמָרִים דְּבַשׁ, וְלֹא תַפּוּחִים יַיִן, וְלֹא סְתָוָנִיּוֹת חֹמֶץ, וּשְׁאָר כָּל
הַפֵּרוֹת אֵין מְשַׁנִּין אוֹתָם מִבְּרִיָּתָן בִּתְרוּמָה וּבְמַעֲשֵׂר שֵׁנִי, אֶלָּא זֵיתִים וַעֲנָבִים
בִּלְבָד. אֵין סוֹפְגִין אַרְבָּעִים מִשּׁוּם עָרְלָה, אֶלָּא עַל הַיּוֹצֵא מִן הַזֵּיתִים וּמִן
הָעֲנָבִים. וְאֵין מְבִיאִין בִּכּוּרִים מַשְׁקִין, אֶלָּא הַיּוֹצֵא מִן הַזֵּיתִים וּמִן הָעֲנָבִים.
וְאֵינוֹ מִטַּמֵּא מִשּׁוּם מַשְׁקֶה, אֶלָּא הַיּוֹצֵא מִן הַזֵּיתִים וּמִן הָעֲנָבִים. וְאֵין
מַקְרִיבִין עַל גַּבֵּי הַמִּזְבֵּחַ, אֶלָּא הַיּוֹצֵא מִן הַזֵּיתִים וּמִן הָעֲנָבִים:

---

대추야자를 꿀로 만들거나 사과를 포도주로 만들거나 겨울 포도를
식초로 만들어서는 안 된다. 거제물이거나 둘째 십일조인 [열매들의]
자연 상태를 바꾸어서는 안 되지만, 올리브와 포도만 예외이다. 오를
라 열매 규정을 [어긴 것 때문에 매] 40대를 맞지 않지만, 올리브와 포
도나무의 생산물은 예외이다. 음료수를 맏물로 가져올 수 없지만, 올
리브와 포도의 생산물은 예외이다. [열매로 만든 과일즙이] 음료수가

[되어] 부정하게 되지 않지만, 올리브나 포도의 생산물은 예외이다. [열매로 만든 과일즙을] 제단 위에 바칠 수 없으나, 올리브나 포도의 생산물은 예외이다.

- 둘째 미쉬나에서 언급한 바와 같이 대추야자, 사과, 겨울 포도가 거제나 둘째 십일조인데 이것을 가공해서 다른 생산물을 만드는 것은 금지되어 있다. 가공과정 중에 이런 열매의 질이나 양이 변할 수 있기 때문이니 이것은 거제나 십일조를 훼손하는 행위로 간주될 수 있다. 그러나 올리브와 포도는 기름을 짜고 포도주를 만들어서 바치도록 토라가 명령하고 있어서 허용된다.
- 과실수를 심고 첫 3년 동안은 그 열매를 먹을 수 없고(오를라 '할례 받지 않은 것,' 레 19:23-25), 이 부정적 명령을 어기면 매 40대를 맞아야 한다. 그러나 이 규정은 열매에만 적용되고 그 열매를 짠 과일즙에는 적용되지 않는다. 그러나 올리브기름과 포도주는 예외이며 이 범죄를 저지른 사람은 매 40대를 맞는다.
- 만물을 바칠 때도 토라의 규정대로 열매 자체를 바쳐야 하지만, 올리브기름과 포도주는 예외이다.
- 음식이 부정해질 수 있는 상태가 되려면 일곱 가지 음료수에 젖어야 하는데 다른 과일즙들은 이 일곱 가지에 들지 못한다. 어떤 음식이 이런 과일즙에 젖어도 부정해질 수 있는 상태에 이르지 못한다. 그러나 올리브기름과 포도주는 일곱 가지 음료수에 든다.
- 제단 위에 드리는 제물들 중 소제에 올리브기름을 섞어야 하며 포도주를 부어서 헌주로 바쳐야 한다. 그러나 다른 열매의 과일즙을 바치는 규정은 없다.

## 11, 4

일반적으로 제사장들이 먹지 않는 거제물에 거제 관련 규칙을 적용하는지 설명한다.

---

עֻקְצֵי תְאֵנִים וּגְרוֹגְרוֹת, וְהַכְּלִיסִים וְהֶחָרוּבִין שֶׁל תְּרוּמָה, אֲסוּרִים לְזָרִים:

---

무화과나무 가지, 마른 무화과, 열과,[7] 캐럽이 거제물이라면 〔제사장이 아닌〕 외부인에게 금지된다.

- 이 미쉬나는 일반적으로 제사장들이 먹지 않는 열매 또는 열매와 관련된 부분들을 열거하고 있다. 그러나 제사장이 귀하게 여기지 않는다고 하더라도 일단 거제로 바쳤기 때문에 일반 이스라엘 사람이 먹을 수 없다.

## 11, 5

---

גַּרְעִינֵי תְרוּמָה, בִּזְמַן שֶׁהוּא מְכַנְּסָן, אֲסוּרוֹת, וְאִם הִשְׁלִיכָן, מֻתָּרוֹת. וְכֵן עַצְמוֹת הַקֳּדָשִׁים, בִּזְמַן שֶׁהוּא מְכַנְּסָן, אֲסוּרִין, וְאִם הִשְׁלִיכָן, מֻתָּרִין. הַמֻּרְסָן מֻתָּר. סֻבִּין שֶׁל חֲדָשׁוֹת אֲסוּרוֹת, וְשֶׁל יְשָׁנוֹת מֻתָּרוֹת. וְנוֹהֵג בִּתְרוּמָה כְּדֶרֶךְ שֶׁהוּא נוֹהֵג בְּחֻלִּין. הַמְסַלֵּת קַב אוֹ קַבַּיִם לִסְאָה, לֹא יְאַבֵּד אֶת הַשְּׁאָר, אֶלָּא יַנִּיחֵנוּ בְּמָקוֹם הַמֻּצְנָע:

---

거제물 〔열매의〕 씨들은 〔제사장이〕 모아놓을 때는 금지된다. 그러나 그가 그것을 버리면 허용된다. 마찬가지로 성물로 〔바친 동물의〕 뼈는 〔제사장이〕 모아놓을 때는 금지된다. 그러나 그가 그것을 버리면 허용된다. 〔거제로 바친 밀의〕 겉껍질은 허용된다. 신선한 밀의 속

---

7) 이 낱말(כלים)은 꼬투리 같은 부분이 달려서 터지는 열매를 가리키며(야스트로 사전), 알벡은 prosopis stephaniana라는 식물이라고 설명한다.

껍질이라면 금지되며 오래된 밀의 것이라면 허용된다. 〔제사장은〕 거제로 〔바친〕 곡물을 속된 음식 〔곡물을 취급하는〕 방식으로 취급할 수 있다. 〔밀가루〕 1쎄아를 체질하여 〔고운 밀가루〕 1카브나 2카브를 얻었을 때 그 나머지를 버려서는 안 되고 잘 보관할 수 있는 곳에 두어야 한다.

- 이 미쉬나는 넷째 미쉬나의 문맥에 이어 거제로 바쳤지만 제사장들이 먹지 않는 부분을 어떻게 취급하는지 설명한다. 먼저 거제로 바친 열매를 제사장이 먹고 그 씨를 모아놓았다면 그 씨를 사용한다는 뜻이니 계속해서 거제로 취급한다. 그러나 씨를 버렸다면 일반 이스라엘 사람이 가져다가 사용해도 좋다. 제단 위에서 희생제물로 바친 동물의 뼈도 제사장들이 모아두었는지 버렸는지에 따라 판단한다.
- 곡식을 처음으로 체질하여 떨어지는 겉껍질은 일반적으로 먹지 않으며 그 곡식이 거제라 하더라도 일반인이 그 겨를 사용하는 것이 허용된다. 새로 추수한 밀은 속껍질이 과육과 붙어 있어서 체질을 해도 먹을 수 있는 부분이 많이 포함되며 이것은 일반인이 먹을 수 없다. 오래된 밀은 상대적으로 속껍질을 쉽게 분리할 수 있으며 이것은 일반인에게도 허용된다.
- 제사장이 거제로 바친 곡물을 요리할 때 속된 음식을 다듬는 것처럼 먹을 수 없는 부분을 잘라내어 버릴 수 있다. 이것은 거제물을 훼손하는 행위로 간주되지 않는다.
- 밀가루 1쎄아를 체질하여 고운 밀가루 1카브를 얻었다면 전체 부피의 1/6만 사용하는 셈이므로 그 나머지 부분이 부피도 더 많고 아직 먹을 수 있다. 이것은 잘 보관했다가 다른 용도로 사용해야 한다.

## 11, 6

거제를 보관했던 창고를 청소하는 일에 관해 설명한다.

מְגוּרָה שֶׁפִּנָּה מִמֶּנָּה חִטֵּי תְרוּמָה, אֵין מְחַיְּבִין אוֹתוֹ לִהְיוֹת יוֹשֵׁב וּמְלַקֵּט
אַחַת אַחַת, אֶלָּא מְכַבֵּד כְּדַרְכּוֹ, וְנוֹתֵן לְתוֹכָה חֻלִּין:

저장소에서 거제로 [바친] 밀을 청소할 때 앉아서 하나씩 모을 의무
는 없다. 평소대로 쓸고, 속된 음식인 [밀을 그 저장소] 안에 넣는다.

- 거제로 바친 밀을 저장했던 창고를 비울 때 거제가 훼손되는 것을
  막기 위하여 낱알을 하나씩 집어낼 필요는 없다. 평상시에 청소하는
  것처럼 쓸면 충분하고, 남은 낱알들이 속된 음식인 밀과 섞여도 무
  방하다.

## 11, 7

וְכֵן חָבִית שֶׁל שֶׁמֶן שֶׁנִּשְׁפְּכָה, אֵין מְחַיְּבִין אוֹתוֹ לִהְיוֹת יוֹשֵׁב וּמְטַפֵּחַ, אֶלָּא
נוֹהֵג בָּהּ כְּדֶרֶךְ שֶׁהוּא נוֹהֵג בְּחֻלִּין:

마찬가지로 올리브기름 병이 엎어졌을 경우 앉아서 퍼 담을 의무
는 없다. 속된 음식인 기름을 다루듯이 하면 된다.

- 여섯째 미쉬나에서 설명한 원칙에 따라 거제로 바친 올리브기름이
  땅에 쏟아졌을 때 거제가 훼손되는 것을 막기 위해서 땅에 고인 기
  름을 퍼 담을 필요는 없다. 이런 경우에는 속된 음식인 기름이 쏟아
  졌을 때와 마찬가지로 행동해도 된다.

הַמְעָרֶה מִכַּד לְכַד וְנוֹטֵף שָׁלֹשׁ טִפִּים, נוֹתֵן לְתוֹכָהּ חֻלִּין. הִרְכִּינָהּ וּמָצָה,
הֲרֵי זוֹ תְרוּמָה. וְכַמָּה תְהֵא בִתְרוּמַת מַעֲשֵׂר שֶׁל דְּמַאי וְיוֹלִיכֶנָּה לַכֹּהֵן, אֶחָד
מִשְּׁמֹנָה לַשְּׁמִינִית:

〔거제물을〕 한 항아리에서 다른 곳으로 부을 때 〔마지막에〕 세 방울이 떨어졌다면 빈 통에 속된 음식을 넣어도 된다. 그러나 항아리를 기울여 〔액체를〕 흘렸다면 〔무엇이든 더 나오는 것은〕 거제물이다. 드마이의 십일조의 거제는 어느 정도의 양을 제사장에게 가져가야 하는가? 1/8〔로그의〕 1/8이다.

- 항아리에 거제로 바친 포도주나 올리브기름을 저장했다가 다른 항아리로 옮기고 속된 음식인 포도주나 기름을 넣으려고 한다. 이때 거제를 보관했던 항아리를 뒤집어서 마지막 액체가 따로따로 세 방울 떨어지면 항아리가 빈 것으로 간주하며 섞인 것이 생길까 봐 염려할 필요가 없다.

- 그럼에도 불구하고 그 사람이 항아리를 기울여놓았을 때 액체가 흘러나왔다면 그것은 거제로 취급해야 한다.

- 히브리어 '드마이'란 백성들이 십일조로 구별해놓은 생산물이나 열매들 중에서 적절한 절차와 적절한 때에 구별해놓은 것이 맞는지, 규정에 어긋나지 않는지 불확실하거나 의심되는 것들을 가리킨다. 십일조의 거제는 레위인들이 백성들로부터 받은 십일조 중 일부를 떼어 제사장에게 드리는 예물이다. 드마이의 십일조의 거제란 먼저 의심스런 농산물에서 뗀 십일조이므로 적법한 십일조인지 아니면 뗄 필요가 없었는데 또 뗀 것인지 불분명한 지위를 가진다. 물론 드마이의 십일조에서 뗀 거제는 제사장에게 주어야 마땅하다. 이런 경우 드마이 생산물 1로그의 1/8의 1/8, 즉 1/64을 십일조의 거제로 드린

다. 만약 드마이의 십일조의 거제가 1/64로그에 미치지 못하면 그냥 떼어서 버린다. 일반 십일조의 거제라면 아무리 소량이라도 제사장에게 주어야 하며 임의로 거제를 훼손할 수 없다.

## 11, 9

연리초에 관해 논의한다.

כַּרְשִׁינֵי תְרוּמָה, מַאֲכִילִין אוֹתָם לַבְּהֵמָה וְלַחַיָּה וְלַתַּרְנְגוֹלִים. יִשְׂרָאֵל שֶׁשָּׂכַר פָּרָה מִכֹּהֵן, מַאֲכִילָה כַּרְשִׁינֵי תְרוּמָה. וְכֹהֵן שֶׁשָּׂכַר פָּרָה מִיִּשְׂרָאֵל, אַף עַל פִּי שֶׁמְּזוֹנוֹתֶיהָ עָלָיו, לֹא יַאֲכִילֶנָּה כַּרְשִׁינֵי תְרוּמָה. יִשְׂרָאֵל שֶׁשָּׁם פָּרָה מִכֹּהֵן, לֹא יַאֲכִילֶנָּה כַּרְשִׁינֵי תְרוּמָה. וְכֹהֵן שֶׁשָּׁם פָּרָה מִיִּשְׂרָאֵל, מַאֲכִילָה כַּרְשִׁינֵי תְרוּמָה:

거제물인 연리초는 가축이나 짐승이나 가금류에게 먹일 수 있다. 만일 [제사장이 아닌] 이스라엘인이 제사장에게 암소를 빌렸다면 거제물 연리초를 먹일 수 있다. 그러나 제사장이 [제사장이 아닌] 이스라엘인에게 암소를 빌렸다면 먹여야 할 책임이 있더라도 거제물 연리초를 먹일 수 없다. 만일 [제사장이 아닌] 이스라엘인이 제사장의 암소를 기른다면 봉헌물 연리초를 먹일 수 없다. 그러나 제사장이 [제사장이 아닌] 이스라엘인의 암소를 기른다면 봉헌물 연리초를 먹일 수 있다.

- 연리초는 사람도 먹을 수 있지만 관례적으로 가축의 먹이로 사용한다. 그러므로 사람의 음식으로서 거제 규정을 적용할 수 있지만, 가축의 사료이기 때문에 제사장들이 먹지 않는 상황이 벌어진다. 그래서 거제인 다른 농산물은 제사장이 먹지만 거제인 연리초는 가축이나 짐승이나 닭에게 주어 먹인다.
- 그렇다면 어떤 가축이 거제인 연리초를 먹는가? 제사장 소유의 가축

이 먹을 수 있으며 일반 이스라엘 백성의 가축은 먹을 수 없다. 심지어 제사장 소유의 암소를 일반인이 빌려 와서 일을 시키면 연리초를 먹일 수 있지만, 일반인 소유의 암소를 제사장이 빌려 와서 일을 시켜도 먹일 수 없다.

- 그러나 다른 사람 소유의 가축을 길러주고 보수를 받기로 계약을 했을 경우는 일종의 소유권을 인정하며 일반인이 맡아 키우는 제사장 소유의 암소는 거제인 연리초를 먹을 수 없고, 제사장이 맡아 키우는 일반인의 암소는 먹을 수 있다.

### 11, 10
거제인 기름이 부정해졌을 때의 처리법을 설명한다.

---

מַדְלִיקִין שֶׁמֶן שְׂרֵפָה בְּבָתֵּי כְנֵסִיּוֹת, וּבְבָתֵּי מִדְרָשׁוֹת, וּבַמְּבוֹאוֹת הָאֲפֵלִין, וְעַל גַּבֵּי הַחוֹלִין בִּרְשׁוּת כֹּהֵן. בַּת יִשְׂרָאֵל שֶׁנִּשֵּׂאת לְכֹהֵן, וְהִיא לְמוּדָה אֵצֶל אָבִיהָ, אָבִיהָ מַדְלִיק בִּרְשׁוּתָהּ. מַדְלִיקִין בְּבֵית הַמִּשְׁתֶּה, אֲבָל לֹא בְבֵית הָאֵבֶל, דִּבְרֵי רַבִּי יְהוּדָה. וְרַבִּי יוֹסֵי אוֹמֵר, בְּבֵית הָאֵבֶל, אֲבָל לֹא בְבֵית הַמִּשְׁתֶּה. רַבִּי מֵאִיר אוֹסֵר כָּאן וְכָאן. רַבִּי שִׁמְעוֹן מַתִּיר כָּאן וְכָאן:

---

[부정하게 되어] 태워야 할 [거제물] 기름은 제사장의 허락을 받아 회당에서, 학교에서, 어두운 골목길에서, 아픈 사람을 위해 불을 밝히는 데 사용할 수 있다. 만일 제사장과 결혼을 한 [제사장이 아닌] 이스라엘 사람의 딸이 자신의 아버지의 집에 자주 간다면 그녀의 아버지는 그녀의 허락을 받아 [거제물 기름으로] 불을 켤 수 있다. 결혼식 잔치가 있는 집에서는 불을 켤 수 있지만 상가집에서는 안 된다. 예후다 랍비가 그렇게 말했다. 그러나 요쎄 랍비는 말한다. 상가집에서는 불을 켤 수 있지만 결혼식 잔치에서는 안 된다. 메이르 랍비는 둘 다 금지한다. 쉼온 랍비는 둘 다 허용한다.

- 거제물로 바친 기름이 부정해지면 태워버리는데 제사장들만 그 기름을 등잔에서 태워 이익을 누릴 수 있다. 그러나 예외적으로 몇 가지 경우에는 일반 이스라엘 백성들도 이 기름을 사용할 수 있다. 제사장이 허락하면 회당과 학교와 어두운 골목과 환자들을 위해 사용할 수 있다. 예루살렘 탈무드는 환자의 경우를 제외한 세 가지 경우에 제사장의 허락도 필요없다고 적고 있다.

- 이스라엘 여인이 제사장과 결혼하면 거제를 먹거나 사용할 수 있는데 그녀가 친정 아버지를 정기적으로 방문한다면 그 아버지는 제사장 가문의 일원이 아니어도 거제인 기름을 등잔에 태울 수 있다. 딸이 오지 않았을 때도 사용할 수 있으니 딸이 언제 올지 몰라 준비하는 행위로 간주한다.

- 거제로 바친 기름을 결혼식 잔치가 열리는 집에서 사용할 수 있는 이유는 새 부부와 하객들이 모두 정결한 의복을 입고 있어서 검댕이 생기는 기름을 만지지 않으리라 여기기 때문이지만, 사용할 수 없다고 주장하는 측은 하객들이 기쁨에 들떠서 그 기름이 거제임을 잊고 다른 용도로 사용할까 봐 걱정한다. 이 기름을 상가에서 사용해도 좋은 이유는 조문객들이 슬픔에 잠겨서 등잔 기름에 손을 대지 않으리라 여기는 것이고, 사용을 반대하는 측은 조문객들이 바닥에 엎드려 애곡을 하다가 부정한 것과 접촉할까 봐 두려워한다. 이런 상태로 기름과 접촉하면 거제를 훼손하게 된다.

# מעשרות

## 7

# 마아쎄롯
### 첫째 십일조

십일조를 하는 시기가 된 열매들을 십일조와 관련하여 신뢰할 수 없는 사람에게 팔아서는 안 된다. 제7년에는 제7년 규정을 지킬지 의심스러운 사람에게 팔아서는 안 된다. 만일 열매일부가 익었다면 그것을 제하고 나머지를 팔 수는 있다. _「마아쎄롯」5, 3

# 개요

「마아쎄롯」은 십일조(מעשר, 마아싸르) 또는 첫째 십일조(מעשר ראשון, 마아싸르 리숀)에 관련된 규정들을 다룬다. '마아쎄롯'은 농업 생산물에서 떼어 레위인에게 주는 예물을 말한다.

주요 내용으로 십일조를 떼어 바쳐야 하는 농산물에 어떤 것이 있는지, 십일조를 떼는 환경 조건이나 정확한 시기가 어떻게 되는지 등을 논의한다. 성서시대에는 안식년 규정을 시행했고 성전에 바치는 예물도 안식년 주기에 따라 내는데 안식년이 아닌 6년 동안 매년 농산물의 1/10을 떼어 레위인에게 십일조로 주어야 한다.

둘째 십일조(מעשר שני, 마아쎄르 쉐니)를 떼는 방법은 다른데, 제1, 2, 4, 5년에 생산된 농산물에서 첫째 십일조를 떼고 남은 것 중 다시 1/10을 떼어 예루살렘으로 가져가서 소비한다(「마아쎄르 쉐니」). 가난한 자를 위한 십일조(מעשר עני, 마아싸르 아니)도 있는데 이것은 제3년, 제6년에 떼어 가난한 자들에게 준다(「페아」).

- 관련 성경구절 | 민수기 18:21-24

# 제1장

## 1, 1

십일조를 떼고 먹어야 하는 음식에 관해 두 가지 원칙을 제시한다.

---

כְּלָל אָמְרוּ בַּמַּעַשְׂרוֹת, כָּל שֶׁהוּא אֹכֶל, וְנִשְׁמָר, וְגִדּוּלָיו מִן הָאָרֶץ, חַיָּב בַּמַּעַשְׂרוֹת. וְעוֹד כְּלָל אַחֵר אָמְרוּ, כָּל שֶׁתְּחִלָּתוֹ אֹכֶל וְסוֹפוֹ אֹכֶל, אַף עַל פִּי שֶׁהוּא שׁוֹמְרוֹ לְהוֹסִיף אֹכֶל, חַיָּב קָטָן וְגָדוֹל. וְכָל שֶׁאֵין תְּחִלָּתוֹ אֹכֶל אֲבָל סוֹפוֹ אֹכֶל, אֵינוֹ חַיָּב עַד שֶׁיֵּעָשֶׂה אֹכֶל:

---

십일조에 대한 일반적인 규정은 다음과 같다. 〔사람들이〕 먹고, 보관하며 땅에서 자란 것이면 무엇이든지 십일조를 〔뗄〕 의무가 있다. 또 다른 규정은 다음과 같다. 처음부터 음식이었든지 나중에 음식이 되었든지, 그가 음식을 늘리기 위해서 보관했다고 하더라도, 그것을 일찍 또는 다 자란 다음에 〔수확할 때 십일조를 뗄〕 의무가 있다. 그러나 처음에는 음식이 아니었다가 나중에 음식이 되는 것은 무엇이든지 음식이 될 때까지는 〔십일조를 뗄〕 의무가 없다.

- 십일조를 먼저 떼야 하는 농산물에 관한 첫째 원칙은 사람이 먹는 음식이어야 하고, 따로 보관하며 돌볼 가치가 있으며 땅에서 자라는 것이어야 한다. 이 세 가지 조건에 맞지 않는 농산물은 먹기 전에 십일조를 뗄 의무가 없다.

- 또 다른 원칙은 수확하는 시기와 관련이 있는데 작물이 자라는 초기 단계에도 먹고 다 자란 뒤에도 먹는 경우, 아직 수확하는 시기가 아니라고 하더라도 먹기 전에 십일조를 떼어 바쳐야 한다(넷째 미쉬나). 이와 달리 작물이 다 자란 뒤에만 음식으로 간주하고 먹는 경우, 십일조는 수확시기에 떼어 바친다. 수확시기가 되기 전에 취하여 먹

는다면 십일조를 내지 않는다.

## 1, 2

---

מֵאֵימָתַי הַפֵּרוֹת חַיָּבוֹת בַּמַּעַשְׂרוֹת. הַתְּאֵנִים, מִשֶּׁיַּבְחִילוּ. הָעֲנָבִים
וְהָאָבָשִׁים, מִשֶּׁהִבְאִישׁוּ. הָאוֹג וְהַתּוּתִים, מִשֶּׁיַּאְדִּימוּ. וְכָל הָאָדָמִים,
מִשֶּׁיַּאְדִּימוּ. הָרִמּוֹנִים, מִשֶּׁיְּמַסּוּ. הַתְּמָרִים, מִשֶּׁיְטִילוּ שְׂאוֹר. הָאֲפַרְסְקִים,
מִשֶּׁיְטִילוּ גִידִים. הָאֱגוֹזִים, מִשֶּׁיַּעֲשׂוּ מְגוּרָה. רַבִּי יְהוּדָה אוֹמֵר, הָאֱגוֹזִים
וְהַשְּׁקֵדִים, מִשֶּׁיַּעֲשׂוּ קְלִפָּה:

---

열매들은 언제부터 십일조를 떼야 하는가? 무화과는 그것이 익기
시작할 때이다.[1] 포도와 야생포도는 씨가 보이기 시작할 때이다.[2] 옻
나무와 딸기는 붉은색을 띨 때이다. 모든 붉은색 열매는 붉게 될 때이
다. 석류는 부드럽게 될 때이며 대추야자는 불룩해질 때이다. 복숭아
는 껍질에서 줄무늬가 보일 때이며 호두는 저장공간이 형성될 때이
다. 예후다 랍비는 말한다. 호두와 아몬드는 〔알맹이 주변에 얇은〕 껍
질이 있을 때이다.

- 이 미쉬나는 각종 열매들로부터 십일조를 뗄 시기를 규정하고 있다.
  그 시기는 그 열매를 먹을 수 있는 때를 기준으로 결정한 것으로 보
  인다(첫째 미쉬나).

## 1, 3

---

הֶחָרוּבִין, מִשֶּׁיְנַקֵּדוּ. וְכָל הַשְּׁחוֹרִים, מִשֶּׁיְנַקֵּדוּ. הָאֲגָסִים וְהַקְּרֻסְטוֹמֵלִין
וְהַפְּרִישִׁין וְהָעֻזְרָדִים, מִשֶּׁיְקָרֵחוּ. וְכָל הַלְּבָנִים, מִשֶּׁיְקָרֵחוּ. הַתִּלְתָּן,
מִשֶּׁתְּצַמַּח. הַתְּבוּאָה וְהַזֵּיתִים, מִשֶּׁיַּכְנִיסוּ שְׁלִישׁ:

---

1) 무화과의 끝부분이 흰색이 될 때를 말한다.
2) 포도는 익으면 껍질이 투명해져서 열매 안에 있는 씨가 보인다.

캐럽은 검은 점이 생길 때 [십일조를 떼며], 모든 검은색 열매들은
검은 점이 생길 때이다. 배, 피핀종 사과, 모과, 산사나무는 매끄러울
때이며 모든 흰색 열매들은 매끄러울 때이다. 호로파는 싹을 낼 때이
며 곡물과 올리브는 1/3까지 자랐을 때이다.

- 둘째 미쉬나에 이어 각종 열매와 곡식으로부터 십일조를 뗄 수 있는
  시기를 규정하고 있다.

## 1, 4

채소와 다른 열매에서 십일조를 떼는 시기에 관해 논의한다.

---

וּבֵירָק, הַקִּשׁוּאִין וְהַדְּלוּעִים וְהָאֲבַטִּיחִים וְהַמְּלָפְפוֹנוֹת, הַתַּפּוּחִים וְהָאֶתְרוֹגִין,
חַיָּבִים גְּדוֹלִים וּקְטַנִּים. רַבִּי שִׁמְעוֹן פּוֹטֵר אֶת הָאֶתְרוֹגִים בְּקָטְנָן. הַחַיָּב
בַּשְּׁקֵדִים הַמָּרִים, פָּטוּר בַּמְּתוּקִים, הַחַיָּב בַּמְּתוּקִים, פָּטוּר בַּמָּרִים:

---

오이, 박, 수박, 머스크멜론, 사과, 시트론 등의 채소는 크든 작든
[십일조를 뗄] 의무가 있다. 쉼온 랍비는 시트론의 경우 작은 것은 면
제시킨다. 아몬드의 경우 [덜 자라서] 떫은 것은 [십일조를 뗄] 의미
가 있지만 단 것은 면제된다. 그러나 [다 자라지 않아도] 단 경우에는
[십일조를 뗄] 의무가 있지만 떫은 것은 면제된다.

- 열거하는 채소와 열매들은 작물이 자라는 초기 단계에도 먹고 다 자
  란 뒤에도 먹는다. 그러므로 채소나 열매가 다 자라지 않은 초기 단
  계라 하더라도 십일조를 떼어 바쳐야 한다(첫째 미쉬나).

## 1, 5

열매나 채소와 관련해서 '타작마당'이 무엇인지 설명한다.

אֵיזֶהוּ גֹרֶן לַמַּעַשְׂרוֹת. הַקִּשׁוּאִים וְהַדְּלוּעִים, מִשֶּׁיְּפַקֵּסוּ. וְאִם אֵינוֹ מְפַקֵּס, מִשֶּׁיַּעֲמִיד עֲרֵמָה. אֲבַטִּיחַ, מִשֶּׁיְּשַׁלֵּק. וְאִם אֵינוֹ מְשַׁלֵּק, עַד שֶׁיַּעֲשֶׂה מֻקְצֶה. יְרַק הַנֶּאֱגָד, מִשֶּׁיֶּאֱגֹד. אִם אֵינוֹ אוֹגֵד, עַד שֶׁיְּמַלֵּא אֶת הַכְּלִי. וְאִם אֵינוֹ מְמַלֵּא אֶת הַכְּלִי, עַד שֶׁיְּלַקֵּט כָּל צָרְכּוֹ. כַּלְכָּלָה, עַד שֶׁיְּחַפֶּה. וְאִם אֵינוֹ מְחַפֶּה, עַד שֶׁיְּמַלֵּא אֶת הַכְּלִי. וְאִם אֵינוֹ מְמַלֵּא אֶת הַכְּלִי, עַד שֶׁיְּלַקֵּט כָּל צָרְכּוֹ. בַּמֶּה דְבָרִים אֲמוּרִים, בְּמוֹלִיךְ לַשּׁוּק. אֲבָל בְּמוֹלִיךְ לְבֵיתוֹ, אוֹכֵל מֵהֶם עֲרַאי עַד שֶׁהוּא מַגִּיעַ לְבֵיתוֹ:

십일조를 〔떼는〕 타작마당이란 어떤 것인가? 오이와 박은 앞머리 부분을 떼어냈을 때이다. 떼어내지 않았을 경우에는 그것들을 다 쌓은 후이다. 수박의 경우 매끈해졌을 때이다. 매끈하게 만들지 않으면 무크쩨가 된다. 꾸러미로 〔파는〕 야채의 경우에는 야채를 묶을 때이다. 〔꾸러미로〕 묶여 있지 않는 경우 그릇에 가득 찬 다음이다. 큰 바구니의 경우 그것을 덮었을 때이다. 덮지 않았을 경우 필요한 만큼 채웠을 때이다. 언제 적용시킬 것인가? 〔생산물을〕 시장에 가져갔을 때이다. 그러나 집으로 가져간다면 그가 집에 도착하기 전까지 무심코 그것을 먹을 수 있다.

- 십일조는 '타작마당'에서 떼어야 하는데 이 표현은 열매나 채소를 수확하여 다듬기가 끝난 시점을 가리키는 것으로 해석하고, 십일조를 뗄 시기를 정확하게 규정한다. 이 시기가 지나기 전에는 밭에서 무심코 먹어도 죄가 되지 않지만, 지났는데 십일조를 떼지 않고 열매나 채소를 먹으면 불법적인 행동을 하는 것이다.
- 오이, 박, 수박은 표면에서 솜털과 같은 부분을 제거하고 매끈하게 만들었을 때 십일조를 떼야 하며 그 작업을 시행하지 않는다면 열매를 쌓아놓았을 때이다. 이때 쌓여 있는 열매는 안식일에 사용할 수 없는 무크쩨(מקצה) 상태이다.
- 꾸러미로 묶어서 시장에 내는 채소는 묶는 순간부터, 그릇에 담아 파

는 것은 그릇에 담을 때부터 십일조를 뗄 수 있다. 그가 이런 작업을
시행하지 않는다면 시장으로 옮기는 그릇에 담는 순간이 적절한 때
이다.

- 위에서 말한 어떤 행위도 시행하지 않는다면 열매나 채소를 시장에
가져가려고 모았을 때 십일조를 떼야 한다. 만약 그가 작물을 시장
에 내지 않고 집으로 가져간다면 집에 도착한 뒤에 십일조를 떼면
되는데 중간에 무심코 먹어도 죄가 되지 않는다.

## 1, 6

הַפֶּרֶד וְהַצִּמּוּקִין וְהֶחָרוּבִין, מִשֶּׁיַּעֲמִיד עֲרֵמָה. הַבְּצָלִים, מִשֶּׁיְּפַקֵּל. וְאִם
אֵינוֹ מְפַקֵּל, מִשֶּׁיַּעֲמִיד עֲרֵמָה. הַתְּבוּאָה, מִשֶּׁיְּמָרֵחַ. וְאִם אֵינוֹ מְמָרֵחַ, עַד
שֶׁיַּעֲמִיד עֲרֵמָה. הַקִּטְנִיּוֹת, מִשֶּׁיִּכְבֹּר. וְאִם אֵינוֹ כוֹבֵר, עַד שֶׁיְּמָרֵחַ. אַף עַל פִּי
שֶׁמֵּרֵחַ, נוֹטֵל מִן הַקְּטָעִים וּמִן הַצְּדָדִים וּמִמַּה שֶׁבְּתוֹךְ הַתֶּבֶן, וְאוֹכֵל:

마른 석류씨, 건포도, 캐럽은 더미로 쌓았을 때이다. 양파는 껍질을
벗겼을 때이다. 만일 껍질을 벗기지 않았다면 더미로 쌓았을 때이다.
곡물은 쓸어내렸을 때이다. 만일 쓸어내리지 않았다면 더미로 쌓았
을 때이다. 콩과 식물은 체로 칠 때이다. 체로 치지 않았다면 쓸어내렸
을 때이다. 쓸어내렸더라도 [타작되지 않은] 부스러기들이나 가장자
리에 있는 것이나 [키질을 하지 않아] 짚들과 [섞여 있는] 것에서 취
하여 먹을 수 있다.


- 말린 열매들은 시장에 내기 위해서 더미로 쌓았을 때 십일조를 뗀다.
- 양파는 겉껍질을 벗겼을 때이며 껍질을 제거하지 않는다면 더미로
쌓았을 때가 적절한 시기다.
- 곡식이나 콩은 저장용 통에 담고 쓸어서 윗면을 고르게 만들었을 때
그리고 체로 친 후에 모든 가공이 끝난 것이니 그때 십일조를 뗀다.

가공이 잘 되지 않고 옆에 떨어진 것들은 무심코 먹어도 죄로 여기지 않는다.

## 1, 7

포도주와 기름에서 십일조를 떼는 시기에 관해 논의한다.

הַיַּיִן, מִשֶּׁיְקַפֶּה. אַף עַל פִּי שֶׁקִפָּה, קוֹלֵט מִן הַגַּת הָעֶלְיוֹנָה וּמִן הַצִּנּוֹר,
וְשׁוֹתֶה. הַשֶּׁמֶן, מִשֶּׁיֵּרֵד לָעוּקָה. אַף עַל פִּי שֶׁיָּרַד, נוֹטֵל מִן הֶעָקֶל וּמִבֵּין
הַמֶּמֶל וּמִבֵּין הַפַּצִּים, וְנוֹתֵן לַחֲמִטָּה וְלַתַּמְחוּי, אֲבָל לֹא יִתֵּן לַקְּדֵרָה וְלַלְפָס
כְּשֶׁהֵן רוֹתְחִין. רַבִּי יְהוּדָה אוֹמֵר, לַכֹּל הוּא נוֹתֵן, חוּץ מִדָּבָר שֶׁיֶּשׁ בּוֹ חֹמֶץ
וְצִיר:

포도주는 걷어낸 후이다. 걷어내지 않았더라도 윗쪽 포도주 틀이나 관에서 취하여 마실 수 있다. 기름은 홈통으로 내려갔을 때이다. 〔홈통으로〕 내려갔더라도 압착 바구니나 압착돌과 압착판 사이에서 취하여 과자나 접시에 넣을 수 있다. 그러나 끓는 솥이나 냄비에 넣을 수는 없다. 예후다 랍비가 말한다. 식초나 소금물을 포함하지 않는다면 어떤 곳에도 넣을 수 있다.

- 포도를 포도주 틀에 짠 뒤 틀 밑에 고인 즙에서 껍질과 씨를 걷어내면 십일조를 뗄 수 있다. 틀 위에 있는 즙은 아직 가공이 끝나지 않았으므로 마실 수 있다.
- 올리브 열매를 기름틀에 짰을 때도 마찬가지다. 십일조를 바치지 않은 기름은 조리가 필요 없이 그냥 먹을 수 있는 과자나 접시에 첨가할 수는 있지만, 솥이나 냄비에 조리를 하는 음식에는 넣을 수 없다. 예후다 랍비는 좀 더 관대한 규칙을 소개한다.

## 1, 8

무화과를 말려서 누른 과자에 관해 논의한다.

---

הָעֲגוּל, מְשֶׁיַחֲלִיקֶנּוּ. מַחֲלִיקִים בִּתְאֵנִים וּבַעֲנָבִים שֶׁל טֶבֶל. רַבִּי יְהוּדָה
אוֹסֵר. הַמַּחֲלִיק בָּעֲנָבִים, לֹא הֻכְשַׁר. רַבִּי יְהוּדָה אוֹמֵר, הֻכְשַׁר. הַגְּרוֹגְרוֹת,
מִשֶּׁיָּדוּשׁ. וּמְגוּרָה מִשֶּׁיְעַגֵּל. הָיָה דָשׁ בֶּחָבִית וּמְעַגֵּל בַּמְּגוּרָה, נִשְׁבְּרָה
הֶחָבִית וְנִפְתְּחָה הַמְּגוּרָה, לֹא יֹאכַל מֵהֶם עֲרַאי. רַבִּי יוֹסֵי מַתִּיר:

---

〔마른 무화과로 된〕 둥근 과자는 매끄럽게 한 이후이다. 부적절한 것에 해당하는 무화과나 포도로 매끄럽게 할 수 있다. 예후다 랍비는 금지한다. 포도로 매끄럽게 했다면 그것은 준비된 것으로 여기지 않는다. 예후다 랍비는 말한다. 그것은 준비된 것으로 여긴다. 마른 무화과는 밟았을 때와 함께 눌려진 저장통에 있을 때이다. 만일 항아리에서 밟거나 저장통에서 눌렀다면 그리고 항아리가 깨지거나 저장통이 열렸다면 그것을 무심코 먹을 수 없다. 그러나 요쎄 랍비는 허용한다.

- 무화과 열매를 말려서 과자를 만들 때 과일즙을 써서 부드럽게 만들며 이렇게 가공이 끝났을 때 십일조를 뗀다. 십일조를 떼지 않아 부적절한 것(טבל, 테벨)이었던 무화과나 포도를 짜서 과일즙을 만들고 부드럽게 만드는 데 쓰는 것은 허용한다. 예후다 랍비는 반대한다.

- 주제에서 벗어나지만 과일즙이 일곱 가지 음료수처럼 음식을 준비시켜서 부정해질 수 있는 상태로 만드는지 묻는다(「트루못」 11, 2). 원래 그렇지 않다는 것이 토라의 규정이지만, 예후다 랍비는 과일즙도 그런 기능을 한다고 주장한다.

- 말린 무화과는 항아리나 저장통 안에 보관할 때 십일조를 뗀다. 이렇게 가공이 끝난 상태인데 항아리나 저장통이 손상되어 열렸다면

십일조를 떼지 않은 상태에서 무심코 먹는 것은 불법행위이다. 예후
다 랍비는 반대한다.


## 제2장


### 2, 1

길에서 다른 사람에게 무화과를 받은 경우에 관해 논의한다.

---

הָיָה עוֹבֵר בַּשּׁוּק וְאָמַר, טְלוּ לָכֶם תְּאֵנִים, אוֹכְלִין וּפְטוּרִין. לְפִיכָךְ אִם
הִכְנִיסוּ לְבָתֵּיהֶם, מְתַקְנִים וַדַּאי. טְלוּ וְהַכְנִיסוּ לְבָתֵּיכֶם, לֹא יֹאכְלוּ מֵהֶם
עֲרַאי. לְפִיכָךְ אִם הִכְנִיסוּ לְבָתֵּיהֶם, אֵינָם מְתַקְנִים אֶלָּא דְמַאי:

만일 어떤 사람이 길을 지나가는데 "무화과를 가져가세요"라고 말
했다면 그들은 먹을 수 있고 〔십일조의 의무에서〕 면제된다. 만일 집
으로 가져갔다면 분명한 〔테벨로〕 십일조를 할 수 있다. 만일 "집으로
가져가세요"라고 말했다면 그들은 그것을 무심코 먹을 수 없다. 만일
집으로 가져갔다면 그들은 드마이로서[3] 십일조를 할 수 있다.

- 시장에서 산 것이 아니라 아는 사람이 길에서 준 열매인데, 그냥 무
  화과 하나 가져가라고 말했다면 십일조를 떼지 않았을 가능성이 높
  다. 그 열매를 받은 사람은 집에 도착하기 전까지 무심코 하나를 먹
  어도 좋다. 그러나 집에 도착하면 먼저 십일조를 떼고 먹어야 한다.
- 그가 무화과를 가지고 집에 가져가라고 말했다면 두 가지로 해석할

---

3) 히브리어 '드마이'(דמאי)란 백성들이 십일조로 구별해놓은 농산물이나 열매들
   중에서 적절한 절차와 적절한 때에 구별해놓은 것이 맞는지, 규정에 어긋나지
   않는지 불확실하거나 의심되는 것들을 가리킨다.

수 있다. 첫째, 그 사람이 이 열매를 자기 집에 가져갔고 십일조를 뗄 상태가 되었는데 떼지 않았을 수 있다. 그렇다면 그 열매를 무심코 먹으면 안 된다. 둘째, 이미 열매에서 십일조를 뗐기 때문에 집에 가져가서 먹어도 된다는 의미이다. 이런 경우 열매를 가져와서 '드마이', 즉 십일조를 뗐다는데 의심이 드는 경우에 맞추어 처리하며 십일조를 떼고 먹는다. 반대 경우이지만 같은 해결책을 제안하고 있다.

## 2, 2

הָיוּ יוֹשְׁבִין בַּשַּׁעַר אוֹ בַחֲנוּת, וְאָמַר, טְלוּ לָכֶם תְּאֵנִים, אוֹכְלִין וּפְטוּרִין, וּבַעַל
הַשַּׁעַר וּבַעַל הַחֲנוּת חַיָּבִין. רַבִּי יְהוּדָה פוֹטֵר, עַד שֶׁיַּחֲזִיר אֶת פָּנָיו, אוֹ עַד
שֶׁיְשַׁנֶּה מְקוֹם יְשִׁיבָתוֹ:

만일 문이나 상점에 앉아 있는데 "무화과를 가져가세요"라고 말했다면 그들은 먹을 수 있고 [십일조의 의무에서] 면제된다. 그러나 그 [집] 문의 주인이나 상점의 주인은 [십일조를 뗄] 의무가 있다. 예후다 랍비는 얼굴을 돌리거나 앉아 있는 장소를 변경시키지 않는다면 면제된다고 한다.

- 어떤 사람이 자기 소유가 아닌 집의 문이나 상점에 앉아 있다가 누가 주는 열매를 받았다면 십일조를 떼기 전에 먹어도 책임에서 면제된다. 그러나 자기 집이나 상점이라면 먼저 십일조를 떼고 먹어야 할 의무가 있다. 농산물이 집에 들어오면 먹기 전에 십일조를 떼어야 한다는 것이 원칙이기 때문이다.
- 예후다 랍비는 문이나 현관은 사적인 영역이면서도 지나가는 사람들이 볼 수 있는 공적인 성격이 있다고 생각한다. 그래서 문이나 현관에서 열매를 먹을 때는 책임이 면제된다고 보았다. 만일 얼굴을

돌리거나 돌아앉아서 다른 사람들이 볼 수 없도록 한다면 그때는 십일조를 뗄 의무가 생긴다고 주장한다.

## 2, 3

여행하는 사람들이 지는 십일조 납부의 의무를 설명한다.

---

הַמַּעֲלֶה פֵרוֹת מִן הַגָּלִיל לִיהוּדָה, אוֹ עוֹלֶה לִירוּשָׁלַיִם, אוֹכֵל מֵהֶם עַד שֶׁהוּא מַגִּיעַ לְמָקוֹם שֶׁהוּא הוֹלֵךְ, וְכֵן בִּיהוּדָה. רַבִּי מֵאִיר אוֹמֵר, עַד שֶׁהוּא מַגִּיעַ לְמָקוֹם הַשְּׁבִיתָה. וְהָרוֹכְלִין הַמְחַזְּרִין בָּעֲיָרוֹת, אוֹכְלִים עַד שֶׁמַּגִּיעִים לְמָקוֹם הַלִּינָה. רַבִּי יְהוּדָה אוֹמֵר, הַבַּיִת הָרִאשׁוֹן הוּא בֵיתוֹ:

---

만일 열매를 갈릴리에서 유대로 가져가거나 예루살렘으로 가져간다면 그가 가고자 하는 곳에 도착할 때까지 그것을 먹을 수 있으며 유다에서도 마찬가지다. 메이르 랍비는 말한다. 안식일을 [지킬] 장소에 도착할 때까지이다. 마을에서 마을로 다니는 행상인은 밤을 보내려고 정한 장소에 도착할 때까지 먹을 수 있다. 예후다 랍비는 말한다. 첫번째 집이 [그가 십일조를 해야 할] 그의 집이다.

- 첫째와 둘째 미쉬나는 자기 집 안에 농산물을 가지고 들어올 때 십일조를 뗄 의무가 생긴다고 설명한다. 그런데 갈릴리를 떠나 유다까지 여행을 하거나 예루살렘으로 순례를 떠나서 당분간 자기 집에 들어가지 않는 사람이라면 자기가 가고자 했던 목적지에 도착할 때까지 십일조를 떼지 않고 먹을 수 있다. 유다에서 떠나 갈릴리로 돌아갈 때도 마찬가지다.
- 메이르 랍비는 안식일이 되기 전에 모든 음식에서 십일조를 떼어야 한다고 생각했고, 여행자도 안식일을 지키기로 정한 장소에 도착할 때까지만 십일조를 떼지 않은 음식을 먹을 수 있다고 주장한다.

- 정해진 목적지 없이 계속 여행을 하는 행상인들은 묵어갈 집에 도착할 때까지 먹을 수 있다. 예후다 랍비는 더 엄정한 규칙을 주장하며 첫 번째로 들어가는 집이 마치 자기 집인 것처럼 생각하고, 그 전까지만 먹을 수 있다고 주장한다.

## 2, 4

농산물 가공이 끝나기 전에 그리고 십일조를 떼기 전에 거제를 구별하여 떼는 자에 관해 설명한다.

---

פֵּרוֹת שֶׁתְּרָמָן עַד שֶׁלֹּא נִגְמְרָה מְלַאכְתָּן, רַבִּי אֱלִיעֶזֶר אוֹסֵר מִלֶּאֱכֹל מֵהֶם עֲרַאי. וַחֲכָמִים מַתִּירִין, חוּץ מִכַּלְכֶּלֶת תְּאֵנִים. כַּלְכֶּלֶת תְּאֵנִים שֶׁתְּרָמָהּ, רַבִּי שִׁמְעוֹן מַתִּיר, וַחֲכָמִים אוֹסְרִין:

---

일을 마치기 전 거제를 구별해놓은 것에 대해 엘리에제르 랍비는 그것을 무심코 먹는 것을 금지한다. 그러나 랍비들은 큰 무화과 바구니가 아니라면 허용한다. 큰 무화과 바구니에서 봉헌물을 구별해놓은 것에 대해 쉼온 랍비는 〔먹는 것을〕 허용하지만 랍비들은 금지한다.

- 어떤 농산물을 시장에 낼 수 있을 정도로 완전히 준비하기 전인데 그 주인이 거제를 구별했다. 엘리에제르 랍비는 거제를 뗄 수 있다면 십일조도 내야 한다고 간주하고 무심코 먹는 것을 금지한다. 다른 랍비들은 거제와 십일조는 별개의 경우라고 보고 허용한다. 그러나 랍비들도 금지해야 한다고 보는 경우는 무화과인데, 누군가가 무화과를 바구니에 담고 거제까지 뗐다면 이미 모든 가공이 끝났다는 신호로 볼 수 있다는 것이고, 십일조를 떼기 전에 먹을 수 없다. 쉼온 랍비는 무화과라고 해서 다른 농산물과 다르게 취급할 필요는 없다고 생각한다.

## 2, 5

무화과를 구입한 경우에 십일조를 떼는 것과 먹어야 하는 시점에 대해 설명한다.

---

הָאוֹמֵר לַחֲבֵרוֹ, הֵילָךְ אִסָּר זֶה וְתֶן לִי בּוֹ חָמֵשׁ תְּאֵנִים, לֹא יֹאכַל עַד שֶׁיְּעַשֵּׂר,
דִּבְרֵי רַבִּי מֵאִיר. רַבִּי יְהוּדָה אוֹמֵר, אוֹכֵל אַחַת אַחַת, פָּטוּר, וְאִם צֵרֵף,
חַיָּב. אָמַר רַבִּי יְהוּדָה, מַעֲשֶׂה בְגִנַּת וְרָדִים שֶׁהָיְתָה בִירוּשָׁלַיִם, וְהָיוּ תְּאֵנִים
נִמְכָּרוֹת מִשָּׁלֹשׁ וּמֵאַרְבַּע בְּאִסָּר, וְלֹא הֻפְרַשׁ מִמֶּנָּה תְּרוּמָה וּמַעֲשֵׂר מֵעוֹלָם:

---

만일 동료에게 "여기 1이싸르가 있는데 그것으로 다섯 개의 무화과를 주시오"라고 말한다면 그는 그것들로 십일조를 구별해놓기 전에는 먹을 수 없다. 메이르 랍비가 그렇게 말했다. 그러나 예후다 랍비는 말한다. 만일 하나씩 먹는다면 면제되지만 함께 먹는다면 (십일조 규정을) 지켜야 한다. 예후다 랍비는 말한다. 한때 예루살렘에 있는 장미정원에서 서너 개의 무화과가 1이싸르에 팔린 적이 있었는데 거제와 십일조는 전혀 구별해놓지 않았다.

- 메이르 랍비는 무화과를 구입하면 십일조를 떼고 난 뒤에 먹으라고 말한다. 예후다 랍비는 무화과를 하나씩 사면 십일조를 내기 전에 먹을 수 있지만, 한꺼번에 여러 개를 샀다면 십일조를 먼저 떼야 한다고 말한다. 그리고 자기 경험을 이야기하는데 사람들이 예루살렘 장미정원에서 재배한 무화과를 사서 하나씩 먹어서 거제와 십일조를 떼지 않았다고 주장한다.

## 2, 6

농산물을 산 뒤 십일조를 내지 않고 먹을 수 있는 방법을 소개한다.

הָאוֹמֵר לַחֲבֵרוֹ, הֵילָךְ אִסָּר זֶה בְּעֶשֶׂר תְּאֵנִים שֶׁאָבֹר לִי, בּוֹרֵר וְאוֹכֵל. בְּאֶשְׁכּוֹל שֶׁאָבֹר לִי, מְגַרְגֵּר וְאוֹכֵל. בְּרִמּוֹן שֶׁאָבֹר לִי, פּוֹרֵט וְאוֹכֵל. בָּאֲבַטִּיחַ שֶׁאָבֹר לִי, סוֹפֵת וְאוֹכֵל. אֲבָל אִם אָמַר לוֹ בְּעֶשְׂרִים תְּאֵנִים אֵלּוּ, בִּשְׁנֵי אֶשְׁכּוֹלוֹת אֵלּוּ, בִּשְׁנֵי רִמּוֹנִים אֵלּוּ, בִּשְׁנֵי אֲבַטִּיחִים אֵלּוּ, אוֹכֵל כְּדַרְכּוֹ וּפָטוּר, מִפְּנֵי שֶׁקָּנָה בִמְחֻבָּר לַקַּרְקַע:

만일 동료에게 "여기 1이싸르가 있는데 그것으로 열 개의 무화과를 고르고 싶습니다"라고 말한다면 그는 골라서 [십일조를 내지 않고 하나씩] 먹을 수 있다. "포도송이를 고르고 싶습니다"라고 말한다면 그는 [포도알을] 따서 먹을 수 있다. "석류를 선택하고 싶습니다"라고 말한다면 그는 [석류를] 갈라서 먹을 수 있다. "수박을 고르고 싶습니다"라고 말한다면 그는 [수박을] 잘라서 먹을 수 있다. 그러나 "이 무화과 스무 개, 이 포도송이 두 개, 이 석류 두 개, 이 수박 두 개를" [달라고] 말한다면 그는 일상적인 방법대로 먹을 수 있고 [십일조의 의무에서] 면제된다. 땅에 심겨져 있을 때 그것들을 샀기 때문이다.

- 이 미쉬나는 십일조를 내지 않고 열매를 먹을 수 있는 방법을 설명하는데 열매가 아직 나무에 달려 있을 때 본인이 직접 골라서 사라고 한다. 나무에 달려 있는 열매는 땅에 연결되어 있는 곡식과 같기 때문에, 십일조를 내지 않아도 된다.
- 두 번째 방법은 나무에 달려 있는 특정한 열매를 지적하여 구매하는 것이다. 이 경우에도 열매는 땅과 연결된 것으로 간주한다.

### 2, 7
다른 사람 소유의 과수원에서 일하는 일꾼이 열매를 먹는 상황을 설명한다.

הַשּׂוֹכֵר אֶת הַפּוֹעֵל לִקְצוֹת עִמּוֹ בִּתְאֵנִים, אָמַר לוֹ עַל מְנָת שֶׁאוֹכַל תְּאֵנִים,
אוֹכֵל וּפָטוּר. עַל מְנָת שֶׁאוֹכַל אֲנִי וּבְנִי בֵּיתִי, אוֹ שֶׁיֹּאכַל בְּנִי בִּשְׂכָרִי, הוּא
אוֹכֵל וּפָטוּר, וּבְנוֹ אוֹכֵל וְחַיָּב. עַל מְנָת שֶׁאוֹכַל בִּשְׁעַת הַקְּצִיעָה וּלְאַחַר
הַקְּצִיעָה, בִּשְׁעַת הַקְּצִיעָה אוֹכֵל וּפָטוּר, וּלְאַחַר הַקְּצִיעָה אוֹכֵל וְחַיָּב, שֶׁאֵינוֹ
אוֹכֵל מִן הַתּוֹרָה. זֶה הַכְּלָל, הָאוֹכֵל מִן הַתּוֹרָה, פָּטוּר, וְשֶׁאֵינוֹ אוֹכֵל מִן
הַתּוֹרָה, חַיָּב:

만일 무화과를 펼쳐 말리는 일에 고용주가 일꾼을 고용할 때 〔그
일꾼이〕 "내가 무화과를 먹을 수 있다는 조건으로 〔일하겠습니다〕"
라고 말한다면 그는 먹을 수 있고 〔십일조의 의무에서〕 면제된다. "나
와 내 아들이 먹을 수 있다는 조건으로 〔일하겠습니다〕" 혹은 "내 아
들이 내 임금으로 먹을 수 있는 조건으로 〔일하겠습니다〕"라고 말한
다면 그는 먹을 수 있고 〔십일조의 의무에서〕 면제된다. 그러나 그의
아들은 먹되 〔십일조를 뗄〕 의무가 있다. "나는 일하는 동안과 일을
끝낸 후에 먹을 수 있다는 조건에서 〔일하겠습니다〕"라고 말한다면
그는 일하는 동안에는 먹을 수 있고 면제되지만, 일을 한 후에 먹고
〔십일조를 뗄〕 의무가 있다. 그는 토라의 〔규정을〕 따라 먹지 않기 때
문이다.

일반적인 규칙은 다음과 같다. 토라의 〔규정에〕 따라 먹는 자는 〔십
일조의 의무에서〕 면제되지만, 토라의 〔규정에〕 따라 먹지 않는 자는
〔십일조를 뗄〕 의무가 있다.


• 토라는 다른 사람 소유의 과수원이나 밭에서 열매나 곡식을 손으로
  따먹는 것을 허락하고 있는데(신 23:25), 랍비들은 이 규정이 고용
  된 노동자가 일하면서 임의로 식사하는 방법이라고 해석한다. 그러
  므로 무화과를 수확하는 데 고용된 노동자는 자신이 받을 보수와 상
  관없이 열매를 따서 먹을 수 있으며 이때 십일조를 떼지 않아도 좋
  다. 처음부터 그것을 계약조건으로 정했다면 두말할 필요 없이 먹을

수 있다.

- 토라는 노동자의 아들들도 열매를 먹을 수 있다고 기록하지 않았기 때문에, 일꾼이 자기 임금을 아들이 먹는 것으로 조건을 정했다면 일꾼과 그의 아들이 서로 다른 지위를 가지게 된다. 일꾼 본인은 토라의 규정에 따라 십일조를 떼지 않고 열매를 먹을 수 있지만, 아들은 십일조를 뗀 뒤에 먹어야 한다.
- 토라의 규정은 열매가 달려 있는 과수원이나 밭을 전제하고 있으므로 일꾼이 수확기와 수확이 끝난 뒤에도 먹겠다고 한다면 시간이 흐름에 따라 적용할 규정이 달라진다. 수확하는 동안에는 십일조를 뗄 필요가 없지만, 수확이 끝난 뒤에는 십일조를 떼고 먹는다. 이것은 그의 임금과 같은 경우로 간주한다.

## 2, 8

과수원에서 일하는 일꾼에 관한 규정을 부연설명한다.

---

הָיָה עוֹשֶׂה בִלְבָסִים, לֹא יֹאכַל בִּבְנוֹת שֶׁבַע. בִּבְנוֹת שֶׁבַע, לֹא יֹאכַל
בִּלְבָסִים. אֲבָל מוֹנֵעַ הוּא אֶת עַצְמוֹ עַד שֶׁמַּגִּיעַ לִמְקוֹם הַיָּפוֹת וְאוֹכֵל.
הַמַּחֲלִיף עִם חֲבֵרוֹ, זֶה לֶאֱכֹל וְזֶה לֶאֱכֹל, זֶה לִקְצוֹת וְזֶה לִקְצוֹת, זֶה לֶאֱכֹל
וְזֶה לִקְצוֹת, חַיָּב. רַבִּי יְהוּדָה אוֹמֵר, הַמַּחֲלִיף לֶאֱכֹל, חַיָּב, וְלִקְצוֹת, פָּטוּר:

---

만일 질이 떨어지는 무화과로 일한다면 질이 좋은 무화과를 먹을 수 없다. 질이 좋은 무화과로 〔일한다면〕 질이 떨어지는 무화과를 먹을 수 없다. 그러나 〔질이 떨어지는 무화과로 일할 때〕 질 좋은 무화과가 자랄 수 있는 곳에 도달할 때까지 참았다가 먹는다. 만일 동료와 먹는 〔열매와〕 먹는 〔열매를〕 바꾸거나, 말리는 〔열매와〕 말리는 〔열매를〕 서로 바꾸거나, 먹는 〔열매와〕 펼쳐 말리는 〔열매를〕 서로 바꾸면 그는 〔십일조를 뗄〕 의무가 있다. 예후다 랍비는 말한다. 먹는 〔열매

를] 바꾸는 자는 [십일조를 뗄] 의무가 있다. 펼쳐 말리는 [열매를] 서로 바꾸는 자는 면제된다.

- 무화과 열매는 질이 좋으냐에 따라 요리에 넣는 열매도 있고 말려서 먹는 열매도 있는데 과수원 일꾼은 본인이 일하기로 계약한 무화과만 십일조를 떼지 않고 먹을 수 있다. 다른 종류의 무화과는 먹을 수 없다. 그러나 중간에 다른 종류의 무화과를 수확하게 된다면 그때까지 기다렸다가 먹을 수 있다.
- 그가 동료와 무화과 열매를 교환한다면 서로 같은 종류이거나 다른 종류이거나 상관없이, 십일조를 뗀 뒤에 먹어야 한다. 농산물을 바꾸는 일을 매매와 같은 종류의 행위로 간주한 것이다. 예후다 랍비는 다른 의견을 개진하는데 신선하게 먹을 수 있는 열매로 바꾸면 이미 가공이 끝난 상태이므로 십일조를 떼고 먹어야 한다고 주장한다. 그러나 말려야 할 열매로 바꾸면 아직 가공이 남아 있는 상태이므로 십일조를 떼지 않고 먹어도 좋다고 말한다.

## 제3장

### 3, 1
일꾼이 십일조를 떼지 않고 열매를 먹는 상황을 계속 논의한다.

---

הַמַּעֲבִיר תְּאֵנִים בַּחֲצֵרוֹ לִקְצוֹת, בָּנָיו וּבְנֵי בֵיתוֹ אוֹכְלִין וּפְטוּרִין. הַפּוֹעֲלִים שֶׁעִמּוֹ, בִּזְמַן שֶׁאֵין לָהֶם עָלָיו מְזוֹנוֹת, אוֹכְלִין וּפְטוּרִין. אֲבָל אִם יֵשׁ לָהֶם עָלָיו מְזוֹנוֹת, הֲרֵי אֵלּוּ לֹא יֹאכֵלוּ:

---

만일 무화과를 말리기 위해 마당으로 가져간다면 그 사람의 아이

들과 집안 사람들은 〔그것들을〕 먹을 수 있으며 〔십일조의 의무에서〕
면제된다. 그와 함께 일하는 일꾼들은 〔주인이〕 음식을 〔줄 의무가〕
없을 때는 그것들을 먹을 수 있으며 〔십일조의 의무에서〕 면제된다.
그러나 〔주인이〕 음식을 〔줄 의무가〕 있다면 먹어서는 안 된다.

- 무화과를 자기 집에 들여놓았으나 말리기 위한 열매이기 때문에 아
  직 가공이 끝나지 않은 상태이다. 그러므로 그와 그의 가족들이 십일
  조를 떼지 않고 먹어도 무방하다.
- 그와 함께 동일한 고용주를 위해 일하지만 무화과 말리기가 아닌 다
  른 일을 맡은 일꾼들이 있다면 그들은 말리기 위한 무화과를 먹을
  수 없다. 만약 고용주가 식사를 제공한다는 조건 없이 일꾼을 고용했
  고, 고용주가 무화과를 선물로 준다면 그는 십일조를 떼지 않고 먹을
  수 있다. 고용주가 식사를 제공한다는 조건으로 일꾼을 고용했다면
  무화과는 임금과 유사한 지위를 가지게 되며 일꾼은 십일조를 떼기
  전에 먹을 수 없다.

### 3, 2

주인이 일꾼에게 음식을 줄 의무가 있는지의 여부와 십일조의 관계
에 대해 설명한다.

---

הַמּוֹצִיא פּוֹעֲלָיו לַשָּׂדֶה, בִּזְמַן שֶׁאֵין לָהֶם עָלָיו מְזוֹנוֹת, אוֹכְלִין וּפְטוּרִין. וְאִם
יֵשׁ לָהֶם עָלָיו מְזוֹנוֹת, אוֹכְלִין אַחַת אַחַת מִן הַתְּאֵנָה, אֲבָל לֹא מִן הַסַּל וְלֹא
מִן הַקֻּפָּה וְלֹא מִן הַמֻּקְצֶה:

---

일꾼들을 밭으로 데리고 나갔는데 〔주인이〕 음식을 〔줄 의무가〕 없
다면 그들은 〔무화과를〕 먹을 수 있으며 〔십일조의 의무에서〕 면제된
다. 그러나 〔주인이〕 음식을 〔줄 의무가〕 있다면 〔무화과나무에서〕 하

나씩 〔따서〕 먹을 수 있지만 바구니나 통이나 말린 더미에서는 〔꺼내〕
먹을 수 없다.

- 주인이 일꾼들을 고용하여 곡식을 기르는 밭으로 데리고 나갔으며
  이들은 십일조를 떼지 않고 과수원에서 기르는 열매를 따 먹을 수
  없다. 그러므로 첫째 미쉬나에서 논의한 것처럼 주인이 식사를 제공
  한다는 조건 없이 계약했고, 일꾼들에게 선물로 무화과를 주었을 때
  만 십일조를 떼지 않고 먹을 수 있다. 식사를 제공하는 조건으로 계
  약했다면 십일조를 뗀 뒤에 먹어야 한다. 물론 아직 나무에 달려 있
  어서 가공이 끝나지 않은 열매는 하나씩 따서 먹을 수 있다.

### 3, 3
올리브 과수원과 양파밭에서 일하는 일꾼에 관해 설명한다.

---

הַשּׂוֹכֵר אֶת הַפּוֹעֵל לַעֲשׂוֹת בְּזֵיתִים, אָמַר לוֹ עַל מְנָת לֶאֱכֹל זֵיתִים, אוֹכֵל
אֶחָד אֶחָד וּפָטוּר. וְאִם צֵרַף, חַיָּב. לְנַכֵּשׁ בִּבְצָלִים, אָמַר לוֹ עַל מְנָת לֶאֱכֹל
יָרָק, מְקַרְטֵם עָלֶה עָלֶה וְאוֹכֵל. וְאִם צֵרַף, חַיָּב:

---

올리브나무에서 수확할 일꾼을 고용할 때 그가 올리브를 먹을 수
있다는 조건에서 〔일하겠다고 고용주에게〕 말하고 〔올리브를〕 한 알
씩 먹었다면 그는 〔십일조의 의무에서〕 면제된다. 그러나 그가 여러
개가 붙어 있는 〔올리브를 따 먹는다면 십일조의 의무를〕 지켜야 한
다. 양파를 수확할 〔일꾼을 고용할 때 그가〕 양파의 잎을 먹을 수 있
다는 조건에서 〔일하겠다고 고용주에게〕 말하고 한 잎씩 먹는다면
그는 〔십일조의 의무에서〕 면제된다. 그러나 둘 이상의 잎이 붙어 있
는 것을 〔먹는다면 십일조의 의무를〕 지켜야 한다.

- 올리브나무에서 열매를 수확하는 일꾼을 고용할 때 일하면서 열매를 먹는 조건으로 계약했다면 그가 먹는 열매를 임금으로 간주할 수 있으며 십일조를 뗀 뒤에 먹어야 한다. 아직 가공이 끝나지 않은 열매를 하나씩 먹는 것은 허용되지만, 여러 개를 한꺼번에 따면 십일조를 떼야 한다.
- 양파 밭에서 일하면서 그 잎을 따 먹는 경우도 같은 원칙이 적용된다.

## 3, 4

주인 없는 열매를 발견한 상황에 관해 논의한다.

---

מָצָא קְצִיצוֹת בַּדֶּרֶךְ, אֲפִלּוּ בְּצַד שָׂדֶה קְצִיצוֹת, וְכֵן תְּאֵנָה שֶׁהִיא נוֹטָה עַל
הַדֶּרֶךְ, וּמָצָא תַחְתֶּיהָ תְּאֵנִים, מֻתָּרוֹת מִשּׁוּם גָּזֵל וּפְטוּרוֹת מִן הַמַּעַשְׂרוֹת.
וּבְזֵיתִים וּבֶחָרוּבִים, חַיָּבִים. מָצָא גְרוֹגְרוֹת, אִם דָּרְסוּ רֹב בְּנֵי אָדָם, חַיָּב,
וְאִם לָאו, פָּטוּר. מָצָא פִלְחֵי דְבֵלָה, חַיָּב, שֶׁיָּדוּעַ שֶׁהֵן מִדָּבָר גָּמוּר. וְהֶחָרוּבִין,
עַד שֶׁלֹּא כִנְּסָן לְרֹאשׁ הַגַּג, מוֹרִיד מֵהֶם לַבְּהֵמָה, פָּטוּר, מִפְּנֵי שֶׁהוּא מַחֲזִיר
אֶת הַמּוֹתָר:

---

만일 길에서 잘라서 말린 무화과를 발견했다면 또 무화과를 잘라서 말리는 밭 옆에서 〔발견했다면〕, 길로 뻗어나온 무화과나무 아래서 무화과를 발견했다면 그것을 〔가져가도〕 훔친 것으로 간주되지 않으며 십일조의 〔의무에서〕 면제된다. 그러나 올리브나 캐럽이라면 〔십일조를 뗄〕 의무가 있다. 마른 무화과를 발견했는데 사람들이 대부분 무화과를 〔통에〕 눌러 넣었다면 〔십일조를 뗄〕 의무가 있다. 그러나 〔아직 누르지〕 않았다면 그는 면제된다. 무화과 과자 조각을 발견했다면 그는 〔십일조를 뗄〕 의무가 있다. 완성된 제품에서 온 것이 확실하기 때문이다. 만일 캐럽콩을 옥상으로 가져가지 않았다면 일부를 가축에게 먹일 수 있으며 〔십일조의 의무에서〕 면제된다. 남은 것을 옥상으로 가져갈 것이기 때문이다.

- 공공영역에 속하는 길에서 주운 무화과 열매는 절도 혐의를 걱정할 필요 없이 가져가서 먹을 수 있으며 십일조를 뗄 의무에서 면제된다. 열매를 수확하다가 길에 떨어뜨린 것이 있어도 그 주인이 그것을 주우려고 하지 않았기 때문이며 이 열매는 주인이 없는 것으로 간주한다. 그러나 올리브나 캐럽은 더 가치가 있는 열매이며 아무가 가져갈 수 없고, 가져가더라도 십일조를 떼기 전에는 먹을 수 없다.
- 무화과 열매는 말려서 항아리나 통에 눌러 넣는 순간부터 십일조를 뗄 의무가 발생한다. 만약 길에서 말린 무화과를 발견했다면 이미 통에 넣었던 것인지 알 수 없다. 그렇다면 그 지역 사람들이 발견 시점에 이미 말린 무화과를 통에 넣었는지를 보고 결정한다. 무화과 열매를 넣은 과자의 일부를 발견했다면 이것은 모든 가공이 끝난 상태이기 때문에 십일조를 뗀 뒤에 먹어야 한다.
- 캐럽은 지붕 위에 널어서 말린 뒤에 십일조를 뗀다. 아직 지붕 위로 가져가지 않은 상태라면 십일조를 떼지 않고 가축에게 먹이로 주어도 좋다. 사람이 먹기 위해서는 남은 열매를 옥상으로 가져가서 말릴 것이기 때문에 그때 십일조를 떼면 된다.

### 3, 5

농산물을 마당으로 들여놓았을 때 십일조를 뗄 의무가 발생한다는 원칙에 관해 논의한다.

אֵיזוֹ הִיא חָצֵר שֶׁהִיא חַיֶּבֶת בַּמַּעַשְׂרוֹת, רַבִּי יִשְׁמָעֵאל אוֹמֵר, חָצֵר הַצּוֹרִית, שֶׁהַכֵּלִים נִשְׁמָרִים בְּתוֹכָהּ. רַבִּי עֲקִיבָא אוֹמֵר, כָּל שֶׁאֶחָד פּוֹתֵחַ וְאֶחָד נוֹעֵל, פְּטוּרָה. רַבִּי נְחֶמְיָה אוֹמֵר, כָּל שֶׁאֵין אָדָם בּוֹשׁ מִלֶּאֱכֹל בְּתוֹכָהּ, חַיֶּבֶת. רַבִּי יוֹסֵי אוֹמֵר, כָּל שֶׁנִּכְנָס לָהּ וְאֵין אוֹמֵר מַה אַתָּה מְבַקֵּשׁ, פְּטוּרָה. רַבִּי יְהוּדָה אוֹמֵר, שְׁנֵי חֲצֵרוֹת זוֹ לִפְנִים מִזּוֹ, הַפְּנִימִית חַיֶּבֶת, וְהַחִיצוֹנָה פְּטוּרָה:

어떤 뜰에서 십일조를 [뗄] 의무가 있는가? 이쉬마엘 랍비는 말한다. 그 안에서 그릇들을 지킬 수 있는 쪼르식 뜰이다.[4] 아키바 랍비는 말한다. 한 사람이 열고 다른 사람이 닫는 곳에서는 [십일조의 의무가] 면제된다. 네헴야 랍비는 말한다. 그 안에서 먹을 때 부끄러움을 느끼지 않는 곳에서는 어디든 [십일조를 뗄] 의무가 있다. 요쎄 랍비는 말한다. 외부인이 들어갔는데 "무엇을 찾고 있습니까?"라고 그에게 말하지 않는 곳에서는 면제된다. 예후다 랍비는 말한다. 만일 두 뜰이 있는데 한 뜰이 다른 뜰의 안에 있다면 안에 있는 것은 [십일조의 의무가] 있으며 밖에 있는 것은 면제된다.

- 십일조는 농산물을 자기 집으로 가지고 들어갔을 때부터 떼어놓을 의무가 발생하는데 이 미쉬나는 마당에만 가지고 들어가도 십일조를 뗄 의무가 발생하는 상황이 있다고 말한다. 이쉬마엘 랍비에 따르면 쪼르(Tyre)풍 뜰이 그렇다고 주장하는데 여기는 지키는 사람이 있어서 그 안에 있는 그릇들까지 보호를 받는다는 것이다.
- 아키바 랍비는 마당을 두 사람이 공유하여 한 사람이 열고 다른 사람이 닫을 수 있다면 십일조를 뗄 의무에서 면제된다고 말한다.
- 네헴야 랍비는 남들이 보는 앞에서 음식을 먹는 것을 꺼려하던 당시의 관습에 주목하며 식사할 때 남들의 눈을 피할 정도로 가려진 곳이라면 십일조를 떼고 먹어야 한다고 주장한다.
- 요쎄 랍비는 마당의 소유권에 주목하면서 외부인이 들어가도 아무도 말하지 않는 곳이라면 사적인 영역이 아니기 때문에 면제된다고 주장한다.

---

4) 레바논의 쪼르(두로)에 있는 많은 거주민들은 부유했기 때문에 파수꾼을 고용할 능력이 있었으므로 쪼르식 뜰이란 파수꾼을 둘 수 있는 뜰을 말한다.

- 예후다 랍비는 마당이 안과 바깥으로 구별된 경우를 주목하며 더 잘 보호받는 안마당에서만 십일조를 뗄 의무가 발생한다고 말한다.

## 3, 6
다른 건축물과 십일조의 상관관계를 논의한다.

---

הַגַּגּוֹת פְּטוּרִין, אַף עַל פִּי שֶׁהֵם שֶׁל חֲצַר הַחַיֶּבֶת. בֵּית שַׁעַר, אַכְסַדְרָה וּמִרְפֶּסֶת, הֲרֵי אֵלּוּ כֶּחָצֵר, אִם חַיֶּבֶת, חַיָּבִין, וְאִם פְּטוּרָה, פְּטוּרִים:

---

〔십일조를 뗄〕 의무가 있는 뜰에 속한 것이라도 옥상에서 〔키우면 십일조의 의무에서〕 면제된다. 문지기 집, 현관, 발코니는 뜰로 취급된다. 만일 〔십일조를 뗄〕 의무가 있는 뜰이면 그곳에서도 의무가 있으며 만일 면제되는 〔뜰이면〕 그곳에서도 면제된다.

- 집 뜰에 농산물을 들이면 십일조를 뗄 의무가 발생하는 경우에도(다섯째 미쉬나) 지붕 위에서는 면제된다. 마당은 농산물을 보호할 수 있지만, 옥상은 그렇지 않다고 여기는 것으로 보인다.
- 문지기 집, 현관, 발코니는 연결된 뜰이 어떤 곳이냐에 따라 결정한다.

## 3, 7
원뿔 모양의 오두막과 천막 등의 구조와 십일조의 관계에 대해 계속 논의한다.

---

הַצְּרִיפִין וְהַבַּרְגָּנִין וְהָאֶלְקְטִיּוֹת, פְּטוּרִין. סֻכַּת גְּנוֹסַר, אַף עַל פִּי שֶׁיֵּשׁ בּוֹ רֵחַיִם וְתַרְנְגוֹלִים, פְּטוּרָה. סֻכַּת הַיּוֹצְרִים, הַפְּנִימִית חַיֶּבֶת, וְהַחִיצוֹנָה פְּטוּרָה. רַבִּי יוֹסֵי אוֹמֵר, כָּל שֶׁאֵינָהּ דִּירַת הַחַמָּה וְדִירַת הַגְּשָׁמִים, פְּטוּרָה. סֻכַּת הֶחָג בֶּחָג, רַבִּי יְהוּדָה מְחַיֵּב, וַחֲכָמִים פּוֹטְרִין:

---

원뿔 모양의 오두막, 파수용 오두막, 여름 오두막은 〔십일조의 의무에서〕 면제된다. 긴노사르 천막은 맷돌과 닭들이 있더라도 〔십일조의 의무에서〕 면제된다. 도공의 천막은 안방은 〔십일조를 뗄〕 의무가 있지만 바깥쪽 방은 면제된다. 요쎄 랍비는 말한다. 여름용 거주지와 겨울용 거주지에 적합하지 않는 곳은 면제된다. 장막절 동안 〔지은〕 명절 천막에 대해 예후다 랍비는 〔십일조를 뗄〕 의무가 있다고 하나 랍비들은 면제해야 한다고 한다.

- 원뿔 모양의 오두막은 지붕이 뚫려 있고 파수용 오두막이나 여름 오두막은 일시적으로 머물 뿐 그 안에서 살지 않기 때문에 모두 '집'이라고 간주할 수 없고, 십일조를 뗄 의무에서 면제된다.
- 갈릴리 호수 근처에 있는 긴노사르는 기후가 온화하여 밭 근처에 천막을 짓고 살며 일상생활에 필요한 맷돌을 설치하고 닭들도 기른다. 그러나 역시 1년 내내 이 천막에 사는 것은 아니기 때문에 의무에서 면제된다.
- 도공들은 천막을 짓고 안쪽은 가족들의 생활공간으로 바깥쪽은 작업공간으로 사용한다. 그러므로 십일조를 뗄 의무는 안쪽 공간에서 발생한다.
- 요쎄 랍비는 원칙을 제시하는데 어떤 구조물을 더운 여름과 비가 오는 겨울에 모두 거주지로 적합하게 세웠다면 십일조를 뗄 의무가 있다고 설명한다.
- 장막절에 짓고 일주일 동안 거주하는 천막에 관하여 예후다 랍비는 십일조를 뗄 의무가 있다고 했는데 이 기간 동안 그 천막 안에서 일상생활을 해야 하기 때문에 그렇게 판단한 것으로 보인다. 그러나 다른 랍비들은 일시적인 거주지라고 보고 반대한다.

## 3, 8

마당에서 자란 나무의 열매와 십일조에 관해 설명한다.

תְּאֵנָה שֶׁהִיא עוֹמֶדֶת בְּחָצֵר, אוֹכֵל אַחַת אַחַת וּפָטוּר. וְאִם צֵרֵף, חַיָּב. רַבִּי
שִׁמְעוֹן אוֹמֵר, אַחַת בִּימִינוֹ וְאַחַת בִּשְׂמֹאלוֹ וְאַחַת בְּפִיו. עָלָה לְרֹאשָׁהּ,
מְמַלֵּא חֵיקוֹ וְאוֹכֵל:

만일 무화과나무가 뜰 안에 있다면 〔주인은 무화과를〕 하나씩 〔따서〕 먹을 수 있으며 〔십일조의 의무에서〕 면제된다. 그러나 그가 여러 개를 함께 〔땄다면 십일조를 뗄〕 의무가 있다. 쉼온 랍비는 말한다. 오른손에 〔무화과〕 한 개가 있고 왼손에 한 개가 있고 입에 또 한 개가 있다면 〔면제된다〕. 만일 〔무화과나무〕 꼭대기에 올라갔다면 가슴에 가득 안고 먹을 수 있다.

- 뜰에서 자란 무화과를 수확한다면 십일조를 뗄 의무가 있다. 그러나 하나씩 따서 먹는다면 십일조 의무가 면제된다(「마아쎄롯」 3, 3). 쉼온 랍비는 정확하게 세 개까지는 의무가 면제되지만, 그 이상은 십일조를 내야 한다고 주장한다.
- 만약 그가 나무에 올라가서 먹는다면 몇 개를 먹든지 십일조를 떼지 않아도 되지만, 무화과를 따서 마당으로 내려오면 십일조를 떼야 한다.

## 3, 9

포도처럼 알이 작고 송이로 자라는 것과 십일조의 관계에 대해 설명한다.

גֶּפֶן שֶׁהִיא נְטוּעָה בְּחָצֵר, נוֹטֵל אֶת כָּל הָאֶשְׁכּוֹל. וְכֵן בְּרִמּוֹן, וְכֵן בָּאֲבַטִּיחַ,
דִּבְרֵי רַבִּי טַרְפוֹן. רַבִּי עֲקִיבָא אוֹמֵר, מְגַרְגֵּר בָּאֶשְׁכּוֹלוֹת, וּפוֹרֵט בָּרִמּוֹן,

וְסוֹפֵת בָּאֲבַטִּיחַ. כְּסָבָר שֶׁהִיא זְרוּעָה בֶחָצֵר, מְקַרְטֵם עָלֶה עָלֶה וְאוֹכֵל. וְאִם צֵרַף, חַיָּב. הַסִּאָה וְהָאֵזוֹב וְהַקּוֹרָנִית שֶׁבֶּחָצֵר, אִם הָיוּ נִשְׁמָרִים, חַיָּבִין:

포도나무가 뜰 안에 있다면 전체 송이를 취할 수 있다. 석류나 멜론도 마찬가지다. 타르폰 랍비가 그렇게 말했다. 아키바 랍비는 말한다. 포도나무는 송이에서 한 알만 따야 하고 석류는 한 알만 따야 하며 멜론은 얇은 부분만 잘라야 한다. 뜰에 심겨진 고수는 잎을 하나씩 따서 먹을 수 있다. 그러나 둘 이상을 함께 딴다면 [십일조의 의무를] 지켜야 한다. 뜰에서 자란 세이버리, 마조람, 백리향은 [주인이] 가꾸었다면 [십일조의 의무를] 지켜야 한다.

- 타르폰 랍비에 따르면 포도처럼 알이 작고 송이로 자라는 것은 십일조를 떼지 않고 한 송이씩 들고 먹어도 된다. 석류나 멜론도 마찬가지다. 아키바 랍비는 반대하면서 포도 한 알씩 먹는 것만 허용되고, 그 이상은 십일조를 먼저 떼야 한다고 주장한다.
- 고수는 잎을 하나씩 딸 때만 십일조 없이 먹을 수 있고, 잎을 여러 장따면 십일조를 내야 한다.
- 뜰에서 자란 향신료는 요리를 위해 공들여 키운 것이므로 잎 하나를 따도 십일조를 먼저 떼어야 한다.

### 3, 10

마당에서 자라지만 가지가 담을 넘어가는 상황을 설명한다.

תְּאֵנָה שֶׁהִיא עוֹמֶדֶת בֶּחָצֵר וְנוֹטָה לַגִּנָּה, אוֹכֵל כְּדַרְכּוֹ וּפָטוּר. עוֹמֶדֶת בַּגִּנָּה וְנוֹטָה לֶחָצֵר, אוֹכֵל אַחַת אַחַת, פָּטוּר. וְאִם צֵרַף, חַיָּב. עוֹמֶדֶת בָּאָרֶץ וְנוֹטָה לְחוּצָה לָאָרֶץ, בְּחוּצָה לָאָרֶץ וְנוֹטָה לָאָרֶץ, הַכֹּל הוֹלֵךְ אַחַר הָעִקָּר. וּבְבָתֵּי עָרֵי חוֹמָה, הַכֹּל הוֹלֵךְ אַחַר הָעִקָּר. וּבְעָרֵי מִקְלָט, הַכֹּל הוֹלֵךְ אַחַר הַנּוֹף. וּבִירוּשָׁלַיִם, הַכֹּל הוֹלֵךְ אַחַר הַנּוֹף:

뜰에 심겨진 무화과나무가 정원 쪽으로 뻗어 있다면 그것을 먹을 수 있고 [십일조의 의무에서] 면제된다. 정원에 심겨진 무화과나무가 뜰 쪽으로 뻗어 있다면 하나씩 먹어야 하며 [십일조의 의무에서] 면제된다. 그러나 한꺼번에 취한다면 [십일조의 의무를] 지켜야 한다. 만일 [무화과나무가 이스라엘 땅] 안에 있는데 [이스라엘 땅] 밖으로 뻗어 있거나 [이스라엘 땅] 밖에 있는데 [이스라엘 땅] 안으로 뻗은 경우 뿌리의 위치에 따라 결정한다. 성벽이 있는 도시의 집의 경우 모두 뿌리의 위치에 따라 결정한다. 그러나 도피성이나 예루살렘의 경우 가지의 위치에 따라 결정한다.

- 십일조를 뗄 의무는 열매가 있는 장소를 기준으로 결정하기 때문에, 정원에서 자란 나무의 가지가 담을 넘어 농지에서 열매를 맺었다면 십일조를 떼지 않고 먹을 수 있다. 그 반대의 경우 뜰로 넘어온 열매를 하나씩 먹을 때는 십일조를 먼저 떼지 않아도 되지만, 여러 개를 딴다면 떼야 한다.
- 나무가 국경을 넘는 경우에는 다른 원칙을 적용하는데 열매가 있는 장소가 아니라 뿌리가 있는 위치에 따라 결정한다. 성벽 안에 있는 집들도 뿌리의 위치에 따라 결정한다.
- 도피성은 도시의 경계를 넘느냐에 따라 살인죄가 적용되는지 여부가 달라지는 곳이므로 다시 열매가 있는 장소를 기준으로 결정한다. 둘째 십일조와 관련해서 예루살렘 안과 바깥에 다른 규정이 적용되기 때문에 역시 열매가 있는 장소를 기준으로 결정한다.

## 제4장

### 4, 1

농산물을 가꾸는 작업들과 십일조의 상관관계를 설명한다.

---

הַכּוֹבֵשׁ, הַשּׁוֹלֵק, הַמּוֹלֵחַ, חַיָּב. הַמְכַמֵּן בָּאֲדָמָה, פָּטוּר. הַמְטַבֵּל בַּשָּׂדֶה,
פָּטוּר. הַפּוֹצֵעַ זֵיתִים שֶׁיֵּצֵא מֵהֶם הַשָּׂרָף, פָּטוּר. הַסּוֹחֵט זֵיתִים עַל בְּשָׂרוֹ,
פָּטוּר. אִם סָחַט וְנָתַן לְתוֹךְ יָדוֹ, חַיָּב. הַמְקַפֵּא לְתַבְשִׁיל, פָּטוּר. לִקְדֵרָה, חַיָּב,
מִפְּנֵי שֶׁהוּא כְּבוֹר קָטָן:

---

〔밭에서 농산물을〕절이거나, 데치거나, 소금에 절이는 경우 〔십일조의 의무를〕지켜야 한다. 만일 땅에 저장한다면 〔십일조의 의무에서〕면제된다. 만일 밭에서 양념하여 〔먹었다면 십일조의 의무에서〕면제된다. 만일 쓴맛을 없애기 위해 올리브를 갈랐다면 〔십일조의 의무에서〕면제된다. 피부에 〔문지르기 위해〕올리브를 짜냈다면 〔십일조의 의무에서〕면제된다. 그러나 올리브를 짜내어 손에 기름을 떨어뜨렸다면 〔십일조의 의무를〕지켜야 한다. 만일 〔포도주의 윗부분을〕걷어내어 요리에 넣는다면 면제된다. 그것을 냄비에 넣었다면 〔십일조의 의무를〕지켜야 한다. 그것은 작은 구덩이로 간주되기 때문이다.[5]

- 농산물을 절이거나 데치거나 소금에 절이는 행위는 요리하는 것과 유사하며 십일조를 먼저 뗄 의무가 생긴다.
- 수확한 농산물이 얼지 않도록 땅속에 저장하는 행위는 요리가 아니며 십일조를 뗄 의무에서 면제된다. 밭에서 채소를 따서 살짝 간을 하

---

5) 그 포도주는 작업이 끝나 집이나 뜰에 있는 것이 되기 때문에 십일조를 해야 한다.

거나, 쓴맛을 빼기 위해서 올리브를 가르는 행위도 요리가 아니다.

- 올리브 열매 하나를 눌러 짜서 피부에 기름을 바르는 행위는 요리가 아니지만, 손에 기름을 받으면 먹으려는 것이기 때문에 요리 행위로 볼 수 있다.

- 포도주 위에 뜬 점성이 있는 물질을 건져내었을 때 이미 음식이 담긴 접시에 넣으면 십일조를 뗄 의무에서 면제된다. 포도주로 따로 마시는 것이 아니라 음식에 섞여서 없어지기 때문이다. 그러나 그것을 따로 냄비에 담았다면 구덩이에서 포도주를 익히는 것과 유사한 행위이므로 십일조를 떼야 한다.

## 4, 2

안식일에 십일조를 뗄 의무가 발생한다는 원칙에 관해 논의한다.

---

תִּינוֹקוֹת שֶׁטָּמְנוּ תְאֵנִים לְשַׁבָּת, וְשָׁכְחוּ לְעַשְׂרָן, לֹא יֹאכְלוּ לְמוֹצָאֵי שַׁבָּת עַד שֶׁיְּעַשְׂרוּ. כַּלְכָּלַת שַׁבָּת, בֵּית שַׁמַּאי פּוֹטְרִין וּבֵית הִלֵּל מְחַיְּבִין. רַבִּי יְהוּדָה אוֹמֵר, אַף הַלּוֹקֵט אֶת הַכַּלְכָּלָה לִשְׁלֹחַ לַחֲבֵרוֹ, לֹא יֹאכַל עַד שֶׁיְּתְעַשֵּׂר:

---

만일 아이들이 안식일에 [먹으려고] 무화과를 [밭에] 숨겨두었는데 [안식일 전에] 십일조 해야 하는 것을 잊었다면 안식일 후에도 십일조를 하기 전에는 먹어서는 안 된다. 안식일을 위한 바구니에 대해 샴마이 학파는 [십일조의 의무에서] 면제된다고 하지만 힐렐 학파는 의무가 있다고 한다. 예후다 랍비는 말한다. 동료에게 [선물로] 보내기 위해 한 바구니를 땄다고 해도 십일조를 하기 전에는 먹을 수 없다.

- 안식일은 중요한 명절이기 때문에, 안식일에 먹는 음식은 무심코 먹는 것으로 간주할 수 없다. 그러므로 안식일이 되면 언제나 십일조를 뗀 뒤에 음식을 먹어야 한다. 법적인 주체가 될 수 없는 아이들이

무화과를 따로 놓아두었다가 십일조를 떼는 것을 잊어버렸다고 하더라도, 안식일이 다 지난 뒤까지 십일조를 떼기 전에 먹을 수 없다.

- 안식일에 먹으려고 과일을 바구니에 담아 준비해두었을 때 샴마이 학파는 십일조 의무에서 면제된다고 말한다. 바구니에 담기만 하고 집에 들여오지 않았다면 십일조를 뗄 의무가 없고, 안식일이 되었다면 그냥 먹을 수 있다는 생각이다. 힐렐 학파는 반대하는데 안식일에 먹으려고 계획한 사람의 의도가 십일조를 뗄 의무를 발생시킨다고 주장한다.

- 시장에 내다파는 것도 아니고 보관하기 위해 집에 들이는 것도 아니고 친구에게 선물로 주려고 했다면 십일조를 떼야 하는지 여부에 관해 예후다 랍비는 십일조를 뗄 의무가 있다고 결정한다.


## 4, 3

올리브 열매를 짜기 전에 통에 보관한 상태에 관해 논의한다.

---

הַנּוֹטֵל זֵיתִים מִן הַמַּעֲטָן, טוֹבֵל אֶחָד אֶחָד בְּמֶלַח וְאוֹכֵל. אִם מָלַח וְנָתַן לְפָנָיו, חַיָּב. רַבִּי אֱלִיעֶזֶר אוֹמֵר, מִן הַמַּעֲטָן הַטָּהוֹר חַיָּב, וּמִן הַטָּמֵא פָּטוּר, מִפְּנֵי שֶׁהוּא מַחֲזִיר אֶת הַמּוֹתָר:

---

만일 통에서 올리브를 취했다면 하나씩 소금에 담구어 먹을 수 있다. 만일 그것을 소금에 절여 자신 앞에 두었다면 그는 〔십일조를 뗄〕 의무가 있다. 엘리에제르 랍비는 말한다. 〔만일 부정한 사람이〕 정결한 통에서 취했다면 그는 〔십일조를 뗄〕 의무가 있다. 그러나 부정한 통에서 취했다면 면제된다. 그가 남아 있는 통에 그것을 둘 수 있기 때문이다.

- 올리브 열매를 짜기 전에 부드럽게 만들기 위해서 통 안에 보관했다

가 하나씩 꺼내서 소금을 묻혔다면 십일조를 떼지 않고 먹어도 좋다. 원래 의도와 다르게 무심코 먹는 행위로 볼 수 있기 때문이다. 그러나 여러 개를 취하여 소금을 뿌리고 식탁 위에 올렸다면 여러 개를 쌓아놓았을 때 다른 의도를 가진 것이 드러나며 십일조를 뗄 의무가 발생한다.

- 통 속에 들어 있는 올리브 열매들은 자연스럽게 배어나온 올리브기름 때문에 부정해질 수 있도록 준비된 상태이다. 엘리에제르 랍비는 이런 상태에서 그 통을 정결하게 유지하고 있다면 그 통에서 꺼낸 올리브 열매를 다시 통 안에 넣지 않을 것이라는 사실에 주목한다. 손으로 만진 열매가 부정해졌을 가능성이 있기 때문이다. 그렇다면 그것은 가공이 끝난 상태이고 십일조를 뗄 의무를 발생시킨다고 본다. 반대로 부정한 통에서 꺼냈다면 다시 돌려놓아도 부정한 상태에 큰 변화가 없고, 가공이 끝나지 않았다고 볼 수 있다. 그러므로 의무에서 면제된다.

### 4, 4

포도주 틀에서 떠낸 포도주에 관해 논의한다.

---

שׁוֹתִים עַל הַגַּת, בֵּין עַל הַחַמִּין בֵּין עַל הַצּוֹנֵן פְּטוּר, דִּבְרֵי רַבִּי מֵאִיר. רַבִּי אֶלְעָזָר בְּרַבִּי צָדוֹק מְחַיֵּב. וַחֲכָמִים אוֹמְרִים, עַל הַחַמִּין חַיָּב, וְעַל הַצּוֹנֵן פְּטוּר:

---

뜨거운 물에 섞였든 차가운 물에 섞였든 간에 포도주 틀에서 포도주를 마실 수 있으며 [십일조의 의무에서] 면제된다. 메이르 랍비가 그렇게 말했다. 그러나 엘리에제르 바르 짜독 랍비는 [십일조를 뗄] 의무가 있다고 한다. 랍비들은 말한다. 만일 뜨거운 물에 [섞었다면] 의무가 있고, 차가운 물에 [섞었다면] 면제된다.

- 포도주 틀에서 방금 짠 포도즙을 떠내어 마신다면 그것을 더운 물이나 찬물에 섞어 마셔도 십일조의 의무에서 면제된다는 것이 메이르 랍비의 의견이다. 그러나 엘리에제르 바르 짜독 랍비는 포도주 틀에서 떠냈어도 물을 섞는 행위와 함께 의무가 발생한다고 주장한다.

- 다른 랍비들은 셋째 미쉬나와 비슷한 논리를 사용해서 떠낸 포도즙을 다시 포도주 틀에 되돌릴 가능성이 있는지 묻는다. 포도즙을 더운물과 섞었다면 다시 포도주 틀에 돌려놓을 수 없으니 남은 포도즙을 망칠 수도 있기 때문이다. 그렇다면 이 경우는 최종적인 행위이며 십일조를 떼고 난 뒤에 마셔야 한다. 찬물과 섞었다면 다시 포도주 틀에 돌려놓을 수 있으며 가공이 끝나지 않은 상태로 볼 수 있다. 그렇다면 의무에서 면제된다.

## 4, 5

הַמְקַלֵּף שְׂעוֹרִים, מְקַלֵּף אַחַת אַחַת וְאוֹכֵל. וְאִם קַלֵּף וְנָתַן לְתוֹךְ יָדוֹ, חַיָּב. הַמּוֹלֵל מְלִילוֹת שֶׁל חִטִּים, מְנַפֶּה מִיָּד לְיָד וְאוֹכֵל. וְאִם נִפָּה וְנָתַן לְתוֹךְ חֵיקוֹ, חַיָּב. כֻּסְבָּר שֶׁזְּרָעָהּ לְזֶרַע, יַרְקָהּ פָּטוּר. זְרָעָהּ לְיָרָק, מִתְעַשֶּׂרֶת זֶרַע וְיָרָק. רַבִּי אֱלִיעֶזֶר אוֹמֵר, הַשֶּׁבֶת מִתְעַשֶּׂרֶת זֶרַע וְיָרָק וְזֵירִין. וַחֲכָמִים אוֹמְרִים, אֵינוֹ מִתְעַשֵּׂר זֶרַע וְיָרָק אֶלָּא הַשַּׁחֲלַיִם וְהַגַּרְגִּיר בִּלְבָד:

만일 보리 껍질을 벗긴다면 하나씩 벗겨 먹을 수 있다. 만일 껍질을 벗겨 손에 두었다면 [십일조를 뗄] 의무가 있다. 만일 마른 밀 이삭을 문질렀다면 손에서 손으로 걸러 그것을 먹을 수 있다. 만약 그것을 걸러서 자기 품에 두었다면 [십일조를 뗄] 의무가 있다. 만일 씨를 얻기 위해 고수를 심었다면 그 잎은 [십일조의 의무에서] 면제된다. 만일 잎을 얻기 위해 그것을 심었다면 씨와 잎은 모두 [십일조를 뗄] 의무가 있다. 엘리에제르 랍비는 말한다. 딜의 경우 씨와 잎과 꼬투리 모두 [십일조를] 해야 한다. 랍비들은 말한다. 씨와 잎은 십일조를 하지 않지만, 다닥냉이와 노랑부지깽이의 경우는 예외이다.

- 보리를 하나씩 벗겨서 무심코 먹을 때는 십일조를 떼지 않지만, 보리 알 여러 개를 손에 쥐고 껍질을 벗기면 십일조를 떼야 한다. 밀을 하나씩 문지르고 껍질을 날려서 먹을 때는 십일조를 떼지 않지만, 그것을 품에 모으기 시작하면 십일조를 떼야 한다.
- 씨와 잎을 모두 먹는 식물들을 수확했다면 먹으려고 의도했던 부분에 십일조를 부과하는 것이 원칙이다. 그래서 씨를 얻기 위해 심은 고수의 잎은 십일조를 뗄 의무에서 면제되니 원래 잎은 버리려고 했기 때문이다. 그러나 반대로 잎을 쓰려고 고수를 심었다면 잎과 씨에 모두 십일조를 부과한다. 고수라는 식물은 그 씨가 더 귀한 생산품이어서 어떤 경우이든 씨를 버리지는 않기 때문에 그런 것으로 짐작한다.
- 엘리에제르 랍비는 딜(dill)의 씨와 잎을 모두 중요하게 사용하므로 모두 십일조를 떼야 한다고 주장하고, 현인들은 반대하며 다닥냉이와 노랑부지깽이만 그렇다고 주장한다.

## 4, 6

רַבָּן שִׁמְעוֹן בֶּן גַּמְלִיאֵל אוֹמֵר, תְּמָרוֹת שֶׁל תִּלְתָּן וְשֶׁל חַרְדָּל וְשֶׁל פּוֹל הַלָּבָן, חַיָּבוֹת בַּמַּעֲשֵׂר. רַבִּי אֱלִיעֶזֶר אוֹמֵר, הַצָּלָף מִתְעַשֵּׂר תְּמָרוֹת וְאֶבְיוֹנוֹת וְקַפְרָס. רַבִּי עֲקִיבָא אוֹמֵר, אֵין מִתְעַשֵּׂר אֶלָּא אֶבְיוֹנוֹת, מִפְּנֵי שֶׁהֵן פְּרִי:

쉼온 벤 감리엘 랍비는 말한다. 호로파와 겨자와 흰콩의 줄기는 십일조를 〔뗄〕 의무가 있다. 엘리에제르 랍비는 말한다. 케이퍼의 경우 줄기와 꽃봉오리와 꽃에서 십일조를 뗀다. 아키바 랍비는 말한다. 꽃봉오리만 십일조를 해야 한다. 그것은 열매로 간주되기 때문이다.

- 다양한 식물을 예를 들며 십일조를 떼는 규정을 논의하는데 역시 먹기 위해 수확하는 부분에 십일조를 부과한다는 것이 원칙이다.
- 한편 엘리에제르 랍비는 줄기와 꽃봉오리와 꽃을 모두 먹는 케이퍼는 전체에 십일조를 적용해야 한다고 말하지만, 아키바 랍비는 그 중에서 가중 중요한 식재료는 꽃봉오리이기 때문에 이 부분에만 십일조를 부과한다고 주장한다.


## 제5장


### 5, 1

자기 밭에서 어린 식물을 뽑아 다른 밭에 심었을 경우 십일조 의무에 대해 설명한다.

---

הָעוֹקֵר שְׁתָלִים מִתּוֹךְ שֶׁלּוֹ וְנָטַע לְתוֹךְ שֶׁלּוֹ, פָּטוּר. לָקַח בִּמְחֻבָּר לַקַּרְקַע, פָּטוּר. לָקַט לִשְׁלֹחַ לַחֲבֵרוֹ, פָּטוּר. רַבִּי אֶלְעָזָר בֶּן עֲזַרְיָה אוֹמֵר, אִם יֵשׁ כַּיּוֹצֵא בָהֶם נִמְכָּרִים בַּשּׁוּק, הֲרֵי אֵלּוּ חַיָּבִין:

---

만일 어떤 사람이 자기 밭에서 어린 식물을 뽑고 [다른] 자기 밭에 심었다면 [십일조의 의무에서] 면제된다. 만일 땅에 심겨진 식물을 샀다면 [십일조의 의무에서] 면제된다. 만일 동료에게 보내기 위해 [식물을] 취했다면 [동료는 십일조의 의무에서] 면제된다. 엘아자르 벤 아자르야 랍비는 말한다. 만일 비슷한 [식물이] 시장에서 팔렸다면 [십일조의 의무를] 지켜야 한다.

- 어떤 사람이 밭에서 어린 식물을 뽑았을 때 열매가 달려 있었고 그것을 자기 집 마당에 들여서 십일조를 뗄 상황이라 하더라도, 그것

을 다시 다른 밭에 심으려는 의도였다면 십일조를 뗄 의무에서 면제
된다.

- 그가 어떤 어린 식물을 샀고 십일조를 떼기 전에는 먹을 수 없는 상
  황이라고 하더라도, 그 작물이 아직 땅에 연결된 상태라면 십일조를
  뗄 의무에서 면제된다. 나중에 이 작물을 땅에서 캐거나 그 열매를
  수확하면 그때 십일조를 뗀다.

- 그가 어린 식물을 뽑아서 친구에게 보낸다면 십일조를 뗄 의무에서
  면제된다. 만약 열매를 수확해서 친구에게 보낸다면 십일조를 떼야
  하지만(「마아쎄롯」4, 2), 어린 식물은 이 규정을 적용하지 않는다.

- 엘아자르 벤 아자르야 랍비는 어린 식물은 어떤 것인지 더 분명하게
  정의한다. 만약 시장에서 거래하고 있는 정도라면 다 자란 것이며
  어린 식물이라고 볼 수 없다.

### 5, 2

순무나 무를 뽑은 경우 십일조 의무에 관해 설명한다.

---

הָעוֹקֵר לֶפֶת וּצְנוֹנוֹת מִתּוֹךְ שֶׁלוֹ וְנוֹטֵעַ לְתוֹךְ שֶׁלוֹ לְזֶרַע, חַיָּב, מִפְּנֵי שֶׁהוּא
גָרְנָן. בְּצָלִים, מִשֶּׁהִשְׁרִישׁוּ בָּעֲלִיָּה, טָהֲרוּ מִלְטַמֵּא. נָפְלָה עֲלֵיהֶם מַפֹּלֶת וְהֵם
מְגֻלִּים, הֲרֵי אֵלּוּ כִּנְטוּעִים בַּשָּׂדֶה:

---

만일 자기 밭에서 순무나 무를 뽑아 씨를 얻기 위해 〔다른〕 자기 밭
에 심었다면 〔십일조를 뗄〕 의무가 있다. 그것은 타작마당으로 간주
되기 때문이다. 위층 방에 〔저장된〕 양파가 뿌리를 냈다면 부정한 것
에서 정결한 것이 된다. 〔건물이 붕괴되어〕 잔해가 떨어졌는데 〔잎이〕
덮어지지 않았다면 밭에 심겨진 것처럼 취급된다.

- 순무나 무를 뽑았다면 다시 심기 전에 십일조를 떼야 한다. 이런 작

물은 뽑는 순간에 모든 가공이 끝나기 때문에, 그 순간이 타작마당에서 곡식을 가공할 때에 해당한다.

- 양파를 위층 방에 보관했는데 의도와 달리 그곳에 있는 먼지나 흙 속에 뿌리를 내렸다. 만약 그 양파가 제의적으로 부정한 물건이었다면 뿌리를 내리고 자라면서 정결해진다. 땅에 뿌리를 내리고 자라는 식물은 부정해지지 않기 때문이다. 이렇게 자란 양파는 밭에서 키운 것이 아니기 때문에 십일조의 의무에서 면제된다.
- 양파 위에 건물 잔해가 무너졌는데 양파 잎이 자라면서 깔리지 않았다면 밭에 심은 것과 같은 경우로 간주하며 십일조를 뗄 의무가 있다.

### 5, 3

열매가 익기 시작하면 십일조를 내지 않을 것 같은 사람에게 팔지 말라고 명령한다.

---

לֹא יִמְכֹּר אָדָם אֶת פֵּרוֹתָיו מִשֶּׁבָּאוּ לְעוֹנַת הַמַּעַשְׂרוֹת לְמִי שֶׁאֵינוֹ נֶאֱמָן עַל הַמַּעַשְׂרוֹת, וְלֹא בַשְּׁבִיעִית לְמִי שֶׁהוּא חָשׁוּד עַל הַשְּׁבִיעִית. וְאִם בִּכְּרוּ, נוֹטֵל אֶת הַבַּכּוּרוֹת וּמוֹכֵר אֶת הַשְּׁאָר:

---

십일조를 하는 시기가 된 열매들을 십일조와 관련하여 신뢰할 수 없는 사람에게 팔아서는 안 된다. 제7년에는 제7년 규정을 [지킬지] 의심스러운 사람에게 [팔아서는 안 된다]. 만일 열매 [일부가] 익었다면 그것을 제하고 나머지를 팔 수는 있다.

- 작물의 열매가 익어서 십일조를 뗄 시기가 되었다면 유대법을 공부하지 않아서 십일조를 뗄 의무를 모르는 사람, 곧 '암 하아레쯔' 같은 자에게 팔아서는 안 된다. 같은 원리로 제7년 즉 안식년에 스스로 자란 열매를 거두어 팔 때 그 작물이 더 이상 밭에서 자라지 않는 시점

이 오면 그 열매를 보관하지 않고 제거해야 한다는 제7년 규정을 지킬 사람에게 팔아야 한다.

- 열매의 일부는 익고 일부는 익지 않은 상황이라면 익은 것은 자신이 거두고 익지 않은 나머지는 아무에게나 팔 수 있다.

## 5, 4

לֹא יִמְכֹּר אָדָם אֶת תִּבְנוֹ וְאֶת גִּפְתּוֹ וְאֶת זַגָּיו לְמִי שֶׁאֵינוֹ נֶאֱמָן עַל
הַמַּעַשְׂרוֹת, לְהוֹצִיא מֵהֶן מַשְׁקִין. וְאִם הוֹצִיא, חַיָּב בַּמַּעַשְׂרוֹת וּפָטוּר מִן
הַתְּרוּמָה, שֶׁהַתּוֹרֵם, בְּלִבּוֹ עַל הַקְּטוּעִים, עַל הַצְּדָדִים וְעַל מַה שֶּׁבְּתוֹךְ
הַתֶּבֶן:

짚이나 올리브 찌꺼기나 포도 찌꺼기를 십일조와 관련하여 신뢰할 수 없는 사람에게 팔아서 음료수를 만들도록 해서는 안 된다. 만일 즙을 냈다면 십일조는 해야 하지만 거제는 면제된다. 거제물을 구별한 자가 〔부적절하게 타작하여〕 갈지 않은 조각과 〔더미〕 옆에 놓여 있었던 것과 짚에 섞여 있는 〔낱알까지〕 마음에 생각했기 때문이다.

- 곡식을 떤 짚, 기름을 짠 올리브 찌꺼기, 즙을 짠 포도 찌꺼기는 일반적으로 식재료가 아니지만, 곡식 낱알 몇 개 또는 소량의 기름과 즙이 남아 있을 수 있다. 그러므로 이런 것을 믿을 수 없는 사람에게 팔면 십일조를 떼라는 법을 어기도록 돕는 셈이며 이런 거래는 금지된다.

- 그럼에도 불구하고 거래가 이루어졌다면 구매자는 찾아낸 곡식이나 짠 기름과 즙에 관한 십일조를 내야 한다. 그러나 거제를 뗄 필요는 없으니 판매자가 곡식을 떨거나 올리브와 포도를 짤 때 거제를 떼었기 때문이다. 온전한 곡식과 열매에서 거제를 떼었으므로 짚이나 찌꺼기 상태에서 다시 거제를 뗄 필요는 없다.

5, 5

이스라엘 사람이 쑤리아에서 키운 열매는 십일조를 뗄 의무가 있지만, 이스라엘 사람이 쑤리아에서 키운 열매를 구매했을 때는 그 의무에서 면제된다. 이 미쉬나는 이스라엘 사람이 쑤리아에서 땅을 구매하거나 임대한 경우를 자세히 설명한다.

---

הַלּוֹקֵחַ שְׂדֵה יָרָק בְּסוּרְיָא, אִם עַד שֶׁלֹּא בָא לְעוֹנַת הַמַּעַשְׂרוֹת, חַיָּב.
וּמִשֶּׁבָּא לְעוֹנַת הַמַּעַשְׂרוֹת, פָּטוּר, וְלוֹקֵט כְּדַרְכּוֹ וְהוֹלֵךְ. רַבִּי יְהוּדָה אוֹמֵר,
אַף יִשְׂכֹּר פּוֹעֲלִים וִילַקֵּט. אָמַר רַבָּן שִׁמְעוֹן בֶּן גַּמְלִיאֵל, בַּמֶּה דְּבָרִים
אֲמוּרִים, בִּזְמַן שֶׁקָּנָה קַרְקַע, אֲבָל בִּזְמַן שֶׁלֹּא קָנָה קַרְקַע, אִם עַד שֶׁלֹּא בָא
לְעוֹנַת הַמַּעַשְׂרוֹת, פָּטוּר. רַבִּי אוֹמֵר, אַף לְפִי חֶשְׁבּוֹן:

---

만일 십일조를 하는 시기 이전에 쑤리아에서 야채밭을 샀다면〔십일조를 뗄〕의무가 있다. 그러나 십일조를 하는 시기 이후에〔샀다면 십일조의 의무에서〕면제되며 평소대로 수확할 수 있다. 예후다 랍비는 말한다. 일꾼을 고용하여 수확할 수도 있다. 쉼온 벤 감리엘 랍비는 말한다. 언제 이 규정을 지켜야 하는가? 땅을 샀을 때이다. 만일 땅을 사지 않았다면 십일조를 하는 시기 이전이어도 면제된다. 랍비는 말한다. 비율에 따라서〔십일조를 하면 된다〕.

● 이스라엘 사람이 쑤리아 땅에 있는 이방인의 토지를 사서 열매를 키웠다. 십일조를 뗄 시기 이전에 밭을 샀다면 그 땅에서 자란 채소는 이스라엘 사람의 소유이기 때문에 십일조를 뗄 의무가 있다. 그러나 그 이후에 샀다면 채소가 다 자랐을 때 이방인의 소유였기 때문에 십일조를 뗄 필요가 없다. 그리고 그 후에 계속 자라는 채소도 십일조를 떼지 않고 수확할 수 있다. 만약 그가 이스라엘에서 이방인의 밭을 샀다면 구매시기와 상관없이 십일조를 떼야 한다.

- 쉼온 벤 감리엘 라반은 위의 규정은 토지를 구매했을 때 적용하며 구매하지 않고 임대했을 때는 다른 규정을 적용한다고 말한다. 십일조를 떼는 시기 이전에 토지를 임대했어도 십일조 의무에서 면제된다. 예후다 한나씨 랍비는 조금 더 엄정하게 판단하는데 밭을 임대한 시점을 전체 작업기간과 비교하여 비율로 계산하고 그 결과에 따라 십일조를 떼라고 하였다.

## 5, 6

포도 찌꺼기에서 짜낸 음료수에 관해 논의한다.

---

הַמְתַמֵּד וְנָתַן מַיִם בַּמִּדָּה וּמָצָא כְּדֵי מִדָּתוֹ, פָּטוּר. רַבִּי יְהוּדָה מְחַיֵּב. מָצָא
יוֹתֵר עַל כְּדֵי מִדָּתוֹ, מוֹצִיא עָלָיו מִמָּקוֹם אַחֵר לְפִי חֶשְׁבּוֹן:

---

[포도 찌꺼기로] 포도주를 만들면서, [양을] 측정하고 물을 부었는데 동일한 [양의 물을] 받았다면 [십일조의 의무에서] 면제된다. 예후다 랍비는 [십일조를 뗄] 의무가 있다고 한다. [물의 양이] 더 많아졌다면 그 [양을] 계산하여 다른 [포도주에서] 대신 [십일조를] 뗀다.

- 이미 포도즙을 짠 포도 찌꺼기에 물을 부어서 포도 맛과 향이 스며든 음료수를 만들 수 있다. 어떤 사람이 물의 부피가 얼마인지 잰 뒤에 물을 포도 찌꺼기 위에 부었고 받은 물의 부피가 이와 동일했다면 그는 십일조를 뗄 의무에서 면제된다. 예후다 랍비는 포도 맛과 향이 스며들었기 때문에 의무가 있다고 주장한다.
- 포도 찌꺼기를 통과해서 내려온 물의 부피가 처음보다 늘었을 경우에는 십일조를 떼야 한다. 이때 증가한 부피에 해당하는 십일조를 다른 포도주에서 떼어서 납부한다.

**5, 7**

개미굴에서 곡식 낱알을 찾은 경우에 관해 설명한다.

---

חוֹרֵי הַנְּמָלִים שֶׁלָּנוּ בְּצַד הָעֲרֵמָה הַחַיֶּבֶת, הֲרֵי אֵלּוּ חַיָּבִים, שֶׁיָּדוּעַ שֶׁמִּמְּדֻבָר הַגָּמוּר הָיוּ גוֹרְרִין כָּל הַלָּיְלָה:

---

[십일조를 떼야 할 곡물] 더미 옆에 개미구멍이 밤새도록 있다면 그곳에 [있는 낱알도 십일조를 뗄] 의무가 있다. 수확이 끝난 [곡식을 개미들이] 밤새도록 끌고 온 것이기 때문이다.

- 곡식을 수확하여 쌓아놓았는데 그 옆에 개미굴이 발견되었고 밤새 도록 그 자리에 있었던 것으로 추정된다. 그렇다면 개미굴 안에 있는 곡식 낱알들은 십일조를 뗄 곡식의 일부이며 이에 관한 십일조를 뗄 의무가 있다.

**5, 8**

---

שׁוּם בַּעַל בֶּכִי, וּבְצָל שֶׁל רִכְפָּא, וּגְרִיסִין הַקִּילְקִין, וְהָעֲדָשִׁים הַמִּצְרִיּוֹת, רַבִּי מֵאִיר אוֹמֵר, אַף הַקִּרְקָס, רַבִּי יוֹסֵי אוֹמֵר אַף הַקּוֹטְנִים, פְּטוּרִים מִן הַמַּעַשְׂרוֹת, וְנִלְקָחִין מִכָּל אָדָם בַּשְּׁבִיעִית. זֶרַע לוּף הָעֶלְיוֹן, זֶרַע כְּרֵשִׁים, זֶרַע בְּצָלִים, זֶרַע לֶפֶת וּצְנוֹנוֹת, וּשְׁאָר זֵרְעוֹנֵי גִנָּה שֶׁאֵינָן נֶאֱכָלִים, פְּטוּרִים מִן הַמַּעַשְׂרוֹת, וְנִלְקָחִין מִכָּל אָדָם בַּשְּׁבִיעִית, שֶׁאַף עַל פִּי שֶׁאָבִיהֶן תְּרוּמָה, הֲרֵי אֵלּוּ יֵאָכֵלוּ:

---

바알벡 마늘,[6] 리크파 양파,[7] 킬리키아 콩, 이집트 렌틸은 [십일조의 의무에서] 면제되며 안식년에 아무에게서나 구입할 수 있다. 메이

---

6) 바알벡(בעל בד)은 레바논의 베카(בקעה) 골짜기에 있는 마을 이름이며 바알벡 마늘은 그 지역에서 나는 다양한 마늘을 말한다.
7) 지명이 리크파(רכפא)인 장소에서 자란 특별한 종류의 양파를 말한다.

르 랍비는 〔그 외에〕 토란도 포함시키며 요쎄 랍비는 야생 렌틸도 포함시킨다. 야생 루프의[8] 씨앗, 양파의 씨앗, 부추의 씨앗, 순무와 무의 씨앗, 그리고 음식으로 사용하지 않는 다른 정원 농산물의 씨앗은 〔십일조의 의무에서〕 면제되며 안식년에 아무에게서나 구입할 수 있다. 비록 거제물로 드려진 식물에서 자란 것이라도 먹을 수 있다.

- 바알벡, 리크파, 킬리키아, 이집트는 모두 이스라엘 땅 바깥 지역이며 이런 곳에서 재배한 농산물의 십일조를 떼지 않는다. 이런 작물들에 관해서는 제7년 규정도 걱정할 필요가 없으며(「슈비잇」9, 1), 판매자가 누구인지 걱정하지 않고 구입할 수 있다. 메이르 랍비와 요쎄 랍비는 이 범주에 속하는 다른 작물들을 첨가한다.
- 뒷부분에 열거한 씨앗들은 일반적으로 식재료로 사용하지 않는다. 그러므로 십일조를 뗄 필요도, 제7년 규정을 적용할 필요도 없다. 이런 씨앗이 달린 식물이 거제로 바친 것이라도 상관없다.

---

8) 루프는 야생에서 자라는 양파의 한 종류이다.

# מעשר שני

## —8—

# 마아쎄르 쉐니

### 둘째 십일조

둘째 십일조는 먹거나 마시거나 기름 바르는 용도로 사용된
다. 먹는 것은 일반적으로 먹는 것 중에 먹어야 하며 기름 바
르는 것은 일반적으로 기름 바르는 것 중에서 발라야 한다.
포도주나 식초를 몸에 바를 때 사용해서는 안 되며 기름만
바르는 데 사용해야 한다. _「마아쎄르 쉐니」2, 1

# 개요

「마아쎄르 쉐니」(מעשר שני)는 '둘째 십일조'라는 뜻으로 안식년과 관련된 7년 주기 중 제1, 2, 4, 5년에 특정한 농산물에서 십일조를 구별하여 예루살렘으로 가져가서 소비해야 한다. 이 규정은 히브리 성서 신명기 14:22-27에 근거하며 일반적인 십일조(첫째 십일조)와 다르고, 가난한 자를 위한 십일조(셋째 십일조)와도 구별된다.

둘째 십일조는 곡식·포도주·올리브기름·가축에 적용하는데, 유대 법전통은 둘째 십일조를 부과하는 농산물을 더 자세히 규정한다. 또한 이 십일조를 납입하는 기간에 대해서도 논의한다.

• 관련 성경구절 | 신명기 12:11-18, 14:22-27, 26:12

## 제1장

### 1, 1

둘째 십일조가 '성물'이며 그에 맞게 취급해야 한다고 주장한다.

---

מַעֲשֵׂר שֵׁנִי, אֵין מוֹכְרִין אוֹתוֹ, וְאֵין מְמַשְׁכְּנִין אוֹתוֹ, וְאֵין מַחֲלִיפִין אוֹתוֹ, וְלֹא שׁוֹקְלִין כְּנֶגְדּוֹ. וְלֹא יֹאמַר אָדָם לַחֲבֵרוֹ בִּירוּשָׁלַיִם, הֵילָךְ יַיִן וְתֶן לִי שָׁמֶן. וְכֵן שְׁאָר כָּל הַפֵּרוֹת. אֲבָל נוֹתְנִין זֶה לָזֶה מַתְּנַת חִנָּם:

---

둘째 십일조는 팔거나 저당잡거나 교환하거나 〔거래를 위해〕 무게 추로 써서도 안 된다. 예루살렘에 있는 친구에게 "여기 〔둘째 십일조〕 포도주가 있으니 기름을 주시오"라고 말해서는 안 된다. 다른 모든 열매들도 마찬가지다. 그러나 공짜 선물로는 서로 줄 수 있다.

- 토라는 십일조가 '여호와의 성물'(קדש לה')이라고 규정한다(레 27: 30). 그러므로 십일조로 떼어놓은 농산물은 속된 음식처럼 팔거나 저당잡거나 교환할 수 없다. 십일조로 떼면서 그 무게를 쟀기 때문에 다른 물건을 재는 데 무게추 역할을 하기 위해 저울에 올리는 것도 금지한다.
- 십일조로 구별한 농산물을 다른 것으로 교환하는 것을 금지하는 이유도 이것이 성물이기 때문이다. 그러나 대가를 받지 않고 선물로 주는 행위는 수치스러운 행동이 아니기 때문에 허락한다.

### 1, 2

첫째 미쉬나를 다른 경우와 비교하여 부연설명한다.

---

מַעֲשַׂר בְּהֵמָה, אֵין מוֹכְרִין אוֹתוֹ תָּמִים חַי, וְלֹא בַעַל מוּם חַי וְשָׁחוּט, וְאֵין מְקַדְּשִׁין בּוֹ הָאִשָּׁה. הַבְּכוֹר מוֹכְרִין אוֹתוֹ תָּמִים חַי, וּבַעַל מוּם חַי וְשָׁחוּט,

---

וּמְקַדְּשִׁין בּוֹ הָאִשָּׁה. אֵין מְחַלְּלִין מַעֲשֵׂר שֵׁנִי עַל אֲסִימוֹן, וְלֹא עַל הַמַּטְבֵּעַ
שֶׁאֵינוֹ יוֹצֵא, וְלֹא עַל הַמָּעוֹת שֶׁאֵינָן בִּרְשׁוּתוֹ:

가축의 십일조는 흠이 없고 살아 있는 경우 팔아서는 안 된다. 흠이 있는 경우는 산 채로든 도살해서든 〔팔아서는〕 안 된다. 그것으로 여자와 약혼해서도 안 된다. 처음 태어난 것은 흠이 없고 살아 있는 경우 팔 수 있다. 흠이 있는 경우 산 채로든 죽여서든 팔 수 있으며 그것으로 여자와 약혼할 수 있다. 둘째 십일조는 비공식적인 주화나 통용되지 않는 주화나 소유자가 없는 주화로 바꿀 수 없다.

- 가축을 기르는 자가 새끼들을 얻으면 1/10을 떼어 바친다. 흠이 없는 가축의 지방과 피는 제단 위에 올리고 고기는 예루살렘에서 먹는다. 흠이 있는 가축은 먹는 장소와 먹는 사람의 제한이 없다. 그리고 어떤 경우에도 십일조로 구별한 가축을 무를 수 없다(레 27:28). 랍비들은 이 명령을 사고팔 수 없다는 뜻으로 해석하며 흠이 없는 것은 살아 있을 때 흠이 있는 것은 살아 있거나 그렇지 않을 경우에 팔 수 없다고 규정한다. 후대에 탈무드는 흠이 있는지 여부와 상관없이 언제나 팔 수 없다고 규정을 강화한다. 십일조로 뗀 가축을 금전적인 가치로 계산할 수 없기 때문에 약혼을 위한 지참금으로 쓸 수도 없다.
- 가축의 첫태생도 지방과 피를 제단 위에 바치고, 고기는 제사장들의 몫이 된다. 제사장은 첫태생으로 바친 가축이 흠이 없고 살아 있을 때 팔 수 있다. 흠이 있으면 제사장이 먹을 수 없으므로 다른 사람에게 팔고, 누구나 먹을 수 있으며 약혼 지참금으로 쓸 수 있다.
- 둘째 십일조를 돈으로 바꿀 수 있지만, 통용되는 주화로 바꿀 수 있다. 그 외 다른 동전들을 받고 십일조를 팔 수 없다.

## 1, 3

둘째 십일조를 바꾼 돈을 예루살렘에서 사용하는 방법을 설명한다.

---

הַלּוֹקֵחַ בְּהֵמָה לְזִבְחֵי שְׁלָמִים, אוֹ חַיָּה לִבְשַׂר תַּאֲוָה, יָצָא הָעוֹר לְחֻלִּין, אַף עַל פִּי שֶׁהָעוֹר מְרֻבֶּה עַל הַבָּשָׂר. כַּדֵּי יַיִן סְתוּמוֹת, מָקוֹם שֶׁדַּרְכָּן לִמְכֹּר סְתוּמוֹת, יָצָא קַנְקַן לְחֻלִּין. הָאֱגוֹזִים וְהַשְּׁקֵדִים, יָצְאוּ קְלִפֵּיהֶם לְחֻלִּין. הַתֶּמֶד, עַד שֶׁלֹּא הֶחֱמִיץ, אֵינוֹ נִלְקָח בְּכֶסֶף מַעֲשֵׂר. וּמִשֶּׁהֶחֱמִיץ, נִלְקָח בְּכֶסֶף מַעֲשֵׂר:

---

화목제물을 위해 가축을 사거나 먹기 위해 〔가축이 아닌〕 짐승을 사는 경우 가죽은 고기보다 더 가치가 있더라도 속된 것이 된다. 밀봉된 포도주 단지의 경우 밀봉된 채로 파는 곳에 있다면 그 항아리는 속된 것이 된다. 호두와 아몬드의 경우 껍질은 속되다. 포도껍질로 〔만든〕 포도주의 경우 발효되기 전에는 둘째 십일조 화폐로 살 수 없지만, 발효된 후에는 둘째 십일조 화폐로 살 수 있다.

- 둘째 십일조를 바꾼 돈을 쓸 때 음식을 구입하면 그것이 거룩해지며 이에 따라 몇 가지 조심해야 할 경우가 발생한다. 그러나 음식 이외의 다른 물건을 구입하면 이것들은 거룩해지지 않는다. 그러므로 어떤 사람이 가축이나 짐승을 사는 경우 고기는 거룩해지지만 그 가죽은 속되며 실제 가격이 어떠하든지 상관이 없다. 같은 원리로 포도주를 구매자가 원하는 양만큼 덜어서 팔지 않고 밀봉하여 단지째 파는 경우에도 음식인 포도주는 거룩해지지만 항아리는 속되다. 견과류는 과육만 거룩해지고 껍질은 속되다.
- 포도껍질로 만든 포도주는 발효되기 전까지 물과 같다고 간주하며 음식의 범주에 들지 않는다. 그러므로 둘째 십일조를 바꾼 돈으로 살 수 없다. 그러나 발효된 이후에는 살 수 있다.

## 1, 4

제물을 위해 가축이 아닌 짐승을 사거나, 먹기 위해 가축을 사는 경우 속된 것이 되는지에 대해 논의한다.

---

הַלּוֹקֵחַ חַיָּה לְזִבְחֵי שְׁלָמִים, בְּהֵמָה לִבְשַׂר תַּאֲוָה, לֹא יָצָא הָעוֹר לְחֻלִּין. כְּדֵי יַיִן פְּתוּחוֹת אוֹ סְתוּמוֹת, מִמָּקוֹם שֶׁדַּרְכָּן לִמְכֹּר פְּתוּחוֹת, לֹא יָצָא קַנְקַן לְחֻלִּין. סַלֵּי זֵיתִים וְסַלֵּי עֲנָבִים עִם הַכְּלִי, לֹא יָצְאוּ דְמֵי הַכְּלִי לְחֻלִּין:

---

화목제물을 위해 [가축이 아닌] 짐승을 사는 경우나 먹기 위해 가축을 사는 경우 가죽은 속된 것이 되지 않는다. 밀봉되거나 열린 포도주 항아리의 경우 열린 채로 파는 곳에서는 그 항아리가 속된 것이 되지 않는다. 바구니와 함께 올리브나 포도를 사는 경우 [둘째 십일조] 바구니 가격은 속된 것이 되지 않는다.

- 짐승은 제물로 바칠 수 없고 둘째 십일조를 바꾼 돈으로 사는 것이 적절치 않다. 식용을 위해 가축을 사는 일은 토라의 명령에 부합하지만, 랍비들은 규정을 더 엄정하게 적용하여 화목제물을 사서 일부는 거룩하게 구별하고 나머지를 먹어야 한다고 주장한다. 결국 이 행동도 적절치 못한 것이다. 그러므로 첫째 미쉬나와 달리 가죽을 속된 용도로 사용할 수 없다고 선포한다. 가죽을 쓰려면 같은 가격에 해당하는 음식을 더 사서 거룩한 것으로 선포해야 한다. 같은 원리로 포도주를 밀봉하지 않고 파는 가게에서 포도주를 샀다면 밀봉된 항아리를 산다고 해도 그 항아리가 포도주와 함께 온 것으로 간주할 수 없으며 항아리는 속된 용도로 쓸 수 없다.

- 올리브나 포도는 바구니째로 팔지 않는다. 그러므로 이런 열매들을 바구니와 함께 산다고 해도 바구니를 속된 용도로 쓸 수 없다.

## 1, 5

물과 소금과 땅에 붙어 있는 열매는 둘째 십일조를 바꾼 돈으로 살
수 있는지에 대해 논의한다.

---

הַלּוֹקֵחַ מַיִם, וּמֶלַח, וּפֵרוֹת הַמְחֻבָּרִים לַקַּרְקַע, אוֹ פֵרוֹת שֶׁאֵינָן יְכוֹלִין לְהַגִּיעַ
לִירוּשָׁלַיִם, לֹא קָנָה מַעֲשֵׂר. הַלּוֹקֵחַ פֵּרוֹת, שׁוֹגֵג, יַחְזְרוּ דָמִים לִמְקוֹמָן. מֵזִיד,
יַעֲלוּ וְיֵאָכְלוּ בַמָּקוֹם. וְאִם אֵין מִקְדָּשׁ, יֵרָקֵבוּ:

---

[둘째 십일조 화폐로] 물이나 소금이나 땅에 붙어 있는 농산물이나
예루살렘으로 가져갈 수 없는 농산물을 산 경우 [둘째] 십일조를 구
입한 것이 아니다. 실수로 그런 농산물을 산 경우 그 값을 돌려주어야
한다. 의도적으로 산 경우 [거룩한] 곳으로 올라가서 먹어야 한다. 성
전이 없는 경우 썩게 두어야 한다.


- 물과 소금과 땅에 연결되어 있는 열매는 음식의 범주에 들지 않으며
  둘째 십일조를 바꾼 돈으로 살 수 없다. 열매 중에 쉽게 상하여 예루
  살렘으로 가져갈 수 없는 것도 마찬가지다.
- 둘째 십일조를 바꾼 돈인지 모르고 실수로 이런 열매를 구입했다면
  열매를 반납하고 환불을 받아야 한다. 의도적으로 구입한 경우, 그
  열매를 들고 예루살렘까지 올라가서 그곳에서 먹어야 한다. 성전이
  없는 상황이라면 그는 그 열매를 적법하게 먹을 수 있는 방법이 없
  으며 썩게 내버려두어야 한다.


## 1, 6

실수로 가축을 산 경우에 대해 논의한다.

---

הַלּוֹקֵחַ בְּהֵמָה, שׁוֹגֵג, יַחְזְרוּ דָמֶיהָ לִמְקוֹמָן. מֵזִיד, תַּעֲלֶה וְתֵאָכֵל בַּמָּקוֹם.
וְאִם אֵין מִקְדָּשׁ, תִּקָּבֵר עַל יְדֵי עוֹרָהּ:

---

실수로 가축을 산 경우 그 가격을 돌려주어야 한다. 의도적으로 산 경우 예루살렘으로 올라가서 먹어야 한다. 성전이 없는 경우 가죽과 함께 묻어야 한다.

- 다섯째 미쉬나에서 설명한 원리는 가축을 샀을 때도 동일하게 적용 한다.

### 1, 7

둘째 십일조를 바꾼 돈으로 살 수 없는 다른 물품들을 설명한다.

---

אֵין לוֹקְחִין עֲבָדִים וּשְׁפָחוֹת וְקַרְקָעוֹת וּבְהֵמָה טְמֵאָה מִדְּמֵי מַעֲשֵׂר שֵׁנִי. וְאִם לָקַח, יֹאכַל כְּנֶגְדָּן. אֵין מְבִיאִין קִנֵּי זָבִים, וְקִנֵּי זָבוֹת, וְקִנֵּי יוֹלְדוֹת, חַטָּאוֹת, וַאֲשָׁמוֹת, מִדְּמֵי מַעֲשֵׂר שֵׁנִי. וְאִם הֵבִיא, יֹאכַל כְּנֶגְדָּן. זֶה הַכְּלָל, כֹּל שֶׁהוּא חוּץ לַאֲכִילָה וְלִשְׁתִיָּה וּלְסִיכָה מִדְּמֵי מַעֲשֵׂר שֵׁנִי, יֹאכַל כְּנֶגְדּוֹ:

---

둘째 십일조 화폐로 남자 노예나 여자 노예, 땅, 부정한 가축을 살 수 없다. 만일 [그것들 중 하나를] 샀다면 [예루살렘에서 둘째 십일조 가치에] 해당하는 것을 먹어야 한다. 둘째 십일조 화폐를 남자나 여자 유출병자의 새 제물이나 산모의 새 제물이나 속죄제나 속건제나 제물 로 사용할 수 없다. 만일 가져갔다면 그에 해당하는 것을 [예루살렘에 서] 먹어야 한다. 일반적인 규칙은 다음과 같다. 둘째 십일조 화폐로 먹거나 마시거나 기름 바르는 것 외에 [다른 것을] 샀다면 무엇이든 지 그 [가격에] 해당하는 것을 [예루살렘에서] 먹어야 한다.

- 둘째 십일조를 바꾼 돈으로 음식이 아닌 다른 물품을 살 수 없다. 이 미 샀다면 예루살렘으로 올라가서 같은 가격의 음식을 사서 그곳에 서 먹어야 한다.

- 랍비들은 둘째 십일조를 바꾼 돈으로 의무적으로 드려야 하는 제물을 살 수 없다고 주장한다. 그 사람은 이 두 가지 제물을 다 드려야 하기 때문이다.
- 둘째 십일조를 바꾼 돈으로 구입이 가능한 물품은 먹는 음식과 마시는 음식과 몸에 바르는 기름뿐이다.


## 제2장


### 2, 1
둘째 십일조를 바꾼 돈을 사용하는 원칙을 설명한다.

---

מַעֲשֵׂר שֵׁנִי, נִתַּן לַאֲכִילָה וְלִשְׁתִיָּה וְלָסִיכָה, לֶאֱכֹל דָּבָר שֶׁדַּרְכּוֹ לֶאֱכֹל, לָסוּךְ דָּבָר שֶׁדַּרְכּוֹ לָסוּךְ. לֹא יָסוּךְ יַיִן וָחֹמֶץ, אֲבָל סָךְ הוּא אֶת הַשֶּׁמֶן. אֵין מְפַטְּמִין שֶׁמֶן שֶׁל מַעֲשֵׂר שֵׁנִי, וְאֵין לוֹקְחִין בִּדְמֵי מַעֲשֵׂר שֵׁנִי שֶׁמֶן מְפֻטָּם, אֲבָל מְפַטֵּם הוּא אֶת הַיַּיִן. נָפַל לְתוֹכוֹ דְּבַשׁ וּתְבָלִין וְהִשְׁבִּיחוֹ, הַשֶּׁבַח לְפִי חֶשְׁבּוֹן. דָּגִים שֶׁנִּתְבַּשְּׁלוּ עִם הַקַּפְלוֹטוֹת שֶׁל מַעֲשֵׂר שֵׁנִי וְהִשְׁבִּיחוּ, הַשֶּׁבַח לְפִי חֶשְׁבּוֹן. עִסָּה שֶׁל מַעֲשֵׂר שֵׁנִי שֶׁאֲפָאָהּ וְהִשְׁבִּיחָהּ, הַשֶּׁבַח לַשֵּׁנִי. זֶה הַכְּלָל, כָּל שֶׁשִּׁבְחוֹ נִכָּר, הַשֶּׁבַח לְפִי הַחֶשְׁבּוֹן. וְכָל שֶׁאֵין שִׁבְחוֹ נִכָּר, הַשֶּׁבַח לַשֵּׁנִי:

---

둘째 십일조는 먹거나 마시거나 기름 바르는 용도로 사용된다. 먹는 것은 일반적으로 먹는 것 중에 먹어야 하며 기름 바르는 것은 일반적으로 기름 바르는 것 중에서 발라야 한다. 포도주나 식초를 〔몸에〕 바를 때 사용해서는 안 되며 기름만 바르는 데 사용해야 한다. 둘째 십일조 기름에 향신료를 넣어서는 안 되며, 둘째 십일조 화폐로 향료를 넣은 기름을 사서도 안 된다. 그러나 포도주에 향신료를 넣을 수는 있다.

꿀이나 향료가 포도주에 떨어져 가치가 올라가면 올라간 가치를 비율에 맞춰 [평가한다]. 만일 생선을 둘째 십일조인 부추로 요리하여 가치가 올라가면 올라간 가치는 비율에 맞춰 [평가한다]. 만일 둘째 십일조 가루반죽으로 빵을 구워 가치가 올라가면 올라간 가치는 [모두] 둘째 십일조로 간주된다. 일반적인 규칙은 다음과 같다. 올라간 가치를 식별할 수 있으면 올라간 가치를 비율에 맞춰 [평가하고], 올라간 가치를 식별할 수 없으면 그것은 둘째 십일조로 취급한다.

- 둘째 십일조를 바꾼 돈으로 농산물을 음식으로 구입하면 그것을 먹거나 마시거나 몸에 바를 수 있다. 이때 관습적으로 먹는 것을 먹고 몸에 바르는 것을 발라야지, 먹지 못할 것을 먹거나 마실 것을 바를 수 없다. 그러므로 몸에 바르는 용도로 올리브기름을 사용해야 하며 포도주나 식초는 사용할 수 없다.

- 둘째 십일조인 기름에 향료를 첨가하지 말라는 명령도 관습적인 용도가 변할 수 있기 때문인 것으로 짐작한다. 쉽게 상하거나 먹지 못하게 될 수 있다고 설명하는 사람도 있다. 향료를 첨가한 기름을 사는 것을 금지한 명령은 둘째 십일조 관련법이 가난한 자들을 돌보는 목적이 있기 때문에 부자들만 사용하는 고급 기름 구매를 적당한 행위로 보지 않는다. 이와 달리 향료를 첨가한 포도주는 한꺼번에 마실 수 있고 누구나 구입이 가능하므로 허락한다.

- 만약 어떤 사람이 속된 음식을 둘째 십일조인 음식에 첨가하여 전체적으로 그 가치가 상승되었다면 상승한 값을 거룩한 부분과 속된 부분으로 비율에 맞추어 계산하여 처리한다. 둘째 십일조인 포도주가 2디나르였고, 첨가한 속된 향료가 1디나르였는데 이렇게 생산된 결과물의 가격이 4디나르였다고 하자. 이 제품 중 2/3는 둘째 십일조이고 1/3은 속된 음식이기 때문에 전체 가격에서 2와 2/3디나르는 거룩한 포도주로 1과 1/3은 속된 포도주로 간주한다. 생선과 부추의

경우도 같은 원리로 판단한다.

- 둘째 십일조인 반죽을 속된 장작을 태워서 구웠다고 하더라도 다 구운 빵 속에 속된 것이 들어갔다고 보기는 어렵다. 그래서 반죽 가격보다 빵 가격이 더 상승했다고 하더라도 전체가 다 거룩한 음식으로 본다.
- 결국 둘째 십일조에 속된 것이 섞여서 가격이 상승했을 때 속된 것을 분명하게 식별할 수 있는 경우에는 비율에 따라 나누고, 그렇지 않은 경우에는 전체가 둘째 십일조가 된다.

### 2, 2

쉼온 랍비와 다른 현인들이 둘째 십일조인 기름을 몸에 바르는 문제로 논쟁을 벌인다.

---

רַבִּי שִׁמְעוֹן אוֹמֵר, אֵין סָכִין שֶׁמֶן שֶׁל מַעֲשֵׂר שֵׁנִי בִּירוּשָׁלַיִם. וַחֲכָמִים מַתִּירִין. אָמְרוּ לוֹ לְרַבִּי שִׁמְעוֹן, אִם הֵקֵל בִּתְרוּמָה חֲמוּרָה, לֹא נָקֵל בְּמַעֲשֵׂר שֵׁנִי הַקַּל. אָמַר לָהֶם, מַה, לֹא, אִם הֵקֵל בִּתְרוּמָה הַחֲמוּרָה מְקוֹם שֶׁהֵקֵל בְּכַרְשִׁינִין וּבְתִלְתָּן, נָקֵל בְּמַעֲשֵׂר שֵׁנִי הַקַּל מְקוֹם שֶׁלֹּא הֵקֵל בְּכַרְשִׁינִין וּבְתִלְתָּן:

---

쉼온 랍비는 말한다. 예루살렘에서 둘째 십일조인 기름을 발라서는 안 된다. 그러나 〔다른〕 랍비들은 허용한다. 그들은 쉼온 랍비에게 말한다. "〔둘째 십일조〕보다 더 중요한 거제물에 대해서도 관대한대 덜 중요한 둘째 십일조에 대해 〔관대하지〕 않아야 합니까?" 그가 그들에게 말한다. "아닙니다. 비록 중요한 거제물 중에 연리초와 호로파처럼[1] 관대하게 적용되는 경우가 있다고 해서, 〔둘째 십일조 중〕 연리초와

---

1) 연리초와 호로파는 동물의 먹이로 사용되는 콩 종류의 식물이다. 어떤 규정에 따르면 야생완두와 호로파는 둘째 십일조의 규정보다 더 관대하게 취급된다.

호로파는 엄격하게 취급하면서 둘째 십일조를 관대하게 적용해야 합니까?[2]

- 쉼온 랍비는 첫째 미쉬나에 언급된 원칙에 반대하면서 둘째 십일조 인 올리브기름을 예루살렘에서 몸에 발라서는 안 된다고 주장하고, 다른 랍비들은 허용한다.
- 랍비들은 거제를 예를 들어 논쟁한다. 거제는 제사장이 아니면 사용 할 수 없어서 누구나 먹을 수 있는 둘째 십일조보다 훨씬 엄정한 규정을 적용한다. 그럼에도 불구하고 제사장은 거제인 기름을 몸에 바를 수 있다. 그렇다면 둘째 십일조인 기름도 몸에 바를 수 있어야 마땅하다고 주장한다.
- 쉼온 랍비는 거제 관련법이 언제나 둘째 십일조보다 더 엄격한 것은 아니라고 주장한다. 이것은 연리초와 호로파에 관한 규정인데, 셋째 와 넷째 미쉬나에서 자세히 설명한다. 이런 이유로 거제인 기름을 바를 수 있다고 해서 둘째 십일조인 기름을 바를 수 있는 것은 아니라고 말한다.

### 2, 3
연리초와 호로파를 둘째 십일조나 거제로 드리는 방법을 논의한다.

---

תִּלְתָּן שֶׁל מַעֲשֵׂר שֵׁנִי, תֵּאָכֵל צִמְחוֹנִים. וְשֶׁל תְּרוּמָה, בֵּית שַׁמַּאי אוֹמְרִים, כָּל מַעֲשֶׂיהָ בְּטָהֳרָה, חוּץ מֵחֲפִיפָתָהּ. וּבֵית הִלֵּל אוֹמְרִים, כָּל מַעֲשֶׂיהָ בְּטֻמְאָה, חוּץ מִשְּׁרִיָּתָהּ:

---

2) 다시 말하면 거제물 규정은 여러 가지 면에서 둘째 십일조보다 엄격하지만 야생완두와 호로파의 경우처럼 봉헌물 규정이 보다 더 관대한 경우도 있다는 것이다. 그래서 봉헌물 기름을 바르는 것이 허용된다고 해서 둘째 십일조 기름도 허용된다고 말할 수는 없다는 것이다.

둘째 십일조인 호로파는 익지 않았을 때 먹을 수 있다. 그러나 거제물인 〔호로파에 대해〕 삼마이 학파는 말한다. 무엇이든지 간에 머리를 깨끗하게 하는 경우를 제외하고는 정결한 상태에서 다루어야 한다. 힐렐 학파는 말한다. 무엇이든지 물에 담그는 것을 제외하고는 부정한 상태에서도 다룰 수 있다.

- 호로파가 어리고 부드러울 때는 먹을 수 있으며 둘째 십일조를 바꾼 돈으로 구매하여 먹는 것이 허용된다. 그러나 다 자라면 줄기가 질겨서 먹을 수 없고 머리를 감을 때 세척제로 사용한다. 그러므로 둘째 십일조를 바꾼 돈으로 살 수 없다.
- 거제로 바친 호로파에 관하여 삼마이 학파는 어리고 부드러울 때에 정결하게 다루어야 한다고 주장한다. 힐렐 학파는 다른 조건을 제시하는데 호로파 줄기를 음식으로 사용하기 위해서는 물에 담가 부드럽게 만들어야 한다고 지적한다. 이 시점 이전에는 부정한 사람이 호로파를 다루어도 좋다는 것이다.

### 2, 4
둘째 십일조인 연리초의 식용 여부에 대해 논의한다.

---

כַּרְשִׁינֵי מַעֲשֵׂר שֵׁנִי, יֵאָכְלוּ צִמְחוֹנִים, וְנִכְנָסִין לִירוּשָׁלַיִם וְיוֹצְאִין. נִטְמְאוּ,
רַבִּי טַרְפוֹן אוֹמֵר, יִתְחַלְּקוּ לְעִסּוֹת, וַחֲכָמִים אוֹמְרִים, יִפָּדוּ. וְשֶׁל תְּרוּמָה,
בֵּית שַׁמַּאי אוֹמְרִים, שׁוֹרִין וְשָׁפִין בְּטָהֳרָה, וּמַאֲכִילִין בְּטֻמְאָה. וּבֵית הִלֵּל
אוֹמְרִים, שׁוֹרִין בְּטָהֳרָה, וְשָׁפִין וּמַאֲכִילִין בְּטֻמְאָה. שַׁמַּאי אוֹמֵר, יֵאָכְלוּ
צָרִיד. רַבִּי עֲקִיבָא אוֹמֵר, כָּל מַעֲשֵׂיהֶן בְּטֻמְאָה:

---

둘째 십일조인 연리초는 익지 않았을 때 먹어야 하며 예루살렘으로 가져갈 수 있고 다시 가지고 나올 수 있다. 그것이 부정해진 경우에 대해 타르폰 랍비는 말한다. 그것들은 나누어 반죽 덩어리들 속에

〔넣으라고〕 한다. 그러나 〔다른〕 랍비들은 그것을 무르라고 말한다. 거제물인 〔연리초에 대해〕 샴마이 학파는 말한다. 그것을 담가 깨끗한 것으로 문질러야 한다. 그러나 부정한 상태에서 음식으로 줄 수는 있다. 힐렐 학파는 말한다. 깨끗한 상태에서 담가야 한다. 그러나 부정한 상태에서 문질러 음식으로 줄 수 있다. 샴마이 학파는 말한다. 마른 상태에서 먹어야 한다. 아키바 랍비는 말한다. 어떤 행동이든지 부정한 상태에서 할 수 있다.

- 연리초가 어리고 부드러울 때는 먹을 수 있으며 둘째 십일조를 바꾼 돈으로 구매하여 먹는 것이 허용된다. 그러나 다 자라면 줄기가 거칠어서 먹을 수 없고 가축 사료로 사용한다. 그러므로 둘째 십일조를 바꾼 돈으로 살 수 없다. 같은 이유로 예루살렘에 가져가서 먹을 수 있으며 예루살렘에 머무는 도중에 너무 익으면 가축에게 주어야 하므로 밖으로 가지고 나올 수도 있다.
- 둘째 십일조인 연리초가 부정해지면 무르고 다른 연리초로 대체하면 되며 이것이 일반적인 의견이다. 그러나 타르폰 랍비는 무른 것을 가축에게 먹이게 되므로 적절한 결정이 아니라고 보고, 그것을 나누어 부정한 반죽 덩어리들 속에 넣고 부정한 빵으로 구워 먹으라고 한다. 정결한 반죽 덩어리에 넣으려면 달걀 하나보다 적은 양만 섞어야 반죽의 정결함이 유지된다.
- 연리초가 거제인 경우에 대하여 샴마이 학파는 연리초를 물에 담그고 문질러서 음식으로 준비하는 사람이 정결해야 한다고 주장한다. 그러나 연리초가 웃자라서 가축 사료로 주는 사람은 부정한 상태여도 무방하다. 힐렐 학파는 물에 담그는 행위만 정결한 사람이 하면 된다고 말한다. 문지르기와 가축 사료로 주기는 부정한 상태로 시행해도 무방하다고 주장한다.

- 한편 샴마이 학파는 연리초를 물에 담그는 행위 자체가 부정해질 수 있는 상태로 준비하는 것이기 때문에 마른 상태에서 먹으라고 말한다.
- 아키바 랍비는 가장 관대한 자세를 취한다. 아마 그는 연리초를 사람이 먹는 음식으로 사용하는 일이 드물다고 생각했는지, 이 모든 행위를 부정한 상태에서 진행해도 좋다고 허락한다.

### 2, 5

둘째 십일조를 바꾼 동전과 다른 동전이 섞인 경우를 논의한다.

---

מְעוֹת חֻלִּין וּמְעוֹת מַעֲשֵׂר שֵׁנִי שֶׁנִּתְפַּזְּרוּ, מַה שֶּׁלִּקֵּט, לִקֵּט לְמַעֲשֵׂר שֵׁנִי, עַד שֶׁיַּשְׁלִים, וְהַשְּׁאָר חֻלִּין. אִם בָּלַל וְחָפַן, לְפִי חֶשְׁבּוֹן. זֶה הַכְּלָל, הַמִּתְלַקְּטִים, לְמַעֲשֵׂר שֵׁנִי. וְהַנִּבְלָלִים, לְפִי חֶשְׁבּוֹן:

---

속된 마아-동전[3]과 둘째 십일조인 마아-동전들이 [섞여서] 흩어졌다면 [먼저] 집은 것이 [둘째 십일조를 바꾼 액수에] 찰 때까지 둘째 십일조를 바꾼 것이며 남은 은전은 속된 것이다. 만일 그 둘이 섞여 있고 한 움큼 잡았다면 비율에 맞춰 처리해야 한다. 일반적인 규칙은 다음과 같다. 하나씩 집었다면 둘째 십일조에 속하게 되고 섞여 있는 것이라면 비율에 맞춰 처리해야 한다.

- 둘째 십일조를 바꾼 동전과 다른 동전이 떨어져서 섞였을 때 그가 동전을 하나씩 주워 담는다면 먼저 주운 동전부터 둘째 십일조를 바꾼 동전으로 간주한다. 자신이 알고 있는 액수가 차면 그다음에 줍는 것은 속된 동전이 될 것이다. 결국 동전은 섞여도 상관이 없으며 액수

---

3) 마아(מעה)는 은전 중에 가장 작은 것으로 2푼디온이 1마아, 12마아가 1쉐켈이다. 그러나 본문의 문맥에 따르면 마아는 구리로 만든 동전일 가능성도 있다.

만 맞으면 된다는 의견이다.
- 그가 동전들을 한꺼번에 긁어모았다면 액수를 계산해서 비율에 따라 나누어 둘째 십일조를 확보한다.

## 2, 6

좀 더 큰 동전들에 관해 설명한다.

---

סֶלַע שֶׁל מַעֲשֵׂר שֵׁנִי וְשֶׁל חֻלִּין שֶׁנִּתְעָרְבוּ, מֵבִיא בְסֶלַע מָעוֹת וְאוֹמֵר, סֶלַע שֶׁל מַעֲשֵׂר שֵׁנִי, בְּכָל מָקוֹם שֶׁהִיא, מְחֻלֶּלֶת עַל הַמָּעוֹת הָאֵלּוּ, וּבוֹרֵר אֶת הַיָּפָה שֶׁבָּהּ, וּמְחַלְּלָן עָלֶיהָ, מִפְּנֵי שֶׁאָמְרוּ, מְחַלְּלִין כֶּסֶף עַל נְחֹשֶׁת מִדֹּחַק, וְלֹא שֶׁיִּתְקַיֵּם כֵּן, אֶלָּא חוֹזֵר וּמְחַלְּלָם עַל הַכָּסֶף:

---

둘째 십일조인 쎌라-은전과 속된 [쎌라가] 섞여 있다면 쎌라 가치의 마아-동전을 가지고 와서 "이 마아-동전들로 [둘째 십일조가] 어디 있든지 둘째 십일조인 쎌라[4])를 바꾸겠습니다"라고 말해야 한다. 더 좋은 [쎌라를] 선택하여 그것으로 [마아-동전을] 바꿀 수 있다. [랍비들이 다음과 같이] 말했기 때문이다. "필요한 경우 은전을 동전으로 바꿀 수 있지만, 그대로 두지말고 [동전을] 은전으로 다시 바꾸어야 한다."

- 둘째 십일조를 바꾼 쎌라-은전 하나와 속된 쎌라-은전 하나가 섞였다면 둘째 십일조와 같은 액수의 마아-동전을 가져와서 무른다. 그러고 나서 더 좋은 쎌라-은전을 고르고, 그 쎌라로 마아를 무른다. 결국 둘째 십일조는 더 좋은 쎌라가 되고, 좋지 않은 쎌라와 마아-동전은 속된 돈이 된다.
- 이렇게 두 번에 걸쳐서 물러야 하는 이유는 고대 랍비들이 했다는 말

---

4) 쎌라(סלע)는 2쉐켈이며 24마아-동전에 해당한다.

때문이다.

## 2, 7

쎌라 은전을 디나르 금전으로 바꾸는 것에 대해 논의한다.

---

בֵּית שַׁמַּאי אוֹמְרִים, לֹא יַעֲשֶׂה אָדָם אֶת סְלָעָיו דִּינָרֵי זָהָב, וּבֵית הִלֵּל
מַתִּירִין. אָמַר רַבִּי עֲקִיבָא, אֲנִי עָשִׂיתִי לְרַבָּן גַּמְלִיאֵל וּלְרַבִּי יְהוֹשֻׁעַ אֶת כַּסְפָּן
דִּינָרֵי זָהָב:

---

샴마이 학파는 말한다. 쎌라-은전을 디나르-금전으로 바꾸어서는
안 된다. 그러나 힐렐 학파는 허용한다. 아키바 랍비는 말한다. 나는
감리엘 랍비와 예호슈아 랍비의 쎌라를 금 디나르로 바꾸었다.

- 샴마이 학파는 둘째 십일조를 바꾼 쎌라-은전을 디나르-금전으로
  바꾸면 안 된다고 주장한다. 탈무드는 이것을 허락하면 사람들이 금
  전으로 바꿀 정도로 은전이 모일 때까지 예루살렘에 올라오는 것을
  미루게 될까 봐 그랬다고 설명한다.
- 힐렐 학파는 이것을 허락한다. 아키바 랍비는 자기가 스승들을 위해
  돈을 바꾸던 일화를 소개하며 힐렐 학파의 의견을 지지한다.

## 2, 8

둘째 십일조인 마아-동전을 쎌라-은전으로 바꾸는 것에 대해 논의
한다.

---

הַפּוֹרֵט סֶלַע מִמְּעוֹת מַעֲשֵׂר שֵׁנִי, בֵּית שַׁמַּאי אוֹמְרִים, כָּל הַסֶּלַע מָעוֹת.
וּבֵית הִלֵּל אוֹמְרִים, שֶׁקֶל כֶּסֶף וְשֶׁקֶל מָעוֹת. רַבִּי מֵאִיר אוֹמֵר, אֵין מְחַלְּלִין
כֶּסֶף וּפֵרוֹת עַל הַכֶּסֶף, וַחֲכָמִים מַתִּירִים:

---

둘째 십일조인 마아-동전을 쎌라-은전으로 바꾸는 것에 대해 샴마이 학파는 말한다. 모든 마아-동전을 쎌라-은전으로 [바꿀 수 있다]. 그러나 힐렐 학파는 말한다. 은 1쉐켈과[5] 1쉐켈에 해당하는 마아-동전이 있다면 [바꿀 수 있다고] 한다. 메이르 랍비는 말한다. 둘째 십일조인 은전과 [둘째 십일조] 생산물을 [다른] 은전으로 바꿀 수 없다. 그러나 랍비들은 허용한다.

- 어떤 사람이 둘째 십일조를 바꾼 마아-동전을 가지고 있는데 예루살렘으로 가져갈 때 무게를 줄이려고 쎌라-은전으로 바꾸려고 한다. 샴마이 학파는 그가 1쎌라에 해당하는 24마아가 있으면 바꾸어도 좋다고 말한다. 그러나 힐렐 학파는 1쎌라의 반은 12마아로 나머지는 1쉐켈로 바꿀 수 있다고 주장한다.
- 두 학파 사이의 차이는 둘째 십일조를 바꾼 은전을 다른 은전과 바꿀 수 있는지 여부에 달려 있으며 랍비들 사이에 이견이 있다.

### 2, 9

둘째 십일조를 바꾼 은전을 예루살렘에서 다른 동전으로 바꾸는 상황을 설명한다.

הַפּוֹרֵט סֶלַע שֶׁל מַעֲשֵׂר שֵׁנִי בִּירוּשָׁלַיִם, בֵּית שַׁמַּאי אוֹמְרִים, כָּל הַסֶּלַע מָעוֹת. וּבֵית הִלֵּל אוֹמְרִים, שֶׁקֶל כֶּסֶף וְשֶׁקֶל מָעוֹת. הַדָּנִין לִפְנֵי חֲכָמִים אוֹמְרִים, בִּשְׁלֹשָׁה דִּינָרִי כֶּסֶף וְדִינָר מָעוֹת. רַבִּי עֲקִיבָא אוֹמֵר, שְׁלֹשָׁה דִּינָרִין כֶּסֶף, וּרְבִיעִית מָעוֹת. רַבִּי טַרְפוֹן אוֹמֵר, אַרְבָּעָה אַסְפְּרֵי כֶּסֶף. שַׁמַּאי אוֹמֵר, יַנִּיחֶנָּה בַחֲנוּת וְיֹאכַל כְּנֶגְדָּהּ:

예루살렘에서 둘째 십일조인 쎌라-은전을 바꾸는 경우에 대해 샴

---

5) 1쉐켈은 1/2쎌라의 가치에 해당한다.

마이 학파는 말한다. 1쎄아 전체를 마아-동전으로 [바꿀 수 있다]. 힐렐 학파는 말한다. 1쉐켈어치 은전과 1쉐켈에 해당하는 마아-동전으로 [바꿀 수 있다]. 현인들 앞에서 토론하던 자들은 3디나르는 은으로, 1디나르는[6] 마아-동전으로 [바꾸라고] 말한다. 아키바 랍비는 말한다. 3디나르는 은으로, 1/4[디나르는] 마아로 [바꿀 수 있다]. 타르폰 랍비는 말한다. 4아스페르는[7] 은으로 바꾸어야 한다. 샴마이 학파는 말한다. [1쎌라를] 상점에 두고 그에 해당하는 것을 먹어도 된다.

- 둘째 십일조를 쎌라-은전으로 바꾸어 예루살렘에 도착했는데 이 화폐는 물건을 구입하기에 단위가 너무 크기 때문에 다른 동전으로 바꾸려고 한다. 1) 샴마이 학파는 여덟째 미쉬나와 마찬가지로 24마아가 있으면 1쎌라와 바꿀 수 있다는 입장이다. 그러나 2) 힐렐 학파도 여덟째 미쉬나와 동일하게 설명하는데 1쎌라의 반은 1쉐켈로 그리고 나머지 반은 12마아로 바꿀 수 있다고 주장한다. 3) 랍비들 앞에 앉아서 가르침을 받던 젊은이들은 힐렐 학파보다 한 걸음 더 나아가서 1쎌라의 3/4에 해당하는 3디나르는 은전으로 1/4에 해당하는 1디나르는 마아-동전으로 바꾸어도 무방하다고 주장한다. 4) 아키바 랍비는 전체 액수가 1쎌라일 필요도 없으며 3디나르와 1/4디나르에 해당하는 마아-동전으로 바꿀 수도 있다고 말한다. 5) 타르폰 랍비는 1디나르에 해당하는 둘째 십일조를 4아스페르-은전과 나머지 1아스페르에 해당하는 마아-동전으로 바꾸어도 좋다고 주장한다.
- 6) 샴마이 랍비는 전혀 다른 해결책을 제시하는데 돈을 바꾸지 말고 아예 가게 주인에게 맡긴 뒤 그 액수가 다 떨어질 때까지 음식을 먹

---

6) 3디나르는 3/4쎌라이며 1디나르는 1/4쎌라의 가치에 해당한다.
7) 5아스페르는 1디나르의 가치에 해당한다.

으면 된다고 제안한다.

## 2, 10

아들들이 정결하거나 부정한 상태에 있는 사람이 예루살렘에 가서
포도주를 사는 상황을 설명한다.

---

מִי שֶׁהָיוּ מִקְצָת בָּנָיו טְמֵאִין וּמִקְצָתָן טְהוֹרִים, מַנִּיחַ אֶת הַסֶּלַע וְאוֹמֵר, מַה
שֶׁהַטְּהוֹרִים שׁוֹתִים, סֶלַע זוֹ מְחֻלֶּלֶת עָלָיו. נִמְצְאוּ טְהוֹרִים וּטְמֵאִים שׁוֹתִין
מִכַּד אֶחָד:

---

아이들 중 일부는 부정하고 일부는 정결한 경우, 1쎌라를 두고 "이
1쎌라는 정한 자가 마시는 것만 바꾼다"라고 말한다면 정결한 자와
부정한 자가 같은 항아리에서 마실 수 있다.

- 어떤 사람이 아들들을 데리고 예루살렘에 갔는데 어떤 아들은 정결
  하여 둘째 십일조를 바꾼 돈으로 포도주를 사먹어도 되지만, 어떤
  아들은 부정하여 속된 돈으로 포도주를 사야 하는 상황이다. 이런
  불편을 해소하기 위해서 그 사람은 둘째 십일조를 바꾼 1쎌라를 내
  고, 그 돈은 정결한 아들이 마시는 포도주만 무르게 된다고 선포한
  다. 그렇게 하면 정결한 아들이 마시는 포도주만 둘째 십일조가 되
  어 거룩해지며 부정한 아들이 같은 항아리에 있는 포도주를 마시더
  라도 그것은 속된 포도주로 남는다. 물론 부정한 아들이 그 포도주
  와 접촉하지는 말아야 한다.

# 제3장

## 3, 1

둘째 십일조를 팔지 못하는 것은 물론 파는 것처럼 보이는 거래도
하지 말라고 명한다.

---

לֹא יֹאמַר אָדָם לַחֲבֵרוֹ, הַעֲל אֶת הַפֵּרוֹת הָאֵלּוּ לִירוּשָׁלַיִם לְחַלֵּק, אֶלָּא אוֹמֵר
לוֹ, הַעֲלֵם שֶׁנֹּאכְלֵם וְנִשְׁתֵּם בִּירוּשָׁלָיִם. אֲבָל נוֹתְנִים זֶה לָזֶה מַתְּנַת חִנָּם:

---

"이 〔둘째 십일조〕 생산물을 예루살렘으로 갖고 올라가라. 〔거기서〕
나누자"라고 동료에게 얘기해서는 안 된다. "이것을 갖고 올라가면
우리가 예루살렘에서 먹고 마실 것이다"라고 말할 수는 있다. 그러나
그것을 서로에게 무료로 선물로 줄 수는 있다.

- 둘째 십일조인 농산물을 동료에게 주어 예루살렘으로 옮겨달라고
  요청하고 거기서 "나누자"라고 말하면, 마치 친구를 농산물 배달을
  위해 고용하고 임금을 지급하는 것처럼 들린다. 그러므로 이런 말은
  금지된다. 그러나 나누자는 말을 빼고 도와달라고 청하는 것은 허용
  한다.
- 동료가 둘째 십일조인 농산물을 예루살렘까지 배달했고 주인이 그
  중 일부를 선물로 주고받는 방법도 사용할 수 있다.

## 3, 2

둘째 십일조를 바꾼 돈으로 거제를 살 수 없다는 규정을 설명한다.

---

אֵין לוֹקְחִין תְּרוּמָה בְּכֶסֶף מַעֲשֵׂר שֵׁנִי, מִפְּנֵי שֶׁהוּא מְמַעֵט בַּאֲכִילָתוֹ, וְרַבִּי
שִׁמְעוֹן מַתִּיר. אָמַר לָהֶם רַבִּי שִׁמְעוֹן, מָה אִם הֵקֵל בְּזִבְחֵי שְׁלָמִים, שֶׁהוּא

---

מְבִיאָן לִידֵי פִגּוּל וְנוֹתָר וְטָמֵא, לֹא נָקֵל בַּתְּרוּמָה. אָמְרוּ לוֹ, מָה אִם הֵקֵל
בְּזִבְחֵי שְׁלָמִים, שֶׁהֵן מֻתָּרִים לְזָרִים, נָקֵל בַּתְּרוּמָה, שֶׁהִיא אֲסוּרָה לְזָרִים:

둘째 십일조를 〔바꾼〕 돈으로 거제물을 살 수는 없다. 그것을 먹을 수 있는 〔사람 수를〕 감소시키기 때문이다. 그러나 쉼온 랍비는 허용한다. 쉼온 랍비는 〔랍비들에게〕 말한다. 혐오스러운 것,[8] 남은 것,[9] 부정한 것[10] 등이 생길 수 있는 화목제물에도 더 관대한 규칙을 적용한다면 거제물에 관대한 규칙을 적용해야 하는 것이 아닌가? 〔랍비들이〕 그에게 말한다. 외부인에게 허용된 화목제물을 관대하게 취급한다고 하여 외부인에게 금지된 거제물도 관대하게 취급해야 하는가?

- 지방에 사는 제사장이 둘째 십일조를 가지고 예루살렘에 올라와서 거제물을 사서 먹으려고 한다면 일반인들에게 나누어 줄 수 없고 혼자 먹어야 한다. 결국 둘째 십일조를 먹을 수 있는 사람 수가 줄어드는 결과를 가져온다.
- 쉼온 랍비는 둘째 십일조로 화목제 제물을 사고 그중 일부가 혐오스러운 것, 남은 것 또는 부정한 것이 될 수도 있음을 지적하면서, 결국 먹을 수 있는 음식이 줄어들게 된다고 말한다. 그러므로 거제물을 사는 것도 허용해야 한다고 주장한다. 그러나 다른 랍비들은 화목제물은 원래 일반인들도 먹을 수 있지만 거제는 일반인이 먹을 수 없어서 경우가 다르다고 반박한다.

---

8) 정해진 기간 이후에 먹어 가증한 것이 되어 효력이 상실된 것을 말한다(레 7:18; 「제바힘」 2, 2-3).
9) 먹어야 할 정해진 기간 이후까지 남아 있어서 불로 태워야 할 것을 말한다(출 29:34).
10) 레 7:19.

3, 3

둘째 십일조를 바꾼 돈을 쓰지 않는 방법을 설명한다.

---

מִי שֶׁהָיוּ לוֹ מָעוֹת בִּירוּשָׁלַיִם וְצָרִיךְ לוֹ, וְלַחֲבֵרוֹ פֵּרוֹת, אוֹמֵר לַחֲבֵרוֹ, הֲרֵי
הַמָּעוֹת הָאֵלּוּ מְחֻלָּלִין עַל פֵּרוֹתֶיךָ. נִמְצָא זֶה אוֹכֵל פֵּרוֹתָיו בְּטָהֳרָה, וְהַלָּה
עוֹשֶׂה צָרְכּוֹ בְּמָעוֹתָיו. וְלֹא יֹאמַר כֵּן לְעַם הָאָרֶץ, אֶלָּא בִדְמַאי:

---

[어떤 사람이 둘째 십일조인] 마아-동전이 있고 그것을 [쓸] 필요
가 있는데 그의 동료가 [속된] 농산물을 가지고 있다면 그는 그 동료
에게 "이 마아-동전이 네 농산물로 속되게 하자"라고 말할 수 있다.
그러면 그 사람은 정결한 상태에서 그의 생산물을 먹어야 하고, 그는
그의 돈을 어떤 목적으로든 사용할 수 있다. 그러나 그는 드마이의
경우를 제외하고 암 하아레쯔에게는 그렇게 말해서는 안 된다.

- 어떤 사람이 둘째 십일조를 바꾼 돈으로 음식을 사고 싶지 않다면
  그 돈의 거룩함을 다른 대상에게 이전시켜야 한다. 그의 동료가 속된
  농산물을 가지고 있다면 특정한 문장을 말하며 가상의 거래를 시행
  하여 자기 돈의 거룩함을 그의 농산물로 옮길 수 있다고 말한다. 그
  렇게 하면 농산물 주인은 이제 자기 음식을 먹을 때 정결한 상태를
  유지해야 할 의무가 생기지만, 이 사람은 돈으로 음식을 사지 않고
  마음대로 쓸 수 있게 된다.
- 유대 법전통을 잘 모르거나 지키지 않는 '암 하아레쯔'와는 이런 가
  상의 거래를 할 수 없으니 그는 둘째 십일조를 부정한 상태에서 먹
  을 수 있기 때문이다. 그 사람이 가져온 둘째 십일조가 드마이였다면
  이것은 십일조를 떼지 않은 것이니 암 하아레쯔의 속된 농산물과 거
  래를 해도 좋다.

**3, 4**

둘째 십일조를 바꾼 돈과 속된 농산물을 바꾸는 방법에 관해 설명한다.

---

פֵּרוֹת בִּירוּשָׁלַיִם וּמָעוֹת בַּמְּדִינָה, אוֹמֵר, הֲרֵי הַמָּעוֹת הָהֵם מְחֻלָּלִין עַל פֵּרוֹת
הָאֵלּוּ. מָעוֹת בִּירוּשָׁלַיִם וּפֵרוֹת בַּמְּדִינָה, אוֹמֵר הֲרֵי הַמָּעוֹת הָאֵלּוּ מְחֻלָּלִין
עַל פֵּרוֹת הָהֵם, וּבִלְבַד שֶׁיַּעֲלוּ הַפֵּרוֹת וְיֵאָכְלוּ בִּירוּשָׁלַיִם:

---

어떤 사람이 예루살렘에 〔속된〕 농산물이 있고 〔예루살렘이 아닌〕 지방에 〔둘째 십일조인〕 마아-동전이 있는 경우, "〔예루살렘 밖에 있는〕 이 돈을 〔예루살렘에 있는 속된〕 농산물로 바꾼다"라고 말할 수 있다. 만일 예루살렘에 〔둘째 십일조인〕 마아-동전이 있고 지방에 〔속된〕 농산물이 있는 경우, 그 농산물을 〔예루살렘으로〕 가지고 가서 그곳에서 먹는다는 조건에서 "〔예루살렘에 있는〕 이 돈을 〔예루살렘에 밖에 있는 속된〕 농산물로 바꾼다"라고 말할 수 있다.

- 어떤 사람이 속된 일반 농산물을 예루살렘에 그리고 둘째 십일조를 바꾼 돈을 지방에 가지고 있었다. 열매와 돈이 한 장소에 있지 않다 하더라도 둘째 십일조인 마아-동전으로 열매를 구입한다고 선포할 수 있으며 빈 몸으로 예루살렘에 올라가 열매를 먹고, 지방으로 돌아와 그 돈을 원하는 용도로 사용할 수 있다.
- 반대로 둘째 십일조를 바꾼 돈을 예루살렘에 그리고 속된 농산물을 지방에 가지고 있었는데 그 돈을 음식 이외의 다른 용도로 쓰고 싶었다. 그는 그 돈으로 열매를 구입한다고 선포하고, 다른 용도로 사용한다. 그리고 지방에 있는 농산물을 예루살렘에 가지고 올라와서 소비한다. 이런 경우에는 농산물을 다시 한 번 돈으로 무를 수 없다.

## 3, 5

תְּעוֹת נִכְנָסוֹת לִירוּשָׁלַיִם וְיוֹצְאוֹת, וּפֵרוֹת נִכְנָסִין וְאֵינָן יוֹצְאִין. רַבָּן שִׁמְעוֹן בֶּן
גַּמְלִיאֵל אוֹמֵר, אַף הַפֵּרוֹת נִכְנָסִין וְיוֹצְאִין:

예루살렘으로 가져간 〔둘째 십일조인〕 마아-동전은 다시 가지고
나올 수 있다. 그러나 그곳으로 가져간 농산물은 다시 가지고 나올 수
없다. 쉼온 벤 감리엘 랍비는 말한다. 그곳으로 가져간 농산물도 다시
가지고 나올 수 있다.

- 넷째 미쉬나에서 논의한 바와 같이 둘째 십일조를 바꾼 돈은 다른
  용도로 쓸 수 있도록 속된 돈으로 성격을 바꿀 수 있고 예루살렘 바
  깥으로 가지고 나와도 무방하다는 데 이견이 없다.
- 둘째 십일조인 농산물에 관해서는 이견이 있는데 랍비들은 둘째 십
  일조 규정의 원칙이 농산물을 예루살렘에 가져와서 먹는 것이므로
  다시 예루살렘 바깥으로 가지고 나갈 수 없다고 주장한다. 이것은 그
  농산물과 동일한 가치를 이동하는 데 사용하는 돈과 다르다. 감리엘
  라반은 이것도 허용한다.

## 3, 6

십일조를 떼지 않은 농산물을 예루살렘으로 가져간 경우, 그 농산
물의 십일조도 예루살렘으로 가지고 나갈 수 없는지 논의한다.

פֵּרוֹת שֶׁנִּגְמְרָה מְלַאכְתָּן וְעָבְרוּ בְתוֹךְ יְרוּשָׁלַיִם, יַחֲזֹר מַעֲשֵׂר שֵׁנִי שֶׁלָּהֶן
וְיֵאָכֵל בִּירוּשָׁלָיִם. וְשֶׁלֹּא נִגְמְרָה מְלַאכְתָּן, סַלֵּי עֲנָבִים לַגַּת וְסַלֵּי תְאֵנִים
לַמֻּקְצֶה, בֵּית שַׁמַּאי אוֹמְרִים, יַחֲזֹר מַעֲשֵׂר שֵׁנִי שֶׁלָּהֶם וְיֵאָכֵל בִּירוּשָׁלָיִם.
וּבֵית הִלֵּל אוֹמְרִים, יִפָּדֶה וְיֵאָכֵל בְּכָל מָקוֹם. רַבִּי שִׁמְעוֹן בֶּן יְהוּדָה אוֹמֵר
מִשּׁוּם רַבִּי יוֹסֵי, לֹא נֶחְלְקוּ בֵּית שַׁמַּאי וּבֵית הִלֵּל עַל פֵּרוֹת שֶׁלֹּא נִגְמְרָה

מְלַאכְתָּן, שֶׁיִּפָּדֶה מַעֲשֵׂר שֵׁנִי שֶׁלָּהֶם וְיֵאָכֵל בְּכָל מָקוֹם. וְעַל מַה נֶּחֱלָקוּ, עַל פֵּרוֹת שֶׁנִּגְמְרָה מְלַאכְתָּן, שֶׁבֵּית שַׁמַּאי אוֹמְרִים, יַחֲזֹר מַעֲשֵׂר שֵׁנִי שֶׁלָּהֶם וְיֵאָכֵל בִּירוּשָׁלַיִם. וּבֵית הִלֵּל אוֹמְרִים, יִפָּדֶה וְיֵאָכֵל בְּכָל מָקוֹם. וְהַדְּמַאי, נִכְנָס וְיוֹצֵא וְנִפְדֶּה:

---

생산이 끝난 농산물을 예루살렘 안으로 옮겼다가 〔나갔다면〕 그 농산물의 둘째 십일조는 다시 예루살렘으로 가져가서 그곳에서 먹어야 한다. 생산이 끝나지 않은 경우에 〔즉〕 포도주 틀로 가져갈 포도 바구니나 말리는 곳에 가져갈 무화과 바구니와 〔같다면〕, 샴마이 학파는 이렇게 말한다. 그 생산물의 둘째 십일조는 다시 예루살렘으로 가져가서 그곳에서 먹어야 한다. 힐렐 학파는 말한다. 그것을 무르고 나서 어느 곳에서든 먹어도 된다. 쉼온 벤 예후다 랍비는 요쎄 랍비의 이름으로 말한다. 샴마이 학파와 힐렐 학파는 생산이 끝나지 않은 농산물의 둘째 십일조를 무르고 나서 어느 곳에서든 먹을 수 있는지에 대해 논쟁하지 않았다. 그들은 무엇에 대해 논쟁하였는가? 생산이 끝난 농산물의 둘째 십일조에 대해 샴마이 학파는 예루살렘으로 가져가서 먹어야 한다고 했다. 힐렐 학파는 무르고 나서 어느 곳에서든 먹어도 된다고 했다. 드마이인 농산물은 예루살렘으로 가져갈 수 있고 다시 가지고 나가 무를 수 있다.

- 어떤 사람이 농산물을 생산해서 모든 손질이 끝났는데 십일조를 떼기 전에 전부 예루살렘 안으로 가지고 갔다가 그곳을 지나 다른 장소로 이동했다. 이것은 마치 둘째 십일조가 농산물과 함께 예루살렘으로 들어갔다 나온 것과 비슷한 경우이다. 랍비들은 이 농산물에서 둘째 십일조를 떼어 예루살렘에 가지고 가서 먹으라고 원칙대로 명령한다.
- 그 농산물이 아직 손질이 끝나지 않은 상태에서 지켜야 할 규정에는

이견이 있다. 샴마이 학파는 아직 십일조를 뗄 시기가 아니라 하더라도 미래의 둘째 십일조가 그 농산물에 포함되어 있기 때문에 예루살렘 바깥으로 가지고 나올 수 없다. 이미 가지고 나왔다면 십일조를 돈으로 바꿀 수 없고 직접 예루살렘에 가지고 가서 먹어야 한다. 힐렐 학파는 아직 십일조를 뗄 시기가 아니기 때문에 그 농산물을 예루살렘 바깥으로 가지고 나가도 무방하다고 생각한다. 그러므로 그는 둘째 십일조를 떼고 돈으로 바꿀 수 있으며 장소와 상관없이 어디서나 먹을 수 있다.

- 쉼온 랍비는 이 논쟁을 매우 다르게 기억하고 있다. 위에서 설명한 샴마이 학파와 힐렐 학파의 주장은 모두 생산이 끝난 농산물이 예루살렘을 지나간 경우를 논의하고 있다고 한다. 그렇다면 힐렐 학파는 둘째 십일조 농산물은 예루살렘 바깥으로 나올 수 없지만 돈으로 무르면 나와도 좋다는 의견이며 매우 관대한 결정이 아닐 수 없다.

- 드마이인 농산물을 예루살렘으로 가져갔다가 나오는 것은 문제가 없다. 왜냐하면 이 농산물 안에 포함된 둘째 십일조는 오직 '의심'에 의하여 적용한 것이기 때문에 성물이라는 성격을 얻지 못한다.


## 3, 7

둘째 십일조 규정과 관련하여 어떤 물체가 예루살렘 안에 있는지 여부를 판단하는 방법을 설명한다.

---

אִילָן שֶׁהוּא עוֹמֵד בִּפְנִים וְנוֹטֶה לַחוּץ, אוֹ עוֹמֵד בַּחוּץ וְנוֹטֶה לִפְנִים, מִכְּנֶגֶד הַחוֹמָה וְלִפְנִים, כְּלִפְנִים. מִכְּנֶגֶד הַחוֹמָה וְלַחוּץ, כְּלַחוּץ. בָּתֵּי הַבַּדִּים שֶׁפִּתְחֵיהֶן לִפְנִים וַחֲלָלָן לַחוּץ, אוֹ שֶׁפִּתְחֵיהֶן לַחוּץ וַחֲלָלָן לִפְנִים, בֵּית שַׁמַּאי אוֹמְרִים, הַכֹּל כְּלִפְנִים. וּבֵית הִלֵּל אוֹמְרִים, מִכְּנֶגֶד הַחוֹמָה וְלִפְנִים, כְּלִפְנִים. מִכְּנֶגֶד הַחוֹמָה וְלַחוּץ, כְּלַחוּץ:

---

〔예루살렘 성벽〕안에 서 있는 나무가 밖으로 뻗어 있거나 밖에 서 있는 나무가 안으로 뻗어 있는 경우, 성벽 맞은편 안쪽으로 향해 있는 것은 안의 것으로 간주하고 성벽 맞은편 바깥쪽으로 향해 있는 것은 바깥의 것으로 간주한다. 기름틀의 경우 입구는 안에 있지만 내부가 밖에 있거나 입구는 밖에 있지만 내부가 안에 있는 경우에 대해 샴마이 학파는 말한다. 모두가 안의 것으로 간주한다. 그러나 힐렐 학파는 말한다. 성벽 맞은편 안쪽으로 향해 있는 것은 안의 것으로 간주하고 성벽 맞은편 바깥쪽으로 향해 있는 것은 바깥의 것으로 간주한다.

- 나무는 자라면서 가지를 넓게 펼칠 수 있고, 뿌리가 있는 곳과 가지가 있는 곳이 달라질 수 있다. 어떤 나무의 가지가 예루살렘 성벽을 넘었다면 뿌리의 위치와 상관없이 안쪽은 안에 있는 것으로 바깥쪽은 바깥에 있는 것으로 간주한다.
- 기름틀이 예루살렘 성벽 안팎에 걸쳐 있을 때 샴마이 학파는 전체가 예루살렘 안에 있다고 간주했고, 그 기름의 둘째 십일조는 돈으로 무를 수 없고 성밖으로 가지고 나갈 수 없다. 힐렐 학파는 기름이 있는 장소에 따라 다르게 판단했다. 성 안에 있으면 그것을 먹을 수 있지만 돈으로 무를 수 없고, 바깥에 있으면 무를 수 있지만 먹을 수 없다.

### 3, 8

지리적인 위치를 설명하고 있다는 점에서 일곱째 미쉬나와 유사하지만, 주제는 둘째 십일조와 아무 상관이 없다.

---

הַלְּשָׁכוֹת, בְּנוּיוֹת בַּקֹּדֶשׁ וּפְתוּחוֹת לַחֹל, תּוֹכָן חֹל וְגַגּוֹתֵיהֶן קֹדֶשׁ. בְּנוּיוֹת
בַּחֹל וּפְתוּחוֹת לַקֹּדֶשׁ, תּוֹכָן קֹדֶשׁ וְגַגּוֹתֵיהֶן חֹל. בְּנוּיוֹת בַּקֹּדֶשׁ וּבַחֹל

וּפְתוּחוֹת לַקֹּדֶשׁ וְלַחֹל, תּוֹכָן וְגַגּוֹתֵיהֶן מִכְּנֶגֶד הַקֹּדֶשׁ וְלַקֹּדֶשׁ, קֹדֶשׁ, מִכְּנֶגֶד הַחֹל וְלַחֹל, חֹל:

거룩한 곳에 지은 방들이 속된 곳으로 열려 있는 경우, 내부는 속되지만 지붕은 거룩하다. 속된 곳에 지은 방이 거룩한 곳으로 열려 있는 경우, 내부는 거룩하지만 지붕은 속되다. 거룩한 곳과 속된 곳 위에 지었고 거룩한 곳과 속된 곳으로 열려 있는 경우, 거룩한 곳에 있는 내부와 지붕 그리고 거룩한 곳을 향해 있는 [입구는] 거룩하고, 속된 곳 위에 있는 [내부와 지붕] 그리고 속된 곳을 향해 있는 [입구는] 속되다.

- 성전 내부에서는 1) 희생제물인 가축을 도살할 수 있고, 2) 희생제물을 먹을 수 있으며 3) 부정한 상태로 들어올 경우 죄를 지은 것이므로 용서받기 위한 제물을 바쳐야 한다.
- 어떤 방을 성전 경내에 지어서 거룩한 장소에 위치하고 있는데 입구를 바깥쪽 속된 장소로 열어놓았다면 이 방의 내부는 입구에 의거하여 속되다고 보고 지붕은 거룩한 장소에 있으므로 거룩하다고 간주한다. 그 반대 경우도 같은 원리에 따라 판단한다.
- 어떤 방이 반은 거룩한 장소에 반은 속된 장소에 걸쳐 있고 입구도 양쪽으로 뚫려 있다. 이런 경우에는 거룩한 장소에 있는 부분은 거룩하고 속된 장소에 있는 부분은 속되다고 간주한다. 실제로 이런 방은 없기 때문에 이 규정은 이론적인 원리를 설명한 것뿐이다.

### 3, 9

둘째 십일조인 농산물이 정결할 때와 부정할 때를 구별하여 세부규칙을 설명한다.

מַעֲשֵׂר שֵׁנִי שֶׁנִּכְנַס לִירוּשָׁלַיִם וְנִטְמָא, בֵּין שֶׁנִּטְמָא בְאַב הַטֻּמְאָה, בֵּין שֶׁנִּטְמָא בִולַד הַטֻּמְאָה, בֵּין בִּפְנִים בֵּין בַּחוּץ, בֵּית שַׁמַּאי אוֹמְרִים, יִפָּדֶה וְיֵאָכֵל הַכֹּל בִּפְנִים, חוּץ מִשֶּׁנִּטְמָא בְאַב הַטֻּמְאָה בַחוּץ. וּבֵית הִלֵּל אוֹמְרִים, הַכֹּל יִפָּדֶה וְיֵאָכֵל בַּחוּץ, חוּץ מִשֶּׁנִּטְמָא בִולַד הַטֻּמְאָה בִּפְנִים:

예루살렘으로 가져간 둘째 십일조가 부정해졌는데 부정의 아버지 때문에 부정해졌거나 부정의 자식 때문에 부정해졌을 때 〔예루살렘〕 안에서 〔부정해졌거나〕 밖에서 〔부정해졌을 때〕, 샴마이 학파는 말한다. 〔예루살렘〕 밖에서 부정의 아버지 때문에 부정해진 경우를 제외하고 모두 무르고 나서 안에서 먹어야 한다. 그러나 힐렐 학파는 말한다. 〔예루살렘〕 안에서 부정의 자식 때문에 부정하게 된 것을 제외하고 모두 무르고 나서 밖에서 먹어야 한다.

- 둘째 십일조를 예루살렘으로 가져가는 도중에 부정해졌다. 여기서 고려해야 할 조건은 부정의 요인이 무엇이었느냐와 부정해진 장소가 어디냐 하는 것이다. 샴마이 학파는 원칙적으로 둘째 십일조를 무르고 예루살렘 안에서 먹어야 한다고 주장한다. 유일한 예외는 성 바깥에서 부정의 아버지 때문에 부정해진 경우인데, 이런 제물은 이미 성물의 지위를 잃었으므로 예루살렘 성벽 안으로 가지고 들어왔을 때 특별한 대우를 받지 못하며 다시 바깥으로 가지고 나갈 수 있다.
- 힐렐 학파는 관대하게 처리하며 둘째 십일조를 무르고 성벽 바깥으로 가지고 나가서 먹어도 좋다고 했다. 유일한 예외는 성 안에서 부정의 자식 때문에 부정해진 경우인데, 예루살렘에 들어올 때는 정결한 둘째 십일조로 성물이었기 때문에 그 이후에 낮은 단계의 부정이 전이된 것은 성 안에서 먹어야 한다.

## 3, 10

둘째 십일조를 바꾼 돈으로 구입한 음식이 부정해진 경우를 설명한다.

הַלָּקוּחַ בְּכֶסֶף מַעֲשֵׂר שֵׁנִי שֶׁנִּטְמָא, יִפָּדֶה. רַבִּי יְהוּדָה אוֹמֵר, יִקָּבֵר. אָמְרוּ לוֹ
לְרַבִּי יְהוּדָה, וּמָה אִם מַעֲשֵׂר שֵׁנִי עַצְמוֹ שֶׁנִּטְמָא, הֲרֵי הוּא נִפְדֶּה, הַלָּקוּחַ
בְּכֶסֶף מַעֲשֵׂר שֵׁנִי שֶׁנִּטְמָא, אֵינוֹ דִין שֶׁיִּפָּדֶה. אָמַר לָהֶם, לֹא, אִם אֲמַרְתֶּם
בְּמַעֲשֵׂר שֵׁנִי עַצְמוֹ, שֶׁכֵּן הוּא נִפְדֶּה בְטָהוֹר בְּרָחוֹק מָקוֹם, תֹּאמְרוּ בְלָּקוּחַ
בְּכֶסֶף מַעֲשֵׂר, שֶׁאֵינוֹ נִפְדֶּה בְטָהוֹר בְּרָחוֹק מָקוֹם:

만일 둘째 십일조를 [바꾼] 돈으로 구입한 것이 부정해지면 그것을 무를 수 있다. 예후다 랍비는 말한다. 그것은 묻어야 한다. [랍비들이] 예후다 랍비에게 말한다. 만일 둘째 십일조 자체가 부정해졌을 때 무를 수 있다면 둘째 십일조인 돈으로 산 것도 무를 수 있는 것이 [마땅한] 결정 아닙니까? 그가 대답한다. 아니오. 둘째 십일조 자체를 [무를 수 있다고] 당신들이 말하는 것이라면 이것이 [예루살렘에서] 멀리 떨어진 곳에 있고 정결할 때 무를 수 있소. [그러나 둘째] 십일조인 돈으로 구입한 것에 관하여, [예루살렘에서] 멀리 떨어진 곳에서 정결할 때 무를 수 없다고 말해야 합니다.

- 어떤 사람이 둘째 십일조를 바꾼 돈으로 음식을 샀는데 이것이 부정해졌다면 그 음식을 돈으로 무르고 다른 정결한 음식을 산 뒤 예루살렘 안에서 먹는다. 예후다 랍비는 성물이 부정해지면 무를 수 없고 땅에 묻어야 한다고 주장한다.
- 랍비들은 아홉째 미쉬나를 근거로 하여 둘째 십일조를 바꾼 돈으로 산 음식도 부정해지면 무를 수 있다고 말한다. 그러나 예후다 랍비는 두 경우가 서로 다르다고 생각한다. 둘째 십일조인 농산물은 예루살렘 바깥에서 정결한 상태에서 무를 수 있다. 그러나 둘째 십일

조를 바꾼 돈으로 구입한 음식은 예루살렘 바깥으로 나갈 수 없으며 이것을 무를 수도 없다. 둘째 십일조인 농산물보다 그것을 돈으로 바꾸어 예루살렘 밖에서 구입한 음식에 더 엄정한 규정이 적용되므로 예루살렘 안에서 구입한 음식도 마찬가지다. 이것을 무를 수 없고 땅에 묻어야 한다.

### 3, 11

둘째 십일조를 바꾼 돈으로 사슴을 구입한 경우를 설명한다.

---

צְבִי שֶׁלְּקָחוֹ בְּכֶסֶף מַעֲשֵׂר, וָמֵת, יִקָּבֵר עַל יְדֵי עוֹרוֹ. רַבִּי שִׁמְעוֹן אוֹמֵר, יִפָּדֶה. לְקָחוֹ חַי וּשְׁחָטוֹ וְנִטְמָא, יִפָּדֶה. רַבִּי יוֹסֵי אוֹמֵר, יִקָּבֵר. לְקָחוֹ שָׁחוּט וְנִטְמָא, הֲרֵי הוּא כְּפֵרוֹת:

---

만일 [둘째] 십일조 돈으로 구입한 사슴이 죽었다면 가죽과 함께 묻어야 한다. 쉼온 랍비는 말한다. 그것을 무를 수 있다. 만일 산 채로 그것을 사서 도살한 후 부정해졌다면 무를 수 있다. 요쎄 랍비는 말한다. 그것을 묻어야 한다. 도살된 것을 사서 부정해졌다면 그것은 농산물처럼 [취급한다].

- 구입한 사슴을 도살하지 않았는데 죽었다면 '죽은 채 발견된 것'(네벨라, נבלה)이 되어 먹을 수 없다. 또한 이 사슴은 둘째 십일조로 산 성물이므로 고기를 개에게 줄 수 없고, 가죽을 벗겨서 사용할 수도 없으며 땅에 묻어야 한다. 쉼온 랍비는 사슴을 무르고 고기를 개에게 주는 것이 낫다고 말한다.
- 사슴을 구입하여 도살한 뒤에 부정해졌다면 농산물을 구입한 뒤 부정해지면 무를 수 있다는 아홉째 미쉬나에 근거하여 무를 수 있다고 주장한다. 요쎄 랍비는 반대한다.

- 도살된 고기를 샀는데 부정해졌다면 농산물과 같은 원리로 처리한다. 랍비들은 무를 수 있다고 했고, 예후다 랍비는 묻으라고 했다.

### 3, 12

둘째 십일조 포도주를 담은 단지에 관해 논의한다.

---

הַמַּשְׁאִיל קַנְקַנִּין לְמַעֲשֵׂר שֵׁנִי, אַף עַל פִּי שֶׁגְּפָן, לֹא קָנָה מַעֲשֵׂר. זָלַף לְתוֹכָן
סְתָם, עַד שֶׁלֹּא גָפָן, לֹא קָנָה מַעֲשֵׂר. מִשֶּׁגְּפָן, קָנָה מַעֲשֵׂר. עַד שֶׁלֹּא גָפָן,
עוֹלוֹת בְּאֶחָד וּמֵאָה, וּמִשֶּׁגְּפָן, מְקֻדְּשׁוֹת בְּכָל שֶׁהֵן. עַד שֶׁלֹּא גָפָן, תּוֹרֵם
מֵאַחַת עַל הַכֹּל, וּמִשֶּׁגְּפָן, תּוֹרֵם מִכָּל אַחַת וְאֶחָת:

---

만일 둘째 십일조 (포도주를 담을) 단지를 빌려준다면 (그것을) 밀봉했더라도 (둘째) 십일조의 (지위를) 가지지 않는다. (그 그릇에) 포도주를 그냥 부었다면 그릇을 봉하기 전에는 십일조의 (지위를) 가지지 않는다. 그러나 그릇을 봉한 후에는 십일조의 (지위를) 가진다.

단지를 봉하기 전에 101:1의 비율이 되면 (거제물이) 무효화된다. 그러나 봉한 후에는 비율에 상관없이 거룩하다고 간주한다. 봉할 때까지는 거제물 하나가 전체를 대신한다. 그러나 봉한 후에는 거제물을 하나씩 하나씩 드려야 한다

- 어떤 포도주 상인이 둘째 십일조를 바꾼 돈을 받고 포도주를 팔았고, 구매자에게 포도주를 담을 단지를 빌려주었다. 그가 판 것은 포도주이지 단지가 아니므로 단지는 거룩해지지 않는다.
- 포도주 상인이 십일조를 떼지 않은 포도주를 판매하려는 목적 없이 그냥 단지 안에 부어놓았다. 만약 그가 단지를 밀봉하기 전에 그 포도주를 둘째 십일조라고 선포하면 그 단지는 둘째 십일조의 지위를 가지지 않는다. 그가 단지를 밀봉한 뒤에 그 포도주가 둘째 십일조

라고 선포하면 그 단지는 둘째 십일조의 지위를 가진다. 밀봉한 단지는 그 포도주의 일부로 간주하기 때문이다. 그는 예루살렘 안에서 이 포도주를 팔고, 받은 돈으로 음식을 사서 성 안에서 먹는다.

- 미쉬나 후반부는 거제인 포도주에 관해 논의하는데 속된 포도주 100 단지와 거제인 포도주 한 단지가 섞이면 거제의 거룩함이 해소되고, 어느 것이든 하나를 골라 거제로 바치면 된다는 규정에 근거한다. 이 미쉬나는 이 규정을 밀봉하지 않은 단지에만 적용한다고 주장한다. 일단 밀봉을 하면 단지 하나가 독립된 존재이므로 서로 섞이지 않으며 거제의 거룩함이 해소되지 않는다. 밀봉한 단지가 몇 개가 있든지 거제인 단지가 섞여 있다면 전체가 거제로 의심을 받게 된다.

- 밀봉하기 전에는 포도주가 여러 단지에 들어 있어도 큰 통에 한꺼번에 들어 있는 것과 마찬가지며 단지 하나를 골라서 거제로 드리고 전체를 대표할 수 있다. 그러나 밀봉하면 하나하나가 독립된다.

### 3, 13

포도주 상인이 이미 밀봉이 끝난 뒤에 지위를 바꾸고 싶은 경우를 논의한다.

---

בֵּית שַׁמַּאי אוֹמְרִים, מְפַתֵּחַ וּמְעָרֶה לַגַּת. וּבֵית הִלֵּל אוֹמְרִים, מְפַתֵּחַ וְאֵינוֹ צָרִיךְ לְעָרוֹת. בַּמֶּה דְבָרִים אֲמוּרִים, בְּמָקוֹם שֶׁדַּרְכָּן לִמְכֹּר סְתוּמוֹת. אֲבָל בְּמָקוֹם שֶׁדַּרְכָּן לִמְכֹּר פְּתוּחוֹת, לֹא יָצָא קַנְקַן לְחֻלִּין. אֲבָל אִם רָצָה לְהַחֲמִיר עַל עַצְמוֹ לִמְכֹּר בְּמִדָּה, יָצָא קַנְקַן לְחֻלִּין. רַבִּי שִׁמְעוֹן אוֹמֵר, אַף הָאוֹמֵר לַחֲבֵרוֹ, חָבִית זוֹ אֲנִי מוֹכֵר לְךָ חוּץ מִקַּנְקַנִּים, יָצָא קַנְקַן לְחֻלִּין:

---

샴마이 학파는 말한다. [포도주 단지를] 열어서 포도주 틀에 부어야 한다. 그러나 힐렐 학파는 말한다. 열어야 하지만 부을 필요는 없다. 이것은 어떨 때 적용되는가? 일반적으로 봉해서 파는 곳에서 그러하다. 그러나 개봉해서 파는 곳에서 단지는 속된 것으로 돌아가지 않는

다. 만약 그〔상인이〕엄정하게 행동하려면〔포도주의〕양을 측정하여 판매할 수 있고 항아리는 속된 것이 된다. 쉼온 랍비는 말한다. 만일 친구에게 단지들 중에서 이 항아리를 팔겠다고 하면 단지는 속된 것이 된다.

- 이미 밀봉된 포도주를 원래 상태로 돌리고자 할 때 삼마이 학파는 포도주 단지를 열어서 포도주 틀에 부어야 한다고 주장한다. 그 후에 포도주를 밀봉하지 않은 단지에 담아서 포도주만 팔고 단지는 빌려 줄 수 있다. 힐렐 학파는 밀봉한 것만 열면 원래 상태로 돌아간다고 말한다.
- 다음 문단은 힐렐 학파의 주장이 너무 관대하다고 생각하고, 일반적으로 포도주를 밀봉해서 팔던 가게에서만 단지를 열 때 포도주가 원래 상태로 돌아간다고 주장한다. 그러나 일반적으로 단지를 열어서 팔던 가게라면 둘째 십일조인 포도주와 단지가 그 거룩성을 잃지 않는다. 유일한 예외는 상인이 단지를 열어 포도주를 적은 양씩 재서 파는 경우이며 이때 단지는 속된 것이 된다.
- 쉼온 랍비는 단지가 속된 것이 되는 또 다른 경우를 제시하는데 상인이 단지를 팔지 않고 그 내용물인 포도주 중 일부만 판다고 정확하게 말할 경우에도 그렇다고 지적했다.

## 제4장

### 4, 1
둘째 십일조를 돈으로 바꿀 때 가격 차이에 관해 논의한다.

---

הַמּוֹלִיךְ פֵּרוֹת מַעֲשֵׂר שֵׁנִי מִמָּקוֹם הַיָּקָר לְמָקוֹם הַזּוֹל, אוֹ מִמָּקוֹם הַזּוֹל
לְמָקוֹם הַיָּקָר, פּוֹדֵהוּ כְּשַׁעַר מְקוֹמוֹ. הַמֵּבִיא פֵּרוֹת מִן הַגֹּרֶן לָעִיר, וְכַדֵּי יַיִן מִן
הַגַּת לָעִיר, הַשֶּׁבַח לַשֵּׁנִי וִיצִיאוֹת מִבֵּיתוֹ:

---

만일 둘째 십일조인 농산물을 비싼 장소에서 싼 장소로 가져가거나
싼 장소에서 비싼 장소로 가져가는 경우, 그가 있는 곳의 가격에 따라
무른다. 만일 농산물을 타작마당에서 도시로 가져가거나 포도주 항
아리를 포도주 틀에서 도시로 가져갈 경우, 증가액은 둘째 십일조에
속하며 비용은 가족이 부담해야 한다.

- 둘째 십일조를 돈으로 바꿀 때 수확한 농산물을 시장에 가져가서 시
  세에 따라 무르며 생산지와 시장 사이에 가격 차이가 있다 하더라도
  시장 가격을 기준으로 무른다.
- 생산지와 시장 사이의 가격 때문에 더 높은 가격으로 농산물을 무른
  경우에도 받은 돈은 모두 둘째 십일조로 간주하며 이동과 판매에 관
  련된 비용은 주인이 부담하고 농산물을 판 가격에서 제하면 안 된다.

### 4, 2
둘째 십일조를 무르는 과정에 관련된 다양한 규정을 소개한다.

---

פּוֹדִין מַעֲשֵׂר שֵׁנִי בְּשַׁעַר הַזּוֹל, כְּמוֹת שֶׁהַחֶנְוָנִי לוֹקֵחַ, לֹא כְּמוֹת שֶׁהוּא
מוֹכֵר. כְּמוֹת שֶׁהַשֻּׁלְחָנִי פוֹרֵט, וְלֹא כְּמוֹת שֶׁהוּא מְצָרֵף. וְאֵין פּוֹדִין מַעֲשֵׂר

---

שֵׁנִי אַכְסָרָה. אֶת שֶׁדָּמָיו יְדוּעִים, יִפָּדֶה עַל פִּי עֵד אֶחָד. וְאֶת שֶׁאֵין דָּמָיו יְדוּעִים, יִפָּדֶה עַל פִּי שְׁלֹשָׁה, כְּגוֹן הַיַּיִן שֶׁקָּרַם וּפֵרוֹת שֶׁהִרְקִיבוּ וּמָעוֹת שֶׁהֶחֱלִיאוּ:

둘째 십일조를 싼 가격으로 무를 수 있다. 가게 주인이 파는 가격이 아니라 사는 가격으로, 환전상이 주는 가격이 아닌 취하는 비율로 [무를 수 있다]. 둘째 십일조는 어림짐작으로 되팔아서는 안 된다. 만일 가격을 알고 있는 경우 한 사람만 증언해주어도 무를 수 있다. 포도주가 신 포도주가 되었거나 생산물이 나쁘게 되었거나 화폐가 녹슨 경우와 같이 가격을 모르는 경우 세 사람의 평가로 되팔아야 한다.

- 둘째 십일조인 농산물을 상대적으로 싼 가격에 무를 수도 있다. 예를 들면 가게 주인이 도매로 사는 가격은 소매로 파는 가격과 다른데, 그 농산물 주인은 둘째 십일조인 농산물을 도매 가격으로 무르게 된다. 환전상에게 작은 동전들을 가져가서 액면가가 더 큰 동전으로 바꿀 때도 상대적으로 낮은 비율로 바꾸게 된다. 물론 가게 주인과 환전상은 이 거래로 나름대로 이득을 취하게 된다.
- 둘째 십일조인 농산물을 무를 때는 열매의 개수를 세어서 또는 그 무게나 부피를 재서 팔아야 한다.
- 둘째 십일조인 농산물을 무르는 가격을 정할 때 시세에 따르면 되고, 한 사람만 증언해주어도 충분하다. 농산물이 훼손되어 시세대로 받을 수 없을 때는 세 사람의 의견을 듣고 가격을 평가한다.

4, 3

둘째 십일조인 농산물을 가져가려는 사람이 여러 명일 때 누구에게 무르느냐 하는 문제를 설명한다.

בַּעַל הַבַּיִת אוֹמֵר בְּסֶלַע וְאַחֵר אוֹמֵר בְּסֶלַע, בַּעַל הַבַּיִת קוֹדֵם, מִפְּנֵי שֶׁהוּא מוֹסִיף חֹמֶשׁ. בַּעַל הַבַּיִת אוֹמֵר בְּסֶלַע וְאַחֵר אוֹמֵר בְּסֶלַע וְאִסָּר, אֶת שֶׁל סֶלַע וְאִסָּר קוֹדֵם, מִפְּנֵי שֶׁהוּא מוֹסִיף עַל הַקֶּרֶן. הַפּוֹדֶה מַעֲשֵׂר שֵׁנִי שֶׁלּוֹ, מוֹסִיף עָלָיו חֲמִשִׁית, בֵּין שֶׁהוּא שֶׁלּוֹ וּבֵין שֶׁנִּתַּן לוֹ בְּמַתָּנָה:

만일 집주인이 1쎌라라 하고 다른 사람이 1쎌라라고 하면 집주인에게 우선권이 있다. 그는 1/5을 더 주어야 하기 때문이다.[11] 만일 집주인이 1쎌라라 하고 다른 사람이 1쎌라 1이싸르라고 하면[12] 1쎌라 1이싸르라고 한 사람이 우선권을 갖는다. 그가 원금을 더 쳐주었기 때문이다. 자기 둘째 십일조를 무를 때 그것이 자신의 것이든 다른 사람이 선물로 준 것이든 간에 그는 1/5을 더 주어야 한다.

- 둘째 십일조인 농산물을 무르려고 할 때 집주인과 다른 사람이 같은 가격을 제시했을 때 집주인에게 무른다. 그 이유는 토라의 규정에 따라 집주인은 십일조를 무르면서 가격의 1/5을 첨가해서 내야 하고(레 27:31), 결국 둘째 십일조의 양이 늘어나기 때문이다. 그러나 집주인이 무르면 1과 1/5쎌라가 나오고 다른 사람에게 무르면 1쎌라와 1이싸르를 받을 수 있을 때 집주인이 무르는 가격이 더 높지만 다른 사람에게 무른다. 두 사람이 서로 다른 가격을 제시했을 때는 원금을 기준으로 판단하며 추가로 첨가하는 액수는 고려하지 않는다.
- 둘째 십일조를 무를 때 1/5을 더해야 한다는 규정은 자기가 직접 길렀든지 친구가 선물로 주었든지 상관없이 동일하게 적용한다.

---

11) "또 만일 어떤 사람이 그의 십일조를 무르려면 그것에 오분의 일을 더할 것이요."(레 27:31).
12) 1이싸르는 약 1/96쎌라이다.

**4, 4**

둘째 십일조를 무를 때 약삭빠르게 행동하는 방법을 제시한다.

---

מַעֲרִימִין עַל מַעֲשֵׂר שֵׁנִי. כֵּיצַד, אוֹמֵר אָדָם לִבְנוֹ וּלְבִתּוֹ הַגְּדוֹלִים, לְעַבְדּוֹ
וּלְשִׁפְחָתוֹ הָעִבְרִים, הֵילָךְ מָעוֹת אֵלּוּ וּפְדֵה לְךָ מַעֲשֵׂר שֵׁנִי זֶה. אֲבָל לֹא
יֹאמַר כֵּן לִבְנוֹ וּלְבִתּוֹ הַקְּטַנִּים, לְעַבְדּוֹ וּלְשִׁפְחָתוֹ הַכְּנַעֲנִים, מִפְּנֵי שֶׁיָּדָן כְּיָדוֹ:

---

둘째 십일조에 〔1/5을 추가하는 것을 피하기 위해〕 약삭빠르게 행동할 수 있다. 어떻게 〔그렇게 하는가〕? 성인이 된 아들이나 딸에게, 히브리 남종이나 여종에게 이렇게 말하면 된다. "여기 마아-동전이 있으니 네 자신을 위해 이 둘째 십일조를 무르라." 그러나 미성년자인 아들이나 딸에게, 가나안 남종이나 여종에게는 그렇게 말해선 안 된다. 그들의 것은 그의 것이기 때문이다.[13]

- 법을 어기지 않으면서 둘째 십일조에 첨가할 1/5을 내지 않는 방법이 있다. 자기 자식이나 종과 미리 약속을 하고 돈을 준 뒤 그 자식이나 종에게 둘째 십일조인 농산물을 무른다. 물론 그 자식이나 종은 농산물을 주인에게 되돌려줄 것이다. 농산물의 주인은 법적으로 독립된 타인에게 둘째 십일조를 무르기 때문에 1/5을 더 낼 필요가 없고, 자기가 준 돈을 들고 예루살렘으로 가면 된다.
- 미성년자인 자식이나 외국인 종에게 이 방법을 쓸 수 없다. 그들의 재산은 원래 주인의 것이기 때문에, 그가 그들에게 돈을 준다 해도 그 돈은 아직 자기 것이며 자기가 자기 것을 무르는 셈이 된다.

---

13) 미성년자인 아들이나 딸, 가나안 남종이나 여종은 소유에 대한 권리가 없고 그들의 아버지나 주인에게 소유권이 있기 때문이다.

## 4, 5

약삭빠르게 행동하는 또 다른 방법을 알려준다.

---

הָיָה עוֹמֵד בַּגֹּרֶן וְאֵין בְּיָדוֹ מָעוֹת, אוֹמֵר לַחֲבֵרוֹ, הֲרֵי הַפֵּרוֹת הָאֵלּוּ נְתוּנִים
לָךְ בְּמַתָּנָה. חוֹזֵר וְאוֹמֵר, הֲרֵי אֵלּוּ מְחֻלָּלִין עַל מָעוֹת שֶׁבַּבָּיִת:

---

어떤 사람이 타작마당에 있는데 손에 돈이 없는 경우 그는 친구에
게 이렇게 말할 수 있다. "이 농산물을 당신에게 선물로 주겠습니다."
그리고 이렇게 말한다. "이것을 집에 있는 돈으로 무르겠습니다."

● 어떤 사람이 타작마당에 일을 하는 중이라 수중에 돈이 없어서 넷째
미쉬나에서 설명한 약삭빠른 방법을 사용할 수 없다. 이때 또 다른
방법을 쓸 수 있는데 미리 친구와 약속하고 둘째 십일조인 농산물을
그에게 선물로 준다. 그 후에 그가 집에 있는 돈으로 그 농산물을 무
르겠다고 제안하면 그 농산물은 친구의 소유이기 때문에 1/5을 첨가
할 필요가 없다.

## 4, 6

농산물의 가격이 급격히 변하는 상황에 관해 논의한다.

---

מָשַׁךְ מִמֶּנּוּ מַעֲשֵׂר בְּסֶלַע, וְלֹא הִסְפִּיק לִפְדּוֹתוֹ עַד שֶׁעָמַד בִּשְׁתַּיִם, נוֹתֵן לוֹ
סֶלַע, וּמִשְׁתַּכֵּר בְּסֶלַע, וּמַעֲשֵׂר שֵׁנִי שֶׁלּוֹ. מָשַׁךְ מִמֶּנּוּ מַעֲשֵׂר בִּשְׁתַּיִם, וְלֹא
הִסְפִּיק לִפְדּוֹתוֹ עַד שֶׁעָמַד בְּסֶלַע, נוֹתֵן לוֹ סֶלַע מֵחֻלִּין וְסֶלַע שֶׁל מַעֲשֵׂר שֵׁנִי
שֶׁלּוֹ. אִם הָיָה עַם הָאָרֶץ, נוֹתֵן לוֹ מִדְּמַאי:

---

어떤 사람이 둘째 십일조인 농산물을 1쎌라에 구입했는데 그 [값
을] 무르기 전에 [가격이] 2쎌라가 되었을 경우, [구매자는 판매자에
게] 1쎌라만 지불한다. [둘째] 1쎌라는 그 [구매자의] 몫이 되고, 그 둘

째 십일조도 그의 것이 된다. 만일 그가 〔둘째〕 십일조를 2쎌라에 구입했는데 그것을 무르기 전에 1쎌 라가 되었을 경우, 〔구매자는 판매자에게〕 속된 돈 1쎌라를 주고 자기의 둘째 십일조에서 1쎌라를 준다. 만일 그가(판매자) 암 하아레쯔이면 드마이의 〔둘째 십일조〕에서 주어야 한다.

- 어떤 사람이 둘째 십일조인 농산물을 다른 사람에게 주고 돈으로 바꾸었는데 아직 돈을 받기 전에 농산물의 가격이 올랐다. 그렇다고 하더라도 구매자는 판매 당시의 시세에 따라 가격을 지불하고, 판매자는 그 가격을 예루살렘에 가져가서 소비한다. 구매자는 그 농산물 또는 그것을 바꾼 돈(오른 가격)을 가지고 예루살렘에 가게 될 것이다.
- 반대로 농산물의 가격이 중간에 내렸다면 구매자는 판매 당시의 시세에 따라 가격을 지불하는 원칙을 따른다. 다만 현시세가 거래가격의 반 정도라면 지불하는 가격 중에 반은 속된 돈으로 반은 자신의 둘째 십일조로 준다. 구매자가 사용조건에 제한이 있는 돈을 판매자에게 넘기는 셈이다.
- 만약 판매자가 법을 지키지 않는 암 하아레쯔이면 둘째 십일조인 돈을 줄 수 없다. 그가 예루살렘에 올라가지 않을 수도 있기 때문이다. 그렇다면 드마이의 둘째 십일조를 준다.

4, 7

הַפּוֹדֶה מַעֲשֵׂר שֵׁנִי וְלֹא קָרָא שֵׁם, רַבִּי יוֹסֵי אוֹמֵר, דַּיּוֹ. רַבִּי יְהוּדָה אוֹמֵר,
צָרִיךְ לְפָרֵשׁ. הָיָה מְדַבֵּר עִם הָאִשָּׁה עַל עִסְקֵי גִטָּהּ וְקִדּוּשֶׁיהָ, וְנָתַן לָהּ גִּטָּהּ
וְקִדּוּשֶׁיהָ וְלֹא פֵרֵשׁ, רַבִּי יוֹסֵי אוֹמֵר, דַּיּוֹ. רַבִּי יְהוּדָה אוֹמֵר, צָרִיךְ לְפָרֵשׁ:

둘째 십일조를 무르면서 〔돈을 준비한〕 이가 그것을 〔둘째 십일조라는〕 이름으로 무르지 않았을 때 요쎄 랍비는 상관없다고 말한다.

그러나 예후다 랍비는 명확히 할 필요가 있다고 한다. 여자에게 이혼이나 결혼에 대해 얘기하고 이혼증서나 결혼선물을 주었지만 명확히 〔이름을 말하지〕 않았을 때 요쎄 랍비는 상관없다고 말한다. 그러나 예후다 랍비는 명확히 할 필요가 있다고 한다.

- 둘째 십일조인 농산물을 무를 때 그것을 바꾼 돈이 둘째 십일조라고 선포해야 효력이 있다는 의견이 있고, 상관없다는 의견이 있다. 같은 원리로 결혼이나 이혼을 할 때도 부부관계가 성립하고 해체되었음을 정확하게 선포해야 하는지 여부를 놓고 이견이 있다.

### 4, 8

이싸르 동전으로 둘째 십일조를 무를 때 주의할 점을 설명한다.

הַמַּנִּיחַ אִסָּר וְאָכַל עָלָיו חֶצְיוֹ, וְהָלַךְ לְמָקוֹם אַחֵר וַהֲרֵי הוּא יוֹצֵא בְּפֻנְדְּיוֹן,
אוֹכֵל עָלָיו עוֹד אִסָּר. הַמַּנִּיחַ פֻּנְדְּיוֹן וְאָכַל עָלָיו חֶצְיוֹ, וְהָלַךְ לְמָקוֹם אַחֵר
וַהֲרֵי הוּא יוֹצֵא בְּאִסָּר, אוֹכֵל עָלָיו עוֹד פֶּלַג. הַמַּנִּיחַ אִסָּר שֶׁל מַעֲשֵׂר שֵׁנִי,
אוֹכֵל עָלָיו אֶחָד עָשָׂר בְּאִסָּר וְאֶחָד מִמֵּאָה בְּאִסָּר. בֵּית שַׁמַּאי אוֹמְרִים, הַכֹּל
עֲשָׂרָה. וּבֵית הִלֵּל אוֹמְרִים, בַּוַּדַּאי אֶחָד עָשָׂר, וּבַדְּמַאי עֲשָׂרָה:

1이싸르를 따로 놓아둔 이가 그것의 절반 가치에 해당하는 것을 먹었고, 〔환율이 1이싸르가〕 1푼디온에 해당하는[14] 다른 장소에 갔다면 그는 1이싸르만큼 〔음식을〕 더 먹을 수 있다. 만일 1푼디온을 따로 놓아둔 이가 절반 가치에 해당하는 것을 먹었고, 〔환율이 1푼디온이〕 1이싸르에[15] 해당하는 다른 장소에 갔다면 그는 반만큼 〔음식을〕 더 먹을 수 있다.

---

14) 1푼디온은 2이싸르에 해당한다. 즉, 1이싸르의 두 배 가치를 말한다.
15) 1이싸르는 1/2푼디온에 해당한다. 즉, 1푼디온의 절반 가치를 말한다.

둘째 십일조를 위해 1이싸르를 따로 놓아두었을 때 그는 11/10이 싸르까지 또는 101/100이싸르까지 먹는다. 샴마이 학파는 말한다. 두 경우 모두 10/10[이싸르만 먹는다]. 힐렐 학파는 말한다. 확실히 둘째 십일조인 것이라면 11/10[이싸르까지 먹고], 드마이 생산물이라면 10/10[이싸르까지 먹는다].

- 어떤 사람이 둘째 십일조를 무르는 데 쓰려고 돈 1이싸르를 따로 떼어놓았고, 그중 반에 해당하는 양의 둘째 십일조 농산물을 먹었다. 그러므로 그는 현재 1/2이싸르가 둘째 십일조가 되었고 1/2이싸르가 아직 속된 돈으로 남은 이싸르 동전 하나를 들고 있는 상태다. 그런데 그가 다른 지역으로 여행을 했는데 그곳은 돈의 환율이 달랐고, 원래 1푼디온에 2이싸르인 고향과 달리 1푼디온에 1이싸르를 쳐주니 그가 가진 동전의 가치가 두 배로 늘었다. 그렇다면 그는 아직 속된 돈으로 남은 동전의 반을 1이싸르로 바꾸어 먹을 수 있다. 둘째 십일조를 무를 때는 무르는 행위가 시행된 장소의 환율을 사용한다.
- 반대로 1푼디온을 따로 떼어놓았고 그 반을 이미 먹은 사람이, 원래 1푼디온이 2이싸르인 고향과 달리 1푼디온이 1이싸르인 곳으로 여행을 갔다면 그가 가진 동전의 가치는 반으로 줄어들었다. 그는 1/2이싸르에 해당하는 음식만 더 먹을 수 있다.
- 미쉬나 후반부에서 설명한 규정은 이해하기가 어려우며 몇 가지 해석이 존재한다. 어떤 사람이 1이싸르를 둘째 십일조로 바꾸는 데 쓰려고 집에 따로 떼어놓았고, 실제로는 예루살렘에서 둘째 십일조인 농산물을 먹었다. 그가 일정한 양의 농산물을 먹으면 집에 둔 동전이 그만큼 속된 돈으로 변하며 고향에서 다른 용도로 쓸 수 있게 될 것이다. 그런데 앞에서 보듯 동전의 가치가 지역이나 시절에 따라 변하기 때문에 따로 떼어둔 동전의 거룩함을 해치지 않고 확실히

다 소진할 필요가 생긴다. 그래서 1이싸르에 1/10을 더하거나 1/100을 더한 양의 음식을 먹어서 동전이 전부 속된 돈으로 만드는 관습이 있다. 샴마이 학파는 둘째 십일조가 확실하거나 아니면 드마이인 경우 모두 음식을 더 먹을 필요가 없으며 1이싸르에 해당하는 양만 먹으면 된다고 말한다. 힐렐 학파는 둘째 십일조가 확실할 때는 1/10을 더하여 11/10이싸르에 해당하는 음식을 먹고, 드마이라면 십일조를 냈을 가능성도 있기 때문에 더하지 않고 정확하게 1이싸르 정도를 먹으라고 말한다.

### 4, 9

우연히 발견한 동전을 처리하는 방법을 설명한다.

---

כָּל הַמָּעוֹת הַנִּמְצָאִים, הֲרֵי אֵלּוּ חֻלִּין, אֲפִלּוּ דִינַר זָהָב עִם הַכֶּסֶף וְעִם הַמָּעוֹת. מָצָא בְתוֹכָן חֶרֶשׂ וְכָתוּב עָלָיו מַעֲשֵׂר, הֲרֵי זֶה מַעֲשֵׂר:

---

〔우연히〕 발견한 마아-동전은 속된 돈이며 은이나 마아-동전과 함께 있는 금 디나르라도 〔그러하다〕. 만일 그 〔화폐들과 함께〕 항아리 조각이 있고 십일조라 쓰여져 있다면 그것은 〔둘째〕 십일조로 간주한다.

● 어떤 사람이 우연히 동전을 주웠을 때 그것이 둘째 십일조를 바꾼 돈인지 의심할 필요는 없다. 심지어 함께 보관하지 않는 금화와 은화 또는 동전을 함께 발견했다고 하더라도 마찬가지다. 유일한 예외는 '십일조'라고 쓴 기록이 함께 발견된 경우이며 이때는 그 화폐가 둘째 십일조를 바꾼 돈임을 알고 규정에 맞게 사용해야 한다.

## 4, 10

우연히 발견한 다른 물건들을 처리하는 방법을 설명한다.

---

הַמּוֹצֵא כְלִי וְכָתוּב עָלָיו קָרְבָּן, רַבִּי יְהוּדָה אוֹמֵר, אִם הָיָה שֶׁל חֶרֶס, הוּא
חֻלִּין וּמַה שֶּׁבְּתוֹכוֹ קָרְבָּן. וְאִם הָיָה שֶׁל מַתֶּכֶת, הוּא קָרְבָּן וּמַה שֶּׁבְּתוֹכוֹ
חֻלִּין. אָמְרוּ לוֹ, אֵין דֶּרֶךְ בְּנֵי אָדָם לִהְיוֹת כּוֹנְסִין חֻלִּין לַקָּרְבָּן:

---

그릇을 발견했는데 '봉헌물'이라[16] 쓰여 있는 것에 대해 예후다 랍
비는 말한다. 만일 그 그릇을 점토로 만들었으면 그것은 속된 것이고
내용물은 봉헌물이다. 만일 그릇을 금속으로 만들었으면 그것은 봉헌
물이고 내용물은 속된 것이다. 〔랍비들이〕 그에게 말한다. "사람들이
속된 것을 봉헌물 안에 넣는 것은 일반적이지 않습니다."

- 어떤 사람이 우연히 그릇을 주웠고 그 위에 '봉헌물'(קרבן, 코르반)
  이라고 기록되어 있었다. 여기서 봉헌물이란 원래 희생제사를 가리
  키지만, 의미가 확대되어 성물을 부를 때 사용하였다.
- 예후다 랍비는 사람들이 싸구려 점토 그릇을 봉헌물로 바치는 경우
  는 드물기 때문에 '봉헌물'이라는 글씨는 그 내용물만 가리킨다고
  보았다. 그러나 그 그릇이 비싼 금속 그릇이었다면 봉헌물일 가능성
  이 높다. 그러므로 그릇이 봉헌물이고 내용물이 속된 것이라고 주장
  했다.
- 다른 랍비들은 속된 음식을 거룩한 그릇에 담을 가능성이 별로 없다
  고 여겨, 금속 그릇과 그 내용물이 모두 봉헌물이라고 주장했다.

---

16) 히브리어 코르반은 성전에 드려지는 제물을 말한다.

주운 그릇에 어떤 글자가 쓰여 있는지에 따른 처리 방식에 대해 논의한다.

---

הַמּוֹצֵא כְלִי וְכָתוּב עָלָיו קוּ"ף, קָרְבָּן. מ', מַעֲשֵׂר. ד', דְּמַאי. ט', טֶבֶל. ת', תְּרוּמָה, שֶׁבִּשְׁעַת סַכָּנָה הָיוּ כוֹתְבִין ת' תַּחַת תְּרוּמָה. רַבִּי יוֹסֵי אוֹמֵר, כֻּלָּם שְׁמוֹת בְּנֵי אָדָם הֵם. אָמַר רַבִּי יוֹסֵי, אֲפִלּוּ מָצָא חָבִית וְהִיא מְלֵאָה פֵרוֹת וְכָתוּב עָלֶיהָ תְּרוּמָה, הֲרֵי אֵלּוּ חֻלִּין, שֶׁאֲנִי אוֹמֵר אֶשְׁתָּקַד הָיְתָה מְלֵאָה פֵרוֹת תְּרוּמָה, וּפִנָּהּ:

---

그릇을 발견했는데 문자 '코프'(ק)가 쓰여 있다면 그것은 봉헌물(코르반)이다. '멤'(מ)이면 십일조(마아쎄르)이다. '달레트'(ד)이면 드마이 생산물이다. '테트'(ט)이면 부적절한 것(테벨)이다. '타브'(ת)이면 거제물(트루마)이다. 위험한 시기에 '트루마' 대신 '타브'를 썼다. 요쎄 랍비는 말한다. 그것들이 모두 민족들의 이름이다. 요쎄 랍비는 말한다. 비록 농산물로 가득찬 병에 거제물이라 쓰여 있더라도 속된 것으로 취급한다. 작년에 거제물을 가득 채웠다가 비웠다고 [생각할 수 있기] 때문이다.

- 어떤 사람이 우연히 그릇을 주웠고 그 위에 어떤 글자 하나만 쓰여 있었다면 성전에 바치는 제물들 중 하나인지 주의깊게 살펴야 한다. 유대 전통을 지키면 위험하던 시절 다른 민족 관리들의 눈을 피하기 위해서 이런 약자를 사용했는데 이런 그릇 안에 들어 있는 내용물은 그 이름에 맞게 처리해야 한다.
- 요쎄 랍비는 관대하게 생각해서 이런 글자들을 민족명으로 볼 수도 있다고 했고, 그 내용물을 성물로 다룰 필요는 없다고 주장했다. 심지어 농산물이 가득 든 병 위에 '거제물'이라고 명확하게 쓰여 있어도 그 내용물이 속된 것일 수 있다고 말한다. 왜냐하면 작년에 그 병

에 거제물을 담았다가 바쳤고, 올해는 그 병을 재활용할 뿐 거제를
담지 않았을 가능성도 있기 때문이다.


## 4, 12

특정한 장소를 지정한 것과 십일조의 상관관계에 대해 논의한다.

---

הָאוֹמֵר לִבְנוֹ, מַעֲשֵׂר שֵׁנִי בְּזָוִית זוֹ, וּמְצָא בְּזָוִית אַחֶרֶת, הֲרֵי אֵלּוּ חֻלִּין. הָיָה
שָׁם מָנֶה וּמְצָא מָאתַיִם, הַשְּׁאָר חֻלִּין. מָאתַיִם וּמְצָא מָנֶה, הַכֹּל מַעֲשֵׂר:

---

어떤 사람이 아들에게 '둘째 십일조가 이 모퉁이에 있다'고 말했는
데 〔아들이〕 다른 모퉁이에서 발견하면 그것은 속된 것이다. 〔어떤 사
람이 아들에게 '둘째 십일조가 〕 1마네가 있다'고 했는데 〔그 아들이〕
200디나르를 발견하면 나머지는 속된 것이다. 〔어떤 사람이 아들에
게 '둘째 십일조〕 200〔디나르가 있다'고 말했는데 그 아들이〕 1마네
를 발견하면 모두 〔둘째〕 십일조이다.


- 아버지가 정확한 장소를 지정하며 그곳에 둘째 십일조를 둔다고 했
  고, 그 아들이 다른 장소에 농산물이 있는 것을 발견했다면 그 농산
  물은 속된 것으로 보아야 한다. 다른 사람이 둘째 십일조를 옮겨갔을
  가능성도 있기 때문이다.
- 아버지가 둘째 십일조를 바꾼 돈 1마네가 있다고 말했다(1마네는
  100디나르이다). 그런데 아들이 200디나르를 발견했다면 그중 반만
  둘째 십일조이고 나머지 반은 속된 돈이다. 아버지가 잘못 말했을까
  봐 걱정할 필요가 없다. 반대로 아버지가 둘째 십일조를 바꾼 돈 200
  디나르가 있다고 했는데 실제로 1마네, 즉 100디나르만 있었다. 그
  렇다면 그 돈은 모두 둘째 십일조로 간주한다.

제5장

## 5, 1

심은 지 4년이 되는 포도원을 고지하는 방법을 설명한다.

---

כֶּרֶם רְבָעִי, מְצַיְּנִין אוֹתוֹ בְּקוֹזְזוֹת אֲדָמָה, וְשֶׁל עָרְלָה בְּחַרְסִית, וְשֶׁל קְבָרוֹת
בְּסִיד, וּמְמַחֶה וְשׁוֹפֵךְ. אָמַר רַבָּן שִׁמְעוֹן בֶּן גַּמְלִיאֵל, בַּמֶּה דְבָרִים אֲמוּרִים,
בַּשְּׁבִיעִית. וְהַצְּנוּעִים מַנִּיחִין אֶת הַמָּעוֹת וְאוֹמְרִים, כָּל הַנִּלְקָט מִזֶּה, יְהֵא
מְחֻלָּל עַל הַמָּעוֹת הָאֵלּוּ:

---

4년째 되는 포도원은 흙덩어리로, 오를라[17] [열매]에는 진흙으로,
무덤에는 석회를 녹여 부어서 표시해야 한다. 쉼온 벤 감리엘 라반은
말한다. [이 규정은] 언제 적용되는가? 7년째이다. 독실한[18] 사람들은
마아-동전을 내어놓고 이렇게 말한다. 이곳에서 [생산된 것은] 무엇
이든 이 마아-동전으로 무른다.

- 토라는 이스라엘 백성이 가나안 땅에서 과일나무를 심으면 3년 동안
  달리는 열매를 먹지 말고 제4년에 달린 열매는 헌물로 드리며 제5년
  에 먹으라고 명령한다(레 19:23-24). 이 미쉬나는 아직 먹을 수 없는
  상태인 포도원이나 과수원에 표시를 해서 다른 사람들이 알 수 있도
  록 해야 한다는 전제에서 출발한다. 그래서 처음 심은 뒤 3년까지는
  도공들이 쓰는 진흙으로, 제4년에는 특별한 흙덩어리로 표시하라고
  명령한다. 이와 함께 묘지를 석회로 표시한다는 규정도 첨가한다.
- 쉼온 벤 감리엘 라반은 포도원이나 과수원에 표시를 하는 관행은 제

---

17) 히브리어 '오를라'(עָרְלָה)는 '할례받지 않은 것'을 뜻하며 먹어서는 안 되는 첫
   3년 이내의 열매를 말한다.
18) 히브리어 원문은 '겸손한'이나 문맥상 '경건한' 사람을 의미한다.

7년에 시행한다고 말한다. 안식년이 되면 밭과 과수원에 달린 열매가 주인이 없는 상태가 되고 누구든지 그것을 먹을 수 있으므로 사람들이 금지된 열매를 먹지 않도록 표시해야 한다는 것이다.

- 감리엘 라반의 의견에 반대하는 측에서는 제4년에 달린 열매는 거룩하고 이 열매를 누군가 따 먹었다면 돈으로 바꾸어 무를 필요가 있다고 생각한다. 그래서 독실한 신앙을 가진 자들은 미리 돈을 가져다 놓고, 누군가 열매를 따 먹으면 자동적으로 그 돈으로 무르게 한다고 말한다.

## 5, 2

제4년에 맺힌 열매들을 어떻게 처리하는지 설명한다.

---

כֶּרֶם רְבָעִי הָיָה עוֹלֶה לִירוּשָׁלַיִם מַהֲלַךְ יוֹם אֶחָד לְכָל צַד. וְאֵיזוֹ הִיא תְּחוּמָהּ,
אֵילַת מִן הַדָּרוֹם וְעַקְרַבַּת מִן הַצָּפוֹן, לוֹד מִן הַמַּעֲרָב וְהַיַּרְדֵּן מִן הַמִּזְרָח.
וּמִשֶּׁרַבּוּ הַפֵּרוֹת, הִתְקִינוּ שֶׁיְּהֵא נִפְדֶּה סָמוּךְ לַחוֹמָה. וּתְנַאי הָיָה הַדָּבָר,
שֶׁאֵימָתַי שֶׁיִּרְצוּ, יַחֲזֹר הַדָּבָר לִכְמוֹת שֶׁהָיָה. רַבִּי יוֹסֵי אוֹמֵר, מִשֶּׁחָרַב בֵּית
הַמִּקְדָּשׁ, הָיָה הַתְּנַאי הַזֶּה. וּתְנַאי הָיָה, אֵימָתַי שֶׁיִּבָּנֶה בֵּית הַמִּקְדָּשׁ, יַחֲזֹר
הַדָּבָר לִכְמוֹת שֶׁהָיָה:

---

4년째 되는 포도원의 [열매는] 예루살렘에서 하루에 [걸을 수 있는] 거리라면 어디든지 [예루살렘으로] 가지고 와야 한다. 어디까지가 그 경계인가? 남쪽은 에일랏,[19] 북쪽은 아크라밧, 서쪽은 로드, 동쪽은 요단강이다. [생산량이] 늘어나면 포도원이 [예루살렘] 벽에 가까워도[20] 무를 수 있다고 선포했다. 하지만 원할 때면 언제든지 [이 규정을] 이전 상태로 되돌릴 수 있다는 조건이 있었다. 요쎄 랍비는 말한

---

19) 에일랏은 구체적으로 어디를 가리키는지 불분명하다. 일부는 헤브론, 일부는 벧구브린을 제안하기도 한다.

20) 예루살렘 벽에 가깝다는 것은 예루살렘 벽을 벗어난 '외부에서'라는 의미이다.

다. 이것은 성전이 파괴된 후의 규정이고, 성전이 재건된 후에는 〔이 규정을〕 이전 상태로 복원시켜야 한다.

- 예루살렘에서 하루 걸음 정도 거리 안에 있는 포도원에서 제4년에 수확한 열매는 둘째 십일조처럼 예루살렘으로 가져와서 먹어야 하며 무를 수 없다. 이 구역 안에 드는 지역은 지명으로 정확하게 규정되어 있다.
- 그러나 수확량이 너무 많아지면 포도원이 예루살렘에서 가까운 곳에 있어도 돈으로 바꾸어 가지고 와도 된다. 이 규정이 너무 관대하다고 생각했는지, 랍비들은 언제든지 필요에 따라 원래 규정을 회복시킬 수 있다는 단서를 달아놓았다. 요쎄 랍비는 다른 조건을 주장하는데 성전이 파괴된 시대에는 제4년의 열매를 무를 수 있지만, 성전을 재건하면 무를 수 없고 예루살렘으로 가져와야 한다고 말한다.

### 5, 3
제4년의 열매를 무를 때와 관련된 규정들을 논의한다.

---

כֶּרֶם רְבָעִי, בֵּית שַׁמַּאי אוֹמְרִים, אֵין לוֹ חֹמֶשׁ וְאֵין לוֹ בְעוּר. וּבֵית הֶלֵּל
אוֹמְרִים, יֶשׁ לוֹ. בֵּית שַׁמַּאי אוֹמְרִים, יֶשׁ לוֹ פֶּרֶט וְיֶשׁ לוֹ עוֹלְלוֹת, וְהָעֲנִיִּים
פּוֹדִין לְעַצְמָן. וּבֵית הֶלֵּל אוֹמְרִים, כֻּלּוֹ לַגַּת:

---

4년째 포도원에 대해 샴마이 학파는 말한다. 그것에는 1/5 〔첨가를〕 적용하지 않으며 〔제3년의〕 제거 〔규정도〕 적용하지 않는다. 힐렐 학파는 말한다. 적용이 된다. 샴마이 학파는 말한다. 떨어진 포도(페레트)와 상한 포도(올렐레트) 〔규정이〕 적용되며 가난한 이는 스스로를 위해 무를 수 있다. 힐렐 학파는 말한다. 그 모든 것은 포도주 틀로 가지고 가야 한다.

- 둘째 십일조를 무를 때는 1/5을 첨가해야 하는데(레 27:31), 제4년에 달린 포도 열매에 관해서 샴마이 학파는 이 열매를 예루살렘에 가져 갈 때 무른다 하더라도 1/5을 첨가하지 않는다고 설명한다. 또한 제 3년 끝에는 집 안에서 십일조를 모두 제거하여 가난한 자에게 주어야 하는데(신 14:28), 제4년의 열매에는 이 규정도 적용하지 않는다고 말한다. 힐렐 학파는 반대하며 제4년의 열매도 둘째 십일조와 마찬가지로 처리한다고 주장한다.

- 포도나무에서 떨어진 포도와 상한 포도는 수확하지 않고 가난한 자들을 위해 남겨두어야 하는데(레 19:10; 신 24:21), 이 명령은 십일조에는 적용되지 않는다. 샴마이 학파는 제4년의 열매에 십일조 관련 규정이 적용되지 않는다고 생각하기 때문에, 반대로 제4년의 열매에 떨어진 포도와 상한 포도 규정은 적용된다고 생각한다. 가난한 자들은 제4년의 열매 중 떨어진 것과 상한 것을 모아서 돈으로 바꾼 뒤 예루살렘에 올라가서 소비한다. 힐렐 학파는 반대하며 제4년의 열매도 십일조 관련규정을 적용하므로 떨어진 포도와 상한 포도 규정은 적용하지 않는다. 주인이 제4년의 포도를 모아 포도주를 만들어 예루살렘에서 마시거나 이것을 무르고 그 돈을 예루살렘에서 써야 한다.

### 5, 4

제4년의 열매를 무르는 방법을 설명한다.

---

כֵּיצַד פּוֹדִין נֶטַע רְבָעִי, מַנִּיחַ אֶת הַסַּל עַל פִּי שְׁלֹשָׁה, וְאוֹמֵר, כַּמָּה אָדָם
רוֹצֶה לִפְדּוֹת לוֹ בְּסֶלַע עַל מְנָת לְהוֹצִיא יְצִיאוֹת מִבֵּיתוֹ. וּמַנִּיחַ אֶת הַמָּעוֹת,
וְאוֹמֵר, כָּל הַנִּלְקָט מִזֶּה, מְחֻלָּל עַל הַמָּעוֹת הָאֵלּוּ בְּכָךְ וְכָךְ סַלִּים בְּסֶלַע:

---

4년째 농산물은 어떻게 무르는가? 주인은 세 [사람] 앞에 바구니를

내려놓고 이렇게 말해야 한다. "자기가 〔수확할 때까지〕 지불한 모든 비용을 낸다는 조건일 때 1쎌라로 바구니 몇 개를 무르겠습니까?" 그리고 마아-동전을 내려놓고 이렇게 말한다. "여기서 수확한 것을 모두 이 마아-동전으로 1쎌라 〔가치에〕 해당하는 바구니들을 무르겠습니다."

- 제4년에 달린 열매를 무르려면 그 농산물의 가격을 계산해야 하고, 이때 세 사람의 증인을 불러 적정한 가격을 추정한다. 그가 시장에서 거래되는 시세에 따라 무르지 않고 따로 사람들을 부르는 이유는 무르는 가격에 생산비가 포함되기 때문이다. 그 후에 그는 마아-동전으로 1쎌라를 내어놓고, 세 사람이 추산한 바구니 수만큼 농산물을 무른다고 말한다.

### 5, 5
안식년이 제4년인 경우에 무르는 방법을 설명한다.

---

וּבַשְּׁבִיעִית, פּוֹדֵהוּ בְשָׁוְיוֹ. וְאִם הָיָה הַכֹּל מֻפְקָר, אֵין לוֹ אֶלָּא שְׂכַר לְקִיטָה. הַפּוֹדֶה נֶטַע רְבָעִי שֶׁלּוֹ, מוֹסִיף עָלָיו חֲמִשִׁיתוֹ, בֵּין שֶׁהוּא שֶׁלּוֹ וּבֵין שֶׁנְּתַן לוֹ בְּמַתָּנָה:

---

7년째 해에 〔자란 생산물은〕 그 자체의 가치로[21] 팔아야 한다. 만일 주인 없는 생산물이라면 수확하는 비용만 계산해야 한다. 만일 자신의 4년째 농산물을 무를 경우 자신의 것이든, 선물로 받은 것이든간에 1/5을 더해야 한다.

---

21) 7년째에는 생산물을 가꾸는 것이 금지되어 있으므로 노동력의 가치를 감한 가치로 계산해야 한다.

- 심은 지 제4년이 되는 해가 공교롭게도 안식년 체제에 따른 제7년일 경우, 그해에는 주인이 밭이나 포도원을 가꾸는 노동을 하지 않았으므로 생산비를 포함시킬 수 없다.
- 심은 지 제4년이 되는 해가 안식년 체제에 따라 제1-6년이고 주인이 열매를 '주인 없는 것'으로 선포했다. 이웃 중에 누군가가 와서 이 열매를 수확했고 제4년의 열매이기 때문에 무르기로 했다면 그는 자기가 수확하는 노동을 한 임금 정도로 그 가격을 추산하여 무른다.
- 마지막 문장은 제4년의 열매를 무를 때 1/5을 첨가한다는 힐렐 학파의 규정이고, 셋째 미쉬나에서 언급한 바 있다.

## 5, 6

3년 끝에 십일조를 '제거'하여 가난한 자들에게 주는 규정을 설명한다.

---

עֶרֶב יוֹם טוֹב הָרִאשׁוֹן שֶׁל פֶּסַח שֶׁל רְבִיעִית וְשֶׁל שְׁבִיעִית, הָיָה בְעוּר.
כֵּיצַד הָיָה בְעוּר, נוֹתְנִין תְּרוּמָה וּתְרוּמַת מַעֲשֵׂר לַבְּעָלִים, וּמַעֲשֵׂר רִאשׁוֹן
לִבְעָלָיו, וּמַעֲשַׂר עָנִי לִבְעָלָיו. וּמַעֲשֵׂר שֵׁנִי וְהַבִּכּוּרִים מִתְבַּעֲרִים בְּכָל מָקוֹם.
רַבִּי שִׁמְעוֹן אוֹמֵר, הַבִּכּוּרִים נִתָּנִין לַכֹּהֲנִים כַּתְּרוּמָה. הַתַּבְשִׁיל, בֵּית שַׁמַּאי
אוֹמְרִים, צָרִיךְ לְבַעֵר. וּבֵית הִלֵּל אוֹמְרִים, הֲרֵי הוּא כִּמְבֹעָר:

---

4년째와 7년째 유월절 명절 첫날[22] 저녁에 제거 [규정을] 시행한다. 어떻게 제거 [규정을] 시행하는가? 거제물과 십일조의 거제물을 그 주인에게, 첫째 십일조를 그 주인에게, 가난한 자의 십일조를 그 주인에게 주어야 한다. 그러나 둘째 십일조와 맏물은 어디서든지 따로 제거해야 한다. 쉼온 랍비는 말한다. 맏물은 거제물과 같이 제사장에게

---

22) 어떤 사본은 '마지막 날'이라고 기록하여, 유월절 명절이 끝나기 전에만 제거하면 된다고 기록한다.

주어야 한다. 요리된 음식에 대해 샴마이 학파는 말한다. 그것을 제거해야 한다. 힐렐 학파는 말한다. 그것은 〔이미〕 제거된 것으로 본다.

- 토라는 매 3년 끝에 십일조를 '제거'(ביעור, 비우르)하는 해가 되면 십일조를 모아두었다가 레위인과 외국인, 고아, 과부에게 주어 먹게 하라고 명령한다(신 14:28-29; 26:12-15). 랍비들은 '매 3년 끝'이라는 표현이 곧 제4년 초를 가리킨다고 해석하고, 안식년 체제에 맞추어 제4년과 7년 유월절에 십일조를 제거해야 한다고 말한다.
- 제거한 십일조에서 거제와 십일조의 거제는 규정에 따라 마땅히 받아야 할 그 주인들 즉 제사장들에게 준다. 첫째 십일조는 레위인들에게, 가난한 자의 십일조는 가난한 자들에게 준다. 둘째 십일조와 만물은 원래 예루살렘에 가지고 올라가야 하기 때문에 제거한 후 따로 놓아둔다.
- 쉼온 랍비는 만물도 제사장에게 주어야 한다고 주장하는데 그는 신명기 26:4을 더 엄정하게 해석하고 있다. 결과적으로 쉼온 랍비는 만물도 거제와 같은 지위를 가진다고 주장하는 셈이다.
- 십일조인 농산물을 요리했을 경우, 샴마이 학파는 무조건 제거해야 한다고 주장했다. 힐렐 학파는 이미 다른 생산물과 섞여서 원래 지위를 잃었으므로 제거된 것으로 간주한다고 말한다.

5, 7

예루살렘 성전이 파괴된 이후에는 둘째 십일조를 어떻게 처리할 것인지에 관해 설명한다.

מִי שֶׁהָיוּ לוֹ פֵרוֹת בַּזְּמַן הַזֶּה וְהִגִּיעָה שְׁעַת הַבִּעוּר, בֵּית שַׁמַּאי אוֹמְרִים,
צָרִיךְ לְחַלְּלָן עַל הַכֶּסֶף. וּבֵית הִלֵּל אוֹמְרִים, אֶחָד שֶׁהֵן כֶּסֶף וְאֶחָד שֶׁהֵן
פֵּרוֹת:

이 시기에 농산물을 가지고 있는 사람이 제거해야 할 시기가 된 경우, 샴마이 학파는 말한다. 그는 [농산물을] 돈으로 교환해야 한다. 힐렐 학파는 말한다. 돈이나 농산물이나 똑같다.

- 랍비들이 '이 시기'라고 둘러서 말할 때 이 표현은 예루살렘 성전이 파괴되어 없던 상황을 가리킨다. 이때 제거한 둘째 십일조를 어떻게 처리하느냐가 질문인데, 샴마이 학파는 돈으로 바꾸라고 말한다. 아마 돈으로 보관하다가 성전이 재건되면 예루살렘으로 가져가기를 기다린 듯하다. 힐렐 학파는 돈으로 보관하든지 농산물로 보관하든지 상관없다고 말한다. 성전이 없으므로 둘째 십일조를 예루살렘으로 가져갈 수 없고, 결국 썩게 놔두거나 폐기해야 하기 때문이다.

### 5, 8
둘째 십일조의 처리 방식에 대한 랍비들의 견해를 설명한다.

---

אָמַר רַבִּי יְהוּדָה, בָּרִאשׁוֹנָה הָיוּ שׁוֹלְחִין אֵצֶל בַּעֲלֵי בָתִּים שֶׁבַּמְּדִינוֹת, מַהֲרוּ
וְהַתְקִינוּ אֶת פֵּרוֹתֵיכֶם עַד שֶׁלֹּא תַגִּיעַ שְׁעַת הַבִּעוּר. עַד שֶׁבָּא רַבִּי עֲקִיבָא
וְלִמֵּד, שֶׁכָּל הַפֵּרוֹת שֶׁלֹּא בָאוּ לְעוֹנַת הַמַּעַשְׂרוֹת, פְּטוּרִים מִן הַבִּעוּר:

---

예후다 랍비는 말한다. 그전에는 지방에 [사는] 개인 집주인들에게 [편지를] 보내어 제거 기간이 도달하기 전에 서둘러 농산물을 준비하라고 전했다. [그러나 그것은] 아키바 랍비가 와서 [가르치기] 전의 일이며 그는 십일조 기간이 오기 전까지 견디지 못하는 농산물은 모두 제거 규정에서 면제된다고 가르쳤다.

- 농산물은 그 종류에 따라 십일조를 드리는 시기가 정해져 있는데 (「마아쎄롯」1, 2-4), 어떤 열매들은 십일조를 제거하는 시기(여섯째

미쉬나)가 오기 전에 썩거나 손상될 수 있다. 이 문제에 관해서 예후다 랍비는 과거의 전통을 소개하며 아직 제거 기간이 되지 않았다 하더라도 농산물이 상하기 전에 십일조를 준비하게 했다고 전한다. 그러나 아키바 랍비가 나타난 뒤에는 그 법전통을 개혁했으며 제거 기간이 될 때까지 견디지 못하고 손상되는 열매들은 제거 규정에서 면제시켰다.


## 5, 9

자기 밭이나 과수원에서 멀리 떨어져 있는 사람이 십일조를 제거하는 방법을 설명한다.

---

מִי שֶׁהָיוּ פֵרוֹתָיו רְחוֹקִים מִמֶּנּוּ, צָרִיךְ לִקְרוֹא לָהֶם שֵׁם. מַעֲשֶׂה בְרַבָּן גַּמְלִיאֵל וְהַזְּקֵנִים שֶׁהָיוּ בָאִין בִּסְפִינָה, אָמַר רַבָּן גַּמְלִיאֵל, עִשּׂוּר שֶׁאֲנִי עָתִיד לָמוֹד, נָתוּן לִיהוֹשֻׁעַ, וּמְקוֹמוֹ מֻשְׂכָּר לוֹ. עִשּׂוּר אַחֵר שֶׁאֲנִי עָתִיד לָמוֹד, נָתוּן לַעֲקִיבָא בֶן יוֹסֵף שֶׁיִּזְכֶּה בּוֹ לָעֲנִיִּים, וּמְקוֹמוֹ מֻשְׂכָּר לוֹ. אָמַר רַבִּי יְהוֹשֻׁעַ, עִשּׂוּר שֶׁאֲנִי עָתִיד לָמוֹד נָתוּן לְאֶלְעָזָר בֶּן עֲזַרְיָה, וּמְקוֹמוֹ מֻשְׂכָּר לוֹ. וְנִתְקַבְּלוּ זֶה מִזֶּה שָׂכָר:

---

〔어떤 사람이〕 자기 농산물이 멀리 떨어져 있는 경우에도 그 이름을 불러야 한다. 감리엘 라반과 장로들이 배를 타고 여행할 때 감리엘 라반은 이렇게 말했다. "내가 앞으로 재야 할 십일조는 예호슈아에게 주고, 그 땅도 그에게 임대한다. 내가 앞으로 재야 할 다른 십일조는 아키바 벤 요쎕에게 주어 가난한 이들이 가지게 하고, 그 땅도 그에게 임대한다." 예호슈아 랍비가 말했다. "내가 앞으로 재야 할 십일조는 엘아자르 벤 아자르야에게 주고, 그 땅도 그에게 임대한다."〔그 후〕 그들은 빌려준 것을 각자로부터 〔돌려〕받았다.

- 농사를 지은 사람은 적절한 시기에 십일조를 떼거나 제거해야 하는

데 공교롭게 그 시기에 다른 지역으로 여행하는 중이다. 그러나 주인이 자기 농산물과 물리적으로 가까운 거리에 있지 않다 하더라도 그 농산물을 '십일조'라고 선포할 수 있다. 즉 십일조를 떼거나 제거하는 방법이 있다.

- 감리엘 라반이 동일한 상황에 놓여 있을 때 앞으로 자신이 정확하게 분량을 재어 뗄 자신의 십일조를 레위인이었던 예호슈아 랍비에게 준다고 미리 선포한 것이다. 구두 약속만으로 부족하다고 생각한 그는 그 십일조가 보관된 장소까지 일시적으로 예호슈아 랍비에게 임대한다고 말해 이 선포를 공식화했다. 다른 십일조를 떼어 아키바 벤 요쎕, 즉 아키바 랍비에게 준다고 했는데 그가 가난한 자의 십일조를 모아서 전달하는 책임을 맡고 있었기 때문이다.

- 레위인인 예호슈아 랍비는 자신이 받게 된 감리엘 라반의 십일조에서 십일조의 거제를 떼어 제사장이었던 엘아자르 랍비에게 준다고 미리 선포한다. 그 역시 자신의 십일조가 보관된 장소를 엘아자르 랍비에게 임대한다. 이런 식으로 이들은 십일조를 뗄 의무를 범하지 않고 여행을 계속할 수 있었다는 것이다.


## 5, 10
십일조를 떼고 난 뒤 드리는 '고백'에 관해 설명한다.

---

בַּמִּנְחָה בְּיוֹם טוֹב הָאַחֲרוֹן הָיוּ מִתְוַדִּין. כֵּיצַד הָיָה הַוִּדּוּי, בִּעַרְתִּי הַקֹּדֶשׁ מִן
הַבַּיִת, זֶה מַעֲשֵׂר שֵׁנִי וְנֶטַע רְבָעִי. נְתַתִּיו לַלֵּוִי, זֶה מַעֲשַׂר לֵוִי. וְגַם נְתַתִּיו,
זוֹ תְּרוּמָה וּתְרוּמַת מַעֲשֵׂר. לַגֵּר לַיָּתוֹם וְלָאַלְמָנָה, זֶה מַעֲשַׂר עָנִי, הַלֶּקֶט
וְהַשִּׁכְחָה וְהַפֵּאָה, אַף עַל פִּי שֶׁאֵינָן מְעַכְּבִין אֶת הַוִּדּוּי. מִן הַבַּיִת, זוֹ חַלָּה:

---

축제 마지막 날 오후에 고백이 이루어졌다(신 26:13-15). 고백은 어떻게 하는가? "나는 거룩한 것을 집에서 제거하였으니" 이것은 둘째

십일조와 4년째 생산물에 〔관한 고백이다〕. "내가 이것을 레위인에게 주었고" 이것은 레위인의 십일조에 〔대한 고백이다〕. "그리고 이것도 그에게 주었으며" 이것은 거제물과 십일조의 거제물에 〔대한 고백이다〕. "이방인과 고아와 과부에게도 〔주었다〕." 이것은 가난한 자의 십일조, 레케트, 쉬흐하, 페아에 〔대한 고백인데〕, 이런 것들 때문에 고백하지 못하는 것은 아니다. "집에서 내어〔주었다〕." 이것은 할라에 〔대한 고백이다〕.

- 토라는 십일조를 드리고 난 뒤 특정한 '고백'을 하도록 규정하고 있는데(신 26:12-15), 정확하게 어떤 십일조를 드린 뒤 이 고백을 하는지 불분명하다. 랍비들은 이 본문을 확대해석하여 여러 가지 십일조를 모두 다 드린 뒤 정해진 고백을 해야 한다고 가르친다. 토라 본문을 한 구절씩 따로 떼어 설명하고 있는데 이것은 탈굼 등에 나타난 랍비들의 미드라쉬 주석 방식이다.
- 고백을 드리는 시간은 유월절 마지막 날 늦은 오후까지이다. 고백하는 방법은 성경구절 인용과 그 구절에 대한 해석을 번갈아가면서 적고 있는데 이것은 전형적인 미드라쉬 기록방법이다.
- 먼저 "거룩한 것"은 둘째 십일조를 가리키며(레 27:30), 힐렐 학파의 가르침에 따르면 제4년의 열매도 둘째 십일조와 같은 지위를 가진다.
- 레위인에게 주어야 할 것은 첫째 십일조이다. 또한 랍비들은 성경본문에서 "그리고 이것도(וגם, 베감)"라고 기록된 말은 레위인에게 줄 또 다른 십일조가 있다고 해석하고, 거제와 십일조의 거제를 가리키는 말이라고 설명한다.
- 이방인과 고아와 과부에게 주는 십일조는 물론 가난한 자의 십일조이다. 미쉬나는 여기에 레케트, 쉬흐하, 페아를 덧붙이는데 이런 규

정들은 십일조와 관련이 없으나 수확할 때 떼는 것이므로 함께 시행
하라고 제안한다.

- 마지막으로 "집에서"라는 표현에 관한 설명을 첨가하였는데 이 표
  현은 빵 반죽을 하면서 제사장들을 위해 일부를 떼어야 할 의무가
  있음을 가리킨다고 보았다.

### 5, 11

열째 미쉬나 규정에 이어 '고백'에 관련된 설명을 계속한다.

---

כְּכָל מִצְוָתְךָ אֲשֶׁר צִוִּיתָנִי, הָא אִם הִקְדִּים מַעֲשֵׂר שֵׁנִי לָרִאשׁוֹן, אֵינוֹ יָכוֹל
לְהִתְוַדּוֹת. לֹא עָבַרְתִּי מִמִּצְוֹתֶיךָ, לֹא הִפְרַשְׁתִּי מִמִּין עַל שֶׁאֵינוֹ מִינוֹ, וְלֹא מִן
הַתָּלוּשׁ עַל הַמְחֻבָּר, וְלֹא מִן הַמְחֻבָּר עַל הַתָּלוּשׁ, וְלֹא מִן הֶחָדָשׁ עַל הַיָּשָׁן,
וְלֹא מִן הַיָּשָׁן עַל הֶחָדָשׁ. וְלֹא שָׁכָחְתִּי, לֹא שָׁכַחְתִּי מִלְּבָרֶכְךָ וּמִלְהַזְכִּיר שִׁמְךָ
עָלָיו:

---

"당신께서 제게 명령하신 모든 명령에 따라." 그러나 첫째 십일조를
〔구별해놓기〕 전에 둘째 십일조를 〔구별해놓았다면〕 그 고백을 할 수
없다. "저는 당신의 명령들을 범하지 않았습니다." 이것은 내가 〔농산
물〕 한 종류 대신 다른 종류를 구별해놓았다든지, 땅에 붙어 있는 생
산물 대신에 땅에 떨어져 있는 생산물을 〔구별해놓았다든지〕, 오래
된 것 대신에 새로운 것을 〔구별해놓았다든지〕, 새로운 것 대신에 오
래된 것을 〔구별해놓지〕 않았다는 것을 말한다. "저는 잊지 않았습니
다." 이 말은 나는 당신을 축복하는 것과 당신의 이름을 언급하는 것
을 잊지 않았다는 것이다.

- 인용하는 토라 본문은 신명기 26:13인데, "모든 명령"이 의미하는 바
  는 십일조를 드리는 순서까지 포함한다고 해석한다. 그래서 첫째 십
  일조보다 둘째 십일조를 먼저 떼면 안 된다고 가르친다.

- 또 명령을 범하지 않았다는 말은 십일조 관련 규정을 어기고 불법적인 물건을 드리지 않았다는 뜻이며 구체적인 예로 농산물의 종류나 수확시기를 마음대로 대체하지 않았다는 말로 해석한다.
- 마지막으로 잊지 않았다는 말은 이 '고백' 말미에 "그의 명령들로 우리를 거룩하게 하시고 거제와 십일조를 구별하라고 우리에게 명령하신 분"을 찬양하는 부분도 낭송해야 한다는 뜻이다.

### 5, 12

열째 미쉬나에 이어 '고백'에 대한 설명을 계속한다.

---

לֹא אָכַלְתִּי בְאֹנִי מִמֶּנּוּ, הָא אִם אֲכָלוֹ בַאֲנִינָה אֵינוֹ יָכוֹל לְהִתְוַדּוֹת. וְלֹא
בִעַרְתִּי מִמֶּנּוּ בְּטָמֵא, הָא אִם הִפְרִישׁוֹ בְּטֻמְאָה אֵינוֹ יָכוֹל לְהִתְוַדּוֹת. וְלֹא
נָתַתִּי מִמֶּנּוּ לְמֵת, לֹא לָקַחְתִּי מִמֶּנּוּ אָרוֹן וְתַכְרִיכִים לְמֵת, וְלֹא נְתַתִּיו
לְאוֹנְנִים אֲחֵרִים. שָׁמַעְתִּי בְּקוֹל ה' אֱלֹהָי, הֲבֵאתִיו לְבֵית הַבְּחִירָה. עָשִׂיתִי
כְּכֹל אֲשֶׁר צִוִּיתָנִי, שָׂמַחְתִּי וְשִׂמַּחְתִּי בוֹ:

---

"저는 애곡하는 날에 그것을 먹지 않았습니다." 만일 애곡하는 날에 그가 먹었다면 그는 그 고백을 할 수 없다. "저는 부정한 몸으로 떼어놓지 않았습니다." 만일 그가 부정한 몸으로 구별해놓았다면 그 고백을 할 수 없다. "죽은 자에게 주지 않았습니다." 이것은 내가 죽은 자를 위한 관이나 수의를 사지 않았고 다른 애곡하는 자에게 주지 않았다는 말이다. "저는 저의 하나님 여호와의 목소리를 들었습니다." 내가 그것을 그분이 선택한 집으로 가져갔다는 말이다. "당신께서 명령하신 모든 것에 따라 행했습니다." 내가 즐거워했고 [다른 이들도] 즐겁게 해주었다는 말이다.

- 인용하는 토라 본문은 신명기 26:14인데, 먼저 애곡하는 날 즉 장례 풍습에 관련된 내용이 있다. 만약 어떤 사람의 가까운 가족이 죽었

다면(아버지, 어머니 남자형제, 여자형제, 아들, 딸, 배우자) 그는 애곡하는 자(אוֹנֵן, 오넨)가 되고, 거제나 둘째 십일조나 희생제물과 같은 거룩한 음식을 먹을 수 없다(레 10:19). 이레 동안 애곡하고 제의적으로 정결해진 뒤에는 먹을 수 있다.

- 십일조를 구별할 때 본인이 부정하지 않아야, 농산물도 부정해지지 않는다.
- 죽은 자에게 주지 않았다는 말은 그 뜻이 불분명한데, 고대인들은 무덤에 음식을 부장품으로 넣기도 했기 때문에 거룩한 농산물을 그런 용도로 쓰지 말라는 의미가 있는 것으로 보인다. 그러나 랍비들은 이런 관습이 부적절하다고 생각했고, 장례식과 관련된 물품을 사거나 요금을 지불하는 데 쓰지 말라는 명령으로 해석했다.
- 하나님의 목소리를 들었다는 고백은 신이 선택한 집으로 가져갔다는 뜻이라고 해석했는데 물론 이 말은 예루살렘 성전을 좁게 가리키기보다는 예루살렘 도시 전체를 의미한다.
- 모든 명령을 이행했다는 말은 십일조 규정의 원래 목적을 시행했다는 말이며 이스라엘 백성이 예루살렘에 모여서 즐거워하는 것이 바로 그것이라고 주장한다(신 14:26-27).

## 5, 13

열째 미쉬나에 이어 '고백'에 대한 설명을 계속한다.

הַשְׁקִיפָה מִמְּעוֹן קָדְשְׁךָ מִן הַשָּׁמַיִם, עָשִׂינוּ מַה שֶּׁגָּזַרְתָּ עָלֵינוּ, אַף אַתָּה
עֲשֵׂה מַה שֶּׁהִבְטַחְתָּנוּ, הַשְׁקִיפָה מִמְּעוֹן קָדְשְׁךָ מִן הַשָּׁמַיִם וּבָרֵךְ אֶת עַמְּךָ
אֶת יִשְׂרָאֵל בְּבָנִים וּבְבָנוֹת. וְאֵת הָאֲדָמָה אֲשֶׁר נָתַתָּה לָּנוּ, בְּטַל וּבְמָטָר
וּבְוַלְדוֹת בְּהֵמָה. כַּאֲשֶׁר נִשְׁבַּעְתָּ לַאֲבוֹתֵינוּ אֶרֶץ זָבַת חָלָב וּדְבָשׁ, כְּדֵי שֶׁתִּתֵּן
טַעַם בַּפֵּרוֹת:

"당신의 거룩한 처소, 하늘에서 내려다보십시오." 당신께서 우리에게 부과하신 것을 행했으니 당신도 우리에게 약속하신 것을 행하라는 말이다. "당신의 거룩한 처소, 하늘에서 내려다보시고, 당신의 백성 이스라엘에게 복을 주십시오." 아들들과 딸들과 함께라는 뜻이다. "당신께서 우리에게 주신 땅". 이슬과 비와 가축의 새끼들과 함께라는 뜻이다. "당신께서 우리 조상들에게 맹세하신 젖과 꿀이 흐르는 땅". 당신께서 농산물에 맛을 더하신다는 말이다.

● 신명기 26:15을 설명하는 주석이다.

### 5, 14

열셋째 미쉬나를 부연설명한다.

---

מִכָּאן אָמְרוּ, יִשְׂרָאֵל וּמַמְזֵרִים מִתְוַדִּים, אֲבָל לֹא גֵרִים וְלֹא עֲבָדִים מְשֻׁחְרָרִים, שֶׁאֵין לָהֶם חֵלֶק בָּאָרֶץ. רַבִּי מֵאִיר אוֹמֵר, אַף לֹא כֹהֲנִים וּלְוִיִּם, שֶׁלֹּא נָטְלוּ חֵלֶק בָּאָרֶץ. רַבִּי יוֹסֵי אוֹמֵר, יֵשׁ לָהֶם עָרֵי מִגְרָשׁ:

---

여기서 말하는 것은 [다음과 같다]. 이스라엘 사람과 사생아들은[23] 고백할 수 있지만 개종자나 해방된 노예는 그들 소유의 땅이 없기 때문에 고백할 수 없다. 메이르 랍비는 말한다. 제사장들과 레위인들은 땅을 소유하지 않기 때문에 [고백할 수 없다]. 요쎄 랍비는 말한다. 그들에게도 초원이 딸린 성읍들이 있다.

● 이 미쉬나는 신명기 26:15의 마지막 문장 중 "당신께서 우리에게 주신 땅"에 관해 설명을 첨가한다. 랍비들은 이 구절이 고백하는 자의

---

23) 히브리어로 '맘제르'인데 이스라엘 사람 중 금지된 조합의 자녀들을 말한다.

자격을 규정한다고 보았고, 이스라엘 땅을 유업으로 받는 자들만 고백할 수 있다고 주장한다. 그래서 이스라엘 열두 지파의 후손들만 자격이 있다.

- 메이르 랍비는 레위 지파에 속한 제사장들과 레위인들이 유업을 받지 않았다는 사실을 지적하는데 요쎄 랍비는 그들이 레위인의 성읍은 받았다고 반박한다(민 35:1-8). 요쎄 랍비에 따르면 제사장과 레위인도 고백할 자격이 있다.

### 5, 15

십일조 고백과 관련된 역사적 사실을 언급한다.

---

יוֹחָנָן כֹּהֵן גָּדוֹל הֶעֱבִיר הוֹדָיוֹת הַמַּעֲשֵׂר. אַף הוּא בִּטֵּל אֶת הַמְעוֹרְרִים,
וְאֶת הַנּוֹקְפִים. וְעַד יָמָיו הָיָה פַטִּישׁ מַכֶּה בִירוּשָׁלַיִם, וּבְיָמָיו אֵין אָדָם צָרִיךְ
לִשְׁאוֹל עַל הַדְּמָאי:

---

요하난 대제사장은 십일조 고백을 폐지했다. 그는 또한 '깨우는 자'와[24] '치는 자'[25] [제도]를 폐지했다. 그의 시대까지 예루살렘에는 망치 소리가 들렸었다. 그의 시대에는 드마이에 대해 물어볼 필요가 없었다.

- 이 미쉬나는 제2성전 시대에 살았던 요하난 대제사장이 시행했던 몇 가지 개혁을 언급하고 있는데 그중 첫째가 십일조 고백의 폐지이다. 그 이유는 두 가지로 짐작하는데 첫째, 그 당시 사람들이 거제는 계속해서 떼어 바쳤지만 십일조는 떼지 않았기 때문이라고 설명한다.

---

24) '깨우는 자'란 레위인들이 "주여 깨소서 어찌하여 주무시나이까. 일어나시고 우리를 영원히 버리지 마소서"(시 44:23) 하며 날마다 노래했던 것을 말한다.
25) '치는 자'란 성전에서 희생제물을 죽이기 전에 머리를 쳤던 자들을 말한다.

둘째, 그 당시 사람들이 십일조를 떼어 레위인이 아니라 제사장에게 납부했기 때문에, 레위인에게 주었다는 고백문을 낭송할 수 없었다는 것이다.

- 레위인 중에 찬양시를 낭송하며 신을 '깨우는 자'가 있었는데(시 44:23), 이스라엘의 하나님이 자고 있다는 오해를 불러일으키기 때문에 요하난이 폐지했다. 그리고 제사장 중에 희생제물로 바칠 가축을 때려서 기절시키는 역할을 맡은 자가 있었고 그를 '치는 자'라고 불렀는데 잘못하면 제물을 '죽은 채 발견된 것'으로 만들 수 있기 때문에 요하난이 폐지했다.

- 망치 소리에 대한 언급은 일주일 동안 계속되는 명절 중 첫날과 마지막 날을 제외한 날들 중 허락된 노동을 할 수 있고 그 소리가 들렸다는 말이다. 그러나 요하난은 더 엄격하게 규정을 적용하여 모든 노동을 금지했다.

- 농산물을 시장에서 살 때는 십일조를 떼었는지 상인에게 물어보고 떼지 않은 드마이인 경우 구매하지 않는 사람들이 있었다. 요하난은 더 이상 이런 질문이 필요 없도록 제도를 바꾸었는데 상인이 거제를 떼었다고 간주하여 그것을 물을 필요가 없었고, 십일조는 구매자가 떼되 자기가 먹으라고 했다. 레위인이 십일조를 떼지 않았다고 증명할 수 없기 때문이다.

# חלה

## 9
# 할라
### 가루반죽 제물

밀과 쌀로 반죽을 만들 때 만일 곡물의 맛이 나면 할라를 뗄 의무가 있고, 그것으로 유월절 의무를 수행할 수 있다. 그러나 곡물의 맛이 나지 않으면 할라를 뗄 의무가 없고, 그것으로 유월절 의무를 수행할 수 없다. _「할라」3, 7

# 개요

「할라」(חלה)는 '빵'이라는 낱말에서 나온 이름인데, 빵 반죽의 일부를 떼어서 제사장에게 주는 일과 관련된 규정들을 다룬다. 이 내용은 미쉬나와 예루살렘 탈무드와 토쎕타에는 존재하지만 바벨 탈무드에는 빠져 있다. 모두 네 개의 장에 걸쳐 진행되는 법적인 토론은 할라 빵을 드리기 위해 헌물을 떼야 하는 반죽의 종류, 할라를 떼는 방법, 할라를 전용하는 범죄, 제사장에게 주는 방법 등을 설명한다.

• 관련 성경구절 | 민수기 15:17-21

# 제1장

## 1, 1

곡식과 관련된 규정을 적용하는 농산물이 어떤 게 있는지 설명한다.

---

חֲמִשָּׁה דְבָרִים חַיָּבִים בַּחַלָּה, הַחִטִּים וְהַשְּׂעוֹרִים וְהַכֻּסְמִין וְשִׁבֹּלֶת שׁוּעָל
וְשִׁיפוֹן. הֲרֵי אֵלּוּ חַיָּבִין בַּחַלָּה, וּמִצְטָרְפִין זֶה עִם זֶה, וַאֲסוּרִין בֶּחָדָשׁ מִלִּפְנֵי
הַפֶּסַח, וּמִלִּקְצֹר מִלִּפְנֵי הָעֹמֶר. וְאִם הִשְׁרִישׁוּ קֹדֶם לָעֹמֶר, הָעֹמֶר מַתִּירָן.
וְאִם לָאו, אֲסוּרִין עַד שֶׁיָּבֹא הָעֹמֶר הַבָּא:

---

밀, 보리, 스펠트밀, 귀리, 호밀 등 다섯 〔곡물〕은 할라를 〔뗄〕 책임
이 있다. 이들은 서로 결합될 수 있고, 유월절 전에는 새로운 〔곡물을
먹을 수〕 없으며 첫 이삭 단을 〔제물로 드리기〕[1] 이전에 수확해서도
안 된다. 첫 이삭 단을 〔드리기〕 전에 뿌리를 내리면 그 이삭의 〔수확
을〕 허용한다. 그렇지 않은 경우에는 다음 첫 이삭 〔드리기〕까지 금지
된다.

- 유대 법전통에 따라 곡식으로 간주하는 곡물은 이 미쉬나가 열거하
  는 다섯 가지뿐이다. 다른 농산물은 넓게 보아 곡식일지라도 유대법
  안에서는 채소로 취급한다.
- 이 다섯 가지 곡물을 갈아서 반죽을 만들었다면 1) 할라를 위해 일부
  분을 떼어 구별해야 할 의무가 있다. 2) 곡식 중 한 가지만으로는 헌
  물을 바칠 양에 미치지 못하지만 다른 곡식 가루와 합쳐서 최소 크
  기 규정을 넘으면(1과 1/4카브), 할라를 떼어야 한다. 토라는 곡식의

---

1) "이스라엘 자손에게 말하여 이르라. 너희는 내가 너희에게 주는 땅에 들어가서
너희의 곡물을 거둘 때에 너희의 곡물의 첫 이삭 한 단을 제사장에게로 가져갈
것이요"(레 23:10).

첫 이삭 묶음(עמר, 오메르) 하나를 제사장에게 가져다가 제물로 드리라고 명령하는데(레 23:10-14), 이것은 유월절 둘째 날에 시행한다. 그러므로 3) 유월절 전에 새 곡식을 먹는 것은 금지된다. 또한 4) 그 곡식 첫 단을 드리기 전에 수확하는 것도 금지되어 있다.

● 새로운 곡식은 무엇인가? 첫 이삭 단을 드리기 전에 뿌리를 내린 것으로, 이것을 수확할 수 있다. 그러나 첫 이삭 단을 드리는 시기까지 뿌리를 내리지 않은 것은 다음 해의 곡식이며 다음 해까지 기다린다.


### 1, 2

다섯 가지 곡식에 적용하는 다른 규정들을 설명한다.

---

הָאוֹכֵל מֵהֶם כַּזַּיִת מַצָּה בְּפֶסַח, יָצָא יְדֵי חוֹבָתוֹ. כַּזַּיִת חָמֵץ, חַיָּב בְּהִכָּרֵת. נִתְעָרֵב אֶחָד מֵהֶם בְּכָל הַמִּינִים, הֲרֵי זֶה עוֹבֵר בְּפֶסַח. הַנּוֹדֵר מִן הַפַּת וּמִן הַתְּבוּאָה, אָסוּר בָּהֶם, דִּבְרֵי רַבִּי מֵאִיר. וַחֲכָמִים אוֹמְרִים, הַנּוֹדֵר מִן הַדָּגָן אֵינוֹ אָסוּר אֶלָּא מֵהֶן. וְחַיָּבִין בַּחַלָּה וּבַמַּעַשְׂרוֹת:

---

만일 유월절에 이러한 〔곡식으로 만든〕 누룩 없는 빵을 올리브 열매 크기만큼 먹었다면 의무를 다한 것이다. 누룩 든 빵을 올리브 크기만큼 먹었다면 끊어지는 처벌을[2] 받을 책임이 있다. 이러한 〔곡식들〕 중 하나로 〔만들고 누룩이 있는〕 것이 다른 〔곡식으로 만든〕 것과 섞이면 유월절을 범한 것이다. 빵이나 수확물을 〔먹지 않겠다고〕 맹세했다면 그는 이러한 〔곡물을 먹는 것이〕 금지된다. 메이르 랍비가 그렇게 말한다. 〔그러나 다른〕 랍비들은 말한다. 곡식을 먹지 않기로 맹

---

2) "너희는 이레 동안 무교병을 먹을지니. 그 첫날에 누룩을 너희 집에서 제하라 무릇 첫날부터 일곱째 날까지 유교병을 먹는 자는 이스라엘에서 끊어지리라" (출 12:15).

세했다면 〔이런 곡물 다섯 가지를 먹는 것만〕 금지된다. 그것들은 할라와 십일조를 〔뗄〕 책임이 있다.

- 유월절에 먹도록 규정되어 있는 누룩이 없는 빵은 첫째 미쉬나에서 언급한 다섯 가지 곡식으로 만들어야 하며 이 빵을 음식의 최소 크기 규정인 올리브 열매 크기 이상 먹으면 율법을 지킨 것으로 간주한다. 반대로 이런 곡식으로 만든 누룩 든 빵을 올리브 열매 만큼만 먹어도 범죄한 것이며 이스라엘 백성 중에서 끊어지는 벌(כרת, 카렛)을 받게 된다.

- 유월절이 오기 전에 누룩이 든 음식은 집에서 모두 제거해야 한다. 만약 다섯 가지 곡식 중 하나로 만들고 누룩이 있는 반죽이 다른 곡식으로 만들어서 유월절과 상관없는 반죽과 섞여 있다면 다섯 가지 곡식을 위주로 판단하여 모두 제거해야 한다. 그렇게 하지 않으면 유월절 규정을 어긴 것이다.

- 메이르 랍비에 따르면 어떤 사람이 빵과 수확물(האובת, 트부아)을 먹지 않겠다고 맹세했다면 그는 첫째 미쉬나에서 열거한 다섯 가지 곡식으로 만든 빵과 수확물을 두고 맹세한 것이다. 다른 곡식이나 열매는 이 맹세에 영향을 받지 않는다. 다른 랍비들은 이 다섯 가지 곡식을 부르는 말이 곡물(דגן, 다간)이며 곡물을 먹지 않겠다고 맹세했을 때 이 다섯 가지 곡식을 먹지 못한다고 주장한다. 그러므로 수확물을 먹지 않겠다고 맹세했다면 그는 다른 곡식이나 열매도 먹지 못한다.

- 첫째 미쉬나에서 열거한 곡식들에 할라와 십일조를 떼는 규정을 적용한다.

## 1, 3

십일조를 면제받아도 할라는 [뗄] 의무가 있는 경우를 설명한다.

---

אֵלּוּ חַיָּבִין בַּחַלָּה וּפְטוּרִים מִן הַמַּעַשְׂרוֹת. הַלֶּקֶט, וְהַשִּׁכְחָה, וְהַפֵּאָה,
וְהַהֶפְקֵר, וּמַעֲשֵׂר רִאשׁוֹן שֶׁנִּטְּלָה תְרוּמָתוֹ, וּמַעֲשֵׂר שֵׁנִי וְהֶקְדֵּשׁ שֶׁנִּפְדּוּ,
וּמוֹתַר הָעֹמֶר, וּתְבוּאָה שֶׁלֹּא הֵבִיאָה שְׁלִישׁ. רַבִּי אֱלִיעֶזֶר אוֹמֵר, תְּבוּאָה
שֶׁלֹּא הֵבִיאָה שְׁלִישׁ, פְּטוּרָה מִן הַחַלָּה:

---

할라를 [뗄] 의무가 있지만 십일조는 면제되는 것은 다음과 같다:
레케트, 쉬흐하, 페아, 주인이 없는 것, 거제를 뗀 첫째 십일조, 둘째
십일조, 성물을 무른 것, 오메르 [제물]의 남은 것, 아직 1/3 정도까지
익지 않은 수확물. 엘리에제르 랍비는 말한다. 아직 1/3 정도까지 익
지 않은 수확물은 할라에서 면제된다.

- 레케트와 쉬흐하와 페아와 주인이 없는 것은 이미 다른 사람에게 준
  것이므로 십일조를 면제한다. 레위인이 곡식이 필요하다면 와서 가
  져가면 그만이다. 그러나 이런 곡물로 만든 반죽에서 할라는 떼어야
  한다.
- 첫째 십일조는 이미 십일조로 바친 것이므로 십일조를 또 뗄 수 없
  지만, 레위인이 먹기 전에 할라를 떼어 제사장에게 주어야 한다. 둘
  째 십일조와 성물을 무른 것에서도 십일조를 뗄 수 없지만, 곡물로
  반죽을 만들었다면 할라를 떼고 먹어야 한다.
- 첫 이삭 단을 수확하면 유월절 둘째 밤이 시작할 때 3쎄아에 해당하
  는 보리 이삭 단을 바쳐야 한다. 그러나 가장 좋은 것으로 1/10쎄아
  를 바치고, 나머지는 무른 뒤 속된 음식으로 먹을 수 있다. 이런 보리
  는 손질이 끝난 순간에 이미 성물의 지위를 가지고 있었기 때문에 십
  일조를 뗄 수 없다. 그러나 이 보리를 무른 뒤 반죽을 빚으면 할라를

떼어야 한다.

- 아직 1/3 정도까지 익지 않은 곡식은 십일조를 면제한다(「마아쎄롯」 1, 3). 그런데 랍비들은 이 곡식으로 빚은 반죽에서 할라를 뗄 의무가 있다고 규정한다. 엘리에제르 랍비는 반대하는데 아직 1/3 정도까지 익지 않은 곡식에서 거제를 떼지 않는다면 할라도 거제이니(민 15:20) 할라도 떼지 말아야 한다는 논리를 편다.


1, 4

십일조를 뗄 의무가 있지만 할라는 면제받는 경우를 설명한다.

---

אֵלּוּ חַיָּבִין בַּמַּעַשְׂרוֹת וּפְטוּרִים מִן הַחַלָּה, הָאֹרֶז, וְהַדֹּחַן, וְהַפְּרָגִים,
וְהַשֻּׁמְשְׁמִין, וְהַקִּטְנִיּוֹת, וּפָחוֹת מֵחֲמֵשֶׁת רְבָעִים בַּתְּבוּאָה. הַסְּפַגְנִין,
וְהַדֻּבְשָׁנִין, וְהָאִסְקְרִיטִין, וְחַלַּת הַמַּשְׂרֵת, וְהַמְדֻמָּע, פְּטוּרִין מִן הַחַלָּה:

---

십일조를 〔뗄〕 의무가 있지만 할라를 면제하는 것은 다음과 같다: 쌀, 기장, 양귀비, 참깨, 콩류, 〔다섯 가지〕 곡물이 5/4〔카브〕 미만일 때. 부드러운 빵, 꿀 케이크, 만두, 팬케이크, 거제 혼합물 등은 할라에서 면제된다.


- 쌀, 기장, 양귀비, 참깨, 콩류 등의 농산물은 수확한 뒤 십일조를 떼어야 하지만, 할라를 떼는 다섯 가지 곡물에 들지 않기 때문에 그 의무는 면제된다.
- 다섯 가지 곡물이라 하더라도 수확량이 적어서 5/4카브 미만이라면 십일조를 떼지만 할라를 면제한다.
- 부드러운 빵, 꿀 케이크, 만두, 팬케이크는 모두 화덕에서 굽지 않기 때문에 할라를 뗄 의무에서 면제된다.
- 거제와 속된 음식이 섞인 혼합물(메두마) 중 거제의 거룩함을 취소

할 만큼 속된 음식이 많지 않을 때(100:1 비율보다 적을 때) 아직 거제로 취급하며 제사장만 먹을 수 있다. 이것은 이미 거제이고 할라도 거제이므로 따로 할라를 떼지 않는다.

### 1, 5

넷째 미쉬나에 나온 부드러운 빵에 관해 부연해서 설명한다.

---

עִסָּה שֶׁתְּחִלָּתָהּ סֻפְגָּנִין וְסוֹפָהּ סֻפְגָּנִין, פְּטוּרָה מִן הַחַלָּה. תְּחִלָּתָהּ עִסָּה
וְסוֹפָהּ סֻפְגָּנִין, תְּחִלָּתָהּ סֻפְגָּנִין וְסוֹפָהּ עִסָּה, חַיָּבִין בַּחַלָּה. וְכֵן הַקְּנוּבְקָאוֹת
חַיָּבוֹת:

---

처음에 부드러운 빵으로 〔만들려 했고〕 마지막에 부드러운 빵으로 〔구운〕 반죽은 할라를 〔뗄 의무에서〕 면제된다. 처음에는 〔일반〕 반죽이었으나 나중에 부드러운 빵으로 〔구운〕 반죽, 처음에는 부드러운 빵 반죽이었으나 나중에는 〔일반〕 반죽으로 〔구운〕 것은 모두 할라를 〔뗄〕 의무가 있다. 크누브카 케이크도[3] 〔같은〕 의무가 있다.

- 넷째 미쉬나는 부드러운 빵을 만드는 반죽에서 할라를 뗄 의무가 없다고 규정했다. 이 미쉬나는 반죽을 시작할 때의 의도와 구웠을 때의 결과물이 모두 부드러운 빵일 경우에만 할라를 뗄 의무에서 면제된다고 주장한다.
- 그러나 일반 반죽을 부드러운 빵처럼 구웠거나, 부드러운 빵 반죽을 일반 반죽처럼 화덕에서 구운 경우 할라를 떼어야 한다. 크누브카 케이크는 일반 빵 조각들을 팬에서 끓여서 만드는 아이들용 음식이다. 일반 반죽으로 시작해서 부드러운 빵처럼 요리한 경우이므로 할라

---

3) 어린이용으로 구워진 빵부스러기로 만든 케이크를 말한다.

를 떼어야 한다.

## 1, 6

다른 종류의 반죽들과 할라를 면제받는지 여부를 논의한다.

---

הַמְעִסָּה, בֵּית שַׁמַּאי פּוֹטְרִין, וּבֵית הֵלֵּל מְחַיְּבִין. הַחֲלִיטָה, בֵּית שַׁמַּאי
מְחַיְּבִין, וּבֵית הֵלֵּל פּוֹטְרִין. חַלּוֹת תּוֹדָה וּרְקִיקֵי נָזִיר, עֲשָׂאָן לְעַצְמוֹ, פָּטוּר.
לִמְכֹּר בַּשּׁוּק, חַיָּב:

---

메이싸-반죽에 관해 샴마이 학파는 〔할라에서〕 면제하고 힐렐 학
파는 의무가 있다고 한다. 할리타-반죽에 관해 샴마이 학파는 의무가
있다고 하고 힐렐 학파는 면제한다. 감사제를 위한 할라와[4] 나실인
〔제물을 위한〕 전병은[5] 자신을 위한 것이면 면제되지만 시장에서 파
는 용도이면 〔할라를 뗄〕 의무가 있다.

- 메이싸 반죽은 밀가루에 더운 물을 부어서 만들기 때문에 샴마이 학
  파는 일반 반죽과 다르다고 보고 할라를 뗄 의무를 면제했다. 힐렐
  학파는 결국 밀가루에 물을 부어 만들었기 때문에 일반 반죽과 동일
  하다고 간주했다. 할리타 반죽은 메이싸와 유사하지만 밀가루를 더
  운 물에 부어서 만든다. 샴마이 학파는 할라를 떼야 한다고 보았고,
  힐렐 학파는 면제한다. 이 두 가지 경우가 서로 반대되는 이유는 분
  명하지 않으며 서로 다른 방법으로 전승되던 가르침이 미쉬나에 수
  집된 것일 가능성도 있다.

---

4) "만일 그것을 감사함으로 드리려면 기름 섞은 무교병과 기름 바른 무교전병과
   고운 가루에 기름 섞어 구운 과자를 그 감사제물과 함께 드리고"(레 7:12).
5) "무교병 한 광주리와 고운 가루에 기름 섞은 과자들과 기름 바른 무교전병들과
   그 소제물과 전제물을 드릴 것이요"(민 6:15).

- 감사제물을 드릴 때는 누룩이 없는 빵을 첨가해야 하며(레 7:12), 나실인은 맹세한 기간이 끝났을 때 구운 전병을 바쳐야 한다(민 6:15). 어떤 사람이 반죽을 빚을 때부터 이런 용도를 염두에 두고 있었다면 그것은 성물이고, 성물에서 할라를 뗄 필요가 없다. 그러나 자신이 쓰지 않고 시장에서 팔려고 만들었다면 할라를 뗄 의무가 있다.

## 1, 7

제빵사가 준비한 반죽이 할라를 떼어야 하는지 여부를 설명한다.

---

נַחְתּוֹם שֶׁעָשָׂה שְׂאֹר לְחַלֵּק, חַיָּב בַּחַלָּה. נָשִׁים שֶׁנָּתְנוּ לְנַחְתּוֹם לַעֲשׂוֹת לָהֶן
שְׂאֹר, אִם אֵין בְּשֶׁל אַחַת מֵהֶן כַּשִּׁעוּר, פְּטוּרָה מִן הַחַלָּה:

---

〔팔기 위해〕효모를 만들어 나누는 제빵사는 할라를 〔뗄〕 의무가 있다. 만일 여인들이 효모를 만들기 위해 제빵사에게 〔밀가루를〕 주었고, 각각 〔할라에 필요한 최소한의〕 크기에 미치지 않는다면 할라를 〔뗄 의무에서〕 면제된다.

- 제빵사는 대량으로 효모를 만들어서 작게 나누어 파는데 그 작은 덩어리 하나만 본다면 할라와 관련된 최소 크기 규정보다 적다(5/4카브). 그가 구매자를 찾지 못하면 결국 자신이 효모를 이용해서 빵을 구울 것이며 이때 최소 크기 규정 이상이 될 가능성이 높으므로 할라를 뗄 의무가 있다.
- 몇몇 여인들이 최소 크기 규정보다 적은 밀가루를 제빵사에게 주었고 그가 대량의 효모를 만든 경우, 할라를 뗄 의무에서 면제된다. 왜냐하면 이 밀가루는 각각 다른 사람의 소유이기 때문에 제빵사가 받아서 함께 일했다 하더라도 서로 섞이지 않는다고 간주한다. 여인들은 규정보다 적은 양의 효모를 받아가기 때문에 할라를 떼지 않는다.

## 1, 8

개를 주기 위해 만든 반죽도 지켜야 할 규정이 있는지 설명한다.

---

עִסַּת הַכְּלָבִים, בִּזְמַן שֶׁהָרוֹעִים אוֹכְלִין מִמֶּנָּה, חַיֶּבֶת בְּחַלָּה, וּמְעָרְבִין בָּהּ,
וּמִשְׁתַּתְּפִין בָּהּ, וּמְבָרְכִין עָלֶיהָ, וּמְזַמְּנִין עָלֶיהָ, וְנַעֲשֵׂית בְּיוֹם טוֹב, וְיוֹצֵא בָהּ
אָדָם יְדֵי חוֹבָתוֹ בְּפֶסַח. אִם אֵין הָרוֹעִים אוֹכְלִין מִמֶּנָּה, אֵינָהּ חַיֶּבֶת בְּחַלָּה,
וְאֵין מְעָרְבִין בָּהּ, וְאֵין מִשְׁתַּתְּפִין בָּהּ, וְאֵין מְבָרְכִין עָלֶיהָ, וְאֵין מְזַמְּנִין עָלֶיהָ,
וְאֵינָהּ נַעֲשֵׂית בְּיוֹם טוֹב, וְאֵין אָדָם יוֹצֵא בָהּ יְדֵי חוֹבָתוֹ בְּפֶסַח. בֵּין כָּךְ וּבֵין
כָּךְ, מִטַּמְּאָה טֻמְאַת אֳכָלִין:

---

개를 [먹이려고 만든] 반죽의 경우 만일 목동이 그것을 먹을 수 있
다면 그것은 할라를 [뗄] 의무가 있다. 에루브와 쉬투프를 위해 사용
할 수 있으며 그것을 위해 기도문을 낭송할 수 있고, [기도문을 낭송
할 때 다른 사람을] 초대해야 하며 명절에 그것을 사용할 수 있고, 그
것으로 유월절 의무를 수행할 수 있다. 만일 목동이 그것을 먹을 수 없
다면 할라의 대상이 아니다. 에루브와 쉬투프를 위해 사용될 수 없으
며 그것에 대해 축복문을 낭송할 수 없고 [타인을 초대하여] 축복문
을 낭송할 수 없으며 명절용으로 그것을 사용할 수 없으며 그것으로
유월절에 의무를 수행할 수 없다. 두 경우 모두 [음식 정결규정에 따
라] 부정해질 수 있다.

- 원래 개를 주려고 반죽을 빚었는데 그 질이 좋아서 사람인 목동도 먹
  을 수 있는 정도라면 할라를 뗄 의무가 있다. 그렇다면 1) 할라를 떼
  는 반죽은 인간이 먹을 수 있는 반죽에만 적용된다는 사실을 알 수
  있다. 2) 이 반죽을 사용해서 안식일에 왕래가 가능한 지역을 설정
  할 수 있다. 에루브와 쉬투프는 공동으로 소유하는 음식에 해당하는
  데 이 음식을 집에서 마당으로 또 마당에서 집으로 이동하는 것이
  허락된다. 유대인 개인이 음식을 특정한 장소에 내어놓으면 그 음식

을 매개로 일정한 지역 전체가 가상의 마당으로 변하며 안식일에도 그 구역 안에서 규정보다 멀리 이동할 수 있다. 3) 이 반죽이 사람의 음식이므로 식사 기도를 드려야 하고, 또 다른 사람을 식사 기도에 초대해야 한다. 먹기 전에 '함모찌' 기도문을 낭송한 후에 '비르캇 함마존' 기도문을 낭송한다. 4) 명절에는 인간의 음식만 만들 수 있다. 그러므로 명절에 이런 반죽을 빚어도 무방하다. 5) 그 반죽에 누룩을 넣지 않았다면 유월절 음식으로 사용할 수 있다.

• 개를 주려고 반죽하는 바람에 그 질이 좋지 않아서 목동이 먹을 수 없는 정도라면 할라를 뗄 의무가 없고, 위에서 언급한 다른 규정을 적용하지 않는다.


## 1, 9

거제물과 할라 관련 규정들을 비교 설명한다.

---

הַחַלָּה וְהַתְּרוּמָה, חַיָּבִין עָלֶיהָ מִיתָה וְחֹמֶשׁ, וַאֲסוּרִים לְזָרִים, וְהֵם נִכְסֵי
כֹהֵן, וְעוֹלִין בְּאֶחָד וּמֵאָה, וּטְעוּנִין רְחִיצַת יָדַיִם וְהַעֲרֵב שֶׁמֶשׁ, וְאֵין נִטָּלִין
מִן הַטָּהוֹר עַל הַטָּמֵא, אֶלָּא מִן הַמֻּקָּף וּמִן הַדָּבָר הַגָּמוּר. הָאוֹמֵר, כָּל גָּרְנִי
תְּרוּמָה וְכָל עִסָּתִי חַלָּה, לֹא אָמַר כְּלוּם, עַד שֶׁיְּשַׁיֵּר מִקְצָת:

---

할라와 거제물을 [일부러 먹은 경우에는] 죽음[의 벌을] 받아야만 하고 [모르고 먹은 경우에는] 1/5을 [더하여 배상해야 하며 제사장이 아닌] 외부인에게 금지되어 있다. 그것들은 제사장들에게 속한 것이며 [속된 것과 섞인 것이] 101개일 때 무효화된다. [먹기 전에] 손을 씻어야 하며 해가 질 때까지 [기다려야 한다]. 부정한 것 대신에 깨끗한 것을 구별해놓아서는 안 된다. 가까이 있는 것과 수확이 끝난 것을 구별해야 한다. 내 타작마당의 것이 모두 봉헌물이거나 나의 모든 반죽이 할라가 되게 하라고 말한다면 [봉헌물이나 할라가 아닌 것을]

조금이라도 남겨두지 않는 한 그의 말은 효력이 없는 것이다.

- 제사장이 아닌 자가 할라와 거제물을 먹었을 때 의도적으로 먹었다면 사형을 언도하고(레 22:9-10), 모르고 먹었다면 1/5을 첨가하여 배상한다(레 22:14).
- 할라와 거제물은 제사장의 재산으로 간주하며 자신이 먹지 않고 다른 제사장에게 팔아서 그 돈으로 다른 물품을 살 수 있다. 희생제물은 팔 수도 없기 때문에 이런 점에서 할라와 거제물과는 다르다.
- 속된 음식과 할라 또는 거제물이 100:1 비율로 섞이면 할라나 거제물의 거룩함이 상쇄된다. 할라나 거제를 떼야 하는 사람은 성물이 어떤 것인지 고민하지 않고 하나를 떼어 제사장에게 주면 된다.
- 할라와 거제물을 만질 때에는 특별히 본인이 부정해지지 않았다 하더라도 손을 씻어야 한다. 그리고 부정한 사람이 정결례를 시행했다면 할라와 거제를 먹기 전에 해가 질 때까지 기다려야 한다.
- 어떤 사람이 정결한 농산물과 부정한 농산물을 가지고 있을 때 부정한 농산물의 할라나 거제물을 정결한 농산물에서 뗄 수 없다. 제사장은 부정한 농산물을 먹을 수 없기 때문에 이를 허용하는 것이 제사장에게 유리하지만, 농산물에서 성물을 뗄 떼는 대체가 불가능하다(「트루못」2, 1).
- 어떤 사람이 가깝지만 구별된 두 장소에 농산물을 보관하고 있다면 한 장소에서 할라와 거제물을 모두 뗄 수 있다. 그러나 다른 도시처럼 멀리 있다면 불가능하다.
- 할라와 거제물은 농산물을 수확하여 다듬는 일이 모두 끝난 뒤에 뗀다.
- 어떤 사람이 자신이 수확한 농산물 전체 또는 자기가 빚은 반죽 전체를 할라나 거제로 바칠 수 없다. 이 규정은 민수기 15:20-21 본문

을 해석한 결과인데, "처음 익은 곡식"에서 거제와 할라를 드리라고
하였으므로 최소한 수확물이나 반죽을 둘로 나누어 첫째 것에서 떼
어야 한다.


## 제2장


### 2, 1
이스라엘 밖에서 거둔 농산물에서 할라를 떼어야 하는지 설명한다.

---

פֵּרוֹת חוּצָה לָאָרֶץ שֶׁנִּכְנְסוּ לָאָרֶץ, חַיָּבִים בַּחַלָּה. יָצְאוּ מִכָּאן לְשָׁם, רַבִּי
אֱלִיעֶזֶר מְחַיֵּב, וְרַבִּי עֲקִיבָא פּוֹטֵר:

---

이스라엘 땅 밖에서 [자란] 농산물을 이스라엘로 가져왔다면 할라
를 뗄 의무가 있다. 이스라엘에서 밖으로 가져간 것에 대해 엘리에제
르 랍비는 [할라를 뗄] 의무가 있다고 하고 아키바 랍비는 면제된다
고 한다.


- 농산물을 이스라엘 땅 바깥에서 길러서 소비한다면 할라를 뗄 의무
  가 없다. 그러나 곡식을 이스라엘로 가져와서 반죽을 빚었다면 할라
  를 떼어야 한다. 그 이유는 반죽을 만들 때 이스라엘 땅의 물이 들어
  갔기 때문이라고 짐작한다.
- 반대로 이스라엘에서 자란 곡식을 외국으로 가지고 나가서 반죽을
  빚은 상황이라면 이견이 있다. 엘리에제르 랍비는 할라를 떼야 한다
  고 주장하는데 이것은 아마도 '이 땅의 빵'이라는 토라의 표현을 주
  석한 결과로 보인다(민 15:19). 아키바 랍비는 할라를 뗄 의무에서
  면제된다고 주장하는데 '내가 인도하는 땅에 들어가면' 할라 규정을

지키라고 명령하기 때문이다(민 15:18).

## 2, 2

עָפָר חוּצָה לָאָרֶץ שֶׁבָּא בִסְפִינָה לָאָרֶץ, חַיֶּבֶת בַּמַּעַשְׂרוֹת וּבַשְּׁבִיעִית. אָמַר
רַבִּי יְהוּדָה, אֵימָתַי, בִּזְמַן שֶׁהַסְּפִינָה גוֹשֶׁשֶׁת. עִסָּה שֶׁגְּלָשָׁהּ בְּמֵי פֵרוֹת,
חַיֶּבֶת בַּחַלָּה, וְנֶאֱכֶלֶת בְּיָדַיִם מְסוֹאָבוֹת:

이스라엘 땅 밖에서 배에 〔실어〕 이스라엘로 가져온 흙은 십일조와
제7년 〔규정을 지킬〕 의무가 있다. 예후다 랍비는 말한다. 언제 〔적용
되는가〕? 배가 육지에 들어왔을 때이다. 과즙으로 반죽한 반죽은 할
라를 〔뗄〕 의무가 있으며 더러운 손으로 먹을 수 있다.

- 외국 땅의 흙이더라도 이스라엘 땅 안으로 옮겨서 곡식을 길러냈다
  면 수확물에서 십일조를 떼고 제7년 즉 안식년 규정을 적용해야 한
  다. 예후다 랍비는 이런 의무가 발생하는 시점이 배가 이스라엘 땅에
  닿았을 때부터라고 설명한다. 만약 배가 바다에 떠 있다면 이런 규정
  을 지킬 필요가 없다.
- 반죽을 빚을 때 물을 쓰지 않고 과즙을 사용했다 하더라도 할라를
  떼는 의무는 사라지지 않는다. 그러나 과즙은 일곱 가지 음료수에 들
  지 않으므로 음식을 준비시키지 못하고 부정이 전이되지 않는다. 그
  러므로 씻지 않은 더러운 손으로 먹어도 무방하다.

## 2, 3

할라를 떼는 방법에 관해서 논의한다.

הָאִשָּׁה יוֹשֶׁבֶת וְקוֹצָה חַלָּתָהּ עֲרֻמָּה, מִפְּנֵי שֶׁהִיא יְכוֹלָה לְכַסּוֹת עַצְמָהּ, אֲבָל
לֹא הָאִישׁ. מִי שֶׁאֵינוֹ יָכוֹל לַעֲשׂוֹת עִסָּתוֹ בְּטָהֳרָה, יַעֲשֶׂנָּה קַבִּין, וְאַל יַעֲשֶׂנָּה

בְּטְמֵאָה. וְרַבִּי עֲקִיבָא אוֹמֵר, יַעֲשֶׂנָּה בְטֻמְאָה וְאֵל יַעֲשֶׂנָּה קַבִּים, שֶׁכְּשֵׁם
שֶׁהוּא קוֹרֵא לַטְּהוֹרָה, כָּךְ הוּא קוֹרֵא לַטְּמֵאָה, לְזוֹ קוֹרֵא חַלָּה בַּשֵּׁם וּלְזוֹ
קוֹרֵא חַלָּה בַּשֵּׁם, אֲבָל קַבִּים אֵין לָהֶם חֵלֶק בַּשֵּׁם:

여자는 벌거벗은 상태에서 앉아서 할라를 구별해놓을 수 있다. 여
자는 자신을 가릴 수 있지만 남자는 그렇지 않기 때문이다. 정결한 상
태에서 반죽을 만들 수 없다면 1카브 [크기로] 만들어야 한다.[6] 하지
만 부정한 상태에서 만들어서는 안 된다. 아키바 랍비는 말한다. 부정
한 상태에서 만들어야 하며 1카브 [크기로] 만들어서는 안 된다. 그
가 그것을 정결하다고 부를 수 있는 것처럼 부정하다고 부를 수도 있
다. 그중 하나를 할라라는 이름으로 부르고, [다른] 하나도 할라라는
이름으로 부른다. 하지만 1카브 [크기로 만든 것은] 그 이름과 아무런
관련이 없다.

- 반죽에서 할라를 뗄 때는 정해진 기도문을 낭송해야 하는데 벌거벗
고 기도문을 낭송할 수 없으므로 벌거벗고 할라를 뗄 수 없다는 것
이 원칙이다. 그러나 어떤 여성이 앉아서 자기 다리로 성기를 가렸
다면 할라 뗄 일을 허락하고, 남성은 가릴 수 없으므로 허락하지
않는다.
- 할라를 뗄 의무는 반죽이 5/4카브 이상이 되는 순간부터 발생한다.
그러므로 어떤 사람이 부정한 상태에서 반죽을 해야 한다면 최소 크
기 규정보다 작게 만들어서 할라를 뗴지 않도록 해야 한다.
- 아키바 랍비는 위의 의견에 반대하는데 부정한 상태에서 할라를 뗴
면 결국 제사장이 그 할라를 먹을 수 없게 되겠지만, 기도문을 낭송
하면서 토라의 규정을 지키게 되니 그것이 더 낫다고 말한다. 반죽

---

6) 1카브는 할라 의무에 해당하는 최소의 양(5/4카브)보다 적기 때문이다.

을 작게 만들어서 완전히 세속적인 음식을 만드는 것이 더 큰 문제라고 주장한다.

## 2, 4

1카브 크기로 빚은 반죽이 할라를 떼야 하는 상태가 되는 과정을 설명한다.

---

הָעוֹשֶׂה עִסָּתוֹ קַבִּים וְנָגְעוּ זֶה בָזֶה, פְּטוּרִים מִן הַחַלָּה עַד שֶׁיִשׁוֹכוּ. רַבִּי אֱלִיעֶזֶר אוֹמֵר, אַף הָרוֹדֶה וְנוֹתֵן לַסַּל, הַסַּל מְצָרְפָן לַחַלָּה:

---

만일 1카브 [크기로] 반죽을 만들었고 서로 접촉했다면 완전히 붙어 있지 않는 한 할라를 [뗄 의무에서] 면제된다. 엘리에제르 랍비는 말한다. [화덕에서] 꺼내어 바구니에 넣으면 바구니가 그것을 연결시켜서 할라를 [떼야 할 상태가] 된다.

- 반죽을 1카브 크기로 빚었고 서로 접촉하고 있지만 완전히 붙지 않았다면 할라를 뗄 의무에서 면제된다. 서로 붙은 반죽과 반죽을 당겨서 뗐을 때 한쪽 반죽이 다른 반죽에 붙어서 그 일부가 떨어진다면 그것은 완전히 붙어 있는 것이다.
- 엘리에제르 랍비는 반대의견을 개진하는데 서로 떨어져 있는 반죽들을 화덕에서 구운 뒤 꺼내어 바구니 하나에 함께 담았다면 빵들이 서로 연결되어 할라를 뗄 의무가 발생한다고 주장한다. 할라를 떼는 의무는 반죽 상태에서 시행하기 때문에, 엘리에제르 랍비는 이 의무를 매우 엄정하게 적용하는 셈이다.

## 2, 5

밀가루를 반죽으로 빚기 전에 할라를 떼는 경우에 관해 논의한다.

הַמַּפְרִישׁ חַלָּתוֹ קֶמַח, אֵינָהּ חַלָּה, וְגֵזֶל בְּיַד כֹּהֵן. הָעִסָּה עַצְמָהּ, חַיֶּבֶת
בַּחַלָּה. וְהַקֶּמַח, אִם יֶשׁ בּוֹ כַּשִּׁעוּר, חַיֶּבֶת בַּחַלָּה, וַאֲסוּרָה לְזָרִים, דִּבְרֵי רַבִּי
יְהוֹשֻׁעַ. אָמְרוּ לוֹ, מַעֲשֶׂה וּקְפָשָׁהּ זָקֵן זָר. אָמַר לָהֶם, אַף הוּא קִלְקֵל לְעַצְמוֹ
וְתִקֵּן לַאֲחֵרִים:

할라를 밀가루인 [상태에서] 떼어놓으면 그것은 할라가 아니며 제
사장의 손에 [있을 때] 훔친 것으로 간주한다. 반죽은 그 자체로 할라
를 [뗄] 의무가 있으며 그 밀가루는 적절한 양이면 할라를 [뗄] 의무
가 있고, [제사장이 아닌] 외부인에게 금지된다. 예호슈아가 그렇게
말했다. [사람들이] 그에게 말했다. "한때 [제사장이 아닌] 외부인 장
로가 그것을 붙들고 [먹었던 적이 있습니다]." 그가 그들에게 말했다.
"그는 자신에게는 해를 끼쳤으나 다른 이에게는 유익을 끼쳤습니다.

- 할라는 밀가루에 물을 섞은 반죽 상태에서 떼어야 한다. 어떤 사람
  이 밀가루 상태에서 일부를 떼며 할라라고 말했다 하더라도 그것은
  할라로 인정할 수 없다. 제사장이 이 밀가루를 받았다면 다시 돌려
  주어야 하며 돌려주지 않고 계속 소유한다면 훔친 물건을 보관하는
  셈이 된다.
- 그 사람이 남은 밀가루로 반죽을 빚었다면 그가 뗀 할라는 무효가
  되었으므로 다시 할라를 떼어야 한다. 그가 할라라고 구별한 밀가루
  는 최소 크기 규정(5/4카브) 이상일 경우 반죽으로 빚어서 할라를 떼
  어야 한다.
- 예호슈아 랍비는 그가 제사장에게 주었던 밀가루는 일종의 성물이
  된다고 여겼고, 제사장이 아닌 외부인이 먹을 수 없다고 주장한다.
  다른 랍비들은 외부인이며 장로 즉 랍비였던 자가 이와 같은 반죽으
  로 구운 빵을 먹은 적이 있다면서 반대하였다. 그러나 예호슈아 랍비
  는 그 장로가 죄를 지은 것이 분명하다고 물러서지 않았다. 다만 다

른 사람들이 그 장로의 행위를 보고 이런 빵을 먹었다면 그것은 몰라서 저지른 짓이니 죄를 물을 수 없을 것이라고 말했다. 할라라고 불렀지만 실제로 할라가 아닌 음식이기 때문에 어느 정도 양보할 수 있었던 것으로 보인다.

## 2, 6

할라를 뗄 의무가 발생하는 반죽의 크기에 관해 설명한다.

---

חֲמֵשֶׁת רְבָעִים קֶמַח, חַיָּבִים בַּחַלָּה. הֵם וּשְׂאֹרָן וְסֻבָּן וּמֻרְסָנָן חֲמֵשֶׁת רְבָעִים, חַיָּבִין. נָטַל מֻרְסָנָן מִתּוֹכָן וְחָזַר לְתוֹכָן, הֲרֵי אֵלּוּ פְטוּרִין:

---

밀가루 5/4〔카브는〕할라를 〔뗄〕의무가 있다. 효모와 좋은 겨와 거친 겨가 섞여서 5/4〔카브가〕있으면 그것도 〔할라를 뗄〕의무가 있다. 만일 거친 겨를 제거했다가 다시 합치면 〔할라를 뗄 의무에서〕면제된다.

- 밀가루에 물을 섞어서 만든 반죽은 그 크기가 5/4카브 이상이 될 때부터 할라를 뗄 의무가 있다. 이 최소 크기 규정은 빵을 만들기 위한 효모와 겨가 섞인 상태라 하더라도 그대로 유효하다.
- 질이 좋은 밀가루를 생산하기 위해서 거친 겨를 제거했는데 나중에 이것을 다시 합쳐서 최소 크기 규정에 맞는 반죽을 빚었다면 의무에서 면제한다. 거친 겨를 제거하는 과정은 정상적인 작업이지만, 그것을 다시 포함시키는 일은 드물기 때문이다.

## 2, 7

반죽에서 떼는 할라의 양에 관해 논의한다.

שְׁעוּר הַחַלָּה, אֶחָד מֵעֶשְׂרִים וְאַרְבָּעָה. הָעוֹשֶׂה עִסָּה לְעַצְמוֹ, וְהָעוֹשֶׂה לְמִשְׁתֵּה בְנוֹ, אֶחָד מֵעֶשְׂרִים וְאַרְבָּעָה. נַחְתּוֹם שֶׁהוּא עוֹשֶׂה לִמְכֹּר בַּשּׁוּק, וְכֵן הָאִשָּׁה שֶׁהִיא עוֹשָׂה לִמְכֹּר בַּשּׁוּק, אֶחָד מֵאַרְבָּעִים וּשְׁמֹנָה. נִטְמֵאת עִסָּתָהּ שׁוֹגֶגֶת אוֹ אֲנוּסָה, אֶחָד מֵאַרְבָּעִים וּשְׁמֹנָה. נִטְמֵאת מְזִידָה, אֶחָד מֵעֶשְׂרִים וְאַרְבָּעָה, כְּדֵי שֶׁלֹּא יְהֵא חוֹטֵא נִשְׂכָּר:

할라의 [적절한] 양은 1/24이다. 자신을 위해서 또는 아들의 [결혼] 잔치를 위해서 반죽을 만든다면 [할라의 양은] 1/24이다. 시장에서 팔기 위해 그것을 만드는 제빵사나 시장에서 팔기 위해 그것을 만드는 여인은 [반죽의] 1/48을 [뗀다]. 만일 반죽이 부정해졌다면 실수에 의해서건 불가피한 상황에 의해서건 간에 [그 양은] 1/48이다. 만일 고의로 부정해졌다면 [할라의 양은] 1/24이다. 죄를 범한 자가 이익을 얻을 수 없도록 하기 위함이다.

- 반죽이 최소 크기 규정보다 커서 할라를 뗀다면 전체 양의 1/24 정도를 떼어 드린다. 이 규정은 개인 식사를 준비할 때나 잔치상을 볼 때 동일하게 적용한다.
- 그러나 시장에 내다 파는 제빵사나 여인은 대용량으로 반죽을 빚기 때문에 좀 더 관대한 기준을 적용하여 1/48만 떼라고 말한다. 이런 사람들은 낮은 비율로 떼어도 실제 양이 크기 때문이다.
- 같은 관대한 기준을 실수로 부정해진 반죽에도 적용한다. 부정한 반죽에서 뗀 할라는 어차피 먹을 수 없기 때문에 소량만 떼라고 명령한 것이다. 그러나 의도적으로 반죽을 부정하게 만들었다면 원래 규정대로 1/24을 떼어야 한다. 할라를 적게 내려고 일부러 반죽을 부정하게 만들려는 시도를 막기 위해서이다.

## 2, 8

부정해진 반죽 대신 정결한 반죽에서 할라를 떼는 방법을 설명한다.

---

רַבִּי אֱלִיעֶזֶר אוֹמֵר, נִטֶּלֶת מִן הַטָּהוֹר עַל הַטָּמֵא. כֵּיצַד, עִסָּה טְהוֹרָה וְעִסָּה
טְמֵאָה, נוֹטֵל כְּדֵי חַלָּה מֵעִסָּה שֶׁלֹּא הוּרַם חַלָּתָהּ, וְנוֹתֵן פָּחוֹת מִכַּבֵּיצָה
בָּאֶמְצַע, כְּדֵי שֶׁיִּטֹּל מִן הַמֻּקָּף. וַחֲכָמִים אוֹסְרִין:

---

엘리에제르 랍비는 말한다. 부정한 〔반죽을〕 대신하여 깨끗한 반죽을 취할 수 있다. 어떻게 〔취하는가?〕 정결한 반죽과 부정한 반죽이 있다면 할라를 구별하지 않은 것에서 〔충분한 양의 정결한〕 할라를 취한다. 〔그다음〕 가까이 있는 것에서 취하기 위하여 달걀 〔크기보다〕 더 적은 반죽을 〔둘〕 사이에 둔다. 그러나 랍비들은 〔부정한 반죽을 대신하여 깨끗한 반죽을 취하는 것을〕 금한다.

- 어떤 사람이 정결한 반죽과 부정한 반죽을 가지고 있었는데 부정한 반죽을 대신해서 정결한 반죽에서 할라를 떼는 것은 불가능하다. 한 반죽에서 다른 반죽의 할라를 떼려면 반죽 하나로 연결되어야 가능한데, 그렇게 하면 전체가 부정해지기 때문에 그 할라를 제사장이 먹을 수 없기 때문이다. 이런 상황을 해결하기 위해서 엘리에제르 랍비가 복잡한 방법을 제안한다. 첫째, 정결한 반죽에서 전체 반죽의 양에 맞는 할라를 떼어 구별한다. 어떤 일이 일어나든 할라로 뗀 것이 부정해지지 않도록 먼저 떼는 것이다. 둘째, 깨끗한 반죽을 달걀 크기보다 적게 만들어서 두 반죽 사이에 놓아 연결시킨다. 음식의 부정은 달걀 크기보다 클 때만 전이되기 때문에 정결한 반죽은 부정의 영향을 받지 않는다. 셋째, 미리 떼어놓은 할라를 드린다.
- 다른 랍비들은 이런 방법에 찬성하지 않는다.

# 제3장

## 3, 1

할라를 떼기 전에 반죽 일부를 먹는 일에 관해 논의한다.

---

אוֹכְלִין עֲרַאי מִן הָעִסָּה, עַד שֶׁתִּתְגַּלְגֵּל בַּחִטִּים וְתִטַּמְטֵם בַּשְּׂעוֹרִים. גִּלְגְּלָה
בַּחִטִּים וְטִמְטְמָהּ בַּשְּׂעוֹרִים, הָאוֹכֵל מִמֶּנָּה חַיָּב מִיתָה. כֵּיוָן שֶׁהִיא נוֹתֶנֶת
אֶת הַמַּיִם, מַגְבַּהַת חַלָּתָהּ, וּבִלְבַד שֶׁלֹּא יְהֵא שָׁם חֲמִשָּׁה רְבָעֵי קֶמַח:

---

반죽을 무심코 조금 먹을 수 있으니 밀가루 [반죽은] 굴리기 전까지, 보리 [반죽은] 단단하게 빚기 전까지이다. 밀가루가 반죽을 굴린 후 보리 반죽을 단단한 [덩어리로] 반죽한 후에 그것을 먹으면 죽음의 형벌을 [받을] 책임이 있다. 밀가루가 5/4[카브] 남지 않는 상황이 아니라면 물을 [가루에] 넣는 순간 할라를 구별해놓으면 된다.

- 반죽을 빚었는데 할라를 떼기 전에 무심코 소량을 먹어도 좋다. 부드러운 밀가루 반죽은 잘 섞어서 굴리기 전까지 먹을 수 있으며 거친 보리 반죽은 단단히 빚어서 한 덩어리로 만들기 전까지 먹을 수 있다.
- 일단 밀가루 반죽을 굴리거나 보리 반죽을 단단히 빚어서 덩어리로 만들면 그 안에 할라가 포함된 상태가 된다. 그러므로 제사장이 아닌 외부인이 할라를 떼지 않고 먹으면 성물을 범한 죄를 짓게 되고, 천벌을 받아 죽게 된다. 일반인이 거제를 먹었을 때와 같은 형벌이다.
- 이런 불행한 사태를 피하기 위해서 밀가루에 물을 붓고 반죽을 시작할 때 미리 할라를 떼어놓으라고 조언한다. 물론 반죽의 크기가 최소 크기 규정인 5/4카브 이상일 때만 그렇다.

## 3, 2

밀가루 반죽을 굴리는 작업과 관련된 규정들을 소개한다.

---

נִדְמְעָה עִסָּתָהּ עַד שֶׁלֹּא גִלְגְּלָה, פְּטוּרָה, שֶׁהַמְּדֻמָּע פָּטוּר. וּמִשֶּׁגִּלְגְּלָה,
חַיֶּבֶת. נוֹלַד לָהּ סְפֵק טֻמְאָה עַד שֶׁלֹּא גִלְגְּלָה, תֵּעָשֶׂה בְטֻמְאָה, וּמִשֶּׁגִּלְגְּלָה,
תֵּעָשֶׂה בְטָהֳרָה:

---

반죽을 굴리기 전에 섞인 것이 되었다면 〔할라를 뗄 의무에서〕 면제된다. 섞인 것은 면제를 받기 때문이다. 굴린 후라면 〔할라를 뗄〕 의무가 있다. 굴리기 전에 부정에 대한 의심이 일어났다면 부정한 상태에서 요리해도 된다. 〔그러나〕 굴린 후라면 정결한 상태에서 요리해야 한다.

- 거제물과 속된 음식이 섞였고, 그 비율이 1:100 이하가 아니라면 이 것은 섞인 것(מדומע, 메두마)이다. 만약 반죽을 굴리기 전에 거제인 반죽과 속된 반죽이 섞였다면 할라를 뗄 의무가 발생하기 전에 준-성물이 된 셈이며 이런 경우 할라를 뗄 의무에서 면제된다. 그러나 굴리고 난 후에 섞인 것이 되었다면 할라를 뗄 의무가 발생한 뒤에 일어난 사건이므로 할라를 떼어야 한다. 이런 경우 할라를 떼어 제 사장을 주고 남은 반죽은 섞인 것이 된다. 섞인 것을 일반인이 먹을 수는 없으므로 이것을 제사장에게 팔아야 한다.
- 반죽을 빚어 굴리기 전인데, 그 반죽을 부정하게 만들 만한 일이 생 겼는지 의심이 들었다면 이런 반죽은 결국 제사장이 먹을 수 없기 때문에, 반죽하는 사람이 부정한 상태에서 요리를 해도 무방하다. 그 러나 반죽을 굴린 뒤에 부정해졌는지 의심이 드는 경우이다. 이미 할 라를 뗄 의무가 발생한 이후이고 부정이 의심스러운 반죽을 실제로 부정한 사람이 접촉하는 것은 금지되어 있으므로 요리하는 사람은

정결한 상태에서 반죽을 하고 할라도 떼어야 한다.

## 3, 3

הַקְדִּישָׁה עִסָּתָהּ עַד שֶׁלֹּא גִלְגְּלָהּ, וּפְדָאַתָהּ, חַיֶּבֶת. מִשֶּׁגִּלְגְּלָהּ, וּפְדָאַתָהּ,
חַיֶּבֶת. הִקְדִּישָׁתָּה עַד שֶׁלֹּא גִלְגְּלָהּ, וְגִלְגְּלָהּ הַגִּזְבָּר, וְאַחַר כָּךְ פְּדָאַתָהּ,
פְּטוּרָה, שֶׁבְּשָׁעַת חוֹבָתָהּ הָיְתָה פְּטוּרָה:

반죽을 굴리기 전에 [성전에] 봉헌했고 [그것을] 무른 경우에는 [할라를 뗄] 의무가 있다. 굴린 후에 [봉헌했고] 물렀다면 [여전히 할라를 뗄] 의무가 있다. 굴리기 전에 봉헌했고 [성전] 회계담당자가 반죽을 한 후 [봉헌한 이가 그것을] 무른다면 [할라를 뗄 의무에서] 면제된다. 의무가 [발생하는] 순간 그것이 면제되었기 때문이다.

- 어떤 사람이 반죽을 성전에 봉헌했다면 그것은 이미 성물이기 때문에 할라를 뗄 의무에서 면제된다. 그러나 반죽을 굴리기 전에 봉헌했다가 다시 무른 경우에는 다시 자기 소유가 된 이후에 반죽을 빚어 굴리는 셈이 되므로 할라를 뗄 의무가 발생한다.
- 반죽을 굴린 뒤에 봉헌했다가 물렀어도 할라를 떼야 한다. 반죽을 빚어서 굴렸을 때 이것이 그의 소유였기 때문이다.
- 반죽을 굴리기 전에 봉헌했고, 성전 회계담당자가 그것을 굴렸는데 봉헌자가 이것을 무른 경우에는 할라를 뗄 의무에서 면제된다. 의무가 발생하는 순간에 반죽은 성전 소유였기 때문이다.

## 3, 4
셋째 미쉬나와 비슷하지만 십일조를 떼는 문제에 관해 논의한다.

כַּיּוֹצֵא בּוֹ, הַמַּקְדִּישׁ פֵּרוֹתָיו עַד שֶׁלֹּא בָאוּ לְעוֹנַת הַמַּעַשְׂרוֹת, וּפְדָאָן, חַיָּבִין. וּמִשֶּׁבָּאוּ לְעוֹנַת הַמַּעַשְׂרוֹת, וּפְדָאָן, חַיָּבִין. הִקְדִּישָׁן עַד שֶׁלֹּא נִגְמְרוּ, וְגִמְרָן הַגִּזְבָּר, וְאַחַר כָּךְ פְּדָאָן, פְּטוּרִין, שֶׁבִּשְׁעַת חוֹבָתָן הָיוּ פְטוּרִין:

마찬가지로 십일조를 〔뗄〕 기간 전에 농산물을 봉헌했고 〔다시〕 물렀다면 〔십일조를 뗄〕 의무가 있다. 십일조를 〔뗄〕 기간 후에 〔봉헌했고〕 물렀다면 〔여전히 십일조를 뗄〕 의무가 있다. 수확이 끝나기 전에 봉헌을 했고, 〔성전〕 회계담당자가 수확을 마쳤으며 그 후에 〔그것을〕 물렀다면 〔십일조를 낼 의무에서〕 면제된다. 의무가 〔발생하는〕 순간 그것이 면제되었기 때문이다.

- 이 미쉬나는 셋째 미쉬나와 동일한 구조로 동일한 법리를 설명하고 있으며 실제로 다른 곳에 기록되어 있기도 하다(「페아」 4, 8).
- 다른 점은 수확한 농산물에서 십일조를 떼는 상황인데, 이때 수확하여 다듬는 작업이 끝나면 십일조를 뗄 의무가 발생한다. 이 시점에 농산물의 소유가 일반인인지 성전인지에 따라 십일조를 낼지 여부를 결정한다.


### 3, 5
유대인이 소유한 반죽만 할라를 뗄 의무가 있다고 설명한다.

נָכְרִי שֶׁנָּתַן לְיִשְׂרָאֵל לַעֲשׂוֹת לוֹ עִסָּה, פְּטוּרָה מִן הַחַלָּה. נְתָנָהּ לוֹ מַתָּנָה, עַד שֶׁלֹּא גִלְגֵּל, חַיָּב, וּמִשֶּׁגִּלְגֵּל, פָּטוּר. הָעוֹשֶׂה עִסָּה עִם הַנָּכְרִי, אִם אֵין בְּשֶׁל יִשְׂרָאֵל כְּשִׁעוּר חַלָּה, פְּטוּרָה מִן הַחַלָּה:

이방인이 반죽을 만들기 위해 이스라엘 사람에게 〔밀가루〕를 주면 할라를 〔뗄 의무에서〕 면제된다. 〔이방인이〕 그것을 선물로 준 경우, 그것을 굴리기 전이라면 그는 〔할라를 뗄〕 의무가 있다. 〔그러나〕 굴린 후라면 면제된다. 이방인과 함께 반죽을 만드는 경우, 이스라엘 사람의 것이 [정해진] 양보다 적다면 할라를 [뗄 의무에서] 면제된다.

- 이방인이 자기 밀가루를 반죽으로 빚어달라고 이스라엘 사람에게 주었다면 반죽을 빚는 사람은 이스라엘인이어도 소유권은 이방인에게 있다. 그러므로 할라를 뗄 의무에서 면제된다.
- 이방인이 밀가루를 이스라엘인에게 선물로 주었는데 반죽을 빚어 굴리기 전이었다면 할라를 뗄 의무가 있다. 반죽을 빚을 때 이스라엘인의 소유였기 때문이다. 반대로 반죽을 굴린 다음이라면 면제된다.
- 이방인과 이스라엘 사람이 동업하여 함께 반죽을 빚는 경우에는 이스라엘 사람이 맡아서 빚는 반죽의 양을 기준으로 판단한다. 이스라엘 사람이 5/4카브 이상의 반죽을 빚을 때만 할라를 뗀다.

### 3, 6

גֵּר שֶׁנִּתְגַּיֵּר וְהָיְתָה לוֹ עִסָּה, נַעֲשֵׂית עַד שֶׁלֹּא נִתְגַּיֵּר, פָּטוּר, וּמִשֶּׁנִּתְגַּיֵּר, חַיָּב. וְאִם סָפֵק, חַיָּב, וְאֵין חַיָּבִין עָלֶיהָ חֹמֶשׁ. רַבִּי עֲקִיבָא אוֹמֵר, הַכֹּל הוֹלֵךְ אַחַר הַקְרִימָה בַתַּנּוּר:

개종자가 반죽을 갖고 있는데 개종하기 전에 반죽했으면 [할라를 뗄 의무에서] 면제된다. 개종한 후에 반죽했으면 [할라를 뗄] 의무가 있다. [개정 전인지 후인지] 의심스러우면 [할라를 뗄] 의무가 있지만, 1/5을 더할 의무는 없다. 아키바 랍비는 말한다. 모든 것은 화덕에서 빵껍질이 생긴 [시간에] 따라 결정된다.

- 다섯째 미쉬나에서 본 것처럼 유대인이 빚은 반죽만 할라를 뗄 의무가 있다. 개종자는 개종 시점 이전에는 이방인이고 이후에는 유대인

이므로 후자에만 할라를 뗄 의무가 있다.

- 반죽을 빚은 시점이 언제인지 의심스러우면 엄정하게 판단해서 할라를 떼도록 한다. 그러나 이 할라는 온전한 성물의 지위를 취득하지 못한다. 그러므로 제사장이 아닌 일반인이 이 할라를 먹는다 하더라도 그 가격에 1/5을 더하여 배상하지 않는다.

- 지금까지 할라를 떼는 의무는 반죽을 빚는 순간에 발생한다고 설명했다. 그러나 아키바 랍비는 반죽을 화덕에 넣어서 빵껍질이 생기는 순간에 할라를 뗄 의무가 발생한다고 주장한다. 그는 토라 본문이 '빵'이라는 낱말을 사용하기 때문에(민 15:19) 이런 식으로 해석한 것으로 보인다.

### 3, 7

הָעוֹשֶׂה עִסָּה מִן הַחִטִּים וּמִן הָאֹרֶז, אִם יֶשׁ בָּהּ טַעַם דָּגָן, חַיֶּבֶת בַּחַלָּה,
וְיוֹצֵא בָהּ אָדָם יְדֵי חוֹבָתוֹ בְּפֶסַח. וְאִם אֵין בָּהּ טַעַם דָּגָן, אֵינָהּ חַיֶּבֶת בַּחַלָּה,
וְאֵין אָדָם יוֹצֵא בָהּ יְדֵי חוֹבָתוֹ בְּפֶסַח:

밀과 쌀로 반죽을 만들 때 만일 곡물의 맛이 나면 할라를 〔뗄〕 의무가 있고, 그것으로 유월절 의무를 수행할 수 있다. 그러나 곡물의 맛이 나지 않으면 할라를 〔뗄〕 의무가 없고, 그것으로 유월절 의무를 수행할 수 없다.

- 쌀은 할라를 떼는 다섯 가지 곡식에 속하지 않으며(「할라」 1, 1), 유월절에 먹을 누룩 없는 빵을 빚을 수도 없다. 만약 쌀을 다섯 가지 곡식 중 하나와 섞어서 반죽을 빚었다면 곡식 맛이 나는지 여부로 결정한다. 곡식 맛이 날 때만 할라를 떼고 유월절에 사용할 수 있다.

## 3, 8

발효된 반죽의 일부를 새 반죽에 넣으며 할라를 떼는 상황을 설명한다.

---

הַנּוֹטֵל שְׂאֹר מֵעִסָּה שֶׁלֹּא הוּרְמָה חַלָּתָהּ וְנוֹתֵן לְתוֹךְ עִסָּה שֶׁהוּרְמָה חַלָּתָהּ,
אִם יֶשׁ לוֹ פַּרְנָסָה מִמָּקוֹם אַחֵר, מוֹצִיא לְפִי חֶשְׁבּוֹן. וְאִם לָאו, מוֹצִיא חַלָּה
אַחַת עַל הַכֹּל:

---

할라를 구별하지 않은 반죽에서 효모를 취하여 할라를 구별한 반죽에 넣은 경우, 만일 다른 곳에서 필요한 양을 취할 수 있다면 계산에 따라 〔할라를〕 취할 수 있다. 만일 그렇지 않다면 모든 〔혼합된 반죽〕을 위해 하나의 할라를 취해야 한다.

- 효모나 이스트를 따로 구입할 수 없던 고대에는 이미 발효된 반죽의 일부를 새 반죽에 넣어 숙성을 시켰다. 그런데 할라를 떼지 않은 발효된 반죽의 일부를 떼어 이미 할라를 뗀 새 반죽에 넣었다면 소량의 효모 때문에 새 반죽에서 다시 한 번 할라를 떼어야 하는지 여부가 질문이다.
- 만약 그 사람이 할라를 떼지 않은 또 다른 반죽을 가지고 있다면 거기서 할라를 떼면서 자기가 사용한 효모에 관련된 할라를 대체한다. 물론 크기를 정확히 계산해서 필요한 양을 떼어야 한다. 그러나 또 다른 반죽을 가지고 있지 않다면 어쩔 수 없이 효모를 넣은 새 반죽에서 다시 한 번 할라를 떼어야 한다. 즉 할라를 떼지 않은 효모가 반죽 전체를 할라를 떼지 않은 상태로 바꾼다는 것이다.

## 3, 9

일반적인 수확물과 가난한 이들에게 남긴 수확물이 섞인 상황에 관해 논의한다.

---

כַּיּוֹצֵא בוֹ, זֵיתֵי מָסִיק שֶׁנִּתְעָרְבוּ עִם זֵיתֵי נִקּוּף, עִנְבֵי בָצִיר עִם עִנְבֵי עוֹלְלוֹת,
אִם יֶשׁ לוֹ פַּרְנָסָה מִמָּקוֹם אַחֵר, מוֹצִיא לְפִי חֶשְׁבּוֹן. וְאִם לָאו, מוֹצִיא תְּרוּמָה
וּתְרוּמַת מַעֲשֵׂר לַכֹּל, וְהַשְּׁאָר מַעֲשֵׂר וּמַעֲשֵׂר שֵׁנִי לְפִי חֶשְׁבּוֹן:

---

마찬가지로 〔정상적으로〕 수확한 올리브와 올리브 줍기에서[7] 가
져온 올리브가 섞인 경우나 〔정상적으로〕 수확한 포도와 올렐레트[8]
포도가 섞인 경우, 만일 다른 곳에서 필요한 양을 취할 수 있다면 계
산에 따라 〔십일조를〕 취할 수 있다. 그러나 그렇지 않다면 전체를 위
해 거제물과 십일조의 거제물을 취해야 한다. 그리고 나머지로부터
십일조와 둘째 십일조를 계산하여 〔뗀다〕.

- 올리브 열매나 포도를 수확하고 남은 것은 가난한 자들의 몫이고, 이
  런 농산물은 거제나 십일조를 뗄 의무에서 면제된다. 그런데 정상적
  으로 수확하여 거제와 십일조를 떼어야 할 열매들과 면제된 열매들
  이 섞였다면 아직 거제와 십일조를 떼지 않은 다른 열매들로부터 필
  요한 양을 계산하여 뗀다. 여덟째 미쉬나와 같은 논리이다.
- 그러나 대체할 다른 열매들이 없다면 면제된 열매들이 있음에도 불
  구하고 전체 열매에 해당하는 거제와 십일조의 거제를 떼어야 한다.
  제사장이 먹을 성물이기 때문에 더 엄정한 규정을 적용하고 있다.
- 십일조와 둘째 십일조는 제사장이 아닌 사람도 먹을 수 있으므로 조
  금 관대한 규정을 적용하며 면제된 열매를 제외한 남은 열매들을 대
  상으로 계산하여 십일조와 둘째 십일조를 뗀다.

---

7) 히브리어로 '니쿠프'(נקוף)인데 올리브나무 위에서 수확한 후 남아 있는 올리브
   들을 말한다.
8) 올렐레트는 「페아」 7, 4의 각주를 참조하라.

## 3, 10

밀가루 반죽과 쌀가루 반죽이 섞인 경우를 논의한다.

---

הַנּוֹטֵל שְׂאֹר מֵעִסַּת חִטִּים וְנוֹתֵן לְתוֹךְ עִסַּת אֹרֶז, אִם יֵשׁ בָּהּ טַעַם דָּגָן חַיֶּבֶת
בַּחַלָּה. וְאִם לָאו, פְּטוּרָה. אִם כֵּן, לָמָּה אָמְרוּ הַטֶּבֶל אוֹסֵר כָּל שֶׁהוּא, מִין
בְּמִינוֹ. וְשֶׁלֹּא בְמִינוֹ, בְּנוֹתֵן טָעַם:

---

밀 반죽에서 효모를 취하여 쌀 반죽에 넣었는데 곡물 맛이 있다면
그것은 [할라를 뗄] 의무가 있다. 그렇지 않다면 면제된다. 그렇다면
왜 [십일조 떼지 않아] 부적절한 것이 다른 모든 것을 [먹지 못하게]
금지시킨다고 말하는가? 그것은 한 종류가 [같은] 종류와 [섞여 있을
때에만 그러하다]. 다른 종류와 [섞여 있을 때에는] 맛을 내는지 여부
에 따라 [결정한다].

- 발효된 밀가루 반죽의 일부를 취하여 새 쌀가루 반죽에 넣었을 때
  곡물 맛이 난다면 그 반죽에서 할라를 뗄 의무가 있다(일곱째 미쉬
  나). 그러나 맛이 나지 않는다면 할라를 뗄 의무에서 면제된다.
- 위의 규정에 대해 반대의견을 제기한다. 십일조를 떼지 않아 부적절
  한 것(טבל, 테벨)이 된 열매가 십일조를 뗀 열매와 섞이면 다시 십일
  조와 거제를 떼기 전에는 먹을 수 없다. 그렇다면 밀과 쌀 반죽의 경
  우에는 왜 맛이 나는 경우만 할라를 떼는지 묻는다. 랍비들은 같은
  종류끼리 섞였을 때는 십일조와 거제를 떼어야 먹을 수 있지만, 밀과
  쌀처럼 다른 종류가 섞인 경우에는 맛이 나는지 여부를 따져봐야 한
  다고 대답한다.

## 제4장

### 4, 1

두 가지 반죽이 섞이는 경우들에 관해서 설명한다.

---

שְׁתֵּי נָשִׁים שֶׁעָשׂוּ שְׁנֵי קַבִּין, וְנָגְעוּ זֶה בָזֶה, אֲפִלּוּ הֵם מִמִּין אֶחָד, פְּטוּרִים.
וּבִזְמַן שֶׁהֵם שֶׁל אִשָּׁה אַחַת, מִין בְּמִינוֹ, חַיָּב. וְשֶׁלֹּא בְמִינוֹ, פָּטוּר:

---

여성 두 명이 〔밀가루〕 2카브로 〔각각 반죽을〕 빚었고, 〔반죽 두 개 중〕 하나가 〔다른〕 하나와 접촉했을 때 그것들이 같은 종류의 〔곡식으로 빚었다〕 하더라도, 그것들은 〔할라를 뗄 의무에서〕 면제된다. 그것들이 여성 한 사람의 소유이고, 같은 종류라면 〔할라를 뗄〕 의무가 있다. 그러나 같은 종류가 아니라면 면제된다.

- 밀가루 2카브를 여성 두 명이 나누어 반죽을 빚었다면 반죽 하나의 부피는 1카브며 할라를 뗄 의무에서 면제된다. 이 반죽 두 개가 접촉하여 붙었고 사용한 밀가루가 동일한 종류라 하더라도 이 반죽들은 서로 연결되지 않으며 의무에서 면제된다. 각각 다른 사람의 소유이기 때문이다.
- 만약 반죽 두 개가 모두 한 사람의 소유라면 반죽들이 같은 종류일 때 할라를 뗄 의무가 발생하고, 다른 종류일 때 면제된다.

### 4, 2

할라를 뗄 의무가 있는 곡식 다섯 가지들을 어떻게 분류할 수 있는지 설명한다.

אֵיזֶה הוּא מִין בְּמִינוֹ, הַחִטִּים אֵינָן מִצְטָרְפוֹת עִם הַכֹּל, אֶלָּא עִם הַכֻּסְּמִין. הַשְּׂעוֹרִים מִצְטָרְפוֹת עִם הַכֹּל, חוּץ מִן הַחִטִּים. רַבִּי יוֹחָנָן בֶּן נוּרִי אוֹמֵר, שְׁאָר הַמִּינִים מִצְטָרְפִין זֶה עִם זֶה:

어떤 [곡물을] 서로 동일한 종류로 간주하는가? 밀은 스펠트밀 외에는 어떤 것과도 연결되지 않는다. 보리는 밀 외에는 어떤 것과도 연결된다. 요하난 벤 누리 랍비는 말한다. 다른 종류들은 서로 연결된다.

- 다섯 가지 곡식들 중에 밀로 만든 반죽은 스펠트밀로 만든 반죽과 연결되고, 보리로 만든 반죽은 밀을 제외한 다른 곡식들로 만든 반죽과 연결된다.
- 요하난 벤 누리 랍비는 스펠트밀과 호밀과 귀리로 만든 반죽은 서로 연결된다고 설명한다.


### 4, 3

반죽 세 개가 나란히 접촉한 상황에 관해 논의한다.

שְׁנֵי קַבִּים, וְקַב אֹרֶז אוֹ קַב תְּרוּמָה בָּאֶמְצַע, אֵינָן מִצְטָרְפִין. דָּבָר שֶׁנִּטְּלָה חַלָּתוֹ בָּאֶמְצַע, מִצְטָרְפִין, שֶׁכְּבָר נִתְחַיֵּב בַּחַלָּה:

[반죽] 2카브가 있고 쌀 1카브 또는 거제물 1카브가 가운데 있다면 그들은 연결될 수 없다. 그것들 중간에 할라를 뗀 [반죽이] 있다면 그것들은 연결되니 이미 할라를 [뗄] 의무가 있는 것이었기 때문이다.

- 반죽 1카브짜리 두 개가 양쪽에 있고 가운데 쌀이나 거제물 1카브짜리 반죽이 있다. 가운데 있는 반죽은 할라를 뗄 의무가 없으며 양쪽에 있는 반죽은 최소 크기 규정보다 적으므로 모두 면제된다.
- 가운데 이미 할라를 뗀 반죽이 있었다면 반죽 세 덩이가 서로 연결되

며 할라를 뗄 의무가 발생한다. 가운데 있는 반죽은 할라의 의무를 부과하는 범주에 들기 때문에 양쪽에 있는 반죽과 연결될 수 있다.

## 4, 4

קַב חָדָשׁ וְקַב יָשָׁן שֶׁנְּשָׁכוּ זֶה בָזֶה, רַבִּי יִשְׁמָעֵאל אוֹמֵר, יִטֹּל מִן הָאֶמְצַע, וַחֲכָמִים אוֹסְרִים, הַנּוֹטֵל חַלָּה מִן הַקַּב, רַבִּי עֲקִיבָא אוֹמֵר, חַלָּה. וַחֲכָמִים אוֹמְרִים, אֵינָהּ חַלָּה:

새 〔곡식으로 만든 반죽〕 1카브와 오래된 〔곡식으로 만든 반죽〕 1카브가 서로 붙어 있는 경우에 대해 이쉬마엘 랍비는 말한다. 중간에서 〔할라를〕 취하면 된다. 그러나 〔다른〕 랍비들은 〔그것을〕 금한다. 〔한쪽〕 1카브에서 〔모든〕 할라를 취하는 것에 대해 아키바 랍비는 〔유효한〕 할라라고 한다. 〔그러나 다른〕 랍비들은 〔유효한〕 할라가 아니라고 한다.

- 새로 추수한 곡식과 작년에 추수한 곡식으로 빚은 반죽 두 개가 서로 붙어 있는 경우, 같은 종류의 곡식이어서 서로 연결된다. 그러나 추수한 시기가 다른데 할라도 함께 떼어도 좋은가? 이쉬마엘 랍비는 서로 붙어 있는 부분에서 할라를 떼면 양쪽 반죽을 모두 포함하게 되므로 합법적이라고 주장하지만, 다른 랍비들은 오래된 곡식으로 빚은 반죽과 새 곡식으로 빚은 반죽에서 할라를 따로 떼어야 하며 서로 대체할 수 없다고 주장한다.
- 한쪽 1카브에서 모든 할라를 떼었을 때 아키바 랍비는 그 사람이 할라라고 불렀기 때문에 할라로 인정한다고 말했다. 다른 랍비들은 적법한 방법으로 뗀 것이 아니기 때문에 할라가 아니라고 말했다.[9]

---

9) 어떤 주석자들은 이 미쉬나 뒷부분을 앞부분과 연결시키지 않고 따로 해석한

이미 할라를 뗀 반죽들을 합쳐서 크게 만드는 상황을 다룬다.

---

שְׁנֵי קַבִּין שֶׁנִּטְלָה חַלָּתוֹ שֶׁל זֶה בִּפְנֵי עַצְמוֹ וְשֶׁל זֶה בִּפְנֵי עַצְמוֹ, חָזַר וַעֲשָׂאוֹ
עִסָּה אַחַת, רַבִּי עֲקִיבָא פּוֹטֵר, וַחֲכָמִים מְחַיְּבִין. נִמְצָא חֻמְרוֹ קֻלּוֹ:

---

〔반죽〕 2카브가 있고, 하나로부터 할라를 떼었고 〔다른〕 하나로부
터 〔할라를 떼었는데〕, 나중에 반죽 하나로 만들었을 때 아키바 랍비
는 〔할라를 뗄 의무에서〕 면제된다고 말한다. 그러나 랍비들은 〔할라
를 뗄〕 의무가 있다고 한다. 그가 〔규정을〕 엄격하게 〔적용했기 때문
에, 다른 규정은〕 느슨하게 〔적용한 것이다〕.

- 각각 부피가 1카브인 반죽이 두 개 있었고, 최소 크기 규정에 미치지
  못하지만 각각 따로 할라를 떼었다. 그런데 그 주인이 마음이 변하여
  이 둘을 합쳐서 큰 반죽 하나로 만들었다면 다시 할라를 뗄 의무가
  발생하는가? 아키바 랍비는 적법한 방법으로 하지 않았다 하더라
  도 할라라는 이름으로 봉헌물을 떼면 인정한다는 입장이므로(넷째
  미쉬나) 이 둘을 합친 후에 다시 할라를 뗄 필요가 없다고 설명한다.
  그러나 다른 랍비들은 적법한 방법으로 떼지 않은 것은 할라가 아니
  라고 간주하므로(넷째 미쉬나) 둘을 합쳐서 최소 크기 규정을 넘으
  면 비로소 할라를 뗄 의무가 발생한다고 주장한다.
- 넷째 미쉬나와 다섯째 미쉬나를 비교해보면 아키바 랍비와 다른 랍
  비들의 태도는 엄정하다가 관대하게 또는 관대하다가 엄정하게 변
  하였다.

---

다. 최소 크기 규정에 미치지 않는 반죽 1카브에서 할라를 떼었을 때 아키바 랍
비는 할라로 인정했지만, 다른 랍비들은 인정하지 않았다는 것이다. 이렇게 해
석하는 논리는 위와 동일하다.

נוֹטֵל אָדָם כְּדֵי חַלָּה מֵעִסָּה שֶׁלֹּא הוּרְמָה חַלָּתָה, לַעֲשׂוֹתָהּ בְּטָהֳרָה, לִהְיוֹת מַפְרִישׁ עָלֶיהָ וְהוֹלֵךְ חַלַּת דְּמַאי עַד שֶׁתִּסְרַח. שְׁחֶלֶת דְּמַאי נִטֶּלֶת מִן הַטָּהוֹר עַל הַטָּמֵא, וְשֶׁלֹּא מִן הַמֻּקָּף:

어떤 사람이 정결한 것에서 [할라 떼기를] 시행하기 위해서 할라를 떼지 않은 [정결한] 반죽을 할라로 취했다면 [다른 반죽] 대신 [할라로] 구별할 수 있고, 드마이 할라 [대신 쓸 수 있으나], 냄새가 나기 전까지 [사용할 수 있다]. 드마이인 할라는 부정한 [반죽] 대신 정결한 것에서 떼고, 가까이 있는 것 중에서는 [떼지] 않는다.

- 어떤 사람이 미래에 만들 반죽에서 할라를 떼지 않을 계획으로 반죽 하나를 모두 할라로 구별해놓았다. 그런데 그가 유대법을 잘 지키지 않는 암 하아레쯔에게 반죽을 받아서 드마이 상태인 반죽을 받았다면 어떻게 해야 할까? 원래 반죽 하나 대신 다른 반죽에서 할라를 떼는 것은 금지되어 있지만, 드마이 상태라면 이것이 가능하다. 또 부정한 반죽 대신 정결한 반죽에서 할라를 떼는 것도 금지되어 있지만, 드마이 상태라면 이것도 가능하다. 그러므로 이 사람이 미리 구별해놓은 할라로 나중에 받은 드마이 반죽을 대체할 수 있다. 다만 미리 구별해놓은 반죽이 냄새가 나기 전까지만 가능하다.
- 그가 미리 구별해놓은 반죽이 다른 이유로 부정해질 수도 있는데 미리 할라를 떼지 않고 반죽 전체를 할라용으로 남겨두었기 때문에, 나중에 여기서 할라를 떼면 성물이 부정해지는 결과를 낳게 된다. 그러므로 이 사람은 미리 구별한 반죽에서 할라를 먼저 떼어놓아야 한다.

**4, 7**

쑤리아 즉 이스라엘 국경의 북동부 지역에서 거둔 곡식과 반죽에 관해 논의한다.

---

יִשְׂרָאֵל שֶׁהָיוּ אֲרִיסִין לְנָכְרִים בְּסוּרְיָא, רַבִּי אֱלִיעֶזֶר מְחַיֵּב פֵּרוֹתֵיהֶם בַּמַּעַשְׂרוֹת וּבַשְּׁבִיעִית, וְרַבָּן גַּמְלִיאֵל פּוֹטֵר. רַבָּן גַּמְלִיאֵל אוֹמֵר, שְׁתֵּי חַלּוֹת בְּסוּרְיָא. וְרַבִּי אֱלִיעֶזֶר אוֹמֵר, חַלָּה אֶחָת. אָחֲזוּ קֻלּוֹ שֶׁל רַבָּן גַּמְלִיאֵל וְקֻלּוֹ שֶׁל רַבִּי אֱלִיעֶזֶר. חָזְרוּ לִנְהוֹג כְּדִבְרֵי רַבָּן גַּמְלִיאֵל בִּשְׁתֵּי דְרָכִים:

---

이스라엘 사람이 쑤리아에서 이방인을 위해 소작인으로 [일하는] 경우에 대해 엘리에제르 랍비는 그들이 [생산한] 농산물에 십일조와 제7년 [규정을 적용할] 의무가 있다고 한다. 그러나 감리엘 라반은 면제된다고 한다. 감리엘 라반은 말한다. 쑤리아에서는 할라 두 몫을 [내야 한다]. 엘리에제르 랍비는 말한다. 할라 하나[면 된다]. [이전에] 사람들은 [십일조와 제7년 규정에 대해서는] 보다 관대한 감리엘 라반의 [규정을 따르고, 할라에 대해서는] 보다 관대한 엘리에제르 랍비의 [규정을 따랐다. 그러나 후에는] 두 경우 모두 감리엘 라반의 규정을 따랐다.

- 쑤리아(**סוריא**)는 이스라엘 국경 북쪽과 동쪽 지역을 가리키는 지명인데, 유대인이 이 지역에 소유한 땅에서 곡식을 수확하면 십일조와 거제를 떼어야 한다. 그러나 이 지역에서 자란 곡식을 구입했을 때는 그런 의무에서 면제된다. 이 미쉬나는 이스라엘 사람이 쑤리아 지역에서 이방인 지주의 소작인으로 일하면 어떤 규정을 적용하는지 묻고 있다. 엘리에제르 랍비는 이 경우도 이스라엘 땅처럼 간주하여 십일조와 제7년 규정을 적용한다는 입장인데, 이스라엘 사람이 이스라엘 경계 안에서 이방인 지주의 소작인으로 일했을 때와 같은 방

식으로 처리한 것이다. 감리엘 라반은 밭이 이스라엘 바깥에 있고 이방인 소유이기 때문에 면제해야 한다고 주장한다.

- 다음 문장은 여덟째 미쉬나에서 더 자세히 설명하는데 쑤리아가 이스라엘과 구별된다고 보는 감리엘 라반은 쑤리아에서 할라를 뗄 때는 두 몫을 떼어야 한다고 주장한다. 엘리에제르 랍비는 두 지역을 동일하게 취급하므로 할라 역시 동일하게 한 몫이면 충분하다고 주장한다.

- 마지막 부분은 법조항 해석사에 가까운 설명이다. 처음에 사람들은 어느 쪽이든 자신에게 유리한 결과를 얻으려고 관대한 해석을 따랐다. 십일조와 안식년에 관해서는 쑤리아가 이스라엘과 구별된다고 하는 감리엘 라반을 따랐고, 할라에 관해서는 쑤리아가 이스라엘과 동일하다는 엘리에제르 랍비의 해석을 따랐다. 그러나 세월이 지난 후에는 모든 경우에 감리엘 라반의 결정을 따르게 되었다.

## 4, 8

할라와 관련해서 이스라엘 영역을 어디까지 보는지 설명한다.

---

רַבָּן גַּמְלִיאֵל אוֹמֵר, שָׁלֹשׁ אֲרָצוֹת לַחַלָּה. מֵאֶרֶץ יִשְׂרָאֵל וְעַד כְּזִיב, חַלָּה אֶחָת. מִכְּזִיב וְעַד הַנָּהָר וְעַד אֲמָנָה, שְׁתֵּי חַלּוֹת, אַחַת לָאוּר וְאַחַת לַכֹּהֵן. שֶׁל אוּר יֶשׁ לָהּ שִׁעוּר, וְשֶׁל כֹּהֵן אֵין לָהּ שִׁעוּר. מִן הַנָּהָר וְעַד אֲמָנָה וְלִפְנִים, שְׁתֵּי חַלּוֹת, אַחַת לָאוּר וְאַחַת לַכֹּהֵן. שֶׁל אוּר אֵין לָהּ שִׁעוּר, וְשֶׁל כֹּהֵן יֶשׁ לָהּ שִׁעוּר. וּטְבוּל יוֹם אוֹכְלָהּ. רַבִּי יוֹסֵי אוֹמֵר, אֵינוֹ צָרִיךְ טְבִילָה. וַאֲסוּרָה לַזָּבִים וְלַזָּבוֹת לַנִּדָּה וְלַיּוֹלְדוֹת, וְנֶאֱכֶלֶת עִם הַזָּר עַל הַשֻּׁלְחָן, וְנִתֶּנֶת לְכָל כֹּהֵן:

---

감리엘 라반은 말한다. 할라와 관련하여 세 지역을 구분한다. 이스라엘 땅에서 크지브까지 할라 하나를 [떼고], 크지브에서 그 강과 아마나까지 할라 두 몫을 [뗀다]. 하나는 태우기 위한 것이고 다른 하나는

제사장의 것이다. 태우기 위한 것은 정해진 양이 있지만 제사장을 위한 것은 정해진 양이 없다. 그 강에서 아모나까지 그 안쪽으로는 할라 두 몫을 〔뗀다〕. 하나는 태우기 위한 것이고 다른 하나는 제사장을 위한 것이다. 태우기 위한 것은 정해진 양이 없지만 제사장을 위한 것은 정해진 양이 있다. 낮에 씻은 〔제사장도〕 그것을 먹을 수 있다. 요쎄 랍비는 말한다. 〔물에〕 몸을 담글 필요가 없다. 유출병자인 남자나 여자, 월경이나 출산한 여자에게는 금지된다. 〔그러나 제사장 아닌〕 외부인과 함께 상에서 먹을 수 있으며 어떤 제사장에게나 줄 수 있다.

- 이 미쉬나는 할라를 떼는 의무와 관련해서 세 지역을 구분하여 설명하는데 이 구분법은 이미 「슈비잇」 6, 1에서 안식년과 관련해서 사용했다. 감리엘 라반이 말하는 첫째 구역은 이스라엘 땅이며 이곳에서 할라는 한 몫만 뗀다.
- 이스라엘 땅 바깥에서 할라를 뗄 의무는 없다(민 15:19). 그러나 랍비들은 외국에 사는 유대인들이 할라 관련법을 잊지 않도록 하기 위해서 외국 땅에서도 할라를 떼라고 권한다. 그러나 외국 땅은 제의적으로 부정하다고 간주하므로 외국에서 뗀 할라도 부정하며 결국 불에 태워야 한다. 그래서 이스라엘과 외국 사이 중간지대에 해당하는 둘째 지역에서는 할라를 떼어 태워버린다. 그러나 태우기만 하면 이 음식이 제사장에게 주는 것임을 모를 수도 있기 때문에 할라는 아니지만 할라처럼 제사장을 줄 둘째 몫을 떼라고 명한다. 태우는 것은 실제 할라이므로 정해진 양을 떼고, 제사장을 주는 것은 가상의 할라이므로 정해진 양이 없다.
- 셋째 지역에는 농업과 관련된 어떤 토라 규정도 적용하지 않으며 할라 두 몫이 모두 랍비들의 권유에 따라 떼는 것일 뿐이다. 태우는 것과 제사장을 주는 것에 대한 크기 규정이 둘째 지역과 반대인데, 어

느 것 하나는 규정에 따라야 잊지 않을 것이기 때문에 반대로 적용한 것이라고 설명한다.

- 둘째 몫으로 뗀 것은 가상의 할라이기 때문에 낮에 정결례를 행하고 아직 저녁을 맞지 않은 제사장도 먹을 수 있다. 이 문장은 외국에 거주하는 제사장이 할라를 먹기 위해서 정결례를 시행해야 한다는 사실을 잊지 말라고 당부하는 의미가 있다. 그러나 요쎄 랍비는 가상의 할라를 먹기 위해서 정결례까지 시행할 필요는 없다는 입장이다.
- 가상의 할라라 하더라도 유출병자, 월경하는 자, 출산한 자는 먹을 수 없다고 정한다. 제사장은 할라를 일반인과 함께 먹을 수 없지만, 가상의 할라는 일반인과 같은 상에서 먹어도 무방하다. 그리고 제사장이라면 그가 암 하아레쯔라 하더라도 그에게 줄 수 있다.

### 4, 9

누구에게나 줄 수 있는 다른 봉헌물들에 관해 논의한다.

---

וְאֵלּוּ נִתָּנִין לְכָל כֹּהֵן, הַחֲרָמִים, וְהַבְּכוֹרוֹת, וּפִדְיוֹן הַבֵּן, וּפִדְיוֹן פֶּטֶר חֲמוֹר,
וְהַזְּרוֹעַ, וְהַלְּחָיַיִם, וְהַקֵּבָה, וְרֵאשִׁית הַגֵּז, וְשֶׁמֶן שְׂרֵפָה, וְקָדְשֵׁי הַמִּקְדָּשׁ,
וְהַבִּכּוּרִים. רַבִּי יְהוּדָה אוֹסֵר בַּבִּכּוּרִים. כְּרִשִׁינֵי תְרוּמָה, רַבִּי עֲקִיבָא מַתִּיר
וַחֲכָמִים אוֹסְרִים:

---

어떤 제사장에게나 줄 수 있는 것들은 다음과 같다. 온전히 바친 것, 초태생, 장자를 무른 것, 처음 태어난 나귀를 무른 것, 어깨와 두 볼과 위, 처음 깎은 양털, 태워야 할 기름, 성전의 성물, 맏물. 예후다 랍비는 맏물을 금한다. 아키바 랍비는 거제인 연리초를 허용한다. 그러나 랍비들은 금지한다.

- '헤렘'으로 온전히 바친 것은 제사장의 몫이며(레 27:28; 민 18:14),

이것이 부정해지는 것을 막는 규정은 없다.

- 초태생은 정결한 가축이 처음 낳은 새끼이며 흠이 없을 경우 일부를 제물로 태우고 일부는 제사장이 먹는다. 흠이 있으면 제물로 드릴 수 없으며 제사장의 소유가 된다.

- 장자를 무른 것은 은 5쉐켈이다(민 18:17-18).

- 나귀의 첫 새끼는 어린 양으로 무르며(출 13:13), 이것은 제사장의 몫이다.

- 백성들이 바친 제물 중에서 제단에서 태우지 않는 것은 어깨와 두 볼과 위이며(신 18:3), 이 부분은 제사장에게 준다.

- 처음 깎은 양털도 제사장의 몫이다(신 18:4).

- 거제로 기름을 바쳤으나 부정해져서 먹을 수 없고 등잔에서 태울 수밖에 없다면 제사장 누구에게나 주어도 좋다.

- 성전 안에서만 먹을 수 있는 성물은 성전 안에 들어온 제사장 누구에게나 줄 수 있다. 부정한 제사장이 성전 안에 들어올 수는 없기 때문이다.

- 만물은 정결하게 드리고 정결한 사람만 먹는다는 사실이 너무나 당연하기 때문에 암 하아레쯔인 제사장이 손을 대지 않으리라고 여겼다. 그러나 예후다 랍비는 반대의견을 표했다.

- 연리초는 주로 가축의 사료로 쓴다(「마아쎄르 쉐니」2, 4). 만약 연리초를 거제로 드렸다면 이것은 사람의 음식이 아니므로 암 하아레쯔인 제사장에게 주어도 무방하다는 것이 아키바 랍비의 의견이다. 다른 랍비들은 일단 연리초를 거제로 드렸다면 거제 관련법을 적용해야 한다는 입장이다.

## 4, 10

랍비들이 인정할 수 없는 봉헌물이 무엇이 있는지 설명한다.

נִתַּאי אִישׁ תְּקוֹעַ הֵבִיא חַלּוֹת מִבֵּיתָר, וְלֹא קִבְּלוּ מִמֶּנּוּ. אַנְשֵׁי אֲלֶכְסַנְדְּרִיָּא הֵבִיאוּ חַלּוֹתֵיהֶן מֵאֲלֶכְסַנְדְּרִיָּא, וְלֹא קִבְּלוּ מֵהֶם. אַנְשֵׁי הַר צְבוֹעִים הֵבִיאוּ בִּכּוּרֵיהֶם קֹדֶם עֲצֶרֶת, וְלֹא קִבְּלוּ מֵהֶם, מִפְּנֵי הַכָּתוּב שֶׁבַּתּוֹרָה, וְחַג הַקָּצִיר בִּכּוּרֵי מַעֲשֶׂיךָ אֲשֶׁר תִּזְרַע בַּשָּׂדֶה:

트코아 사람 닛타이가 베타르에서[10] 할라를 가져왔으나 그들이 받지 않았다. 알렉산드리아 사람들이 알렉산드리아에서 할라를 가져왔으나 그들이 받지 않았다. 쯔보임[11] 산지 사람들이 칠칠절 전에 만물을 가져왔으나 그들이 받지 않았다. 토라에 다음과 같이 기록되었기 때문이다. "맥추절을 지키라. 이는 네가 수고하여 밭에 뿌린 것의 만물을 거둠이니라."

- 첫째 경우는 베타르나 알렉산드리아처럼 이스라엘 땅 바깥에서 할라를 가지고 들어오는 일이다. 제사장들이 이스라엘 바깥으로 나가서 거제나 할라를 가지고 들어오는 일을 막기 위해서 이러한 관행을 금지한다(「슈비잇」 6, 6).
- 둘째 경우는 칠칠절이 되기 전에 만물을 바치는 일이다. 이 관행에 반대하는 이유는 토라 본문을 해석한 결과이다(출 23:16).

### 4, 11

이스라엘 땅 밖에서 제물을 가지고 오는 경우 등에 관해 논의한다.

בֶּן אַנְטִינוֹס הֶעֱלָה בְכוֹרוֹת מִבָּבֶל, וְלֹא קִבְּלוּ מִמֶּנּוּ. יוֹסֵף הַכֹּהֵן הֵבִיא בִּכּוּרֵי יַיִן וְשֶׁמֶן, וְלֹא קִבְּלוּ מִמֶּנּוּ. אַף הוּא הֶעֱלָה אֶת בָּנָיו וּבְנֵי בֵיתוֹ לַעֲשׂוֹת פֶּסַח קָטָן בִּירוּשָׁלַיִם, וְהֶחֱזִירוּהוּ, שֶׁלֹּא יִקָּבַע הַדָּבָר חוֹבָה. אֲרִיסְטוֹן הֵבִיא בִכּוּרָיו

---

10) '베타르'(ביתר)는 이스라엘 밖에 있는 도시의 이름이다.
11) 믹마스에서 가까운 베냐민 영토 내 도시의 이름이다(삼상 13:18; 느 11:34).

מֵאֲפַמְיָא, וְקִבְּלוּ מִמֶּנּוּ, מִפְּנֵי שֶׁאָמְרוּ, הַקּוֹנֶה בְסוּרְיָא, כְּקוֹנֶה בְּפַרְוָר
שֶׁבִּירוּשָׁלַיִם:

벤 안티노스는 바벨에서 그의 초태생들을 가져왔으나 그들이 받지 않았다.[12] 요쎕 제사장은 만물로 [만든] 포도주와 기름을 가져왔으나 그들이 받지 않았다. 또한 그는 예루살렘에서 둘째 유월절을 지키기 위해 그의 [어린] 아들들과 그의 식구들을 데려왔으나 그들이 그를 돌려보냈다. 그것을 의무사항으로 만들지 못하도록 하기 위함이었다.[13] 아리스톤은 아파미아에서[14] 그의 만물을 가져왔는데 그들이 받아들였다. [랍비들이] '쑤리아에서 [땅을] 산 자는 예루살렘의 교외에 [땅을] 산 것과 같다'고 말했기 때문이다.

- 열째 미쉬나에 이어서 랍비들이 인정하지 않는 셋째 경우는 이스라엘 땅 바깥에서 초태생 제물을 가지고 들어오는 일이다.
- 넷째 경우는 만물을 수확한 그대로 가져오지 않고 포도주나 기름으로 가공해서 가져오는 일이다.
- 다섯째 경우로 니싼월에 유월절을 지키지 못한 사람이 한 달 뒤 이야르월에 둘째 유월절(또는 작은 유월절[פסח קטן])을 지키는 관행을 언급한다. 랍비들은 온 가족이 예루살렘에 올라와서 유월절을 지키는 일은 토라가 정한 첫째 유월절에 지켜야 할 사항이며(출 23:17), 둘째 유월절에는 선택사항일 뿐임을 강조하고 있다.

---

12) 다음 구절 때문이다. "네 하나님 여호와 앞 곧 여호와께서 그의 이름을 두시려고 택하신 곳에서 네 곡식과 포도주와 기름의 십일조를 먹으며 또 네 소와 양의 처음 난 것을 먹고 네 하나님 여호와 경외하기를 항상 배울 것이니라"(신 14:23).

13) 출애굽기 23:17에 따르면 모든 남자들은 유월절, 칠칠절, 초막절에 성전으로 가야 했으나 두 번째 유월절 때는 어린 아이들을 포함시킬 의무는 없었다.

14) '아파미아'(אפמיא)는 시리아에 있는 도시이다.

● 마지막 경우는 랍비들이 인정하는 제물이다. 이스라엘 땅 바깥에서 수확한 만물을 가지고 들어오는 일인데, 거제나 할라는 이스라엘 밖에서 가지고 들어올 수 없지만 만물은 가능하다.

# עֶרְלָה

## ——
## 10

# 오를라
## 식용금지 열매

발효시키는 것, 양념을 만드는 것, 거제물이 섞인 것, 오를라
열매, 킬아임 포도원의 생산물은 무엇이든지 금지된다. 샴
마이 학파는 말한다. 그것들은 부정하게 만든다. 그러나 힐
렐 학파는 말한다. 그것이 달걀 크기가 될 때까지 결코 부정
하게 만들지 않는다. _「오를라」 2, 4

# 개요

「오를라」(ערלה)의 명칭은 할례받지 못한 포피를 의미한다. 나무를 심은 뒤 3년 동안은 그 열매를 할례받지 못한 것으로 간주해 먹지 말라는 토라의 명령을 해석 대상으로 삼는다. 오를라 상태인 열매는 아무도 먹지 못하게 태워 없애야 하며 이런 열매로 염색한 옷이 있다면 폐기해야 한다.

• 관련 성경구절 | 레위기 19:23-25

## 제1장

### 1, 1

열매를 얻기 위해서 심은 나무가 아니라면 오를라 관련법을 적용하지 않는다고 가르친다.

---

הַנּוֹטֵעַ לִסְיָג וּלְקוֹרוֹת, פָּטוּר מִן הָעָרְלָה. רַבִּי יוֹסֵי אוֹמֵר, אֲפִלּוּ אָמַר הַפְּנִימִי לְמַאֲכָל וְהַחִיצוֹן לִסְיָג, הַפְּנִימִי חַיָּב, וְהַחִיצוֹן פָּטוּר:

---

울타리나 들보 〔목재를〕 위해서 나무를 심은 경우 오를라의 규정에서 면제된다. 요쎄 랍비는 말한다. "안쪽 〔나무는〕 음식용이고 바깥쪽 〔나무는〕 울타리용이다"라고 말했다면 안쪽 〔나무는 오를라 규정을 지킬〕 의무가 있고 바깥쪽 〔나무는〕 면제된다.

- 나무를 심은 이유가 그 목재로 울타리나 들보를 만들기 위해서라면 그 나무에 열리는 열매는 첫해부터 따서 먹을 수 있다. 이 해석은 토라 본문을 "너희가 그 땅에 들어가서 음식을 위한 나무를 심었다면"이라고 직역한 결과이다(레 19:23). 유대 법전통에서 행위자의 의도 (כונה, 카바나)가 행위의 의미와 성격을 결정한다는 원칙을 잘 보여준다.
- 예를 들어 나무를 여러 그루 심고 안쪽과 바깥쪽을 나누어서 서로 다른 용도로 쓰려고 마음먹었다면 오를라 규정은 그 열매를 음식으로 쓰려고 계획한 나무에만 적용된다.

### 1, 2

오를라 관련법이 면제되는 다른 경우에 관해 설명한다.

עֵת שֶׁבָּאוּ אֲבוֹתֵינוּ לָאָרֶץ, מָצְאוּ נָטוּעַ, פָּטוּר. נָטְעוּ, אַף עַל פִּי שֶׁלֹּא כְבָשׁוּ, חַיָּב. הַנּוֹטֵעַ לָרַבִּים, חַיָּב. רַבִּי יְהוּדָה פוֹטֵר. הַנּוֹטֵעַ בִּרְשׁוּת הָרַבִּים, וְהַנָּכְרִי שֶׁנָּטַע, וְהַגַּזְלָן שֶׁנָּטַע, וְהַנּוֹטֵעַ בִּסְפִינָה, וְהָעוֹלֶה מֵאֵלָיו, חַיָּב בָּעָרְלָה:

우리 선조들이 [이스라엘] 땅에 들어왔을 때 [과실나무가] 심겨진 것을 보았다면 그것은 [오를라의 규정에서] 면제된다. 그러나 그들이 [과실나무를] 심었다면 아직 [그 땅을] 정복하지 않았더라도 [규정을 지킬] 의무가 있다. 대중을 위해 심었다면 [규정을 지킬] 의무가 있다. 예후다 랍비는 면제한다. 만일 공공 지역에 심거나 이방인이 심거나 약탈자가 심거나 배에 심거나 저절로 자란 경우는 [모두] 오를라 [규정을 지킬] 의무가 있다.

- 토라의 명령(레 19:23)을 정확하게 해석하자면 오를라 규정을 지키는 시점은 가나안 땅에 들어간 이스라엘 사람들이 과실나무를 심었을 때이다. 그 이전에 이미 자라고 있던 나무들은 이 규정을 지킬 의무에서 면제된다. 땅을 정복했는지 여부는 판단기준에 들지 않는다.
- 나무가 개인의 재산이 아니라 누구나 그 열매를 따 먹을 수 있는 공공재라면 이 규정을 적용할지 여부에 대해 이견이 존재한다.
- 나무를 심은 자의 신분이나 심은 장소가 오를라 규정에서 면제를 받는 이유가 되지 못한다. 심지어 주인이 없는 나무라 하더라도 오를라 규정을 지켜야 한다.

### 1, 3
나무를 뽑아서 다른 곳에 다시 심은 경우에 관해 논의한다.

אִילָן שֶׁנֶּעֱקַר וְהַסֶּלַע עִמּוֹ, שְׁטָפוֹ נָהָר וְהַסֶּלַע עִמּוֹ, אִם יָכוֹל לִחְיוֹת, פָּטוּר, וְאִם לָאו, חַיָּב. נֶעֱקַר הַסֶּלַע מִצִּדּוֹ, אוֹ שֶׁזְּעֲזַעְתּוּ הַמַּחֲרֵשָׁה, אוֹ שֶׁזְּעֲזָעוֹ וַעֲשָׂאוֹ כְּעָפָר, אִם יָכוֹל לִחְיוֹת, פָּטוּר, וְאִם לָאו, חַיָּב:

만일 나무를 뽑았는데 단단한 토양이 함께 〔뽑히거나〕, 강물이 〔나무를〕 휩쓸었는데 단단한 토양과 함께 〔휩쓸려서 그 나무가〕 살 수 있다면 〔오를라 규정에서〕 면제된다. 그렇지 않다면 〔규정을 지킬〕 의무가 있다. 단단한 토양이 옆으로 〔떨어졌거나〕, 쟁기가 〔그것을〕 흔들어 〔떨어뜨렸거나〕, 흔든 뒤에 〔그 위에〕 흙처럼 덮었을 경우, 그 〔나무가〕 살 수 있으면 〔오를라 규정에서〕 면제된다. 그렇지 않다면 〔규정을 지킬〕 의무가 있다.

- 오를라 규정은 음식으로 쓸 나무를 심는 순간에 적용하기 때문에 어떤 이유로 나무를 뽑았다가 다시 심으면 동일한 의무가 발생하는지 묻고 있다. 이 상황을 판단하는 기준은 뽑힌 나무에 흙이 충분히 붙어 있어서 스스로 살 수 있는지 여부이다. 농부가 따로 손을 쓰지 않아도 살아갈 정도라면 오를라 규정을 적용하지 않는다.
- 뽑힌 나무가 어떤 이유 때문에 흔들려서 뿌리에 붙은 단단한 토양이 떨어져나갔고 그 위에 흙을 조금 뿌린 경우에도 같은 원칙을 적용한다. 나무가 스스로 살 수 있는지 여부를 보고 오를라 규정을 적용할지 정한다.

### 1, 4
나무를 뽑았다고 말할 수 있는 상황이 언제인지 설명한다.

---

אִילָן שֶׁנֶּעֱקַר וְנִשְׁתַּיֵּר בּוֹ שֹׁרֶשׁ, פָּטוּר. וְכַמָּה יְהֵא הַשֹּׁרֶשׁ, רַבָּן גַּמְלִיאֵל אוֹמֵר מִשּׁוּם רַבִּי אֶלְעָזָר בֶּן יְהוּדָה אִישׁ בַּרְתּוֹתָא, כְּמַחַט שֶׁל מִתּוּן:

---

나무가 뽑혔는데 뿌리 하나가 〔땅속에〕 남아 있다면 〔오를라 규정에서〕 면제된다. 어느 정도의 뿌리가 있어야 하는가? 감리엘 라반은 바르투타 사람 엘르아자르 벤 예후다 랍비의 이름으로 말한다. 〔빨래

를] 펴는 바늘 [굵기] 정도이다.

- 나무가 뽑혔는데 뿌리 하나가 아직 땅속에 박혀 있다면 완전히 뽑힌 것이 아니며 이 나무가 3년 이상되어 열매를 맺는다면 오를라 규정과 상관없이 먹을 수 있다. 그리고 여기서 말하는 뿌리란 바늘 굵기보다 굵으면 된다.

### 1, 5

나무를 휘묻이나 접붙이기 하는 상황에 관해 설명한다.

אִילָן שֶׁנֶּעֱקַר וּבוֹ בְרֵכָה, וְהוּא חָיֶה מִמֶּנָּה, חָזְרָה הַזְּקֵנָה לִהְיוֹת כַּבְרֵכָה.
הַבְרִיכָה שָׁנָה אַחַר שָׁנָה, וְנִפְסְקָה, מוֹנֶה מִשָּׁעָה שֶׁנִּפְסְקָה. סְפוּק הַגְּפָנִים,
וְסְפוּק עַל גַּבֵּי סְפוּק, אַף עַל פִּי שֶׁהִבְרִיכָן בָּאָרֶץ, מֻתָּר. רַבִּי מֵאִיר אוֹמֵר,
מָקוֹם שֶׁכֹּחָהּ יָפֶה, מֻתָּר, וּמְקוֹם שֶׁכֹּחָהּ רַע, אָסוּר. וְכֵן בְּרֵכָה שֶׁנִּפְסְקָה
וְהִיא מְלֵאָה פֵרוֹת, אִם הוֹסִיף בְּמָאתַיִם, אָסוּר:

나무가 뽑혔는데 [가지 하나가] 휘어져서 [땅속에 묻혀 있고, 그 나무가] 그것에 의지하여 살아 있다면 오래된 [나무는] 휘어진 [가지와] 같이 취급한다. 해마다 [가지를] 휘어서 [땅에 묻었고, 어떤 가지가 원래 나무로부터] 분리된다면 분리되었을 때부터 [햇수를] 세어 [시행한다]. 포도나무에 접붙인 가지와 접붙인 가지에 접붙인 가지는 그 휘어진 [가지가 땅에 묻혀] 있더라도 [먹는 것이] 허락된다. 메이르 랍비는 말한다. [접붙인 가지가] 잘 붙어 있는 곳에서는 [먹는 것이] 허락된다. 그러나 [접붙인 가지가] 약한 곳에서는 [먹는 것이] 금지된다. 마찬가지로 휘어진 가지가 [본래의 나무에서] 분리되었고 열매를 가득 맺어 1/200 이상이 되면 [먹는 것이] 금지된다.[1]

---

1) 즉, 199개까지는 오를라 규정을 지키지 않아도 된다는 것이다.

- 포도나무처럼 넝쿨로 자라는 나무를 뽑았는데 그 가지 하나가 휘묻이(취목법)한 것처럼 땅에 묻혀서 뿌리가 자랐고 이 가지 덕분에 나무 전체가 살아 있다. 그렇다면 이 나무는 열매를 위해 새로 심은 것이 아니므로 오를라 규정을 적용하지 않는다. 그러나 휘묻이한 가지를 원래 나무에서 분리했다면 그 시점을 새로 심은 때로 간주하며 3년 동안 오를라 규정을 적용한다.
- 새 가지를 나무에 접붙이기하는 경우 원래 나무가 열매 맺은 지 3년이 지났는지 여부에 따라 동일하게 취급한다. 심지어 접붙인 가지가 휘어져서 휘묻이한 것처럼 땅에 고정되어 있어도 원래 나무에서 분리되지 않는 한 나무와 동일하게 취급한다.
- 메이르 랍비는 접붙이기한 경우를 둘로 나누어 구분한다. 나무에 접붙인 가지가 잘 붙어서 열매를 맺는 경우에는 원래 나무와 하나로 취급하여 오를라 규정을 적용하지 않는다. 그러나 그렇지 않은 경우에는 나무와 분리된 것으로 취급하여 오를라 규정을 적용한다.
- 마지막 규정은 다시 휘묻이로 돌아가서 다른 상황을 논의한다. 휘묻이한 가지가 나무에 달린 상태에서 열매를 맺었고 그 후에 나무에서 분리되었다면 이미 달린 열매는 오를라 규정에 따라 계산에 넣는가? 그 열매가 전체의 1/200 이상일 때부터 오를라 규정에 따라 먹는 것을 금지한다.

## 1, 6
오를라인 열매와 그렇지 않은 열매들이 섞인 경우를 논의한다.

נְטִיעָה שֶׁל עָרְלָה וְשֶׁל כִּלְאֵי הַכֶּרֶם שֶׁנִּתְעָרְבוּ בִּנְטִיעוֹת, הֲרֵי זֶה לֹא יְלַקֵּט.
וְאִם לָקַט, יַעֲלֶה בְּאֶחָד וּמָאתַיִם, וּבִלְבַד שֶׁלֹּא יִתְכַּוֵּן לְלַקֵּט. רַבִּי יוֹסֵי אוֹמֵר,
אַף יִתְכַּוֵּן לְלַקֵּט וְיַעֲלֶה בְּאֶחָד וּמָאתַיִם:

오를라[에 해당하는] 가지나 킬아임 포도원의 가지가 다른 가지와 섞여 있다면 그 열매를 따서는 안 된다. 만일 땄다면 의도적으로 따지 않았다는 조건하에 201개가 필요하다. 요쎄 랍비는 말한다. 의도적으로 땄더라도 201개가 필요하다.

- 오를라 규정에 의해 금지된 가지 또는 곡식과 함께 포도를 심어서 킬아임 규정에 저촉된 가지가 다른 가지들과 섞여서 자라며 열매를 맺었다. 아직 그 열매를 따지 않았다면 그대로 시간이 지나서 금지 규정이 풀릴 때까지 따지 말고 버려두어야 한다.
- 열매가 오를라 규정이나 킬아임 규정에 어긋나는 줄 모르고 수확을 했다면 금지된 열매의 양이 전체 수확량의 1/200 이하일 때만 먹을 수 있다. 요쎄 랍비는 의도적으로 수확했다 하더라도 크기 규정에 맞으면 먹을 수 있다고 주장한다.

## 1, 7

오를라 규정에 따라 먹는 것이 금지된 부분이 무엇인지 구체적으로 설명한다.

---

הֶעָלִים, וְהַלּוּלָבִים, וּמֵי גְפָנִים, וּסְמָדַר, מֻתָּרִים בָּעָרְלָה וּבָרְבָעִי וּבַנָּזִיר, וַאֲסוּרִים בָּאֲשֵׁרָה. רַבִּי יוֹסֵי אוֹמֵר, הַסְּמָדַר אָסוּר, מִפְּנֵי שֶׁהוּא פְּרִי. רַבִּי אֱלִיעֶזֶר אוֹמֵר, הַמַּעֲמִיד בִּשְׂרָף הָעָרְלָה, אָסוּר. אָמַר רַבִּי יְהוֹשֻׁעַ, שָׁמַעְתִּי בְּפֵרוּשׁ, שֶׁהַמַּעֲמִיד בִּשְׂרָף הֶעָלִים וּבִשְׂרָף הָעִקָּרִים, מֻתָּר, בִּשְׂרָף הַפַּגִּים, אָסוּר, מִפְּנֵי שֶׁהֵם פְּרִי:

---

잎들과 어린 싹, 포도 수액, 포도 봉오리는 오를라와 네 번째 해, 그리고 나실인 [규정에도 불구하고 먹는 것이] 허용된다. 그러나 아쉐라[나무의 경우는] 금지된다.[2] 요쎄 랍비는 말한다. 포도 봉오리는 열매이기 때문에 금지된다. 엘리에제르 랍비는 말한다. 오를라인 나무

수액으로 〔우유를〕 응고시켰다면 〔먹는 것이〕 금지된다. 예호슈아 랍
비는 말한다. 나는 분명히 들었는데 잎이나 뿌리의 수액으로 〔우유를〕
응고시켰다면 허용되고, 덜익은 열매의 수액으로 응고시켰다면 금지
되니 열매로 간주하기 때문이다.

- 나무를 심고 3년 동안은 먹는 것을 금지하고 제4년에는 성전에 바쳐
  야 한다는 오를라 규정은 포도나무 중 음식이 아닌 부분에 적용하지
  않는다. 그러므로 누군가 이런 부분을 이용해서 이득을 얻더라도 적
  법한 행위로 간주한다. 나실인은 포도나무 열매와 그 가공품을 먹을
  수 없지만(민 6:3-4), 그 외 다른 부분을 먹는 것은 허용된다. 그러나
  아쉐라 숭배와 같은 우상숭배에 사용한 나무는 열매뿐만 아니라 다
  른 모든 부분도 사용할 수 없다. 요쎄 랍비는 포도 봉오리도 열매라
  고 보고, 먹는 것을 금지했다.
- 엘리에제르 랍비는 오를라 상태인 나무 수액으로 우유를 응고시켰
  다면 그렇게 얻은 가공품을 먹는 것이 금지된다고 주장한다. 예호슈
  아 랍비는 열매와 상관없는 잎이나 뿌리의 수액으로 응고시켰다면
  허용하고, 덜익은 열매의 수액으로 응고시켰다면 금지한다고 세목
  을 밝힌다.

### 1, 8

עֲנֻקְלוֹת, וְהַחַרְצַנִּים, וְהַזַּגִּים, וְהַתֶּמֶד שֶׁלָּהֶם, קְלִפֵּי רִמּוֹן וְהַנֵּץ שֶׁלּוֹ, קְלִפֵּי
אֱגוֹזִים, וְהַגַּרְעִינִים, אֲסוּרִים בְּעָרְלָה, וּבְאֲשֵׁרָה, וּבְנָזִיר, וּמֻתָּרִין בָּרְבָעִי.
וְהַנּוֹבְלוֹת, כֻּלָּן אֲסוּרוֹת:

결함이 있는 포도, 포도씨, 포도껍질, 그리고 포도껍질로 만든 포도

---

2) '아쉐라'(אשרה)는 우상에게 제물로 바쳐진 나무를 말한다.

주, 석류의 껍질과 싹, 견과류 껍질, 과일의 씨 등은 오를라, 아쉐라, 나실인 〔규정에 따라〕 금지된다. 그러나 네 번째 해에서는 허용된다. 떨어진 덜익은 과일은 모든 〔경우에〕 금지된다.

- 이 미쉬나가 열거하고 있는 부분들은 오를라 규정을 적용하며 나무를 심은 뒤 3년 동안 먹을 수 없다. 우상숭배로 썼던 나무에 속한 이런 부분들도 먹을 수 없고, 나실인도 먹을 수 없다(일곱째 미쉬나). 넷째 해에 하나님께 바쳐야 한다는 규정은 적용하지 않으니 이 규정은 오를라가 아닌 일반 나무에만 적용하기 때문이다. 아직 덜 익었고 나무에서 떨어졌다 하더라도 그것은 열매이며 위에서 말한 모든 규정을 적용한다.

### 1, 9

오를라인 나무에 속한 것을 심어서 달린 열매에 관해 설명한다.

---

רַבִּי יוֹסֵי אוֹמֵר, נוֹטְעִין יְחוּר שֶׁל עָרְלָה, וְאֵין נוֹטְעִין אֱגוֹז שֶׁל עָרְלָה, מִפְּנֵי שֶׁהוּא פְרִי. וְאֵין מַרְכִּיבִין בְּכַפְנִיּוֹת שֶׁל עָרְלָה:

---

요쎄 랍비는 말한다. 오를라 가지를 심을 수 있다. 그러나 〔오를라인〕 견과류는 열매이기 때문에 심을 수 없다. 오를라인 대추야자 송이를 접붙일 수 없다.

- 요쎄 랍비에 따르면 오를라 규정은 나무와 연결된 가지나 싹에 적용하지 않으므로 이런 가지나 싹을 심을 수 있다고 말한다.
- 그러나 견과류는 열매로 간주하기 때문에 이것을 심을 수 없고, 거기서 자란 것을 먹을 수 없다.
- 대추야자 열매 송이가 처음 돋아 나온 것들도 열매이며 오를라 규정

을 적용한다. 그러므로 다른 나무에 접붙이는 것을 금지한다.


## 제2장


### 2, 1

허용된 농산물과 금지된 농산물이 섞여 있는 경우를 다룬다.

---

הַתְּרוּמָה, וּתְרוּמַת מַעֲשֵׂר שֶׁל דְּמַאי, הַחַלָּה וְהַבִּכּוּרִים, עוֹלִים בְּאֶחָד
וּמֵאָה, וּמִצְטָרְפִין זֶה עִם זֶה, וְצָרִיךְ לְהָרִים. הָעָרְלָה וְכִלְאֵי הַכֶּרֶם, עוֹלִים
בְּאֶחָד וּמָאתַיִם, וּמִצְטָרְפִין זֶה עִם זֶה, וְאֵין צָרִיךְ לְהָרִים. רַבִּי שִׁמְעוֹן אוֹמֵר,
אֵינָן מִצְטָרְפִין. רַבִּי אֱלִיעֶזֶר אוֹמֵר, מִצְטָרְפִין בְּנוֹתֵן טַעַם, אֲבָל לֹא לֶאֱסֹר:

---

거제물, 드마이 〔생산물의〕 십일조의 거제물, 할라, 맏물 등은 101
개가 필요하다. 그들은 서로 연결되며 꼭 제거해야 한다. 오를라와 킬
아임 포도원 〔생산물〕은 201개가 필요하다. 그들은 서로 연결되지만,
제거할 필요는 없다. 쉼온 랍비는 말한다. 서로 연결되지 않는다. 엘
리에제르 랍비는 말한다. 그것들이 맛을 낸다면 연결된다. 그러나 금
지하지는 않는다.


- 거제물, 드마이 〔생산물의〕 십일조의 거제물, 할라, 맏물이 속된 음
  식과 섞였을 때 그 거룩함이 무효가 되기 위해서는 성물 1개에 속된
  음식 100개가 필요하다. 속된 음식이 이것보다 적은 비율로 섞여 있
  다면 전체가 성물인 것처럼 취급한다.
- 위에서 언급한 성물들 두 가지 이상이 속된 음식과 함께 섞였다면
  섞인 비율을 계산할 때 성물들은 서로 연결된다. 예를 들어 거제물
  하나와 맏물 하나가 속된 음식과 섞였다면 속된 음식 200개 이상이

있어야 거룩함이 무효가 된다.

- 일단 섞인 것에 포함된 성물이 무효가 되면 원래 성물과 동일한 양의 음식을 떼어서 다시 성물로 바쳐야 한다. 거제와 속된 음식이 섞인 과일 101개가 있었다면 원래 성물의 거룩함이 무효가 되었으므로 아무 과일이나 하나를 골라 거제로 제사장에게 준다. 나머지 100개는 속된 음식이며 먹거나 팔 수 있다.

- 오를라와 킬아임 법에 저촉되는 농산물은 200:1의 비율로 섞였을 때무효가 된다. 이 경우는 성물보다 더 엄격한 규정을 적용하는데 이런열매들은 먹을 수 없을 뿐만 아니라, 판매 등으로 이익을 얻을 수도없기 때문이다.

- 오를라와 킬아임에 해당하는 농산물도 서로 섞이면 연결되므로 그에 따라 비율을 계산해야 한다. 그러나 이런 농산물은 성전에 바치는 것이 아니므로 무효가 된 후에 그에 해당하는 것을 뗄 필요가없다.

- 쉼온 랍비는 오를라와 킬아임은 전혀 다른 범주에 속한 금지명령이므로 서로 연결되지 않는다고 주장한다. 엘리에제르 랍비는 중재안을 내면서 그 맛이 퍼져서 서로에게 영향을 미쳤을 경우에만 연결된다고 주장한다.


## 2, 2

거제와 오를라인 열매가 섞인 경우를 설명한다.

הַתְּרוּמָה מַעֲלָה אֶת הָעָרְלָה, וְהָעָרְלָה אֶת הַתְּרוּמָה. כֵּיצַד, סְאָה תְּרוּמָה
שֶׁנָּפְלָה לְמֵאָה, וְאַחַר כָּךְ נָפְלוּ שְׁלֹשָׁה קַבִּין עָרְלָה, אוֹ שְׁלֹשָׁה קַבִּין כִּלְאֵי
הַכֶּרֶם, זוֹ הִיא שֶׁהַתְּרוּמָה מַעֲלָה אֶת הָעָרְלָה וְהָעָרְלָה אֶת הַתְּרוּמָה:

거제물은 오를라를 [무효로 만드는 데] 사용할 수 있고, 오를라는 거제물을 [무효로 만드는 데 사용할 수 있다]. 언제 그러한가? 거제물 1쎄아가 [속된 음식] 100쎄아에 떨어지고 그 후에 오를라나 킬아임 포도원의 열매 3카브가 떨어졌을 때 거제물이 오를라를 [무효로 만드는 데] 사용된 것이고, 오를라도 거제물을 [무효로 만드는 데 사용된 것이다].

- 거제물과 속된 음식이 1:200의 비율로 섞인 것이 있다면 이것은 오를라나 킬아임인 열매를 무효로 만드는 속된 음식으로 사용할 수 있다. 그 반대 경우도 마찬가지다.
- 미쉬나는 실제 예를 든다. 거제물 1쎄아가 속된 음식 100쎄아에 떨어지면 거제물의 거룩함이 무효가 된다(1:100 비율). 그곳에 오를라나 킬아임인 열매 3카브가 떨어졌는데 이 양은 1/2쎄아에 해당한다. 그러므로 오를라나 킬아임인 열매가 무효가 된다(200:1 비율). 거제가 오를라를 무효로 만든 것이다. 그 반대 경우도 마찬가지다.

### 2, 3

오를라와 킬아임인 열매들이 섞인 경우를 설명한다.

---

הָעָרְלָה מַעֲלָה אֶת הַכִּלְאַיִם, וְהַכִּלְאַיִם אֶת הָעָרְלָה, וְהָעָרְלָה אֶת הָעָרְלָה. כֵּיצַד, סְאָה עָרְלָה שֶׁנָּפְלָה לְמָאתַיִם, וְאַחַר כָּךְ נָפְלָה סְאָה וְעוֹד עָרְלָה, אוֹ סְאָה וְעוֹד שֶׁל כִּלְאֵי הַכֶּרֶם, זוֹ הִיא שֶׁהָעָרְלָה מַעֲלָה אֶת הַכִּלְאַיִם, וְהַכִּלְאַיִם אֶת הָעָרְלָה, וְהָעָרְלָה אֶת הָעָרְלָה:

---

오를라는 킬아임을 [무효로 만드는 데] 사용할 수 있고, 킬아임은 오를라를, 오를라는 [다른] 오를라를 [무효로 만드는 데 사용할 수 있다]. 언제 그러한가? 오를라 1쎄아가 [속된 음식] 200쎄아에 떨어지고, 그 후 오를라 1쎄아나 그 이상이 또는 포도원의 킬아임 1쎄아나

그 이상이 떨어졌을 때 오를라가 킬아임을 [무효로 만드는 데] 사용된 것이고 킬아임은 오를라를 [무효로 만드는 데 사용한 것이다]. 오를라도 [이런 식으로 다른] 오를라를 [무효로 만들 수 있다].

- 오를라인 열매와 속된 음식이 섞여서 200:1이라는 비율이 맞으면 킬아임인 열매와 섞였을 때 그것을 무효로 만들 수 있다. 그 반대인 경우도 마찬가지며 오를라가 다른 오를라 열매를 무효로 만드는 상황도 가능하다.
- 예를 들면 오를라 1쎄아가 속된 음식 200쎄아에 떨어졌을 때 먹지 못하는 금령이 무효가 되고 속된 음식 201개가 생긴다. 그 뒤에 다른 오를라나 킬아임인 열매 1쎄아와 조금 더 되는 양의 열매가 떨어졌다면 그것이 무효가 되어, 처음 떨어졌다가 그 성격을 잃은 오를라가 나중에 떨어진 오를라를 무효로 만드는 셈이 된다. 킬아임도 마찬가지다.

### 2, 4

거제나 오를라 또는 킬아임이 섞이는 상황에 관한 부속 규정을 설명한다.

---

כָּל הַמְחַמֵּץ וְהַמְתַבֵּל וְהַמְדַמֵּעַ בַּתְּרוּמָה וּבְעָרְלָה וּבְכִלְאֵי הַכֶּרֶם, אָסוּר. וּבֵית שַׁמַּאי אוֹמְרִים, אַף מְטַמֵּא. וּבֵית הִלֵּל אוֹמְרִים, לְעוֹלָם אֵינוֹ מְטַמֵּא עַד שֶׁיְּהֵא בוֹ כַּבֵּיצָה:

---

발효시키는 것, 양념을 만드는 것, 거제물이 섞인 것, 오를라 열매, 킬아임 포도원의 [생산물은] 무엇이든지 금지된다. 샴마이 학파는 말한다. 그것들은 부정하게 만든다. 그러나 힐렐 학파는 말한다. 그것이 달걀 [크기가] 될 때까지 결코 부정하게 만들지 않는다.

- 어떤 사람이 거제나 오를라 또는 킬아임인 곡식으로 숙성된 반죽을 만들어서 속된 음식을 발효시키는 데 넣거나, 그런 열매로 양념을 만들 경우 음식 전체가 금지된다. 금지된 음식이 전체 음식의 맛에 영향을 미치기 때문이다.
- 거제물에 섞인 것(מדמע, 메두마)에 관한 규정은 해석하기 어렵다. 람밤은 발효시키는 것이나 양념을 거제로 만들었을 때 섞인 것이 된다는 말이라고 설명했다. 섞인 것은 제사장만 먹을 수 있다.
- 샴마이 학파는 같은 원리가 정결법에도 적용된다고 주장한다. 정결한 반죽을 부정한 숙성 반죽으로 발효되었을 때나 정결한 음식에 부정한 양념을 넣었을 때 전체가 부정해진다는 것이다. 그러나 힐렐 학파는 음식이 부정을 전이하기 위해서는 최소 크기 규정인 달걀 크기 이상이 되어야 한다고 주장한다.

## 2, 5

דּוֹסְתַּאי אִישׁ כְּפַר יִתְמָה, הָיָה מִתַּלְמִידֵי בֵית שַׁמַּאי, וְאָמַר, שָׁמַעְתִּי מִשַּׁמַּאי הַזָּקֵן שֶׁאָמַר, לְעוֹלָם אֵינוֹ מְטַמֵּא עַד שֶׁיְּהֵא בוֹ כַּבֵּיצָה:

크파르 이트마 출신 도스타이는 샴마이 학파의 제자였는데 그가 말했다. "나는 샴마이 장로로부터 달걀 [크기가] 될 때까지 결코 부정하게 만들지 않는다고 말하는 것을 들었다."

- 넷째 미쉬나에서 샴마이 학파는 금지된 음식이 그 분량과 관련 없이 부정을 전이한다고 했고, 힐렐 학파는 달걀 크기 이상이 되어야 부정을 전이한다고 주장했다. 이 미쉬나는 도스타이 랍비의 증언을 들어 샴마이 학파도 원래 힐렐 학파의 의견에 동의하고 있었다고 말한다.

## 2, 6

금지된 음식과 허용된 음식이 섞였을 때와 관련된 규정 두 개를 더 설명한다.

---

וְלָמָה אָמְרוּ כָּל הַמְחַמֵּץ וְהַמְתַבֵּל וְהַמְדֻמָּע לְהַחֲמִיר, מִין בְּמִינוֹ. לְהָקֵל וּלְהַחֲמִיר, מִין בְּשֶׁאֵינוֹ מִינוֹ. כֵּיצַד, שְׂאֹר שֶׁל חִטִּים שֶׁנָּפַל לְתוֹךְ עִסַּת חִטִּים, וְיֶשׁ בּוֹ כְדֵי לְחַמֵּץ, בֵּין שֶׁיֵּשׁ בּוֹ לַעֲלוֹת בְּאֶחָד וּמֵאָה וּבֵין שֶׁאֵין בּוֹ לַעֲלוֹת בְּאֶחָד וּמֵאָה, אָסוּר. אֵין בּוֹ לַעֲלוֹת בְּמֵאָה וְאֶחָד, בֵּין שֶׁיֵּשׁ בּוֹ כְדֵי לְחַמֵּץ, בֵּין שֶׁאֵין בּוֹ כְדֵי לְחַמֵּץ, אָסוּר:

---

발효시키는 것, 양념을 만드는 것, 거제물이 섞인 것과 〔관련해서〕 더 엄격하게 판단한다고 말한 이유가 무엇인가? 같은 종류의 〔양념일 때 그러하다〕. 때로는 관대하게 때로는 엄격하게 판단하는 경우는 〔언제인가〕? 서로 다른 종류의 〔양념일 때이다〕. 어떤 〔경우에 그러한가〕? 만일 밀로 만든 효모가 밀가루 반죽에 떨어졌는데 발효시키기에 충분한 양이면 101개가 필요하든지 101개가 필요하지 않든지 간에 금지된다. 만일 101개가 필요한 경우가 아니라면 발효시키기에 충분하든 그렇지 않든 간에 금지된다.

- 거제나 오를라나 킬아임처럼 금지된 음식으로 만든 숙성 반죽과 양념 등이 같은 종류의 음식이지만 허용된 것과 섞였을 때는 좀 더 엄격하게 판단하며 그 양과 상관없이 전체를 금지된 음식으로 만든다.
- 그러나 금지된 음식이 완전히 종류가 다른 속된 음식과 섞였을 때는 경우에 따라 관대하게 또는 엄격하게 판단한다. 이 문장은 이 미쉬나와 다음 미쉬나들을 통해 더 자세히 설명한다.
- 예를 들어 밀로 만든 숙성된 반죽을 다른 밀로 빚은 반죽에 넣었다면 이 둘은 같은 종류의 곡식으로 만든 음식이다. 숙성된 반죽이 금지된 음식이고 반죽 전체를 발효시키기에 충분한 양이라면 그 크기

와 비율에 상관없이 전체가 금지된 음식이 된다. 만약 숙성된 반죽이 충분한 양이 아니었고 섞인 비율이 1:100 이하였다면 이 반죽은 '섞인 것'(메두마)이 되며 먹는 것이 금지되기 때문에 제사장에게 싼 가격으로 팔아야 한다. 섞인 비율이 1:100 이상이었다면 이 반죽을 먹는 것이 허용되며 그 주인은 정량을 떼어 제사장을 주고 나머지는 먹을 수 있다.

## 2, 7

여섯째 미쉬나에 이어 서로 다른 종류의 음식이 섞였을 때 경우에 따라 관대하게 또는 엄격하게 판단하는 경우를 자세히 설명한다.

---

לְהָקֵל וּלְהַחֲמִיר מִין בְּשֶׁאֵינוֹ מִינוֹ, כֵּיצַד. כְּגוֹן גְּרִיסִין שֶׁנִּתְבַּשְּׁלוּ עִם עֲדָשִׁים,
וְיֵשׁ בָּהֶם בְּנוֹתֵן טַעַם, בֵּין שֶׁיֵּשׁ בָּהֶם לַעֲלוֹת בְּאֶחָד וּמֵאָה, וּבֵין שֶׁאֵין בָּהֶם
לַעֲלוֹת בְּאֶחָד וּמֵאָה, אָסוּר. אֵין בָּהֶם בְּנוֹתֵן טַעַם, בֵּין שֶׁיֵּשׁ בָּהֶם לַעֲלוֹת
בְּאֶחָד וּמֵאָה, וּבֵין שֶׁאֵין בָּהֶם לַעֲלוֹת בְּאֶחָד וּמֵאָה, מֻתָּר:

---

〔때로는〕 관대하게 〔때로는〕 엄격하게 적용하는 경우는 서로 다른 종류가 〔섞였을〕 때이다. 어떻게 적용하는가? 예를 들어 으깬 콩을 렌틸과 함께 끓였고, 〔으스러뜨린 콩이〕 충분히 맛을 낼 수 있다면 〔무효로 만드는 데〕 101개가 필요하든 101개가 필요하지 않든, 이것은 금지된다. 그러나 충분히 맛을 내지 않는다면 〔무효로 만드는 데〕 101개가 필요하든 101개가 필요하지 않든, 이것을 〔먹는 것이〕 허용된다.

- 금지된 음식이 종류가 다른 속된 음식과 섞였을 때 때에 따라 관대하게 또는 엄격하게 판단한다. 예를 들어 거제인 으깬 콩과 속된 음식인 렌틸 콩을 함께 끓였고, 으깬 콩이 음식 전체의 맛에 영향을 미칠 만큼 많았다. 그렇다면 거제와 속된 음식의 양이 1:100이 되는지

여부와 상관없이 이 음식을 먹을 수 없다. 이것은 엄격하게 판단한 것이다. 그러나 으깬 콩이 전체의 맛에 영향을 미치지 않는 정도였다면 섞인 비율이 1:100이 되는지 여부와 상관없이 이 음식을 먹을 수 있다. 이것은 관대하게 판단한 것이다.

- 결국 서로 종류가 다른 음식이 섞였다면 섞인 비율보다 맛에 영향을 주었는지 여부가 더 중요하다.

## 2, 8

속된 음식인 반죽과 거제나 킬아임인 반죽이 다른 반죽 위에 떨어지는 상황을 논의한다.

שְׂאֹר שֶׁל חֻלִּין שֶׁנָּפַל לְתוֹךְ עִסָּה, וְיֶשׁ בּוֹ כְּדֵי לְחַמֵּץ, וְאַחַר כָּךְ נָפַל שְׂאֹר שֶׁל תְּרוּמָה, אוֹ שְׂאֹר שֶׁל כִּלְאֵי הַכֶּרֶם, וְיֶשׁ בּוֹ כְּדֵי לְחַמֵּץ, אָסוּר:

속된 음식인 효모가 반죽 속에 떨어졌고 이것을 발효시키기에 충분한 [양이었는데], 그 후 거제인 효모 또는 킬아임 포도원의 효모가 떨어졌으며 이것을 발표시키기에 충분한 [양이었다면 그 반죽을 먹는 것은] 금지된다.

- 속된 음식인 숙성된 반죽이 속된 음식인 새 반죽에 떨어졌고, 충분히 발효가 될 양이었다. 그런데 그곳에 거제나 킬아임의 지위를 가진 숙성된 반죽이 떨어졌고, 그것도 충분히 발효가 될 양이었다. 속된 음식만으로 충분히 발효가 될 수 있는 상황이었고 거제나 킬아임 반죽이 필요가 없었지만, 결과적으로 금지된 음식인 거제나 킬아임 반죽이 섞이면서 발효되기 때문에 반죽 전체가 금지된 음식이 된다.

**2, 9**

속된 음식인 반죽이 이미 발효가 된 이후에 거제나 킬아임 반죽이 떨어지는 상황을 설명한다.

---

שְׂאֹר שֶׁל חֻלִּין שֶׁנָּפַל לְתוֹךְ עִסָּה וְחִמְּצָהּ, וְאַחַר כָּךְ נָפַל שְׂאֹר שֶׁל תְּרוּמָה אוֹ שְׂאֹר שֶׁל כִּלְאֵי הַכֶּרֶם, וְיֶשׁ בּוֹ כְּדֵי לְחַמֵּץ, אָסוּר. רַבִּי שִׁמְעוֹן מַתִּיר:

---

속된 음식인 효모가 반죽에 떨어져 발효시켰고 그 후 거제인 효모나 킬아임 포도원의 효모가 떨어졌다. 이것을 발효시키기에 충분한 〔양이었다면〕 금지된다. 그러나 쉼온 랍비는 허용한다.

- 여덟째 미쉬나와 같은 상황이지만, 속된 음식인 숙성 반죽이 속된 음식인 새 반죽에 떨어져서 발효가 된 뒤에 거제나 킬아임인 숙성 반죽이 떨어졌다는 점만 다르다. 그러나 떨어지는 시점이 다르다고 해도 숙성 반죽은 전체 반죽에 영향을 준다고 간주하고, 그 반죽을 먹는 것을 금지했다.
- 쉼온 랍비는 이 반죽을 먹어도 좋다고 주장한다. 그 이유를 짐작해보자면 이미 발효된 반죽에 효모를 더 넣는다고 맛이 좋아지지 않으며 오히려 맛을 악화시킨다. 그러므로 거제나 킬아임인 효모가 반죽을 금지시키지는 않는다고 본 것 같다.

**2, 10**

양념 때문에 음식을 먹지 못하게 되는 경우를 설명한다.

---

תַּבְלִין, שְׁנַיִם וּשְׁלֹשָׁה שֵׁמוֹת מִמִּין אֶחָד, אוֹ מִשְּׁלֹשָׁה, אָסוּר, וּמִצְטָרְפִין. רַבִּי שִׁמְעוֹן אוֹמֵר, שְׁנַיִם וּשְׁלֹשָׁה שֵׁמוֹת מִמִּין אֶחָד, אוֹ שְׁנֵי מִינִין מִשֵּׁם אֶחָד, אֵינָן מִצְטָרְפִין:

---

두세 가지 이름으로 부르지만 한 종류인 양념, 혹은 [한 가지 이름으로 부르지만] 세 종류로 [만든 양념은] 금지되며 결합될 수 있다. 쉼온 랍비는 말한다. 두세 가지 이름으로 [부르지만] 한 종류인 양념, 혹은 두 종류이지만 이름 하나로 [부르는 양념은] 결합될 수 없다.

- 두세 가지 이름으로 부르지만 한 종류인 양념이란 거제인 후추, 킬아임인 후추, 오를라인 후추 같은 경우를 가리킨다. 한 가지 이름으로 부르지만 세 종류인 양념이란 거제인 후추, 거제인 양파, 거제인 마늘과 같은 경우를 가리킨다. 이런 양념을 음식에 첨가하면 음식을 먹을 수 없으며 이것들은 서로 연결되면서 더 강력하게 금지된 음식을 만든다.
- 쉼온 랍비는 두세 가지 이름으로 부르지만 한 종류인 양념과 두 종류이지만 이름 하나로 부르는 양념은 결합될 수 없다며 반대의견을 제시한다.

### 2, 11

거제인 숙성 반죽과 속된 음식인 숙성 반죽이 새 반죽에 떨어졌는데 둘 다 발효시킬 만큼 많지 않은 경우를 설명한다.

---

שְׂאֹר שֶׁל חֻלִּין וְשֶׁל תְּרוּמָה שֶׁנָּפְלוּ לְתוֹךְ עִסָּה, לֹא בָזֶה כְדֵי לְחַמֵּץ וְלֹא בָזֶה כְּדֵי לְחַמֵּץ, נִצְטָרְפוּ וְחִמְּצוּ, רַבִּי אֱלִיעֶזֶר אוֹמֵר, אַחַר הָאַחֲרוֹן אֲנִי בָא. וַחֲכָמִים אוֹמְרִים, בֵּין שֶׁנָּפַל אִסּוּר בַּתְּחִלָּה, בֵּין בַּסּוֹף, לְעוֹלָם אֵינוֹ אוֹסֵר עַד שֶׁיְּהֵא בוֹ כְדֵי לְחַמֵּץ:

---

속된 음식인 효모와 거제인 [효모가] 반죽에 떨어졌는데 이것도 발효시키기에 충분하지 않고 저것도 발효시키기에 충분하지 않지만, 서로 연결되어 발효가 된 경우에 대해 엘리에제르 랍비는 말한다. 나

는 후자의 것을 따르겠다. 그러나 〔다른〕 랍비들은 말한다. 금지된 것이 처음에 떨어졌든지 나중에 떨어졌든지 반죽을 발효시키기에 충분하지 않다면 금지되지 않는다.

- 속된 음식인 숙성반죽과 거제인 숙성반죽이 새 반죽 위에 떨어졌는데 둘 다 반죽을 발효시키기에 충분하지 않은 양이었다. 그러나 두 숙성반죽이 섞이면서 반죽이 발효되었다. 엘리에제르 랍비는 이런 경우 첫 번째로 떨어진 숙성반죽은 새 반죽을 발효시키지 못했으나 두 번째로 숙성반죽이 떨어지면서 발효가 되었다고 보고, 나중에 떨어진 것을 기준으로 판단하겠다고 말한다. 먼저 속된 음식인 숙성반죽이 떨어졌고 나중에 거제인 숙성반죽이 떨어졌다면 발효된 새 반죽은 거제물이 되며 일반인은 먹는 것이 금지된다.
- 다른 랍비들은 좀 더 관대하다. 거제인 숙성반죽이 다른 반죽을 발효시킬 만큼 충분히 섞이지 않았다면 그것이 떨어진 순서와 상관없이, 발효된 새 반죽은 일반인이 먹어도 상관없다고 판단한다.

### 2, 12
열한째 미쉬나와 관련된 역사적인 사실을 증언한다.

---

יוֹעֶזֶר אִישׁ הַבִּירָה הָיָה מִתַּלְמִידֵי בֵית שַׁמַּאי, וְאָמַר, שָׁאַלְתִּי אֶת רַבָּן גַּמְלִיאֵל הַזָּקֵן עוֹמֵד בְּשַׁעַר הַמִּזְרָח, וְאָמַר, לְעוֹלָם אֵינוֹ אוֹסֵר, עַד שֶׁיְּהֵא בוֹ כְּדֵי לְחַמֵּץ:

---

비라의 사람인 요에제르는 삼마이 학파의 제자였는데 그가 말했다. "나는 장로 감리엘 랍비가 〔성전의〕 동쪽 문에 서 있을 때 그에게 〔그것에 관해〕 물었는데 그는 '발효시키기에 충분하지 않다면 금지된 것으로여기지 않는다'고 말했다."

- 요에제르는 감리엘 랍비가 열한째 미쉬나에 나오는 다른 랍비들의 의견에 동의했다고 증언한다.
- 요에제르는 '비라(בירה)의 사람'이라는 호칭을 사용하고 있다. '비라'란 문자적으로 왕궁을 가리키지만 여기서는 성전을 가리킨다는 의견과 성전 옆이나 안에 있는 독립된 기관이라는 의견이 있는데 요에제르는 그 기관에서 일하는 자였다.
- 요에제르는 또 샴마이 학파에 속한 제자였다는 말은 의미심장하다. 열한째 미쉬나에 나온 엘리에제르 랍비는 샴마이 학파였고 그에 반대하던 랍비들은 힐렐 학파가 분명하다. 그렇다면 이 미쉬나는 샴마이 학파인 요에제르가 힐렐 학파 랍비들의 의견에 동의한다고 증언하는 것이다. 물론 미쉬나라는 책이 힐렐 학파의 기록이라는 점에 유의해야 한다.

## 2, 13

주제에서 벗어나서 금지된 물품과 허용된 물품이 섞이는 다른 경우들에 관해 논의한다.

---

כֵּלִים שֶׁסָּכָן בְּשֶׁמֶן טָמֵא, וְחָזַר וְסָכָן בְּשֶׁמֶן טָהוֹר, אוֹ שֶׁסָּכָן בְּשֶׁמֶן טָהוֹר,
וְחָזַר וְסָכָן בְּשֶׁמֶן טָמֵא, רַבִּי אֱלִיעֶזֶר אוֹמֵר, אַחַר הָרִאשׁוֹן אֲנִי בָא. וַחֲכָמִים
אוֹמְרִים, אַחַר הָאַחֲרוֹן:

---

[가죽으로 만든] 물건에 부정한 기름을 바른 후에 깨끗한 기름을 발랐거나, 깨끗한 기름을 바른 후에 부정한 기름을 바른 것에 대해 엘리에제르 랍비는 말한다. 나는 전자의 것을 따른다. [그러나 다른] 랍비들은 말한다. 후자의 것을 따른다.

- 가죽으로 만들었고 무엇을 담을 공간이 있어서 '그릇'(כלים, 켈림)

으로 인정되는 물건 또는 가죽으로 만든 옷 표면에 기름을 발랐다. 그런데 부정한 기름과 깨끗한 기름을 차례로 바르거나 그 반대 순서로 발라서 서로 섞이게 되었다. 엘리에제르 랍비는 처음 바른 기름을 기준으로 판단하겠다고 말했는데 가죽이 처음에 바른 기름을 더 많이 그리고 더 깊이 흡수하고 또 이 기름이 배어나온다고 생각했기 때문이다. 다른 랍비들은 반대로 나중에 바른 기름이 배어나온다고 생각했다.

### 2, 14

거제인 숙성반죽과 킬아임인 숙성반죽이 섞이는 경우를 설명한다.

שְׂאֵר שֶׁל תְּרוּמָה וְשֶׁל כִּלְאֵי הַכֶּרֶם שֶׁנָּפְלוּ לְתוֹךְ עִסָּה, לֹא בָזֶה כְּדֵי לְחַמֵּץ וְלֹא בָזֶה כְּדֵי לְחַמֵּץ, וְנִצְטָרְפוּ וְחִמְּצוּ, אָסוּר לְזָרִים וּמֻתָּר לַכֹּהֲנִים. רַבִּי שִׁמְעוֹן מַתִּיר לְזָרִים וְלַכֹּהֲנִים:

거제인 효모와 포도원의 킬아임인 (효모가) 반죽에 떨어졌고, 이것도 발효시키기에 충분치 않고 저것도 발효시키기에 충분치 않지만, 서로 연결되어 발효가 된 경우 (제사장이 아닌) 외부인들에게는 금지되지만 제사장들에게는 허용된다. 쉼온 랍비는 말한다. 외부인들과 제사장들 (모두에게) 허용된다.

- 일반인에게 금지된 거제와 킬아임인 숙성반죽이 새 반죽에 떨어졌다. 각각 발효시키기에 충분하지 못한 양이었으나, 둘이 섞이면서 새 반죽을 발효시켰다. 열한째와 열두째 미쉬나에서 금지된 효모와 속된 음식인 효모가 섞였던 것과 달리 둘 다 금지된 효모가 섞였으므로 발효된 새 반죽은 일반인이 먹을 수 없다. 그러나 제사장은 먹을 수 있으니 제사장은 원래 거제를 먹을 수 있고 최소 규정보다 적은

킬아임은 먹어도 무방하다.

- 쉼온 랍비는 누구나 먹을 수 있다고 했는데 서로 다른 종류의 효모
  가 서로 연결되지 않는다고 간주한 것이다(아홉째와 열째 미쉬나).

## 2, 15

תִּבְלִין שֶׁל תְּרוּמָה וְשֶׁל כִּלְאֵי הַכֶּרֶם שֶׁנָּפְלוּ בַקְּדֵרָה, לֹא בָאֵלּוּ כְדֵי לְתַבֵּל
וְלֹא בָאֵלּוּ כְדֵי לְתַבֵּל, וְנִצְטָרְפוּ וְתִבְּלוּ, אָסוּר לְזָרִים וּמֻתָּר לַכֹּהֲנִים. רַבִּי
שִׁמְעוֹן מַתִּיר לְזָרִים וְלַכֹּהֲנִים:

거제인 양념과 포도원의 킬아임인 [양념이] 냄비에 떨어졌고, 이것
이 양념하기에 충분치 않고 저것도 양념하기에 충분하지 않지만 서
로 연결되어 양념이 된 경우 [제사장이 아닌] 외부인들에게는 금지
되지만 제사장들에게는 허용된다. 쉼온 랍비는 말한다. [제사장이 아
닌] 외부인들과 제사장들 [모두에게] 허용된다.

- 열넷째 미쉬나와 마찬가지로 거제와 킬아임이 섞였는데 이번에는
  숙성된 반죽이 아니라 양념이 냄비 속에 떨어진 것만 다르다. 일반
  적으로 이 양념 두 가지가 서로 연결된다고 보고 제사장만 먹을 수
  있다고 생각하지만, 쉼온 랍비는 연결되지 않는다고 보고 누구나 먹
  을 수 있다고 주장한다.

## 2, 16

쉼온 랍비와 다른 랍비들이 벌인 또 다른 논쟁을 기록하고 있다.

חֲתִיכָה שֶׁל קָדְשֵׁי קָדָשִׁים, שֶׁל פִּגּוּל, וְשֶׁל נוֹתָר, שֶׁנִּתְבַּשְּׁלוּ עִם הַחֲתִיכוֹת,
אָסוּר לְזָרִים וּמֻתָּר לַכֹּהֲנִים. רַבִּי שִׁמְעוֹן מַתִּיר לְזָרִים וְלַכֹּהֲנִים:

지성물 한 조각과 피굴이나 노타르의[3] [한 조각을 다른] 조각들과 함께 요리한 경우 [제사장이 아닌] 외부인들에게는 금지되지만 제사장들에게는 허용된다. 쉼온 랍비는 말한다. [제사장이 아닌] 외부인들과 제사장들 [모두에게] 허용된다.

- 제단 위에 바친 지성물은 제사장만 먹을 수 있고 일반인은 먹을 수 없다. 제사장이 잘못된 시간이나 장소에서 먹으려는 의도로 드려서 무효가 된 '피굴' 제물이나 먹는 기한 안에 다 먹지 못하고 남은 '노타르'는 아무도 먹을 수 없다. 만약 지성물과 피굴이나 노타르를 속된 음식인 다른 조각들과 섞어서 요리했다면 속된 음식이 지성물이나 피굴이나 노타르 한 조각을 무효로 만들 수 있지만, 이 조각들이 서로 연결되면 무효로 만들 수 없다. 그러므로 외부인들은 이것을 먹을 수 없고 제사장만 먹을 수 있다. 쉼온 랍비는 금지된 음식이 서로 연결되지 않는다고 보기 때문에 누구나 먹을 수 있다고 주장한다.

### 2, 17
제물과 속된 음식이 섞인 경우를 설명한다.

---

בְּשַׂר קָדְשֵׁי קָדָשִׁים וּבְשַׂר קָדָשִׁים קַלִּים שֶׁנִּתְבַּשְּׁלוּ עִם בְּשַׂר הַתַּאֲוָה, אָסוּר
לִטְמֵאִים וּמֻתָּר לִטְהוֹרִים:

---

지성물의 고기와 덜 거룩한 고기를 마음대로 [먹을 수 있는 일반] 고기와 함께 요리했다면 부정한 이에게는 금지되고 정결한 이에게는 허용된다.

---

3) '피굴'이란 정결하지 않은 고기를 가리키며 '노타르'는 셋째 날까지 제사장이 먹지 않고 남아 있는 것을 가리킨다(레 7:18).

- 속죄제나 속건제처럼 지성물인 고기는 제사장만 먹을 수 있다. 감사제나 화목제와 같이 덜 거룩한 제물인 고기는 일반인도 먹을 수 있다. 그리고 어떤 범주에 속하든지 제물은 정결한 사람만 먹을 수 있다. 만약 지성물과 덜 거룩한 제물인 고기를 일반 고기와 함께 요리했다면 속된 음식인 고기가 각각 지성물이나 덜 거룩한 제물을 무효로 만들 수 있지만, 지성물과 덜 거룩한 제물이 서로 연결되면 무효로 만들 수 없다. 그러므로 부정한 사람은 이 요리를 먹을 수 없고 정결한 사람만 먹을 수 있다.
- 이 경우에는 쉼온 랍비이 반대하지 않는데 제물로 바친 것은 정결한 상태에서 먹어야 한다는 원리에 동의한 것으로 보인다.


## 제3장


### 3, 1
오를라 열매의 껍질도 사용하면 안 된다고 명령한다.

---

בֶּגֶד שֶׁצְּבָעוֹ בִקְלְפֵי עָרְלָה, יִדָּלֵק. נִתְעָרֵב בַּאֲחֵרִים, כֻּלָּם יִדָּלֵקוּ, דִּבְרֵי רַבִּי
מֵאִיר. וַחֲכָמִים אוֹמְרִים, יַעֲלֶה בְּאֶחָד וּמָאתָיִם:

---

옷을 오를라 [열매의] 껍질로 염색했을 경우 태워야 한다. 만일 [이런 껍질이] 다른 것과 섞였다면 모두 태워야 한다. 메이르 랍비의 말이다. 하지만 [다른] 랍비들은 말한다. [무효가 되려면] 201개가 필요하다.


- 가끔 석류나 견과류 껍질을 염색 안료로 사용한다. 그러나 이런 열매들이 처음 심은 나무에서 열린 오를라에 해당한다면 그 껍질로 염색

한 옷을 태워서 폐기해야 한다. 오를라 열매를 먹는 것이 금지된 것
처럼 그 껍질을 이용해서 다른 이득을 얻는 것도 금지되어 있다.

- 오를라 열매의 껍질과 다른 열매의 껍질을 섞어서 염색 안료를 만들
  어 사용했을 경우, 메이르 랍비는 모두 태우라고 했다. 그는 오를라
  열매와 관련된 물건은 그 금지조항이 절대로 무효가 되지 않는다고
  믿었다(일곱째 미쉬나). 그러나 다른 랍비들은 오를라 열매 껍질과
  다른 껍질이 1:200의 비율이라면 그 금지조항이 무효가 된다고 주장
  한다.

### 3, 2

---

הַצּוֹבֵעַ מְלֹא הַסִּיט בִּקְלִפֵּי עָרְלָה, וֶאֲרָגוֹ בְּבֶגֶד, וְאֵין יָדוּעַ אֵיזֶה הוּא, רַבִּי
מֵאִיר אוֹמֵר, יִדָּלֵק הַבֶּגֶד. וַחֲכָמִים אוֹמְרִים, יַעֲלֶה בְּאֶחָד וּמָאתָיִם:

---

오를라 [열매의] 껍질로 '씨트' 길이만큼[4] 염색한 [실로] 옷을 짰는
데 어떤 [실인지] 알 수 없는 경우에 대해 메이르 랍비는 말한다. 그
옷은 태워야 한다. 하지만 [다른] 랍비들은 말한다. [무효가 되려면]
201개가 필요하다.

- 첫째 미쉬나와 마찬가지로 오를라 열매 껍질로 염색한 실과 그렇지
  않은 실이 섞인 상태에 관해 논의하는데 이번에는 실과 실이 엮이면
  서 옷 한 벌이 되었다. 오를라 금지조항이 무효가 되지 않는다는 메
  이르 랍비는 그 옷을 태우라고 하고, 다른 랍비들은 1:200의 비율로
  오를라 열매 껍질로 염색한 실이 무효가 된다고 주장한다.

---

4) '씨트 길이'란 집게손가락과 가운데손가락을 크게 벌렸을 때의 거리를 말한다.

## 3, 3

사용이 금지된 다른 재료로 만든 실에 관해 논의한다.

---

הָאוֹרֵג מְלֹא הַסִּיט מִצֶּמֶר הַבְּכוֹר בְּבֶגֶד, יִדָּלֵק הַבֶּגֶד. וּמִשְּׂעַר הַנָּזִיר וּמִפֶּטֶר
חֲמוֹר בְּשַׂק, יִדָּלֵק הַשַּׂק. וּבְמֻקְדָּשִׁין, מְקַדְּשִׁין כָּל שֶׁהֵן:

---

초태생〔동물의〕털로 '시트' 길이만큼 짠 실로 옷을 만든 경우 그
옷은 태워야 한다. 나실인이나 나귀 초태생의 털로 상복을 만든 경우
그 상복은 태워야 한다. 성별된 것으로 만든 경우 크기에 관계 없이
거룩한 것으로 취급해야 한다.


- 양이나 염소가 낳은 초태생 동물의 털로 옷을 짜는 것은 금지되어
  있다(신 15:19). 그러므로 이런 실이 일부 포함된 옷은 태워야 한다.
- 나실인은 맹세한 기간이 끝날 때 모든 털을 밀어서 태워야 하며(민
  6:18), 이 털을 사용하는 것은 금지되어 있다. 당나귀가 처음 낳은 새
  끼는 양으로 물러야 한다(출 13:13). 이런 재료로 실을 만들어 상복
  을 짰다면 태워야 한다.
- 성전에 바치거나 제물로 성별한 동물의 털로 만든 실이 포함된 옷
  은 그 실이 아주 조금만 있어도 거룩한 것으로 취급한다.


## 3, 4

오를라 열매의 껍질을 태워서 요리한 음식에 관해 논의한다.

---

תַּבְשִׁיל שֶׁבִּשְּׁלוֹ בִּקְלִפֵּי עָרְלָה, יִדָּלֵק. נִתְעָרֵב בַּאֲחֵרִים, יַעֲלֶה בְּאֶחָד
וּמָאתָיִם:

---

오를라〔열매의〕껍질로 요리된 음식은 태워야 한다. 다른 것과 섞
였다면〔무효가 되는데〕201개가 필요하다.

- 오를라 열매의 껍질로 염색해도 안 되지만(첫째 미쉬나) 그것을 태워서 음식을 조리하는 것도 금지한다. 이렇게 만든 요리는 태워야 한다.
- 오를라 열매의 껍질로 만든 음식 하나에 정상적으로 만든 요리가 200개라면 금지조항이 무효가 된다.

### 3, 5

תַּנּוּר שֶׁהִסִּיקוֹהוּ בִקְלִפֵּי עָרְלָה וְאָפָה בּוֹ אֶת הַפַּת, תִּדָּלֵק הַפַּת. נִתְעָרְבָה בַּאֲחֵרוֹת, תַּעֲלֶה בְּאֶחָד וּמָאתָיִם:

오를라 [열매의] 껍질로 데운 화덕에서 빵을 구웠을 경우 그 빵을 태워야 한다. 다른 것과 섞였다면 [무효가 되는 데] 201개가 필요하다.

- 넷째 미쉬나와 같은 논리로 오를라 열매 껍질로 구운 빵은 태워야 한다. 오를라 열매로부터 어떤 이익도 얻으면 안 되기 때문이다.
- 오를라 열매의 껍질로 구운 빵과 정상적인 빵이 1:200이라면 금지조항이 무효가 된다.

### 3, 6

금지된 음식과 정상적인 음식이 섞인 경우에 관하여 메이르 랍비와 다른 랍비들의 논쟁을 기록한다.

מִי שֶׁהָיוּ לוֹ חֲבִילֵי תִלְתָּן שֶׁל כִּלְאֵי הַכֶּרֶם, יִדָּלֵקוּ. נִתְעָרְבוּ בַּאֲחֵרִים, כֻּלָּם יִדָּלֵקוּ, דִּבְרֵי רַבִּי מֵאִיר. וַחֲכָמִים אוֹמְרִים, יַעֲלוּ בְּאֶחָד וּמָאתָיִם:

킬아임 포도원에서 [재배한] 호로파 꾸러미를 가지고 있다면 그것을 태워야 한다. 〔그 꾸러미가〕다른 것과 섞였다면 모두 태워야 한다. 메이르 랍비의 말이다. 하지만 〔다른〕랍비들은 말한다. 그것들이 〔무효가 되려면〕201개가 필요하다.

- 포도원에서 섞어서 재배하는 것이 금지된 호로파를 수확하여 킬아임이 되었다면 이것을 사용하거나 다른 방법으로 이익을 얻는 것이 금지된다. 모두 태워서 폐기해야 한다.
- 메이르 랍비는 킬아임에 해당하는 호로파가 어떤 경우에도 무효가 되지 않으며 정상적인 호로파와 섞인 경우라면 전부 태워야 한다는 입장이다. 다른 랍비들은 1:200 비율이라면 금지조항이 무효가 된다고 본다.

3, 7

메이르 랍비와 다른 랍비들 사이의 이견이 어디서 비롯되었는지 설명한다.

---

שֶׁהָיָה רַבִּי מֵאִיר אוֹמֵר, אֶת שֶׁדַּרְכּוֹ לִמָנוֹת, מְקַדֵּשׁ. וַחֲכָמִים אוֹמְרִים,
אֵינוֹ מְקַדֵּשׁ אֶלָּא שִׁשָּׁה דְבָרִים בִּלְבָד. וְרַבִּי עֲקִיבָא אוֹמֵר, שִׁבְעָה. וְאֵלּוּ
הֵם, אֱגוֹזֵי פֶרֶךְ, רִמּוֹנֵי בָדָן, וְחָבִיּוֹת סְתוּמוֹת, וְחִלְפוֹת תְּרָדִין, וְקֶלְחֵי כְרוּב,
וּדְלַעַת יְוָנִית. רַבִּי עֲקִיבָא אוֹמֵר, אַף כִּכָּרוֹת שֶׁל בַּעַל הַבַּיִת, הָרָאוּי לְעָרְלָה,
עָרְלָה. לְכִלְאֵי הַכֶּרֶם, כִּלְאֵי הַכָּרֶם:

---

메이르 랍비가 말하곤 했다. 〔수를〕세어서 〔파는〕것은 무엇이건 금지된 것으로 여겨야 한다. 하지만 〔다른〕랍비들은 말한다. 여섯 가지를 제외하고는 금지되지 않는다. 아키바 랍비는 말한다. 일곱 가지이다. 이것들은 페렉 견과류, 바단 석류,[5] 밀봉된 병, 근대 잎, 양배추

---

5) '페렉'과 '바단'은 모두 지명이다.

줄기, 그리스 박이다. 아키바 랍비는 말한다. 집주인이 구운 빵[도 그러하다]. 오를라에 해당하는 것은 오를라와 [섞인 것도 모두 금지된다]. 포도원 킬아임에 [해당하는 것은] 포도원 킬아임과 [섞인 것도 모두 금지된다].

- 「오를라」 제3장에서 메이르 랍비는 일관적으로 금지된 음식의 무효가 되지 않는다고 주장했는데 판매할 때 수를 세어서 파는지 아니면 무게나 부피를 달아서 파는지를 기준으로 판단한다고 설명한다. 하나씩 수를 세어서 파는 것은 매우 중요한 물품이기 때문에 절대로 그 성격이 무효가 되지 않으며 아무리 적은 양이라도 먹는 것이 금지된다. 다른 랍비들은 여섯 가지만 금지되고, 나머지는 무효가 될 수 있다고 주장한다. 아키바 랍비는 일곱 가지라고 말한다.
- 미쉬나는 절대로 금지조항이 무효가 되지 않는 여섯 가지 농산물들을 나열하고 있다. 여기서 밀봉된 병 안에는 오를라인 포도주가 담겨있다고 해석한다. 아키바 랍비는 이 여섯 가지 외에 개인집 주인이 구운 빵도 정결법상 매우 중요한 지위를 가지며 제빵사가 구운 빵보다 귀하다고 주장한다.
- 위에서 열거한 농산물들 중에서 오를라에 해당하는 것이 있다면(견과류, 석류, 포도주), 오를라인 물품이 매우 적은 양만 섞였다 하더라도 섞인 것이 모두 금지된다. 킬아임도 마찬가지다.

### 3, 8
일곱째 미쉬나의 예외규정을 설명한다.

---

כֵּיצַד. נִתְפַּצְעוּ הָאֱגוֹזִים, נִתְפָּרְדוּ הָרִמּוֹנִים, נִתְפַּתְּחוּ הֶחָבִיּוֹת, נִתְחַתְּכוּ הַדְּלוּעִים, נִתְפָּרְסוּ הַכִּכָּרוֹת, יַעֲלוּ בְּאֶחָד וּמָאתָיִם:

---

어떤 경우에 〔무효가 되는가〕? 견과류가 부서졌을 때 석류가 터졌을 때 병이 열렸을 때 호박이 잘렸을 때 빵 덩이가 부서졌을 때 이것이 〔무효가 되려면〕 201개가 필요하다.

- 일곱째 미쉬나는 아무리 양이 적어도 금지조항이 무효가 되지 않는 농산물들에 관해 설명했다. 그러나 그 규정은 그 생산물이 손상되지 않고 온전할 때만 적용된다. 생산물이 온전해야 하나씩 수를 셀 수도 있고, 그 중요성을 인정받을 수 있다는 말이다. 만약 이런 농산물들이 부서지거나 터지거나 잘렸다면 1:200의 비율로 무효가 된다.

### 3, 9

오를라나 킬아임이 의심되는 생산물을 이스라엘 땅과 그 외부 지역에서 어떻게 처리해야 하는지 설명한다.

---

סְפֵק עָרְלָה, בְּאֶרֶץ יִשְׂרָאֵל אָסוּר, וּבְסוּרְיָא מֻתָּר, וּבְחוּצָה לָאָרֶץ יוֹרֵד
וְלוֹקֵחַ, וּבִלְבַד שֶׁלֹּא יִרְאֶנּוּ לוֹקֵט. כֶּרֶם נָטוּעַ יָרָק, וְיָרָק נִמְכָּר חוּצָה לוֹ,
בְּאֶרֶץ יִשְׂרָאֵל אָסוּר, וּבְסוּרְיָא מֻתָּר, וּבְחוּצָה לָאָרֶץ יוֹרֵד וְלוֹקֵט, וּבִלְבַד
שֶׁלֹּא יִלְקֹט בַּיָּד. הֶחָדָשׁ, אָסוּר מִן הַתּוֹרָה בְּכָל מָקוֹם. וְהָעָרְלָה, הֲלָכָה.
וְהַכִּלְאַיִם, מִדִּבְרֵי סוֹפְרִים:

---

오를라인지 의심스러운 〔농산물은〕 이스라엘 땅에서는 금지되나 쑤리아에서는 허용된다. 〔이스라엘〕 땅 밖에 나가서 그것을 구입할 수 있으나, 그것을 따는 것을 보지 않았을 때만 〔그렇게 할 수 있다〕. 포도원에 야채를 심었고 그 야채를 〔포도원〕 밖에서 파는 경우 이스라엘 땅에서는 금지되나 쑤리아에서는 허용된다. 〔이스라엘〕 땅 밖에 나가서 그것을 구입할 수 있으나, 자기 손으로 〔직접〕 따지 않았다면 〔구입할 수 있다〕. 새로 〔거둔〕 농산물은 어디든 토라에 의해 금지된

다. 오를라 규정은 할라카이다. 킬아임은 서기들의 가르침이다.

- 심은 지 3년이 지나지 않아 오를라 상태인지 의심스러운 열매가 있다면 토라의 법을 지켜야 하는 이스라엘 땅 안에서 금지된다. 토라의 법들 중 어떤 것은 적용되고 어떤 것은 적용되지 않는 쑤리아 땅에서는(「드마이」 6, 11; 「슈비잇」 6, 2) 그런 열매를 취하는 것이 허용된다. 토라의 법을 전혀 적용하지 않는 외국에서는 유대인이 비유대인의 농장에 가서 오를라로 의심되는 것을 사 먹어도 문제가 되지 않는다. 비유대인 농부가 오를라인 열매를 수확했다는 사실을 직접 인지하지 않았다면 책임이 없다.
- 포도원에 야채를 심어서 재배한 것으로 보이지만 포도원 바깥에서 팔아 킬아임 상태인지 의심스러운 경우, 토라의 규정을 지켜야 하는 이스라엘 땅 안에서는 당연히 금지된다. 토라의 규정을 일부만 지키면 되는 쑤리아 지역에서는 허용된다. 그러나 토라의 규정을 지킬 필요가 없는 외국에서는 외국인이 포도원에서 야채를 수확하여 파는 것을 보았다 하더라도 그것을 사서 먹을 수 있다. 자기가 직접 수확하지만 않으면 된다. 킬아임 관련법은 오를라 관련법보다 더 관대한데, 그 이유는 이스라엘 바깥에서 지키는 킬아임 법이 서기들의 전통이기 때문이다.
- 새로 수확한 농산물은 보리수확기에 첫 곡식단을 바치기 전에는 먹을 수 없다(레 23:13; 「할라」 1, 1). 이 규칙은 이스라엘은 물론 그 지역 바깥에서도 동일하게 지켜야 한다.
- 오를라 규정을 이스라엘 바깥에서도 지키라는 규정이 할라카라는 말은 두 가지로 해석이 가능하다. 첫째, 이것은 '그 땅의 관행'이라는 말이며 이스라엘 땅 안에서 지키는 관습법이라는 뜻으로 볼 수 있다. 둘째, 이것이 시내산에서 받은 '구전법'이라는 말이며 고대부터

전해져 내려온 전통이라는 뜻으로 해석하기도 한다.

• 킬아임 규정을 이스라엘 바깥에서도 지키라는 규정이 서기들의 가르침이라는 말은 랍비들보다 앞선 고대 현인들의 전통이라는 뜻이다. 서로 다른 씨앗을 섞어서 포도원에 뿌리지 말라는 전통은 이스라엘 안에서도 관대하게 처분을 받기 때문에 바깥에서는 더욱 관대하게 적용된다. 서로 다른 가축들에게 함께 멍에를 메게 하지 말라는 규칙과 다른 종류의 가축이나 나무를 교잡하지 말라는 규칙은 장소와 상관없이 금지된다.

# ביכורים

## 11

# 빅쿠림
### 첫 열매

맏물을 가져와 기도문을 낭송해야 할 경우는 다음과 같다.
칠칠절 성회부터 초막절 명절까지 농산물 일곱 가지를 가져
온다. 산지의 열매들, 골짜기의 대추야자, 기름을 짜는 올리
브 열매, 그리고 요단강 건너편의 열매이다. 갈릴리 사람 요
쎄 랍비는 말한다. 요단강 건너편에서는 맏물을 가져와서는
안 된다. 젖과 꿀이 흐르는 땅의 것이 아니기 때문이다. _「빅
쿠림」 1, 10

# 개요

「빅쿠림」(ביכורים)의 명칭은 '만물'이라는 뜻인 빅쿠라(ביכורה)의 복수형에서 온 말이다. 수확한 만물을 성전에 바치라는 토라의 명령을 주제로 다룬다(신 26:1-11). 사본에 따라 3장 또는 4장으로 구성되며 예루살렘 탈무드에도 포함되어 있다.

「빅쿠림」의 구체적인 내용으로 만물을 바치고 기도문도 낭송해야 하는 자, 만물을 바치지만 낭송할 필요가 없는 자, 그리고 만물을 바칠 필요도 없는 자가 누구인지 논의한다. 이와 관련하여 유대인과 개종자가 각각 어떤 의무를 져야 하는지 자세히 설명한다. 또한 성전으로 가져와 바쳐야 하는 거제나 둘째 십일조가 만물과 어떻게 다른지 비교하고 논증한다. 아울러 비슷하지만 다른 식물이나 동물, 남자와 여자, 자웅동체와 외성기 이상자 등에 관한 논의도 포함한다.

칠칠절이 되어 만물을 바치는 관행도 상세히 논의한다.

• 관련 성경구절 | 신명기 26:1-11

# 제1장

## 1, 1

만물을 바치고 기도문을 낭송하는 사람의 자격에 관해 논의한다.

---

יֵשׁ מְבִיאִין בִּכּוּרִים וְקוֹרִין, מְבִיאִין וְלֹא קוֹרִין, וְיֵשׁ שֶׁאֵינָן מְבִיאִין. אֵלוּ
שֶׁאֵינָן מְבִיאִין, הַנּוֹטֵעַ לְתוֹךְ שֶׁלּוֹ וְהִבְרִיךְ לְתוֹךְ שֶׁל יָחִיד אוֹ שֶׁל רַבִּים, וְכֵן
הַמַּבְרִיךְ מִתּוֹךְ שֶׁל יָחִיד אוֹ מִתּוֹךְ שֶׁל רַבִּים לְתוֹךְ שֶׁלּוֹ. הַנּוֹטֵעַ לְתוֹךְ שֶׁלּוֹ
וְהִבְרִיךְ לְתוֹךְ שֶׁלּוֹ, וְדֶרֶךְ הַיָּחִיד וְדֶרֶךְ הָרַבִּים בָּאֶמְצַע, הֲרֵי זֶה אֵינוֹ מֵבִיא.
רַבִּי יְהוּדָה אוֹמֵר, כָּזֶה מֵבִיא:

---

만물을 가져오고 [기도문도] 낭송해야 할 사람이 있고, [만물을] 가
져오기는 하지만 낭송하지 않아야 할 사람이 있고, [만물을] 가져오
지 않아야 할 사람이 있다. [만물을] 가져오지 않아야 할 사람은 다음
과 같다. 자신의 땅에 [포도나무를] 심고 가지를 다른 개인이나 공공
의 [땅에] 묻은 경우와 마찬가지로 다른 개인이나 공공의 [땅에 심고]
자신의 [땅에] 묻은 경우이다. 자신의 [땅에] 심고 자신의 [땅에] 묻
었으나 중간에 다른 개인이나 공공의 [땅이] 있는 경우이다. 그는 [만
물을] 가져오지 않는다. [그러나] 예후다 랍비는 말한다. 그는 가져와
도 된다.

- 토라는 만물 즉 첫 열매를 성전에 바치라고 명령하면서 특정한 기도
  문을 낭송할 것을 적시하고 있다(신 26:3, 5-10). 이 미쉬나는 토라의
  명령을 둘로 구분하고, 사람에 따라 다른 의무를 진다고 설명한다.
  먼저 만물을 가져오지 말아야 할 경우로 포도나무를 자기 땅에 심고
  그 가지를 다른 사람이나 공공영역에 휘묻이로 묻었거나 그 반대의
  경우가 해당한다. 그 이유는 둘째 미쉬나에서 설명한다.
- 다른 경우는 농부가 자기 땅에 포도나무를 심었는데 그 가지가 남의

땅으로 자랐다가 다시 자기 땅으로 돌아왔고, 그 후에 자기 땅에 휘묻이를 했을 경우이다. 예후다 랍비는 반대의견을 개진한다. 후대 랍비들은 예후다 랍비의 의견을 서로 다른 방법으로 해석하는데 그가 다른 개인의 땅이 아니라 공공영역에 관해서만 반대의견을 냈다고 주장한다.

### 1, 2

첫째 미쉬나에 대해 이어 설명한다.

---

מֵאֵיזֶה טַעַם אֵינוֹ מֵבִיא, מִשּׁוּם שֶׁנֶּאֱמַר, רֵאשִׁית בִּכּוּרֵי אַדְמָתְךָ, עַד שֶׁיְּהוּ
כָל הַגִּדּוּלִין מֵאַדְמָתְךָ. הָאֲרִיסִין וְהֶחָכוֹרוֹת וְהַסִּקְרִיקוֹן וְהַגַּזְלָן, אֵין מְבִיאִין
מֵאוֹתוֹ הַטַּעַם, מִשּׁוּם שֶׁנֶּאֱמַר, רֵאשִׁית בִּכּוּרֵי אַדְמָתְךָ:

---

무슨 이유로 가져오지 않는가? "네 땅의 만물"이라고 쓰여 있기 때문이다. 모든 것이 네 땅에서 자란 것이어야 한다. [땅을 빌린] 소작인이나 임차인이나 점거인이나 약탈한 자도 같은 이유로 가져와서는 안 된다. "네 땅의 만물"이라 쓰여 있기 때문이다.

- 첫째 미쉬나에서 만물을 가져오지 않아도 되는 경우를 언급했는데 그 이유는 토라 본문이 정확하게 "네 땅의 만물"을 가져오라고 명령했기 때문이다(출 23:19). 일부 다른 사람의 땅이나 공공영역에서 재배한 농산물에서 만물을 바치지 않는다.
- 같은 이유로 땅을 빌리고 생산물 중 일정한 비율에 해당하는 작물을 지대로 내는 소작인(אריס, 아리쓰), 땅을 빌리고 미리 정해진 양의 작물을 지대로 내는 임차인(חכור, 하쿠르), 정부가 몰수한 땅을 구입한 점거인(סקריקון, 씩카리콘. 「기틴」 5, 6), 강제로 땅을 강탈한 자도 만물을 가져오지 않는다.

**1, 3**

만물을 바쳐야 하는 작물이 무엇인지 설명한다.

אֵין מְבִיאִין בִּכּוּרִים חוּץ מִשִּׁבְעַת הַמִּינִים. לֹא מִתְּמָרִים שֶׁבֶּהָרִים, וְלֹא
מִפֵּרוֹת שֶׁבָּעֲמָקִים, וְלֹא מִזֵּיתֵי שֶׁמֶן שֶׁאֵינָם מִן הַמֻּבְחָר. אֵין מְבִיאִין בִּכּוּרִים
קֹדֶם לָעֲצֶרֶת. אַנְשֵׁי הַר צְבוֹעִים הֵבִיאוּ בִכּוּרֵיהֶם קֹדֶם לָעֲצֶרֶת, וְלֹא קִבְּלוּ
מֵהֶם, מִפְּנֵי הַכָּתוּב שֶׁבַּתּוֹרָה, וְחַג הַקָּצִיר בִּכּוּרֵי מַעֲשֶׂיךָ אֲשֶׁר תִּזְרַע
בַּשָּׂדֶה:

일곱 가지 농산물이 아니면 만물을 가져오지 않는다. 산지의 대추
야자나 골짜기의 열매들이나 특상품이 아닌 올리브기름은 〔가져와
서는 안 된다. 〔칠칠절〕 성회 전에 만물을 가져와서는 안 된다. 쯔보
임 산지의 사람들이 〔칠칠절〕 성회 전에 첫 열매를 가져왔으나 받아
들여지지 않았다. 토라에 다음과 같이 기록되었기 때문이다. "수확의
명절을 지키라.[1] 이는 네가 수고하여 밭에 뿌린 것의 만물을 거둠이
니라."

- 토라는 어떤 작물의 만물을 바쳐야 하는지 구체적으로 명령하지 않
  았다. 그러나 랍비들은 토라의 다른 구절을 재해석하면서(신 8:8) 만
  물을 바칠 일곱 가지 농산물을 밀, 보리, 포도, 무화과, 석류, 올리브,
  대추야자라고 지정한다.
- 이 가운데 대추야자는 주로 따뜻한 계곡지역에서 상품이 나고 다른
  과일들은 산지에서 상품이 난다. 그러므로 산지에서 재배한 대추야
  자나 골짜기에서 재배한 과일에서 만물을 바치지 않는다. 특상품이
  아닌 올리브기름도 마찬가지다.

---

1) 이 구절은 우리말로 "맥추절을 지키라"라고 번역되었는데(개역개정판), 직역
   하면 수확의 명절이고 밀을 수확하는 칠칠절에 해당한다.

- 토라는 만물을 바치는 시기를 정하지 않았다. 그러나 랍비들은 칠칠절과 관련된 본문에서 '만물'이라는 낱말을 발견하고(출 23:16), 칠칠절이 정해진 시기라고 주장한다. 마지막에 이 규정과 관련된 일화를 소개하고 있다.

### 1, 4

만물을 가져오지만 기도문을 낭송하지 않는 자에 관해 설명한다.

אֵלּוּ מְבִיאִין וְלֹא קוֹרִין, הַגֵּר מֵבִיא וְאֵינוֹ קוֹרֵא, שֶׁאֵינוֹ יָכוֹל לוֹמַר אֲשֶׁר
נִשְׁבַּע ה' לַאֲבוֹתֵינוּ לָתֵת לָנוּ, וְאִם הָיְתָה אִמּוֹ מִיִּשְׂרָאֵל, מֵבִיא וְקוֹרֵא.
וּכְשֶׁהוּא מִתְפַּלֵּל בֵּינוֹ לְבֵין עַצְמוֹ, אוֹמֵר, אֱלֹהֵי אֲבוֹת יִשְׂרָאֵל. וּכְשֶׁהוּא בְּבֵית
הַכְּנֶסֶת, אוֹמֵר, אֱלֹהֵי אֲבוֹתֵיכֶם. וְאִם הָיְתָה אִמּוֹ מִיִּשְׂרָאֵל, אוֹמֵר, אֱלֹהֵי
אֲבוֹתֵינוּ:

〔만물을〕 가져오기는 하지만 낭송하지 않아야 할 사람은 다음과 같다. 개종자는 〔만물을〕 가져오지만 낭송하지 않는다. "여호와께서 우리에게 주시겠다고 우리 조상들에게 맹세하신"이라고 말할 수 없기 때문이다. 그러나 그의 어머니가 이스라엘인이면 그는 〔만물을〕 가져오고 낭송할 수 있다. 개인적으로 기도할 때 "이스라엘의 조상들의 하나님"이라 말해야 한다. 회당에 있을 때 그는 "너희 조상들의 하나님"이라 말해야 한다. 어머니가 이스라엘인이면 "우리 조상들의 하나님"이라 말한다.

- 개종자는 현재 하나님을 섬기기 때문에 만물을 바치지만, 토라가 문구까지 적시한 기도문을 낭송할 수 없다. 기도문에 포함된 "우리 조상들"이라는 말을 할 수 없기 때문이다(신 26:3). 개종자들은 민법이나 형법에 관련해서 온전한 유대인으로 존중받지만, 종교법에서는 넘을 수 없는 경계가 있음을 알 수 있다.

- 아버지가 외국인이고 어머니가 유대인이라면 맏물을 바치고 기도문을 낭송해도 무방하다. 어머니가 유대인이면 개종자가 아니고 유대인으로 인정하는 관행은 이 미쉬나를 쓸 때까지 완전히 확립되지 않았던 것으로 보인다.
- 개종자가 차별을 받는 종교법은 기도 드릴 때도 나타난다. 개종자는 아미다 기도 첫 부분인 "우리 하나님, 우리 조상들의 하나님"이라고 부를 수 없다. 그는 "이스라엘의 조상들의 하나님"이라고 부르거나, "너희 조상들의 하나님"이라는 말을 써야 한다. 현대 유대교에서 지키지 않는 규정이다.
- 어머니가 유대인이면 일반적인 기도문을 사용한다.

### 1, 5

개종자의 지위에 관해 부연설명을 하고 계속해서 맏물을 가져오지만 기도문을 낭송하지 않는 자들에 관해 논의한다.

---

רַבִּי אֱלִיעֶזֶר בֶּן יַעֲקֹב אוֹמֵר, אִשָּׁה בַת גֵּרִים לֹא תִנָּשֵׂא לַכְּהֻנָּה, עַד שֶׁתְּהֵא אִמָּה מִיִּשְׂרָאֵל. אֶחָד גֵּרִים וְאֶחָד עֲבָדִים מְשֻׁחְרָרִים, וַאֲפִלּוּ עַד עֲשָׂרָה דוֹרוֹת, עַד שֶׁתְּהֵא אִמָּן מִיִּשְׂרָאֵל. הָאַפּוֹטְרוֹפּוֹס וְהַשָּׁלִיחַ וְהָעֶבֶד וְהָאִשָּׁה וְטֻמְטוּם וְאַנְדְּרוֹגִינוֹס, מְבִיאִין וְלֹא קוֹרִין, שֶׁאֵינָן יְכוֹלִין לוֹמַר, אֲשֶׁר נָתַתָּה לִי ה':

---

엘리에제르 벤 야아콥 랍비는 말한다. 개종자의 딸은 어머니가 이스라엘인이 아니라면 제사장과 결혼할 수 없다. 개종자이거나 해방된 노예이거나 어머니가 이스라엘인이 아니라면 열 세대가 지나도 [이 규정을 적용한다]. 관리인,[2] 대행인,[3] 노예,[4] 여자, 외성기 이상자, 자

---

2) 조상들이나 법정에서 고아의 재산을 관리하도록 임명받은 사람을 말한다.
3) 주인으로부터 맏물을 성전에 갖다달라고 부탁받은 사람을 말한다.

웅동체인 자 등은 〔만물을〕 가져오지만 낭송할 수 없다. "여호와여, 당신께서 제게 주신"이라 말할 수 없기 때문이다.

- 넷째 미쉬나가 개종자에 관해 언급했기 때문에 그 문맥을 이어가며 부연설명을 한다. 개종자나 해방된 노예의 딸은 그 어머니가 유대인이 아니라면 제사장과 결혼할 수 없다(「키두쉰」 4, 7; 겔 44:22). 일반 유대인과는 결혼할 수 있다.
- 만물을 성전에 가져오지만 기도문을 낭송할 수 없는 자로 관리인과 대행인과 노예가 있는데 이런 사람들은 모두 자기 소유가 아니라 다른 사람의 소유물을 대신 바치는 자들이다. 이런 자들은 기도문에 포함된 "제게 주신"이라는 부분을 낭송할 수 없다(신 26:10). 여자와 외성기가 제대로 발달하지 않아 남녀를 가리기 어려운 자와 남자의 성기와 여자의 성기가 모두 있어서 남녀추니인 자도 기도문을 낭송할 수 없다. 이 부분은 토라에 정확하게 명시되지 않았는데 랍비들은 하나님이 주셨다는 동사가 여호수아 시대의 역사적 사건을 가리키며 이때 땅을 물려받아 아들에게 물려줄 수 있는 분명한 남자만 기업을 받았다고 해석한다. 그래서 분명히 남자가 아닌 사람은 기도문을 낭송할 수 없다는 것이다.

## 1, 6
만물을 가져오지만 기도문을 낭송할 수 없는 자에 관해 계속해서 논의한다.

הַקּוֹנֶה שְׁתֵּי אִילָנוֹת בְּתוֹךְ שֶׁל חֲבֵרוֹ, מֵבִיא וְאֵינוֹ קוֹרֵא. רַבִּי מֵאִיר אוֹמֵר, מֵבִיא וְקוֹרֵא. יָבֵשׁ הַמַּעְיָן, נִקְצַץ הָאִילָן, מֵבִיא וְאֵינוֹ קוֹרֵא. רַבִּי יְהוּדָה

---

4) 본인의 땅에서 자란 만물을 소유하고 있는 해방된 노예를 말한다.

אוֹמֵר, מֵבִיא וְקוֹרֵא. מֵעֲצֶרֶת וְעַד הֶחָג, מֵבִיא וְקוֹרֵא. מִן הֶחָג וְעַד חֲנֻכָּה,
מֵבִיא וְאֵינוֹ קוֹרֵא. רַבִּי יְהוּדָה בֶּן בְּתֵירָא אוֹמֵר, מֵבִיא וְקוֹרֵא:

---

동료의 〔땅에서 자란〕 나무 두 그루를 산 사람은 〔만물을〕 가져오지
만 〔기도문을〕 낭송하지 않는다. 메이르 랍비는 말한다. 그는 가져오
고 낭송도 한다. 만일 샘이 말랐거나 나무를 베었다면 가져오지만 낭
송하지 않는다. 예후다 랍비는 말한다. 그는 가져오고 낭송도 한다.
〔칠칠절〕 성회부터 〔초막절〕 명절까지 그는 가져오고 낭송한다. 〔초
막절〕 명절부터 하누카까지는 가져오지만 낭송하지 않는다. 예후다
벤 베테라 랍비는 말한다. 그는 가져오고 낭송한다.

- 남의 땅에 있는 나무를 샀다면 그 나무의 열매는 본인 소유이지만 땅
  은 그렇지 않다(「바바 바트라」, 5, 4). 그러므로 내 땅이라는 말이 들
  어간 기도문을 낭송할 수 없다. 메이르 랍비는 반대의견을 개진하는
  데 나무를 살 때 그 나무가 서 있는 땅도 함께 산다고 본 듯하다.
- 자기 땅에 있는 샘이 말라버리면 더 이상 농사를 지을 수 없고, 이런
  땅은 없는 것과 마찬가지다. 또 나무에서 열매만 따는 것이 아니라
  줄기를 베어버렸다면 그 열매는 더 이상 땅에 심겨진 것이 아니다.
  이런 경우 만물을 바치기는 해도 기도문을 낭송하지 않는다. 예후
  다 랍비는 이 두 가지 경우에 땅이 실제로 없어진 것이 아니니 낭송
  할 수 있다고 주장한다.
- 밀을 수확하는 칠칠절부터 만물을 가져오며 정해진 기도문을 낭송
  한다. 이 시기는 여름 과일 수확이 끝나는 초막절까지 계속된다. 초
  막절이 지나면 모든 수확기가 끝나고 비가 오기 시작하며 사실 파종
  기가 시작된다. 그러나 아직 열매가 남아 있을 수 있으니 만물을 바
  칠 수는 있지만 기도문 낭송은 금지한다. 예후다 벤 베테라 랍비는
  좀 더 관대한 태도를 보여준다.

## 1, 7

만물을 구별했으나 성전에 드리기 전에 땅을 매매한 경우에 관해 논의한다.

---

הִפְרִישׁ בִּכּוּרָיו וּמָכַר שָׂדֵהוּ, מֵבִיא וְאֵינוֹ קוֹרֵא. וְהַשֵּׁנִי, מֵאוֹתוֹ הַמִּין אֵינוֹ מֵבִיא, מִמִּין אַחֵר, מֵבִיא וְקוֹרֵא. רַבִּי יְהוּדָה אוֹמֵר, אַף מֵאוֹתוֹ הַמִּין מֵבִיא וְקוֹרֵא:

---

만물을 구별해놓고 밭을 팔았다면 〔만물을〕 가져오지만 낭송하지 않는다. 〔밭을 구입한〕 다른 사람은 〔구별해놓은 만물과〕 동일한 종류의 〔농산물에서 만물을〕 가져올 필요가 없다. 하지만 다른 종류의 〔농산물이라면〕 가져올 수도 있고 낭송할 수 있다. 예후다 랍비는 말한다. 같은 종류의 〔농산물로부터 만물을〕 가져오고 낭송할 수 있다.

- 어떤 사람이 수확한 뒤 만물을 드리려고 구별해놓았는데 그것을 성전에 가져가기 전에 땅을 팔았다. 이 경우 만물은 드리지만 내 땅이라는 말이 포함된 기도문을 낭송하지 않는다.
- 그의 땅을 산 사람은 그 땅에 있는 농산물 중 원래 주인이 만물을 구별해놓은 농산물에서 다시 만물을 떼어 바칠 필요가 없다. 한 땅에서 자란 한 가지 농산물에서 만물은 한 번만 드리면 된다. 그러나 종류가 다른 농산물은 만물을 드리고 낭송도 한다.
- 예후다 랍비는 땅을 기준으로 판단하지 않고 사람을 기준으로 판단하고 있다. 동일한 밭이고 동일한 농산물이라 하더라도 주인이 바뀌었으면 따로 만물을 드리라는 것이다.

## 1, 8

만물을 분실하거나 이것이 손상된 경우를 설명한다.

הַפְרִישׁ בִּכּוּרָיו, נִבְזְזוּ, נָמַקּוּ, נִגְנְבוּ, אָבְדוּ, אוֹ שֶׁנִּטְמְאוּ, מֵבִיא אֲחֵרִים
תַּחְתֵּיהֶם וְאֵינוֹ קוֹרֵא. וְהַשְּׁנִיִּים אֵינָם חַיָּבִים עֲלֵיהֶם חֹמֶשׁ. נִטְמְאוּ בָּעֲזָרָה,
נוֹפֵץ וְאֵינוֹ קוֹרֵא:

만물을 구별해놓았는데 약탈당하거나 썩었을 경우, 혹은 도난당하거나 잃어버렸을 경우, 혹은 부정하게 되었을 경우 그 대신 다른 것을 가져올 수 있으나 〔기도문을〕 낭송하지 않는다. 〔대체한〕 둘째 〔만물에 대해서〕 1/5을 추가할 필요가 없다. 만일 성전 마당에서 부정하게 되었다면 〔그것을〕 흩어버리고 낭송하지 않는다.

- 만물을 성전에 드리려고 구별해놓았는데 그것을 안전하게 지키지 못하여 없어지거나 손상되었을 경우, 그것 대신 다른 열매로 만물을 대체할 수 있다. 그러나 기도문을 낭송하지 않는데 왜냐하면 두 번째로 구별한 열매는 사실 그 사람의 첫 열매가 아니기 때문이다.
- 만물은 성물이며 제사장이 아닌 사람이 전용하면 배상하면서 1/5을 첨가해야 한다(「빅쿠림」 2, 1). 그러나 먼저 구별한 만물을 대체한 둘째 열매를 전용했다면 배상만 하고 1/5을 첨가하지 않는다. 그러니까 대체물은 제의적으로 만물이 아니다.
- 일단 만물을 성전까지 가져왔다면 그는 이 제물을 책임질 필요가 없다. 성전 마당에 가져왔는데 어떤 이유로 부정해졌다면 그것을 제사장에게 줄 수 없으므로 바구니를 흩어버리고 낭송도 하지 않는다.

### 1, 9

여덟째 미쉬나 내용을 부연설명하고, 만물을 두 차례에 걸쳐서 가져온 경우에 관해서도 논의한다.

וּמִנַּיִן שֶׁהוּא חַיָּב בְּאַחֲרָיוּתָן עַד שֶׁיָּבִיא לְהַר הַבַּיִת, שֶׁנֶּאֱמַר, רֵאשִׁית בִּכּוּרֵי
אַדְמָתְךָ תָּבִיא בֵּית ה' אֱלֹהֶיךָ, מְלַמֵּד שֶׁחַיָּב בְּאַחֲרָיוּתָם עַד שֶׁיָּבִיא לְהַר

הַבָּית. הֲרֵי שֶׁהֵבִיא מִמִּין אֶחָד וְקָרָא, וְחָזַר וְהֵבִיא מִמִּין אַחֵר, אֵינוֹ קוֹרֵא:

〔만물을〕 성전산에 가져올 때까지 그 사람에게 책임이 있다는 것을 어디서 알 수 있는가? "네 토지에서 처음 거둔 열매의 가장 좋은 것을 가져다가 너의 하나님 여호와의 전에 드릴지니라"라고 기록되었으니 이것은 그가 성전산에 가져올 때까지 〔만물에 대한〕 책임이 있음을 말해주는 것이다. 만일 〔만물〕 한 종류를 가져와 낭송했다면 다시 다른 종류를 가져오면서 또 낭송하지 않는다.

- 만물을 바치는 의무와 관련해서 랍비들은 토라의 명령(출 23:19)을 재해석하면서, 이스라엘 사람 개인은 만물을 구별하는 행위로는 부족하고 성전에 가져오는 것까지 책임을 져야 한다고 주장한다. 그러므로 여덟째 미쉬나 내용처럼 성전에 가져오기 전에 분실되거나 손상되면 그 사람이 책임을 져야 한다.
- 어떤 사람이 만물 한 종류를 성전에 가져와 바치고 기도문을 낭송하였다. 그 후에 다른 농산물에서 얻은 만물을 가지고 성전을 다시 찾았다면 제물은 드리되 낭송은 다시 하지 않는다. 만물 바치기와 관련된 기도는 한 번이면 족하다.

### 1, 10
만물을 가져오고 기도문을 낭송하는 사람들이 누구인지 열거한다.

---

וְאֵלּוּ מְבִיאִין וְקוֹרִין, מִן הָעֲצֶרֶת וְעַד הֶחָג, מִשִּׁבְעַת הַמִּינִים, מִפֵּרוֹת
שֶׁבֶּהָרִים, מִתְּמָרוֹת שֶׁבָּעֲמָקִים, וּמִזֵּיתֵי שֶׁמֶן, מֵעֵבֶר הַיַּרְדֵּן. רַבִּי יוֹסֵי הַגְּלִילִי
אוֹמֵר, אֵין מְבִיאִין בִּכּוּרִים מֵעֵבֶר הַיַּרְדֵּן, שֶׁאֵינָהּ אֶרֶץ זָבַת חָלָב וּדְבָשׁ:

---

〔만물을〕 가져와 〔기도문을〕 낭송해야 할 경우는 다음과 같다. 〔칠칠절〕 성회부터 〔초막절〕 명절까지 농산물 일곱 가지를 〔가져온다〕.

산지의 열매들, 골짜기의 대추야자, 기름을 [짜는] 올리브 열매, 그리고 요단강 건너편의 [열매이다]. 갈릴리 사람 요쎄 랍비는 말한다. 요단강 건너편에서는 맏물을 가져와서는 안 된다. 젖과 꿀이 흐르는 땅의 것이 아니기 때문이다.

- 맏물을 가져오고 기도문도 낭송하는 경우는 칠칠절부터 초막절까지로 시간과 관련된 조건이 맞아야 하고, 토라가 언급한 일곱 가지 농산물을 수확했을 때이다(신 8:8; 셋째 미쉬나).
- 새로 첨가된 내용은 요단강 건너편에서 맏물을 가져오는지 여부인데, 첫째 의견은 이 지역도 하나님이 조상들에게 수여한 땅이라고 간주하고(신 26:3), 맏물을 가져오라고 명한다. 요쎄 랍비는 반대의견을 제시하는데 그는 요단강 건너편은 젖과 꿀이 흐르는 땅이 아니라고 주장한다(신 26:9).

### 1, 11
어떤 사람이 나무를 산 경우를 다시 설명한다.

---

הַקּוֹנֶה שְׁלֹשָׁה אִילָנוֹת בְּתוֹךְ שֶׁל חֲבֵרוֹ, מֵבִיא וְקוֹרֵא. רַבִּי מֵאִיר אוֹמֵר,
אֲפִלּוּ שְׁנַיִם. קָנָה אִילָן וְקַרְקָעוֹ, מֵבִיא וְקוֹרֵא. רַבִּי יְהוּדָה אוֹמֵר, אַף בַּעֲלֵי
אֲרִיסוֹת וְחַכוֹרוֹת, מְבִיאִין וְקוֹרִין:

---

동료의 [땅에서 자란] 나무 세 그루를 산 사람은 [맏물을] 가져오고 [기도문을] 낭송한다. 메이르 랍비는 말한다. 두 그루도 마찬가지다. 나무 [한 그루와] 밭을 산 사람은 [맏물을] 가져오고 낭송도 한다. 예후다 랍비는 말한다. 소작인과 임차인도 [맏물을] 가져오고 낭송도 한다.

- 여섯째 미쉬나에서 남의 땅에 있는 나무 두 그루를 사면 만물을 가져오지만 기도문을 낭송하지 않는다고 규정했다. 이 미쉬나는 그 문맥을 이어가며 세 그루를 사면 만물을 가져오고 기도문도 낭송한다고 말한다. 나무 세 그루가 자라고 있다면 그것은 이미 그가 소유하고 있는 과수원으로 간주한다는 것이다. 메이르 랍비는 여섯째 미쉬나와 마찬가지로 두 그루만 샀어도 만물 바치기와 낭송이 모두 가능하다고 주장한다.
- 어떤 사람이 나무와 함께 밭까지 샀다면 나무가 한 그루만 자라고 있다고 하더라도 만물을 가져오고 기도문을 낭송한다.
- 예후다 랍비는 둘째 미쉬나 규정에 반대하면서, 소작인이나 임차인도 만물을 가져오고 기도문도 낭송하라고 한다. 실제 토지 소유권은 지주에게 있지만, 농사를 짓는 동안 일시적으로 점유하고 있는 상태도 기도를 드리기에 충분하다고 보았다.

## 제2장

### 2, 1

만물을 바치는 규정을 거제와 둘째 십일조에 비교하며 설명한다.

---

הַתְּרוּמָה וְהַבִּכּוּרִים, חַיָּבִים עֲלֵיהֶן מִיתָה וְחֹמֶשׁ, וַאֲסוּרִים לְזָרִים, וְהֵם נִכְסֵי כֹהֵן, וְעוֹלִין בְּאֶחָד וּמֵאָה, וּטְעוּנִין רְחִיצַת יָדַיִם וְהַעֲרֵב שֶׁמֶשׁ. הֲרֵי אֵלּוּ בַּתְּרוּמָה וּבַבִּכּוּרִים, מַה שֶּׁאֵין כֵּן בַּמַּעֲשֵׂר:

---

거제와 만물에 관하여 사람은 죽음과 1/5을 〔추가할〕 책임이 있다. 그것들은 〔제사장이 아닌〕 외부인에게는 금지되니 그것은 제사장의 재산이다. 이것이 〔무효가 되려면〕 101개가 필요하다. 손을 씻는 것

과 일몰 [관련 규정이]⁵⁾ 적용된다. 이것들은 거제와 만물에 해당하며 [둘째] 십일조에는 해당하지 않는다.

- 거제와 만물을 의도적으로 먹은 사람은 죽임을 당하는데 재판소에서 사형에 처하지는 않지만 하늘이 내린 벌을 받아 죽게 된다. 이런 것들을 모르고 먹었다면 먹은 것을 배상해야 하는데 이때 1/5을 추가할 책임이 있다(「트루못」6, 1-2).
- 거제와 만물은 제사장이 아닌 외부인이 먹을 수 없다.
- 거제와 만물은 제사장의 재산이며 다른 물품을 사기 위해서 대가로 지불할 수 있다. 물론 그 물품을 파는 사람도 제사장이어야 한다.
- 거제나 만물인 음식 하나가 속된 음식 100개에 떨어져 섞이면 거룩한 성질이 무효가 된다. 그중 아무 것이나 하나를 골라 성전에 바치면 나머지를 속된 음식으로 사용할 수 있다. 이 비율을 넘지 못하면 섞인 음식 전체를 일반인이 먹을 수 없다.
- 거제나 만물을 접촉하려는 사람은 먼저 손을 씻어야 하고, 부정한 제사장이 낮에 정결례를 행했다면 해가 질 때까지 기다려야 한다(레 22:7)
- 이런 규정들은 거제와 만물에 적용한다. 둘째 십일조는 제사장이 아닌 외부인도 먹을 수 있고, 일반인이 자기 재산처럼 사용할 수 있으며(「마아쎄르 쉐니」1, 7), 이것이 속된 음식과 섞이면 1:1의 비율을 넘지 않는 한 무효가 된다. 첫째 십일조는 속된 음식처럼 취급하지만, 이것을 꼭 레위인에게 주어야 한다.

---

5) 부정한 제사장은 일몰 전에는 먹어서는 안 된다는 규정(레 22:7)을 말한다.

## 2, 2

만물을 둘째 십일조와 비교한다.

〔둘째〕 십일조와 만물에는 해당하지만 거제물에는 해당하지 않는 〔규정이〕 있다. 〔둘째〕 십일조와 만물은 예루살렘으로 가져가야 하고, 고백이 필요하며 애곡하는 자에게는[6] 금지된다. 쉼온 랍비는 허용한다. 이것에 제거하는 규정을(신 26:13) 적용한다. 그러나 쉼온 랍비는 면제시킨다. 〔만일 같은 종류의 속된 음식과 섞였다면〕 어떤 양이든 예루살렘에서 먹는 것이 금지된다. 거기서 자란 것도 예루살렘에서 〔제사장이 아닌〕 외부인이나 동물이 먹는 것은 금지된다. 쉼온 랍비는 허용한다. 이것들은 〔둘째〕 십일조와 만물에는 적용되나 봉헌물에는 적용되지 않는다.

- 둘째 십일조와 만물은 예루살렘 성전으로 가져와서 바쳐야 하고, 바치면서 토라가 정한 기도문을 낭송해야 한다(신 26:5-10, 13-15). 이 기도문 중에는 십일조를 애곡하는 날에 먹지 않았다는 말이 포함되어 있기 때문에(신 26:14) 가까운 친척이 죽었고 아직 장례를 치르지 않아 애곡하는 자는 그날에 둘째 십일조를 먹을 수 없다. 랍비들

---

6) 히브리어 '오넨'이란 가까운 친척이 죽었으나 아직 장사를 지내지 않은 사람을 가리킨다. "내가 애곡하는 날에 이 성물을 먹지 아니하였고 부정한 몸으로 이를 떼어두지 아니하였고 죽은 자를 위하여 이를 쓰지 아니하였고 내 하나님 여호와의 말씀을 청종하여 주께서 내게 명령하신 대로 다 행하였사오니"(신 26:14).

은 만물도 성물이라고 보고 같은 규정을 적용하지만, 쉼온 랍비는 애
곡하는 자가 만물을 먹어도 좋다고 하여 거제와 유사하게 취급한다.

- 안식년 주기의 제4년과 7년 유월절 마지막 날이 되면 그때까지 집에
  남아 있는 둘째 십일조와 만물을 제거해야 한다(신 26:13; 「마아쎄르
  쉐니」 5, 6). 쉼온 랍비는 이 규정에도 반대하면서, 만물은 이 시기가
  지나도 제사장에게 주어야 한다고 주장한다.
- 둘째 십일조와 만물이 같은 종류의 속된 음식물과 섞인다면 그 양이
  얼마이든 상관없이 예루살렘 밖에서 먹을 수 없다. 이때 섞이는 사건
  이 예루살렘 안에서 일어나야 하며 만약 바깥에서 일어났다면 일정
  비율에 따라 무효화될 수 있다(십일조는 섞인 것의 반 미만, 만물은
  101개가 필요하다).
- 둘째 십일조와 만물에서 자라나온 식물도 십일조나 만물로 취급해
  야 하며 예루살렘 안에서 먹어야 한다. 이것을 제사장이 아닌 외부
  인이나 가축이 먹을 수 없다. 쉼온 랍비는 이 규정이 십일조에 적용
  되지만 만물에는 적용되지 않는다고 주장한다.

## 2, 3
거제와 둘째 십일조가 서로 유사하고 만물과 다른 부분을 설명한다.

---

יֵשׁ בַּתְּרוּמָה וּבַמַּעֲשֵׂר מַה שֶּׁאֵין כֵּן בַּבִּכּוּרִים, שֶׁהַתְּרוּמָה וְהַמַּעֲשֵׂר אוֹסְרִין
אֶת הַגֹּרֶן, וְיֵשׁ לָהֶם שִׁעוּר, וְנוֹהֲגִין בְּכָל הַפֵּרוֹת, בִּפְנֵי הַבַּיִת וְשֶׁלֹּא בִּפְנֵי
הַבַּיִת, וּבְאָרִיסִין וּבְחָכוֹרוֹת וּבְסִקְרִיקוֹן וּבַגַּזְלָן. הֲרֵי אֵלּוּ בַּתְּרוּמָה וּבַמַּעֲשֵׂר,
מַה שֶּׁאֵין כֵּן בַּבִּכּוּרִים:

---

거제물과 [둘째] 십일조에는 적용되지만 만물에는 적용되지 않는
규정이 있다. 거제물과 [둘째] 십일조는 타작마당에 있는 농산물을
[먹지 못하게] 금지시킨다. 그것들은 정해진 양이 있으며 성전이 있

든 없든 간에 모든 농산물 중에서 구별해놓아야 한다. 그것들은 소작인이거나 임차인이거나, 점거인이거나 약탈한 생산물에도 〔적용된다〕. 이것들은 봉헌물과 〔둘째〕 십일조에는 적용되지만 만물에는 적용되지 않는다.

- 거제와 둘째 십일조를 떼지 않은 농산물을 먹을 수 없다. 꼭 타작마당에서 거두는 농산물이 아니더라도, 포도주나 기름, 과일, 채소 등도 마찬가지다. 그러나 만물을 떼지 않은 농산물은 먹어도 무방하다.
- 둘째 십일조는 첫째 십일조를 떼고 남은 수확물의 1/10이다. 토라는 거제의 양을 정해놓지 않았지만, 랍비들은 1/40에서 1/60을 떼어 드리라고 명령한다. 그러나 만물과 관련된 규정은 없다(「페아」1, 1).
- 거제와 둘째 십일조는 종류와 상관없이 모든 농산물에서 구별하여 드린다. 그리고 성전이 있을 때나 없을 때나 동일하게 적용한다. 그러나 만물은 일곱 가지 농산물에서 떼고, 성전이 있을 때만 드린다.
- 거제와 둘째 십일조는 누가 농사를 지었든지 수확한 농산물에서 구별하여 드려야 한다. 만물은 자기 땅을 소유하지 않는 사람들이 기른 농산물에서 떼지 않는다(「빅쿠림」1, 2).

2, 4

만물과 관련된 규정 가운데 거제나 십일조에 적용되지 않는 내용을 설명한다.

---

וְיֵשׁ בַּבִּכּוּרִים מַה שֶּׁאֵין כֵּן בַּתְּרוּמָה וּבַמַּעֲשֵׂר, שֶׁהַבִּכּוּרִים נִקְנִין בְּמְחֻבָּר לַקַּרְקַע, וְעוֹשֶׂה אָדָם כָּל שָׂדֵהוּ בִּכּוּרִים, וְחַיָּב בְּאַחֲרָיוּתָם, וּטְעוּנִים קָרְבָּן וְשִׁיר וּתְנוּפָה וְלִינָה:

---

만물에는 적용되지만 거제물과 〔둘째〕 십일조에는 적용되지 않는

〔규정은〕 다음과 같다. 만물은 땅에 연결되어 있는 동안에도 지정할 수 있다. 그리고 자기 모든 땅을 만물로 만들 수 있고, 그것에 대한 책임을 진다. 그리고 제물, 노래, 흔들기, 밤을 지새기 등을 필요로 한다.

- 만물은 아직 열매를 수확하지 않아서 땅에 연결된 상태일 때도 만물로 구별할 수 있지만, 거제와 십일조는 수확과 가공이 끝난 뒤에 구별한다.
- 농부는 일정한 크기의 밭 전체를 만물로 지정할 수 있다. 그러나 거제와 십일조는 밭에서 수확한 열매를 비율에 따라 구별해야 하므로 밭 전체를 지정할 수는 없다.
- 농부는 만물을 구별한 뒤 안전하게 성전에 가져올 때까지 책임을 진다(「빅쿠림」 1, 9). 그러나 거제나 십일조는 그렇지 않으니 구별한 뒤 손상되어도 배상할 책임이 없다.
- 만물을 드릴 때 화목제도 드려야 한다. 이 규칙은 레위인과 거류민과 함께 즐거워하라는 토라의 명령(신 26:11)을 재해석하여, 화목제 제물을 나누어 먹으라는 말로 이해한 결과이다. 또한 '노래'란 시편을 낭송해야 한다는 말이다(「빅쿠림」 3, 4). 그리고 제사장에 줄 때 바구니를 흔들어서 요제로 바친다(「빅쿠림」 3, 6). 마지막으로 만물을 성전에 가져온 자는 예루살렘에서 밤을 지내야 한다고 말하는데 이런 명령을 뒷받침할 본문은 없다. 아마도 수확과 관련된 축제를 즐겁게 지내야 한다는 뜻일지도 모른다.

2, 5
거제의 십일조를 만물과 둘째 십일조와 비교한다.

תְּרוּמַת מַעֲשֵׂר שָׁוָה לַבִּכּוּרִים בִּשְׁתֵּי דְרָכִים, וְלַתְּרוּמָה בִּשְׁתֵּי דְרָכִים. נִטֶּלֶת
מִן הַטָּהוֹר עַל הַטָּמֵא, וְשֶׁלֹּא מִן הַמֻּקָּף, כַּבִּכּוּרִים. וְאוֹסֶרֶת אֶת הַגֹּרֶן, וְיֶשׁ
לָהּ שִׁעוּר, כַּתְּרוּמָה:

십일조의 거제는 두 가지 점에서 맏물과 같고 두 가지 점에서 거제
와 같다. 부정한 것 대신에 정결한 것에서 취할 수 있으며 가까이 있
지 않은 것 중에서 [취할 수 있는데 그것은] 맏물과 같은 것이다. 이
것은 타작마당에 있는 것을 금지된 것으로 만들고 정해진 양이 있어
서, 거제와 같다.

- 레위인들은 자기가 받은 십일조 중에서 일부를 떼어 거제로 제사장
  에게 줄 의무가 있다(민 18:26). 그런데 어떤 레위인이 정결한 십일
  조와 부정한 십일조를 가지고 있을 때 부정한 것 대신 정결한 것에
  서 거제를 취할 수 있다. 거제는 이런 식으로 시행할 수 없다(「할라」
  1, 9; 「트루못」 2, 1).
- 그가 가까운 곳에 십일조 더미가 있고 또 먼 곳에도 십일조 더미가
  있을 때 가까운 더미에서 거제를 모두 떼고 멀리 있는 것은 면제시
  킬 수 있다. 여기까지 두 가지는 맏물과 같은데, 거제는 이렇게 처리
  할 수 없다(「할라」 1, 9)
- 십일조의 거제를 떼지 않으면 그 농산물이 타작마당에 있든지 어디
  다른 곳에 있든지 먹을 수 없으며 이것은 거제와 동일하다. 맏물은
  그렇지 않다.
- 십일조의 거제는 지급받은 십일조의 1/10을 떼어야 하니 정해진 분
  량을 지불하는 셈이며 거제와 같다. 맏물은 정해진 양이 없다.

### 2, 6
시트론 관련법과 다른 채소와 과일 관련법을 비교한다.

אֶתְרוֹג שָׁוֶה לְאִילָן בִּשְׁלֹשָׁה דְרָכִים, וְלַיָּרָק בְּדֶרֶךְ אֶחָד. שָׁוֶה לְאִילָן, בָּעָרְלָה
וּבָרְבָעִי וּבַשְּׁבִיעִית. וְלַיָּרָק בְּדֶרֶךְ אֶחָד, שֶׁבִּשְׁעַת לְקִיטָתוֹ עִשּׂוּרוֹ, דִּבְרֵי רַבָּן
גַּמְלִיאֵל. רַבִּי אֱלִיעֶזֶר אוֹמֵר, שָׁוֶה לְאִילָן בְּכָל דָּבָר:

시트론은 세 가지 점에서 〔보통〕 나무 〔열매와〕 같으며 한 가지 점
에서 야채와 같다. 오를라, 제4년의 〔열매〕,[7) 제7년 규정에 관해서는
〔보통〕 나무 〔열매와〕 같다. 수확하는 시기에 십일조를 해야 한다는
점에서는 야채와 같다. 감리엘 라반의 말이다. 〔그러나〕 엘리에제르
랍비는 말한다. 그것은 모든 면에서 나무와 같다.

- 토라는 초막절에 "아름다운 나무 실과"를 들고 여호와 앞에서 즐거
  워하라고 명령하는데(레 23:40), 랍비들은 그 실과가 시트론(אתרוג,
  에트록)이라고 해석한다. 이 시트론 나무가 안식년 주기와 관련해서
  몇 년째에 속하는지 결정하기 위해서 열매의 순이 돋는 시기를 기준
  으로 판단하고, 열매를 따는 시기를 기준으로 삼지 않는다. 열매의
  순이 제3년에 돋았으면 오를라이니 먹는 것이 금지되고, 제4년에 돋
  았으면 그 열매를 예루살렘에 가져가서 먹어야 한다. 제7년에 돋았
  으면 안식년의 열매이다.
- 감리엘 라반은 십일조를 할 때는 열매를 수확하는 시기를 기준으로
  판단하여 첫째, 둘째, 넷째, 다섯째 해의 십일조인지 아니면 셋째 또
  는 여섯째 해의 십일조인지 결정한다. 열매 순이 둘째 해에 돋았지
  만 셋째 해에 수확했으면 가난한 자의 십일조를 드리게 된다. 그러
  나 엘리에제르 랍비는 십일조를 드릴 때도 열매 순이 돋는 시점을

---

7) "너희가 그 땅에 들어가 각종 과목을 심거든 그 열매는 아직 할례 받지 못한 것
   으로 여기되 곧 삼 년 동안 너희는 그것을 할례 받지 못한 것으로 여겨 먹지 말
   것이요. 넷째 해에는 그 모든 과실이 거룩하니 여호와께 드려 찬송할 것이며"
   (레 19:23).

기준으로 한다고 했고, 둘째 해에 순이 돋았으면 둘째 십일조를 드려야 한다고 주장했다.

## 2, 7
인간의 피와 동물의 피 관련법을 비교 설명한다.

---

דָּם מְהַלְּכֵי שְׁתַּיִם, שָׁוֶה לְדַם בְּהֵמָה, לְהַכְשִׁיר אֶת הַזְּרָעִים. וְדַם הַשֶּׁרֶץ, אֵין חַיָּבִין עָלָיו:

---

두 〔발로〕 다니는 자들의 피는 가축의 피와 같으니 씨앗이 〔부정해질 수 있도록〕 준비시킬 수 있다. 그것이 기는 것의 피와 같으니 〔그것을 먹는 것에 대한〕 책임이 없다.[8]

- 식물의 씨앗은 밭에서 가져왔을 때는 부정해지지 않지만, 일곱 가지 음료수로 적셔서 준비과정을 거치면 부정이 전이될 수 있다(「트루못」11, 2). 인간의 피와 가축의 피는 이런 역할을 할 수 있으며 그런 면에서 유사하다.
- 가축의 피를 먹으면 끊어짐(카렛)의 형벌을 받는다. 기는 것의 피도 먹는 것이 금지되어 있으나, 의도적으로 먹었을 때 끊어짐의 형벌을 받지 않고, 실수로 먹었을 때 속죄제를 드릴 필요가 없다. 인간의 피를 먹었을 때도 마찬가지다.

## 2, 8
가축도 아니고 짐승도 아닌 동물에 관해 논의한다.

---

8) 인간의 피는 기어다니는 동물의 피와 같이 그것을 먹는 것에 대한 형벌이 없다. 그러나 동물의 피는 올리브 크기만큼 먹을 경우 백성 중에서 끊어져야 하는 형벌을 받아야 한다(레 7:26-27).

כּוֹי, יֵשׁ בּוֹ דְרָכִים שָׁוֶה לַחַיָּה, וְיֵשׁ בּוֹ דְרָכִים שָׁוֶה לַבְּהֵמָה, וְיֵשׁ בּוֹ דְרָכִים
שָׁוֶה לַבְּהֵמָה וְלַחַיָּה, וְיֵשׁ בּוֹ דְרָכִים שֶׁאֵינוֹ שָׁוֶה לֹא לַבְּהֵמָה וְלֹא לַחַיָּה:

코이는 몇 가지 점에서 짐승과 같으며 몇 가지 점에서 가축과 같다.
몇 가지 점에서 그것은 가축 및 야생 동물과도 같다. 몇 가지 점에서
그것은 가축과도 같지 않고 야생 동물과도 같지 않다.

- 유대 법전통은 집에서 기르는 가축과 들에서 사냥하는 짐승에게 각
  각 다른 규정을 적용한다. 그런데 어떤 동물은 가축일 수도 있고 짐
  승일 수도 있어서 좀 더 자세한 논의가 필요하며 이런 동물을 '코이'
  (כּוֹי)라고 부른다.
- 어떤 학자들은 코이가 특정한 종류의 양이라고 하고, 또 어떤 이는
  숫염소와 암사슴 사이에서 태어난 잡종이라고 설명한다.

### 2, 9
코이가 짐승과 유사한 이유를 설명한다.

כֵּיצַד שָׁוֶה לַחַיָּה, דָּמוֹ טָעוּן כִּסּוּי כְּדַם חַיָּה, וְאֵין שׁוֹחֲטִין אוֹתוֹ בְּיוֹם טוֹב,
וְאִם שְׁחָטוֹ, אֵין מְכַסִּין אֶת דָּמוֹ, וְחֶלְבּוֹ מְטַמֵּא בְּטֻמְאַת נְבֵלָה כַּחַיָּה,
וְטֻמְאָתוֹ בְּסָפֵק, וְאֵין פּוֹדִין בּוֹ פֶּטֶר חֲמוֹר:

어떻게 그것은 짐승과 같은가? 그 피는 짐승의 피처럼 덮어야 한
다. 명절 때 그것을 도살하지 않는다. 만일 도살했다면 그 피를 덮지
말아야 한다. 그 비계는 짐승처럼 죽은 채 발견된 것의 부정 때문에
부정을 전이한다. 그러나 그 부정함은 의심스러운 상태이며 그것으
로 나귀 첫 새끼를 무를 수 없다.

- 들에서 짐승을 사냥했을 경우 피를 땅 위에 쏟아 붓고 흙으로 덮어

야 한다(레 17:13). 코이는 짐승일 수도 있기 때문에 그 피도 흙으로 덮어야 한다.

- 가축을 도살하여 음식을 준비하는 일은 명절에도 허용된다. 그러나 짐승인 경우 그 피를 덮기 위해서 땅을 파야 하는데 이것은 노동이 기 때문에 금지된다. 이미 덮은 흙을 파서 쌓아놓았다면 문제가 없 다. 그러나 코이는 가축이 될 수도 있기 때문에 흙을 미리 쌓아놓을 수 없으니 흙이 무크쩨가 되기 때문이다. 결과적으로 명절에는 코이 를 도살할 수 없다.

- 실수로 도살했다면 그 피를 덮지 말아야 한다. 코이가 가축일 수도 있기 때문이다.

- 짐승의 비계는 부정하지만 부적절하게 도살한 가축의 비계는 부정 하지 않는다. 코이인 경우 짐승일 가능성이 있으므로 그 비계가 부정하 다고 간주한다. 그러나 그 부정은 부정한지 '의심스러운' 수준에 불 과하다.

- 당나귀의 첫 새끼는 제사장에게 양의 첫 새끼를 주고 무른다(출 13: 13). 코이는 양과 관련이 있을 수도 있지만, 이것을 나귀 첫 새끼를 무르는 데 사용할 수 없다. 코이가 짐승일 수도 있기 때문이다.

### 2, 10

코이가 가축과 어떤 면에서 비슷한지 설명한다.

כֵּיצַד שָׁוֶה לַבְּהֵמָה, חֶלְבּוֹ אָסוּר כְּחֵלֶב בְּהֵמָה, וְאֵין חַיָּבִין עָלָיו כָּרֵת, וְאֵינוֹ נִלְקַח בְּכֶסֶף מַעֲשֵׂר לֶאֱכֹל בִּירוּשָׁלַיִם, וְחַיָּב בַּזְּרוֹעַ וּלְחָיַיִם וְקֵבָה. רַבִּי אֱלִיעֶזֶר פּוֹטֵר, שֶׁהַמּוֹצִיא מֵחֲבֵרוֹ עָלָיו הָרְאָיָה:

어떻게 그것은 가축과 같은가? 그 비계는 가축의 비계처럼 〔먹는 것이〕 금지된다. 그러나 그것 때문에 〔백성 중에서〕 끊어짐을 당할 책임은 없다. 〔둘째〕 십일조를 〔무른〕 돈으로 예루살렘에서 먹기 위해 그것을 살 수 없다. 〔제사장의 몫으로〕 어깨와 두 볼과 위를 〔주는 규정을〕[9] 적용한다. 그러나 엘리에제르 랍비는 면제시킨다. 요구하는 사람에게 입증에 대한 책임이 있기 때문이다.[10]

- 토라는 가축의 비계를 먹지 말라고 명령한다(레 7:23-25). 코이는 가축일 수도 있기 때문에 그 비계를 먹지 말아야 한다. 그러나 코이는 짐승일 수도 있기 때문에 그것을 먹었다고 해서 끊어짐의 형벌을 받지는 않는다.

- 둘째 십일조는 예루살렘 바깥에서 돈으로 무르고 예루살렘으로 가져와서 제물과 음식을 사는 데 쓴다. 그는 이 돈으로 가축을 사서 제물을 드리거나, 짐승을 사서 음식으로 사용할 수 없다. 그가 이 돈으로 코이를 사서 제물을 드릴 수 없으니 이것이 짐승일 가능성이 있기 때문이다. 마찬가지로 코이를 사서 음식으로 사용할 수도 없으니 이것이 가축일 수 있기 때문이다.

- 어떤 사람이 가축을 속된 음식으로 쓰려고 도살하면 제사장에게 어깨 하나와 두 볼 그리고 위를 떼어 주어야 한다. 그러므로 어떤 사람이 코이를 도살하면 그 어깨와 볼과 위를 제사장에게 줄 의무가 있다. 엘리에제르 랍비는 반대하는데 어떤 것을 요구하는 사람이 자기 주장을 입증할 의무가 있고, 이 경우 코이가 가축이라는 증거를 제시해야 한다는 것이다. 코이는 어느 범주에 속하는지 입증할 수 없는 동물이므로 결국 제사장이 자기 몫을 받을 가능성은 없다.

---

9) "제사장이 백성에게서 받을 몫은 이러하니 곧 그 드리는 제물의 소나 양이나 그 앞다리와 두 볼과 위라 이것을 제사장에게 줄 것이요"(신 18:3).
10) 코이의 소유자가 자기 몫이라 주장하는 제사장에게 "먼저 이것이 가축임을 증명한 다음에 취하세요"라고 말할 수 있다는 것이다.

## 2, 11

코이가 가축이나 짐승과 다르거나 같은 점을 조금 더 자세히 설명한다.

---

כֵּיצַד אֵינוֹ שָׁוֶה לֹא לַחַיָּה וְלֹא לַבְּהֵמָה, אָסוּר מִשּׁוּם כִּלְאַיִם עִם הַחַיָּה וְעִם הַבְּהֵמָה, הַכּוֹתֵב חַיָּתוֹ וּבְהֶמְתּוֹ לִבְנוֹ, לֹא כָתַב לוֹ אֶת הַכּוֹי, אִם אָמַר הֲרֵינִי נָזִיר שֶׁזֶּה חַיָּה אוֹ בְהֵמָה, הֲרֵי הוּא נָזִיר. וּשְׁאָר כָּל דְּרָכָיו, שָׁוֶה לַחַיָּה וְלַבְּהֵמָה, וְטָעוּן שְׁחִיטָה כָּזֶה וְכָזֶה, וּמְטַמֵּא מִשּׁוּם נְבֵלָה וּמִשּׁוּם אֵבֶר מִן הַחַי כָּזֶה וְכָזֶה:

---

그것이 가축과도 같지 않고 짐승과도 〔같지 않은 것은〕 어떤 경우인가? 그것은 킬아임 규정 때문에 짐승과 함께 그리고 가축과 함께 〔멍에를 지는 것이〕 금지된다. 만일 자기 아들에게 그의 야생 동물이나 가축을 〔물려준다고 유언장에〕 쓴다면 그에게 코이를 〔물려준다고〕 쓴 것은 아니다. 만일 "이것이 짐승이거나 가축이라면 나는 나실인이다"라고 말했다면 그는 나실인이 된다. 다른 모든 면에서 그것은 짐승과 가축과 같으며 〔짐승〕처럼 그리고 〔가축〕처럼 도살해야 한다. 그것은 죽은 채 발견된 것의 부정 때문에,[11] 그리고 살아 있는 것의 사지 때문에 부정하게 만드니[12] 〔짐승〕과 같고 〔가축〕과 같다.

- 킬아임 규정에 따르면 서로 다른 종류의 동물들에게 함께 멍에를 씌우면 안 된다. 코이는 가축일 수 있기 때문에 짐승과 함께 멍에를 질 수 없고, 짐승일 수 있기 때문에 가축과 함께 멍에를 질 수 없다.
- 어떤 사람이 유언장을 작성하면서 자기 아들에게 가축과 짐승을 물려준다고 썼다면 그는 자기 코이는 아들에게 물려준 것이 아니다.

---

11) 만일 코이를 살육하지 않고 죽는다면 시체로 인해 부정하게 된다.
12) 만일 살아 있는 코이의 사지를 제거했다면 그것은 부정하게 된다.

코이는 가축도 아니고 짐승도 아니기 때문이다.

- 어떤 사람이 내기를 하면서 다가오는 동물이 짐승이나 가축이라면 나실인이 되겠다고 맹세했다. 그가 코이를 보고 그렇게 말했다면 그 사람은 나실인이 되어야 한다. 코이는 짐승도 아니고 가축도 아니기 때문이다.

- 코이도 짐승이나 가축과 같은 규정을 적용하는 경우가 있다. 코이를 음식으로 사용하려면 적절한 방법으로 도살해야 하며 이것은 짐승이나 가축과 마찬가지다.

- 죽은 채 발견된 것을 먹을 수 없으며 적절한 방법으로 도살하지 않은 동물도 죽은 채 발견된 것으로 간주한다. 코이를 적절한 방법으로 도살하지 않으면 죽은 채 발견된 것의 부정을 전이시킬 수 있다.

- 살아 있는 동물의 사지를 떼어 먹는 것은 금지되어 있다. 코이가 살아 있을 때 그 사지의 일부를 떼어 먹는 것도 금지되어 있으며 이것은 코이에게 짐승이나 가축과 같은 규정을 적용하는 예이다.


## 제3장


### 3, 1

만물을 구별하는 방법을 설명한다.

---

כֵּיצַד מַפְרִישִׁין הַבִּכּוּרִים. יוֹרֵד אָדָם בְּתוֹךְ שָׂדֵהוּ וְרוֹאֶה תְּאֵנָה שֶׁבִּכְּרָה, אֶשְׁכּוֹל שֶׁבִּכֵּר, רִמּוֹן שֶׁבִּכֵּר, קוֹשְׁרוֹ בְגֶמִי, וְאוֹמֵר, הֲרֵי אֵלּוּ בִכּוּרִים. רַבִּי שִׁמְעוֹן אוֹמֵר, אַף עַל פִּי כֵן חוֹזֵר וְקוֹרֵא אוֹתָם בִּכּוּרִים מֵאַחַר שֶׁיִּתְלְשׁוּ מִן הַקַּרְקַע:

---

어떻게 만물을 구별해놓는가? 사람이 밭으로 내려가서 처음 익은

.

무화과와 처음 익은 포도송이와 처음 익은 석류를 보았을 때 그것을
갈대로 묶어놓는다. 그리고 "이것들은 맏물이 될 것이다"라고 말해야
한다. 쉼온 랍비는 말한다. 그렇게 했다 하더라도, 그것들을 땅에서 거
둔 후에 다시 맏물로 지정해야 한다.

- 거제나 십일조도 농산물에서 떼어 드리지만, 모두 수확이 끝난 후에
  구별한다. 그러나 맏물은 그야말로 첫 열매를 드려야 하므로 아직
  열매가 익기 시작할 때 즉 아직 땅에 연결되어 있는 상태에서 구별
  한다. 갈대를 엮어 만든 줄로 표시를 해두었다가 수확할 때 다른 열
  매와 섞이지 않도록 한다. 그리고 이것들이 맏물이라고 선언한다.
- 쉼온 랍비는 다른 농산물 제물처럼 땅과 연결이 끊어지는 순간 즉
  수확하는 시기에 다시 한 번 맏물을 지정해야 한다고 주장한다.

### 3, 2
맏물을 가지고 예루살렘으로 올라가는 방법을 설명한다.

---

כֵּיצַד מַעֲלִין אֶת הַבִּכּוּרִים. כָּל הָעֲיָרוֹת שֶׁבַּמַּעֲמָד מִתְכַּנְּסוֹת לְעִיר שֶׁל
מַעֲמָד, וְלָנִין בִּרְחוֹבָה שֶׁל עִיר, וְלֹא הָיוּ נִכְנָסִין לַבָּתִּים. וְלַמַּשְׁכִּים, הָיָה
הַמְמֻנֶּה אוֹמֵר, קוּמוּ וְנַעֲלֶה צִיּוֹן אֶל בֵּית ה' אֱלֹהֵינוּ:

---

어떻게 맏물을 [예루살렘으로] 가지고 올라가는가? 마아마드 집단
의 모든 주민들은 마아마드 집단의 도시에 함께 모여, 그 도시의 큰
길에서 밤을 지낸다. 집으로 들어가서는 안 된다. 그리고 아침 일찍
[마아마드의] 맡은 자는 "오라, 우리가 시온으로, 우리 하나님 여호와
께로 올라가자"라고 말한다.

- 예루살렘에 성전이 있었을 때 제사장들은 순서에 따라 반열(משמרת,

미쉬메렛) 24개로 나누어 성전 직무를 수행했고(대상 24: 4-19), 일
반인들은 이 조직에 상응하는 24개의 집단(מעמד, 마아마드)으로 구
성되어 있었다. 어떤 반열의 제사장들이 성전에 올라가면 그 반열에
해당하는 집단 사람들은 일부 지역 회당에 모여 기도하며 토라를 낭
송했고 또 일부 예루살렘에 올라가 제사장들을 돕기도 했다. 각 집
단에는 '집단의 머리'(ראש המעמד, 로쉬 함마아마드)라는 우두머리
가 있었는데 맏물을 바칠 때 이 사람이 사는 곳으로 사람들이 모여
들었다(「타아닛」 4, 2).

- 모인 사람들은 남의 집에서 자다가 부정이 전이되지 않도록 거리에
서 밤을 지샜으며 아침이 되면 특별히 이 일을 맡은 자가 일어나서
성경 본문(렘 31:5)을 인용하며 예루살렘으로 올라가자고 외치는 제
의를 시행했다.

## 3, 3

맏물을 가지고 예루살렘에 들어서는 장면을 묘사한다.

---

הַקְּרוֹבִים מְבִיאִים הַתְּאֵנִים וְהָעֲנָבִים, וְהָרְחוֹקִים מְבִיאִים גְּרוֹגְרוֹת וְצִמּוּקִים.
וְהַשּׁוֹר הוֹלֵךְ לִפְנֵיהֶם, וְקַרְנָיו מְצֻפּוֹת זָהָב, וַעֲטֶרֶת שֶׁל זַיִת בְּרֹאשׁוֹ. הֶחָלִיל
מַכֶּה לִפְנֵיהֶם, עַד שֶׁמַּגִּיעִים קָרוֹב לִירוּשָׁלַיִם. הִגִּיעוּ קָרוֹב לִירוּשָׁלַיִם, שָׁלְחוּ
לִפְנֵיהֶם, וְעִטְּרוּ אֶת בִּכּוּרֵיהֶם. הַפַּחוֹת, הַסְּגָנִים וְהַגִּזְבָּרִים יוֹצְאִים לִקְרָאתָם.
לְפִי כְבוֹד הַנִּכְנָסִים הָיוּ יוֹצְאִים. וְכָל בַּעֲלֵי אֻמָּנִיּוֹת שֶׁבִּירוּשָׁלַיִם עוֹמְדִים
לִפְנֵיהֶם וְשׁוֹאֲלִין בִּשְׁלוֹמָם, אַחֵינוּ אַנְשֵׁי הַמָּקוֹם פְּלוֹנִי, בָּאתֶם לְשָׁלוֹם:

---

〔예루살렘〕 가까이 있는 이들은 신선한 무화과와 포도를 가져가고,
〔예루살렘에서〕 멀리 있었던 이들은 마른 무화과와 건포도를 가져간
다. 그들 앞에는 황소가 있었는데 뿔은 금으로 도금했고 머리에는 올
리브 가지로 〔만든〕 화관을 씌웠다. 그들이 예루살렘 가까이 오는 동
안 피리를 연주한다. 그들이 예루살렘 가까이 갔을 때 〔사람을〕 미리

보내어 [알리고], 만물을 장식한다. 성전의 감독들과 부관들과 회계 담당자들이 그들을 만나러 나간다. 그들이 [만물을 가지고] 들어가는 이들의 서열에 따라 [순서대로] 나간다. 예루살렘의 모든 장인들이 그들 앞에 일어서서 그들에게 인사한다. "형제들이여, 아무개 장소의 사람들이여, 평안히 오십시오."

- 마아마드 도시에 모였던 사람들은 축제를 여는 분위기로 기쁘게 예루살렘까지 행진하고, 전갈을 들은 예루살렘 사람들도 마중 나와서 그들을 맞는 장면이다. 장식한 황소를 앞세우고 피리를 연주하며 행진하는 관행은 토라에 전혀 언급되지 않았으며 미쉬나를 기록하던 그리스-로마 세계의 종교적 관행과 더 가까운 것으로 짐작된다.

### 3, 4

הֶחָלִיל מַכֶּה לִפְנֵיהֶם עַד שֶׁמַּגִּיעִין לְהַר הַבַּיִת. הִגִּיעוּ לְהַר הַבַּיִת, אֲפִלּוּ
אַגְרִיפַּס הַמֶּלֶךְ נוֹטֵל הַסַּל עַל כְּתֵפוֹ וְנִכְנָס, עַד שֶׁמַּגִּיעַ לָעֲזָרָה. הִגִּיעַ לָעֲזָרָה
וְדִבְּרוּ הַלְוִיִּם בַּשִּׁיר, אֲרוֹמִמְךָ ה' כִּי דִלִּיתָנִי וְלֹא שִׂמַּחְתָּ אֹיְבַי לִי.

성전산에 도착할 때까지 그들 앞에서 피리를 연주한다. 성전산에 도착했을 때 아그립바 왕조차도 어깨에 바구니를 메고 성전 뜰까지 들어갔다. 성전 뜰에 도착했을 때 레위인들이 노래했다. "여호와여, 제가 당신을 높입니다. 당신께서는 저를 끌어내주시고 제 원수들이 저에 대해 기뻐하지 못하게 하셨습니다"(시 30:1).

- 만물을 가지고 온 사람들은 예루살렘 성문을 지나 성전산까지 기쁘게 행진하고, 왕도 함께 성전에 입장한다. 레위인들은 시편을 낭송하며 노래한다. 이 미쉬나가 언급한 아그립바 왕은 아마도 헤롯 왕조의 아그립바 1세일 것으로 추정한다(기원전 10년-기원후 44년). 그는

기원후 37-41년에 갈릴리를 다스렸고, 41-44년에 유다를 다스렸다. 아그립바 왕은 다른 본문에서 장막절 행사에 참석하는 모습이 남아 있기도 한데(「쏘타」 7, 8), 그는 미쉬나 본문 속에서 유대 전통을 존중하고 성실하게 참석한 왕으로 우호적으로 묘사되고 있다.

## 3, 5

הַגּוֹזָלוֹת שֶׁעַל גַּבֵּי הַסַּלִּים, הָיוּ עוֹלוֹת. וּמַה שֶּׁבְּיָדָם, נוֹתְנִים לַכֹּהֲנִים:

바구니에 있었던 비둘기들은 번제였고, 그들의 손에 있었던 것은 제사장에게 주었다.

- 사람들은 만물 제물 이외에도 비둘기들을 가져다 바쳤다. 바구니에 있는 비둘기는 번제로 드리는 제물이었고, 따로 제사장들에게 선물로 드리는 비둘기들도 있었다.

## 3, 6

만물을 가져온 사람들이 기도문을 낭송하는 방법을 설명한다.

עוֹדֵהוּ הַסַּל עַל כְּתֵפוֹ, קוֹרֵא מֵהַגַּדְתִּי הַיּוֹם לַה' אֱלֹהֶיךָ, עַד שֶׁגּוֹמֵר כָּל
הַפָּרָשָׁה. רַבִּי יְהוּדָה אוֹמֵר עַד אֲרַמִּי אֹבֵד אָבִי. הִגִּיעַ לַאֲרַמִּי אֹבֵד אָבִי,
מוֹרִיד הַסַּל מֵעַל כְּתֵפוֹ וְאוֹחֲזוֹ בְשִׂפְתוֹתָיו, וְכֹהֵן מַנִּיחַ יָדוֹ תַּחְתָּיו וּמְנִיפוֹ,
וְקוֹרֵא מֵאֲרַמִּי אֹבֵד אָבִי עַד שֶׁהוּא גוֹמֵר כָּל הַפָּרָשָׁה, וּמַנִּיחוֹ בְּצַד הַמִּזְבֵּחַ,
וְהִשְׁתַּחֲוָה וְיָצָא:

바구니를 어깨 위에 〔지고 있는〕 동안 그는 "내가 오늘 당신의 하나님 여호와께 아뢰나이다"라고, 그 구절 끝까지 낭송한다. 예후다 랍비는 말한다. "내 조상은 방랑하는 아람 사람으로서"까지 〔낭송한다〕. "내 조상은 방랑하는 아람 사람으로서"라는 구절에 이르렀을 때 바구니를 어깨에서 내려 테두리를 붙든다. 제사장은 그의 손을 그 〔바구니〕 밑으로 넣어 그것을 흔든다. 그리고 "내 조상은 방랑하는 아람 사람으로서"라는 〔기도문을〕 끝까지 낭송하고, 그것을 제단 옆에 두고 절을 하고 나온다.

- 만물을 어깨에 지고 성전에 들어가서 바구니를 내려놓기 전에 기도문 낭송을 시작한다. 처음 낭송할 기도문은 "내가 오늘 당신의 하나님 여호와께 아뢰나이다"인데 신명기 26:3에 있는 문장이며 그 후에 바구니를 제단 앞에 내려놓는다.
- 예후다 랍비는 다른 의견을 개진한다. "내 조상은 방랑하는 아람 사람으로서"라고 신명기 26:5에 있는 문장까지 낭송하면서 바구니를 내려 손으로 바구니 테두리를 붙든다. 그러면 제사장이 손을 밑으로 넣어 받으며 흔들어 요제로 받는다(「빅쿠림」 2, 4). 예후다 랍비는 토라의 묘사가 불분명한 점을 해결하려고 이런 상상을 하고 있는데 신명기 26장은 바구니를 내려놓으라는 명령을 4절과 10절에 반복하고 있어서, 정확하게 언제 내려놓는지 불분명하다.
- 그 후에 바구니를 내려놓고 절하고 성전을 나온다.

## 3, 7

בָּרִאשׁוֹנָה, כָּל מִי שֶׁיּוֹדֵעַ לִקְרוֹת, קוֹרֵא. וְכָל מִי שֶׁאֵינוֹ יוֹדֵעַ לִקְרוֹת, מַקְרִין אוֹתוֹ. נִמְנְעוּ מִלְּהָבִיא, הִתְקִינוּ שֶׁיְּהוּ מַקְרִין אֶת מִי שֶׁיּוֹדֵעַ וְאֶת מִי שֶׁאֵינוֹ יוֹדֵעַ:

원래 낭송할 줄 아는 사람은 낭송했고, 낭송할 줄 모르는 사람은 〔다른 사람이〕 낭송해주고 〔그가 따라했다. 그러나 사람들이 만물을〕 가져오기 꺼려하자 〔낭송할 줄〕 아는 사람이든 모르는 사람이든 〔다른 사람이〕 낭송해주기로 결정했다.

- 이 미쉬나는 성전에 들어오는 사람들 중 히브리어로 토라를 낭송할 줄 아는 사람과 모르는 사람이 있었다고 말해준다. 그래서 맏물을 바치고 기도문을 낭송할 수 없는 사람들을 위해 다른 사람이 대신 읽어주고 그것을 따라 말하도록 하였다. 그러나 맏물을 바치는 유대인이면서 토라를 읽을 수 없다는 사실을 부끄럽게 생각하여 맏물을 가져오는 의무까지 포기하는 경우가 생겼다. 그래서 결국 맏물을 바칠 때 누구든지 다른 사람이 읽어주는 기도문을 따라서 낭송하도록 규칙을 바꾸었다.

## 3, 8

הָעֲשִׁירִים מְבִיאִים בִּכּוּרֵיהֶם בִּקְלָתוֹת שֶׁל כֶּסֶף וְשֶׁל זָהָב, וְהָעֲנִיִּים מְבִיאִין אוֹתָם בְּסַלֵּי נְצָרִים שֶׁל עֲרָבָה קְלוּפָה, וְהַסַּלִּים וְהַבִּכּוּרִים נִתָּנִין לַכֹּהֲנִים:

부유한 이는 맏물을 은이나 금으로 〔장식한〕 바구니에 가져왔고, 가난한 이는 껍질 벗긴 버들가지로 〔만든〕 바구니에 가져왔다. 그리고 바구니와 맏물을 〔모두〕 제사장에게 주었다.

- 맏물을 바치는 사람들 중 부유한 이도 있었고 가난한 이도 있었는데 각자 자신의 처지에 맞는 바구니에 맏물을 담아서 바쳤다. 바벨 탈무드는 부유한 이들이 금과 은으로 장식한 바구니를 나중에 돌려 받았다고 적고 있다.

## 3, 9

만물 바구니를 장식하는 견해에 관해 설명한다.

רַבִּי שִׁמְעוֹן בֶּן נַנָּס אוֹמֵר, מְעַטְּרִין אֶת הַבִּכּוּרִים חוּץ מִשִּׁבְעַת הַמִּינִים. רַבִּי עֲקִיבָא אוֹמֵר, אֵין מְעַטְּרִין אֶת הַבִּכּוּרִים אֶלָּא מִשִּׁבְעַת הַמִּינִים:

쉼온 벤 난나쓰 랍비는 말한다. 일곱 가지 농산물 외에 다른 것으로 만물을 장식할 수 있다. 아키바 랍비는 말한다. 일곱 가지 농산물로만 만물을 장식할 수 있다.

- 만물은 일곱 가지 농산물에서 구별하는데 만물을 가져오는 바구니는 어떤 것으로 장식할 수 있는지에 관해 랍비들 사이에 이견이 있다. 아키바 랍비는 다른 농산물로 장식하다가, 적절하지 않은 농산물을 만물로 가져올까 봐 걱정했던 것으로 보인다.

### 3, 10

만물과 그것과 함께 가져오는 열매 그리고 만물을 장식하는 열매를 비교하여 설명한다.

---

רַבִּי שִׁמְעוֹן אוֹמֵר, שָׁלשׁ מִדּוֹת בַּבִּכּוּרִים, הַבִּכּוּרִים, וְתוֹסֶפֶת הַבִּכּוּרִים, וְעִטּוּר הַבִּכּוּרִים. תּוֹסֶפֶת הַבִּכּוּרִים, מִין בְּמִינוֹ. וְעִטּוּר הַבִּכּוּרִים, מִין בְּשֶׁאֵינוֹ מִינוֹ. תּוֹסֶפֶת הַבִּכּוּרִים נֶאֱכֶלֶת בְּטָהֳרָה, וּפְטוּרָה מִן הַדְּמַאי. וְעִטּוּר הַבִּכּוּרִים חַיָּב בַּדְּמַאי:

---

쉼온 랍비는 말한다. 만물에는 세 단계가 있다. 만물, 만물에 추가한 [열매],[13] 만물을 장식한 [열매이다]. 만물에 추가한 [열매는] 동일한 종류의 것이어야 하나, 만물을 장식한 [열매는] 다른 종류도 가능하다. 만물에 추가한 [열매는] 정결한 상태에서 먹어야 하고, 드마이 규정에서 면제된다. 그러나 만물을 장식한 [열매는] 드마이 규정을 지켜야 한다.

---

13) 수확기에 만물에 추가된 열매들을 말한다.

- 쉼온 랍비는 만물과 관련된 열매를 세 가지 다른 범주로 구분할 수 있다고 주장한다. 첫째는 만물이고, 둘째는 미리 만물로 지정하지 않았으나 나중에 만물로 바치기로 추가한 것이며, 셋째는 만물을 바칠 때 바구니를 장식하기 위해서 사용하는 열매이다(아홉째 미쉬나).
- 만물에 추가한 열매는 만물로 드리는 제물이기 때문에 일곱 가지 농산물로 드리는 만물과 동일한 종류로 가져가야 하지만, 바구니를 장식하는 열매는 제물이 아니기 때문에 다른 종류의 열매를 사용할 수 있다. 이것은 쉼온 벤 난나쓰 랍비의 의견을 따르고 있다.
- 만물에 추가한 열매는 만물이므로 이것을 먹는 제사장이 정결한 상태여야 하고, 십일조를 떼지 않은 드마이일 가능성을 의심하지 않아도 좋다. 만약 암 하아레쯔가 만물에 추가한 열매를 바쳤다 하더라도 드마이 규정을 적용하지 않고 그냥 먹을 수 있다. 그러나 만물을 장식한 열매는 만물이 아니므로 드마이 규정을 적용한다. 암 하아레쯔가 만물을 장식한 열매를 바치면 드마이일 가능성이 있으므로 십일조를 떼고 먹어야 한다.

## 3, 11

אֵימָתַי אָמְרוּ תּוֹסֶפֶת הַבִּכּוּרִים כַּבִּכּוּרִים, בִּזְמַן שֶׁהִיא בָאָה מִן הָאָרֶץ. וְאִם אֵינָהּ בָּאָה מִן הָאָרֶץ, אֵינָהּ כַּבִּכּוּרִים:

어떤 경우에 만물에 추가한 〔열매는〕 만물과 같아지는가? 〔이스라엘〕 땅에서 가져올 때이다. 만일 〔이스라엘〕 땅에서 가져오지 않았다면 그것은 만물과 같지 않다.

- 이 미쉬나는 열째 미쉬나에서 설명한 만물에 추가한 열매에 한 가지 조건을 더한다. 이스라엘 땅에서 수확한 열매만 만물에 추가할 수 있다는 것이다.

## 3, 12

만물이 제사장의 소유가 된다는 것은 어떤 의미인지 설명한다.

---

לָמָה אָמְרוּ הַבִּכּוּרִים כְּנִכְסֵי כֹהֵן, שֶׁהוּא קוֹנֶה מֵהֶם עֲבָדִים וְקַרְקָעוֹת וּבְהֵמָה טְמֵאָה, וּבַעַל חוֹב נוֹטְלָן בְּחוֹבוֹ, וְהָאִשָּׁה בִּכְתֻבָּתָהּ, כְּסֵפֶר תּוֹרָה. וְרַבִּי יְהוּדָה אוֹמֵר, אֵין נוֹתְנִים אוֹתָם אֶלָּא לְחָבֵר בְּטוֹבָה. וַחֲכָמִים אוֹמְרִים, נוֹתְנִין אוֹתָם לְאַנְשֵׁי מִשְׁמָר, וְהֵם מְחַלְּקִין בֵּינֵיהֶם, כְּקָדְשֵׁי הַמִּקְדָּשׁ:

---

왜 만물은 제사장의 재산이라고 했는가? 그는 그것으로 노예, 땅, 부정한 가축을 살 수 있으며 채권자가 그의 부채 대신에 그것을 취할 수 있고, 아내가 결혼계약서에 따라 〔그것을 취할 수 있기 때문이다〕. 토라 두루마리도 마찬가지다.[14] 예후다 랍비는 말한다. 〔만물은〕 동료에게 호의로 줄 수 있다. 랍비들은 말한다. 〔만물은 성전에서 의무를 다하는〕 반열 구성원들에게 줄 수 있고, 지성물들과 마찬가지로 그들 사이에 나눈다.

- 만물은 제사장의 재산이다(「빅쿠림」 2, 1). 그러므로 제사장은 만물로 받은 농산물을 자신이 원하는 물품으로 교환할 수 있고 빚을 갚을 수도 있고 결혼계약서(כתבה, 케투바)에 명시한 책임을 다하기 위하여 아내에게 줄 수도 있다. 물론 채권자나 아내가 만물을 받았더라도, 이것은 성물이기 때문에 제사장만 먹을 수 있고 정결한 상태에서 먹어야 한다. 그러므로 그에 따른 조치를 강구해야 한다.

- 토라 두루마리도 마찬가지라고 했으니 토라를 팔아 다른 물품을 사거나 빚을 갚을 수 있다는 말이다. 그러나 랍비들은 토라를 파는 사람은 사는 동안 복을 받을 수 없다고 경고한다. 그렇다면 이 문장이

---

14) 토라 두루마리도 마찬가지로 채권자가 부채 대신 가져갈 수 있고 여인이 케투바 대신 가져갈 수 있다.

의도하는 바는 토라와 마찬가지로 만물을 파는 제사장은 복을 받을 수 없다고 경고하는 것일 수 있다.

- 예후다 랍비는 위의 규정에 반대하면서, 제사장은 만물로 받은 농산물을 정결법을 철저하게 지키는 동료 제사장에게만 양도할 수 있다고 주장한다. 그리고 이것은 거래의 일부가 아니며 호의로 선물하는 것이라고 설명한다.
- 다른 랍비들은 또 다른 의견을 제시한다. 만물을 받으면 그 당시에 성전에서 일하던 반열의 제사장들끼리 분배해야 한다는 것이다. 이는 제단 위에 올리는 지성물을 나누는 것과 같은 방식이며 이렇게 처리할 때 만물을 정결하게 먹는 조건을 충족시키기에 용이하다.

## 제4장

### 4, 1
자웅동체인 사람에 관해 좀 더 자세히 설명한다.

---

אַנְדְּרוֹגִינוֹס יֵשׁ בּוֹ דְרָכִים שָׁוֶה לָאֲנָשִׁים, וְיֵשׁ בּוֹ דְרָכִים שָׁוֶה לַנָּשִׁים, וְיֵשׁ בּוֹ דְרָכִים שָׁוֶה לָאֲנָשִׁים וְנָשִׁים, וְיֵשׁ בּוֹ דְרָכִים אֵינוֹ שָׁוֶה לֹא לָאֲנָשִׁים וְלֹא לַנָּשִׁים:

---

자웅동체인 자는[15] 어떤 면에서는 남자와 같고, 어떤 면에서는 여자와 같다. 또 어떤 면에서는 남녀 모두와 같고, 어떤 면에서는 남녀 누구와도 같지 않다.

---

15) 자웅동체란 히브리어로 '안드로기노스'인데 남자의 성기와 여자의 성기를 모두 가진 남녀추니 즉 남녀 양성자를 말한다.

- 「빅쿠림」 제4장은 원래 미쉬나 본문에 없는 부분이고 예루살렘 탈무드에도 포함되지 않는다. 토쎄프타에 있던 내용이 후대에 미쉬나 사본 일부에 첨가된 것으로 보인다. 내용은 「빅쿠림」 제2장의 주제를 추가로 설명한다.

### 4, 2

자웅동체인 자가 남자와 유사한 경우를 설명한다.

---

כֵּיצַד שָׁוֶה לָאֲנָשִׁים: מְטַמֵּא בְּלֹבֶן כָּאֲנָשִׁים, וְזוֹקֵק לְיִבּוּם כָּאֲנָשִׁים, וּמִתְעַטֵּף
וּמִסְתַּפֵּר כָּאֲנָשִׁים, וְנוֹשֵׂא אֲבָל לֹא נִשָּׂא כָּאֲנָשִׁים, וְחַיָּב בְּכָל מִצְוֹת
הָאֲמוּרוֹת בַּתּוֹרָה כָּאֲנָשִׁים:

---

어떤 면에서 그는 남자와 같은가? 그는 하얀 〔유출로〕(레 15:2) 부정하게 만든다는 점에서 남자와 같다. 그리고 그는 남자들처럼 역연혼을 시행한다. 그리고 남자처럼 옷을 입고 머리를 깎는다. 그는 남자처럼 〔아내를〕 취하지만 〔아내가〕 되지는 않는다. 그는 남자와 같이 율법의 모든 계명에 대한 책임이 있다.[16]

- 랍비들은 남자 유출병자(זב, 자브)를 성기에서 하얀색 물질이 유출되는 환자로 정의한다. 여자 유출병자는 유출물의 색깔이 흰색이 아니다. 그러므로 자웅동체인 자가 하얀색 물질을 유출했다면 남자라는 뜻이고, 그 유출물은 부정의 요인이 된다.

---

16) 이 본문을 좀 더 길게 보존하고 있는 사본도 있으며 다음과 같은 내용이 삽입되었다. "[그가 태어날 때] 그의 어머니는 남자를 [낳았을 때처럼] 정결한 피위에 앉은 날을 계산한다. 그는 남자와 같이 여자와 홀로 남을 수 없다. 남자와 같이 딸들과 함께 부양받을 수 없다. 남자와 같이 '머리 가를 둥글게 깎지 말며 수염 끝을 손상하지 말라'는 율법을 어겨서는 안 된다."

- 그는 형제가 자손을 남기지 않고 죽었을 때 그의 처와 역연혼을 시행할 의무가 있다.
- 그는 남자의 의복을 입고 남자처럼 머리를 깎을 의무가 있다.
- 결혼과 관련해서 자웅동체인 자는 여자를 아내로 삼을 수 있지만, 남자의 아내가 될 수는 없다.
- 남자는 토라에 있는 모든 법을 지켜야 하지만, 여자는 긍정적인 명령과 시간제약이 있는 명령을 지킬 의무가 없다. 자웅동체인 자는 남자처럼 모든 법을 지켜야 한다.

### 4, 3
자웅동체인 자가 여자와 유사한 경우를 설명한다.

---

כֵּיצַד שָׁוֶה לַנָּשִׁים: מְטַמֵּא בְּאֹדֶם כַּנָּשִׁים, וְאֵינוֹ מִתְיַחֵד עִם הָאֲנָשִׁים כַּנָּשִׁים,
וְאֵינוֹ עוֹבֵר עַל "בַּל תַּקִּיף" וְלֹא עַל "בַּל תַּשְׁחִית" וְלֹא עַל "בַּל תִּטַּמֵּא
לַמֵּתִים" כַּנָּשִׁים, וּפָסוּל מִן הָעֵדוּת כַּנָּשִׁים, וְאֵינוֹ נִבְעַל בַּעֲבֵירָה כַּנָּשִׁים,
וְנִפְסָל מִן הַכְּהֻנָּה כַּנָּשִׁים:

---

어떤 면에서 그는 여자와 같은가? 그는 붉은 〔유출로〕 부정하게 만든다는 점에서 여자와 같다. 그는 여자처럼 남자들과 홀로 있을 수 없다. 그는 여자처럼 "〔머리를〕 둥글게 깎지 마라"는 규정과 "〔나무를〕 찍어내지 마라"는 규정과 "시체 때문에 부정해지지 마라"는 규정에 저촉되지 않는다. 그는 여자처럼 증거를 제공할 자격이 없다. 여자처럼 금지된 〔남자와〕 동거를 할 수 없다. 그가 〔부적절한 관계를 했다면〕 여자처럼 〔거제를 먹을 자격이〕 무효가 된다(레 15: 19).[17]

---

17) 이 본문을 조금 더 길게 보존하고 있는 사본도 있으며 다음과 같은 문장을 삽입한다. "그는 여자와 같이 이붐(יבום, 자녀 없이 죽은 자의 아내가 남편의 형제와 혼인하여 이름을 잇게 하는 제도) 의무를 부과할 수 없다. 그는 여자처럼 아

- 랍비들은 여자 유출병자(זבה, 자바)를 성기에서 붉은색 물질이 유출되는 환자로 정의한다. 남자 유출병자는 유출물의 색깔이 흰색이다. 그러므로 자웅동체인 자가 붉은색 물질을 유출했다면 여자라는 뜻이고, 그 유출물은 부정의 요인이 된다.

- 남자는 머리를 둥글게 깎지 말고(레 19:27) 열매를 생산하는 나무를 베지 말고(신 20:19-20) 누가 죽었는지 알 수 없는 시체 때문에 부정해지지 말아야 한다(레 21:1-9). 자웅동체인 자는 이런 법을 지키지 않아도 좋다.

- 남자만 재판에서 유효한 증인이 되며 자웅동체인 자의 증언은 무효가 된다.

- 부적절한 성관계를 가진 여자가 거제를 먹을 권리를 박탈당하는 것처럼 자웅동체인 자도 부적절한 성관계를 가질 수 없고, 그런 행위를 하면 거제를 먹을 자격을 박탈한다.


### 4, 4

자웅동체인 자가 남자와 같기도 하고 여자와 같기도 한 경우를 설명한다.

---

כֵּיצַד שָׁוֶה לַאֲנָשִׁים וְלַנָּשִׁים: חַיָּבִים עַל מַכָּתוֹ וְעַל קִלְלָתוֹ כָּאֲנָשִׁים וְכַנָּשִׁים,
וְיוֹשֶׁבֶת עָלָיו דָּם טָמֵא וְדָם טָהוֹר כָּאֲנָשִׁים וְכַנָּשִׁים, וְחוֹלֵק בְּקָדְשֵׁי קֳדָשִׁים
כָּאֲנָשִׁים וְכַנָּשִׁים, וְנוֹחֵל לְכָל הַנְּחָלוֹת כָּאֲנָשִׁים וְכַנָּשִׁים, וְאִם אָמַר "הֲרֵינִי
נָזִיר שֶׁזֶּה אִישׁ וְאִשָּׁה" הֲרֵי זֶה נָזִיר:

---

어떤 면에서 그는 남녀 모두와 같은가? 누구든지 그를 때리거나 저주하면 책임이 있으니 그는 남자와 같고 여자와 같다. 〔그의 어머니

---

들과 함께 공유할 수 없다. 여자와 같이 성전의 성물을 먹을 수 없다. 그의 어머니는 여자를 [낳았을 때처럼] 부정한 피의 날을 셈해야 한다.〕"

는 출산 후에] 부정한 피와 정결한 피 위에 앉아 있으니 아이가 남자일 때나 여자일 때나 마찬가지다. 그는 지성물을 나누어 받으니 남자나 여자와 같다. 그는 유산을 상속하니 남자나 여자와 같다. 만약 그가 "이제 저 사람이 남자나 여자라면 나는 나실인이다"라고 말했다면 그는 나실인이 된다.[18]

- 이 미쉬나에 열거된 것들은 남녀 상관없이 누구나 지켜야 할 규정들이다. 자웅동체인 자는 남자도 아니고 여자도 아니지만 인간임에는 틀림이 없으며 이런 법들을 지킬 의무가 있다.
- 자웅동체인 자도 법적인 보호를 받는다. 그를 낳은 어머니는 적절한 정결례를 시행해야 하고(레 12:6), 다만 40일이 되는 날 제물을 바친다. 모든 유대인은 성전 바깥에서 먹어도 좋은 제물을 받아 먹을 자격이 있고, 아버지의 재산을 물려받는다.

### 4, 5
자웅동체인 자가 남자도 아니고 여자도 아닌 경우를 설명한다.

כֵּיצַד אֵינוֹ שָׁוֶה לֹא לָאֲנָשִׁים וְלֹא לַנָּשִׁים: אֵין חַיָּבִים לֹא עַל מַכָּתוֹ וְלֹא עַל
קִלְלָתוֹ לֹא כָּאֲנָשִׁים וְלֹא כַּנָּשִׁים, וְאֵינוֹ נֶעֱרָךְ לֹא כָּאֲנָשִׁים וְלֹא כַּנָּשִׁים, וְאִם
אָמַר "הֲרֵינִי נָזִיר שֶׁזֶּה לֹא אִישׁ וְלֹא אִשָּׁה" אֵינוֹ נָזִיר. רַבִּי מֵאִיר אוֹמֵר:
אַנְדְּרוֹגִינוֹס בְּרִיָּה בִּפְנֵי עַצְמָהּ הוּא וְלֹא יָכְלוּ חֲכָמִים לְהַכְרִיעַ עָלָיו אִם הוּא
אִישׁ אוֹ אִשָּׁה. אֲבָל טֻמְטוֹם אֵינוֹ כֵן, פְּעָמִים שֶׁהוּא אִישׁ פְּעָמִים שֶׁהוּא
אִשָּׁה:

어떤 면에서 그는 남녀 누구와도 같지 않은가? 누구든지 그를 때리

---

18) 어떤 사본은 다음과 같은 문장을 삽입한다. "남녀와 같이 만일 실수로 그를 죽이면 추방되어야 하고 일부러 죽였다면 그는 죽임을 당해야 한다."

거나 저주해도 책임이 없으니 이것은 남녀 누구와도 같지 않다. 그는
[성전에 사람의 값을 바치기로] 서원의 대상이 될 수 없으니 이것은
남녀 누구와도 같지 않다. 만약 그가 "이제 저 사람이 남자가 아니거
나 여자가 아니라면 나는 나실인이다"라고 말했다면 그는 나실인이
아니다. 메이르 랍비가 말한다.[19] 자웅동체인 자는 자신의 [권리를 갖
는] 피조물이다. 랍비들은 그가 남자인지 여자인지 결정할 수 없었다.
그러나 외성기 이상자는[20] 그렇지 않다. 때때로 그는 남자이며 때때
로 그는 여자이기 때문이다.[21]

- 이 미쉬나는 자웅동체인 자가 법적인 보호를 받지 못한다고 규정하
  여 넷째 미쉬나와 상충한다.
- 이스라엘 사람은 사람의 값을 바치기로 서원할 수 있는데(레 27:1-
  8), 그 값은 성별과 나이에 따라 규정되어 있다. 그러므로 자웅동체
  인 자는 이런 서원의 대상이 될 수 없다.
- 마지막 문장은 자웅동체인 자와 외성기 이상자를 비교하고 있다. 자
  웅동체인 자는 독특한 지위를 가진 피조물로 인정하는데, 다만 랍비
  들이 그의 성별을 결정할 수 없었을 뿐이다. 그러므로 각각 상황에
  따라 적절한 규정을 적용해야 한다. 그러나 외성기 이상자는 다른
  경우이며 랍비들이 그가 남자인지 여자인지 결정할 수 있었다.

---

19) 어떤 사본은 요쎄 랍비라고 기록한다.
20) '외성기 이상자'(툼툼)는 성기가 제대로 발달하지 않아서 남성인지 여성인지
   의심스러운 자를 말한다.
21) 어떤 사본은 다음과 같은 문장을 삽입한다. "그의 유출의 부정함 때문에 트루
   마를 태울 필요가 없다. [다른] 남녀와는 다르게 부정한 채로 성전에 들어간
   것에 대한 형벌도 받을 필요가 없다. 그는 [다른] 남녀와는 다르게 히브리 종
   처럼 팔릴 수 없다. 그는 남자나 여자처럼 가치가 정해지지 않는다."

# 이스라엘에서의 고난을 지나 『미쉬나』의 산을 넘다

• 옮긴이의 말

나에게 이스라엘은 '제2의 고향'이라고 해도 전혀 어색함이 없는 곳이다. 돌이켜보면 신학대학원 시절 내내, 『성경』을 제대로 알고 싶다는 목마름이 컸다. 그런 나는 부름을 받듯 1989년 10월 이스라엘행 비행기에 몸을 실었고, 그 이후 18년이나 머물게 되었다. 그곳에서의 삶은 내게 단순한 유학 생활 이상의 의미를 갖는다. 그 오랜 시간 발딛고 살아야 하는 터전이었던 만큼 삶의 어려움은 그 땅에서도 온몸으로 다가왔다. 정치적·종교적 분쟁이 일상화된 곳에서 심지어 생사의 갈림길에 놓이는 상황도 겪어야 했으니 말이다.

『미쉬나』라는 높은 산을 넘는 일은 삶의 여정과도 닮은 듯하다. 유대 전통문헌『미쉬나』라는 대작의 한 권을 맡아 번역·주해를 끝내고 출판을 앞둔 시점에서 간단한 소회를 쓰자니 머릿속에 지난날의 어려움이 필름처럼 지나간다.

유학 생활을 시작한 지 1년 정도 지났을 때 걸프전이 일어났다. 당시 한인회 서기를 맡고 있던 나는, 이집트 주재 한국 총영사관과 긴밀히 연락하며 귀국하지 않고 남아 있던 교민들을 도왔다. 재정적으로 어려웠던 한글학교 교장을 맡았을 때는 사비를 털어 교사들의 월급을 책임지기도 했고, 교민 소식지인『이스라엘 나눔지』를 발행하면서 교민들과 더불어 지냈다. 또한 여행 가이드 아르바이트는 단순히 돈이 필요해서 시작한 일이었지만 각계각층의 다양한 사람들을 만나며 큰 인생공부가 되었다. 가장 어려웠던 IMF 시기에는 가족을 데리고 '에르 람'이라는 팔레스타인 지역으로 거처를 옮겼는데, 그곳에서 더 절박하게 살아가는 팔레스타인 사람들의 현실을 목도하며 궁핍함 속에서도 넉넉히 감사함을 배우게 됐다. 나는 유대 기독교인들이 모이는 현지 교회에서 찬양팀 반주자로도 10년간 봉사하며 그들이 처한 종교적 어려움과 신앙의 뜨거움도 느낄 수 있었다.

이 모든 일보다 나에게는 결코 잊을 수 없는 두 사건이 있었다. 첫 번째 사건은 드고아에서 엔게디까지 도보여행을 나섰다가 사나운 야생 동물들의 공격을 받기도 하고 위험한 낭떠러지가 즐비한 유대 광야 한복판에서 낙오가 되기도 했던 일이다. 두 번째 사건은 2002년 7월 31일 히브리대학교 구내식당에서 일어난 폭탄 테러로 심각한 중상을 입었던 일이다. 엄청난 폭발음으로 인해 양쪽 귀의 고막이 터졌고, 순간적으로 발생한 고온의 화기로 인해 전신 40퍼센트 가까이 3도 화상을 입었다. 나는 구급차에 실리는 순간 정신을 잃었고, 27일이 지난 뒤에야 겨우 의식을 차릴 수 있었다. 수차례 피부를 이식하고 고막을 재생하는 수술을 받으며, 3년 동안 고통스러운 재활 훈련을 견뎌내야 했다.

당시 나는 히브리대학교에서 성서 히브리어를 전공하며 박사학위를 준비하고 있었다. 치료와 재활 훈련이 길어지면서 '과연 공부를 마칠 수 있을까?' 깊은 고민과 좌절에 빠졌다. 결과적으로 그 모든 어려움을 극복하고 학위 논문을 완성했으니, 돌아보면 내 힘만으로 된 것은 아무것도 없었다. 신앙을 가진 한 사람으로서 삶의 순간마다 나를 잡아주고 지켜준 하나님의 인도하심을 고백하지 않을 수 없다.

2007년, 한국으로 돌아온 뒤 지금까지 신학대학원에서 학생들을 가르치며 틈틈이 기관의 연구 프로젝트를 단독으로 또는 공동으로 수행해왔다. 그러던 차에 2017년에 '유대 전통문헌『미쉬나』번역·주해' 작업의 제의를 받았다. 성서 히브리어를 전공했던 만큼 이 제안을 기쁜 마음으로 받아들였다. 사실, 나는 성서 히브리어를 전공하기 위해 수메르어부터 아카드어, 우가릿어, 아람어, 시리아어, 아랍어, 칠십인역 헬라어 등 여러 언어를 공부했다. 특히 성서 히브리어는 통사론, 어휘론, 의미론, 셈어 비교학, 사본학 등 세부 분야는 물론 6단계까지 있는 현대 히브리어도 익혔다. 이렇게 공부한 것을 자랑처럼 늘어놓는 이유는『미쉬나』번역에 그만큼 자신감이 있었다는 뜻이다. 그러나 막상『미쉬나』번역과 주해 작업을 해나가면서 그런 자신감은 점점 사그라들고 말았다.

왜냐하면『미쉬나』원문은 성서 히브리어나 현대 히브리어에서는 찾아보기 힘든 독특한 문장 구조들이 많았고, 생략되거나 충분한 설명 없이 논리가 비약되고, 일반적으로 쓰지 않는 단어도 많아서 문맥을 파악하기가 무척 어려웠다. 더 큰 난관은, 내가 맡은『미쉬나』의 첫 번째 쎄데르(제1권)인『제라임』은 농경과 관련된 주제답게 무수한 식물이 언급되고 있어 거기에 대한 기본 지식까지 알아야 했던 것이다. 나는『성서 속의 식물들』(대한성서공회, 2015)을 번역 출판한 지 얼마 안 됐기 때문에 충분히 도움이 되리라 생각했지만 그 역시 오산이었다. 번역한 책에도 없는 생소한 식물들이『미쉬나』에는 너무나 많이 나오고 있었기 때문이다. 식물과 농경에 대한 관련 지식이 없어서 번역의 어려움은 가중되었다. 한 문장을 이해하기 위해 반나절 이상, 때로는 며칠 동안 씨름하기도 했다.

『미쉬나』 번역·주해서 프로젝트와 관련해 이스라엘 출장을 갔을 때, 바르일란대학교의 싸프라이(Ze'ev Safrai) 교수에게 자문을 구한 적이 있다. 그는 『이스라엘 땅의 미쉬나』(*Mishnah Eretz Yisrae*, Bar-Ilan University Press, 2016)의 저자로 『미쉬나』 연구의 대가였다. 싸프라이 교수는 어느 부분의 번역을 맡았는지 물었다. 내가 '제라임'을 맡았다고 하자 그는 이렇게 말했다.

"『미쉬나』의 여섯 개 쎄데르 가운데 첫 번째가 가장 어렵고, 그중에서도 식물과 관련된 내용이 특히 어렵다. 번역에 많은 어려움이 있을 것이다."

그 예상은 조금도 틀리지 않았다. 히브리대학교에서 공부할 때 유대인 친구들이 했던 말도 생각났다. 히브리어가 모국어인데도 그들은 "『탈무드』는 너무 어려워!"라고 했다. 『탈무드』가 어렵다면 『미쉬나』는 어떻다는 말인가. 『탈무드』는 『미쉬나』를 해설한 책인데, 그 해설이 어렵다면 본 책은 도대체 얼마나 어려운가. 『미쉬나』를 직접 번역해보니 왜 『탈무드』가 집필되었는지 이해가 되고도 남았다.

그러면 이렇게 독해하기 어려운 『미쉬나』를 굳이 번역하고 주해하는 이유는 무엇일까? 유대인들은 토라를 무척 중요하게 여기는데, 그 토라는 '기록된 토라'와 '구전토라' 두 가지로 나뉜다. '기록된 토라'는 『구약성경』과 내용이 동일하며, '구전토라'는 모세 때부터 전승되어온 랍비들의 가르침으로 그것을 집대성한 것이 『미쉬나』다. 따라서 『미쉬나』는 '기록된 토라'인 모세오경에 나오는 613개의 율법 조항과 그 밖의 방대한 구전 율법 조항들을 담고 있다.

한편 우리는 『미쉬나』를 통해 유대인들의 깊은 토론 문화도 배울 수 있다. 『미쉬나』를 읽다 보면 합의점을 찾지 못한 율법 조항들에 대해 여러 랍비들의 견해를 만나게 되는데, 때로 상반된 견해조차 가감

없이 기록했다는 사실이다. 이것은 타인의 견해를 존중하는 모습을 엿볼 수 있는 지점이다. 이스라엘에 있을 때, 나는 "유대인 두 명이 모이면 세 가지 견해가 나온다"라는 말을 듣곤 했고 또 그것을 직접 경험도 했다. 유대인들은 적극적으로 자기 사고를 할 뿐만 아니라 다양한 견해를 나누는 일에 익숙하다. 하나의 결론에 이르지 못하더라도 서로의 생각 차이를 인정하는 것이다. 흔히 말하는 유대인들의 지혜는 이런 그들의 태도에서 나온다고도 볼 수 있다.

『미쉬나』는 유대 전통문헌으로서 2천 년 가까이 내려오며 유대인들의 정신과 사상을 형성한 바탕이 되는 고전이다. 『미쉬나』를 통해 단지 하나의 정답만을 추구하지 않고 올바른 의미를 찾기 위해 끊임없이 고민하고, 토론하며, 존중하는 자세를 배울 수 있다면 우리에게도 큰 힘이요 자산이 될 것이다. 아울러 『성경』을 좀 더 올바르게, 정밀하게, 깊이 이해하고자 하는 기독교인들은 물론 한국 교계에도 반드시 필요한 책이다. 물론 향후 유대학의 발전에도 기여할 수 있으리라.

끝으로 『제라임』의 주해 작업에 큰 도움을 주신 윤성덕 박사님께 진심으로 감사드린다. 처음부터 끝까지 모든 원고를 꼼꼼하게 읽고 교정과 윤문을 해준 아내 조희경에게도 고마움을 전하고 싶다. 무엇보다 어려운 여건 속에서도 이번 출판을 결단해주신 한길사의 김언호 대표님, 더불어 전체 편집을 도맡아 진행해준 박희진 부장님께도 깊은 감사의 말씀을 드린다.

2024년 5월
권성달

# 미쉬나
## ❶ 제라임(농경)

**번역·주해** 권성달
**펴낸이** 김언호

**펴낸곳** (주)도서출판 한길사
**등록** 1976년 12월 24일
**주소** 10881 경기도 파주시 광인사길 37
**홈페이지** www.hangilsa.co.kr
**전자우편** hangilsa@hangilsa.co.kr
**전화** 031-955-2000~3 **팩스** 031-955-2005

**부사장** 박관순 **총괄이사** 김서영 **관리이사** 곽명호
**영업이사** 이경호 **경영이사** 김관영 **편집주간** 백은숙
**편집** 박희진 노유연 이한민 박홍민 배소현 임진영
**관리** 이주환 문주상 이희문 원선아 이진아 **마케팅** 정아린 이영은
**디자인** 창포 031-955-2097
**CTP출력·인쇄** 예림 **제책** 경일제책사

제1판 제1쇄 2024년 7월 22일

값 50,000원

ISBN 978-89-356-7866-2 94080
ISBN 978-89-356-6427-6 (세트)

이 책은 2017년부터 2020년까지 대한민국 교육부와 한국연구재단의
토대기초연구지원을 받아 수행된 연구다(2017S1A5B4053274).